Regenzauber

MICHAEL OBERT

Regenzauber

Auf dem Fluss
der Götter

Droemer

Besuchen Sie uns im Internet:
www.droemer.de

Die Einschweißfolie ist biologisch abbaubar.
Dieses Buch wurde auf chlor- und säurefreiem Papier gedruckt.

Copyright © 2004 Droemer Verlag.
Ein Unternehmen der Droemerschen Verlagsanstalt
Th. Knaur Nachf. GmbH & Co. KG, München
Alle Rechte vorbehalten. Das Werk darf – auch teilweise – nur
mit Genehmigung des Verlages wiedergegeben werden.
Umschlaggestaltung: ZERO Werbeagentur, München
Umschlagabbildung: Mauritius
Satz: Wilhelm Vornehm, München
Druck und Bindung: Ebner & Spiegel, Ulm
Printed in Germany
ISBN 3-426-27315-2

2 4 5 3 1

Für Tine

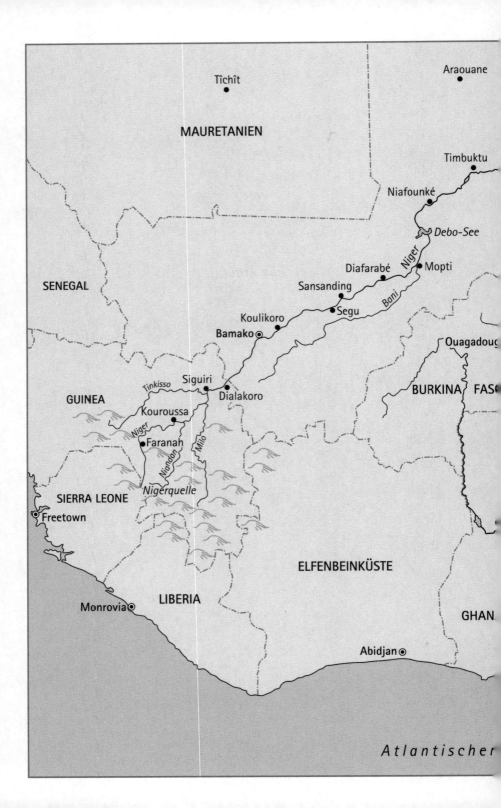

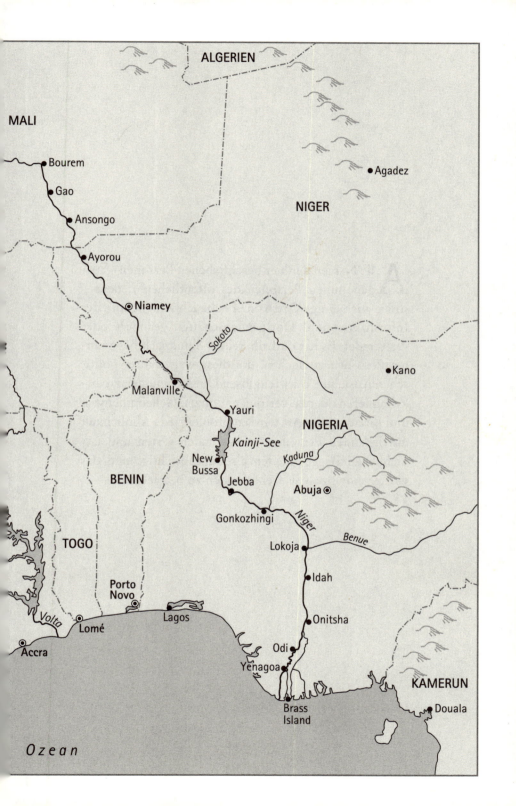

Alle Namen der hier beschriebenen Personen – ausgenommen Personen des öffentlichen Lebens – sowie auch einige Ortsnamen habe ich zum Schutz der Informanten und Dorfgemeinschaften geändert oder verfremdet. Es hat deshalb keinen Sinn, nach bestimmten Personen zu suchen, um diese wegen ihrer politischen Ansichten oder religiösen Überzeugungen zu diskriminieren oder zu verfolgen. Polizei, Geheimdiensten und Eiferern aller Art wird empfohlen, jede Ähnlichkeit mit lebenden Personen, existierenden Orten und tatsächlichen Begebenheiten als unbeabsichtigt und das vorliegende Buch als frei erfunden zu betrachten.

ZUR QUELLE

I

Der Opferpriester von Bakando, einem kleinen Dorf in Oberguinea, streute eine Hand voll Blätter in den Fluss, riss die Arme in die Höhe und schrie einen heiseren Gesang in den Wasserfall hinaus. Der Saum seines Fellmantels berührte den Waldboden und verdeckte seinen Körper wie ein Vorhang, hinter dem er beliebig seine Gestalt zu verändern schien. Einen Moment lang glaubte ich, dass er über der Erde schwebte, dann verschwand sein Kopf; gleich darauf hüpfte er auf und ab wie auf glühenden Kohlen.

»Er spricht mit Gboloma«, flüsterte Sako, ein aufgeweckter Junge, der mir seit meiner Ankunft in Bakando nicht mehr von der Seite wich. »Er sagt, dass Gboloma uns Doussou zurückgeben soll. Doussou ist ein guter Jäger, ein sehr guter Jäger. Er bringt viel Fleisch, doch vor ein paar Tagen hat ihn der Wald verschluckt.«

»Gboloma?«, fragte ich leise, ohne den Blick vom Priester abzuwenden. Er sang noch immer. Direkt vor ihm riss der Fluss ab und stürzte schäumend in die Tiefe.

»Gboloma ist im Wald, überall im Wald«, hauchte Sako. »Nur zum Schlafen geht er ins Wasser – dort, wo es am tiefsten ist.«

Es hatte aufgehört zu regnen. Aus dem Wasserfall stiegen feine Wolken auf und bildeten Regenbögen in den Sonnenstrahlen, die jetzt bündelweise durch das dichte Blätterdach drangen. Es duftete nach feuchter Erde und vergorenen Früchten. Oberhalb des Wasserfalls schoss ein schlanker Fisch mit goldenem Bauch aus der Strömung, zweifellos auf der Jagd nach einem Insekt.

Wie auf ein geheimes Signal warfen zwei Männer einen weißen Hammel auf den Rücken und banden seine Beine mit fasrigen Stricken zusammen. Sie trugen das Tier gerade zum Opferpriester, als mir von hinten jemand ins Ohr flüsterte:

»Du bist gekommen, um unsere Dinge zu erfahren. Du musst näher hingehen. Du musst sehen, wie der Tantessari den Hammel opfert. Alles wird gut.«

Ich wollte gerade dankend ablehnen, doch Sako schob mich bereits neben den Opferpriester, der den Kopf zur Seite drehte und mir einen entrückten Blick zuwarf. Sein Gesicht war schweißüberströmt und von narbenartigen Falten durchzogen. Am linken Ohr hing ein schwerer Silberring. Der Tantessari legte seinen Fellmantel ab, griff nach einem Messer und zog es über einen gurkenförmigen Schleifstein. Er beugte sich zu dem Hammel hinunter, drückte seinen Kopf in den Nacken und ertastete die Halsschlagader. Das Tier riss die Augen auf, wand und sträubte sich, trat nach allen Seiten, konnte den festen Griffen der beiden Helfer jedoch nicht entkommen.

Dann ging alles schnell. Die Klinge kratzte kaum hörbar am Fell und drang mühelos ins Fleisch. Als sie die Luftröhre durchtrennte, ertönte ein lang gezogenes Blasen, einem energischen Schnarchen gleich; silberne Haare wirbelten durch die Luft. Das Messer stieß an die Halswirbel, Blut floss über die Hände des Tantessari, schäumte im Wasser auf und wurde von der Strömung fortgerissen. Es hatte die Farbe gepresster Erdbeeren.

Der Opferpriester legte das Messer beiseite, wusch sich gründlich und erhob die gutturale Stimme noch einmal zu seinem quälenden Lied, dann nickte er den beiden Männern zu. Sie packten den Hammel an den Vorder- und Hinterbeinen, holten kräftig Schwung und schleuderten das Tier in den tosenden Schlund, der es sofort verschlang.

»Gboloma hat das Opfer angenommen«, rief der Tantessari.

»Alles wird gut!«, murmelten die Leute und verschwanden im Wald. Sako zupfte mich am Ärmel, und wir folgten dem schmalen Pfad zurück nach Bakando. Das Dorf schmiegte sich an den Waldrand, von wo sich ein weiter Blick über die lichte Baumsavanne eröffnete. Ein Dutzend Rundhütten drängten sich um mehrere Feuerstellen.

Die kegelförmigen Dächer waren mit Stroh gedeckt, die Wände naturbelassen und kniehoch mit Kuhdung verkleidet.

»Warum trägst du diesen seltsamen Schmuck?«, fragte Sako und zeigte auf meine pinkfarbene Halskrause.

»Das ist kein Schmuck«, sagte ich und versuchte, meinen gebeugten Gang etwas zu korrigieren. »Es ist eine Art Medizin.«

»Eine Medizin? Gegen welche Krankheit?«

»Mein Hals kann den Kopf nicht richtig tragen. Er drückt auf einen Wirbel. Dann verklemmt sich ein Nerv, und das tut höllisch weh. Die Halskrause entlastet meinen Nacken.«

»Verstehe«, sagte Sako mitfühlend. »Dein Kopf ist zu schwer. Du denkst zu viel.«

Aus dem Schatten einer Hütte schälte sich ein kleiner Junge mit einem Stock, auf den er ein Mangoblatt gespießt hatte. Er blies hinein und strahlte über das ganze Gesicht, als es sich drehte.

»Du darfst nicht zur Quelle gehen!«, sagte Sako unvermittelt. »Der Wald ist gefährlich, gefährlicher als sonst. Es passieren seltsame Dinge. Doussou ist ein erfahrener Jäger. Er kennt jeden Kothaufen, und doch hat ihn der Wald verschluckt.«

Der Junge mit dem Mangoblatt lief jetzt los, hielt den Propeller in die Höhe und blickte gebannt zu ihm hinauf, als hoffe er, mit seiner Hilfe abheben zu können. Einmal, zweimal schrammte er knapp an einer Bodenwurzel vorbei, über die nächste stolperte er und fiel der Länge nach hin.

»Heho, Michel! Zuhören!«, schrie Sako verärgert. »Warum willst du unbedingt zur Quelle?«

Er stellte sich mir mit verschränkten Armen in den Weg und forderte eine Antwort.

»Ich werde den drittgrößten Fluss Afrikas bereisen«, begann ich, und die Worte prickelten auf meiner Zunge. »Ihr nennt ihn Tembi. Stromabwärts hat er jedoch viele Namen, und in Europa heißt er Niger. Ich werde seinem Lauf folgen und mich, sobald ich ein Boot erwische, einfach hinuntertreiben lassen wie ein Stückchen Holz – durch Guinea und Mali, bis in die Sahara und dann wieder südwärts, quer durch die Republik Niger und Nigeria bis zur Mündung im Golf von Benin.«

Sako sah mich voller Mitleid an, in der Art, wie man einen geistes-
gestörten Familienangehörigen ansehen mochte.

»Du wirst nicht einmal bis zur Quelle kommen«, sagte er traurig.
»Die Rebellen werden dir die Hände abhacken.«

Als wir Sakos Hütte erreichten, wo ich seit meiner Ankunft unterge-
bracht war, fühlte ich mich erschöpft. Du hast dich noch nicht an die
Hitze und den Regen gewöhnt, sagte ich mir und ließ mich auf die
Holzbank vor dem Eingang sinken.

Als ich die Schnürsenkel meiner Stiefel öffnen wollte, bemerkte ich
einen roten Fleck auf dem Leder. Es war Blut – Hammelblut.

2

Ich lag auf einer Raffiamatte und betrachtete die Decke der Hütte.
Mehrere Lagen von Savannengras waren mit Naturfasern zusam-
mengeflochten und an starken Bambusstäben festgezurrt. Dazwischen hatte ein Heer handtellergroßer Spinnen die Ritzen mit ihren
baumwollartigen Netzen abgedichtet. Ich dachte an Sako und musste zugeben, dass seine Ängste nicht unbegründet waren. Das Infor-
mationsblatt des Auswärtigen Amts ließ daran keinen Zweifel: »Reisen in die Grenzgebiete Guineas zu Sierra Leone sollten wegen der
Gefahr von Rebellenübergriffen und ethnischen Spannungen unbedingt vermieden werden... Bei Straßensperren zur Erpressung von
Wegegeldern, auch durch Uniformierte: Zahlung der Geldsumme
unter keinen Umständen verweigern! Eine Auseinandersetzung vor
Ort sollte besser vermieden werden... in Waldguinea mehr als 400
Fälle von Cholera...«

Ich ging hinaus, um frische Luft zu schnappen. Die Nacht kroch
bereits aus dem Wald und legte sich über die Hütten von Bakando.
Sako war losgezogen, um die Schafe und Ziegen in ihr Gehege aus
Dornengestrüpp zu treiben. Die Frauen nutzten das letzte Tageslicht. Sie wuschen Geschirr, Kalebassen und kleine Kinder in Plas-

tikwannen. Die Männer hatten sich zu einem Palaver zurückgezogen.

Ich schlich zurück in die Hütte, zog das grüne Theraband aus meinem Rucksack und vergewisserte mich noch einmal, dass niemand in der Nähe war. Dann brachte ich meine Beine in Schrittstellung, schob das Band unter den rechten Fuß, nahm die Enden in die Hände und zog sie langsam in die Horizontale.

»Sechs verschiedene Übungen, viermal fünfzehn Wiederholungen, am besten jeden Tag«, hörte ich meinen Orthopäden sagen. »Ihr Körper ist Pudding, mein Lieber. Sie brauchen Muskeln, knackige Nacken- und Rückenmuskeln. Und Bewegung. Sie sitzen zu viel.«

In der Hütte war es stickig und heiß. Der Schweiß brach mir aus den Poren. Ich stürzte hinaus ins Freie und stieß dort mit Sako zusammen.

»Michel!«, rief er entsetzt und zeigte auf meinen knallroten Kopf und das völlig durchnässte Hemd. »Was ist passiert? Du hast doch nicht in der Pflanzung gearbeitet? Oder ist es das Fieber?«

»Nur die Hitze«, sagte ich und hatte das Gefühl, noch mehr zu erröten. »Alles in Ordnung, Sako. Es ist nur die Hitze.«

Später kam Sakos Vater Magasouba vorbei, und wir setzten uns auf die Holzbank vor der Hütte. Der Rauch des feuchten Feuerholzes zog wie Nebelschwaden durch das Dorf, auf den Kochstellen blubberten Soßen und Reis, Kinder schrien »Toubabou! Toubabou![1]« und winkten und schlichen sich an, um meine Hand oder mein Gesicht zu berühren. Dann zeigten sie auf mein langes Haar und den Ring in meinem Ohr und riefen: »Madame! Madame!«

»Wie viele Menschen leben in Bakando, Magasouba?«

»Diese Frage sollten Sie hier im Busch nicht stellen. Man wird Sie für einen Spitzel der Regierung halten.«

»Ist ja auch nicht so wichtig.«

»In Bakando leben immer 33 Menschen.«

»Immer?«, fragte ich überrascht.

»Wir sind vom Clan der Keita, der Kourouma und der Touré. Seit hundert und hundert Jahren haben hier immer 33 Menschen gelebt.

[1] Weißer Mann

Wenn jemand stirbt, kommt am selben Tag ein Kind zur Welt. Die Soldaten zählen nicht. Sie leben in Zelten, sie gehören nicht zu uns.« Nach dem Abendgebet – die meisten Leute im Dorf waren Moslems, verehrten aber auch die Geister des Waldes – rückte die Familie zusammen, Magasouba hob den Deckel der gewaltigen Reisschüssel und goss dampfende Erdnusssoße darüber. Sako fächelte dem Essen mit einem Palmblatt Luft zu, bis es etwas herunterkühlte und wir schweigend mit der rechten Hand zugreifen konnten. Die Dächer der Hütten hoben sich als spitze Silhouetten vom Nachthimmel ab. Im Wald begannen die Insekten zu lärmen, und aus dem Busch leuchteten Glühwürmchen wie Myriaden von Augen – Tieraugen, Geisteraugen. »Der Dorfchef ist aus Forokonia zurück«, sagte Magasouba nach dem Essen, schlang sich ein arabisches Tuch um den Hals und erhob sich. »Der Rat der Alten wird heute über Ihr Anliegen entscheiden. Lassen Sie uns gehen.«

Es regnete wieder. Die Wege ertranken in kleinen Teichen, und wir balancierten auf Baumstämmen über sie hinweg. Im Lichtkegel der Taschenlampe glichen die schweren Tropfen silbernen Maiskörnern. Ich war mir nicht sicher, ob die Wucht, mit der sie auf das Blattwerk trommelten, das Lärmen der Zikaden übertönte oder ob diese vor der Nässe geflohen und dabei verstummt waren.

»Bis zur Quelle ist es kein Spaziergang«, sagte Magasouba in den Regen hinein, und ich war froh, im Schein der Taschenlampe ein wohlwollendes Lächeln zu erkennen. »Die wenigsten von uns sind jemals dort gewesen. Wenn die Geister wollen, kann man es in zwei Tagesmärschen schaffen. Doch jetzt, am Ende der Regenzeit, steht das Gras hoch, und der Wald ist undurchdringlich. Löwen und Leoparden kommen unbemerkt bis in die Dörfer. Und die Schlangen tanzen.«

»Aber es ist doch möglich, oder? Ich meine, man kann es schaffen?«, sagte ich – ein wenig außer Atem.

»Wenn die Rebellen nicht wären. Sie kommen aus Sierra Leone herüber und schlachten alles, was ihren Weg kreuzt. Eine Buschantilope oder ein Weißer. Diese Jäger schlucken jedes Fleisch. Falls die Alten Sie gehen lassen, werden Sie einen guten Führer brauchen.«

»Und wie stehen meine Chancen?«

»Lassen Sie mich sprechen!«

Das Palaverhaus von Bakando bestand aus einem viereckigen, fensterlosen Raum mit nacktem Zementboden. Die Wände waren schmucklos bis auf eine kleine Schiefertafel am Kopfende des Raums. Jemand hatte dort mit Kreide den eigenartigen Namen »Jon Woo« hingeschrieben.

Durch den hinteren Eingang sah ich in einen Innenhof, in dem sich Kalebassen verschiedener Größe stapelten. Auf einem Rost trockneten rote Pfefferschoten. Eine Frau stampfte Kariténüsse in einem hölzernen Mörser. Dung! Dung! Dung! Das Palaverhaus bebte unter den kräftigen Stößen. Nach und nach trafen die Alten ein und setzten sich auf lange Bambusliegen. Die Plätze spiegelten eine Hierarchie wider, die sich mir jedoch nicht erschloss. Als der Dorfchef eintrat, ging ein respektvolles Raunen durch den Raum. Der wuchtige Mann mit den glänzenden Augen schob seine schlichte Foula auf dem Kopf zurecht, raffte den blauweiß gestreiften Boubou und setzte sich auf den vorderen Rand seines Throns – eines riesigen Klappstuhls aus massivem Holz. Einen Moment lang hingen seine nackten Füße in der Luft, dann glitt er rückwärts in den Stuhl und zog sie auf die Stützen nach, wobei die Hornhaut ihrer Sohlen rau über das Holz schliff.

Die Anwesenden tauschten lautstark ihre Begrüßungsformeln aus. Dann spuckte der Dorfchef kräftig in die Ecke des Palaverhauses, klatschte zweimal in die Hände und stimmte eine kurze Rede auf Kouranko an. Er wies mehrmals in meine Richtung, ohne mich dabei anzusehen. Nach ihm sprach Magasouba, und ich konnte einige französische Wörter heraushören: *allemand, journaliste, Niger.*

Schließlich ergriff ein hoch gewachsener Mann mit riesigen Ohren das Wort. Er trug einen weiten Boubou und gestikulierte wild mit seinen Händen. Seine knochigen Finger durchschnitten die Luft wie kleine Dolche. Dabei funkelte er mich feindselig an und zeigte mehrmals auf die Schiefertafel mit dem seltsamen Namen. Auch er zog einzelne Wörter aus dem Französischen heran: *les blancs, impossible, problème.* Und jedes Mal riefen die Alten ein vielstimmiges, lang gezogenes »Ahaaa!« aus und bekräftigten es mit nickenden Köpfen.

Magasouba sprang auf und schnitt dem Mann das Wort ab. Er sprach mit warmer, eindringlicher Stimme, die er auf fast hypnotische Weise hob und senkte – laut, leise, laut und leise –, bis er die Hand auf seine Brust legte, auf mich zeigte und sich wieder in seinen Sessel sinken ließ. Nur die Feder des Protokollschreibers kratzte noch einen Moment lang auf dem Papier. Dann war es vollkommen still. Ich spürte dem Schweiß nach, der meinen Rücken hinunterrann und von meiner Hose aufgesogen wurde. Die Alten schienen die Spuren zu begutachten, die ein Spachtel beim Glattstreichen des Zementbodens hinterlassen hatte. Der Dorfchef spielte mit einer Flügelschraube an der Armlehne seines Throns. Ich weiß nicht, warum mir gerade jetzt auffiel, dass sein linker kleiner Zeh fehlte.

»Die Entscheidung ist gefallen«, sagte er schließlich in das Schweigen hinein und wechselte zu meiner Überraschung in ein ausgezeichnetes Französisch. »Wir werden Ihnen helfen, Ihre Expedition zur Quelle des Tembi durchzuführen. Sie bekommen den besten Führer und drei Träger. Die Männer haben Familie; wenn sie nicht zurückkommen, müssen ihre Kinder hungern. Deshalb werden Sie ihnen die Hälfte ihres Lohns vor der Abreise bezahlen.«

»Vielen Dank«, sagte ich überglücklich und wollte ihm die Hand schütteln, doch Magasouba zog mich zurück.

»Es gibt eine Bedingung«, fügte der Dorfchef hinzu, übersah meinen Fehltritt und schwang sich mit erstaunlicher Leichtigkeit aus seinem Thron. »Sie müssen die Zustimmung des Kommandanten einholen. Es ist Krieg. Und im Krieg will das Militär mitreden. Vielleicht möchten Sie meinen Rat hören: Seien Sie vorsichtig. Der Mann ist unberechenbar wie ein Waldbüffel.«

Der Dorfchef verschwand durch den hinteren Ausgang, und wir warteten, bis auch die Alten das Palaverhaus verlassen hatten. Als wir die Tür erreichten, fiel mir die Schiefertafel mit dem eigenartigen Namen wieder ein, und ich fragte Magasouba danach.

»Er war Engländer«, antwortete er tonlos. »Er wollte zur Quelle wie Sie. Das ist viele Jahre her. Wir fanden seine Leiche. Die Hände fehlten. Niemand weiß, was passiert ist.«

Bevor wir in die verregnete Nacht hinaustraten, drehte ich mich noch einmal um. Auf der Tafel, dicht unter dem Namen des Engländers, stand jetzt mein eigener.

»Was haben Sie den Alten erzählt?«, fragte ich Magasouba auf dem Rückweg zur Hütte.

»Ich habe ihnen alles gesagt, was ich über Sie weiß.«

»Dafür dass ich erst seit drei Tagen in Bakando bin, haben Sie lange gesprochen.«

Magasouba lächelte.

»Ich habe ihnen gesagt, dass Sie ein deutscher Journalist sind und viele Länder Afrikas bereist haben, dass Sie gerne ein Afrikaner wären, aber weder so denken noch so handeln wie wir und nicht so viel von unseren Dingen verstehen wie ein kleines Kind. Ich habe ihnen gesagt, dass Sie ein Verrückter sind, der sich in den Kopf gesetzt hat, die Quelle des Niger zu sehen. Wir achten Verrückte, verstehen Sie? Sie haben Kräfte.«

»Und das hat ausgereicht, um sie zu überzeugen?«

»Ich habe ihnen auch gesagt, dass Sie es auf eigene Faust versuchen werden, wenn wir Ihnen nicht helfen. Ein toter Weißer bringt Probleme, viele Probleme. Und davon haben wir mehr als Kariténüsse.«

Wir stapften schweigend durch den Regen, und ich fühlte mich plötzlich schrecklich einsam. In den Wochen vor meiner Abreise hatte ich eine ungewöhnliche Pechsträhne durchlebt. Bei einer Bahnfahrt von Brüssel nach Hause zog ich mir – gerade als ich in ein Lachsbrötchen beißen wollte – einen Bandscheibenvorfall an der Halswirbelsäule zu. Ein Sturm deckte eine Ziegelreihe auf dem Dach meines Hauses ab, der Regen strömte herein, und bevor ich etwas dagegen tun konnte, stand das Wasser im Wohnzimmer knöchelhoch. Bei einem Kurztrip nach Südfrankreich musste ich mit einer Fischvergiftung ins Krankenhaus. Und daheim vermehrten sich im Genitalbereich plötzlich seltsame Pusteln. Nach eingehender Untersuchung meinte meine Hautärztin, es gebe keinen Grund zur Besorgnis.

»Es sind nur Warzen, mein Lieber. Eigentlich eine Kinderkrankheit. Wir werden sie rausschneiden.«

»Einzeln?«, schrie ich.

»Ja, jede einzeln!«

Und die Unannehmlichkeiten wollten nicht abreißen. Ein reizvoller Auftrag – eine Reportage über die Berggorillas in Uganda – platzte, die Journalistenschule, an der ich unterrichtete, strich meine Kurse, und aus unerfindlichen Gründen bekam ich einen Tennisellbogen.

Ich war viel unterwegs gewesen in den vergangenen Jahren. In Urlaub zu fahren, wie meine Bekannten sich ausdrückten, war zu meinem Beruf geworden. All diese Unternehmungen hatten jedoch klar vorgegebene Ziele, waren voller Termine und Verpflichtungen und immer zeitlich begrenzt. Ich sehnte mich nach meinen früheren ausgedehnten Reisen, danach, morgens aufzustehen, ohne zu wissen, was der Tag bringt, Pläne zu schmieden und sie ohne Bedenken wieder zu verwerfen. Ich sehnte mich nach allem, was den Reisenden vom Touristen und vom Reporter unterscheidet. Ich wollte Zeit haben, eintauchen, mich treiben lassen.

Es war Anfang Oktober, und zu Hause ergrauten die Städte. Graue Hausfassaden, graue Straßen, graue Gesichter. Die Leute würden sich bald bei Dunkelheit aus ihren Betten quälen, um sich auf dem Weg zur Arbeit in Busse und U-Bahnen zu zwängen oder in ihren Autos über vereiste Straßen zu rutschen, und wenn sie abends auf dem gleichen Weg nach Hause kamen, würde es wieder dunkel sein. Ich verabscheue die kurzen Tage des europäischen Winters. Die alltäglichen Prozessionen erinnern mich in dieser Jahreszeit noch mehr als sonst an Leichenzüge.

Es war ein guter Zeitpunkt, um zu verschwinden. Ich stopfte ein paar Sachen in meinen Rucksack, warf meiner Nachbarin den Hausschlüssel in den Briefkasten – ein eindeutiger Hinweis, dass ich verreist war und sie sich um meine Pflanzen kümmern sollte – und sprach eine kurze Mitteilung auf meinen Anrufbeantworter: »Das Büro ist voraussichtlich bis Mai nicht besetzt. Bitte hinterlassen Sie keine Nachricht.« Dann nahm ich den Text noch einmal auf und hängte die kommende Jahreszahl hinter den Monat, um Missverständnisse zu vermeiden.

Eine Reise beruht immer auf denselben Gründen, dachte ich, während ich mit Magasouba im strömenden Regen durch Bakando stapfte: Flucht oder Suche oder eine wie auch immer gewichtete Mischung aus beidem. Bei mir dominiert eindeutig das Fluchtmotiv, spann ich den Gedanken weiter, doch da ist noch etwas: Ich reise nicht irgendwohin. Seit meiner Kindheit faszinieren mich Flüsse. Ich bin am Rhein aufgewachsen, ich habe die Donau und den Mississippi befahren, den Amazonas, den Nil, den Mekong, und schon als kleiner Junge habe ich davon geträumt, den Niger zu bereisen – den ganzen Niger, von der Quelle bis zur Mündung. Ich kann stundenlang über einer Landkarte brüten und dem geheimnisvollen Weg dieses Flusses folgen, diesem zerknitterten, blauen Faden, der sich ringelt und windet, sich teilt, zusammenfügt, verschwindet und wieder erscheint, der quer durch Westafrika strebt und dann plötzlich innehält – aus einer Laune heraus oder aus Respekt vor dem leeren Ockergelb, das sich bis ans Mittelmeer hinaufstreckt –, der dann einen Buckel macht, einfach so, abknickt wie ein Taucher, um in die Tiefe eines düsteren, schmutzigen Grüns hinabzugleiten, in dem er sich verliert und sich in hundert Spitzen teilt, als wolle er den Atlantik aufspießen, dort unten im Golf von Benin.

Ich hatte die alten Entdeckerberichte verschlungen, ethnologische Abhandlungen, Mythen und Legenden gelesen, Vegetation und Tierwelt studiert und mich von den zahllosen Kulten und Ritualen entlang des Flusses faszinieren lassen. Doch bei all meinen Reisen als Reporter hatte ich den Niger immer ausgeklammert, ihn mir sozusagen aufgespart, wie man es mit seinen feinsten Pralinen tut ...

»Ich habe den Alten noch etwas erzählt«, sagte Magasouba plötzlich und riss mich aus meinen Gedanken.

Wir hatten den Waldrand erreicht. In Bakando glommen Sturmlaternen aus einzelnen Fenstern. Die Hütten kamen mir jetzt wie Pilze vor, die über Nacht aus der Erde wuchsen.

»Ich habe den Alten gesagt, dass Sie in meinem Haus schlafen und mit uns aus einer Schüssel essen. Und ...« Magasouba unterbrach sich und legte die rechte Hand auf die Brust, wie er es schon im Palaverhaus getan hatte. »Und ich habe ihnen gesagt, dass ich Sie mag.«

3

Der Kommandant von Bakando war ein fetter, uniformierter Mittvierziger, dem Haarbüschel aus den Ohren wuchsen. Der Vergleich mit einem Waldbüffel schien mir nicht zu weit hergeholt. Er saß mit geschlossenen Augen in seinem Amtsstuhl und zermalmte etwas mit seinem Unterkiefer. Hinter ihm standen zwei kleine Jungen und kraulten seinen kurz geschorenen Schädel.

»Ich habe von Ihnen gehört«, brummte er, ohne die Augen zu öffnen. »Sie sind der Fremde, der zur Quelle will. Setzen Sie sich!«

Der junge Soldat, der mich hereingeführt hatte, verließ den Raum und zog leise die Tür hinter sich zu. Ich nahm auf dem Stuhl vor dem Schreibtisch Platz, auf dem ein schwarzes Telefon ohne Wählscheibe stand. Auf einem Stapel vergilbtem Papier lag eine Kalaschnikow wie ein exotischer Briefbeschwerer. Die Mündung der Waffe zeigte auf meinen Bauch.

»Ihre Papiere!«, sagte der Kommandant, die Augen noch immer geschlossen. Die Fingerspitzen der Jungen raspelten über seine Haarstoppeln. Ich schob ihm meinen Pass hin, einige Empfehlungsschreiben von Verlegern und von Ministerien in Conakry sowie ein Musterbuch mit einer Auswahl von Arbeitsproben: schöne Fotos, Reportagen, Titelseiten von Büchern und Zeitschriften, von denen ich hoffte, dass sie die Angelegenheit beschleunigen würden. Den Passierschein legte ich daneben. Er war vom Sicherheitsministerium in Conakry ausgestellt und galt immer nur bis zum nächsten Kontrollposten. Der Kommandant brauchte ihn nur abzustempeln, wie dies die Kommandanten, Präfekten, Unterpräfekten, Soldaten und Polizisten sämtlicher Kontrollposten bereits getan hatten, die ich auf dem weiten Weg von der Hauptstadt nach Bakando passiert hatte. Doch der Kommandant rührte sich nicht. Sein Atem ging gleichmäßig, und es schien, als wolle er jeden Moment einschlafen. Die beiden Jungen warfen sich viel sagende Blicke zu, wohl in der Hoffnung, dass sie ihrem Frondienst entwischen könnten, doch genau in diesem Moment zog der Kommandant die Augenlider hoch wie die Wrack-

20

teile eines gesunkenen Schiffs und griff in Zeitlupe nach meinen Papieren. Er prüfte das Visum und die Stempel der Ministerien und blätterte lustlos in den Arbeitsproben.

»Sie haben also ein Buch über den Iran und eins über den Libanon gemacht«, begann er, und seine Stimme verhieß nichts Gutes. »Und jetzt wollen Sie eins über Guinea machen? Mögen wohl Krisengebiete, wie?«

Sein Blick klebte an einem eher unglücklich gewählten Foto, das eine zerschossene Moschee in der Altstadt von Beirut zeigte. Er kniff die Augen zusammen.

»Glauben Sie etwa, Herr Deutschland, dass Guinea ein Krisengebiet ist?«, fragte er deutlich lauter.

»Nein«, antwortete ich ein wenig zu schnell. »Nein, das glaube ich nicht.«

Der Kommandant lehnte sich so weit nach vorne, dass sich unsere Nasenspitzen fast berührten.

»Darauf können Sie Gift nehmen, Herr Deutschland!«, schrie er mir ins Gesicht. »Wir *sind* eine Krisenregion! Befinden uns im Krieg, falls Sie es noch nicht bemerkt haben.«

Er sprang auf, und die beiden Jungen stoben in panischem Schrecken davon. Dicke Adern traten aus seinem Hals, und sein Kopf schwoll hochrot an.

»Die Rebellen aus Sierra Leone zünden unsere Dörfer an«, schrie er, »holen sich unseren Reis und unsere Frauen. Und Sie wollen an der Grenze herumspazieren und sich ein Dreckloch im Wald anschauen?«

Durch das Fenster sah ich, wie die neuen Freiwilligen vor einem Offizier exerzierten. Still! Rühren! Still! Rühren! Und dann: Links, rechts! Links, rechts! Die Halbwüchsigen hüpften in ihren zerschlissenen Shorts herum wie eine Herde verirrter Ziegen. Die meisten von ihnen trugen Badeschlappen. Auf ein Kommando begannen sie zu singen und zu traben, und schließlich verschwanden sie im Wald.

»... können Sie mir sagen, wer für Ihre Sicherheit garantieren soll?«, schrie der Kommandant noch immer. »Wie wollen Sie sich schützen? Mit Ihrem Kugelschreiber? Hat es Ihnen die Sprache verschlagen, Herr Deutschland?«

Eine innere Stimme riet mir, jetzt meinen Mund zu halten, doch gerade in diesem Moment fiel mir ein, wie viel die Leute hier von Magie hielten.

»Ich werde zu einem Fetischeur gehen«, hörte ich mich sagen. »Er wird mir einen mächtigen Zauber machen.«

»Sie glauben doch nicht etwa an diesen Scheißdreck!«, explodierte der Kommandant. »Ich bin Moslem und Sie sicher Christ, oder nicht? Wie wollen Sie Ihrem Herrn Jesus erklären, dass Sie irgendwelche Beutelchen tragen, in denen Fingerkuppen und Affenpenisse eingewickelt sind?«

»Ich praktiziere meine Religion nicht«, sagte ich ruhig.

Dem Kommandanten entfuhr ein lautes, erstaunlich hohes »Ah!«, in der Art, wie es bisweilen durch die dünnen Wände von Billighotels dringt, doch ich kam nicht mehr dazu, die genaue Bedeutung des Lauts zu enträtseln, denn er hatte bereits seine Kalaschnikow vom Tisch gerissen und in derselben Bewegung entsichert. Seiten vergilbten Papiers wirbelten durch die Luft. Es entstand ein kurzes Vakuum, in dem mein Leben noch einmal an mir vorüberzog; dann riss er den Abzug durch, und es ertönte ein metallisches Klack.

Der Waldbüffel brüllte vor Lachen.

»Munition, keine Munition«, schrie er hysterisch. »Sind im Krieg und haben nicht einmal Munition. Aber Sie müssen zugeben, dass wir gefährlich aussehen.«

»Natürlich.«

Ich löste meinen Griff vom Stuhl. Ich war schweißgebadet.

»Ich bin ein zivilisierter Mensch«, sagte der Kommandant. »Ich würde nie in meiner eigenen Amtsstube auf jemanden schießen.«

»Natürlich nicht.«

»Aber Spaß beiseite, mein Freund. Sagen Sie mir eins: Warum gerade Afrika?«

Ich glaubte nicht, dass ihn die Antwort wirklich interessierte. Er suchte nur nach einem Grund für einen weiteren Wutausbruch. Ich hätte mit dem Anruf einer Redaktion in Hamburg beginnen können.

»Wie wäre es mit etwas Neuem, Kollege?«, hatte die Stimme gesagt. »Lateinamerika – das wird doch auf Dauer langweilig. Kokain, Revolution, Menschenschmuggel, aussterbende Indios.«

Die Stimme lachte.

»Red keinen Blödsinn!«, sagte ich. »Was hast du für mich?«

»Wie wäre es mit Mosambik?«

Ich wusste, dass Mosambik an der Ostküste Afrikas lag und dass dort unruhige Zeiten herrschten – mehr nicht.

»Warum gerade ich?«

»Du sprichst Portugiesisch.«

Ich flog ein paar Tage später. Mosambik war voller Überraschungen, und bald merkte ich, dass Afrika immer voller Überraschungen war. Hier konnte jeden Moment alles passieren. Und da war noch etwas – etwas, das ich aus Lateinamerika nicht kannte und das mich sofort in seinen Bann schlug. Es war der Geruch dieses Kontinents. Er roch alt, uralt, nach unvorstellbaren Geheimnissen, nach Mythen und Legenden, Wüsten, Regenwäldern, trüben Flüssen. Auf Mosambik folgten Mauretanien, Südafrika, Gambia, Eritrea – und der Geruch setzte sich in meiner Nase fest. Wenn er sich verflüchtigte, bekam ich Atemnot.

Es schien mir zwecklos, dem Kommandanten all das zu erklären, doch er saß mir gegenüber, wiegte seinen Oberkörper hin und her und wartete auf eine Antwort wie ein aufgestapeltes Lagerfeuer auf die Flamme.

»Ich habe mich in Afrika verliebt«, sagte ich plötzlich.

Der Kommandant überlegte kurz, dann lachte er so heftig, dass er einen Hustenanfall bekam und einen zähen Klumpen unter den Schreibtisch spuckte.

»Ah, die Frauen! Die Frauen!«, röchelte er verständnisvoll, griff nach dem Stempel und hob ihn in die Luft, wo er einen Augenblick lang schwebte wie eine Waffe in der Hand Gottes, dann ging er nieder, allerdings nicht auf meinen Passierschein, sondern in die Schublade des Schreibtischs.

»Kommen Sie morgen wieder«, sagte der Kommandant, »oder besser übermorgen.«

An diesem Nachmittag sah ich meine ersten Nigerfische. Sie lagen vor Magasoubas Frau Aisa in einer Kalebasse und warteten auf ihre Zubereitung. Es waren zwei Dutzend fingerlange Fische von dunkelbrauner Farbe. Ihr Bauch schimmerte silbern. An den Rückenflossen zählte ich zwölf bis vierzehn bogenförmige Strahlen, bei einzelnen Exemplaren mischten sich dunkle Punkte dazwischen. Ihr Kopf lief spitz zu, und das quer gestellte Maul schien zu lächeln. Ich rannte hinüber in Sakos Hütte und kramte Delphi aus meinem Rucksack. Der kleine Handcomputer war eine Spezialkonstruktion eines Freundes, der in kürzester Zeit für jedes technische Problem eine praktische Lösung herbeizauberte. Ich verreiste nie ohne Delphi. Er besaß einen aufklappbaren Monitor, funktionierte mit Sonnenenergie, wog gerade so viel wie ein dickes Buch und enthielt eine umfangreiche Datenbank über Fische, Vögel, Kriech- und Säugetiere. Ich hatte längere Zeit zwei Zoologiestudenten beschäftigt, die sämtliche Standardwerke zu diesen Bereichen auswerteten und digitalisierten. Damit die Datenmengen für Delphi nicht zu groß wurden, war die Welt in verschiedene Regionen unterteilt. Bevor ich abreiste, hatte ich nichts weiter zu tun, als die entsprechende Datenbank aufzuspielen, in diesem Fall jene für West- und Zentralafrika. Ich reiste sozusagen mit einer exzellent sortierten Bibliothek im Handgepäck.[2]

Zu meiner Überraschung handelte es sich bei den kleinen Fischen in Aisas Kalebasse um Guinea-Prachtkärpflinge *(Aphyosemion guineense)*. Bis dahin hatte ich immer geglaubt, diese zu den Eier legenden Zahnkarpfen zählende Gattung sei durchweg farbenfroh. Gegen den Bunten Prachtkärpfling aus Gabun oder den Gebänderten aus Äquatorialafrika war Aisas Fischen mit diesem Namen eher geschmeichelt. Doch mir gefiel ihre Schlichtheit. Sie erinnerten mich an winzige Hechte.

»Der Guinea-Prachtkärpfling lebt bevorzugt in den Savannengewässern Guineas, Sierra Leones und Liberias und ernährt sich haupt-

---

[2] Delphi enthielt unter anderem Daten aus *FishBase*, einer digitalen Enzyklopädie der Fische mit 25 000 ausführlich beschriebenen und abgebildeten Arten von Süß- und Salzwasserfischen. Ferner: Dagets *Les poissons du Niger Supérieur; Fieldguide to Nigerian Freshwater Fishes* von Olaosebikan und Raji; *Birds of West Central and Western Africa* von Mackworth-Praed und Grant; *Vögel Afrikas* von König und Ertel; *Grzimeks Tierleben* und das *Bertelsmann Lexikon Tiere* sowie *West African Snakes* von Clansdale.

sächlich von Insekten«, klärte mich Delphi auf. Seine maximale Größe war mit sieben Zentimeter angegeben. Die Punkte, die mir im Strahlenmuster einiger Rückenflossen aufgefallen waren, markierten die Weibchen. Und unter den Zusatzvermerken stand: »Sehr schwer im Aquarium zu halten.«

»Wissenschaft! Wissenschaft!«, rief Magasouba begeistert.

Er war mit Familie und Nachbarn herübergekommen, und alle verfolgten gebannt die wechselnden Seiten auf dem Monitor.

»Wir nennen diesen Fisch Kili.«

»Kili! Kili! Kili!«, schrien die Kinder völlig außer sich.

»Hier heißt es, der Kili sei für den Fang nicht von Interesse«, sagte ich und ließ die Fische in der Kalebasse durch meine Finger gleiten.

»Sie sind klein«, sagte Magasouba, »aber gut genug für eine Soße.«

Am Abend aßen wir Fufu mit Prachtkärpfling-Einlage, und die spatenförmigen Blätter des Ndolé-Baums gaben dem Gericht einen leicht bitteren Geschmack.

»Sie müssen mehr Soße nehmen«, sagte Aisa, die herüberkam, um neu aufzutragen. Sie schöpfte kräftig auf meinen Abschnitt in der Gemeinschaftsschüssel, knetete mit ihrer Hand mundgerechte Klumpen und legte sie vor mich hin.

»Aisa, bitte!«, protestierte ich. »Ich kann das selbst machen.«

»Unsinn! Unsinn!«, kreischte sie vergnügt. »Männer sind ewige Babys. Fragen Sie Ihre Mutter! Fragen Sie Ihre Frau! Fragen Sie Ihre Schwester! Männer wollen ständig gefüttert werden. Und wenn ein Baby kommt, zanken sie sich mit ihm um die Milch.«

»Ich mag keine Milch«, sagte ich in gespieltem Ärger.

Alle lachten.

»Ich habe einen Onkel«, sagte Magasouba nach dem Essen. »Er ist ein weit gereister Mann. Er war in Europa. Wollen Sie ihn kennen lernen?«

Natürlich wollte ich das.

Der alte Mann lag in seiner Hängematte und schaukelte friedlich zwischen zwei Orangenbäumen. Als er uns sah, zog er jedoch erschrocken den Kopf ein und keifte:

»Wenn Sie kommen, um mich zu rekrutieren – verschwinden Sie!«

Er musste weit über achtzig Jahre alt sein und schien etwas verwirrt. In seinen Mundwinkeln klebte getrockneter Speichel. Er beruhigte sich und bat uns in seine Hütte, in der es finster war und streng nach Urin roch. Wir nahmen auf einer Matte am Boden Platz; er selbst setzte sich auf sein Feldbett.

»Mein Onkel, Boubacar Keita!«, sagte Magasouba feierlich. »Er war Soldat in der Armee der Franzosen.«

»Drei Kriege! Drei, drei, drei!«, schrie der Alte. »Kamerun, Algerien, Indochina. Fünf Jahre meines Lebens. Fünf, fünf, fünf, fünf, fünf!«

Er tobte, und das Bett quietschte unter ihm wie ein misshandeltes Maultier. Sein Großvatergesicht verzerrte sich zu einer Grimasse. Dann sprang er plötzlich auf, schlug lautstark die nackten Knöchel zusammen und salutierte:

»Boubacar Keita, ancien combattant!«

»Was ist damals passiert?«, fragte ich verwirrt. »Hat man Sie zwangsrekrutiert?«

»Ich war freiwillig für die Franzosen«, sagte er etwas unbeholfen. »Wir alle waren freiwillig für sie.«

»Aber das waren nicht Ihre Kriege, Guinea hatte doch damit nichts zu tun.«

»Natürlich. Nein, die Franzosen haben uns geangelt, blöde Fische – mit viel Sold.«

Ich bemühte mich, aber ich sah das Problem nicht. Die Franzosen hatten Kriege geführt, sie brauchten Soldaten und boten Geld für die Drecksarbeit, und der junge Boubacar hatte sich freiwillig gemeldet. Ich warf Magasouba einen fragenden Blick zu. Er zuckte mit den Schultern.

»Mein Andenken!«, schrie der Alte plötzlich und deutete auf eine Militärmütze, die an der Lehmwand hing. »Ich habe sie aufgehoben und dort hingemacht. Ich schaue sie jeden Tag an, seit fünfzig Jahren! Fünfzig, fünfzig, fünfzig, fünfzig, fünfzig, fünfzig…«

Er hielt das eine Weile lang durch, kam aber nicht bis an sein Ziel, sondern rang plötzlich nach Luft und fiel nach hinten auf sein Bett. Aus irgendeinem Grund zog er einen Blechlöffel aus der Brusttasche und betrachtete ihn von allen Seiten.

»Als alles vorbei war«, wimmerte er, »haben uns die Franzosen in Schiffe gesteckt und nach Hause geschickt. Wie krankes Vieh. Kein Sold. Nicht einmal ein Dankeschön.«

Er tat mir Leid. Ich hätte ihm gerne eine Freude gemacht, doch Magasouba zog mich am Ärmel hinaus. Unser Besuch hatte den Alten sehr angestrengt. Er murmelte noch ein paar unverständliche Worte, dann war Boubacar Keita, der *ancien combattant* von Bakando, eingeschlafen.

Wir gingen schweigend durch eine Papayapflanzung mit kleinen Blätterschirmen und unreifen Früchten, die aussahen wie dunkelgrüne Rugbybälle.

»Was halten Sie von der Sache meines Onkels?«

»Französische Arroganz.«

»Afrikanische Dummheit!«

Vor den äußeren Hütten des Dorfes saßen ein paar Kinder am Boden und drängten sich um eine Waldmaus, die sie eben gefangen hatten. Ein Junge tauchte mit einer Schnur auf, band das eine Ende an den Schwanz der Maus und das andere an eine schwere Axt.

»Nun zu Ihrem Problem«, sagte Magasouba und deutete in die Richtung des Kommandopostens.

»Der Kommandant ist ein Choleriker.«

»Sie müssen einfache Worte benutzen, wenn ich Sie verstehen soll.«

»Entschuldigung, ich meine, ich bin kein Stück weitergekommen.«

»Weil Ihre Ohren nicht offen waren.«

»Das verstehe ich nicht.«

»Eben.«

Die Axt lag jetzt etwa einen Meter vor dem Mauseloch. Der Junge ließ die Maus in der Luft baumeln und setzte sie auf den Boden. Sie rannte sofort in ihr Loch, so weit, bis sich die Schnur spannte. Die Kinder klatschten in die Hände und schrien vor Begeisterung.

»Der Waldbüffel ist hungrig«, sagte Magasouba und legte seine Hände auf den Bauch. »Er hat eine große Familie, unten in Nzérékoré. Das Gras, das ihm die Armee zu fressen gibt, reicht nicht einmal für ihn selbst. Sie haben doch seinen fetten Wanst gesehen, oder?«

27

»Wie viel Zusatzfutter würde ihn denn umstimmen?«, spielte ich das Spiel mit.

»Kommt darauf an, was Ihnen sein Kot wert ist?«

Er benutzte das französische Wort *merde*. Wir lachten.

»25 000!«, sagte Magasouba wieder ernst. »Wenn Sie können, geben Sie ihm 25 000 Francs[3]. Dann sagen Sie: ›Ein paar Schulhefte für Ihre Kinder, Herr Kommandant.‹ Und alles wird gut.«

Der Junge griff jetzt nach der Schnur. Die Maus sträubte sich mit all ihren Kräften, doch er zog sie mühelos aus ihrem Loch und hielt sie den anderen Kindern vor die Nase. »Käsefresser! Käsefresser!«, verhöhnten sie die Maus und feierten den Jungen für seine grandiose Idee.

Bei unserem zweiten Treffen erinnerte der Waldbüffel eher an einen Papagei. Er trug lila Hosen, ein bunt kariertes Flanellhemd und rotweiße Ringelsocken. Der Papierstapel und die Kalaschnikow waren verschwunden.

»Sind Sie gesund?«, fragte er ohne Einleitung.

»Sicher!«

Meine Halskrause lag in der Hütte.

»Dieser Fluss ist verseucht. Es gibt keine Krankheit in Afrika, die er nicht ausbrütet. In der ersten Woche werden Sie Malaria bekommen, dann Würmer, das Gelbe Geschwür, die Cholera. Vielleicht das Lassa-Fieber. Und die Frauen – dort drinnen, Sie wissen schon, dort drinnen sind sie schmutzig. Wenn Sie Sex haben, schwillt Ihr Speer. Er platzt. Sie sterben.«

Der Gedanke schien ihn zu amüsieren.

»Ich habe nicht vor, unterwegs Sex zu haben«, sagte ich ruhig.

»Ihren Impfausweis, bitte!«

Ich legte die abgezählten 25 Scheine zu 1000 Francs in das gelbe Heftchen und schob es ihm über den Tisch. Er sah mich mit gespielter Überraschung an. Der Betrag entsprach dem monatlichen Sold eines Unteroffiziers.

»Für Ihr Frühstück, Herr Kommandant«, sagte ich.

---

[3] Francs Guinéens/knapp 15 Euro

Er kniff die Augen zusammen. Dann steckte er das Geld ein und lächelte.

»Ich sehe, Sie haben unsere Bräuche studiert«, sagte er, zog ohne Umschweife den Stempel aus der Schublade und schlug ihn kräftig auf meinen Passierschein.

»Sie werden ein paar meiner Männer mitnehmen – zu Ihrem eigenen Schutz«, sagte er butterweich, während er seine Unterschrift neben den Stempel kritzelte.

Ich erschrak. Im Geist sah ich Soldaten in Badeschlappen, die sich im Wald nicht auskannten, ihre Befehle herumschrien und mit Waffen herumfuchtelten. Ich wollte keine Militärexpedition ausrüsten, sondern die stillen Waldpfade zur Quelle des Niger gehen, in den entlegenen Siedlungen die Geschichten der Alten hören, Affen, Antilopen, subtropische Fische sehen, exotische Vögel, wenn möglich einen Leoparden oder gar den seltenen, scheuen Waldelefanten.

»Vielen Dank«, sagte ich und versuchte zu lächeln. »Ich weiß Ihr Angebot wirklich zu schätzen, aber wie Sie schon sagten, es ist Krieg. Ihre Soldaten haben jetzt wichtigere Aufgaben, als Touristenführer zu spielen.«

Der Kommandant zuckte mit den Schultern, schob den Passierschein über den Tisch und drehte sich zum Fenster.

»Der Wald wimmelt von Rebellen«, sagte er so leise, dass ich ihn kaum verstand. »Sie werden Ihnen die Hände abhacken.«

4

Kurz nach Mittag – ich saß gerade unter einem Orangenbaum und machte ein paar Notizen – kam ein kleiner Junge angelaufen. Magasouba bat mich zu sich. Bakando flimmerte in der Hitze. Die Alten waren von ihrer Tratschbank unter dem Mangobaum verschwunden. Keine Kinder schrien, kein Kochfeuer knackte. Hunde lagen wie erschlagen vor den Hütten. Wald und Savanne waren zu einer leblosen Fotografie erstarrt.

»Kong, kong«, sagte ich mangels einer Tür, an der ich hätte anklopfen können.

Magasouba und ein Alter, den ich noch nie im Dorf gesehen hatte, schälten sich aus dem Dunkel der Hütte und reichten mir zur Begrüßung die Hand. Magasouba wusch eine große Kolanuss, rieb sie trocken, brach sie und reichte jedem von uns ein Stück.

»Alidji Samoura aus Farakoro!«, sagte er theatralisch und verneigte sich vor dem Fremden. »Sein Vater war Dialonke, seine Mutter Kouranko. Er ist Weiser und Historiker und ein Suchender – wie Sie. Samoura war viermal an der Quelle des Tembi und hat seine Wege überlebt. Niemand kennt das Gebiet besser. Er wird Sie zur Quelle bringen und flussabwärts bis Kossaba begleiten, wo der Tembi den Wald verlässt.«

Alidji Samoura war ein dürres Männchen und mochte um die fünfundsechzig Jahre alt sein. Er hatte die Beine unter seinem aschgrauen Boubou zum Schneidersitz gekreuzt. Wir gaben uns noch einmal die Hand, und er lächelte zurückhaltend. Dabei leuchteten seine Zähne auf. Sie waren in tadellosem Zustand.

»Wie viele Tage wird die Reise dauern?«, fragte ich aufgeregt.

»Eine europäische Frage«, sagte Samoura ruhig. »Ich kann Ihnen leider nur eine afrikanische Antwort geben. Vielleicht erreichen wir Kossaba in sechs Tagen, vielleicht in zwölf oder mehr.«

Die Kolanüsse krachten zwischen unseren Zähnen wie frische Radieschen. Ihr bitterer Geschmack zog mir das Wasser im Mund zusammen.

»Die Zeit ist ungünstig«, fuhr Samoura fort. »Die Rebellen tanzen. Die Schlangen tanzen. Die Leoparden tanzen. Selbst die Krokodile tanzen. Und wir werden bis zum Hals durch ihr Wasser gehen müssen. Wir werden viel Gras schneiden, und viel Gras wird uns schneiden. Vielleicht brauchen wir für die Weite eines Bogenschusses einen ganzen Tag. Niemand kennt den Willen der Geister.«

Ich mochte Samoura sofort, doch ich hatte einen jüngeren Führer erwartet. Er war mager, sein Atem ging schon im Sitzen schwer, und seine Kniescheiben knackten. Er sah nicht aus, als könne er den von ihm beschriebenen Marsch durchhalten. Magasouba und Samoura schienen meine Gedanken zu erraten. Sie lächelten.

Ich nahm ein Mittel von einem halben Monat für die Reise an, und wir einigten uns ohne lange Verhandlungen auf 60 000 Francs. Dann ließ Magasouba die Männer rufen, die der Rat dazu bestimmt hatte, uns zu begleiten. Der jüngere trug ein kurzärmliges Baumwollhemd, aus dem seine muskulösen Oberarme quollen. Er lächelte schüchtern und vermied es, mich anzusehen. Sein Name war Kourou.

Der andere kaute auf einem Grashalm und verbeugte sich leicht. Er war Mitte dreißig, selbstsicher und hatte etwas hellere Haut. Neben dem kräftigen Kourou wirkte er fast zerbrechlich. Er trug ein Hemd und eine Hose aus grobem, dunkelbraunem Wollstoff und eine kleine Ledertasche quer über der Schulter. Am Oberarm fiel mir eine schlimme Narbe auf, die ich auf eine schwere Brandverletzung zurückführte.

»Kaba ist ein guter Jäger«, sagte Magasouba. »Er hat ein Gewehr und wird unterwegs für Fleisch sorgen. Er kennt den Gesang des Waldes. Er ist euer Ohr, eure Nase, euer Coupe-Coupe[4].«

Magasouba brach zwei weitere Kolanüsse und reichte sie gerade herum, als draußen ein lautes Stampfen ertönte wie von einem herantrabenden Ochsen, und gleich darauf stolperte noch ein Mann in die Hütte.

»Hochzeit, Hochzeit«, schrie er atemlos. »Zu spät, spät. Hochzeit in Kobikoro.«

Er stieß an die Hüttenwand – Lehm bröckelte ab, Palmstroh regnete vom Dach –, drehte sich um die eigene Achse und fiel vor unsere Füße.

»Keita! Sékou Keita!«, stöhnte er. »Magasoubas Sohn, Sohn des Dorfchefs, Sohn des Zauberers. Ich gehe mit dir zur Quelle, Professor.«

Sein Gesicht war von Schlamm verkrustet, sein Hemd zerrissen. Er roch nach Palmwein und Erbrochenem. Ich warf Magasouba einen fragenden Blick zu.

»Ihr dritter Mann«, sagte er verlegen. »Mein Sohn Sékou, Sie würden ihn meinen Neffen nennen.«

---

4 Buschmesser, Machete

»Keine Angst, Professor«, röchelte Sékou. »Wir werden dich beschützen.«

»Ich bin kein Professor.«

»Verstanden, Professor.«

Die Sonne war noch nicht aufgegangen, als wir erneut in Magasoubas Hütte saßen und gesüßten Getreidebrei schlürften. Nur Sékou aß nichts. Er trug ein frisches, tarnfarbenes Baumwollhemd, ein Stirnband und am Gürtel ein Funkgerät.

»Hab schon gefrühstückt«, jammerte er und rieb sich die Schläfen. Als er hinausging, stieß er mit dem Kopf an den Türrahmen und schrie laut auf.

»Wozu ist das Funkgerät gut?«, fragte ich, als Sékou verschwunden war.

»Es funktioniert nicht «, sagte der muskulöse Kourou. »Aber es sieht gut aus. Solche Sachen gefallen den Mädchen.«

Nach dem Frühstück zog ich Magasouba beiseite, um ihm zum Abschied ein Schweizer Messer und ein Geldgeschenk zu überreichen – »Ein wenig Reis für Ihre Familie«. Er schüttelte meine Hand und schenkte mir ein kreischendes Huhn. Wir banden es auf Kourous Proviantsack fest, wo es in einen lethargischen Zustand verfiel, luden die Lasten auf unsere Rücken und folgten dem schmalen Pfad, der am Palaverhaus vorbei aus dem Dorf hinausführte. Hinter einer gerodeten Lichtung mit Feldern und Pflanzungen zog Kaba seine Machete aus dem Gürtel und schlug mit kräftigen Hieben eine schmale Schneise ins Dickicht. Der Wald öffnete sich wie ein gewaltiges Tor, gerade weit genug, dass wir hindurchschlüpfen und in die finstere, feuchte, ungewisse Welt eintreten konnten. Dann schloss sich die Vegetation wieder, als wolle sie uns den Rückweg verschließen; der Wald verschluckte uns augenblicklich.

Samoura ging direkt hinter Kaba, und ich war überrascht von der Leichtfüßigkeit, mit welcher der alte Mann über den frisch geschlagenen Pfad hüpfte. Seine Kniescheiben knackten zwar noch immer bei jedem Schritt, doch sein Atem war nicht mehr zu hören. Im Gegensatz zu meinem eigenen. Ich schnaubte durch den stickigen Wald wie ein Asthmatiker, stolperte über Wurzeln und Äste, die sich heimtückisch über den Boden schoben, taumelte, schwindlig vor Hitze, fiel mehrmals hin und rang nach Luft, während ich mich wieder aufrappelte, um den entstandenen Abstand aufzuholen. Mein Blick war auf den Boden geheftet – ein vager düsterer Raum, aus dem in verwirrend ungleichmäßigem Rhythmus Samouras lederne Fersen schimmerten.

»Du darfst nicht hinunterschauen, Professor«, rief Sékou hinter mir. »Der Boden zieht dich an. Schau geradeaus. Schau, schau einfach geradeaus.«

Natürlich hatte er Recht. Unter meinem langen Haar herrschte ein Mikroklima wie unter einer Wollmütze, und der Schweiß strömte in meine Augen. Sie brannten. Die Sicht war verschwommen. Ich konnte dort unten am Boden ohnehin nichts erkennen. Also sah ich geradeaus, auf Samouras Genick, wo kleine Kräusel wie verbrannte Grasbüschel vom Haaransatz zum Rücken wanderten. Eine Wurzel schnellte mit voller Wucht gegen mein Schienbein. Ich schrie laut auf. »So ist es gut«, jaulte Sékou begeistert. »Siehst du, es ist schon besser, vielviel besser.«

Das Huhn auf Kourous Rücken erwachte kurz aus seiner Apathie und gackerte beifällig.

Wenn das Dickicht zurückwich und der Weg etwas gangbarer wurde, nützte ich die Gelegenheit, um die Vegetation des Waldes zu bewundern. Auf beiden Seiten des Pfades bildeten Zingiberaceen undurchdringliche Wände. Majestätische Bäume ragten zwanzig, dreißig Meter hoch auf; hölzerne Lianen krochen an kräftigen Stämmen entlang, um dem Dämmerlicht am Boden zu entrinnen, schwangen sich in den dichten Kronen von Baum zu Baum und bildeten Gewirre, die an Hängebrücken erinnerten. Am meisten faszinierten mich jedoch die zahlreichen Farne und unscheinbaren Blüten, die losgelöst vom Boden auf den Bäumen wuchsen. Sie leben vom Humus, der sich in Astgabeln und Ritzen absetzt, sobald dort Blätter, Früchte oder Blüten verrotten. Solche Epiphyten bilden einen vollkommen unzugänglichen, geheimnisvollen Teil des Waldes, eine Welt über der Welt, und wenn das Kronendach dicht genug ist, lassen sie dort oben ganze Gärten entstehen.

Wir hielten uns nicht direkt am Fluss, da der Boden dort schlam-

33

mig war und Pandanus seine Stelzwurzeln ausstreckte wie gierige Fangarme, doch der Tembi musste in ständiger Nähe sein. In der *Monographie hydrologique du fleuve Niger* hatte ich gelesen, dass das Quellgebiet Teil der Kontaktzone zwischen den Savannen Guineas und den großen Waldgebieten im Süden ist. Dichte Galeriewälder gibt es in dieser Region nur entlang der Flussläufe; schon wenige hundert Meter weiter kann sich die offene Savanne ausbreiten.

Wir durchquerten also riesige Waldinseln, Vorboten des westafrikanischen Regenwaldes oder Überreste uralter Waldgebiete. Bei der Dichte dieser Vegetation war es nicht verwunderlich, dachte ich, während ich einen Hang hinaufkeuchte, dass die Entdecker Afrikas lange Zeit geglaubt hatten, südlich der Sahara sei der Kontinent im Wesentlichen mit dunklen Regenwäldern bedeckt, denn als sie im 19. Jahrhundert in die inneren Regionen aufbrachen, stießen sie meist auf Flüssen vor.

Am Fuß eines Felsens blieben Kaba und Samoura so plötzlich stehen, dass ich fast mit ihnen zusammenstieß. Kaba nahm sein altes Steinschlossgewehr von der Schulter und untersuchte einen riesigen, getrockneten Abdruck am Boden.

»Fona«, sagte er, und irgendwie klang das Wort gefährlich. Der Abdruck sah aus wie ein Haufen Elefantendung im Negativ. Auf einer Seite zog sich eine wellenartige Vertiefung über mehrere Meter in den Busch, als sei dort eine große Menge Wasser abgeflossen.

»Fona«, sagte Kaba erneut und deutete mit beiden Händen einen Schlangenkörper und einen deutlich abgesetzten Kopf an. »Fona! Groß, sehr groß. Er muss seine Höhle in der Nähe haben. Nachts kommt er heraus, um zu jagen. Hier hat er auf Beute gewartet.«

»Wie groß ist er?«

»Sechs Meter, vielleicht sieben.«

In Afrika gibt es verschiedene Arten von Riesenschlangen, doch in dieser Größenordnung kam nur der Felsenpython in Frage. Er kann schlecht sehen und seine Beute nur auf kurze Entfernung an ihren Bewegungen erkennen. In den zahlreichen kleinen Öffnungen seiner Ober- und Unterlippenschilde sind spezialisierte Sinneszellen eingelagert, die selbst auf sehr geringe Wärmestrahlung ansprechen.

»Und was frisst er?«, fragte ich ängstlich.

»Alles, was er erwürgen kann, Professor«, rief Sékou. »Er schleicht sich nachts an. Du schläfst. Er schlägt seine Zähne in deinen Hals. Dann umschlingt er dich. Du erstickst.«

»Verstehe.«

Kurz nach Mittag lockerte sich der Wald auf, und wir traten hinaus in eine halboffene Savanne, wo das Sonnenlicht in den Augen schmerzte. Hier draußen war es heißer, aber trockener, und das Atmen fiel weniger schwer. Ich legte meinen Armeerucksack ab, ließ mich zu Boden sinken und trank hastig aus meiner Wasserflasche.

»Wir haben den ganzen Tag noch keinen Menschen gesehen, Samoura«, japste ich. »Auch keine Felder oder Pflanzungen. Gibt es keine Dörfer in dieser Gegend?«

»Die Kouranko bewohnen die unzugänglichsten Gebiete entlang der Grenze zu Sierra Leone. Ihre Dörfer sind klein, sie verstecken sich im Wald. Wer sie nicht kennt, findet sie nie.«

»Liegt eins von ihnen auf unserem Weg?«

»Wir umgehen sie. Im Wald sind wir klein. Im Dorf sind wir groß. Rebellen mögen große Dinge.«

»Schade«, sagte ich enttäuscht.

»Wenn die Schlange sich nicht versteckt, wird sie nicht sehr lang.«

»Und wir sind die Schlange?«

»Wenn wir nicht vorsichtig sind, sterben wir vor unserer Zeit.«

Kaba gab das Zeichen zum Abmarsch, nahm die Machete zur Hand und ging auf das Elefantengras los wie eine wild gewordene Mähmaschine. Wir hasteten im Laufschritt durch die Savanne. Von der Landschaft war meist kaum etwas zu sehen, denn das Gras überragte uns deutlich. Vor mir glitt Samoura scheinbar schwerelos voran. Seine Kniescheiben knackten jetzt nicht mehr. Ich selbst keuchte über glitschige Felsen, trat in unsichtbare Erdferkellöcher und stolperte über Ameisenhaufen. Samen und Blütenstäube schwirrten durch die Luft. Mücken stachen, saugten Blut, Stiche pulsierten auf der Haut. Einmal sah ich zwei Tauben auffliegen. Turteltauben, dachte ich völlig erschöpft. Natürlich, Turteltauben. Schuppengemustertes, goldschwarzes Gefieder, ging es mir durch den Kopf. Reisignest in Bäumen, meist zwei Eier, fast nackt schlüpfende Junge,

Einehe, ja, Einehe. Ein Bündel Elefantengras schlug mir ins Gesicht. Ich fühlte die feinen Schnitte auf der Wange brennen. Wir stürmten eine Anhöhe hinauf. Der Rucksack trommelte auf meinen Rücken. *Streptopelia turtur*, schwirrte es in meinem Kopf. Eine der wenigen Taubenarten, die ein ausgeprägtes Zugverhalten zeigen. Überwintern in Afrika. Winter in Afrika. Ein Traum. Auch schon oft... geträumt. Nach drei Stunden waren wir oben. Ich warf mich unter einen frei stehenden Nerebaum und wusste nicht, ob ich weinen oder mich übergeben sollte. Erst als ich wieder zu mir kam, fiel mir auf, dass sich die Vegetation völlig verändert hatte. In den höheren Lagen und auf den Granitkuppen machte die Landschaft einen tristen Eindruck. Der Nere, unter dem ich lag, war der einzige Baum weit und breit, eine struppige, verkrüppelte Silhouette mit verkohltem Stamm. An den wenigen Stellen, wo noch eine Schicht Erde die Granitkuppen bedeckte, dehnten sich Grasflächen aus. Ansonsten war jede Vegetation verschwunden.

»Wie weit gehen wir noch?«, jammerte ich.

Kaba deutete auf ein ovales Waldstück am Fuß des Berges, auf dem wir standen. Von unserem Standort aus wirkte es wie das Grün eines Golfplatzes. Es lag am Rand nackter Geröllfelder, die in der Mittagshitze flimmerten, und mit einem Blick wurde mir die verzweifelte Situation der Waldinseln klar, die sich als grüne Flecke an den Fuß der Steilhänge drückten oder die Talsohlen zwischen den Granitrücken ausfüllten. Es waren winzige tropische Oasen, die sich in der endlosen Savanne verloren.

Auf einer tiefer gelegenen Erhebung trafen wir auf eine verlassene Siedlung. Sie war umgeben von dichtem Busch, in dem mir mehrere gewaltige Wollbäume auffielen.

»Tumbon«, sagte Samoura. »Wir nennen solche Orte Tumbon.«

»Warum wurde das Dorf aufgegeben?«

»Die Kouranko sind kein Waldvolk. Sie holzen die Bäume ab oder roden mit Feuer und gewinnen Flächen für ihre Farmen. Wenn der Boden nichts mehr hergibt, ziehen sie weiter.«

Im Tumbon waren nur noch ein paar zerfallene Lehmwände erhalten, und der Busch holte sich zurück, was ihm die Kouranko einst entrissen hatten. Eine smaragdgrüne Schicht aus feinen Gräsern, Flechten und krautigen Kletterpflanzen überwucherte das Dorf. Tonscherben, Plastikfetzen, eine verbogene Gabel. Hier und da ragten hölzerne Stützstangen aus dem Grün wie zerbrochene Skelette. Ein paar Jahre noch, dachte ich, dann wird von diesem Ort nichts mehr übrig sein. Bei manchen Winkeln war ich mir schon jetzt nicht mehr sicher, ob sie menschengemacht oder schon immer Teil des Buschs waren.

»Zur Zeit unserer Großväter herrschte oft Krieg«, sagte Samoura. »Damals gab es hier Palisaden aus Baumstämmen und Dornengestrüpp. Sie waren überlebenswichtig.«

»Gegen wen führten die Kouranko Krieg?«

»Untereinander«, sagte Samoura tonlos. »Oder gegen die Kissi.«

»Die Kissi sind schmutzig«, rief Sékou dazwischen, sprang auf und vollführte einen aufgeregten Tanz auf einem Bein. »Klein und schmutzig, schmutzig und klein. Wie Kourou. Die Kissi sind Buschmenschen, sie haben kein Benehmen. Genau wie Kourou.«

Kourou saß ein wenig abseits und drehte eine Samenhülse in seinen massigen Fingern herum. Die Muskeln seiner Oberarme zuckten kurz, entspannten sich jedoch gleich wieder.

»Ich habe sehr wohl Benehmen«, protestierte er. »Ich war auf der Schule, auf der Schule in Forokonia. Sie haben uns alles beigebracht.«

»Schmutziger, kleiner Kourou«, sang Sékou unbeirrt; er hüpfte vom rechten auf das linke Bein und ließ sich ins Gras fallen. »Dass ich nicht lache. Du warst nie in der Schule, Kourou. Du warst noch nicht einmal auf dem Markt in Forokonia. Du bist ein Buschmann.«

Sékou brüllte vor Lachen. Samoura zog mich ein Stück zur Seite, und wir gingen durch die zerflossenen Lehmgemäuer.

»Kourous Großmutter war eine Kissi«, erklärte Samoura und zupfte ein ovales Blatt von einem Strauch; es duftete entfernt nach Flieder. »Vor Zeiten waren die Kissi unsere Sklaven. Heute heiraten unsere Völker untereinander. Sie machen Kinder. Doch die alten Dinge vergehen nicht so schnell. Die Kissi, die tief im Busch leben, haben noch immer Angst vor uns, vor allen Fremden. Ihre Siedlungen sind klein und noch versteckter als unsere eigenen. Man bemerkt sie erst, wenn man schon mittendrin steht.«

Wir verließen den Tumbon und drangen wieder in den Wald ein, und es schien, als habe man eine Tür geöffnet und sei in ein Dampfbad eingetreten. Hemd und Hose waren schweißnass, und bald setzte ich nur noch mechanisch einen Fuß vor den anderen; ich spürte keine Muskeln mehr, hörte nichts, dachte an nichts. Blätter und Gräser zerschnitten meine Haut, andere verströmten einen beißenden Gestank, Lianen fielen herunter wie Henkerstricke, und jede einzelne Pflanze schien etwas gegen unser Vordringen zu haben, Hunderttausende, Millionen – Stämme, Äste, Wurzeln, riesig, dornig, dicht, schwarzgrün, moosgrün, giftgrün. Unser Tross wand sich mitten hindurch, winzig klein und dicht am Boden wie ein zehnbeiniger Wurm, der sich in einen überdüngten Irrgarten gewagt hat.

Nach zwei weiteren Bergkuppen, vier durchquerten Wasserläufen, unzähligen Stolperfallen und einer kreischenden Affenherde, die wir nicht ausmachen konnten, erreichten wir die Lichtung. Kaba warf seinen Rucksack zu Boden und verschwand ohne ein Wort im Wald. Kourou und Sékou stutzten ein paar Äste zurecht und errichteten in wenigen Minuten drei stabile, hüfthohe Grasdächer. Samoura packte das Huhn und band ihm die Füße zusammen; es hüpfte ein paar Schritte und begann im Boden herumzustochern, während wir Zweige und große Blätter sammelten, mit denen wir unsere Schlafplätze auslegten.

Mein Nacken schmerzte. Ich fühlte mich zerschlagen. Ich nahm mein grünes Theraband, stopfte es heimlich in die Hosentasche und sah mich kurz um, als ich den Waldrand erreichte.

»Diese Richtung ist gut, Professor, keine Angst«, rief Sékou und wies mit der Hand in den Busch. »Ein Stück weiter gibt es einen kleinen Graben. Keine Ameisen, keine Schlangen. Ideal und sehr bequem. Du kannst dich an einer Luftwurzel festhalten.«

Ich schlug die Richtung ein, machte jedoch einen Bogen um den beschriebenen Ort, und als ich weit genug vom Lager entfernt war, ging ich in Schrittstellung und schob das Band unter den linken, nach hinten stehenden Fuß. Dann zog ich die Enden über den Rücken und streckte die Arme senkrecht aus, bis ich aussah wie ein sozialistisches Arbeiterdenkmal. Ich trainierte den Deltamuskel, den Kopfhalter und die dreiköpfigen Armmuskeln. Danach fächelte ich mir Luft mit einem Palmblatt zu und schlich zurück ins Lager.

»Alles in Ordnung, Professor?«

»Alles in Ordnung, Sékou«, sagte ich und spürte, wie ich errötete.

Wenig später kam Kaba zurück. Seine Hosenbeine waren durchnässt, seine Schuhe schlammverschmiert. Er hielt einen großen Nilwaran am Schwanz, warf ihn Kourou wortlos vor die Füße und ging zu einem kleinen Felsen am Rand der Lichtung hinüber, öffnete den Beutel, den er Tag und Nacht über der Schulter trug, und zog ein kleines Tierhorn heraus. Er sprach leise damit, verbeugte sich mehrmals und packte das Horn wieder sorgfältig ein. Dann legte er sich unter das äußerste Grasdach und zündete sich eine Zigarette an.

»Jäger«, flüsterte Sékou. »Sie machen die Frauen wild. Sie essen die Hoden der Tiere. Pavianhoden. Leopardenhoden. Elefantenhoden.«

»Glaub ihm kein Wort, Monsieur Michel«, sagte Kourou. »Er macht sich einen Spaß mit dir.«

Ich wendete mich wieder dem Waran zu. Er war gut anderthalb Meter lang. Seine Haut fühlte sich rau und warm an. Sie war von einem dunklen Grün und auffällig mit gelblichen Querbinden und Flecken gezeichnet. Der abgeflachte, an das Leben im Wasser angepasste Schwanz machte fast die Hälfte der Gesamtlänge aus. Ich sah keine Verletzungen.

»Wie hast du ihn gefangen?«, fragte ich Kaba, der die Augen geschlossen hatte und genüsslich an seiner Zigarette sog.

»Mit der Hand.«

»Einfach so?«

»Er hat sein Ei in einen Termitenbau gelegt. Ich habe ihn auf dem Rückweg ins Wasser erwischt. Und krack!«

Erst jetzt fiel mir auf, dass das Genick des Warans gebrochen war. Ich lud Delphi hoch, um etwas mehr über das Tier zu erfahren, doch Sékou riss ihn mir aus den Händen und strich begeistert über den Monitor.

»Ko baraka baraka⁵!«, jauchzte er. »Mit diesem Spielzeug kannst du alle Frauen haben, die reichsten, die jüngsten. Du weißt schon, die mit den prallen Brüsten. In Kossaba schenkst du es mir, nicht wahr,

---

⁵ wörtlich: »Ich sage Glück.« Wird auch verwendet, um sich für ein Geschenk zu bedanken, das man akzeptiert hat.

Professor? Weil ich dich im Wald vor den Geistern und den Rebellen beschützt habe.«

Kourou warf den Nilwaran in die Glut des Feuers und ging mit Kaba und Samoura einige Schritte zur Seite, wo sie sich nach Osten wendeten und das Abendgebet vollzogen – Sékou beobachtete sie aus der Ferne –, und wenig später aßen wir Fufu mit Nilwaran. Das Fleisch war weiß und zart. Aus irgendeinem Grund hatte ich erwartet, dass es wie Krokodil schmeckte – also ein wenig nach Huhn –, doch sein Geschmack erinnerte eher an Fisch.

Wir saßen auf der Waldlichtung. Der Rauch unseres Feuers hielt die Stechmücken ab. Hinter uns lag ein Tag, an dem wir gut vorangekommen waren, vor uns eine Nacht unter den Sternen.

»Wie findet ihr es hier?«, schwärmte ich. »Ist es nicht großartig?«

»Einsam, sehr einsam«, maulte Sékou. »Nach der Quelle, auf dem Weg nach Kossaba, gibt es Dörfer, Professor. Du willst doch Dörfer sehen, nicht wahr?«

»Du bist nur auf die Mädchen scharf«, sagte Kourou. »Und auf Palmwein.«

»Palmwein, ja«, träumte Sékou. »Was ist schlecht daran?«

»Er macht die Herzen der Männer und Frauen kaputt«, sagte Kourou. »Sie streiten immerzu, wenn sie betrunken sind. Und dich macht er unausstehlich. Du schreist unanständige Sachen herum, gehst mit fremden Frauen, und danach prügelst du dich mit ihren Männern. Der Palmwein vergiftet dich.«

Sékou lachte.

»Ein Moslem betrinkt sich nicht mit Palmwein«, setzte Kourou nach.

»Ich bin ein Moslem genau wie Kourou«, schrie Sékou, jetzt in meine Richtung.

»Er ist Moslem, aber er betet nicht. Stimmt doch, Sékou? Die Mädchen sind dir wichtiger als Allah. Du hast keine Gebetskette. Die Ketten, die die Mädchen um die Hüften tragen – damit spielst du lieber.«

»Fünfmal täglich, das macht 35-mal die Woche«, rechnete Sékou laut vor. »Ihr betet 35-mal die Woche. Ich habe es einmal aufgelistet und es mir gemerkt. Ihr betet über zweitausend Mal im Jahr.«

Er sprang auf, rannte um das Feuer wie ein übermütiger Buschgeist und rief: »Zweitausend Mal! Zweitausend! Zweitausend!«

Er nahm Anlauf und setzte über die Flammen. Funken stoben auseinander. Das Holz knackte wütend.

»Schau dir deine Stirn an, Kourou«, jaulte Sékou. »Sie ist hässlich vom Beten. Du hast das Noro[6]. Hässlich, sehr hässlich.«

»Ich verrichte meine Gebete regelmäßig«, sagte Kourou eingeschnappt.

»Ehrlich, ich wäre gerne Christ, das ist viel bequemer«, überging ihn Sékou. »Ihr Christen geht einmal die Woche zur Kirche, und eure Gebete könnt ihr sprechen, wann und wo ihr wollt, sogar im Bett. Stimmt doch, Professor? Meine Kinder sollen es einmal besser haben. Ich will, dass sie Christen werden.«

»Alle deine Kinder?«, mischte sich Kaba ein.

»Allealle!«

»Das wird teuer. Du musst in zwanzig Dörfern Kirchen bauen lassen.«

Es begann zu regnen. Ich wickelte mich in meine Zeltplane und sah an den Stämmen hinauf, die unsere Lichtung umgaben wie eine Palisade. Die nächtlichen Geräusche waren von beängstigender Vielfalt – sich ständig wiederholende Rufe und schrille Kreischlaute, die aus mehreren Richtungen zugleich kamen und echoten wie in einer Schlucht. Der Wald murmelte. Er schrie und brüllte, pfiff, flötete, hustete; er verschluckte sich, und manchmal kicherte er sogar.

Als wir so unter unseren Grasdächern lagen, fiel mir Kabas Ritual nach der Jagd wieder ein, und ich fragte ihn nach dem Inhalt des Beutels.

»Es ist Medizin, ein Zauber.«

»Kannst du mir etwas darüber verraten?«

»Die Jäger der Kono verwenden ihn, drüben in Sierra Leone. Sie haben viel Wald, sehr viel Wald. Ihre Jäger brauchen einen starken Zauber.«

»Hat der Zauber einen Namen?«

---

[6] schwarzer Fleck auf der Stirn mancher praktizierender Moslems. Er soll entstehen, weil beim Gebet mit der Stirn leicht der Boden berührt wird.

41

»Komoe!«, sagte Kaba leise. »Ich trage ihn immer bei mir. Komoe beschützt mich und bringt mir Beute. Du willst die Medizin sehen, nicht wahr?«

Im Schein des Feuers bemerkte ich, dass Kaba lächelte – zum ersten Mal, seit wir unterwegs waren. Es war ein entspanntes, freundschaftliches Lächeln, bei dem er mir direkt in die Augen sah.

»Wenn es gegen keine Regel verstößt«, sagte ich und lächelte zurück. Kaba öffnete den Beutel. Ich knipste meine Taschenlampe an, doch bevor ich sie ausrichten konnte, fiel ihr Strahl auf die Narbe an Kabas Oberarm. Die Haut war nicht, wie ich zuerst angenommen hatte, hochgradig verbrannt, sondern in langen Streifen gewaltsam aufgerissen worden. Kaba zog seinen Hemdsärmel über die Narbe und nahm das Horn aus dem Beutel. Es gehörte wahrscheinlich zu einer größeren Duckerantilope. Seine Spitze zierten Kaurimuscheln, die Öffnung war mit Wachs verschlossen.

»Und was ist in dem Horn drin?«

»Das wissen nur die Ahnen. Sie haben Komoe gemacht. Wenn ein Jäger stirbt, gibt er ihn weiter. Niemand öffnet ihn. Die Alten sagen, dass er magische Steine und Baumsamen enthält. Doch die Alten sind nicht die Ahnen.«

Von sehr weit her ertönten plötzlich Trommeln. Wir hielten einen Moment lang inne und lauschten in die Nacht. Es war ein unbestimmtes Dröhnen, das nicht durch den Wald drang, sondern über ihm zu schweben schien. Es schwoll an und verebbte wieder, als ob der Wind es abwechselnd verschluckte und wieder freigab. Der Rhythmus blieb verschwommen, und weder Kaba noch Samoura konnten sagen, was die Trommeln erzählten.

»Die Kono sind mächtige Jäger«, fuhr Kaba fort. »In ihren Wäldern ist es immer Nacht. Sie brauchen keine Gewehre. Sie nutzen ihre Kräfte, weiße und schwarze Kräfte. Sie rufen das Wild. Es kommt sehr nahe – und krack.«

Die Trommeln in der Ferne verstummten und hinterließen eine unheimliche Stille, die auch der Wald einen Moment lang zu respektieren schien. Dann wuchs ein leises Surren in die Dunkelheit, wurde lauter und heller und endete in einem hässlichen Gelächter. Gleich darauf war die Nacht wieder voller Geräusche.

42

»Wenn ich ein großes Tier töte – einen Affen, einen Waldbüffel, einen Leoparden –, dann koche ich seine heiligen Teile.«

Kaba sprach jetzt nicht mehr zu uns. Seine Augen hingen am Grasdach, und in Gedanken war er weit entfernt. Seine Stimme klang ruhig und ohne jede Melodie.

»Kopf und Beine, die Hoden, die Leber. Sie sind für Komoe. Nur der Jäger darf die heiligen Teile berühren. Keine Frau darf sie kochen. Keine Frau darf davon essen. Keine Frau darf einen erlegten Leoparden sehen. Auch kein unbeschnittener Junge darf einen erlegten Leoparden sehen. Wir Jäger nutzen viele Kräfte – wie die Sibengu, sehr glatte Steine. Man findet sie nur nachts. Sie schützen dich vor Buschgeistern, auch vor Wassergeistern. Der Senke-Baum, er ist heilig. Er darf nie gefällt oder verbrannt werden. Seine Rinde schenkt dir den Geruch des Waldes. Kein Tier wittert dich. Und Kongone, der schwarze Ameisenberg, treibt dir Beute zu. Nur Jäger berühren ihn. Wenn du es tust, wirst du krank. Du bekommst Lepra, du stirbst.«

Kurz darauf setzten die Trommeln wieder ein. Sie klangen jetzt näher und deutlicher, als kämen sie auf uns zu. Es war ein atemloser, bebender Rhythmus – gefährlich lodernd, gehetzt, fast flehend. Ich spürte, dass diese Wälder voller Geheimnisse waren. Dann wurde der Regen stärker und löschte die Trommeln aus – und auch unser Feuer.

Als ich aufwachte, kochte Kourou bereits Tee. Es regnete noch immer. Meine Kleider waren klamm, mein Rücken fühlte sich steif an, das Gesicht war zerstochen, der Hüftknochen schmerzte, als hätte ich auf einem Stein gelegen.

»Tana ma si?«, grüßte Kourou mit breitem Grinsen. »Gut geschlafen?«

»Ausgezeichnet.«

Zum Frühstück gab es Fufu und die Innereien des Nilwarans, dann verstauten wir unsere Sachen in den Rucksäcken und Taschen. Kourou fing das Huhn ein, löschte das Feuer und schleuderte die versengte Waranhaut quer über die Lichtung. Gleich darauf schlug Kaba schon wieder auf den Wald ein, und wir arbeiteten uns im Eilschritt einen steilen Hang hinauf. Oben ließ Samoura seinen Arm von Süden

43

nach Norden schweifen und zeichnete einen weiten Bogen über das Wald- und Buschland, das sich unter uns ausbreitete und sich in der Ferne in dichten Nebelschleiern auflöste. Schorfige Bergrücken bildeten endlose Ketten. Einzelne Granitgipfel ragten kegelförmig aus dem finsteren Grün wie Tempelanlagen vergessener Reiche.

»Sierra Leone«, sagte Samoura leise, und mich überfiel ein Frösteln. Dort unten lag es also, das Schreckgespenst Westafrikas, jenes Land, dessen Name schon genügte, um Angst und Entsetzen zu verbreiten. Als in Großbritannien Anfang des 19. Jahrhunderts die Sklaverei abgeschafft worden war, patrouillierten britische Schiffe im Golf von Benin, um Sklavenhändler auf dem Weg in die Neue Welt abzufangen. Zehntausende von befreiten Sklaven aus weit über hundert verschiedenen ethnischen Gruppen wurden in Freetown angesiedelt. Sie kontrollierten bald das Land, während die Einheimischen in Politik, Wirtschaft und Verwaltung das Nachsehen hatten. So hatte der Unfriede begonnen, und nun war die Lage völlig außer Kontrolle. Die Menschen lebten unter der Willkür des Terrors. In den Wäldern und Savannen, die sich zu unseren Füßen bis zur Atlantikküste erstreckten, tobte einer der furchtbarsten Bürgerkriege Afrikas.

Ich sah die Bilder vor mir, als sei es gestern gewesen: Söldner, Halbstarke und Kinder in Tarnhosen, gerippten Unterhemden und Kung-Fu-Jacken rasen auf offenen Pick-ups durch die Straßen von Freetown. Sie schwingen Kalaschnikows, Bazookas und Macheten. Ihr Auftreten ist eine wilde Mischung aus Rambo-Kult und Busch-Archaik: geschulterte Patronengurte, Ketten aus Leopardenzähnen, verspiegelte Sonnenbrillen, Perlhuhnfedern, Nike-Sneakers, Kaurischnecken. Den »Freiheitskämpfern«, wie sie sich nennen, geht es nicht um politische Ziele. Sie gieren nach den Diamanten- und Goldminen Sierra Leones, nach der Macht über ganze Landesteile – über wehrlose Bauern, über ihre Felder und Herden, über die Körper ihrer Frauen und Töchter. Ihr Kopf sitzt in Monrovia im benachbarten Liberia und heißt Charles Taylor, von Beruf Präsident und Kriegsverbrecher. In seinem Spinnennetz verfängt sich halb Westafrika. Taylor kauft Waffen in Osteuropa und verschiebt sie über Libyen und Burkina Faso an die Rebellen in Sierra Leone. Die Mörderbanden, die dort die reichen Minen kontrollieren, bezahlen mit Rohdiamanten – blutige Steine, die von Monrovia aus über Belgien und die Schweiz in den internationalen Handel gelangen. Das Geschäft ist dreieckig angelegt und schmutzig wie der Sklavenhandel. Und es floriert ebenso prächtig. Alle Beteiligten füllen sich die Taschen auf Kosten der Bevölkerung. Taylor wird reicher und reicher – sein Privatvermögen soll sich auf drei Milliarden Dollar belaufen –, und die Rebellen gehen immer brutaler vor. Eine ihrer grausamen Spezialitäten ist es, ihren Opfern Hände und Füße abzuhacken, mit den schweren Feueräxten, welche die UNO-Helfer verwenden, um Bäume zu fällen.

»Sie töten dich nicht«, flüsterte Samoura, der meine Gedanken erriet. »Sie hacken dich in Stücke. Sie nehmen deine heiligen Teile, deine Hände und Füße, deine Augen, deine Hoden.«

»Und sie sind unsichtbar, Monsieur Michel«, warf Kourou ein. »Wenn du sie auf der Straße oder auf dem Markt triffst, sind sie wie du und ich. Aber wenn sie kämpfen, werden sie unsichtbar. Ihr Zauber ist stark. Gewehrkugeln töten sie nicht, sie können sie nicht einmal verletzen.«

In den offiziellen Berichten las sich das anders: Die »Unsichtbaren« wurden in den Buschgefechten abgeknallt wie Schießbudenfiguren.

»Seit ein paar Monaten kommen sie über die Grenze«, fuhr Samoura fort. »Sie schießen auf alles, was sich bewegt. Sie plündern unsere Dörfer, sie verbrennen unsere Reisfelder und Pflanzungen. Einige von ihnen ziehen alleine durch den Wald – Einzelgänger, gefährlich wie alte Elefantenbullen. Sie stehen unter Drogen.«

»Drogen?«

»Uralte Drogen, die aus Menschen Tiere machen.«

»Aber was wollen diese Rebellen in Guinea?«

»Unser Boden ist reich. Man hat Diamanten gefunden. Zuerst fegen sie das Land leer, dann nehmen sie sich die Minen.«

In der Ferne stieg eine schmale Rauchsäule auf. Es war vollkommen windstill, und sie schraubte sich senkrecht aus dem Busch in die Höhe, wo der Regen sie langsam verschlang. Im Geist sah ich eine Frau, die dort unten an ihrer Kochstelle Fufu zubereitete. Sie schob feuchtes Feuerholz nach. Kinder tanzten im Regen – in einer jener

Waldsiedlungen, die früher von Palisaden aus Baumstämmen und Dornengestrüpp umgeben waren und nun schutzlos im Busch lagen.

»Es sind Wilde, Professor, richtige Wilde. Sie töten ihre Kinder, wenn sie doppelt zur Welt kommen. Sie werfen sie in den Busch. Und...« Sékou zögerte einen Augenblick, doch dann brach es aus ihm heraus: »Sie verwandeln sich in Leoparden!«

»Yelamafentiginu[7]!«, zischte Kourou erschrocken.

»Sie schlagen ihre Krallen in deine Halsschlagader, Professor. Dann trinken sie dein Blut. Sie essen dein Fleisch, dein Hirn, dein Herz.«

»Kaba, du hast doch in Sierra Leone gelebt«, protestierte ich. »Das kann doch nicht sein!«

»Er meint die Leopardenmenschen, eine Geheimgesellschaft. Wenn sie Menschenfleisch essen, wird ihr Zauber mächtiger.«

»Es sind Wilde«, rief Sékou erneut und trampelte nervös auf der Stelle. »Wilde, Wilde, schreckliche Wilde.«

Wir kletterten den steilen Abhang hinunter auf die Grenze zu, diesen absurden Strich, den Briten und Franzosen auf der kolonialen Landkarte gezogen hatten. Ich wischte den Schweiß von der Stirn. Dichte Moose klebten an Felsen und Baumstämmen und saugten den Regen auf wie grüne Schwämme. An den Spitzen ihrer winzigen Fühler zitterten durchsichtige Tropfen. Sie waren ohne jeden Glanz.

Kaba blieb jetzt nicht mehr stehen, um uns den Namen dieser oder jener Liane zu nennen, um uns ihre Verwendungszwecke zu erläutern – Wundermedizin, Vogelleim, Pfeilgift. Er bückte sich nicht mehr nach wilden Früchten und trampelte achtlos über die zahlreichen Tierspuren hinweg, die ohnehin nur er sah. Kaba ging und schwieg. Alle gingen und schwiegen wir, und aus der Finsternis des Waldes schob sich plötzlich eine Insel in meine Erinnerung – keine zwanzig Meter lang, in der Form eines Schiffs, oberhalb des großen Stauwehrs mitten im Altrhein. Ich hatte mit Steven, dem Metzgersohn, ein Floß aus Brettern und Regentonnen gebaut. Wir fuhren zur Insel hinüber, zimmerten uns eine Hütte und verbrachten den ganzen Sommer dort. Wir nannten unser Reich Jackson Island, nach der Seeräuberinsel von Tom Sawyer und Huckleberry Finn.

---

[7] etwa: Gestaltveränderer (change-thing-masters)

Ich besaß damals eine schöne illustrierte Ausgabe von Mark Twains Buch, das ich fast auswendig kannte. Auf dem Einband aus gelbem Leinen war eine Karavelle abgebildet. Das geblähte Großsegel trug zwei schwarze Totenköpfe, das Marssegel die Initialen meiner beiden Kindheitshelden. In diesem Sommer – ich muss damals neun oder zehn Jahre alt gewesen sein – waren die Arme des Altrheins unser Mississippi und die Lastkähne unsere Schaufelraddampfer. Wir sammelten zwar keine Schildkröteneier, wie Tom Sawyer es getan hatte, doch auch wir verfügten über unseren eigenen Proviant: Brot, Schokolade, Früchte, Johannisbeersirup. Wir fingen Blindschleichen, machten Klapperschlangenrasseln aus ihren Gerippen und banden sie um unsere Fußgelenke, schwammen im dunkelgrünen Wasser, ließen uns im Gras in der Sonne trocknen und dösten im Schatten der kleinen Eiche, die mitten auf der Insel wuchs.

Vor allem aber angelten wir. Die Insel war ein guter Platz. Außer uns kam niemand dorthin. Die Strömung war vorteilhaft, und unter den Algenbänken wimmelte es von Weißfischen, Barschen und Karpfen. Ich kannte jeden Fisch in diesen Gewässern; ich wusste, wann er laichte, was er fraß, bei welchem Wetter er wo zu finden war, welchen Flussgrund und welchen Strömungsgrad er bevorzugte, wie groß er wurde, wie er schmeckte, und ich kannte Köder, Haken und Schnur, mit denen er am besten zu fangen war. Dazu war kein Buch nötig. Ich war am Rhein aufgewachsen, hatte im Fluss schwimmen gelernt und dabei jede Menge Rheinwasser geschluckt, und mein Vater hatte mich von klein auf zum Angeln mitgenommen.

An den heißen Sommertagen tauchten Steven und ich stundenlang vor Jackson Island und erkundeten die Welt unter Wasser, diese fremde, geheimnisvolle Welt aus glatten Baumstämmen, glitzernden Schwebstoffen und Algen, die unter Wasser ganze Wälder bildeten und sich hartnäckig um unsere Beine schlangen, während wir in die schwarzen Löcher der Bisamratten starrten und die trägen Brassen, die sich an der Wasseroberfläche sonnten, von unten bestaunten. Barsche zuckten vor uns zur Seite; wir stöberten große Döbel auf, Karpfen, Schleien, hier und da einen Hecht oder sehr selten einen stattlichen Zander. Und eines Tages geschah etwas Seltsames – etwas, das mein Kinderleben völlig auf den Kopf stellte...

»Wir müssen schneller gehen, Professor«, hörte ich plötzlich eine Stimme hinter mir rufen. »Schneller, schneller, wir verlieren die anderen noch.«

Sékou hatte Recht. Kaba und Samoura waren nicht mehr zu sehen. Wir erhöhten das Tempo, und als wir zu den beiden aufschlossen, hockten sie über der Erde, und Kaba drückte seine Finger in den nassen Boden.

»Wieder Tierspuren?«, fragte ich völlig außer Atem, aber erfreut, dass Kaba zu seinen alten Gewohnheiten zurückgefunden hatte. »Eine Waldantilope? Ein Leopard? Vielleicht ein Elefant?«

»Stiefel!«, sagte Kaba. »Männer mit Stiefeln. Über zwanzig.«

Vor uns zog sich eine Schneise durch den Wald. Sie war von mehreren Macheten gehauen worden und so breit, als sei eine Felskugel hindurchgerollt worden. Wir starrten auf zerfetzte Blätter, gesplitterte Äste und zerquetschte Wurzeln.

»Soldaten?«, fragte ich überrascht.

»Es sind gute Stiefel, fast neu. Keine Soldaten.«

»Rebellen?«

»Bleibt dicht zusammen!«

Kaba schlug einen rechten Winkel zur beklemmenden Spur ein, und wir verfielen in einen schweigenden Gang. Der Wald war derselbe, doch die Äste schienen plötzlich lauter unter unseren Schuhen zu knacken. Aus den Kronen schrien die Vögel verräterisch auf uns herab, und die hohen Wände, die den Pfad einschlossen, schienen nur noch auf unserer Seite grün. Von der anderen Seite sind sie durchsichtig, dachte ich, durchsichtig wie ein Fenster, durch das uns jemand beobachtet. Und während wir so durch den Wald keuchten, wanderten meine Gedanken wieder in meine Kindheit zurück.

Steven war beim Tauchen ein Stück zurückgeblieben, und ich hatte flussaufwärts den Krater erreicht – eine breite Spalte, in der das Wasser so tief war, dass man nicht auf den Grund hinabtauchen konnte. Aus dieser Finsternis erschien plötzlich ein seltsamer Fisch, den ich noch nie zuvor gesehen hatte. Er war aufgeblasen wie ein Ballon, doppelt so groß wie ein Hühnerei, die Haut ohne Schuppen und bunt wie ein Regenbogen. Seine Augen waren riesig, die Brustflossen winzig. Auf dem Rücken trug er mehrere Fühler oder Stacheln. Mein

Herz raste, und ich vergaß fast, Luft zu holen. Erst als meine Brust schmerzte, schoss ich an die Oberfläche, keuchte, sog hastig neue Luft ein und tauchte wieder hinunter. Doch der Fisch war verschwunden. Und solange wir auch nach ihm suchten, wir konnten ihn nicht mehr finden.

»Du hast geträumt«, sagte Steven, und damit war das Thema für ihn erledigt.

Doch ich hatte nicht geträumt, dessen war ich mir sicher. Von diesem Tag an vergaß ich die Aale, die Barsche und Rotaugen; bisweilen vergaß ich sogar die Schule – fasziniert einzig und allein vom Gedanken an jenen seltsamen Fisch, den niemand kannte, nicht einmal mein Vater, und den nur ich allein gesehen hatte. Ich tauchte unzählige Male zum Krater hinunter, immer erfolglos. Ich lieh mir Bücher über Fische aus, über einheimische und exotische, und bald stellte ich fest, dass die Welt unter Wasser ebenso weit und vielgestaltig war, wie es die Erdkundelehrerin von unserer eigenen behauptete. Doch meinen Fisch fand ich auch in den Büchern nicht – am nächsten kam er einem malaiischen Palembang-Kugelfisch –, und noch heute, wenn ich bei Jackson Island spazieren gehe, zieht es mich ans Ufer, wo ich lange und angestrengt ins Wasser schaue.

Gegen Mittag gönnte uns Kaba eine kurze Pause. Ich füllte meine Wasserflasche in einem Rinnsal, und wir lauschten angestrengt in den Wald, doch es war nichts zu hören. Im Zwielicht zwischen den Bäumen herrschte die starre Stille einer Gruft.

»Das letzte Mal begleitete mich ein Cousin zur Quelle«, sagte Samoura unvermittelt. »Er war schwach. Ich wollte ihn nicht mitnehmen, doch er bestand darauf. Wir haben dort etwas gesehen, etwas… Mein Cousin, er hat es nicht ausgehalten. Er verlor den Verstand. Er rannte den ganzen Weg zurück. Heute geht er nackt durch Kobikoro. Er beschimpft die Leute. Er redet wirre Dinge. Niemand versteht ihn.«

»Und was haben Sie dort gesehen?«

»Darüber darf ich nicht sprechen. Sie würden mich töten.«

»Wer?«

»Gboloma«, hauchte er. »Und die Nyenne.«

Samoura tauchte seine Hände in den Bach und wusch sich das Gesicht. Seine rechte Backe war zerkratzt, und dicht unter dem Ohr klebte Blut wie geronnenes Kerzenwachs. Er fuhr sich mit den nassen Händen über die Haarstoppeln. In seinem Blick lag plötzlich etwas Fremdes, etwas, das ich nun zum ersten Mal wahrnahm. Er schien verunsichert. Dann blinzelte er mehrmals und wendete seinen Blick ab. Es war keine Unsicherheit. Samoura hatte Angst.

»So haben wir es vorgefunden«, begann er mit leiser Stimme zu erzählen. »Die Nyenne sind aus Wind. Sie leben im Wald, in den Bergen, in Flüssen und Seen. Es gibt männliche und weibliche Nyenne. Sie haben Kinder genau wie wir. Sie haben ihre Ältesten und ihre Chefs. Alle unterstehen sie Gboloma. Sie sind seine Wildhüter, und sie bewachen die heiligen Orte. Die Nyenne sprechen durch die Nase. Es klingt wie ein Pfeifen. Wir verstehen es nicht.«

»Sie fürchten uns, weil wir unsere Mahlzeiten heiß essen«, mischte sich Kourou ein. »Sie kochen ihren Reis, aber sie lassen ihn einen Tag lang stehen und essen ihn erst dann. Manchmal schlagen sie dir auf den Rücken. Du erschrickst. Du drehst dich um, aber es ist niemand da.«

»So haben es uns die Ahnen wissen lassen: Bei den Nyenne gibt es Gute und Böse – genau wie bei uns. Sie sind launisch und unberechenbar. Sie lassen dich nicht schlafen. Sie machen dich krank und wirr im Kopf. Sie verdrehen den Wald, und du findest nicht mehr heraus. Vielleicht töten sie dich nicht, dann veränderst du dich. Du verstehst plötzlich die Stimmen der Tiere, hörst, was die Bäume miteinander sprechen. Dann hörst du auch, was die Geister sagen. Kein Mensch kann das ertragen. Du reißt dir die Haare aus, kratzt dir die Haut blutig, schreist wirre Worte.«

»Und wie sehen die Nyenne aus?«, fragte ich fasziniert.

»Sie sind winzig, Professor, und behaart – fast so dicht wie Affen.« Sékou rückte sein Bündel auf dem Rücken zurecht und setzte zu einer seiner Verrenkungen an, überlegte es sich dann aber anders, nahm sein Funkgerät aus dem Gürtel und sprach leise hinein. »Aber die Nyenne stinken nicht, nein, sie riechen gut, sehr gut. Ihre Füße zeigen beim Gehen nach hinten. Der Stängel der Nyenne-Männer ist so lang wie ein Speer. Er hat Hoden, größer als Kokosnüsse. Dazu die passende Spalte der Nyenne-Frau. Sie besucht dich nachts. Sie macht aufregende Spiele mit dir, Kunststücke – glaub mir, Professor, Kunststücke.«

»Die Welt der Nyenne und die der Menschen müssen getrennt bleiben«, sagte Samoura streng. »Es kommt nichts Gutes dabei heraus, wenn sie sich vermischen.«

Am späten Nachmittag durchquerten wir eine dicht bewaldete Talsenke, und es kam Nebel auf. Er sickerte lautlos durch die Kronen der Bäume und füllte den Wald wie eine warme, graue Flüssigkeit, in der wir langsam ertranken, in der sich alles auflöste. Jeder Laut, jeder Geruch, jede Farbe, sogar das Grün verschwand, und vor mir verwandelte sich Samoura in einen vagen Schatten. Ich spürte einen starken Druck auf meiner Brust und merkte, dass ich instinktiv die Luft angehalten hatte. Ich atmete kräftig aus, doch bevor ich meine Lunge wieder füllen konnte, bohrte sich ein Schrei durch den Nebel, ein spitzer, schriller, verzweifelter Schrei – unmenschlich und seltsam vielstimmig. Er kam aus keiner bestimmten Richtung, zog sich in die Länge, verdünnte sich zu einem Pfeifen und endete in einem heiseren Röcheln. Einen Moment lang glaubte ich noch, ein schweres Keuchen zu hören; dann war es still, vollkommen still.

»Was war das, Samoura?«, flüsterte ich wie elektrisiert.

Mein Herz raste.

»Nicht meinen Namen!«, fuhr er mich mit gepresster Stimme an. »Nennen Sie nicht meinen Namen! Keine Namen!«

Ich tastete mich vorsichtig an einen Baumstamm heran und ging dahinter in die Hocke. Der Schrei schwirrte noch immer durch meinen Kopf – das Pfeifen, das Röcheln –, als habe er sich in meinen inneren Windungen verfangen. Wer hatte da geschrien? Waren die Rebellen in der Nähe? Hackten sie dort draußen im Nebel wehrlosen Bauern die Hände ab? Oder war es ein Tier gewesen? Und was hatte das alles mit unseren Namen zu tun?

Samoura war nicht zu sehen. Ich konnte niemanden sehen, nicht einmal den Baumstamm, den ich berührte. Ich steckte in diesem Nebel wie in einer Zwangsjacke. Für einen Moment glaubte ich zu ersticken, dann zwang ich mich, die Situation von einer anderen Seite zu betrachten. Solange der Nebel uns einhüllte, waren wir nicht in Gefahr, denn ein Angreifer wäre genauso blind wie wir. Wir durften uns nur nicht bewegen, keine Geräusche machen, dann waren wir sicher.

Ich weiß nicht, wie lange wir so im Nebel verharrten und in die Stille horchten, doch irgendwann spürte ich einen leichten Luftzug, und kurz darauf tauchten die Baumstämme wieder auf wie schwarze Arme, die eine schwere graue Platte von der Erde hoben und sie in den Himmel stemmten. Die anderen lagen neben mir auf dem Bauch, die Lasten noch auf den Rücken. Sékou hatte sich an sein Funkgerät geklammert, als habe er damit einen Hilferuf absenden wollen. Kaba legte den Zeigefinger auf die Lippen und bedeutete uns, ihm leise zu folgen. Wir schlichen durch die Talsenke und stiegen auf der gegen-überliegenden Seite auf, bis der Wald lichter wurde. Der Nebel ver-zog sich jedoch nicht ganz. Er schien über der gesamten Gegend zu liegen.

Wir gingen den hastigen, nervösen Schritt von Menschen, die auf der Flucht waren – ohne Pause, ohne ein Wort. Samoura sah sich mehr-mals beunruhigt um. Sein Gesicht war starr wie eine Maske. Hinter mir hörte ich, wie Sékou Kourou mit weicher Stimme seinen »klei-nen Bruder« nannte. Wir drangen wieder tiefer in den Wald ein und erreichten kurz vor Einbruch der Dunkelheit eine verlassene Sied-lung.

»Tembicoundou«, sagte Kaba zufrieden. »Der Wald ist voller Nyenne, aber hier ist es sicher. Sie meiden diesen Ort.«

Ich ließ das grüne Theraband in meinem Rucksack und ging auch nicht ins Unterholz, um mich zu erleichtern. Selbst Kaba verließ das Dorf nicht mehr. Während Kourou das Huhn schlachtete – es schien ohnehin mehr tot als lebendig –, schoss Kaba mit seiner Steinschleu-der acht Flughunde, die sich nicht schnell genug von ihrem Schlaf-baum schwingen konnten. Sie fielen herunter wie reife Früchte. Kou-rou nahm sie und warf sie ins Feuer. Ihre Schwingen gingen mit einem lauten Zischen in Flammen auf, und wenig später waren die Tiere auf die Größe von Kartoffeln geschrumpft – von haarigen, ver-kohlten, unappetitlichen Kartoffeln. Kourou bereitete eine Art Ein-topf zu, in dem Huhn und Flughunde bald kaum mehr auseinander zu halten waren. Ich beschränkte mich auf eine eindeutig erkennbare Hühnerkeule mit Reis. Mein Appetit war ohnehin nicht groß. Mir ging dieser Schrei nicht aus dem Kopf, und ringsum füllte sich der Wald wieder mit dem unheimlichen Nebel.

»Es tut mir Leid, dass ich Sie heute Nachmittag angeschrien habe, Michel«, sagte Samoura plötzlich. »Es tut mir wirklich Leid.«

»Schon gut«, beruhigte ich ihn und lächelte.

»Dieser Schrei…« Er redete nicht weiter.

»Waren das Rebellen?«, sprudelte es aus mir heraus. »Wurde jemand gefoltert? Oder wollte man uns angreifen?«

»Es war der Nebel«, flüsterte Samoura, als fürchte er, belauscht zu werden. »Der Nebel selbst hat geschrien.«

Ich sah hinüber zum Rand der Lichtung, wo der Dunst zwischen den Bäumen lauerte. Er schien jetzt nicht mehr warm, nicht mehr träge; er war auch nicht mehr grau, sondern von einem leuchtenden, kalten Blau. Er bewegte sich nicht. Er lag einfach nur zwischen den Bäumen und starrte uns an, sprungbereit. Gleich wiederholt sich der Schrei, dachte ich und erschauderte.

»Unsere Namen«, begann Samoura wieder. »Es ist gefährlich, sie auszusprechen. Sie schlucken sie. Dann haben sie uns in ihrer Gewalt und machen mit uns, was sie wollen. Wir verlaufen uns. Wir sterben.«

Ich sah Samoura verwirrt an. Er rang sich ein Lächeln ab, zog seine Tonpfeife aus der Tasche und steckte sie kalt in den Mund.

»Es ist wie in der Magie. Sie ist besonders wirksam, wenn Sie dem Zauberer etwas von Ihrem Feind mitbringen. Sie sammeln seine Haare, seine Fingernägel, seine Exkremente oder seinen Speichel. In bestimmten Fällen reicht auch etwas, das Ihr Gegner nur berührt hat: ein Kleidungsstück oder der Sand aus seinen Fußspuren. Und manchmal genügt schon sein Name.«

»Ich verstehe nicht, was das alles zu bedeuten hat. Ein Nebel kann doch nicht schreien.«

»Kein gewöhnlicher Nebel«, sagte er, senkte die Stimme noch weiter und warf einen schnellen Blick zum Waldrand hinüber. »Wir sind in Gbolomas Wald. Wenn es sein Wille ist, erreichen wir morgen früh die Quelle. Nichts ist so, wie es scheint. Die Nyenne, sie suchen Gbolomas Nähe, sie sind zahlreicher als die Bäume und Sträucher. Es ist eng in Gbolomas Wald. Sie reiben sich, stoßen sich, vermischen sich. *Sie* sind der Nebel.«

Ich rollte mich in meine Plane ein und starrte knapp über dem feuchten Boden in die Nacht. Der Schrei – für mich kam er von einem

Menschen in Todesangst. Etwas Grausames hatte sich hinter dem Schleier des Nebels ereignet, dessen war ich mir sicher. Ich versuchte, die ersten Baumreihen am Rand der Lichtung zu erkennen. Als sich meine Augen an die Dunkelheit gewöhnt hatten, sah ich deutlich eine dunkle Spalte – noch dunkler als die Nacht, ein Loch im Wald. Ich blickte angestrengt hinein. Drinnen war es vollkommen schwarz. Genauso gut hätte ich die Augen schließen können, aber ich schloss sie nicht. Ich spürte einen Druck auf meiner Brust, doch ich kümmerte mich nicht darum. Ich tauchte tiefer ein. Die Spalte schien keinen Boden zu haben, und bald sah ich weit unten ein Licht. Ich musste jetzt nicht mehr mit den Füßen paddeln, denn das Licht zog mich von ganz alleine an. Es kam aus dem Fenster eines Hauses. Es gab nur einen Raum. Am Tisch saßen Steven und der Kommandant von Bakando vor zwei unbenützten Tellern, und auf einer Platte, garniert mit Petersilie, lag ein Fisch. Ich erkannte ihn sofort. Er leuchtete bunt. Seine langen Fühler hingen kraftlos über den Rand der Platte.

»Du lässt dir nichts vormachen, Kleiner«, sagte Steven. »Ich hab dir gesagt, dass du geträumt hast, aber du wolltest es nicht glauben. Du hast den Fisch gesehen, und da lässt du nicht locker. Jetzt hast du ihn gefunden. Du bist clever, Kleiner.«

Seine Stimme klang anders, viel zu hoch. Sie klang wie viele Stimmen auf einmal. Und Steven hatte mich nie Kleiner genannt. Er erhob sich und ging hinüber, um noch einen Teller aus dem Schrank zu holen. Seine Füße zeigten beim Gehen nach hinten.

»Setz dich«, sagte der Kommandant und rückte zwei riesige Kugeln zwischen seinen Beinen zurecht; als sie aneinander stießen, ertönte ein hohles, hölzernes Geräusch. »Es ist Krieg. In diesem Dreckloch gibt es selten etwas Vernünftiges zu essen. Heute ist ein Festtag. Heute gibt es Fisch, fetten Fisch.«

»Bin ich tot?«, fragte ich.

»Du stirbst schon lange«, sagten Steven und der Kommandant im Chor. »Diese letzten Jahre. Dieses Leben. Aber jetzt, jetzt bist du wirklich tot. Endlich.«

Sie krempelten ihre Ärmel hoch, entblößten ihre dicht behaarten Unterarme, griffen nach den Messern – langen Messern mit gebogenen Klingen – und beugten sich über meinen Fisch. Seine Augen waren riesig. Er sah mich an. Er weinte.

»Mörder!«, schrie ich. »Verdammte Mörder!«

Die Tür flog auf, und etwas zog mich hinaus – ein Sog, ein grauer und blauer und grauer Sog. Ich hielt die Luft an, und mir war warm und kalt zugleich, furchtbar warm und kalt.

»Komm besser wieder her«, hörte ich Steven rufen, und dann riefen sie beide: »Komm besser wieder her! Komm besser! Komm besser!« Ihre Stimmen entfernten sich, während ich weiter in die Finsternis gezogen wurde; dann kamen sie wieder langsam näher.

»Komm besser! Kommessor! Kofessor! Professor!«

Ich riss die Augen auf, und über mir schwebte Sékous Gesicht. Seine Hände rüttelten an meinen Schultern.

»Professor!«, rief er besorgt. »Es ist alles in Ordnung. Es war die Nyenne-Frau, nicht wahr, Professor? Die Nyenne-Frau mit ihrer großen Spalte. Sie hat Spiele mit dir gemacht, Kunststücke, nicht wahr?«

»Ja, Sékou«, sagte ich benommen. »Ich war in einer tiefen schwarzen Spalte. Etwas hat mich hineingezogen. Ich habe seltsame Dinge erlebt. Ich habe geglaubt, ich wäre tot.«

»So ist es immer«, sagte Sékou und tupfte mit dem Ärmel seines Hemds den Schweiß von meiner Stirn. »So ist es immer.«

5

Das obere Ende des Pflanzentunnels war von einem Granitblock versperrt, und erst als wir uns näherten, sah ich durch die Lücken im Blätterdach, dass es sich um eine Felswand handelte, die mehrere hundert Meter senkrecht aufragte. Große Ameisen wuselten über den Granit. Insekten schwirrten wie Staubpartikel in einzelnen Sonnenstrahlen. Das Licht lief an seidenen Spinnfäden quer durch den Schatten, als zögen sich feine Risse durch den Wald.

»Heiliger Hain!«, sagte Samoura andächtig.

»Heiliger Hain!«, sagten die anderen.

Wir kletterten über einen flachen Granitrücken und stiegen über um-
gestürzte Stämme, die mit dicken Moosen überzogen waren und sich
anfühlten wie ein tiefer Teppich. Dann erklommen wir eine Anhöhe;
Kaba schlug ein paar Flechten in Stücke, schob ein Bündel großblätt-
riger Zweige zur Seite, und da lag sie vor uns – die Quelle des Niger.
Ihr klares Wasser sammelte sich in einem natürlichen Becken, kaum
einen Meter breit und begrenzt von zwei ovalen Felsen. Moose und
Farne umrahmten die Ufer, Kletterpalmen stiegen seitlich nach oben.
Daneben kreuzten sich die schmalen Stämme von Drachenbäumen,
ein graziöser Schirmbaum balancierte auf Stelzwurzeln, und aus seinen Ästen hingen Lianen herunter, als wollten sie aus der Quelle trinken. Ein Altar, dachte ich, ein Altar aus Wasser und Granit, überragt
von einem gewaltigen Dom aus tropischem Pflanzenwerk.

Der Ort war von magischer Schönheit und übertraf alle meine
Erwartungen. Ein Blatt segelte an mir vorüber und fiel auf das Wasser, drehte sich mehrmals auf der Stelle und trieb dann wie ein Schiff-
chen durch die schmale Öffnung aus dem Quellbecken hinaus durch
ein Labyrinth aus Steinen, winzigen Sandbänken und Inseln aus
Moos. Schon auf den ersten Metern strudelte und wirbelte der Niger,
machte hier einen Buckel, zog dort den Bauch ein, faltete, dehnte,
teilte sich und fand wieder zusammen, raspelte kaum hörbar über
den Sand, murmelte auf Kieseln, flüsterte in Höhlen, gerade so groß
wie eine Faust. Und plötzlich verspürte ich einen überwältigenden
Frieden, denn inmitten dieses rätselhaften, feindseligen Waldes war
die Quelle real. 9° 5′ N und 10° 47′ W entsprang hier, 745 Meter über
dem Meer, der drittgrößte Strom Afrikas – der geheimnisvolle, kro-
kodilreiche Fluss, von dem schon Herodot gehört haben wollte und
den Naturforscher und Geografen zweieinhalb Jahrtausende lang für
den Oberlauf des Nils gehalten hatten. Hier, in diesem Pflanzentun-
nel, quoll er aus einem winzigen Becken und schlug seinen Weg ein,
hier begann er seine 4168 Kilometer lange Reise durch halb Westafrika. Meine Knie zitterten vor Erregung; ich dachte an Mopti und
Timbuktu, an Niamey, Bussa und Onitsha, und dann dachte ich an
James Keith Trotter.

Der britische Offizier hatte eine britisch-französische Expedition angeführt, deren Aufgabe es war, die Grenze zwischen dem britischen Sierra Leone und Französisch-Guinea zu markieren. Trotter erreichte die Quelle des Niger im Januar 1896 – als »erster Weißer«, wie in der Literatur fast einheitlich nachzulesen ist. Als sich der Brite jedoch zum Quellbecken hinunterbeugte, fand er eine leere Flasche mit einer Nachricht. Sie stammte von einem französischen Offizier namens Brouet. Er war schon ein Jahr zuvor da gewesen.

Ich berührte das Wasser vorsichtig wie einen zerbrechlichen Gegenstand. Für diese Breiten war es erstaunlich kühl. Ich ließ es zwischen meinen Fingern hindurchsickern, tauchte bis zu den Ellbogen ein, benetzte mein Gesicht damit und trank davon. Meine Zähne schmerzten, und ich fühlte, wie es in mir hinunterrann und in meinem Bauch gluckerte, fast so wie zwischen den Felsen.

»Gbolomas Wasser bringt Glück«, sagte Samoura. »Der Niger lässt Westafrika leben. Er ist Vater und Mutter von Millionen von Kindern. Er nährt Länder, bis an den Tschadsee.«

Gut zehn Meter unterhalb des obersten Quellbeckens ergoss sich der Tembi in ein zweites und von dort, über kleine Kaskaden, in ein drittes Becken, das noch ein Stück weiter talwärts lag. Da Trotter die Quelle nicht detailliert beschrieben hatte, waren die Aufzeichnungen des Botanikers Auguste Chevalier die ersten zuverlässigen. Als der Franzose die Quelle im Januar 1909 besucht hatte, also mitten in der Trockenzeit, war das oberste Becken leer. Chevalier vermutete, dass sich die Quelle mit voranschreitender Trockenzeit vom oberen in das mittlere und schließlich in das untere Becken zurückzog. Jetzt, am Ende der Regenzeit, schien das kaum vorstellbar. Das Wasser trat über die Ufer aller drei Becken, und das gesamte Gebiet war überschwemmt. Überall quoll Wasser aus der Erde, und ein Netz von Rinnsalen durchzog den Wald. Ich watete durch mehrere kleine Teiche und suchte nach Trotters Grenzstein.

»Der Wald hat ihn verschluckt«, sagte Samoura. »Oder er ist ertrunken.«

»Auf welcher Seite der Grenze befinden wir uns jetzt?«

»Die Bücher sagen, dass die Quelle in Guinea liegt. Aber was wissen die Bücher? Die meisten dieser Autoren waren niemals selbst hier. Einer hat vom anderen abgeschrieben.«

»Und was glauben Sie?«

»Wir stehen auf Kouranko- und Kissi-Land. Kein Zaun, keine Schranke, kein Zöllner. Hier gibt es kein Gold, keine Diamanten. Die Frage, in welchem Land die Quelle des Niger liegt, in Guinea oder in Sierra Leone, ist nicht wichtig. Manche behaupten, sie liege in beiden Ländern zugleich.«

Tatsächlich findet sich auch in Chevaliers Aufzeichnungen ein Hinweis, der für diese ungewöhnliche Ansicht spricht:

Die Quelle des Tembi liegt sehr wohl auf französischem Territorium. Allerdings fällt hier ein seltsamer Umstand auf. Der Grenzstein wurde derart gesetzt, dass ein Teil des Hanges, von dem das Wasser in der Regenzeit unbestreitbar in den Niger rinnt, sich auf britischem Territorium befindet. Eine Fläche von einigen Hektar felsigen Landes, die ohne Zweifel Teil des Nigerbassins ist, befindet sich somit auf fremdem Territorium, aufgrund der Unkenntnis (der Landvermesser) über den wirklichen Verlauf des Niger.

Der in Frage kommende Teil des Hanges konnte nur jener sein, in dem das oberste Quellbecken lag. Bei Chevaliers Besuch war dieses Becken trocken. Die Quelle befand sich weiter unterhalb im zweiten Becken und lag somit »sehr wohl auf französischem Territorium«, also im heutigen Guinea. Trotter war ebenfalls in der Trockenzeit hier gewesen. Die Quelle befand sich demnach wohl auch bei seinem Besuch im zweiten oder gar im dritten, noch weiter talwärts gelegenen Becken. Im unübersichtlichen Gelände setzte Trotter den Grenzstein möglicherweise dort, wo er den Rand des Nigerbassins vermutete, doch in der Regenzeit spielte der Niger den Geografen einen Streich. Wenn ich Chevaliers Beobachtungen und meine eigenen richtig deutete, schob der Fluss seinen Ursprung dann weit über diesen Grenzstein hinaus. Demnach läge die Quelle des Niger nur in der Trockenzeit in Guinea, in der Regenzeit dagegen in Sierra Leone. Samoura saß auf einem Felsen und beobachtete mich dabei, wie ich einige tief hängende Äste beiseite schob, in der Hoffnung, den Grenzstein doch noch zu finden.

»Ich verrate Ihnen ein Geheimnis«, sagte er schließlich und zeigte an der Granitwand hinauf, die sich am Ende des Pflanzentunnels erhob. »Die eigentliche Quelle liegt dort oben auf dem Dach des Tembi-coundou. Kein Mensch hat dieses Land je betreten. Es gehört Gboloma und den Nyenne. Das Wasser dort ist violett. Leoparden und Löwen bewachen die Quelle. Panther, Hyänen, große Vipern. Alle Tiere, die Kräfte haben. Getreide und Gemüse wachsen dort im Überfluss. Es gibt Bananen so groß wie Frauenarme.«

Ich wäre gerne hinaufgestiegen, doch wir hatten weder die nötige Ausrüstung, noch war jetzt der Moment für eine solche Unternehmung. Kaba drängte zum Aufbruch, denn er wollte einen sicheren Platz für die Nacht erreichen. Weil die Zeit knapp wurde und der Weg um das Quellbecken schwierig war, setzte ich zum Sprung über das Wasser an. Doch Samoura riss mich zurück.

»Wollen Sie Gboloma verspotten?«, schrie er aufgeregt. »Wer über die Quelle springt, den tötet der Fluss.«

»Es wird Zeit«, sagte Kaba nüchtern. »Das Wasser verändert seine Farbe.«

Tatsächlich schimmerte die Quelle auf einmal rötlich. Kourou reichte Samoura eine Schüssel Reis, und wir traten an das Ufer heran.

»Gboloma, Herr der Quelle«, rezitierte Samoura. »Herr aller Götter und Geister des Flusses. Sieben Himmel, sieben Erden und Himmel – ob ich weiß oder nicht weiß, wie dieses Opfer zu bringen ist, du wirst mich nicht strafen. Deshalb bin ich es, der dich bittet: Sei nicht böse, dass wir dich gestört haben. Halte alles Übel von uns fern. Mach das Böse blind, mach es lahm, bring es zu den Berggeistern, weit hinauf. Wirf es in eine Grube, tief hinunter. Lass den guten Wind aus dem Süden wehen. Hier ist der Reis, den wir dir gebracht haben, Gboloma. Ob ich weiß oder nicht weiß, wie dieses Opfer zu bringen ist, du wirst mich nicht strafen. Amen.«

Dann setzte er die Schüssel an den Rand des Quellbeckens, trat ein paar Schritte zurück und rief:

»Ein Mann ohne Onkel ist ein Sklave, eine Frau ohne Mann ist eine Dirne, ein Huhn ohne Korb ist ein Buschhuhn, ein Fluss ohne

Quelle ist ein träger See. Komm, Gboloma, komm und iss deinen Reis.«

Das Wasser im Quellbecken war jetzt rostrot. Ein Lufthauch zog durch den Wald. Die Vögel schienen den Atem anzuhalten, und aus den Bäumen fielen Blüten herunter. Wären sie rot gewesen, hätte man glauben können, dass sie das Wasser färbten, doch sie waren gelb, zitronengelb.

»Heiliger Hain!«, sagte Samoura andächtig.

»Heiliger Hain!«, sagten die anderen.

Dann folgten wir dem dünnen Faden des Tembi talwärts.

Nach und nach mündeten unzählige Bäche in den Tembi ein, und er spulte sich ab wie ein silbernes Band von einer Rolle – einen guten Meter breit und wenige Zentimeter tief –, trödelte durch sein Sandbett und tauchte in ein üppig bewachsenes Tal ein, über dem sich steile Flanken und Granitdome erhoben. Während wir durch Bäche wateten, die aus allen erdenklichen Richtungen kamen, unterschiedliche Betten, Tiefen und Temperaturen hatten und schmerzhaft reibendes Material in unsere Schuhe schaufelten, fragte ich mich, wie man so sicher sein konnte, welcher Wasserlauf in diesem aquatischen Labyrinth der Quellfluss des Niger war. Wenn einem Fluss die zentrale Quelle fehlt, erinnerte ich mich, dann folgen Geografen einer international anerkannten Regel: Als Ursprung gilt dann sein längster Quellfluss. In den Aufzeichnungen von Trotter und Chevalier wurde allerdings nicht erwähnt, dass sie die unzähligen Wasserläufe in der Gegend vermessen hätten. Die Einheimischen hatten die europäischen Reisenden zur Quelle des Tembi geführt, und die Fremden waren froh, diese lebend erreicht zu haben. Das lag erst ein gutes Jahrhundert zurück, und die Region war noch immer schwer zugänglich. Vielleicht finden sich deshalb auch in der späteren Literatur – zumindest im Rahmen meiner Recherchen – keine Hinweise darauf, dass nachträglich noch einmal überprüft worden wäre, ob der Tembi auch tatsächlich der längste Quellfluss des Niger ist.

»Warum soll ausgerechnet die Quelle des Tembi der Ursprung des Niger sein?«, fragte ich Samoura.

»Weil dort Gboloma wohnt!«, antwortete er, ohne zu zögern, und

während wir über glatt gewaschene Felsen hüpften, die wie Tritt-
steine über einem Strang aus Bächen lagen, fand ich Gefallen an dem
Gedanken, die Kissi und Kouranko des vorvergangenen Jahrhunderts könnten entschieden haben, wo die Welt die Quelle des drittgrößten afrikanischen Flusses bis heute vermutet.

»Die Ahnen haben uns die Wahrheit wissen lassen«, sagte Samoura,
als wir später eine Verschnaufpause einlegten und er sich seine Tonpfeife stopfte. »Der Tembi und der Miniandi stritten sich darum, wer
von ihnen der Ursprung des Großen Flusses sei. Da sie sich nicht
einigen konnten, beschlossen sie einen Wettlauf. ›Lass uns jetzt schlafen gehen‹, sagte der Tembi. ›Morgen früh, bei Sonnenaufgang, laufen wir los. Wer zuerst beim Berg ohne Namen und wieder zurück
ist, wird der Ursprung des Großen Flusses sein.‹ Der Miniandi war
müde und legte sich hin, der Tembi aber lief los, so schnell er konnte.
Als die Sonne aufging, sah der Miniandi, dass der Tembi nicht da war,
und freute sich über seinen Vorsprung, doch auf halber Strecke kam
ihm der Tembi entgegen. Er sprudelte vor Kraft, lachte und rannte
ohne ein Wort an ihm vorüber. So wurde der Tembi zum Quellfluss
des Niger.«

Wir bogen gerade um eine Felsnase, als keine zehn Meter von uns
entfernt der Busch erzitterte. Baumstämme wankten, Äste brachen
lautstark wie Knochen, der Boden unter unseren Füßen bebte. Während wir uns an den Granit drückten, sah ich im Unterholz deutlich
ein Stück faltige, hellgraue Haut und mehrere weiß schimmernde,
leicht abwärts weisende Stoßzähne. Wir waren unerwartet auf eine
Elefantenfamilie gestoßen. Die beiden Kühe und das Jungtier standen regungslos im Dickicht – ebenso überrascht wie wir. Eine der
Kühe hatte gerade ein Schlammbad genommen. Das Blätterdach war
hier nicht sehr dicht, und im fahlen Licht, das vom verhangenen
Himmel in den Wald drang, glänzte sie wie eine Bronzefigur.

In Zentral- und Westafrika kommt der Afrikanische Großelefant in
zwei Unterarten vor: als Savannen- und als Waldelefant. Bei den Tieren direkt vor uns deutete alles auf die seltenen Waldelefanten hin.
Die Körperhöhe der Kühe überstieg kaum zwei Meter, ihre Stirn ver-
lief abgeflacht, die Ohren waren relativ klein und rund.

Das ältere Tier erwachte jetzt aus seiner Starre, stieß lautstark Luft durch den Rüssel aus und schob ein tiefes, verärgertes Grollen nach. Dann trat es das Unterholz zwischen uns nieder, hob seinen muskulösen Rüssel, aus dem noch Wasser tropfte, und presste ein ohrenbetäubendes Trompeten heraus. Ich war froh, dass Kaba seine Büchse nicht von der Schulter nahm, sondern uns langsam, ohne den Blick von der wütenden Kuh zu lösen, zurück hinter die Felsnase schob, bis wir außer Sicht waren. Gleich darauf hörten wir wieder Astwerk brechen, und als wir vorsichtig um die Ecke schauten, waren die Waldelefanten verschwunden.

»Wir hatten großes Glück«, sagte Kaba erleichtert. »Einen Schritt näher, und sie hätten uns zertrampelt.«

»Riesiges Glück!«, rief ich begeistert; mein Puls raste noch immer. »Elefanten sind in Westafrika fast ausgestorben. Und dann auch noch Waldelefanten!«

»Meine ersten Elefanten!«, schrie Sékou völlig außer sich. »Das verdanke ich dir, Professor! Du hast mich in den Heiligen Hain mitgenommen. Und jetzt habe ich Elefanten gesehen. Ich werde es den Mädchen in Bakando erzählen.«

»Du hattest die Hosen voll«, rief Kourou. »Ich habe es gerochen. Deine Hosen waren randvoll. Das werde *ich* den Mädchen erzählen.«

»Unsinn! Mit einem Gewehr hätte ich einen erschießen können. Oder ich hätte ihn mit dem Komoe erledigt. Und krack. Sékou, der Elefantenjäger! Und dann hätte ich seine Hoden gegessen. Baaaaaah!«

»Es waren Kühe«, höhnte Kourou. »Weiber, verstehst du?«

»Sie leben drüben in den Wäldern von Sierra Leone und Liberia«, unterbrach Kaba die beiden. »Aber dort wird geschossen, und die Rebellen sind hungrig. Die Elefanten ziehen in ruhigere Gebiete. Sie haben weite Wanderungen hinter sich.«

Auf dem Elefantenpfad war das Unterholz niedergetrampelt, am Wegrand lagen vertrocknete Kletterpflanzen und Zweige; hier und da fanden wir ausgespuckte Faserbündel oder gehärteten Dung. Kaba hob einen Haufen auf und zerbröselte ihn zwischen den Fingern. Er enthielt große Nüsse, wohl aus verdauten Steinfrüchten. Sie keimten bereits.

Während wir auf dieser Waldautobahn in gutem Tempo vorankamen, erinnerte ich mich an verschiedene Autoren, die beschreiben, dass solche Pfade in den Regenwäldern sternförmig auf künstlich von Elefanten angelegten Lichtungen zusammenlaufen. Ich stellte mir gerade vor, wie wir auf einen dieser geheimnisvollen Plätze traten, als wir, nicht weit vom Walama-Fall, das Dorf Nyalia Kombekoro erreichten. Es war verlassen. Seine Bewohner mussten erst vor kurzem fortgegangen sein.

»Ich verstehe das nicht«, sagte Samoura beunruhigt. »Nyalia ist kein Tumbon. Hier wohnen Kouranko – Freunde.«

Wir gingen um die Hütten, und Samoura rief einige Namen. Doch es blieb still.

»Kein guter Ort«, sagte Kaba und sah sich nervös um. »Gar kein guter Ort.«

Direkt vor Nyalia, am »Heiligen Ort der Männer«, tauchte der Tembi unter die Erde, floss gut dreihundert Meter unter dem Dorf hindurch und sprudelte auf der anderen Seite, am »Heiligen Ort der Frauen«, wieder heraus.

»Unsere Väter brachten hier ein besonderes Opfer«, erklärte Samoura. »Sie töteten einen Ochsen, entnahmen das Fleisch, stopften die Haut aus und nähten sie wieder zu. Der Priester warf den Ochsen in den Tembi; er verschwand unter der Erde, durchquerte Gbolomas Reich und tauchte auf der anderen Seite wieder auf, wo ihn die Leute erwarteten. Wenn der Ochse seinen Kopf aus dem Wasser hob, war das ein gutes Zeichen.«

»Wird das Opfer heute nicht mehr gebracht?«

»Die Leute hier achten den Islam. Sie wollen die Götter vergessen. Aber da ist noch etwas, das Sie interessieren wird: Wenn unsere Väter die Fremden nicht zu Gbolomas Hain führen wollten, brachten sie sie zum ›Heiligen Ort der Frauen‹ und sagten ihnen, dies sei die Quelle des Tembi.«

»Und wie oft kam das vor?«

»Oft!«

»Aber die Fremden…«

»Sie waren glücklich, sehr glücklich«, lächelte Samoura. »Sie hatten ihr Ziel erreicht. Sie konnten zurückkehren und ihren Leuten erzählen, dass sie die Quelle des Großen Flusses gesehen haben.«

Ich warf ihm einen skeptischen Blick zu.

»Keine Angst«, sagte er und lächelte. »Sie haben die richtige Quelle gesehen. Sie gehören jetzt zu den wenigen Weißen, die auch wirklich dort waren. Sie haben mein Wort. Der Heilige Hain, das Reisopfer – wir würden Gboloma niemals verspotten.«

Ich verspürte plötzlich ein unangenehmes Kribbeln in der oberen Rückenpartie, dann verkürzten sich die Nackenmuskeln, und meine Schläfen wurden schmerzhaft nach innen gezogen. Sobald ich den Kopf drehte, ertönte ein knöchernes Schleifen. Ich zog die Halskrause aus dem Rucksack, riss den Klettverschluss auf und schlang sie mir um.

»Ist dein Kopf wieder schwer, Monsieur Michel?«, fragte Kourou besorgt.

»Manchmal wünschte ich, ich könnte ihn mir vom Hals schaffen.«

»Dein Hals ist lang, Professor, lang und dünn und zerbrechlich wie...« Sékou schlug sich mit der flachen Hand auf den Hinterkopf, während er das treffende Wort suchte. »Wie der einer Flasche«, rief er schließlich. »Du hast einen Flaschenhals, einen richtigen Flaschenhals.«

Ich versuchte mich zu entspannen und legte mein Kinn auf dem komfortabel abgesofteten Rand der Halskrause ab. Da zerrissen plötzlich mehrere Schüsse die Stille – helle Schüsse, schnell aufeinander folgende Salven aus automatischen Waffen, nördlich von unserer Position, genau in Marschrichtung. Samoura warf mir einen panischen Blick zu. Kourou stammelte: »Allah! Allah!« Kaba fing sich als Erster wieder, steckte seine Machete in den Gürtel und schob sich ins Dickicht.

»Keine Zweige abbrechen«, flüsterte er. »Keine Spuren.«

Wir machten uns klein, krabbelten wie niedere Beutetiere auf allen vieren über den aufgeweichten Boden, über knorrige Wurzeln und schmieriges Blattwerk, zwängten uns durch winzige Öffnungen. Äste, Zweige, Lianen waren zu einem dichten Netz verwoben. Irgendwo sitzt eine Spinne, dachte ich, eine Riesenspinne. Sie wartet, bis wir uns in ihrem Netz verfangen haben. Und dann krack.

Wir krochen weiter. Unter der Halskrause sammelte sich Schweiß. Er juckte unangenehm. Mein Haarzopf verfing sich im Dickicht. Strähnen wurden aus der Kopfhaut gerissen, Dornen schlitzten meine rechte Schläfe auf, Blut rann über mein Gesicht. Als Kaba die Entfernung vom Elefantenpfad als ausreichend einschätzte, erhob er sich, zog seine Machete aus dem Gürtel und drosch auf den Wald ein. Wir gingen jetzt nach Westen. Warum nach Westen?, fragte ich mich. Bald würden wir vor dem Fluss stehen, und der Busch würde in Wassernähe noch dichter sein. Dann verstand ich. Genau das war Kabas Absicht. Wir würden im dichten Wald untertauchen. Aber diese Strategie hatte einen Schwachpunkt: unsere Spuren auf dem Elefantenpfad. Wenn sie entdeckt wurden, war es nur eine Frage der Zeit, bis man auch unseren frischen Pfad fand.

Wir kamen nur langsam voran, keuchend vor Anstrengung und Angst. Wir liefen davon, stumm, mit winzigen, hastigen, gehetzten Schritten. Und ich hielt mit, wie ich stolz feststellte. Ich stolperte nicht. Ich fiel nicht hin. Ich jammerte nicht. Dann, plötzlich, wieder Schüsse. Eine Salve. Zwei. Sie schienen näher als die vorherigen. Wir gingen schneller, unterdrückten unseren lauten Atem.

Rebellen, natürlich Rebellen. Sonst gibt es niemanden in diesem Wald, nicht bei diesem Regen, dachte ich, und der Gedanke schien mir nicht absurd. Die Rebellen und wir. Sie haben unsere Spur gefunden. Sie verfolgen uns. Aber warum schießen sie? Auf wen schießen sie?

Es regnete in Strömen, und der Wald verdichtete sich. Er stand plötzlich voller Würger. Ihre Stämme waren hohl und vernarbt. Scheinheilige, hinterlistige Feigenbäume, dachte ich, während mir ihre Zweige ins Gesicht schlugen. Ihr beginnt euer Leben als unauffällige Pflänzchen in einer Astgabel. Keiner beachtet euch. Ihr keimt ganz im Stillen aus einem Samenkorn, den ein Vogel oder ein Affe dort mit seinem Kot abgelagert hat. Unscheinbare Epiphyten! Eure Wurzeln schleichen lautlos am Stamm des Wirtsbaumes hinunter. Sie werden immer länger, bis sie den Boden erreichen. Und dann beginnt die Tragödie. Ihr zapft die Nährstoffe an. Ihr bildet eine zweite Baumkrone. Euer Wurzelnetz verdickt sich, schließt sich rund um den Stamm eures Wirtsbaums. Ihr erwürgt ihn. Er verrottet in euch. Und am Ende steht ihr fein da, eigenständige Bäume, mit hohlen Stämmen. Feigenbäume – feige Bäume!

Wir wateten eilig durch zwei knietiefe Wasserläufe, kletterten durch

65

einen verwirrenden Felsgarten und über umgefallene Baumriesen einen Hang hinauf. Ich nahm einen vagen säuerlichen Geruch wahr, doch noch bevor ich seine Herkunft bestimmen konnte, standen wir bereits mitten in einem Dorf und sahen in die Läufe mehrerer Flinten.

»Kissi!«, sagte Samoura.

»Kissi!«, sagten die anderen.

Man sah auf den ersten Blick, dass die Kissi ursprünglich kein Waldvolk waren. Die Männer wirkten fast zierlich; sie waren klein, hatten schlanke Gliedmaßen und auffallend schmale Brustkörbe. Ihr Haar war schwarz, aber kaum gewellt, und ihre Haut leuchtete in einem schönen, hellen Braun. Einer der Männer trug einen geschnitzten Armreif aus der Hornhaut eines Elefantenfußes, verziert mit rautenförmigen Zinnblättchen. Er starrte mich durch schmale Augenschlitze an, führte den Lauf seiner Flinte an meine Halskrause und drückte vorsichtig dagegen. Ich konnte die Mündung durch den Polyurethanschaum spüren. Der Kissi gab einen misstrauischen Kehllaut von sich, während Samoura unentwegt in seiner Sprache auf ihn einredete. Schließlich senkten sie die Waffen und bedeuteten uns, ihnen zu folgen.

Das Dorf lag im Schutz einer schroffen Bergflanke mitten im Wald. Gut vierzig Hütten standen so dicht aneinander, dass ihre steil abfallenden Strohdächer sich berührten; andere strebten aus Platzmangel den Steilhang hinauf wie ein vorzeitliches Amphitheater. Mir fiel auf, dass nirgendwo Kinder zu sehen waren. Wenn ich sonst in ein entlegenes Dorf kam, strömten sie aus allen Ecken herbei. Hier war es jedoch gespenstisch still. Einige Frauen arbeiteten vor ihren Hütten und warfen uns scheue Blicke zu. Ihre sorgfältig geflochtenen Frisuren bestanden aus schmalen, dicht auf der Kopfhaut anliegenden Zopfreihen oder aus bauchigen Wülsten, die seitlich neben dem Scheitel saßen. Die älteren Frauen trugen Ziernarben auf dem Rücken – tiefe Rauten, Sterne, Wellenlinien. Eine der Frauen hatte ihr Gesicht mit Kalk bemalt. Ein kleines Mädchen streckte den Kopf aus der Tür. Um seinen Hals hing eine Kette aus den runden, silbergrauen Früchten des Tränengrases. Als ich ihm zulächelte, fuhr seine Mutter herum und schrie es an. Es erschrak und verschwand wieder in der Hütte.

Vor dem Palaverhaus, einem offenen Bau mit sattelförmigem Strohdach, zogen wir unsere Schuhe aus und betraten den leeren Versammlungsraum.

»Was geht hier vor, Samoura?«, flüsterte ich, während die bewaffneten Kissi vor der Tür Aufstellung nahmen.

»Sie sagen, sie haben keine Schüsse im Wald gehört. Sie sagen, wir müssen uns getäuscht haben.«

»Sie sind betrunken, Samoura.«

»Wir müssen auf den Dorfchef warten, dann wissen wir mehr.«

Draußen ertönte ein lang gezogenes Wimmern. Neben dem Palaverhaus stand eine offene, runde Hütte, und davor lag eine junge Frau bäuchlings am Boden. Sie vergrub ihr Gesicht in den Händen und jammerte. In der Hütte türmten sich verstaubte Flaschen, Teller und Kalebassen, Wurzelknollen, Knochen, Tierschädel.

»Das Medizinhaus«, flüsterte Samoura. »Die Ahnen des Dorfs wohnen dort.«

»Und warum weint die Frau?«

Samoura wusste es nicht.

Der Dorfchef war ein uralter Mann. Während sich die Ältesten um uns herumsetzten, betrat er von zwei Jungen gestützt das Palaverhaus und ließ sich schwerfällig in seinen Stuhl sinken. Die runzlige Haut hing über seine Knochen wie ein Ballon, dem die Luft entwichen war. Auf der Brust trug er einen Leopardenzahn. Seine Augen waren halb geschlossen, als er uns mit brüchiger Stimme begrüßte. Die oberen Schneidezähne schoben sich zwischen seinen Lippen hervor, gelblich, matt, spitz zugefeilt. Im ganzen Palaverhaus schwebte eine säuerliche Palmweinwolke. Die Alten konnten sich kaum mehr gerade halten. Ihre Gesichter glänzten, und ihre Brustkörbe hoben und senkten sich schnell wie nach einer körperlichen Höchstleistung. Das ganze Dorf schien völlig betrunken.

Samoura verbeugte sich mehrmals und überreichte dem Dorfchef unsere Geschenke: Kolanüsse, Zigaretten, ein Schweizer Messer, ein Bündel Geldscheine. Ein Mann mittleren Alters, offensichtlich sein Stellvertreter, erhob sich und übernahm das Wort. Er überragte die anderen Kissi um einen Kopf. In seinem Baumwollhemd spannte sich ein kräftiger Körper. Seine Stimme war klar und fest, sein Gebiss unverstümmelt und von strahlendem Weiß. Er schien uns willkommen zu heißen, sah jedoch ausschließlich die Alten an. Nur einmal, für den Bruchteil einer Sekunde, trafen sich unsere Blicke. Seine Augen waren blutunterlaufen und verströmten eine eisige Kälte. Er hasst mich, dachte ich und fragte mich nach dem Grund dafür. Vielleicht hasste er alle Menschen.

Die Alten erhoben sich, die Versammlung war beendet. Wir stapften hinaus in den Regen, wo uns der Kissi mit dem Armreif erwartete. Er richtete sein Gewehr nicht mehr auf uns, doch er sprach weiterhin kein Wort.

»Es hat Rebellenangriffe gegeben«, flüsterte Samoura.

»Das ganze Dorf ist betrunken!«, sagte ich.

»Es gab Tote und Verletzte. Sie haben Frauen verschleppt. Alle Dörfer in der Gegend sind überfallen worden – außer diesem hier. Sie sagen, ihr Dorf sei eine Festung, ihre Männer seien mutig, ihre Medizin sei stark. Sie trinken seit Tagen ihren Zauber. Er verdreht ihren Geist.«

»Samoura! Sie sind betrunken, unberechenbar!«

»Wir können das Dorf jetzt nicht mehr verlassen«, unterbrach er mich sanft. »Das wäre eine Beleidigung. Sie haben uns eine Hütte zugewiesen. Wir müssen die Nacht hier verbringen.«

»Vertrauen Sie den Kissi?«

»Sie waren unsere Sklaven. Ihre Väter und unsere Väter waren Feinde, Todfeinde.«

Wir überquerten den Dorfplatz. Die Frau lag noch immer vor dem Medizinhaus und wimmerte. Vor ihr stand eine grüne Glasflasche mit trübem Inhalt; daneben lag ein Stück weißes Tuch, gefaltet und in eine durchsichtige Plastikhülle gewickelt. Ich nahm an, dass es Geschenke für die Ahnen waren, die der Frau einen Wunsch erfüllen sollten. Als wir an ihr vorübergingen, verstummte sie und sah kurz auf. Sie war etwa zwanzig Jahre alt. Mit Kunsthaar verlängerte Zöpfe standen antennenartig von ihrem Kopf ab. Feine indigoblaue Schmucklinien liefen von den Mundwinkeln zu den Ohrläppchen. Ihre Nase war schmal und leicht gebogen, ihre Haut hellbraun, fast cremefarben. Sie sah mir direkt in die Augen. Ihr Blick war warm und von einer Vertrautheit, als kenne sie mich seit Jahren. Und da war noch etwas, doch in dem Moment fand ich kein Wort dafür. Erst als wir den Dorfplatz schon verlassen hatten und in die Gassen zwischen den dicht gedrängten Hütten tauchten, fiel es mir ein: Hoffnung. Die junge Frau hatte mich voller Hoffnung angesehen.

Unsere Hütte stand nicht weit von einem gewaltigen Felsen, der wie eine Terrasse über die Kronen des Waldes ragte. Ich ging mit Samoura hinüber, wir setzten uns auf den warmen Granit und genossen die Aussicht. Es hatte aufgehört zu regnen. Im Osten war der Himmel aufgerissen, und die Sonne stand tiefrot zwischen der Savanne und einer düsteren Wolkendecke. In den Felsen fielen mir zahlreiche Öffnungen auf. Einige waren künstlich verbreitert worden und bildeten wohl Eingänge zu Höhlen. Ich fragte mich gerade, ob sie früher bewohnt gewesen waren, als ein Schwarm Papageien meine Aufmerksamkeit auf sich zog. Sie hatten gerade geschnittene, kurze Schwänze und trieben kreischend und bunt über die dunkle, aufgeraute Oberfläche des Waldes.

In den Kronen der Baumriesen erwachten die nachtaktiven Tiere, und von unserem Logenplatz aus fiel mir ein graubraunes Fellbündel auf, das in einem der letzten Lichtflecke hing – keine zehn Meter von uns entfernt.

»Galago!«, sagte Samoura, der meinem Blick gefolgt war. »Sie schreien nachts wie Säuglinge. Die Kinder fangen sie. Sie sind lustig und sehr anhänglich. Wir essen sie nicht.«

Der Galago war etwa zwanzig Zentimeter groß und trug ein dichtes, wolliges Fell, das aus der Ferne angenehm weich aussah. Er beschnüffelte seinen flaumigen Bauch und kämmte sich sorgfältig mit den Zähnen. Durch mein Fernglas betrachtet, füllte sein Kopf mit der spitzen Schnauze und den nackten, etwas zerknittert wirkenden Ohren das gesamte Blickfeld aus. Als hätte er mich bemerkt, ließ er plötzlich von der Fellpflege ab und sah direkt in meine Gläser. Er hatte den Blick eines Plüschtiers. Überhaupt sah er aus, als sei er einem Kinderfilm entsprungen. Er tänzelte einen Moment lang auf dem Ast herum, richtete sich auf und sprang mit erstaunlicher Kraft ab. Im Flug streckte er seinen Körper, während er den Schwanz als Höhenruder einsetzte. Er flog vier oder fünf Meter weit und verschwand in einer benachbarten Krone.

Wir gingen zurück zur Hütte. Drinnen war es stickig. Der untere Teil der Wand war etwas verdickt, damit die Stützpfähle besser darin hielten. In den Ecken stapelten sich Haushaltsgeräte und Werkzeug. Kaba döste auf einer der Bodenmatten. Kourou kochte an der Feuerstelle. Ein Großteil des Rauchs entwich durch die Öffnungen zwischen Wand und Dach. Der Rest verblieb in der Hütte und erschwerte das Atmen.

»Wo ist Sékou?«, fragte ich.

Niemand antwortete.

Wir wollten gerade essen, als es leise an die Tür klopfte. Draußen stand ein hagerer Junge. Samoura leuchtete ihn mit der Taschenlampe an, und erst jetzt sahen wir die Frau, die hinter ihm in der Dunkelheit stand. Ich erkannte sie sofort. Ihre indigoblauen Schmucklinien hatten jetzt die Farbe reifer Maulbeeren. Es war die junge Frau, die am Nachmittag vor dem Medizinhaus gekauert hatte.

»Ein Notfall«, übersetzte Samoura. »Der Junge sagt, der Vater dieser Frau sei schwer krank. Er sagt, Sie müssen ihm helfen.«

»Aber ich bin kein Arzt«, sagte ich verwirrt.

»Er sagt, die Weißen haben starke Medizin.«

Ich erinnerte mich an den Blick der Frau, an diesen hoffnungsvollen Blick. Vielleicht dachte sie, dass die Ahnen mich geschickt hatten. Die meisten Afrikaner glauben nicht an Zufälle. Ich kramte den Medikamentenbeutel aus dem Rucksack und folgte den beiden in Begleitung von Samoura.

Die Nacht war stockdunkel. Der Himmel musste sich wieder zugezogen haben, denn ich sah keine Sterne. Wir nahmen den Pfad zur Felsterrasse. Kurz bevor wir sie erreichten, bogen wir jedoch ab und stiegen im Schein der Taschenlampen die Klippen hinunter.

»Mir gefällt das nicht«, flüsterte Samoura.

»Mir auch nicht, aber ich vertraue dieser Frau.«

»Worte eines Weißen«, lachte Samoura auf. »Kein Afrikaner würde das jemals sagen.«

Wir betraten eine der Höhlen, die mir am Nachmittag aufgefallen waren. Sie verbargen sich zwischen eingestürzten Granitblöcken, waren tiefer, als ich gedacht hatte, und schienen unterirdisch miteinander in Verbindung zu stehen.

»Ich kenne diese Orte aus meiner Kindheit«, sagte Samoura leise.
»Unsere Väter flüchteten in solche Höhlen, wenn Gefahr drohte.
Man kann sich darin verirren. Ihre Ausgänge liegen tief im Wald.«
Ich stellte mir gerade vor, welche archäologischen Schätze hier zu
finden sein mussten, als die Frau zweimal leise pfiff und aus der
Dunkelheit ein schweres Stöhnen antwortete. Wir kletterten eine
Felsrampe hinauf, und oben erfasste Samouras Taschenlampe einen
Mann, der mindestens so alt war wie der Dorfchef. Er lag auf ein
wenig Palmstroh gebettet. Sein Gesicht war eingefallen, die Augen
verloren sich in ihren Höhlen wie matte, schwarze Murmeln in Erd-
löchern. Ein fauliger Gestank ließ mir den Atem stocken. Dann
erfasste der Lichtkegel seinen Bauch.
»Mein Gott!«, sagte ich und wendete mein Gesicht ab. »Samoura,
was ist das?«
Samoura schwieg und starrte auf den Bauch. Es schien, als sei er auf-
geplatzt. Eine riesige, eitrige Wunde klaffte heraus und begann
bereits zu faulen. An den Rändern klebte eine getrocknete Masse,
vermutlich die Reste einer traditionellen Medizin. Es war absurd,
aber ich dachte an ein Krankenhaus. Er muss sofort ins Krankenhaus,
dachte ich, hier draußen, mitten im Busch, vielleicht drei, vier Tages-
märsche von der nächsten Waldpiste entfernt.
Und dann ergriff mich panische Angst. Ich riss mein Hemd aus der
Hose und presste es vor Mund und Nase. Ich zitterte. Mir wurde
schwindlig. Was konnte das sein? Was für eine teuflische Infektion
konnte das sein? War sie ansteckend? Und wenn ja, wie übertrug
sie sich? Erreger, Bakterien, Viren schossen mir durch den Kopf.
Direktkontakt über die Haut, Körperflüssigkeiten, Tröpfcheninfek-
tion! Vielleicht genügten ein paar schwebende Teilchen in der Luft –
mikroskopisch klein, ein Atemzug –, und schon setzten sich die
Erreger in einem fest. Der Gedanke ließ mich erschaudern.
»Was ist passiert?«, fragte ich leise, als ich mich etwas gefangen hatte.
Samoura gab die Frage an den Mann weiter, doch er konnte nicht mehr
sprechen. Die Tochter wimmerte wieder, aber sie weinte nicht.
»Sie sagt, zuerst sei es ein roter Punkt gewesen, klein wie ein Mücken-
stich. Dann wurde es größer, immer größer...«
»Und warum liegt der Mann in dieser Höhle?«

»Sie sagt, es sei sicherer hier.«

Natürlich, dachte ich, eine Art traditionelle Quarantäne. Die Leute im Dorf waren vorsichtig. Sie kannten die Krankheit nicht, doch sie sah schlimm aus. Also hatten sie den Mann in die Höhlen geschafft, bevor das Sterben begann. Und plötzlich dachte ich an Hautleishmaniase. Es muss so etwas wie Hautleishmaniase sein, lass es Hautleishmaniase sein, flehte ich.

Ich hatte diese offenen Geschwüre in Bolivien und Peru gesehen. Die schwerste Form nennt man dort Espundia. Sie erinnert entfernt an das, was auf dem Bauch des alten Mannes wucherte. Für den Kranken war es schlimm, aber von Mensch zu Mensch konnte es nicht übertragen werden.

Ich drückte mir noch immer das Tuch vor das Gesicht und starrte auf den offenen Bauch, während die Überträger von Leishmaniase an meinem geistigen Auge vorüberhüpften, Schmetterlingsmücken, knapp zwei Millimeter groß, behaart, mit V-förmig gestellten Flügeln. Sie bewegen sich tatsächlich hüpfend. Es gibt sie fast überall in den Tropen. Sie saugen bei infizierten Menschen oder Tieren Blut und nehmen so die Erreger *(Leishmanien)* auf. Sie stechen nachts und in der Dämmerung und können nicht sehr hoch fliegen, deshalb sind Menschen besonders gefährdet, die am Boden schlafen. Ein Stich in die Nase, in die Lippe, ins Bein, in den Bauch, und Monate später bildet sich ein Geschwür, das je nach Ausprägung aufbricht.

Der Mann auf dem Fels stöhnte jetzt heftig, dann öffnete er die Augen und sah mich erwartungsvoll an. Die junge Frau nahm seine Hand. Auch sie sah mich an. Ich spürte, wie sich mein Brustkorb anspannte, meine Schultern, mein Hals, und plötzlich empfand ich eine unbändige Wut – über die Rückständigkeit dieses Landes, über meine eigene Hilflosigkeit. Ich hatte das Bedürfnis, zu schreien, doch im nächsten Augenblick fühlte ich mich schwach, so schwach, dass ich mich kaum mehr auf den Beinen halten konnte.

»Er wird sterben«, sagte Samoura. »Er ist alt. Seine Zeit ist gekommen. Sie können nichts für ihn tun.«

Ich öffnete den Medikamentenbeutel, zog ein Päckchen Morphiumtabletten heraus und reichte es Samoura.

»Zwei Stück, alle vier Stunden. Es lindert die Schmerzen, bis es vorbei ist.«

Er gab der Frau die Tabletten und übersetzte. Sie nickte. Wir verließen die Höhle. Draußen rang ich nach Luft und erbrach mich. Im Dorf war es totenstill. Sékou war noch nicht wieder aufgetaucht, und Kourou wartete noch immer mit dem Essen auf uns: Fufu. Ich hätte jetzt nicht einmal die Lasagne hinuntergebracht, von der ich gelegentlich träumte. Ich trank nur ein wenig Wasser und zog Delphi aus meinem Rucksack. Es tat gut, den kleinen Computer in der Hand zu halten. Er fühlte sich vertraut an. Ich fand den Galago unter den Halbaffen. Bei dem Tier, das wir von der Felsterrasse aus gesehen hatten, handelte es sich um einen Senegalgalago *(Galago senegalensis)*. »Ihre nächtlichen quäkenden Laute erinnern an weinende Kleinkinder«, las ich bei Delphi. »Deshalb werden sie auch Buschbabys genannt. Bevor der Senegalgalago bei Tagesanbruch schlafen geht, verschließt er den Eingang seiner Höhle. Dann setzt er sich, steckt seinen Kopf zwischen die Beine und schläft ein. Seine runden Augen verengt er tagsüber zu einem senkrechten Spalt, und seine Ohren faltet er zusammen.«

»Galago«, sagte Kaba und fügte anerkennend hinzu: »Er hat Kräfte. Er frisst den Skorpion.«

Ich klappte den Monitor zu, verstaute ihn wieder in der wasserdichten Hülle und schob das modernde Handtuch als Kissen unter meinen Kopf. Kurz darauf flog die Tür auf, und Sékou stürzte herein.

»Ich habe Neuigkeiten«, rief er. »Ich weiß alles.«

Er knallte die Tür hinter sich zu und ließ sich auf die freie Matte neben mir fallen. Er roch nach Palmwein. Sein Funkgerät trug er nicht im Gürtel, sondern in der Hand, als habe er es eben noch benutzt.

»Das Kissi-Mädchen, es sagt, der Stellvertreter des Dorfchefs ist wahnsinnig. Sein Name ist Koawo. Er mag keine Fremden. Das Kissi-Mädchen sagt, in seiner Hütte hängen Hände, getrocknete Hände, an den Dachstangen. Und jetzt hat er es auf unsere abgesehen.«

»Das sind doch Gruselgeschichten!«, protestierte ich.

»Menschenleben bedeuten Koawo nichts, Professor. Er war Soldat. In Sierra Leone, in Liberia, in Angola. Vielleicht auch im Kongo. Er ist gewalttätig.«

»Und der Dorfchef?«

»Der Dorfchef ist ein guter Mann. Er trägt den Leopardenzahn auf der Brust. Aber das Kissi-Mädchen sagt, er wird bald sterben. Koawo beherrscht das Dorf. Er kennt fremde Männer. Er lässt Kisten für sie tragen, und sie geben ihm Geld dafür, viel Geld. Damit schützt er das Dorf vor den Rebellen. Er besticht sie. Aber jetzt sind schon lange keine Kisten mehr gekommen, und Koawo hat kein Geld mehr. Die Rebellen haben einen Brief geschrieben.«

»Einen Brief?«

»Sie schreiben, dass sie das Dorf angreifen werden.«

»Steht in dem Brief vielleicht auch, wann das passieren soll?«

»Es kann jeden Moment so weit sein.«

Wir sahen uns ratlos an. Niemand sagte ein Wort. Wenn es stimmte, was Sékou herausgefunden hatte, bahnte sich hier ein Krieg zwischen Rebellen und Waffen- oder Drogenschiebern an. Und wir saßen mittendrin. Im Dorf waren wir nicht sicher. Und draußen im Wald? Mir fielen die Schüsse wieder ein. Vielleicht wimmelte es dort schon von Rebellen. Jetzt, mitten in der Nacht, war an einen Weitermarsch ohnehin nicht zu denken. In der hinteren Hälfte der Hütte standen drei schwere Holzblöcke. Wir schleppten sie hinüber zur Tür – eine Zapfentür, herausgeschlagen aus der großen Wurzelstrebe eines Wollbaums – und verbarrikadierten sie.

»Aber wir haben einen Trumpf, Professor«, sagte Sékou, als wir damit fertig waren.

»Natürlich, das hätte ich fast vergessen«, schrie ich. »Wir haben ja noch dein Funkgerät. Wir rufen einfach die Armee, und die holt uns hier raus.«

Sékou sah zu Boden.

»Entschuldige, Sékou, es tut mir Leid.«

»Der Mann, den du in den Höhlen behandelt hast, Professor. Das ganze Dorf weiß, dass du bei ihm warst. Das Kissi-Mädchen sagt, dieser Mann ist mächtiger als Koawo, vielviel mächtiger. Koawo hat Angst vor ihm. Der Alte hat Kräfte. Die Leute kommen von weit her, und er gibt ihnen Amulette und Fetische. Dir hat er auch etwas gegeben, nicht wahr, Professor? Alle im Dorf wissen, dass er dir unten in den Höhlen etwas gegeben hat.«

Ich konnte mich nicht erinnern, dass mir der Alte etwas gegeben hatte. Selbst wenn er es gewollt hätte, in seinem Zustand hätte er mir gar nichts geben können. Er hatte mir einen tief sitzenden Schrecken eingejagt. Im Moment, als ich seinen Bauch sah, wurde mir wieder bewusst, dass in diesem Teil Afrikas schon ein kleiner Kratzer den Tod bedeuten konnte. So gesehen hatte ich von dem Alten tatsächlich etwas bekommen. Ich sah Samoura an, und er nickte mir leicht zu.

»Du hast Recht, Sékou«, sagte ich. »Der alte Zauberer hat mir etwas gegeben.«

»Ich wusste es, Professor«, rief er erleichtert. »Alle im Dorf wissen es. Und das ist unser Trumpf. Koawo wird uns nicht anrühren. Der Zauber würde ihn töten.«

Ich legte mich auf meine Matte aus Palmrippen, zog aber weder die feuchten Kleider noch die Schuhe aus. Dann versuchte ich, an etwas Schönes zu denken, und bald darauf fand ich mich auf Geiersnest wieder. An einem Tag im Frühsommer. Die Bergwiesen waren gerade gemäht und lagen zwischen dunkelgrünen Tannenwäldern wie frisch geschorene Schafrücken. Es roch nach Heu, die Walderdbeeren waren reif. Weit unten im Tal leuchtete die Klosterkirche von Sankt Ulrich. Manchmal, an nebligen Tagen, war nur noch ihre zwiebelförmige Turmspitze zu sehen. Der Rest des Dorfs verschwand dann für ein paar Stunden unter einer zähen Watteschicht, doch jetzt spannte sich ein stahlblauer Himmel über den Schwarzwald, und die Sicht reichte weit über die Rheinebene hinaus bis in die Vogesen, einem leicht gewellten Rücken in pastellfarbenem Violett.

Geiersnest. Ich zog mich oft zum Schreiben in diese abgelegene Berghütte zurück. Das Leben dort oben grenzte an Einsiedelei, denn außer einigen weit verstreuten Gehöften gab es nur Wald und Wiesen. Zum Schreiben und zum Nichtstun war Geiersnest ideal. Ich schlief morgens aus, dann ging ich an den Waldrand, zupfte ein paar Holunderblüten und brühte mir einen Tee daraus auf. Mein Frühstück nahm ich im Freien ein und suchte nebenher den Himmel mit dem Fernglas nach Vögeln ab.

Aus dem Tal klang eine Trompete herauf. Das muss Werner sein, dachte ich. Werner Leuchtner, einer der Bergbauern. Er spielte gut.

Ich kannte das Stück nicht, doch es klang nach einem Sonntagmorgen.

Ich begann zu schreiben – über ein Initiationsritual am Titicacasee. Doch dann sah ich Joe Cypriani über den Grat herüberkommen. Wir teilten uns die Hütte, wohnten allerdings nie gleichzeitig dort. Als er auf der Höhe der alten Wetterbuche war, winkte er aufgeregt herüber. Er war Amerikaner italienischer Abstammung, Professor für Philosophie und deutsche Literatur an der Universität von Chicago. Auch er schrieb auf Geiersnest: Drehbücher und Kurzgeschichten. (»Nichts Intellektuelles, verstehst du, einfache Gegebenheiten aus dem ganz normalen Leben.«)

Joe war auf dem Weg von Chicago nach Athen, wo er eine Gastprofessur innehatte.

»Stop-over!«, rief er mir entgegen. »Ich habe nur zwei Stunden.«

Die Großstädte nahmen ihn mit. Er wirkte nervös und abgespannt.

»Ich bin zu viel unterwegs. Ich vermisse die Hütte, diese Ruhe«, sagte er; das sagte er immer, wenn er weg gewesen war.

»Du siehst gut aus«, flunkerte ich.

»Ha! Ha!«, rief er, eine Anspielung auf seine persönlichen Helden: Hölderlin und Heidegger.

Er bereitete gerade ein Seminar über Atlantis vor, das er in Griechenland an verschiedenen Universitäten halten würde.

»Es gibt Hinweise, sehr alte Hinweise, dass Atlantis vor Santorin liegen könnte. In Platons *Kritias* und *Timaios*. Die Entstehung des Kosmos, du weißt schon. Ich werte die Quellen aus und trage meine Schlussfolgerungen vor, nichts weiter.«

Ich wollte ihm gerade von Leo Frobenius erzählen, der Atlantis in Nigeria gesucht hatte, als uns Schüsse aus unserer Unterhaltung rissen. Ich fuhr erschrocken hoch. Eben war es noch hell gewesen und hatte nach frisch gemähtem Gras geduftet. Jetzt war es stockdunkel. Es roch schlecht. Nach Moder und Schweiß. Geiersnest – Chicago – Athen – Atlantis – Nigeria – Niger. Jetzt hatte ich es. Ich war am Niger, in Oberguinea, in einem Kissi-Dorf. Das hier war die Wirklichkeit, und draußen wurde geschossen.

6

Kaba umklammerte sein Gewehr und sah durch die Ritzen der Tür, konnte jedoch nichts erkennen. Dann fielen noch einmal Schüsse, und kurz darauf hörten wir Schritte. Männer flüsterten. Sie näherten sich. Es klopfte heftig an die Tür. Kaba sprang einen Schritt zurück.

»Allah!«, schrie Kourou. »Sie kommen! Koawo wird uns töten!«

Von draußen rief eine Stimme etwas auf Kissi, und ich sah Koawos weiße Zähne förmlich durch die Tür hindurchblitzen.

»Was geht hier vor, Samoura?«

»Wir sollen aufmachen. Koawo und seine Männer wollen mit uns sprechen.«

»Jetzt? Mitten in der Nacht? Direkt nach einem Schusswechsel?«, schrie ich auf Deutsch durch die verschlossene Tür.

Das Gemurmel draußen verstummte augenblicklich. Samoura starrte mich erschrocken an. Sékou umklammerte sein Funkgerät. Kaba überprüfte eilig seine Flinte. Als ich mir den Schweiß von der Stirn wischte, bemerkte ich, dass meine Hände zitterten. Ich zwang mich, unsere Situation zu überdenken, und befand sie für ausweglos. Diese Tür war kein Hindernis für Koawo. Es hatte keinen Zweck, sich hier zu verkriechen. Ich dachte plötzlich an Hasso, den großen, immer wütenden Dobermann meines Nachbarn. Er baute sich vor einem auf und fletschte die Zähne, und wenn er merkte, dass man Angst hatte, biss er zu.

»Was ist los, Hasso?«, schrie ich hinaus, wieder auf Deutsch und so laut, dass meine Stimme fast riss.

Das Gemurmel flackerte vorsichtig wieder auf. Und dann kam die Antwort.

»Man hat einen neuen Brief gefunden«, übersetzte Samoura. »Er ist in einer Sprache geschrieben, die hier niemand lesen kann.«

»Und jetzt?«

»Sie sollen ihn sich ansehen!«

»Ich?«, rief ich fassungslos. »In diesem Teil Afrikas gibt es über vierhundert Sprachen. Und ich beherrsche keine einzige davon!«

Doch der Brief wurde bereits unter der Tür hindurchgeschoben. Es war ein einfaches Blatt Papier ohne Umschlag, A5, hellgrün, hastig aus einem Ringbuch gerissen. Die Nachricht bestand nur aus drei Zeilen. Ihr Autor hatte sie mit krakeliger Schrift in einem abenteuerlichen Pidgin verfasst. Ich las sie einmal leise durch und ließ sie dann von Samoura für die Kissi übersetzen:

wir machen noch zwei tage warten
dann geduld ist fertig
und wir holen hände von euch

Schon lange vor Tagesanbruch herrschte hektische Betriebsamkeit im Dorf. Vor den Hütten lagen geschnürte Bündel. Ziegen waren abmarschbereit an Pflöcke gebunden, Hühner gackerten in Weidenkäfigen, Kinder lagen auf der Erde und schliefen oder sahen verstört um sich. Niemand zweifelte mehr am bevorstehenden Angriff der Rebellen. Die Leute hatten Angst – sie flohen. Einige wollten diesseits der Grenze bleiben, um sich nach Forokonia oder Kobikoro durchzuschlagen, andere machten sich zu Verwandten in Sierra Leone auf. Der Dorfchef saß alleine vor seiner Hütte und betrachtete ungerührt die umhereilenden Leute. Ich glaubte nicht, dass er noch verstand, was in seinem Dorf vor sich ging. Er kaute ein Stück Kolanuss, und als er uns sah, lächelte er glücklich.

Samoura sprach ein paar kurze Abschiedsworte, dann nahmen wir unser Gepäck auf und durchquerten im Laufschritt das Dorf in der Richtung, aus der wir am Tag zuvor gekommen waren. Als wir die letzten Hütten erreichten, kam uns die junge Frau mit den Schmucklinien entgegen. Sie trat direkt vor mich hin, verbeugte sich tief und lächelte. Dann sagte sie einen einzigen Satz und verschwand im Busch.

»Was hat sie gesagt, Samoura?«

»Ihr Vater ist tot. Als er starb, hat er gelächelt.«

Hinter dem Dorf führte ein häufig benutzter Weg nach Norden. Wir folgten ihm eine Weile und kamen gut voran. Kaba hielt Ausschau nach einer Möglichkeit, nach Osten abzudrehen, und es überraschte mich, als er einen Pfad in diese Richtung unbeachtet ließ. Als wir wieder an einem vorbeigingen, fragte ich Samoura danach.

»Verbotene Wege«, antwortete er. »Sie enden im magischen Wald, wo nie ein Baum gefällt wird. An einem versteckten Ort liegt die Buschschule. Die Jungen lernen dort die Geheimnisse und Formeln, bevor sie initiiert werden.«

Auf beiden Seiten des Pfads waren Grasbüschel zusammengebunden. Von den Sträuchern hingen rote Federn. Kaba deutete auf einen riesigen Wollbaum voller lärmender Webervögel.

»Nyekeméi«, sagte Samoura unruhig, während wir schon wieder dem Weg folgten. »Kein guter Ort. Wir müssen weitergehen. Nyekeméi – so nennen die Kissi die Geister ihrer Verstorbenen. Ich habe noch nie so viele von ihnen auf einem Fleck gesehen.«

»Sie haben die Geister *gesehen?*«

»Die Vögel! Die Ahnen schlüpfen in sie hinein. Sie wohnen in diesem Baum. Die Kissi bringen ihnen Geschenke und füttern sie. Wenn sie die Ahnen gut behandeln, bringen sie ihrem Dorf Glück.«

»Dann haben Koawo und seine Leute ihre Ahnen nicht gut behandelt.«

»Wahrscheinlich nicht! Aber noch sind sie da. Schlimm wird es erst, wenn die Ahnen den Baum verlassen. Dann ist das Dorf am Ende.«

Etwa zwei Stunden später starrten wir ungläubig auf eine riesige Wasserfläche, welche die gesamte Talsohle ausfüllte. In den vergangenen Tagen hatte es heftig geregnet, und der ganze Wald war voll gelaufen. Wir wussten nicht, wie weit das Wasser in den Busch gedrungen war und wie tief es dort im Unterholz sein würde.

»Wir haben keine Wahl«, sagte Kaba, nachdem er das Gelände inspiziert hatte. »Wir müssen dort hinüber.«

Er zeigte auf eine Hügelkette, die sich auf der anderen Seite des Tals über die Baumkronen erhob. Ich schätzte die Entfernung auf zwei Kilometer. Kaba wirkte nervös. Er umklammerte seinen Medizinbeutel und sah sich ständig um. Ein Platschen in Ufernähe ließ ihn zusammenfahren.

»Was ist mit Kaba los?«, fragte ich Samoura leise.

»Krokodile!«, flüsterte er. »Es ist eine lange Geschichte. Jetzt ist nicht der Moment.«

»Krokodile? Hier? In diesem Wasser?«, schrie ich hysterisch, und Kaba warf mir einen bösen Blick zu.

Ich sah mich verzweifelt um, doch es gab keinen anderen Weg. Das Wasser füllte das ganze Tal aus. Irgendwo hinter uns streiften die Rebellen durch den Wald. Wir mussten auf die andere Seite, früher oder später. Unwillkürlich ging ich im Geist verschiedene Krokodilarten durch. Als Erstes kam ich auf das Zwergkrokodil. (Die angenehmen Dinge fallen einem immer zuerst ein.) Es lebt in den Gewässern Zentral- und Westafrikas, wird selten länger als zwei Meter und hat eine sympathisch kurze Schnauze. Das Panzerkrokodil misst dagegen bis zu sechs Meter. Ich war mir jedoch ziemlich sicher, irgendwo gelesen zu haben, dass es dem Menschen selten gefährlich wird.

Ich leerte meine Hosentaschen, verstaute den Inhalt im Rucksack und überprüfte, ob die wasserdichten Beutel gut verschlossen waren. Sékou und Kourou setzten sich die Lasten auf den Kopf, Kaba hielt sein Gewehr und den Medizinbeutel in die Höhe, dann marschierten wir, einer nach dem anderen, ins trübe Wasser und sanken tief in den aufgeweichten Waldboden ein. Ich versuchte meinen linken Fuß nachzuziehen, doch irgendetwas hielt ihn fest. Und genau in diesem Moment schob sich noch ein Vertreter der Echten Krokodile vor mein geistiges Auge: das Nilkrokodil. Ich fuhr zusammen und riss den Fuß mit einem Ruck aus dem Morast. Fast hätte ich dabei das Gleichgewicht verloren.

»Alles in Ordnung, Professor?«

»Alles in Ordnung, Sékou, vielen Dank.«

Leider beschränkt sich der Lebensraum des Nilkrokodils, wie sein Name vielleicht vermuten lässt, nicht auf den Nil. Es ist in zahlreichen afrikanischen Gewässern verbreitet – auch im Niger. Lag es irgendwo im gefluteten Wald und wartete auf uns? Das Nilkrokodil ist ein lebender Großsaurier, sieben Meter lang, eine Tonne schwer. Es frisst alles. Am liebsten große Säuger. Auf einer Pirschfahrt bei den Murchison-Fällen in Uganda hatte ich einmal das Vergnügen gehabt, ein Nilkrokodil auf der Jagd zu beobachten. Es schnellte aus dem Wasser und riss drei oder vier Meter vom Ufer entfernt einen ausgewachsenen Büffel nieder.

»Du kannst nie sagen, wo das Krokodil steckt, Professor«, flüsterte mir Sékou von hinten zu. »Es lässt sich nicht blicken. Wenn du es siehst, ist es schon zu spät. Es beißt sich in dir fest, dann zieht es dich unter Wasser. Du ertrinkst. Aber es frisst dich erst, wenn du schon steif bist.«

»Sehr tröstlich.«

»Kaba wird dir die Geschichte nicht erzählen, Professor. Aber du willst sie doch hören, nicht wahr? Du magst Geschichten, spannende Geschichten. Ich habe gesehen, wie du die Narbe an Kabas Oberarm angesehen hast. Es ist schon lange her, da war er auf der Jagd. Er hatte einen Affen geschossen, einen fetten Affen. Und der fiel vom Baum direkt ins Wasser, nicht weit von Bakando. Kaba ging hinein, um ihn zu holen. Er hatte ihn schon fast, da passierte es. Es ist, als ob das Wasser kocht, verstehst du, Professor? So ist es immer. Es brodelt und dreht sich und rauscht. Und dann fühlst du einen brennenden Schmerz. Das Krokodil war dreimal so lang wie Kaba. Es zog ihn hinunter. Irgendwo am Grund hatte es seine Vorratskammer, doch da wollte Kaba nicht hin. Er zog sein Messer und rammte es dem Krokodil in die Augen. Susch! Susch! Susch! Direkt in die Augen. Dann presste er seine Füße ins Maul, stemmte den Kiefer auseinander, löste seinen Arm aus den Zähnen und schoss nach oben. Das Wasser war voller Blut, Professor. Krokodilblut und Kabablut. Er schwamm zum Ufer, so schnell er konnte. Das Krokodil verfolgte ihn, aber umsonst. In seinem Auge steckte noch Kabas Messer.«

»Ein furchtbares Erlebnis«, flüsterte ich und heftete meinen Blick auf das Unterholz.

»Das Krokodil hat Kaba stark gemacht. Kaba hat seine Kräfte geerntet. Er ist berühmt. Die Jäger erzählen sich seine Geschichte.«

Das Wasser reichte uns jetzt bis zum Bauch. Es war schwarz und dick wie Öl. Die süßen Düfte des Waldes waren verflogen. Es roch nach Fäulnis, und die Fliegen umschwirrten uns wie Aas. Wir machten kleine Schritte, gingen von Baum zu Baum und hielten uns an glitschigen Ästen fest. Erst jetzt fiel mir auf, dass das Wasser in Bewegung war. Dieser See schob sich träge durch den Wald. Meine Augen strichen angestrengt über seine lackierte Oberfläche. Jede Unebenheit jagte mir einen Schreck ein: gebogene Luftwurzeln, ein treibender Baumstamm, ein Fels unter der Strömung, selbst das Gekräusel der Wasserläufer. Ich ging keinen Meter, ohne einen Fluchtbaum zu bestimmen und abzuwägen, ob ich schnell genug hinaufkäme.

Nach einer Unendlichkeit – und fast wider Erwarten ohne Krokodilattacke – erreichten wir das ersehnte Ufer. Alle Glieder waren noch an ihrem Platz. Wir schlugen unser Camp am Rand der Savanne auf, trockneten unsere Kleider und aßen geröstetes Riesenschuppentier (dachsgroß, braune Hornschuppen, winziger Mund mit dünner, klebriger Zunge, zartes, weißes Fleisch), und vier Tage später, nach zahllosen Steilhängen, Flussdurchquerungen, brennenden Grasschnitten und, wie mir schien, Tausenden von juckenden Insektenstichen, erreichten wir unser Ziel: Kossaba.

Der Dorfchef war noch bei der Feldarbeit; sein Stellvertreter wies uns eine Hütte zu. Es gab nicht viel zu tun, also warf ich einen Blick in die Kochhütte nebenan, in der Hoffnung, einen interessanten Nigerfisch aufzustöbern. Eine winzige Frau, an deren Brust ein Baby saugte, lächelte und winkte mich herein. Sie hockte neben einem verrußten Topf, und ich deutete an, dass mich der Inhalt interessiere. Sie lächelte wieder und hob den Deckel. Im Öl wirbelten die klein gehackten Teile eines Waldtiers herum.

»Du warst in der Kochhütte, Professor!«, murrte Sékou, als ich zurückkam.

»Na und?«

»Die Kochhütte ist für Frauen! Männer und Frauen haben getrennte Orte im Dorf, getrennte Waschplätze am Fluss, getrennte Spazierwege, getrennte Örtchen. Männer meiden die Plätze der Frauen. Sie betreten nie die Kochhütte.«

»Ich schon! Mich interessiert auch, was die Frauen machen.«

»Was werden sie schon machen. Sie holen Feuerholz und Wasser. Sie putzen, waschen, kochen. Sie ziehen die Kleinen groß. Sie bauen Sumpfreis an, sie fischen. Alles Arbeiten, die kein Mann anfasst, jedenfalls kein Kouranko-Mann.«

»Das ist noch lange kein Grund für diese Trennung.«

»Du hast nichts begriffen, Professor!«, sagte Sékou und senkte die

Stimme. »Frauen sind gefährlich – gefährlich und verantwortungslos. Wenn eine Frau deine Medizin sieht, rennt sie aus dem Haus und erzählt es jedem. Dann verliert dein Zauber seine Kraft. Du bist schutzlos. Frauen verführen dich. Sie betrügen dich. Sie lassen deine Hoden anschwellen, bis sie am Boden schleifen.«

»Sie sind die Mütter eurer Kinder!«

»Das Kind gehört dem Mann, Professor. Er macht das Kind, also gehört es ihm allein. Die Frau trägt es nur aus. Es wächst nur in ihr. Es schlüpft nur aus ihr heraus, verstehst du? Ohne Mann kann die Frau kein Kind bekommen.«

»Aber der Mann kann das ohne Frau ebenso wenig!«, sagte ich fassungslos.

»Was für ein Unsinn, Professor!«, rief Sékou, schwang sich in den Handstand und sagte mit dem Kopf nach unten: »Du denkst, wie ich jetzt sehe, Professor. Du denkst alles verkehrt herum!«

Er ließ sich auf die Erde fallen und drehte sich auf den Rücken.

»Wenn ein Mann schlechten Samen hat, kann seine Frau kein Kind bekommen. Also nimmt sie sich einen anderen, mit gutem, erstklassigem Samen. Und schon bekommt sie ein Kind. Du kannst Samoura fragen, Professor, frag ihn, frag ihn doch!«

Ich sah Hilfe suchend zu Samoura hinüber.

»Jeder Mann und jede Frau unter den Kouranko wird Ihnen dasselbe sagen«, erklärte er, und damit war das Thema erledigt.

Nach dem Essen wollte ich meine Begleiter ausbezahlen, doch Samoura schob mir sein Geld zurück.

»Behalten Sie es noch ein wenig«, sagte er. »In Kossaba spricht niemand ausreichend Französisch. Wenn Sie nichts dagegen haben, werde ich Sie bis Faranah begleiten. Dort sind Sie in Sicherheit.«

Natürlich hatte ich nichts dagegen, und so bezahlte ich Kaba, Sékou und Kourou die ausstehende Hälfte ihres Lohns aus und gab jedem einen zusätzlichen Betrag.

»Ich kaufe mir ein Radio«, schwärmte Kourou. »Eins, mit dem ich die ganze Welt hören kann. Dann weiß ich, was in Frankreich, Deutschland und Amerika passiert. Und wenn du ein berühmter Mann wirst, Monsieur Michel, dann höre ich das auch. Und ich werde allen erzählen, dass ich mit dir im Heiligen Hain war.«

83

»Und ich, Professor, ich lasse mir mein Funkgerät richten«, kreischte Sékou und rannte zur Hütte hinaus.

Kaba nahm das Geld und steckte es wortlos in sein Hemd.

In dieser Nacht weckte mich ein Poltern. Jemand war über Kourous Kochgeschirr gestolpert. Sékou musste nach Hause gekommen sein, denn in der Hütte roch es plötzlich stark nach Palmwein, und wie ich aus dem leisen Kichern eines Mädchens folgerte, hatte der Alkohol seine Ängste vor den Frauen wieder vollends beseitigt. Die beiden zwängten sich auf die freie Matte zwischen Samoura und mir. Das Kichern wurde seltener und wich einem unterdrückten Stöhnen, und die Stöße, die unregelmäßig meinen Rücken trafen, ließen vermuten, dass Sékou gerade das vollführte, was er »Kunststücke« zu nennen pflegte. Ich lag still und versuchte, an eine grüne Wiese zu denken, an das Plätschern eines Brunnens, an einen Teich mit Goldfischen, um wieder einschlafen zu können.

»Ist sie nicht wundervoll, Professor?«, flüsterte Sékou plötzlich. »Ihre Brüste, prallprall und süß wie Papaya.«

Ich kramte die Ohrenstöpsel aus meinem Nachtbeutel und stopfte sie so tief in die Gehörgänge, bis sie ans Trommelfell stießen. Kurz darauf schlief ich ein.

Wir blieben zwei Tage in Kossaba und verließen das Dorf im Morgengrauen des dritten. Kaba, Sékou und Kourou standen am Ufer und sahen der Piroge nach, in der wir langsam auf den Fluss hinausglitten. Sékou war etwas wackelig auf den Beinen. Sein Funkgerät steckte verkehrt herum im Gürtel. Die Nächte in Kossaba hatten ihm schwer zugesetzt. Kourou stützte ihn mit der einen Hand und winkte uns mit der anderen stumm und traurig nach. Ein paar Schritte abseits stand Kaba. Er nahm gelassen sein Gewehr von der Schulter, zielte in die Luft, und gleich darauf donnerte ein Schuss durch das Tal.

Kagbo, unser Pirogier, brachte das Boot in die Mitte des Flusses. Der Tembi dehnte sich vor uns wie ein hingegossener Spiegel, und wir brauchten nichts weiter zu tun, als uns seiner leichten Strömung zu überlassen. Es tat gut, endlich auf dem Fluss zu reisen. Ich hielt meine Hand in das kühle Wasser, beobachtete die silbernen Blasen, die aus dem grünlichen Schimmer aufstiegen und wie halbierte Glaskugeln neben uns hertrieben. Nach der Zeit im Busch – der Finsternis, der Schwüle, der Enge der Wälder – tauchten wir jetzt in eine offene, gelbgrüne Welt ein. Ich genoss die Ruhe und Schläfrigkeit, die von ihr ausging, während die Landschaft ohne Eile an uns vorüberzog; geflutete Reisfelder, weit ausladende Nere-Bäume, sich beugende Gräser, Hügel und Felsen und – sehr selten – die Dachspitzen einsamer Rundhütten. Ich weiß nicht, warum ich gerade in dem Moment daran dachte, dass der Name des großen Stroms nicht auf das lateinische »niger« (schwarz) zurückgeht, sondern auf eine sudanesische Wortwurzel, die »Wasser« oder »Fluss« bedeutet. Sie war bereits Ptolemäus bekannt und ist später von Plinius in der Form »nigris« aufgegriffen worden.

Kagbo, ein groß gewachsener, muskulöser Mann mit glänzender Haut, stand im Heck und beschränkte sich darauf, das Boot in der Strömung zu halten, indem er gelegentlich mit einer langen Bambusstange den Kurs korrigierte. Der Tembi mochte in diesem Abschnitt fünfzehn Meter breit sein, und an den tiefsten Stellen, wo Kagbos Stake nicht mehr auf den Grund reichte und er das Paddel benutzte, lotete ich mit dem Faden knapp acht Meter aus. Gelegentlich faltete und verdrehte sich die Oberfläche des Flusses über ausgedehnten Felsbänken. In der Trockenzeit musste es hier gefährliche Stromschnellen geben, doch jetzt führte der Tembi genügend Wasser, und unsere Piroge glitt unbeeindruckt darüber hinweg. Ich verspürte einen tiefen inneren Frieden, und diese fast vergessene Ruhe, diese stille Genügsamkeit erinnerte mich an meine Kindertage am Rhein, wo ich oft nur dasaß, die Leine ins Wasser hielt und auf den Fluss hinaussah, ohne mich zu rühren, ohne an etwas zu denken. Ich saß einfach nur da und überließ mich der betäubenden Schwerelosigkeit des vorbeiziehenden Wassers, und nur wenn ein Lastkahn mit der Strömung im Rücken den Rhein hinuntertuckerte, erwachte ich und verspürte den brennenden Wunsch, mitzufahren.

Flussschiffe, ihr tief eingegrabener Bug und die schäumenden Strudel der Heckschrauben, haben mich schon als kleiner Junge fasziniert. Sie schießen nicht wie Autos über leblose Schnellstraßen und durch düstere Tunnel, zerfetzen nicht wie Züge die Landschaften, die sie durchqueren, und malen keine weißen Streifen in den Sommerhimmel, während beim Blick aus dem Fenster die Länder ameisenklein werden oder ganz verschwinden. Schiffe bewegen sich im Rhythmus des Stroms, sie kämpfen gegen ihn an oder lassen sich von ihm tragen – für die Dauer ihrer Reise verschmelzen sie mit ihm. Damals am Rhein stellte ich mir oft vor, wie ich hinausschwamm, einem Frachter entgegen, wie ich die Bordwand erklomm und unbemerkt in eines der Rettungsboote kroch. Schon als Junge träumte ich davon, ein Reisender zu sein, ständig unterwegs, immer auf dem Fluss. Über mein Ziel machte ich mir keine Gedanken, denn ich wollte niemals ankommen.

Der Tembi floss nun durch dichte Galeriewälder, die gewaltigen Wogen gleich aus der Savanne aufliefen und sich über den Ufern aufbäumten. Wenn die Äste auf beiden Seiten weit in den Fluss hineinragten, schien sich die grüne Brandung über uns zu brechen. Samoura saß angespannt auf der vorderen Sitzplanke und scharrte mit den Füßen. Er war es sichtlich nicht gewohnt, auf dem Wasser zu reisen. Die Piroge war gerade groß genug für drei Personen mit wenig Gepäck. Die Bordwand ragte keine Handbreit aus dem Wasser, und das Boot reagierte empfindlich auf die kleinste Bewegung.

»Ist alles in Ordnung, Samoura?«, fragte ich besorgt.

»Alles in Ordnung«, antwortete er, ohne sich umzudrehen.

»Sie können doch schwimmen, oder?«

»Mein Dorf liegt nicht am Wasser. Ich meine, nicht direkt.«

Gegen Mittag wurde die Hitze unerträglich, und Kagbo steuerte die Piroge ans westliche Ufer, wo wir gelegentlich den Schatten weit ausladender Bäume genossen. Ansonsten lag der Fluss verlassen und stumm da. Keine Dörfer, keine Boote, nicht einmal Vögel waren zu sehen. Dann fielen mir flussabwärts mehrere glänzende Felsen auf, die sich knapp über die Wasseroberfläche erhoben. Einen Moment lang hatte ich den Eindruck, dass sie sich bewegten, und als ich mein Fernglas zu Hilfe nahm, sah ich, dass dort eine Herde Flusspferde ihr Mittagsbad nahm.

»Können wir näher ran?«, fragte ich aufgeregt.

»Zu gefährlich!«, presste Samoura heraus und klammerte sich an die Sitzplanke. »Die Piroge ist klein. Sie werfen uns um.«

Kagbo drehte bei, und wir legten im Schutz einer kleinen Insel an,

86

etwa dreißig Meter von der Herde entfernt. Ich zählte sieben Kühe und zwei Jungtiere. Sie lagen an einer flachen Stelle im Wasser; nur die Augen und die Ohren waren zu sehen. Gelegentlich tauchten ein praller Rücken oder ein breitschnäuziger Kopf auf. Von den borstenartigen Haaren an Schnauze und Ohrrändern abgesehen, waren die Flusspferde nackt.

»Tagsüber liegen sie faul im Wasser«, flüsterte Kagbo. »Aber nachts werden sie hungrig. Sie klettern die Böschung hinauf und ziehen so weit hinter das Ufer, bis sie Gras oder eine Pflanzung finden. Sie zerstören unsere Felder.«

»Und was tun die Bauern dagegen?«

»Flusspferde stehen unter Schutz. Wer eins töten will, braucht eine Genehmigung. Doch ein einziges Tier kann in einer Nacht die ganze Ernte verwüsten. Und bis die Genehmigung kommt, vergehen Monate. So lange können die Bauern nicht warten. Sie legen Schlingen oder Gift.«

Aus dem Dickicht tauchte ein weiteres Flusspferd auf. Es war so fett, dass sein Bauch beim Gehen am Boden schleifte; es näherte sich einem badenden Tier, sprühte ihm eine Ladung Exkremente auf das Maul und versenkte seinen Körper im Wasser.

»So begrüßen sie sich«, erklärte Kagbo. »Es ist ein Zeichen des Respekts.«

»Und was sagt Delphi zu den Flusspferden?«, fragte Samoura, der gerne neben mir saß, wenn die Tierbilder über den Monitor huschten – jetzt blieb er ängstlich auf seiner Planke sitzen.

»Sie verschließen ihre Ohren und Nasenlöcher beim Tauchen«, las ich auf den Flusspferdtafeln. »Dann spreizen sie die Schwimmhäute zwischen ihren Zehen und gehen auf dem Flussgrund spazieren. Wenn sie nicht im Wasser sind, bekommen sie einen Sonnenbrand. Ihr Schweiß ist rot. Die alten Ägypter dachten, es sei Blut. Vielleicht haben sie das Flusspferd deshalb als Hieroglyphe für die Chirurgie gewählt. Ungewöhnlich ist auch ihre Kampftechnik an Land. Sie überrennen ihre Gegner.«

Bis zum Eiszeitalter kamen Flusspferde auch in Südostasien und im Jordantal vor, eine kleine Art gab es auf Madagaskar und eine sogar auf den Mittelmeerinseln. Ich stellte mir gerade vor, wie ein voreiszeitliches Flusspferd in der Hochsaison vor Mallorca auftaucht, den Strand hinaufstürmt und bierbäuchige Badegäste überrennt, als eine der Kühe ihr Maul aufriss und die gewaltigen Eckzähne ihres Unterkiefers präsentierte. Ich schätzte die Länge der beiden Hauer auf vierzig Zentimeter. Durch das Fernglas erkannte ich die Narben, die einige der Tiere bei Kämpfen davongetragen hatten.

»Wir stören sie«, sagte Samoura und rutschte unruhig auf seiner Sitzplanke herum.

Kagbo brachte unsere Piroge vorsichtig in die Strömung, und als wir keine zwei Bootslängen entfernt an der Herde vorübertrieben, rissen auch die anderen Kühe ihre Mäuler auf. Ich sah in die rosaroten Rachen und bewunderte ihre kräftigen, rauen Zungen. Sie erinnerten an die Luftaufnahmen eines Feuchtgebiets. Schlammbraunes Wasser sammelte sich in unzähligen Gruben und Falten, um träge zur Zungenspitze zu fließen und irgendwo zwischen den Backentaschen zu versickern.

Als ich mich noch einmal nach den Tieren umsah, hatten sie sich schon wieder beruhigt. Samoura atmete auf. Sein Hemd war klatschnass.

»Ihre Mäuler«, murmelte er, und sein Daumen kratzte noch immer an der Bordwand. »Wir waren zu nah, viel zu nah.«

Der Tembi mäanderte jetzt friedlich durch die Savanne und ließ unsere Schatten abwechselnd hin und her wandern. An den Flussbiegungen in der Ferne schien die Vegetation der Ufer zusammenzulaufen, so dass man den Eindruck hatte, auf einem See zu fahren, und erst am späten Nachmittag, als die Hitze etwas nachließ, erwachte der Fluss zu neuem Leben. Mit Delphis Hilfe bestimmte ich zahlreiche Vögel: Senegalschwalben, verschiedene Eisvögel, blau und grün schimmernde Glanzstare, einen Schlangenhalsvogel, einen Gelbkehl-Großspornpieper. Ein Schwarm Seglervögel schoss dicht über der Wasseroberfläche dahin, und nicht weit von unserem Boot wasserten lautstark vier Enten, die ich wegen ihrer kastanienbraunen Spiegel und der auffälligen Färbung für Rotschnabelenten hielt.

Kurz darauf sahen wir am westlichen Ufer eine Frau in einem schweren Einbaum. Sie hatte Brennholz geladen, saß im Heck und paddelte aus Leibeskräften gegen die Strömung. Ihr Boot schob sich vorsichtig flussaufwärts; sobald sie jedoch mit dem Paddel zu einem neuen

Stoß ausholte, riss der Fluss sie wieder um ein, zwei Meter zurück. Sie erinnerte mich an eine Sportlerin, die über ein Laufband rennt. Als sie uns sah, legte sie das Paddel über die Knie, hob beide Arme zum Gruß und lächelte herüber. Dann machte sie sich daran, dem Fluss die verlorene Strecke wieder abzutrotzen. Wir hatten schon lange kein Dorf mehr gesehen, und während wir mühelos den Tembi hinabtrieben, fragte ich mich, ob es möglich sein konnte, dass die Frau noch den ganzen Weg bis nach Kossaba vor sich hatte.

Mit den weichen Farben des späten Nachmittags fand der Fluss auch wieder zu seinen Stimmen. Tagsüber herrschte in den versteckten Dörfern jenseits der Uferböschung eine geisterhafte Stille. Ihre Bewohner arbeiteten auf entlegenen Feldern, die Alten flohen vor der Hitze in ihre Hütten oder saßen wie versteinert im Schatten eines Baums. Nun schienen sich die Dörfer, genau wie die Vögel, langsam aus ihren Schattenverstecken hervorzuwagen. Auch wenn sie selbst unsichtbar blieben – ihre vielfältigen Laute drangen durch die Ufervegetation, und der Wind trug sie uns wie lebendige Bilder entgegen. Für kurze Zeit glitten wir lautlos und unbemerkt durch den Alltag dieser Dörfer, bis die Geräusche nach und nach verebbten – zuerst die Stimmen, dann das Radio, das Kinderlachen, das Bellen und Blöken. Dann verstummte das Geklapper des Geschirrs, das Klatschen von Wäsche, das Holzhacken, und ganz zuletzt klang nur noch das Stampfen von Maniok nach, kaum lauter als ein flüchtiges Schlucken, bis sich auch dieses in der Stille des Flusses auflöste und sich die Ohren wieder für Geräusche öffneten, die man sonst leicht überhörte. Denn auch der Strom hatte seine Stimmen; er murmelte und summte, an flachen, steinigen Stellen klickte er leise. Zweige schliffen kaum hörbar in der Strömung, und im Heck rieben Kagbos lederne Hände an der Stake, die mit einem behutsamen Plätschern in den Fluss eintauchte und ein leises Ung! von sich gab, sobald sie auf den Grund stieß.

Kurz vor Sonnenuntergang sahen wir im Osten einige Granitspitzen aus der Ebene ragen. Nicht weit von dort musste der Ort Tiro liegen. Kagbo stemmte sich gegen die Bambusstange und legte die Piroge sanft ans Ufer. Wir verbrachten die Nacht im Busch und fuhren am nächsten Morgen lange vor Sonnenaufgang weiter. In der Nähe des

Dorfes Liah erreichten wir die Mündung des Fali in den Tembi, der sich im weiteren Verlauf durch eine geschlossene Ebene schiebt und von den Einwohnern der Region Djoliba genannt wird. Das Tal war fast frei von Bäumen, bewachsen nur von hohen, kräftigen Gräsern, deren Spitzen an Schilf erinnerten. Von Osten mündeten zahllose Wasserläufe ein, und Kagbo zählte nach jeder Biegung die Namen neuer Dörfer auf: Kamaraia, Banouria, Tindo, Dankoelia. Schließlich glitten wir an riesigen, gefluteten Reisfeldern vorbei, und noch bevor es wieder Nacht wurde, erreichten wir im strömenden Regen die Provinzhauptstadt Faranah.

7

Die Taschenlampe des Jungen flackerte nervös; ihr Licht streifte mannshohes Gras und gespenstische Baumskelette. Ich konnte keine zwei Meter weit sehen, doch es schien, als stapften wir geradewegs in die Savanne hinaus.

»Wie weit ist es noch?«

»Wir sind gleich da, Monsieur.«

»Mir gefällt das nicht.«

»Hier ist es sicher. Es gibt Männer in Uniformen. Warum habt ihr Weißen immer Angst?«

»Wann ist denn der letzte Weiße hier gewesen?«

»Ich selbst habe noch keinen gesehen, doch ich arbeite erst seit einigen Jahren hier.«

»Und sonst? Ich meine, sind sonst noch Gäste im Hotel?«

»Keine Gäste, Monsieur. Außer Ihnen.«

Während ich mir überlegte, wie viele Sicherheitsleute wohl aufgeboten waren, wenn das *Cité du Niger* in Faranah nur einen einzigen, unerwarteten Gast hatte, betraten wir eins der Nebengebäude. An einen runden Saal waren sechs Zimmer angekoppelt. Der Junge stieß eine Tür auf, warf den Schlüssel auf den Tisch und ließ mich ohne ein weiteres Wort in der Dunkelheit stehen. Ich knipste meine Taschen-lampe an und sah mich im Raum um. Die Bettlaken waren feucht und fleckig, die Vorhänge teilweise heruntergerissen, die Fenster vergit-tert und schimmelgrün überstrichen. Von der Decke tropfte Wasser, auf dem Fußboden des Badezimmers stand eine übel riechende, gelb-liche Flüssigkeit, die Kloschüssel war randvoll, und der Spiegel-schrank hatte einen Brandanschlag hinter sich. Als ich den Wasser-hahn aufdrehte, ertönte ein tiefes Stöhnen, und schwarze Spinnen regneten ins Waschbecken. Ich zerrte eine halbe Stunde am grünen Theraband, dann legte ich meine Plane über das Bett und schlief in den durchnässten Kleidern ein.

Mitten in der Nacht weckte mich ein lautes Hämmern an der Tür.

»Aufmachen, sofort aufmachen!«, schrie eine Männerstimme.

Ich sprang aus dem Bett, mein Puls raste, und mir wurde schwindlig.

»Wer ist da?«

»Die Armee der Republik Guinea! Sofort aufmachen!«

Ich öffnete die Tür und sah in die Läufe von Kalaschnikows. Taschenlampen blendeten mich. Männer in Tarnanzügen drängten sich, die Waffen im Anschlag, an mir vorbei, schrien Kommandos, durchsuchten das Badezimmer, leuchteten unter mein Bett, wühlten in meinem Gepäck.

»Was machen Sie hier?«, brüllte ein Unteroffizier und fuchtelte mit seiner Schnellfeuerpistole vor meiner Nase herum.

»Wenn ich mich nicht irre, ist das ein Hotel«, sagte ich. »Ich ver-bringe die Nacht hier. Was kann ich für Sie tun?«

»Wir suchen nach Rebellen.«

»Aber bitte«, sagte ich. »Tun Sie Ihre Pflicht.«

Am nächsten Morgen zog ich in das kleine, typisch afrikanische *Bantou* um. Der Besitzer, ein schlanker Riese mit glänzendem Gesicht und roter Baseballmütze, hieß Sidimé und bewohnte selbst eins der acht Zimmer. Er hatte in Conakry Rechtswissenschaft studiert, jedoch keine Arbeit gefunden und war auf Umwegen in Faranah gelandet.

»Nett hier«, sagte ich und bezahlte für ein paar Tage im Voraus.

»Nett?«, sagte Sidimé. »Warten Sie ab, bis es dunkel wird.«

Ich setzte mich an einen Tisch im Innenhof. Aus der Bar klang Reggaemusik; an einem der Nebentische saßen einige Huren. Ihre faltigen Brüste hingen seitlich aus den Trägerhemden, und ihre Frisuren erinnerten an die Flickenmuster auf Fußbällen. Aus den Sechsecken ragten gedrehte Strähnen aus Kunsthaar wie kleine Fühler, die aufgeregt wackelten, sobald die Frauen ihren Kopf bewegten. Zu dieser frühen Stunde kam das allerdings selten vor. Abgesehen von ein paar verkaterten Männern mit zerfressenen Zähnen war das *Bantou* praktisch leer. Als die Mittagshitze den Innenhof in einen Brutofen verwandelte, ging ich in mein Zimmer, schaltete den Ventilator ein und döste ein paar Stunden.

Später spazierte ich durch Faranah, ein wirres Geflecht aus rostroten Wegen, einfachen Häusern und grasgedeckten Lehmhütten. Hier und da ratterten Schneider auf ihren Nähmaschinen über bunte Stoffe. Alte Männer spielten Dame. Frauen trockneten Fonio auf der einzigen asphaltierten Straße, wo die langen Getreideteppiche an feinen Sand erinnerten, an winzige Wüstenstückchen, in denen die Hände der Frauen Spuren hinterlassen hatten – feine, leicht geschwungene Spuren wie die von Springmäusen.

»Sind Sie ein Tourist?«, fragte mich ein Mann in einem dunkelblauen afrikanischen Anzug.

Tourist – das klang nach Frühstücksbuffets in sterilen Bettenburgen, nach langweiligen Führungen und dem eiligen Abhaken von Sehenswürdigkeiten (»In fünf Minuten sind wir wieder im Bus!«). Touristen bewegen sich im Bekannten, in dem, was sie sorgfältig im Reiseführer und im Hotelprospekt studiert haben. Sie vermeiden Anstrengungen und wollen die Dinge so vorfinden, wie sie diese erwarten. Alles muss wie zu Hause sein – Essen, Zeitung, Fernsehkanal –, denn Touristen wollen sich in der Fremde auf keinen Fall befremdet fühlen. Die Welt als Kulisse, der andere Ort ohne das Andere – eine scheußliche Vorstellung!

Plötzlich lächelte der Mann, seine vergoldeten Schneidezähne blitzten auf, und ich dachte an die Geheimpolizei.

»Tourist, ja«, hörte ich mich sagen – immer noch besser als Spion.

Der Mann bestaunte mich von Kopf bis Fuß, blies ehrfürchtig Luft durch eine Zahnlücke und reichte mir die Hand.

»Willkommen in Guinea!«, sagte er glücklich. »Willkommen in Faranah!«

Nach ein paar Tagen hatte es sich herumgesprochen, dass im *Bantou*
ein Weißer wohnte, der sich für den Fluss interessierte, und natürlich
war es niemandem entgangen, dass ich meinen Gesprächspartnern
auch gerne ein Bier ausgab. Bald herrschte reger Andrang, und
Sidimé schaltete sich gewissenhaft ein. Er ließ die Informanten, wie
er sie nannte, in einer Reihe im Innenhof antreten, wo sie vortrugen,
was sie zu bieten hatten. Die Situation hatte etwas von einer
Audienz. Ich war der Würdenträger und Sidimé mein erster Berater.
»Ich war zweimal an der Nigerquelle«, begann ein junger Mann mit
undeutlicher Aussprache und entzündetem Zahnfleisch. »Sie liegt in
einer Höhle, tief drinnen. Du musst Zweige legen, sonst findest du
nicht mehr heraus. Von der Decke hängen Schlangen. Menschen-
köpfe sind an die Felsen genagelt. Das Quellwasser ist pechschwarz.
Wenn du es berührst, frisst es dir das Fleisch von den Knochen...«
»Das reicht, Hami!«, schrie Sidimé. »Du bist Säufer von Beruf! Ein
Profiteur! Du bist noch nie weiter gereist als bis zur *Riviera Bar*.«
Der Nächste war ein junger Fulbe. Er war gut gekleidet – Jeans,
papayafarbenes Hemd, Sportschuhe – und sprach ein ausgezeichnetes Französisch.
»Ich studiere Forstwirtschaft am Institut Giscard d'Estaing«, sagte
er. »Ich befasse mich mit der Abholzung am Flussufer. Vielleicht
interessiert Sie das?«
»Das klingt gut. Wir werden dich einplanen«, sagte Sidimé, ohne
mich zu fragen – er verwendete das französische Wort *programmer*.
Er hatte sich ein Schulheft zugelegt, in das er alle Termine schrieb, die
er für mich vereinbarte. Die Audienz dauerte eine halbe Stunde;
danach folgte das Programm, und Sidimé schleppte mich kreuz und
quer durch Faranah, immer ein paar Kinder an der Hand, die er vor-
ausschickte, um den Informanten die zu erwartende Verspätung mit-
zuteilen. Kurz: Sidimé hatte meine Tage in Faranah im Griff, und
jeden Versuch, mich seinen Diensten zu entziehen, vereitelte er entschlossen. Ich traf Alte, Lehrer, Wissenschaftler, Studenten, Bauern,
Fischer, Schmuggler, Schatzsucher, Soldaten und einen Theaterpro-

duzenten, der mit seiner Truppe über die Dörfer zog, um die Leute für Umweltprobleme zu sensibilisieren. Und wenn ich allein durch Faranah ging, dauerte es nie lange, bis die von Sidimé Abgewiesenen ihr Glück noch einmal versuchten.

»Ich weiß, wo Gbolomas Sohn wohnt.«

»Nicht weit von hier gibt es eine Goldader im Fluss.«

»Der Geisterwald von Bandaya, schon davon gehört?«

Am Abend nahm ich Sidimé im *Bantou* beiseite.

»Ich weiß Ihre Hilfe wirklich zu schätzen«, sagte ich. »Aber meine Reise ist noch lang. Ich muss mich auch mal ausruhen.«

»Natürlich!«, rief er und klatschte sich mit der Hand auf die Stirn. »Sie brauchen eine Frau. Ich kümmere mich sofort darum.«

»Vielen Dank, Sidimé, aber was ich brauche, ist einfach ein wenig Ruhe.«

»Verstehe! Es ist Samstag – Wochenende. Heute Abend wird gefeiert.«

Es war der erste Samstag des Monats. Die Leute mit Arbeit hatten ihre Löhne bekommen und sie in ihren Großfamilien verteilt. Nun erreichte das Nachtleben Faranahs seinen Höhepunkt. Schon vor Sonnenuntergang lagen die ersten Schnapsleichen auf der Straße. Im *Club de la Savanne*, einer finsteren Bretterbude an der Hauptstraße, lief *Godzilla*, und in der *Riviera Bar* fand eine Art Bingo statt. Ich saß mit Freunden von Sidimé im überfüllten *Bantou*, und obwohl es in dieser Nacht Strom gab, brannte im Hof nur eine einzige Kerze.

»Warum machen Sie kein Licht, Sidimé?«

»Weil sich meine Gäste lieber im Dunkeln betrinken. Und wegen der Frauen.«

Ich sah ihn fragend an.

»Im Dunkeln geht ihr Geschäft besser. Im Dunkeln sind sie schöner.«

Seit Stunden lief dieselbe Kassette – Reggae von Dia Fakoli –, und auf unserem Tisch standen die leeren Skol-Flaschen so dicht, dass kein Aschenbecher mehr Platz hatte. Ein betrunkener Mann in Shorts und zerschlissenem Hemd näherte sich. Er trug Militärstiefel ohne Schnürsenkel.

»Darf ich vorstellen«, sagte Sidimé. »Der Kriegsminister!«

Der Mann stand stramm und schlug seine Hacken zusammen.

»Zu Ihren Diensten«, gluckste er; dann fiel er rückwärts um wie ein Brett, sein Kopf knallte auf den Betonboden, und ein paar Männer schleppten ihn weg.

Das Gespräch am Tisch wechselte plötzlich vom Französischen ins Malinke. Die Stimmen der Männer klangen jetzt energischer, ihre Gesten wurden ausschweifender, und ich versuchte mir vorzustellen, worüber sie sprachen. Mamadou bildete mit Daumen und Zeigefinger einen Ring, Sékou spitzte die Finger und öffnete den Mund, und spätestens als Dansar seine rechte Hand auf den Bauch legte, kam ich zum Schluss, dass sich die Unterhaltung um ein Gemüse oder eine begehrte Frucht drehte.

»Worüber sprecht ihr gerade?«

»Hämorrhoiden!«, sagte Sidimé tonlos. »Fast alle Afrikaner leiden darunter. Wir essen zu viel Reis.«

Später begann sich Dansar mit Brian zu streiten, der dick und träge in seinem Stuhl hing und seine Hose weit über den Bauchnabel gezogen hatte.

»Weißt du, was du bist, Brian?«, schrie Dansar.

Brian schwieg.

»Du bist eine fette Kröte!«

Er sprang auf, blies Luft in seine Backen und quakte. Die Männer brüllten vor Begeisterung.

»Du bist seit sieben Jahren verheiratet, fette Kröte«, schrie er. »Und du hast es noch zu keinem Kind gebracht. Nicht einmal ein Mädchen hast du fabriziert. Ich weiß nicht, was du mit deiner Frau anstellst, aber wahrscheinlich kannst du nur fressen, fette Kröte – fressen und Bier saufen.«

Alle bogen sich vor Lachen, nur Brian nicht. Er wuchtete sich wütend hoch, verlor das Gleichgewicht, kippte rückwärts über den Stuhl, dessen Plastikbeine abknickten, sein Kopf knallte auf den Boden und dröhnte noch dumpfer als jener des Kriegsministers. Die Männer kamen wieder herüber und schleppten jetzt auch Brian weg. Ich fragte mich gerade, wo sie all die Betrunkenen stapelten, als eine massige Gestalt das Metalltor aufstieß und in den Hof stürmte. In seinem weiten Boubou und im Gegenlicht eines Mopedscheinwerfers sah der Mann gespenstisch aus.

»Der Unterpräfekt von Kassikoro«, flüsterte Sidimé.

»Wir haben gesiegt!«, schrie der Unterpräfekt. »Hunderte von Rebellen sind tot. Wir haben sie zerschmettert, zertreten, zerquetscht. Nur ihre Köpfe sind noch übrig. Die Gräber stehen weit offen für diese Bastarde.«

»Hatten Sie selbst keine Verluste?«, fragte ich, als er sich zu uns setzte.

»Zwei, drei kleine Soldaten sind im Busch geblieben. Aber was sind zwei, drei kleine Soldaten gegen Hunderte von Rebellen? Ich sage: Hun-der-te. Ich sage: Sieg! Sieg! Es ist vorbei!«

Ein paar Tage später hörte ich im Radio, dass in Wahrheit Hunderte auf beiden Seiten umgekommen waren. Von einem Sieg konnte nicht die Rede sein. Ganze Dörfer im Grenzstreifen waren auf der Flucht. Nichts war vorbei. Es war erst der Anfang.

Sidimé konnte es nicht fassen. Er war sprachlos, stand auf, ging um den Tisch herum, stieg über den Besen der Frau, die den Hof säuberte, wich den ersten Sonnenstrahlen aus, lehnte sich an den Mangobaum und überlegte.

»Wie ist das möglich?«, sagte er. »Sie waren an der Quelle des Niger. Sie sind quer durch Rebellengebiet gereist. Sie sind auf dem Fluss gefahren. Und...« – er senkte die Stimme – »... Sie haben keinen Fetisch, keine Medizin, keinen Zauber, der Sie schützt?«

»Ich habe geweihte Kreuze aus Lourdes bei mir«, sagte ich. »Und ein Foto von Pater Pio. Die Sachen sind von meiner Großmutter. Als sie noch lebte, bestand sie darauf, dass ich sie auf Reisen immer bei mir trage.«

»Aber das hier ist Afrika, Mikael«, sagte er und strengte sich bei der Aussprache meines Vornamens an. »Vielleicht helfen diese Dinge in Ihrer Welt. Aber Afrika ist böse – böse und gefährlich. Es gibt Leopardenmänner, Hexen, Seelenfresser, Wasserfrauen. Krokodile, Giftschlangen, Fleischwürmer. Und Fieber! Wie viele Arten von Fieber kennen Ihre Kreuze? Wir haben mehr Fieberarten als Reissorten.«

»Und was schlagen Sie vor?«

»Ich werde Sie zum Fetischeur bringen. Nicht zu irgendeinem. Zum besten, zum mächtigsten, zum Meister der Fetischeure. Ich werde Sie zu Mansou Condé bringen.«

Ich hatte einen geheimnisvollen Mann erwartet, behängt mit Amu-
letten, Hörnern und den Zähnen wilder Tiere, in Schlangenhaut und
Krokodilleder gekleidet, doch Mansou Condé empfing uns in Shorts
und einem zerschlissenen bordeauxroten Trägerhemd. Zuerst dachte
ich, er sei blind, denn er rollte die Augen beim Sprechen nach oben
und vermied es, uns anzusehen.
»Ich habe Sie erwartet«, sagte er. »Sie kommen aus Europa, aus
Deutschland. Sie brauchen meine Hilfe.«
Es standen zwei Stühle bereit. Wir setzten uns. Der Fetischeur ließ
sich vor uns auf einer Matte am Boden nieder und lehnte den Rücken
an sein Bett.
»Leute aus Conakry und Burkina Faso konsultieren ihn, sogar von
der Elfenbeinküste«, flüsterte Sidimé. »Er heilt jede Krankheit, er
bricht jeden Zauber. Wenn Sie jemanden aus dem Weg schaffen wollen, kein Problem für ihn. Er hilft auch den Politikern in Conakry.
Selbst der Präsident zählt zu seinen Klienten.«
Der Fetischeur kramte ein Bündel Papiere und ein langes Messer unter
dem Bett hervor. Auf einem Zertifikat standen sein Name und sein
Beruf – Fetischeur –, darunter prangte der Regierungsstempel. Mansou Condé war sozusagen staatlich geprüfter und anerkannter Zauberer.
»Und wozu ist das Messer?«, fragte ich.
»Ich schreibe Ihren Namen auf ein Stück Papier. Dann stecke ich es
einem Hahn in den Schnabel und hacke ihm hiermit den Kopf ab. Sie
sterben – selbst wenn Sie in Deutschland sind.«
»Haben Sie das schon einmal gemacht?«
»Das ist mein Beruf«, sagte der Fetischeur, griff noch einmal unter
sein Bett, holte ein rotes Samttuch hervor und wickelte zwölf Kaurimuscheln aus.
»Zuerst der allgemeine Teil«, flüsterte Sidimé. »Zuerst sagt er Ihnen
etwas über Ihr Leben.«
Der Fetischeur ließ die Muscheln auf das Tuch fallen, sie klickten aufgeregt und zeigten ihre glänzenden Rücken oder die offenen dunklen
Bäuche.
»Ihre Mutter hat ein Auto und viel Geld«, sagte der Fetischeur, nahm
die Muscheln und warf sie nun jedes Mal, bevor er weissagte.

»Ihre Eltern sind verheiratet. Sie denken an Sie.«
(Das ist anzunehmen.)
»Etwas quält Sie.«
(Wen nicht?)
»Eine Frau schämt sich für Sie.«
(Das wäre nicht das erste Mal.)
»Eine Frau schämt sich sehr für sie.«
(Er muss Katharina meinen. Wir waren auf der Berliner Tourismusbörse beim Empfang von Neckermann eingeladen. Als man das Jahresprogramm präsentierte, wurde mir schlecht, und ich musste mich übergeben.)
»Ihre Mutter ist krank gewesen. Es geht ihr besser, aber sie ist noch nicht ganz geheilt.«
(Das stimmt.)
»Bevor Sie nach Afrika abgereist sind, hat eine gute Bekannte ein Kind bekommen, nein, zwei Kinder.«
(Stimmt ebenfalls. Roswitha hat Zwillinge bekommen. Woher weiß er das?)
»Eine Frau in Ihrer Familie hat eine Narbe an der linken Schulter. Die Frau ist Ihnen nicht böse. Sie sollten einander verzeihen.«
(Meine Cousine Charlotte! Das kann er nicht wissen! Ich habe sie mit kochendem Wasser verbrüht, als ich elf Jahre alt war. Immer wenn ich sie sehe, mache ich mir Vorwürfe.)
»Und wie geht es meinem Bruder Daniel?«, fragte ich schnell und kam mir sofort schlecht dabei vor. (Ich habe nur eine Schwester.)
Der Fetischeur warf die Kauris abermals.
»Ihren Bruder sehe ich nicht«, murmelte er. »Aber Ihre Zukunft liegt vor mir. Sie ist in den Muscheln. Ihre Reise, Ihr ganzes Leben.«
Mir wurde mulmig, und ich sah ängstlich zu Sidimé hinüber. Er nickte mir aufgeregt zu. Der Fetischeur legte die Muscheln beiseite und schüttelte das Tuch aus. Staub rieselte zu Boden. Vergangene Stunden, dachte ich und sah den Körnern nach, vergangene Tage, Monate, Jahre.
»Ich sehe Sie jetzt auf dem Großen Fluss. Sie werden unterwegs viel Geld ausgeben. Ich sehe Gefahren. Sie werden krank, doch Sie können weiterreisen. Jetzt sehe ich eine Frau. Sie ist weiß. Sie ist, und sie

ist nicht. Ihr Haar reicht bis zum Boden. Ich sehe den Tod. Jemand wird vor Ihren Augen sterben. Wieder der Tod. Noch jemand wird sterben.«

Er nahm die Kauris auf, schüttelte sie und warf sie auf das Tuch. Sie blieben mit dem Rücken nach oben liegen und bildeten ein U, bis auf die Muschel am rechten unteren Ende. Sie lag andersherum und ein Stück abseits. Ihre Öffnung starrte mich finster an. Der Fetischeur schien das Muster zu lesen, dann schloss er die Augen und wiegte sich vor und zurück. Seine Stirn legte sich in Falten, seine Stimme wurde brüchig, er murmelte etwas vor sich hin. Dann riss er die Augen auf und sah mich an. Seine schwarze Iris trieb in einem wässrigen, blutroten Brei. Eine Gänsehaut lief mir über den Rücken.

»Der Fluss«, sagte der Fetischeur. »Er wird Sie umbringen!«

Es gab drei Möglichkeiten für mich, meine Reise zu überleben. Der Fetischeur zog ein übel riechendes, schweres Lederhemd unter seinem Bett hervor und legte es vor mich hin. Am Kragen waren Fransen aus Haar angebracht, auf der Brust hingen Lederbeutelchen und die Hauer eines Keilers.

»Sie müssen es die ganze Reise über tragen«, sagte der Fetischeur. »Dann wird Ihnen nichts passieren. Aber das Hemd ist nicht billig: eine Kuh.«

Draußen hatte es vierzig Grad im Schatten. Und falls ein Boot einmal kenterte, würde sich das Hemd voll saugen und mich ertränken. Der Fetischeur wickelte einen Fleischklumpen aus einem Papier und legte ihn vor mich hin. Gelbe Maden fielen zu Boden, kullerten mit kaum hörbarem Rascheln über meine Sitzmatte und verkrochen sich in ihren Poren.

»Heiliges Fleisch«, sagte der Fetischeur. »Sie essen es. Es vermischt sich mit Ihrem Blut, mit Ihrem Geist. Niemand kann Ihnen etwas tun.«

»Und Ihr dritter Vorschlag?«

»Eine Flüssigkeit«, sagte der Fetischeur und strahlte. »Eine sehr starke Medizin. Genauso sicher wie das Hemd und das Fleisch und sehr praktisch für einen Reisenden.«

»Muss ich sie trinken?«

»Sie reiben sich morgens damit ein. Sie waschen sich einen Tag lang nicht. Danach genügt eine Behandlung im Monat und vor besonders gefährlichen Reiseabschnitten. Wenn Sie es wünschen, gebe ich Ihnen eine kleine Demonstration.«

Ich sah ihn interessiert an.

»Ich streiche eine böse Flüssigkeit auf Ihren Arm auf. Sie bekommen Aussatz. Dann trage ich von der Medizin auf, und der Aussatz verschwindet vor Ihren Augen.«

»Aussatz?«, flüsterte ich.

»Lepra«, sagte der Fetischeur. »Sie nennen es Lepra.«

»Natürlich.«

Wir einigten uns auf 20 000 Francs für die Medizin, die ich am kommenden Abend abholen sollte. Draußen rann der Regen vom Dach der Rundhütte und bildete einen Vorhang, hinter dem sich die Klienten des Fetischeurs drängten – über ein Dutzend Leute, junge Frauen, Mütter mit ihren Babys, hagere Alte.

»Und was machen die Soldaten hier?«, fragte ich Sidimé, als wir in den Regen hinaustraten.

Er zog seine Jacke zu und legte sich eine Plastiktüte auf den Kopf.

»Sie fahren an die Front», sagte er. »Die Rebellen, Sie wissen schon. Der Fetischeur macht ihnen ein Hemd.«

»Ein Lederhemd, wie er es mir angeboten hat?«

»Nein, ein leichtes Hemd. Die Soldaten tragen es unter der Uniform. Kugeln und Granatsplitter prallen daran ab. Es macht sie unverwundbar.«

Ein kleiner Junge sprang ausgelassen in einer Wasserpfütze herum. Schlammklumpen hüpften unter seinen Füßen zur Seite wie erschrockene Kröten. Als er mich sah, hielt er inne, schaute an seinem schmächtigen, verschmierten Körper hinunter und rannte davon.

»Wir müssen noch etwas tun«, sagte Sidimé plötzlich. »Wir müssen die Familie besuchen, die Familie des Revolutionsführers.«

Ich saß mit Sidimé in einem tiefen Sofa. Der rote Samt war durchgescheuert. Die Wände des riesigen Raums leuchteten melonengelb. An der Stirnseite hing ein Foto in Postergröße. Es zeigte einen stattlichen, groß gewachsenen Afrikaner in wallendem Gewand. Er lächelte selbstsicher.

»Sékou Touré!«, sagte Sidimé ehrfürchtig.

Sympathisch, dachte ich, ein freundlicher, gutmütiger Mann, jemand, dem man auf Anhieb sein Vertrauen schenkt. Das Foto war im ehemaligen Jugoslawien aufgenommen worden. Rechts neben Ahmed Sékou Touré, der in Faranah als Sohn eines Bauern geboren wurde, stand seine Frau André und zu seiner Linken ein kleiner, blasser, wenig Vertrauen erweckender Mann: Tito.

Tourés Schwägerin betrat den Raum. Sie trug einen rosaroten Boubou und ein Kopftuch, das kunstvoll gewickelt war und aussah wie eine riesige Blüte.

»Das Bild hing damals im Präsidentenpalast«, sagte sie mit weicher Stimme. »Es ist das einzige, was gerettet wurde. Sie kommen aus Deutschland? Ein wundervolles Land. Ich war zweimal in Berlin. Ostberlin. Ich habe mich dort operieren lassen. Es war Winter. Eine weiße Stadt.«

Das war lange her. Jetzt litt sie an Diabetes und bewohnte ein riesiges Haus, in dem die Erinnerungen an bessere Tage das beschlagnahmte Mobiliar ersetzten. Die Militärs hatten alles mitgenommen, und heute nagte die Familie des einstigen Präsidenten am Hungertuch.

»Sékou ist hier aufgewachsen«, sagte die Schwägerin mit sicherer Stimme. »Hier in diesem Haus. Er war ein einfacher, fröhlicher Mann. Er brauchte keine Leibgarde, er spazierte alleine durch die Stadt. Das Volk war sein Wächter. Er hat für die Gleichberechtigung der Frau gekämpft...«

»Den Schlüssel, Ismailia«, unterbrach Sidimé sie sanft. »Wir sind gekommen, um den Schlüssel zu holen.«

Während die Frau in einem der hinteren Zimmer verschwand, dachte ich an Sékou Touré, den großen Hoffnungsträger Guineas, den begabten Autodidakten, der seinen Schulabschluss über ein Fernstudium machte, eine Arbeit bei der kolonialen Post- und Telegrafengesellschaft annahm und die erste syndikale Organisation in Französisch-Westafrika gründete. 1955 wurde er Bürgermeister von Conakry und drei Jahre später Präsident von Guinea. Im selben Jahr forderte Charles de Gaulle die Kolonialstaaten auf, sich in der *Communauté Française* zusammenzuschließen, einer dem englischen Commonwealth vergleichbaren Gemeinschaft der französischen Afrikakolonien. Sékou Touré lehnte als Einziger den Vorschlag ab – »Lieber Freiheit in Armut als Wohlstand in Ketten!« – und verkündete die Unabhängigkeit Guineas. Ganz Afrika feierte ihn als Helden.

Ich versuchte, mir de Gaulles Gesicht vorzustellen, als er die Nachricht bekam, und sah sein üppiges Doppelkinn vor Wut zittern. Einen Moment lang stockte seine gedrechselte Redekunst, dann hievte er seinen gewaltigen Körper aus irgendeinem Sessel, strich den schlecht sitzenden Anzug zurecht, riss seinen winzigen Vogelmund auf und schrie womöglich: »Wir...« – er sprach gerne in der dritten Person von sich selbst – »...wir sind empört! Was maßt sich dieser Neger an?« Ich überlegte gerade, ob er seine überlangen Arme ausgebreitet hatte, wie er es gerne tat, um die Sammlung aller Franzosen zu beschwören, als Ismailia mit dem Schlüssel zurückkam.

»Was passierte, als Touré de Gaulle vor den Kopf stieß?«, fragte ich, als wir wieder auf die Straße hinaustraten.

»Frankreich war beleidigt, bloßgestellt, blamiert. Es war wundervoll!«, schwärmte Sidimé. »Aber die Folgen waren schlimm. Die Franzosen stellten über Nacht alle Hilfsmaßnahmen ein. Kredite und Investitionsprogramme wurden gestrichen. Sie zogen ihr gesamtes Personal ab: Kolonialbeamte, Ärzte, Lehrer. Dann folgte ein einfältiger Kleinkrieg, ganz nach französischer Art: Demütigungen, Verleumdungen, Schikanen.«

Sidimé blieb stehen und sah mich an.

»Ziehen Sie einem Kranken die Infusionen aus den Venen, setzen Sie seine Medikamente und sein Essen ab, schicken Sie seine Ärzte nach Hause. Was meinen Sie, was mit ihm passiert?«

»Vermutlich wird er sterben.«

»Genau!«, rief Sidimé, und die Bettler vor der Moschee sahen erschrocken herüber. »Wir wären gestorben, hätte Sékou uns nicht Hilfe besorgt.«

»Von den Russen.«

»Ihr habt uns alle fallen lassen – ihr, die Freunde Frankreichs. Aber es ist nicht, wie ihr im Westen denkt. Guinea war nie eine Hure Moskaus. Wir haben die Russen an der Nase herumgeführt, ihnen schöne Augen gemacht. Und sie haben uns ausgehalten. Es war ein afrikanischer Flirt.«

Nur die Empfangsresidenz von Sékou Touré erinnerte in Faranah noch an den Sohn der Stadt. Sie stand am großen Kreisverkehr und sah aus wie ein gestrandetes Hausboot. Das Erdgeschoss war rot gestrichen, die drei Etagen darüber leuchteten weiß. An den Fenstern hingen windschiefe, hellblaue Läden. Bullaugenartige Aussparungen durchbrachen die Fassaden. Wir drückten das rostige Tor auf und traten in den Garten. Ein Mann schnitt gerade die Hecken, ein anderer erntete Grapefruits.

»Sékou wollte, dass wir stolz auf unser afrikanisches Erbe sind«, sagte Sidimé und schnalzte nostalgisch mit der Zunge. »Die Franzosen lehrten uns, dass unsere Kultur wertlos sei – wertlos und schmutzig. Sékou hat uns und der Welt das Gegenteil bewiesen. Er hat unsere Kultur rehabilitiert, die nationale Volkskunst: Musik, Tanz, Chorgesang, Laientheater, die Literatur.«

»Er hat die Gedanken von Léopold Senghor als lächerliche Nachahmung alles Europäischen bezeichnet«, erinnerte ich mich. »Und von den afrikanischen Intellektuellen forderte er, wenn sie schon nicht Afrikanisch schrieben und sprachen, so sollten sie wenigstens Afrikanisch denken.«

»War er nicht großartig?«, sagte Sidimé. »Entschuldigen Sie den Ausdruck, aber Sékou schiss auf die Franzosen.«

Während wir den schlichten Treppenaufgang der Residenz hinaufstiegen, fragte ich mich, ob es sein konnte, dass Sidimé, ein Rechtswissenschaftler, den radikalen Gesinnungswandel Tourés vergessen hatte, ob er sich nicht mehr erinnerte, dass die anfangs so altruistischen, volksnahen Visionen schließlich zu einem grausamen Terrorregime mutierten. Zuletzt litt Touré unter einem nahezu paranoiden Verfolgungswahn. Oppositionelle ließ er ebenso hinrichten wie eigene Gefährten. Er trieb eine halbe Million Guineer ins Exil.

Sidimé steckte den Schlüssel ins Schloss, drehte ihn um und drückte die Tür auf. Das Militär hatte kein einziges Möbelstück übrig gelassen. Unsere Schritte hallten wie in einer Kirche, und über unseren Köpfen fiepten die Schwalben, die jetzt die oberen Stockwerke bewohnten. Nach hinten gab es eine schöne Terrasse mit Blick auf den Garten: Orangen- und Mangobäume, Palmen.

»Haben Sie nicht auch das Gefühl, als habe hier ein wichtiger Mensch gelebt?«, fragte Sidimé.

Vogelgezwitscher, Blumenduft, Beete. Das erinnerte mich eher an einen Friedhof.

»Wo ist er begraben?«

»Das weiß niemand.«

Ich sah ihn überrascht an.

»Als Sékou krank wurde, stellte Hassan II. von Marokko sein Krankenflugzeug zur Verfügung. Die beiden waren Freunde. Sékou flog nach Amerika. Er starb an Herzversagen, auf einem Operationstisch in einer Spezialklinik in Cleveland, am 26. März 1984. Die Marokkaner ließen seinen Leichnam abholen. Die Maschine ging über Marokko nach Conakry, und Sékou wurde in Guinea in allen Ehren beigesetzt. Eine Woche später übernahmen die Militärs die Macht. Sie brachten seine Brüder um und wollten auch Sékous Gebeine vernichten. Nichts sollte von ihm übrig bleiben. Doch als sie den Sarg aufbrachen, war er leer.«

»Leer?«

»Manche glauben an ein Wunder, aber wahrscheinlich haben die Marokkaner den Leichnam vorsorglich entnommen. Er ist irgendwo in Marokko bestattet. Wir Guineer sind undankbar gewesen. Wir haben Sékou Touré nicht verdient. Vielleicht liefern uns die Marokkaner seinen Leichnam nach dem Ende der Militärdiktatur aus.«

»Und wann wird das sein?«

»In einer anderen Zeit«, seufzte Sidimé. »Ich glaube nicht, dass ich das noch erleben werde.«

Wir traten wieder in den Garten hinaus, gingen an einer Löwenstatue vorüber und an einem Brunnen, aus dem schon seit langem kein Wasser mehr sprudelte. Als wir das Grundstück gerade verlassen wollten, lief uns der Gärtner nach und drückte jedem von uns eine Grapefruit in die Hand.

»Von Sékou«, sagte er leise und lächelte.

Wir schälten sie, während wir die Straße hinunterschlenderten.

»Und, wie schmeckt sie?«, fragte Sidimé.

»Süß«, antwortete ich. »Und ein wenig bitter.«

Der Fetischeur hatte Kundschaft. Also setzten wir uns auf die Holzbank neben der Tür und warteten. Hinter dem Vorhang hörte ich
Kauris klicken wie zusammenstoßende Billardkugeln. Dazwischen
murmelte Condé seinem Klienten etwas zu. Vor der Nachbarhütte
schaukelte ein Alter in einer Hängematte, Kinder und Gänse badeten
in einem zerlegten Lastwagenkühler. Daneben war eine Gombo-
pflanzung angelegt. Die Früchte baumelten an langen, dünnen Stängeln; mit ihren hauchdünnen Häuten erinnerten sie an grüne und
rote Lampions.

Der Vorhang wurde zur Seite geschoben. Ein Mann in Anzug und
Krawatte steckte einen kleinen Lederbeutel in die Innentasche seines
Sakkos, grüßte und verschwand zwischen den Hütten. Der Fetischeur bat uns herein. Er trug dieselben Shorts und dasselbe bor-
deauxrote Trägerhemd wie am Vortag.

»Wer das Haus des Fetischeurs zum zweiten Mal betritt«, erklärte
Sidimé, »gibt, was zu geben ist. So ist es Brauch.«

Ich legte zehn Scheine zu je zweitausend Francs vor den Fetischeur.
Er steckte das Geld ein, ohne es zu zählen, und kratzte sich an den
dünnen Waden.

»Mein Buschgeist hat mich gestern Nacht besucht«, sagte er. »Er hat
mich durch die Savanne geführt und mir die richtigen Zutaten für
Ihren Fetisch gezeigt. Die Medizin ist fertig.«

Der Fetischeur nickte zufrieden, zog ein braunes Fläschchen aus der
Tasche und rollte es zwischen seinen Handflächen.

»Sie waschen sich gründlich. Sie reiben Ihr Gesicht ein, dann Ihren
Körper, dann die Arme und ganz zuletzt die Fußsohlen. Die rechte
Fußsohle mit der linken Hand, die linke Fußsohle mit der rechten
Hand. Sie waschen sich einen Tag lang nicht. Sie dringen in keine
Frau ein. Wenn eine Frau ihre Regel hat, darf sie die Medizin nicht
berühren. Tut sie es doch, wird sie krank und stirbt. Wenn das
Fläschchen zur Hälfte leer ist, füllen Sie es mit Wasser auf. Es muss
Trinkwasser sein.«

Er übergab mir den Fetisch, und ich hielt ihn gegen das Licht. In der öligen Flüssigkeit schwamm ein Pflanzenbrei, und als ich genauer hinsah, bemerkte ich etwas Weißes, das sich darin ringelte wie eine winzige Schlange. Doch es war keine Schlange. Es war auch nichts Pflanzliches. Am oberen Ende der Schnur glaubte ich, eine Art Flaum zu erkennen.

»Was ist das?«, fragte ich den Fetischeur, und meine Stimme zitterte leicht.

»Wenn Sie wieder meine Dienste benötigen, lassen Sie es mich wissen«, überging er meine Frage. »Auch wenn Sie in Deutschland sind. Sie schreiben mir einen Brief, mit Ihrem Namen und Vornamen. Sie erklären das Problem. Ich löse es von hier aus. Wenn Sie jemanden töten wollen, brauche ich auch dessen Namen.«

»Wenn es so weit ist, komme ich auf Ihr Angebot zurück«, sagte ich. Als wir hinaustraten, war die Hängematte leer. Die Kinder waren verschwunden, und selbst die Gänse hatten das Weite gesucht. Im Hof herrschte eine unheimliche Stille.

»Die Leute meiden ihn«, flüsterte Sidimé.

»Und warum?«

»Er frisst keine Babys, auch keine Seelen«, sagte er, als wir uns ein Stück von der Hütte entfernt hatten. »Aber seine Kräfte... Er ließ eine Kuh bringen. Sie war nervös und trat nach allen Seiten. Der Fetischeur stand vierzig Meter von ihr entfernt. Er sprach seine Formeln, und die Kuh fiel tot um. Als man das Tier aufschnitt, war es leer. Keine Eingeweide, kein Tropfen Blut.«

Wir gingen zwischen dicht gedrängten Rundhütten hindurch, die in den letzten Sonnenstrahlen glühten, und mir fiel auf, dass die winzigen Sprünge und Risse im Lehm zu dieser Tageszeit erstaunlich lange Schatten warfen.

»Das weiße Ding in meinem Fetisch«, sagte ich leise zu Sidimé, und das Fläschchen gluckerte in meiner Hosentasche. »Dieses fasrige weiße Ding, was kann das sein?«

»Es ist gut für Sie, sehr gut. Es füttert Sie.«

Ich sah ihn fragend an.

»Es lässt Sie leben.«

»Sidimé!«, rief ich ungeduldig. »Was ist es?«

»Es ist ein frisches Stück Nabelschnur.«

8

Moussa und Abou, die beiden Somono-Brüder, hoben die Hände zur Begrüßung und verstauten meinen Rucksack. Dann schoben wir die Piroge von der Bootsrutsche in Faranah, bis der Grund sie freigab und wir einsteigen konnten. Die ersten Sekunden auf dem Wasser waren von einer eigenartigen Feierlichkeit, vielleicht weil das eigene Gewicht scheinbar an Land zurückblieb, während sich der Bootsrumpf auf die durchsichtige Haut des Flusses legte. An diesem Morgen wirkte das Wasser zähflüssig und dick, es verströmte eine angenehme Kühle und roch würzig nach Algen, Fisch und Grund. Feiner Dunst strich über die Oberfläche. Es schien, als sauge der Fluss die Nacht langsam auf, denn um uns herum wurde es bereits hell, während das Uferdickicht noch im Dunkel lag, und wenn es so etwas wie eine lebendige Stille gab, dann war es diese Stille zwischen Nacht und Tag, völlig geräuschlos und nur von kurzer Dauer – ein Schwebezustand, in dem die Natur noch einmal Atem holte, bevor die Sonne kam.

Moussa, ein kleiner, kräftiger Mann mit dicht behaarter Brust, saß schweigsam im Heck, in einer seltsam verkauerten Hocke, eingeklemmt zwischen der letzten Sitzplanke und der Bordwand. Er paddelte und ließ seinen Blick ruhig über das Wasser schweifen. Als sich die Sonne in den Himmel schob, kniff er das linke Auge zusammen und zog gleichzeitig die linke Hälfte der Oberlippe hoch. Über die Jahre hatten sich diese Züge tief in sein Gesicht gegraben und ihm eine schiefe Form verliehen. Moussa sprach nur Malinke, mit seinem Bruder Abou konnte ich mich jedoch auf Französisch unterhalten, denn er studierte in Kankan. Er hatte ein Semester ausgesetzt, um seinem älteren Bruder auf dem Fluss zu helfen, und würde Ende des Monats sein Studium wieder aufnehmen. Die beiden hatten auf dem Wochenmarkt in Faranah ihren Fang verkauft und die Vorräte aufgefrischt. Ihr Camp lag flussabwärts, nicht weit von Kouroussa.

»Ostdeutschland oder Westdeutschland?«, fragte Abou unvermittelt.

Er nahm eine Hand voll Wasser aus dem Fluss, rubbelte sich mit dem Zeigefinger über die Zähne und spuckte aus.

»West«, antwortete ich überrascht. »Aber das ist längst vorbei.«

»Ja, die Wiedervereinigung«, seufzte er. »Das war ein großer Tag. Wir waren alle sehr glücklich. Wir haben auf der Straße getanzt, manche haben vor Freude geweint.«

»In Guinea?«

»Natürlich! Ein Volk gehört doch zusammen! Und so ein Volk wie die Deutschen!«

Ich sah ihn fragend an.

»Ihr seid die Besten. Euer Kanzler war der dickste der Welt. Wie hieß er noch? Koll! Ihr baut Mercedes, ihr seid reich, ihr spielt starken Fußball. Und ihr liebt Guinea.«

»Um ehrlich zu sein, glaube ich, dass die meisten Deutschen gar nicht genau wissen, wo Guinea liegt.«

»Und doch tut ihr so viel für unser Land. Ihr habt Hilfsprojekte hier: Verwaltung, Umweltschutz, Landwirtschaft, Gesundheit, Frauensachen. Alles deutsche Projekte. Nicht wie die Franzosen. Sie haben uns ausgeplündert und sind abgehauen.«

Die Piroge war acht Meter lang und einen knappen Meter breit. Zwischen den einzelnen Planken steckten Stofffetzen, die den Fluss draußen halten sollten, doch wir mussten trotzdem ständig Wasser ausschöpfen. In der vorderen Bootshälfte lagen Netze und Bambusreusen, in der hinteren mein Rucksack, ein paar Plastiktüten mit Vorräten und vier runde Scheiben, die in Bananenblätter eingewickelt und mit Raffiafasern verschnürt waren.

»Sé!«, sagte Abou. »Butter aus Bäumen.«

Kurz darauf deutete er am Ufer auf eine Gruppe von Savannenbäumen. Sie standen in verschiedenen Größen nebeneinander; ihre Kronen waren nicht sehr dicht, und ihre immergrünen Blätter erinnerten entfernt an Eichenlaub. Es waren Karitébäume – auch Sheabutterbäume genannt.

»Ohne sie könnten wir nicht leben«, sagte Abou. »Die Kerne sehen aus wie Nüsse. Die Frauen stampfen sie zu einem groben Pulver, erhitzen es leicht, kneten es zu einem Teig und waschen ihn zweimal. Wenn das Öl austritt, steigt es an die Oberfläche und wird abgeschöpft. Das Wasser aus der ersten Waschung ist sehr giftig. Es tötet Termiten. Das Wasser aus der zweiten Waschung trinken wir. Es ist gut gegen Würmer.«

»Und das Öl?«

»Karitéöl«, schwärmte Abou. »Wir nennen es *sedoulou*. Es ist schwarz, pechschwarz. Erst wenn es abkühlt, wird es weiß und hart wie Butter. Wir frittieren Fisch darin, wir kochen damit. Keine Soße ohne Karitéöl. Mit Zitronensaft dient es als Hautschutz und Massagefett. Es hilft gegen Krankheiten.«

»Und die anderen Bäume?«

»Nere!«, sagte Abou, ohne zu zögern, und zeigte auf einen einzeln stehenden Riesen mit weit ausladender, oben gerundeter Krone und rotbraun schimmernder Rinde. Ich kannte diesen Baum. In den Savannen zwischen Atlantik und Tschadsee ist er weit verbreitet. Sein lateinischer Name ist *Parkia biglobosa*. Im Februar und März blüht er rot oder orange, nach der Regenzeit verliert er jedoch seine Blätter, und an den äußeren Zweigen hängen dann lange, braune Stangen wie vertrocknete Bohnen.

»Seine Früchte sind sehr süß«, sagte Abou. »Wir machen Saft daraus. Die Samenkörner verarbeiten wir zu *soumbala*, ein Fett ähnlich der Karitébutter. *Soumbala* kommt an die Soße. Ohne diese Soße würde ich sterben, glaube mir. Ich könnte immer nur *soumbala* essen.«

Moussa brummte etwas vor sich hin.

»Er sagt, der Nere hat viele Geheimnisse«, übersetzte Abou. »Wir machen ein Gift aus seiner Rinde. Es lähmt die Fische, und wir sammeln sie auf dem Wasser ein. Der Buschdoktor nützt fast alle Teile des Nere: Wurzeln gegen Husten und Schlangenbisse, Rinde gegen Zahnschmerzen, Blätter gegen Verbrennungen. Und aus den Früchten kann man ein Mehl machen. Es heilt das Gelbe Fieber.«

Wenig später steuerte Moussa auf eine winzige Insel zu und legte die Piroge in eine Einbuchtung, die gerade groß genug für den Bug war. Der sinkende Wasserspiegel hatte einen schmalen Sandstrand freigelegt.

»Wir beten«, sagte Abou.

Die beiden sprangen von Bord, wendeten sich nach Osten und begannen mit der *Shahâdah*, dem Glaubensbekenntnis, das jedes moslemische Gebet einleitet: »Ich bekenne, dass es keinen Gott außer Gott gibt und dass Mohammed der Gesandte Gottes ist.«

Die beiden knieten im Sand auf einer winzigen Insel mitten im Niger und murmelten andächtig ihre Gebetsformeln auf den Fluss hinaus, nach Osten, wo Mekka liegen musste. Abou lächelte, als er mit einem rötlichen Sandabdruck auf der Stirn wieder an Bord stieg, und dieser erfüllte Schimmer in seinen Augen fiel mir noch oft auf, nachdem er sein Gebet beendet hatte.

»Die Somono sind Superfischer«, sagte Abou, als wir wieder auf dem Fluss waren. »Mein Großvater kam aus Segu in Mali. Er war Flussnomade. Er fing Fische, so groß wie eine Piroge. Er jagte das Krokodil, das Flusspferd, die Seekuh. Als ihm der Fluss in Mali zu eng wurde, nahm er sein Boot und fuhr stromaufwärts nach Kouroussa. Seither lebt unsere Familie dort.«

»Die Kouranko sagen, Fischen sei Frauenarbeit.«

»Ihre Fische sind nicht länger als ihre Arme«, rief Abou und lachte laut auf. »Wir Somono fangen die Riesen des Flusses. Wenn ein Krokodil einen Menschen holt, gibt man einem Somono zehn Kolanüsse, damit er das Tier findet und tötet. Mein Vater hat das oft gemacht. Er stieg ins Wasser und blieb so lange unten, bis er das Krokodil hatte, mehrere Tage lang, wenn es sein musste.«

»Ohne aufzutauchen?«

»Ohne ein einziges Mal aufzutauchen!«

»Verstehe.«

»Du verstehst nichts. Nicht einmal ich verstehe das. Moussa ist ein Flussmann und weiß viele Dinge, aber selbst er kennt die großen Geheimnisse nicht. Vielleicht gibt sie mein Vater eines Tages an ihn weiter.«

Moussa steuerte die Piroge ins Uferdickicht. Äste krachten, Insekten und Baumsamen rieselten auf uns herab. Im Unterholz lagen Bambusreusen; hier und da waren Schnüre dicht über das Wasser gespannt. Im Gestrüpp verbargen sich zwei kleine Kanus.

»Wir sind da!«, freute sich Abou.

»Euer Camp?«

»Komm mit!«

Wir stiegen das Hochufer hinauf und betraten eine kleine ovale Fläche, die grob aus dem Busch gehauen war. Eine provisorische Hütte aus Holzpfählen und trockenem Gras stand mit dem Rücken zum Dickicht. Netze trockneten auf Leinen. Um die Feuerstelle lagen verrußte Töpfe.

»Willkommen zu Hause!«, rief Abou. »Willkommen bei Moussa und Abou!«

Als er das Leintuch vor dem Hütteneingang beiseite zog, ertönte von drinnen ein lautes Fauchen. Abou erstarrte. Seine Hand schlug gegen meine Brust und warf mich ein Stück zurück. Moussa stürmte mit einer Astgabel hinein und rammte sie in den Boden, und noch bevor ich verstand, was vor sich ging, kam er mit einer kastanienbraunen Schlange wieder heraus. Sie war einen guten Meter lang und so dick wie Moussas Unterarm. Auf dem Rücken trug sie eine giftgelbe Zeichnung. Moussa hielt sie direkt hinter dem Kopf, und ihr Schwanz wickelte sich um seinen Arm. Sie zuckte noch. »Mboundou«, sagte er, hieb ihr mit dem Messer den Kopf ab und schleuderte ihn in den Fluss. Den Schlangenkörper legte er neben die Feuerstelle. Dann setzte er sich und machte Tee.

Als ich später aus dem Busch zurückkam, wo ich mit meinem Durchfall und ein paar heimlichen Rückenübungen beschäftigt war, lag nur noch die Haut der Schlange da – außen kastanienbraun und schuppig, innen silbergrau und glatt. Das Fleisch köchelte als klein gehacktes Schlangengulasch über dem Feuer. Mit Reis und Erdnusssoße schmeckte es ausgezeichnet.

Später krochen wir in die Hütte, und ich knipste die Taschenlampe an, um nachzusehen, was Delphi über unser Abendessen wusste. Es handelte sich um eine Gewöhnliche Puffotter aus der Familie der Giftvipern. »Das stark hämotoxische Gift ruft schwere Nekrosen hervor«, las ich, »so dass oft trotz Serumeinspritzung noch Hautverpflanzungen durchgeführt werden müssen. Es besteht kein Zweifel, dass die Puffotter in Afrika die meisten Todesfälle durch Schlangenbisse verursacht.«

»Mboundou«, sagte Moussa wieder, sah auf die Abbildung und rieb sich zufrieden den Bauch.

In diesem Moment fiel mir eine architektonische Eigenart der Hütte auf. Die Seitenwände setzten erst ein Stück über dem Boden an, wodurch ein angenehmer Luftzug erreicht wurde. Ich lag auf meiner Matte und konnte durch den Spalt das Dickicht sehen. Draußen raschelte es. In Westafrika kamen über hundert Schlangenarten vor, zum Beispiel die Grüne Mamba. »Neigt dazu, nach dem ersten Biss noch einmal zuzubeißen«, wusste Delphi. »Ihr Gift gilt als außerordentlich wirksam. Der Tod tritt oft schon nach wenigen Minuten ein.« Oder die Speikobra, ebenfalls aus der Familie der Giftnattern. »Bei Erregung richtet sie sich auf, faucht und spreizt die Rippen am Hals ab, der sich zu einer flachen Scheibe verbreitert. Sie spritzt dem Angreifer ihr Gift zwei bis drei Meter weit entgegen.«

Draußen raschelte es wieder. Oder war es drinnen? Neben den Puffottern gibt es eine Reihe weiterer Vipern: verschiedene Baum- und Buschvipern, die Rhinozeros-Viper, die Sandrasselotter und die grausame Gabun-Viper – zwei Meter lang, unterschenkeldick, vier Zentimeter lange Giftzähne, gezeichnet wie ein orientalischer Teppich – und, nicht zu vergessen, die Hornviper: »Sie ist nicht besonders angriffslustig, dennoch verursacht sie häufig Unfälle, da sie nachts gerne in das Lager eindringt.«

Der Giftapparat der Vipern ist hervorragend entwickelt. Wenn sie zubeißen, schnellen ihre Zähne vor, der Oberkiefermuskel zieht sich zusammen und presst das Gift aus dem Drüsensack durch die Zahnkanülen ins Gewebe des Opfers. Am Ende eines Exkurses, den ich bei Delphi las, hieß es: »Begegnungen mit Schlangen sind eher selten. Wer in freier Wildbahn eine zu Gesicht bekommt, zählt zu den wirklich Glücklichen.«

Ich habe mich schon deutlich glücklicher gefühlt, dachte ich und ging zum Fluss hinunter. Ich wusch mich ausgiebig und zog meinen Fetisch aus der Tasche. Das Fläschchen erinnerte mich an die wassergefüllten, gläsernen Ovale, in denen es auf winzige Dörfer schneit, sobald man sie schüttelt. Ich hielt es ins Licht der Taschenlampe. Der Schnee bestand aus schwarzgrünen Fetzen, und vielleicht steckte das Dorf irgendwo im Pflanzenschlick, aus dem sich die weiße Nabelschnur ringelte. Ich drehte vorsichtig den Deckel auf, ein leises Zischen ertönte, und es erübrigte sich, an der Flüssigkeit zu riechen, denn sofort kroch mir ein ekelhafter Gestank in die Nase – eine Mischung aus Erbrochenem und dem süßlichen Billigparfüm, das früher einmal in das Fläschchen abgefüllt worden sein musste.

Du hast es angefangen, sagte ich mir, und jetzt ziehst du es auch durch. Natürlich glaubte ich nicht daran, oder zumindest glaubte ich nicht, dass ich daran glaubte. Aber man konnte schließlich nie wissen. Ich dachte an Koawo. Vielleicht hatte uns die Medizin, die wir nicht einmal besaßen, in jener Nacht im Kissi-Dorf das Leben gerettet. Sicher war sicher, und schaden konnte es nicht. Ich überwand mich und goss ein wenig von der öligen, gelblich schimmernden Fetischflüssigkeit in meine Hand, vermied es, die Nabelschnur zu berühren, hielt die Luft an und rieb mein Gesicht mit der stinkenden Tinktur ein – die Arme, den Oberkörper, die rechte Fußsohle mit der linken Hand, die linke Fußsohle mit der rechten Hand. Wie es der Fetischeur angeordnet hatte. Dann zog ich mich an und ging zurück zum Camp.

Moussa und Abou rümpften die Nase und warfen mir angewiderte Blicke zu. Ich stank erbärmlich.

»Medizin«, sagte ich verlegen.

»Hm!«

Wir waren seit gut drei Stunden auf dem Fluss, als Moussa sich bis auf eine Sporthose entkleidete, seine Harpune aufnahm, mehrmals tief Luft holte und kopfüber in den Niger sprang. Die Piroge lag in Sichtweite einer sichelförmigen Insel. Kleine Kanister hielten den oberen Rand des starken Netzes über Wasser, während der untere von Senkbleien auf den Grund gedrückt wurde. Wir hatten das Netz über den halben Fluss gezogen und die beiden Enden in einem weiten Bogen zusammengeführt. Es formte jetzt einen Zylinder, dem der Flussgrund als Boden diente, und weil man ein solches Netz nicht einholen konnte, musste Moussa mit der Harpune hinuntertauchen. »Du weißt nie, was dich dort unten erwartet«, murmelte Abou, während wir ins trübe Wasser schauten. »Manche sterben im eigenen Netz.«

Ich trug keine Uhr, doch es mussten drei oder vier Minuten vergangen sein, als Moussa wieder auftauchte – ohne Beute –, um gleich darauf erneut hinabzugleiten. Nach vier erfolglosen Versuchen warf er die Harpune ins Boot, zog sich an Bord und setzte sich schweigend ins Heck, um das Paddel wieder aufzunehmen. Wir öffneten den Netzkreis und begannen eine weitere Schleife zu fahren.

»Nichts!«, flüsterte Abou. »Sehr seltsam, keine Fische.«

Die Sonne brannte, und mein Fetisch entwickelte Ekel erregende Kräfte. Abou hielt sich je nach Windrichtung einen Hemdzipfel vor Mund und Nase. Moussa räusperte sich und spuckte in den Fluss. Kein Wunder, dass diese Medizin dich schützt, dachte ich, kein vernünftiger Mensch wagt sich in die Nähe dieses Gestanks. Auf die Fliegen wirkte ich jedoch äußerst anziehend. Sie schienen mich vom Ufer aus zu riechen, kamen in Schwärmen über den Fluss und hüllten mich in eine summende Wolke. Ich schlug um mich und schrie, doch sie ließen sich nicht vertreiben, und mir blieb nichts anderes übrig, als mich an sie zu gewöhnen. Sie krochen in die Ärmel meines Hemds, in die Hosenbeine, in Nase und Ohren – sie leckten, leckten, leckten –, und wenn ich den Mund einen Moment lang nicht schloss, suchten sie auch dort nach meinem übel riechenden Schweiß.

»Wie du stinkst!«, maulte Abou. »Ich kann nicht glauben, wie du stinkst! Warum nimmst du nicht ein Bad?«

»Heute nicht«, sagte ich kleinlaut. »Man muss die Vorgaben genau befolgen, sonst wirkt die Medizin nicht.«

»Heidenzeug!«, murrte Abou.

Wir versuchten mehrere Tage unser Glück, mit sehr geringem Erfolg, denn Moussa kam meist ohne Fang nach oben, abgesehen von einigen Nigerkarpfen, die er kommentarlos ins Boot warf. Sie waren bis zu einem Kilo schwer, schuppig, hatten stachelige Rückenstrahlen und erinnerten an große Barsche. Ich wunderte mich, warum wir nicht den Platz wechselten, um es irgendwo anders zu versuchen.

»Moussa weiß, was er tut«, sagte Abou. »Er kennt den Fluss. Hier ist eine gute Stelle, die beste in diesem Abschnitt. Es muss Fische geben.«

Wir starteten unseren letzten Versuch an diesem Tag. Moussa sprang wieder ins Wasser, Luftblasen sprudelten an die Oberfläche und trieben mit der Strömung davon. Dann war es still; die Minuten verstrichen, und ich fragte mich gerade, wie Moussa dort unten überhaupt etwas erkennen konnte, als Abou einen Schrei ausstieß und zur Insel

hinüberzeigte. Ich entdeckte Moussa im Uferdickicht. Er stand bis
zur Brust im Fluss, hatte sein Messer gezogen und zerrte an einem
Busch. Es sah aus, als hacke er einen Ast ab. Dann tauchte er wieder.
»Was hat das zu bedeuten?«
Abou wusste es nicht.
Wir saßen im Boot, leicht über die Bordwand gelehnt, und starrten
ins Wasser, als könne es jeden Moment aufklaren und die Sicht auf
Moussa freigeben.
»Manchmal kreist das Netz eine Grotte ein, die sich tief in den
Grund bohrt«, sinnierte Abou vor sich hin. »Dann taucht Moussa
hinein, um nachzusehen, ob sich dort etwas versteckt. Es gibt Aale –
über hundert Kilo schwer –, Wasserschildkröten, Helikopterfische.
Letztes Jahr hat Moussa einen Python erlegt, dort unten im Fluss,
nur mit seinem Messer. Er hat die Haut in die Wand seiner Hütte ein-
gemauert. Sie reicht zweimal um sie herum.«
Moussa war noch immer nicht zu sehen, und ich versuchte, die Zeit
zu überschlagen, die vergangen war, seit er bei der Insel untergetaucht war. Fünf Minuten. Er musste schon über fünf Minuten unten
sein. Ich wollte gerade Abou fragen, ob er nicht längst hätte auftauchen müssen, als neben uns feine Blasen aufstiegen. Sie knisterten an
der Wasseroberfläche wie Kohlensäure, wurden größer und größer
und zerplatzten lautstark, als seien tiefe »O« und »U« darin gefangen. Das Wasser drehte sich, blubberte und schäumte, ein gewaltiger
Strudel entstand, und im nächsten Augenblick schoss direkt neben
dem Boot etwas Riesiges heraus – schlammbraun, gezackt, schuppig.
Es klatschte in den Fluss zurück, Wellen schlugen gegen die Bordwand, und ich starrte gelähmt vor Schreck auf den gepanzerten Kopf
eines riesigen Krokodils. Es stieß ein ersticktes Knurren aus und
drehte sich um seine Längsachse. Erst jetzt sah ich Moussa. Er hing
am Bauch des Reptils und umklammerte seinen Hals. Sein Gesicht
schien angeschwollen, dicke Adern traten aus dem Hals, die Augen
quollen aus ihren Höhlen. Er riss den Mund weit auf, als wolle er
schreien, doch er schrie nicht. Er sog Luft ein, es war ein panisches,
gieriges Saugen, das klang wie die Notbremse eines Zugs. Das Krokodil bäumte sich auf, knurrte, quiekte, drückte Moussa unter Wasser und tauchte wieder auf. In seinem Maul steckte ein Ast. Die Kie-

fer waren mit einer Liane zusammengebunden, die Hinterbeine auf den Rücken gefesselt. Am Hals hatte Moussas Messer tiefe Wunden hinterlassen. Dann wich das Leben aus dem gepanzerten Körper, und er trieb im blutigen Wasser wie ein zuckender Baumstamm, während die Strömung feine rote Schwaden fortzerrte. Sie erinnerten an Zirruswolken bei Sonnenuntergang.

Abou brachte das Boot längsseits und reichte Moussa ein Seil. Er schien verwirrt, als begreife er erst jetzt, was geschehen war.

»Abou!«, murmelte er, und sein Blick wurde langsam wieder lebendig. »Abou, Aboubou!«

Er griff nach dem Seil und legte es um den Körper des Krokodils, bevor es absinken konnte. Es war vier Meter lang und eindeutig ein Nilkrokodil. Sein abgeflachter Ruderschwanz wedelte leblos in der Strömung, die rechteckigen Hornschilde auf dem Rücken kratzten an der Bordwand. Das linke Vorderbein hing ins Boot und schwang neben meinem Oberschenkel im Rhythmus der Paddel. Fünf bis zum Grund frei liegende Finger endeten in stattlichen Krallen. Sie waren spitz und fühlten sich kalt an. An den Innenseiten klebte Schlick.

Moussa und Abou zerlegten ihre Beute an einem freien Uferstück unterhalb des Camps. Als der Hals durchtrennt war, löste Moussa die Liane um die höckerförmig erhöhte Schnauzenspitze, bog das gewaltige Maul auf und zog den Ast heraus. Dem Rachen entströmte ein fauliger Geruch. Am Mundboden lag eine dicke hellrote Zunge mit schwarzen Flecken. Sie war festgewachsen und ließ sich kaum bewegen. Die erstaunlich weißen Zähne standen in tiefen Höhlungen auf den Kiefern und waren in Form und Größe unterschiedlich. Man sah sofort, dass sie nicht zum Kauen geeignet waren, sondern zum Ergreifen der Beute, die sie durch ruckartige seitliche Kopfbewegungen zerrissen.

Moussa schlug mit dem Messer den längsten Eckzahn aus dem Kiefer und überreichte ihn mir. Dann begann er zu sprechen. Es war das erste Mal in all den Tagen, dass ich klar und deutlich seine Stimme hörte. Sie klang hoch und dünn wie die eines kleinen Jungen. Während er sprach, schnalzte er leicht mit der Zunge.

»Er sagt, der Zahn bringt Glück«, übersetzte Abou. »Er sagt, man kann ihn an eine Halskette hängen.«

»Darf ich ihn behalten?«, fragte ich unsicher.

»Natürlich«, sagte Abou und lächelte.

Wir luden die Fleischberge in die Piroge, fuhren zurück zum Camp und bedeckten die blutigen Stücke mit Blättern, die Abou jede Stunde mit Flusswasser übergoss, um das Fleisch zu kühlen. Wenig später saßen wir am Feuer und aßen gequirltes Krokodilhirn. Es schmeckte leicht süßlich. Moussa saß abwesend da und starrte in die Flammen.

»Gibt es kein Ritual?«, fragte ich und dachte an Kabas Komoe. »Ich meine, muss der Jäger für einen Fang wie diesen niemandem danken?«

»Wir danken Allah«, sagte Abou.

»Und wie hat dein Bruder das Krokodil erlegt?«

»Zuerst sah ich nur seinen Schwanz«, antwortete Moussa in leisen, knappen Sätzen. »Ein Krokodil, ein großes Krokodil. Ich reizte es mit dem Ast. Es wurde wütend, schnappte danach. Wenn ein Krokodil zubeißt, schließt es die Augen. Es wird blind. Du bewegst den Ast weiter, damit es nicht loslässt. Seine Augen bleiben geschlossen, sein Maul auch. Du schnürst seine Schnauze zu und fesselst seine Hinterbeine auf den Rücken. Das Krokodil ist gepanzert, doch sein Hals ist empfindlich. Du stößt dein Messer hinein.«

Ich lag in der Dunkelheit und stellte mir vor, wie Moussa dort unten im Fluss mit dem Reptil gerungen hatte, und mich beschlich eine unbestimmte Furcht. Krokodile sind Dinosaurier, Jahrmillionen alt, und das sieht man auf den ersten Blick. Einem Krokodil zu begegnen ist, als stehe man einer Naturgewalt gegenüber. Beide übersteigen die menschliche Vorstellungskraft, und so wird die Wahrnehmung auf einen selbst zurückgeworfen, auf die eigene Nichtigkeit.

Ich formte einen Klumpen aus Reis und Krokodilhirn, stopfte ihn in den Mund und dachte plötzlich an das Ssese-Archipel, die 84 dicht bewaldeten Inseln im ugandischen Viktoriasee, wo die Priester den Krokodilen früher jährliche Menschenopfer brachten. Sie brachen ihnen Arme und Beine und legten sie ans Ufer. Dann sahen sie zu, wie die Krokodile aus dem See krochen und ihre Beute ins Wasser zerrten.

»Wir haben einen Abnehmer in Kouroussa«, flüsterte Abou. »Wir fahren morgen früh. Bei Sonnenaufgang sind wir dort.«

Der Bibliothekar von Kouroussa war ein schlanker Mann mit ausgesprochen weichen Händen. Romane, Sachbücher und Werke zu westafrikanischen Kulturen füllten die Wandregale.

»Geschenke«, sagte der Bibliothekar und strich fast zärtlich über die Buchrücken. »Die Franzosen waren so freundlich. Uns selbst fehlen die Mittel. Bitte, nennen Sie mich Bah.«

Bah sprach langsam und überlegt. Er trug einen braunen afrikanischen Anzug mit weißer Foula. Seine Füße steckten in spitzen Pantoffeln, wie sie die Araber tragen.

»Was genau interessiert Sie in Kouroussa?«, fragte er.

»Ich habe das Buch gelesen.«

»*L'enfant noir?*«

»Es hat mich sehr beeindruckt. Ich würde gerne mehr über Layes Kindheit erfahren, seine Familie besuchen, das Gehöft, Freunde, die Orte sehen, über die er geschrieben hat.«

»Das ist ein halbes Jahrhundert her. Kouroussa hat sich verändert.«

»Können wir es trotzdem versuchen?«

»Sie sollten sich ein Fahrrad besorgen. Kouroussa ist größer, als es aussieht. Wir haben weite Wege vor uns.«

Er trat an ein Regal, zog, ohne hinzusehen, *L'enfant noir* heraus und streckte es mir hin.

»Layes Buch«, sagte er lächelnd. »Falls Sie in den kommenden Tagen etwas nachschlagen wollen.«

Als ich im Schatten riesiger Kapokbäume über die tiefen, roten Sandwege spazierte, dachte ich an Camara Laye, der 1928 in Kouroussa als Sohn eines Goldschmieds zur Welt gekommen war und es auf die höhere Schule in Conakry geschafft hatte, wo er Mechanik und Naturwissenschaften studierte. Er war Klassenbester, erhielt ein Stipendium in Frankreich, studierte ein Jahr lang in Argenteuil und ging dann nach Paris, um seine Studien auf eigene Kosten fortzusetzen. Tagsüber baute er am Fließband standardisierte Teile zusammen. Nachts saß er in seiner unbeheizten Kammer, glaubte vor Heimweh umzukommen und tröstete sich, indem er seine Kindheitserinnerungen niederschrieb. 1953 entstand so, in der anonymen Hohlheit des westlichen Lebens, das schlichte, feinsinnige *L'enfant noir*, das in Europa als »Lektion über das Unsichtbare« gefeiert wurde. Ich schlug die erste Seite auf und las Layes Widmung: »An meine Mutter. Du Frau der Felder, du Frau der Flüsse, du Frau des Großen Stromes... schwarze Frau, schwarze Frau in Afrika.«

Ich wohnte im Gästehaus des Bürgermeisters, den ich selbst nie zu Gesicht bekam. Das Gebäude lag hinter der großen Moschee und war vor langer Zeit im Stadium des Rohbaus stecken geblieben. An den finsteren Flur schlossen sich fünf Zimmer an. Mein eigenes war, abgesehen von einem wackligen Bett, vollkommen leer. Es gab einen Salon mit Plüschsofas und einem riesigen Tisch. Die nackten Betonwände störten nicht weiter, denn man konnte kaum etwas sehen, da die Fensterläden immer geschlossen waren und es drinnen kein Licht gab. Ich war der einzige Gast in dem riesigen Haus. Am Abend saß ich im Innenhof, genoss die Aussicht auf verrostete Traktoren und Pflüge und aß Baguette mit Bananen und Erdnüssen. Aus den benachbarten Höfen schwebte Asche herüber wie feiner schwarzer Schnee. Unweigerlich schaute ich zum Himmel hinauf, doch der war wie leer gefegt. In den vergangenen Wochen waren die Wolken am Nachmittag immer häufiger ausgeblieben. Es hatte immer seltener und schließlich, fast unbemerkt, gar nicht mehr geregnet. Die Trockenzeit war angebrochen. Ich überquerte den Hof, ließ den Eimer zehn, zwölf Meter an einem Seil in den Brunnen hinab und zog ihn gefüllt wieder herauf. Dann ging ich in den Waschraum und schüttete das kühle Wasser über mich. Von den Minaretten der Moschee klang die Stimme des Muezzins, der die Gläubigen zum Abendgebet rief. In den Satzpausen knackten die Lautsprecher; es gab eine laute Rückkopplung, und der Muezzin verstummte. Kurz darauf kam Mohammed, der Sohn des Bürgermeisters – er nannte sich *the manager* –, um eine Sturmlaterne zu bringen. Ich fragte ihn nach einem Fahrrad, und er lieh mir sein eigenes gegen eine geringe Gebühr. Dann setzte ich mich unter mein Moskitonetz und hörte den Mäusen zu, die sich in der Zimmerdecke einquartiert hatten und mich später besuchten, um an meinen Keksen zu knabbern. Als ich am darauf folgenden Morgen aufstand, saß Bah bereits auf der Terrasse.

»Warten Sie schon lange?«, fragte ich und rieb mir den Schlaf aus den Augen.

»Es gibt eine gute Nachricht«, sagte er. »Kouyaté ist in der Stadt, Karamoko Kouyaté.«

Ich warf mir eine Hand voll Wasser ins Gesicht und zog mich hastig an, während ich überlegte, wer Karamoko Kouyaté war. Als ich wieder auf die Terrasse hinaustrat, bat mich Bah um das Taschenbuch und schlug auf Anhieb die richtige Seite auf.

»Kouyaté war sehr klein und sehr schmächtig«, las ich, »so klein und schmächtig, dass wir von ihm zu sagen pflegten, er habe bestimmt keinen Magen oder nur den eines winzigen Vogels... Er liebte nur saure Speisen und Früchte. Um die Mittagszeit war er erst zufrieden, wenn es ihm gelungen war, seinen Couscous gegen Guaven, Orangen oder Zitronen umzutauschen.«

»Ach, Sie meinen *diesen* Kouyaté?«

»Er war Layes bester Freund«, sagte Bah lächelnd. »Sie haben ihre Kindheit und Jugend zusammen verbracht.«

Wir radelten Seite an Seite die asphaltierte Hauptstraße hinunter, Bah auf seinem himmelblauen Velo, das nur einen Gang hatte, und ich auf einem Mountainbike mit 28 Gängen, von denen nur einer funktionierte. Wir bogen in einen Sandweg ein, durchquerten mannshohes Elefantengras, kamen an Rundhütten unter Palmen vorbei und hielten vor einem kleinen Haus mit Terrasse und angeschlossener Strohhütte, in der ein paar Frauen am Kochfeuer arbeiteten.

»Karamoko?«, fragte Bah.

Die Frauen zeigten ins Haus, wo Karamoko Kouyaté in einem großen Bambusstuhl saß und im Koran las.

»Sie haben großes Glück, mich anzutreffen«, sagte er, legte das Buch beiseite und nahm seine goldgerahmte Brille ab. »Ich bin erst gestern zurückgekommen.«

»Haben Sie Zeit für mich?«

»Es ist ein weiter Weg aus Deutschland«, antwortete er und drückte meine Hand. »Sie sind gekommen, um Dinge aufzuschreiben, die bald verloren sein werden. Ich stehe Ihnen zur Verfügung.«

»Mir scheint, Sie kommen zurecht«, sagte Bah. »Die Bibliothek ruft. Ich sehe Sie später.«

»Und was genau geht hier verloren?«, fragte ich, nachdem Bah die Tür hinter sich zugezogen hatte.

»Die Vergangenheit«, sagte Kouyaté. »Sie hat keine Bedeutung mehr. Unsere Generation stirbt und nimmt alles mit. Die Kette ist unterbrochen. Unsere Söhne und Enkel interessieren sich nicht mehr für die alten Dinge.«

Ich versuchte, mir Kouyaté als Schuljungen vorzustellen, doch es gelang mir nicht. Er war weder klein noch schmächtig, seine Stimme war tief und sicher, und er strahlte eine Ruhe aus, wie es Greise oft tun, die auf ein erfülltes Leben zurückblicken.

»Was halten Sie von einem Spaziergang?«, fragte Kouyaté.

»Wohin?«

»In meine Kindheit.«

Wir gingen die flimmernde Straße zum Niger hinunter, vorbei an der Kirche, einem kolonialen Backsteinbau mit Kuppelturm, in dem die kleine christliche Gemeinde von Kouroussa sonntags ihre Messe feierte. Kouyaté schien in seinem weißen Gewand zu schweben. Sein Gang war aufrecht und würdevoll. Wir kamen an dem verlassenen Wohnhaus des Peace Corps vorbei. Gegenüber fiel mir eine Werbetafel für Familienplanung auf, die einen Mann und eine Frau mit ihrem Baby auf dem Rücken zeigte. In der Sprechblase über dem Mann stand: *Ich rede mit meiner Frau darüber! Und du?*

Kurz darauf blieben wir vor einem riesigen Kapokbaum stehen, in dem drei Stämme zusammengewachsen waren. Der Baum sah aus wie ein mystischer Elefant – grau und faltig, mit zerschundenen Gelenken, groben Rundungen und finsteren Höhlen. Seine Äste griffen wie mächtige Rüssel in den Himmel.

»Bandanin Saba[8]«, sagte Kouyaté. »Zur Zeit unserer Väter trafen sich hier die Hexer Oberguineas. Später ließen die Franzosen unter dem Baum Verbrecher hinrichten. Der Scharfrichter kam zu diesem Anlass eigens aus Conakry. Er reiste mit dem Zug an, stieg am Bahnhof aus und schlug den Verurteilten die Köpfe ab. Dann fuhr er wieder zurück. Sein Name war Samaoua.«

Die Schulgebäude von Kouroussa stammten teilweise noch aus der Kolonialzeit. Es war Sonntag, und auf dem staubigen Gelände, das sonst voller Leben und Geschrei war, herrschte ungewohnte Stille.

---

[8] Malinke: drei Kapokbäumchen

Kouyaté stieg zielstrebig vier Stufen hinauf und trat in ein Klassenzimmer ein.

»Hier sind Laye und ich zur Grundschule gegangen«, flüsterte er. »Ich glaube, wir saßen dort hinten am Fenster. Wir waren damals neun Jahre alt. Mein Gott, wie lange das her ist. Heute bin ich fast achtzig.« Er raffte sein Gewand zusammen und setzte sich in die abgewetzte Schulbank. An den gelb gestrichenen Wänden klebten Kaugummis. Der Wind fuhr lautstark unter das Wellblech; schiefe Metallfenster quietschten in ihren Angeln. An die Tafel war mit Kreide die erste Strophe der Nationalhymne Guineas geschrieben. Darunter stand: *I love DJ Cool!*

Wenig später stapften wir über den staubigen, in der Hitze schwimmenden Schulhof. Durch eine Tür sah ich in ein Klassenzimmer, in dem eine Ziegenherde döste. Wir nahmen den Weg in Richtung Markt. Unter den Sonnensegeln waren die Füße der Schneider zu sehen, die in gleichmäßigem Takt in die Pedale ihrer Nähmaschinen traten. Händler verkauften Benzin und Diesel in Literflaschen. Schreiner fertigten Holzroste für französische Betten. Junge Männer mit öligen Händen schraubten an ihren Mopeds.

Das koloniale Bahnhofsgebäude war halb zerfallen. Eine rostige Stahltreppe führte ins Obergeschoss, wo hölzerne Fensterläden schief in ihren Angeln hingen. Die Savanne hatte die Schienen mit dichtem Gras überzogen. Die Strecke war stillgelegt, weit und breit niemand zu sehen.

»Ich erinnere mich genau an das Gedränge, als der Zug damals abfuhr«, sagte Kouyaté und beobachtete eine Kuh, die zwischen den Gleisen weidete. »Laye und ich sahen zum Fenster hinaus. Draußen standen unsere Familien und Freunde. Es war ein trauriger Moment und zugleich ein sehr glücklicher. Wir gehörten zu den besten Schulabgängern, und bald würden wir die Mittelschule in Conakry besuchen. Wir waren neugierig, voller Erwartung und sehr stolz.«

Nach dem Abschluss ging Laye nach Frankreich und kehrte erst 1956 wieder nach Guinea zurück, wo er als Techniker in der kolonialen Verwaltung arbeitete. Er soll eine tiefe Abneigung gegen Sékou Touré gehegt haben. Das Regime stellte ihn unter Hausarrest und verweigerte ihm die Ausreise.

»Zum letzten Mal habe ich Laye in Conakry getroffen«, erinnerte sich Kouyaté. »Ich war damals Bürgermeister in Kouroussa und hatte manchmal in der Hauptstadt zu tun. Ich nützte die Gelegenheit zu einem Besuch. Niemand ahnte damals, dass es kein Wiedersehen geben sollte.«

Laye floh mit seiner Frau und vier Kindern nach Senegal und kehrte nicht mehr nach Guinea zurück. 1980 starb er an einem Herzleiden in Dakar, wo er so abgeschieden gelebt hatte, dass es mehrere Wochen dauerte, bis die Weltöffentlichkeit von seinem Tod erfuhr.

»Ich konnte sein Grab nie besuchen, wissen Sie«, sagte Kouyaté leise. Seine Hand lag ruhig auf einem Steinsockel am Gleis. Er schien nur noch körperlich anwesend zu sein.

»Man hat es mir aber beschrieben. Ein einfaches Grab, das oft mit frischen Blumen geschmückt ist. Es liegt unter drei großen Baobabs.«

Am späten Nachmittag, als die Hitze etwas nachließ, radelte ich über die alte Eisenbahnbrücke zum anderen Ufer des Niger, folgte dem Bahndamm, durchquerte duftende Felder und kleine Dörfer und fuhr hinaus in die Savanne. Dort legte ich mich unter einen Baum und schlief ein. Ich erwachte, als zwei Jungen auf ihren Rädern vorbeifuhren. Auf ihren Gepäckträgern stapelte sich Brennholz. Ich blieb still im hohen Gras liegen, und sie bemerkten mich nicht. Gegen Abend wurden die Fliegen lästig, und ich fuhr zurück. Die Brücke erhob sich wie ein prähistorisches Reptil mit zwei Buckeln aus dem Busch. Die Bodenbleche waren von Rost zerfressen und bogen sich unter den Reifen. Ich hielt an und sah zu, wie die Sonne sich mit einem feinen Dunstschleier umgab und in ein fahlgelbes Loch im Himmel verwandelte. Erst nachdem sie untergegangen war, färbte sich der Niger orangerot, dann rosa und lila und brombeerblau.

Als ich zum Gästehaus zurückkam, saßen der Sohn des Bürgermeisters und seine Freunde unter dem Mangobaum und machten ihre Hausaufgaben. Unter dem Tisch hing ein Kassettenrekorder an einer Autobatterie. Aus den Lautsprechern dröhnte Malinke-Rap.

»Good groove, Sir?«

»Yeah!«

Ich schloss mich in mein Zimmer ein, entkleidete mich bis auf die Shorts und rieb das Theraband sorgfältig mit Babypuder ein, damit es geschmeidig blieb und nicht riss. Dann befestigte ich es am Bett und begann mit dem Training, wobei ich nicht nur auf meine Haltung achtete, sondern auch darauf, dass die Sturmlaterne meinen verräterischen Schatten nicht auf das Fenster warf. Ich kontrahierte den Kapuzenmuskel, den Untergrätenmuskel und die langen radialen Handstrecker, bis ich Sternchen sah und meine Glieder zitterten. Um mich von Anstrengung und Schmerz abzulenken, kalkulierte ich im Geist das Gewicht, das in etwa dem Zug des Therabands entsprechen mochte, und verstieg mich in die Vorstellung, es sei mindestens mein eigenes Körpergewicht. Dann klopfte es an der Tür.

»Essen!«, rief eine Stimme. »Es gibt Essen bei Khalil!«

Ich wischte mir den Schweiß ab und öffnete. Vor mir stand ein drahtiger, mittelgroßer Mann in einem ölverschmierten Arbeitsanzug. Riesige Krater klafften aus seiner Nase.

»Khalil!«, sagte er viel zu laut. »Mein Name ist Khalil! Ich bin heute angekommen. Ich bin Techniker. Ich repariere die Zapfanlage der Tankstelle. Du bist Deutscher, nicht wahr? Dein Name ist Mikael. Komm essen, Mikael!«

Ich trocknete mich ab und folgte Khalil in den finsteren Salon. Wir ließen uns in die Plüschsofas sinken, stellten unsere Ellbogen auf den Tisch und schlürften lautstark heiße Bouille.

»Samstagabend«, sagte Khalil nach dem Essen. »Wir sehen fern, mein Freund. Dann stürzen wir uns ins Nachtleben.«

Wenig später eilten wir durch das stockdunkle Kouroussa. Die Straßen waren wie leer gefegt.

»Alle sitzen schon vor dem Fernseher«, sagte Khalil und sah auf die Uhr. »Wir kommen zu spät. Schneller, mein Freund, sonst verpassen wir den Film.«

Wir überquerten die asphaltierte Straße, stiegen über einen dampfenden Müllberg und zwängten uns durch ein Hoftor. Ein Hund kläffte. Zuerst hörte ich den Generator, dann die Stimmen aus einem Fernseher, und gleich darauf standen wir mitten in einer Menschenmenge, die gebannt auf einen winzigen Bildschirm starrte. Der Hauptdarsteller trat gerade eine Tür mit dem Fuß ein. Er trug ein altmodisches braungrün kariertes Jackett. Sein Körper war unförmig, sein Gesicht grau, das Haar schütter. Ich erkannte ihn sofort.

»Derrick!«, flüsterte Khalil. »Derrick wird den Mistkerl kriegen!« Nachdem Derrick den Mord an der Krankenschwester aufgeklärt hatte – es war der Oberarzt –, schien sich ganz Kouroussa auf der Kreuzung zu versammeln. Wir setzten uns vor eine der Buden. Die Scheinwerfer der Tankstelle tauchten die Straße in gleißendes Licht, während der Rest der Stadt im Dunkel lag. Seit Wochen gab es schon keinen Strom mehr – wegen technischer Probleme, wie es hieß. Alle wussten jedoch, dass die öffentlichen Kassen leer waren.

Hinter uns schüttete ein Pullo Tee von einem Glas ins andere, und es schien, als ziehe er ihn wie eine zähflüssige Masse, die für den Bruchteil einer Sekunde in der Luft erstarrte und dann ins untere Glas stürzte. Kein Tropfen ging verloren.

»Einen Tee brüht man nicht auf«, erklärte der Pullo. »Einen Tee muss man erschaffen.«

Die Buden waren so niedrig, dass die Verkäufer gebeugt darin standen. Ein kleines Vordach aus Wellblech, zwei Tische, ein paar Stühle. Von den benachbarten Kochfeuern duftete es nach frittiertem Fisch und gegrillten Fleischspießen. Im Hintergrund lief ivorianischer Zeyco. Ein Junge verkaufte Baguettes aus einer Schubkarre. Mädchen in knallengen Leggins und silbrigen Plateauschuhen flanierten vorüber und zogen die Blicke der Männer auf sich.

»In Kouroussa gibt es keine über fünfzehn, die nicht schwanger ist«, behauptete Khalil. »Außer denen natürlich.«

Er zeigte auf zwei schwarz verschleierte Frauen. Ihr Gesicht war vollkommen verhängt, und ihre Gewänder ließen kein Stückchen Haut sehen. Sie glitten wie Schatten über die Kreuzung.

»Ich bin Moslem, gläubiger Moslem«, sagte Khalil empört. »Ich kenne den Koran. Nirgendwo steht, dass sich Frauen so einpacken müssen. Grausam, sehr grausam!«

»Wahhabitinnen«, sagte ich.

»Wir nennen sie Ninjas.«

Ich hatte angenommen, die äußersten Routen der Frachtboote, die auf dem Niger verkehrten, würden bis nach Kouroussa reichen, doch im Hafen schwanden meine Hoffnungen. Die alten Umschlaghallen der Franzosen waren zerfallen, in den Backsteinruinen wucherte Gestrüpp und im versandeten Hafenbecken Entengrütze. Nicht ein einziges Boot lag vor Anker. Als der obere Niger noch eine wichtige Handelsstraße gewesen war, bildete Kouroussa den Knotenpunkt zwischen dem Inneren, Waldguinea und der Küste. Dampfschiffe liefen das französische Verwaltungs- und Handelszentrum an, der Handel blühte. Doch dann erreichte die Eisenbahnstrecke Kankan, die Waren aus Waldguinea wurden über den Milo dorthin verladen, und die neue Bahnlinie von Bamako nach Dakar zog den Rest des Frachtaufkommens ab. Kouroussas Hafen verwaiste.

Bah riet mir, ein Buschtaxi nach Siguiri zu nehmen, doch als ich ins Gästehaus zurückkam, saßen Moussa und Abou, die beiden Somono, im Hof unter dem Mangobaum.

»Das Krokodil!«, rief Abou überschwänglich. »Wir haben viel Geld verdient. Moussa hat seine Ersparnisse dazugetan. Wir fahren nach Siguiri. Wir kaufen einen Außenbordmotor. Du hast uns Glück gebracht, Mikael. Vielleicht willst du mitfahren.«

Natürlich wollte ich das.

An meinem letzten Abend in Kouroussa bat mich Bah in eigener Sache in die Bibliothek, wo er eine kleine Versammlung einberufen hatte.

»Wir freuen uns, dass Sie uns helfen wollen«, begann er. »Unsere Nichtregierungsorganisation nennt sich AEK, Amicale des Enseignants de Kouroussa. Wie Sie wissen, ist Kouroussa so etwas wie die kulturelle Hauptstadt Guineas, doch dieser Vorsprung, wenn Sie das Wort erlauben, ist stark geschrumpft. Deshalb haben wir die AEK gegründet: zur Rehabilitierung unserer kulturellen Werte.«

Bah machte eine bedeutungsvolle Pause. Ich sah von meinem Notizblock auf, und er fuhr fort.

»Sie interessieren sich für unseren Fluss, Mikael. Sie stehen Afrika nahe. Sie sind ein Stück durch das Leben von Camara Laye gegangen, und deshalb glauben wir, dass Sie unser vorrangigstes Projekt interessieren wird. Wir wollen…«, er unterbrach sich erneut und sah bedeutungsvoll in die Runde, »…wir wollen, mein Freund aus Deutschland, die Schmiede von Layes Vater wieder aufbauen. Man kann nicht mehr das ganze Gehöft rekonstruieren, das wissen wir, aber die Schmiede, das scheint uns möglich. Wir sind keine Träumer, wenn ich das so sagen darf, wir sind Realisten. Die Schmiede als Kulturerbe. Was halten Sie davon?«

Sie hatten bereits Kontakte mit verschiedenen Organisationen aufgenommen, bis dahin aber noch keine Antwort erhalten.

»Wir müssen etwas tun, sonst stirbt Laye für immer und sein Werk mit ihm«, sagte Bah und sah mich vertrauensvoll an. »Für die Schmiede werden etwa 40 000 Dollar notwendig sein. Blasebalg, Werkzeug, Amboss, alles inklusive. Sie sind Journalist. Wenn Sie über Kouroussa schreiben, versprechen Sie uns, unser Anliegen zu erwähnen.«

Ich versprach es.

9

Die Piroge lag unterhalb des Schulgartens am Ufer. Wir beluden sie mit Proviant und Trinkwasser, mit unseren Taschen und Abous rotem Radiorekorder. Die Morgensonne ließ die Wipfel der Bäume aufleuchten und drückte die Schatten langsam herunter. Bah reichte mir zum Abschied die Hand, stieg auf sein himmelblaues Fahrrad, kickte das rechte Pedal geschickt nach vorne und verschwand zwischen den Bäumen. Wir stießen uns vom Ufer ab, Moussa brachte das Boot in die Strömung, und wir trieben unter der Eisenbahnbrücke hindurch, deren verrostete Bodenbleche den Himmel durchschimmern ließen. Ich warf einen letzten Blick auf den gewaltigen Baobab in der Einfahrt des versandeten Hafens. Seine weit ausgreifenden Wurzeln und die Höhlungen des Stamms bildeten eine hölzerne Bucht, in der ein Mann badete. Hinter Platanen, Palmen und Papayabäumen waren die spitzen Dächer der Rundhütten zu erkennen. Dann schlug der Niger einen Bogen, und Kouroussa verschwand.

»Ich habe mit Moussa über die Somono gesprochen«, sagte Abou, als wir später an einer verschlammten Bootsrutsche vorbeitrieben. »Er sagt, die meisten Somono leben zwischen Kouroussa und Sansanding in Mali. Wir haben keine eigene Sprache. Wir sprechen, was die Leute am Fluss gerade sprechen: Malinke, Bambara, Bozo, Songhay. Doch wir haben unsere eigene Geschichte.«

»Eine Geschichte?«

»Die Geschichte von Somono Bala. Sie ist uralt. Bala ist ein Held. Jeder Somono ist stolz auf ihn.«

»Erzählst du sie mir?«

»Ich kenne sie auswendig, aber ich bin kein Mann des Wortes. Nur ein Jeli kann die Geschichte wirklich gut erzählen.«

Ich sah ihn fragend an.

»Der Jeli ist ein berufsmäßiger Geschichtenerzähler; er hütet die Vergangenheit. Ihr habt eure Bücher. Wir haben die Jeli.«

»Du meinst Griots?«

»So nennen sie die Franzosen.«

Ein Jeli ist demnach eine Mischung aus orientalischem Märchenerzähler, Chronisten, Barden und Boten. Er wandert jahrelang von Dorf zu Dorf, um sich von den großen Lehrmeistern unterweisen zu lassen, und bewahrt so uralte Erzählungen, Mythen und Legenden, aber auch die Geschichte der Könige und ihrer Reiche in seinem phänomenalen Gedächtnis. Ein Jeli ist eine wandelnde Bibliothek. In den schriftlosen Gesellschaften Afrikas übte er die Kunst aus, Geschichte mündlich zu überliefern. Er steht am Anfang unzähliger Fäden, die sich durch die Jahrtausende spinnen und die Erinnerung an die Besungenen wachhalten.

»Moussa kennt den Jeli, der die Geschichte von Somono Bala hütet«, sagte Abou. »Er lebt flussabwärts. Wenn Gott will, werden wir ihn heute Abend treffen.«

In der Ferne erhoben sich bewaldete Hügelketten, und aus ovalen Lichtungen schimmerte roter Lateritboden, während ich Rohrdommeln, Sporngänse und Krokodilwächter bestimmte, einen Langschwanzstar mit zitronengelber Iris und zwei stattliche Silberreiher – schneeweiß, mit schwarzen Schnäbeln und wedelnden Schmuckfedern an Kopf und Hals. Am Ufer harpunierte ein Schlangenhalsvogel mit seinem speerartigen Schnabel einen fingerlangen Fisch und verschlang ihn mit dem Kopf voran. Wenig später sahen wir auf einer Feuchtwiese einen beeindruckenden Schwarm Kronenkraniche, und durch das Fernglas konnte ich beobachten, wie sie kräftig mit ihren langen Füßen stampften, um Insekten aufzuscheuchen. Einige vollführten einen ausgelassenen Tanz, sprangen mit halb geöffneten Flügeln in die Höhe, umkreisten einander aufgeregt, verbeugten sich etwas schwerfällig vor ihren Partnern und warfen dann in höchster Erregung von neuem ihre knallroten Backen, goldenen Federhauben, Hälse, Beine, Flügel in die Luft.

Glückliche Kronenkraniche, dachte ich gerade, als Moussa etwas Unverständliches vor sich hin brummelte. Ich sah zu Abou hinüber.

»Er sagt, wenn wir Speere dabeihätten, könnten wir viele töten.«

Moussas Blick streifte mich, und er kicherte.

»Mein Bruder will wissen, warum du dein Haar trägst wie eine Frau«, übersetzte Abou.

»Eine Mode«, sagte ich und verschwieg, wie unsterblich verliebt ich in meine langen Haare war. »In Europa tragen viele Männer eine solche Frisur. Eine Mode, nichts weiter.«

»Und deine Arme? Sind die auch Mode in Europa?«

»Was meinst du?«

»Mädchenarme!«, quiekte Abou vor Vergnügen. »Du hast dünne, schwache Mädchenarme.«

Wir kamen an mehreren Dörfern vorbei, von denen wir lediglich die Bootsrutschen zu Gesicht bekamen. In Sandankoro schrubbten Frauen am Ufer Wäsche. Sie taten es gebückt, und die ausgeprägte Muskulatur ihrer Rücken zeigte, dass dies ihre überwiegende Arbeitshaltung war, ob sie nun wuschen, kochten, fegten oder ihre Kinder badeten. Die Frauen sangen und klatschten die Wäsche rhythmisch auf schäumende Steine. Mädchen sprangen ausgelassen ins Wasser, planschten, spritzten ihre Freundinnen und Schwestern und Mütter nass, und als sie uns bemerkten, kreischten sie und winkten. Abou und ich winkten zurück. Moussa würdigte sie keines Blickes.

Wir bekamen Hunger und rissen die Deckel der Corned-Beef-Dosen auf, ließen das tranige Öl auf die Baguettes rinnen und pulten mit den

Fingern nach großen Stücken. Ich nahm einen Schluck aus meiner Wasserflasche, während sich Moussa und Abou seitlich aus dem Boot hängten, um direkt aus dem Fluss zu trinken.

Babila, ein graues Dorf, flimmerte auf einer Landzunge im Mündungsbereich des Niandang. Am Ufer drängte sich eine Rinderherde. Die Tiere standen bis zum Bauch im Fluss, und aus der Ferne schien es, als trieben beinlose Körper auf dem Wasser. Fischer balancierten auf den Bugspitzen ihrer Pirogen und schleuderten Wurfnetze in den Niandang, der unermüdlich sein Material im Niger ablud. An der tiefsten Stelle lotete ich nur drei Meter aus.

»Am Ende der Trockenzeit ist der Niger hier kein richtiger Fluss mehr«, sagte Abou. »Man kann zur anderen Seite hinüberwaten.«

Ein Stück weiter lagen Bambusreusen für Tabakkarpfen aus. Ihre Falltüren standen auf zwei spitzen Stöcken und waren mit einem Stein beschwert. Wenn der Karpfen in die Öffnung schwamm, stieß er die Stöcke um, die Falltür schloss sich, und er saß fest.

»Manchmal fischen wir auch mit dem *gangadi*«, erklärte Abou. »Du nimmst eine starke Angelleine und knotest Haken daran fest – zweitausend, dreitausend Haken im Abstand von fünf Zentimetern. Dann spannst du das *gangadi* im Fluss. Was vorbeischwimmt, bleibt daran hängen: Fische, Schildkröten, Schlangen, Krokodile – einfach alles.«

»Und dann taucht Moussa wieder hinunter?«

»*Woyika*[9]*!*«, schrie Abou und übersetzte meine Frage für seinen Bruder.

Moussa kniff sein linkes Auge noch weiter als gewöhnlich zusammen und lachte sein piepsendes Knabenlachen.

»*Woyika!* Niemand geht ins Wasser, wenn das *gangadi* ausliegt. Es ist lebensgefährlich. Das Wasser ist trüb, die Strömung spielt mit den Leinen. Du siehst den Haken nicht, er bohrt sich in deinen Rücken. Du drehst dich und willst ihn herausziehen, der nächste erwischt dich – am Arm, am Bein, an der Nase. Du zappelst, du verwickelst dich immer mehr. Zehn Haken, fünfzig, hundert. Alle in deiner Haut. Du stirbst. Ein grausamer Tod, sehr grausam.«

Kurz vor Sonnenuntergang legte Moussa die Piroge auf eine Sandbank

---

[9] Malinke-Ausruf, der Unheil ankündigt

mitten im Fluss. Am Ostufer, ein gutes Stück von einer steilen Boots-
rutsche entfernt, stieg feiner Rauch aus der Savanne auf.
»Nourakoro«, sagte Abou, während wir die Piroge auf die Sandbank
zogen. »Aber wir übernachten hier. Der Wind ist kühler als im Dorf.
Der Boden ist weich. Es ist sicherer. Und es gibt kaum Mücken.«
»Aber wir wollten doch den Jeli treffen!«
»Wenn Gott will, werden wir ihn auch hier treffen«, sagte Abou und
zwinkerte mir zu.
Als wir unser Lager errichteten, paddelte ein Fischer vorbei und
grüßte. Moussa wechselte ein paar Worte mit ihm, der Mann nickte
und nahm Kurs auf Nourakoro. Wir setzten uns in den Sand, aßen
Räucherfisch mit Brot und schauten auf den Fluss, der im vollen
Mond glänzte. Abou legte eine Kassette mit gregorianischen Gesän-
gen in den Rekorder, und wir überließen uns der Magie, die von der
leisen, feierlichen Musik ausging; sie legte sich wie eine zweite Haut
auf den Fluss, und sein Glanz erschien noch glänzender, seine Erhabenheit noch erhabener.
Ich sah die Boote erst, als sie ins Mondlicht hineinfuhren – eine kleine
Flotte, die direkt auf unsere Sandbank zuhielt. Sie wurde von einer
Piroge angeführt, die doppelt so lang war wie die anderen. Vier
Ruderer trieben sie mit kräftigen Stößen voran. Auf der mittleren
Sitzplanke erkannte ich die Silhouette eines Mannes. Er saß betont
aufrecht, seine rechte Hand umfasste einen Stock, der so weit aufragte, dass ich ihn zuerst für den Bootsmast gehalten hatte.
»Die Notabeln von Nourakoro«, sagte Abou und drehte die Musik
etwas lauter; sie machte sich hervorragend als Willkommensgruß.
Die Boote rutschten knirschend auf den Sand, junge Männer sprangen
an Land, während die Alten schwerfällig über die Sitzplanken und
Bordwände stiegen. Sie trugen einfache Boubous und Wickelröcke
und überreichten uns frische Kuhmilch in einer Kalebasse. Wir setzten
uns in einen Kreis, mischten Zucker unter die Milch und reichten uns
der Höflichkeit halber mehrmals die Kalebasse hin und her, ohne dass
jemand davon trank. Dann nahm ich als Ehrengast den ersten Schluck.
Die Milch schmeckte trotz des Zuckers sauer.
»Der Jeli von Nourakoro«, sagte Abou ehrfürchtig, als sich der
Mann mit dem langen Stab erhob. »Er sagt, er ist der Hüter von

Somono Balas Geschichte. Bala kam aus einem europäischen Krieg zurück. Die Franzosen boten ihm ein hohes Amt an, doch Bala wollte es nicht haben. Er wollte Chef werden, Chef der Flussleute. Auf seiner Reise auf dem Niger begegnete er einer Frau. Sie war böse. Sie wollte, dass Bala stirbt. Vor der Sandinsel, auf der wir sitzen, oder vor einer anderen, hat Bala die Kräfte erlangt, die ihn zum Führer unserer Ahnen machten. Diesen Teil der Geschichte wird uns der Jeli heute Nacht erzählen.«

»Und wie alt ist die Geschichte?«

»Der Jeli sagt, sie stammt aus der Zeit der Götter.«

»Gab es damals denn schon Franzosen hier?«

»Der Jeli sagt, zur Zeit der Götter gab es nirgendwo Franzosen, doch später wurden sie in die Vergangenheit zurückgesungen. Und jetzt gibt es sie auch in der Zeit der Götter.«

Wir rückten am Feuer zusammen. Der Jeli stieß seinen Stab dreimal in den Sand und begann mit seinem Sprechgesang[10]:

»Ay, Welt! Bala, hörst du? Somono Bala, Vater der Somono. Ey-ey-ey! Fluss, Himmel, Welt! Ein Weißer, Bala, ein Weißer ist den Fluss heruntergekommen, um deine Geschichte zu hören. Ey-ey-ey! Es gibt seltsame Dinge. Somono Bala warf sich in den Fluss, in den Fluss, sage ich euch. An der tiefsten Stelle, so tief, dass niemand sich hineinwagte. Er traf ein Krokodil, gefährlich, schwamm am Krokodil vorbei, traf ein Flusspferd, gefährlich, schwamm am Flusspferd vorbei, traf einen Wasserlöwen, gefährlich, schwamm am Wasserlöwen vorbei. Welt! Ey-ey, Welt! Auf dem Grund des Flusses lag ein Kapitänsfisch, riesig, riesig, ein Kapitänsfisch, ey, Gott, keiner wie andere. Der Kapitänsfisch war ein Flussgeist. Bala stirbt, er wird sterben wegen dieser Frau.

›Hör zu, Kapitänsfisch‹, sagte Bala. ›Es gibt eine Frau, die will dich als Liebespfand. Ich mache eine tote Seele aus dir.‹ Der Fisch lachte. Er lag auf dem Grund des Flusses. Ich erzähle keine Lügen. Er lag dort und lachte, lachte. ›Bala‹, sagte der Fisch, ›Bala, Somono Bala, ich werde dir mein Alter verraten. Dreitausendfünfhundert Jahre.

---

[10] Der Jeli erlaubte mir, die Geschichte mit meinem Diktiergerät aufzuzeichnen. Später ließ ich den Text übersetzen.

Was meinst du? All die Zeit auf dem Grund des Flusses. Immer in der Inneren Welt.‹ Bala stirbt, er wird sterben wegen dieser Frau.« Der weiße Boubou des Jeli nahm im Schein des Feuers abwechselnd rote und blaue Farbtöne an, doch sein Gesicht formte eine kontrastlose schwarze Scheibe am Nachthimmel. Er steigerte sich in ein monotones Stakkato hinein. Die Zwischenrufe kreischte er heraus, während das Ende seines Stabs den Mond aufspießte.

»›Bala‹, sagte der Kapitänsfisch. ›Hör zu, Bala, ich mag dich, ich gebe dir einen Speer, einen Zauberspeer, ein Zauberkanu, ein Zauberpaddel. Vergiss die Frau! Ruiniere dich nicht für eine Frau, mutiger Bala, geh nach Hause.‹ Ayiih, es gibt Dinge auf der Welt! Himmel, Himmel, Himmel. Ich schwöre es bei Gott, Bala schwamm hinauf zur Sandbank, hinauf, sage ich euch, doch die Frau, böse Frau, sie war nicht zufrieden. Lasst mich euch davon erzählen. Die Nachtigall singt, sie singt. Bala warf sich wieder in den Fluss, an der tiefsten Stelle, mmh! Ay, Gott! Bala kam zum Kapitänsfisch. Bala nahm den Speer, mutiger Bala, den Speer, den wir *masaka* nennen. Er hat drei tödliche Spitzen. Bala rammte den *masaka* in den Fisch. Der Speer verbog sich, der Speer brach. Bala nahm sein Netz, das starke Netz der Somono. Doch der Fisch öffnete sein Maul und stieß einen Sturm aus, einen Sturm unter Wasser, und der Sturm verwandelte sich in Flammen, das Netz verbrannte. Keine Lügen, ich erzähle keine Lügen. Bala stirbt, er wird sterben wegen dieser Frau.«

Es sah aus, als sei das Feuer auf den Boubou des Jeli übergesprungen, der jetzt flackerte wie eine Flamme. Sein Gesicht blieb ein vager Schatten, ohne Augen, Nase, Mund. Er stieß seinen Stock in den Sand, wo er eine Zeit lang knirschte, bis er auf einen Stein traf und ein rasendes Tock! Tock! Tock! erzeugte.

»Mmh, Mutter! Ich muss mich loben«, schrie der Jeli und hob seine Stimme um eine Oktave an. »Das war eine wundervolle Passage. Gelungen, sehr gelungen! In der Welt gibt es oben und unten, drinnen und draußen. Ay, diese Welt! Es geht rauf und runter. Nnn, Welt! Nnn, Mutter! Wirklich, wirklich, Rauch stieg auf aus dem Fluss. ›Bala ist tot‹, sagten die Leute am Ufer. Und die Frau freute sich. Dieser kleine Junge, dieser Dummkopf! Sie hat ihn hinuntergeschickt, wollte, dass er stirbt. Ay-ay! Bala stirbt, er wird sterben wegen dieser Frau.

Traue keiner Frau. Spiel nicht mit der Frau. Ay, Mutter! Entschuldige, wenn ich Frauen beleidige! Aber ist es nicht so? Der Tag verging. Und Bala sprach mit dem Fisch. ›Freund‹, sagte Bala. ›Ich bin der einzige Sohn meines Vaters. Töte mich nicht. Mach mich zu deinem Zwillingsbruder. Denn in der Welt kann alles geschehen.‹ Ay, Gott! Der Kapitänsfisch, auf dem Grund des Flusses, riesig, riesig. Iyah! Dieser Fisch, keiner wie andere, er machte Bala zu seinem Zwilling. Bala, Sohn der Somono, Somono wie kein anderer, Zauberspeer, Zauberkanu, Zauberpaddel, Bala, Vater der Somono, Chef aller Somono.«

Die Handflächen des Jeli schliffen hörbar am Holz, als er erschöpft an seinem Stab hinunterglitt. Das Lagerfeuer war erloschen und mit ihm das Gewand des alten Mannes. Es hing jetzt grau und schlaff an ihm. Dann glomm ein Holzscheit auf, einen kurzen Moment nur, und ich sah zum ersten Mal seine Augen, zwei riesige, trockene, weiße Kugeln. Sie hatten weder Iris noch Pupille.

Später lag ich zwischen Moussa und Abou und sah zu, wie sich der Mond im Moskitonetz verfing. Die beiden schliefen; der Jeli und die Leute von Nourakoro waren in ihr Dorf zurückgefahren. Ich dachte an Bala und seine Begegnung mit dem Flussgeist und daran, wie der Ahne der Somono sich mit dem Fisch verbündet hatte, wie er von ihm sein *dalilu* empfing, wie es die Malinke nennen, seine okkulte Kraft. Der Fluss ist voller Geheimnisse, Gefahren und Mächte, und alle Flussvölker der Erde sind über solche Legenden spirituell mit der Inneren Welt ihres Stroms verbunden. Und in diesem Augenblick – auf der Sandbank mitten im Niger, keine zwanzig Zentimeter über der Wasserlinie, die feuchten Ausdünstungen des Flusses im Rücken und sein nächtliches Geflüster im Ohr – glaubte ich plötzlich, diesen Völkern ein Stück näher gekommen zu sein, glaubte ich zu verstehen, dass sie sich mit den Mächten der Inneren Welt verbünden müssen, mit einer Vielzahl von Flussgeistern, die darüber entscheiden, ob ihr Boot kentert oder nicht, ob ihr Netz voll ist oder leer bleibt, ob sie mit ihrem Vieh über den Fluss schwimmen oder darin ertrinken.

Wir stießen uns vom Ufer ab, noch bevor die Sonne aufging. Es war ein milder und duftender Morgen, der Fluss so breit, dass ich den

Eindruck hatte, ich könne die Krümmung der Erdkugel wahrnehmen. Mir fiel der Wasserlöwe wieder ein, den Somono Bala zu Beginn der Geschichte getroffen hatte, doch Abou wusste nichts darüber und fragte seinen Bruder, der für seine Verhältnisse sehr lange vor sich hin brummelte.

»Moussa sagt, es gibt einen Fisch, den wir so nennen. Er ist heiß wie Feuer, seine Augen glühen, er schwimmt unter dich und lässt das Wasser kochen, doch du zitterst wie vor Kälte. Dein Blut trocknet aus. Du kannst dich nicht mehr bewegen, nicht mehr atmen.«

»Ein elektrischer Fisch!«, rief ich begeistert, war mir aber nicht sicher, ob ich Moussas Rätselsprache richtig gedeutet hatte.

Ich zog Delphi aus dem Rucksack, und wir rückten im Heck zusammen, während ich verschiedene Tafeln mit elektrischen Fischen durchblätterte: Nilhecht, Zitteraal, Zitterrochen – Letzterer schied als Salzwasserfisch aus. Dann erschien die Frontalaufnahme eines ausgesprochen plumpen Fisches mit einem dicklippigen, schweinehaften Maul, drei Bartelpaaren und winzigen Augen. Hinter dem Kopf verbreiterte sich der Körper zu einer dicken, graubraunen Wurst. Moussa zuckte zusammen, und Abou schrie:

»Das ist er! Das ist der Wasserlöwe!«

Die Abbildung zeigte einen Zitterwels (*Malapterurus electricus*), der in weiten Teilen des äquatorialen Afrikas vorkommt. Er wird gut einen Meter lang und wiegt in dieser Größe einen halben Zentner. Äußerlich hat der Zitterwels nichts von der Würde eines Löwen. Den Namen verdankt er seinen elektrischen Entladungen, die eine Spannung von 400 Volt erreichen und im Wasser selbst große Säugetiere betäuben. »Die Spannungsschläge werden von einem dicht unter der Haut liegenden elektrischen Organ erzeugt«, las ich in Delphi. »Es erstreckt sich über beide Körperseiten vom Kopf bis zum Schwanzstiel und hüllt, in der schwartigen Haut verborgen, den ganzen Körper gleichsam ein.«

»Wenn du einen Wasserlöwen fängst, reizt du ihn mit einem Stock«, sagte Abou. »Der Fisch gibt viele Stromstöße hintereinander ab. Sie werden immer schwächer, und am Ende kannst du ihn anfassen. Du schneidest seinen Kopf ab. Sein Fleisch ist süß.«

»Hier steht, dass er auch in der traditionellen Medizin verwendet wird.«

»Der Wasserlöwe hat viele Kräfte. Wir wickeln ihn in die Blätter eines bestimmten Strauchs und lassen ihn darin sterben. Die Blätter werden gestampft und gegessen. Sie heilen die Zitterkrankheit.«

Stunden vergingen. Der Fluss flimmerte in der Hitze, und es sah aus, als habe er die Schwerkraft überwunden, denn er schien plötzlich nach oben zu fließen. Die Grenze zwischen Wasser und Himmel hatte sich aufgelöst; es gab keinen Horizont mehr. Moussa schob uns durch eine zähe, fast greifbare Stille, und ich hatte den Eindruck, dass wir uns nicht von der Stelle bewegten, denn die Ufer liefen stets mit. Die Hitze lähmte uns. Wir verfielen in ein stoisches Schweigen. Interessant, dachte ich plötzlich, ich denke nichts.

Unterhalb von Tindo gab es Inseln im Fluss, die so riesig waren, dass ich sie für die Ufer hielt. Die Bauern hatten Pflanzungen und Felder darauf angelegt, Rinderherden weideten zwischen ausgedehnten Wäldern. Doch dann, viele Kilometer flussabwärts, endeten die vermeintlichen Ufer unerwartet an einer Landspitze; ein Streifen Sand leuchtete auf, und der Niger verdoppelte, verdreifachte seine Breite.

Wir fuhren etwa in der Flussmitte, als direkt vor uns eine Schlange vorüberschwamm. Ich bewunderte die gleichmäßigen Schwingungen, mit denen sie sich durch das Wasser wand. Moussa legte das Paddel auf die Knie und stieß ein paar Worte aus, die klangen wie Husten.

»Soll Moussa sie töten, Mikael?«

»Warum sollte er sie töten?«

»Sie hat keinen Nutzen.«

»Und wenn sie einen hätte?«

»Dann würde Moussa sie erst recht töten.«

»Warum lassen wir sie nicht einfach ziehen?«

»Gut, dir zuliebe!«

Wir fuhren so nahe an der Schlange vorbei, dass wir fast nach ihr greifen konnten. Auf den schwarz umrandeten, kastanienbraunen Schuppen perlte das Wasser ab. Sie maß etwa achtzig Zentimeter.

»Ist es eine Wasserschlange, Abou?«

»Sie lebt auf dem Land«, sagte er. »Sie will nur zum anderen Ufer.«

Ich sah über den Fluss, der hier zwei Kilometer breit sein musste, und fragte mich, was eine Schlange dazu bewog, von einem Ufer zum anderen zu schwimmen, wo sie drüben nichts anderes finden würde als da, wo sie herkam.

»Sie ist wie du«, sagte Abou. »Du denkst auch immer, auf der anderen Seite sei es besser.«

Am Nachmittag begegneten wir einem Fischer, an dessen Unterschenkel etwas hing, das ich zuerst für ein Amulett hielt. Als ich jedoch genauer hinsah, bemerkte ich, dass es sich bewegte. Es war kein Amulett, sondern ein cremeweißer Wurm, der um ein Stöckchen gewickelt war. Sein Ende verschwand im Unterschenkel des Fischers und schlängelte sich dicht unter seiner Haut.

»Ein Guineawurm!«, sagte ich andächtig, und Abou nickte.

Der Guineawurm, auch Drachen- oder Medinawurm genannt, ist der längste Menschen befallende Fadenwurm, ein den Filarien verwandter, Gewebe bewohnender Nematode, der vor allem in Westafrika, Pakistan, Indien und im Mittleren Osten vorkommt. Es gibt Schätzungen, wonach weltweit fünfzig Millionen Menschen damit infiziert sind und jährlich weitere vier Millionen dazukommen. Drakunkulose, »Infektion des kleinen Drachen«, wie die Wurmerkrankung im Fachjargon genannt wird, beginnt damit, dass ein Mensch Wasser trinkt, in dem sich infizierte Ruderfußkrebschen der Gattung Cyclops tummeln – sie stellen die Vektoren dar. Die winzigen Krebse lösen sich im Magen auf und setzen die Wurmlarven frei. Diese durchbohren die Darmwand und wandern auf Blut- und Lymphwegen in die Bauch- und Brusthöhle, wo sie verschiedene Entwicklungsstadien durchlaufen. Während das Männchen bald nach der Befruchtung abstirbt, wird das Weibchen einen Meter lang und begibt sich auf Wanderschaft durch den menschlichen Körper. Sein bevorzugtes Reiseziel ist das Unterhaut-Bindegewebe der Beine. Nach einem Jahr bildet sich auf der Haut eine flüssigkeitsgefüllte Blase. Sie juckt und brennt, und wenn der Kranke zu frösteln beginnt, ihm schwindlig wird und er sich erbricht, kann es höchstens noch drei Tage dauern, bis die Blase platzt und der Wurm durch die Haut bricht.

Das Weibchen ist die perfekte Gebärmaschine. Mit einem doppelten Uterus, der den größten Teil seines Körpers ausfüllt und Abermillionen von Larven enthält. Sobald die Haut des Wirtes mit Wasser in

Berührung kommt, streckt der Wurm sein Ende heraus und entleert seine Larven, die in Tümpeln, Brunnen und Zisternen wieder von Cyclops-Krebsen aufgenommen werden und darauf warten, dass jemand das verseuchte Wasser trinkt und sich der Kreislauf schließt.

Der Fischer stellte sein Bein auf die Bordwand, griff nach meinem Zeigefinger und drückte ihn leicht auf die befallene Hautstelle. Der Wurm fühlte sich weich an. Er rollte sich wie eine Krampfader.

»Er sagt, es sei nicht so schlimm, weil es nur einer ist«, übersetzte Abou.

»Wie meint er das?«

»Wenn du Pech hast, ist dein Körper voller Würmer, zwanzig, fünfzig gleichzeitig. Jeden Tag platzt ein neuer aus deinen Beinen. Wenn du aus dem Wasser kommst, sieht es aus, als hättest du zernagte Wollstrümpfe an.«

»Und wie zieht man den Guineawurm heraus?«

»Es ist ganz einfach. Du nimmst eine Kalebasse mit kaltem Wasser, gießt es über die betroffene Stelle und wartest, bis der Wurm sein hinteres Ende aus deinem Bein streckt. Dann klemmst du ihn in ein gespaltenes Stäbchen, ziehst ihn ein paar Zentimeter heraus, wickelst ihn auf und bindest das Stäbchen fest. Das machst du jeden Tag, einen Monat lang, bis er draußen ist.«

»Und wenn er abreißt?«

»Er darf nicht abreißen. Sein Blut ist schmutzig, sehr schmutzig. Dein Bein wird heiß und dick, wenn der Wurm stirbt. Und wer will schon tote Würmer mit sich herumtragen?«

Wir wünschten dem Fischer einen guten Fang, und während Moussa die Piroge wieder in die Strömung brachte, erinnerte ich mich, irgendwo gelesen zu haben, dass schon die Heiler der Antike diese Methode angewendet hatten, um den Wurm aus dem Körper zu ziehen. Das Stäbchen war, so vermutet man, das Urbild des Äskulapstabs, des heute weltweit gültigen Symbols der Heilkunst.

Siguiri war eine unansehnliche, rostrote Industriestadt, ein heilloses Durcheinander aus Rundhütten und Wellblech, in dem sich Müll türmte und Lastwagen gewaltige Staubwolken aufwirbelten – ein

Ort fast ohne Alte und dennoch voller faltiger, fahlbrauner Menschen, die Tag und Nacht husteten.

Im *Hôtel de la Paix* gab es zwei Zimmerpreise. Einen für die ganze Nacht und einen für einen Zeitraum, der auf dem Schild am Eingang mit *passage* umschrieben war. In den zellenartigen Zimmern roch es nach Urin. Nachts hämmerte ein Handwerker im Innenhof, dann hämmerte die Hoteldiskothek – ein düsteres Loch mit Glitzerkugel –, und schließlich hämmerten die Diskothekenbesucher in den benachbarten Zimmern die Diskothekenbesucherinnen.

Ich ging nach Siguiri hinunter, um nach etwas Essbarem zu suchen. Die Stadt war bekannt für ihre Verpflegungsengpässe und machte ihrem Ruf alle Ehre. Es gab kein Restaurant. Die Garküchen waren geschlossen. Ich durchstöberte mehrere Hinterhöfe in der Hoffnung, auf einen köchelnden Topf zu stoßen. Am Ende blieb mir jedoch nichts anderes übrig, als mich an das spärliche Angebot der kleinen Läden zu halten. Ich setzte mich auf einen Hocker an der staubigen Straße und stopfte algerische Kekse in mich hinein. Links von mir troff Abwasser aus einer Wand und verbreitete Wellen üblen Gestanks. Ein Mann in Lumpen humpelte vorüber, und der Ladenbesitzer warf einen Stein nach ihm wie nach einem Hund. Ein Mädchen führte eine blinde Alte am Arm. Sie blieben vor mir stehen und sangen ein Lied. Es hatte etwas mit Allah zu tun. Ich gab ihnen die Hälfte meiner Kekse. Gleich darauf setzte sich ein kleiner Junge vor mich hin, zog die Hose über die Knie und presste seinen Durchfall auf die Straße.

Es gab Momente, in denen mich Afrika erdrückte – nicht das Afrika der weißen Diplomaten, Entwicklungshelfer und Auslandskorrespondenten mit ihren klimatisierten Häusern und weitläufigen, duftenden Gärten, mit Sicherheitsleuten, Putzhilfen, Kindermädchen, Haushälterinnen, Köchen, Gärtnern und Chauffeuren, nicht das Afrika, in dem ein faltenfreier Pilot über fein geschwungene Wüstendünen glitt, den cremefarbenen Schal im Wind, nicht die Giraffe im Abendrot vor dem Kilimandscharo. Das Afrika, das mich in solchen Momenten erdrückte, war nicht Hemingways Afrika und nicht das der Reiseprospekte, sondern das heiße, staubige, schmutzige, stinkende alltägliche Afrika – das Afrika der Straße, der schweißnassen Menschenmassen, des Mülls, das Afrika ohne Telefon, ohne Strom, ohne Wasser, ohne Schneckennudeln und kühles Bier, das Afrika in ranzigem Fett frittierter Fischbällchen, galliger Soßen, verschimmelten Brots, salmonellenverseuchter Eier, das fliegenübersäte, verpestete, unbarmherzige, aussätzige, elende Afrika voller rotznäsiger, immerplärrender, immerkackender Kinder, Leprakranker, Flussblinder, Müllfresser, Bettler, Würmer, Wanzen, Mücken, Flöhe, Kakerlaken.

Es gab verschiedene Strategien, um ein solches Tief zu überwinden. Ganz oben auf meiner Liste: sich so richtig auskotzen. Wenn das nicht half, schloss ich die Augen und versuchte, an etwas Schönes zu denken, an etwas Beruhigendes – an einen Nachmittag mit Freunden im *Chez Louise* auf der Place de la Contrescarpe, Kaffee, Kuchen, sauberes Besteck, Geschirr ohne klebrige Essensreste, das Plätschern des Brunnens, ein wenig gedämpfter Jazz –, oder ich dachte an eine Fahrt mit Christine an irgendeinen Bergsee, irgendwo in der Schweiz, an ihr duftendes Haar, an kristallklares Wasser, frische Alpenluft, üppiges Essen. Wenn dies auch nicht half, wählte ich die todsichere dritte Strategie: Ich legte mich ins Bett.

Als ich am kommenden Morgen aufwachte, schien wieder die Sonne. Ich ließ mich ein wenig durch die Stadt treiben und entdeckte eher zufällig das *Café Fof'*. Von der wellblechüberdachten Terrasse konnte man auf der einen Seite über den Schulhof der *École Falaye Traoré* blicken und auf der anderen die Straße einsehen. Das *Fof'* war der Treffpunkt der Intellektuellen von Siguiri, die hier schwarzen Kaffee tranken und das Weltgeschehen diskutierten. In einer Ecke saßen Männer und spielten Dame. Die riesigen Bretter lagen auf ihren Oberschenkeln. Sie zogen in rasanter Geschwindigkeit und knallten die Steine lautstark auf die Felder.

Ich hatte schon eine Weile zugesehen, als sich ein zierliches Männchen umdrehte und zu mir aufsah.

»Wir Guineer sind die besten Dame-Spieler!«, sagte er, zwinkerte mir zu und hüpfte dann mit einem Stein kreuz und quer über das Brett. »Willst du noch was?«, fragte er seinen verdutzten Gegner, dem nur noch ein einziger Stein blieb.

Die Zuschauer jubelten.

»Maiga«, stellte sich der Sieger vor, während er aufstand und meine
Hand nahm. »Mékétéré Maiga. Oder einfach Dinga.«
Ich fand, dass Mékétéré besser zu ihm passte. Er war Anfang fünfzig,
winzig und spindeldürr. Seine Augen waren riesig und sentimental
wie die eines Nachtvogels. Mékétéré hatte in Kankan Politik und
Geschichte studiert und unterrichtete an der Schule neben dem *Fof'*.
An einem der Tische sprang plötzlich ein Mann auf, riss seine dun-
kelblaue Baumwollmütze vom Kopf, knallte sie zwischen die Kaf-
feetassen und schrie wütend auf die anderen ein. Mékétéré zog mich
hinüber, und als wir uns setzten, wechselte der Mann mir zuliebe ins
Französische.
»Erzähl mir nichts, Kanté!«, schrie er. »Heute Morgen treffe ich dich
auf der Straße. Wir geben uns die Hand, wir plaudern ein wenig, wir
verabschieden uns, nichts weiter, stimmt doch, Kanté? Stimmt
doch?«
Ein Mann in abgetragenem grauem Anzug, ohne Zweifel Kanté,
spielte den Unschuldigen und zupfte an seinem Vollbart.
»Wir verabschieden uns also«, fuhr der Redner fort. »Ich drehe eine
Runde, eine kleine Runde wie jeden Morgen. Ich komme zurück
nach Hause. Ah, Frühstück, denke ich, Eier, Mayonnaise, Reis. Ich
setze mich an den Tisch, doch meine Frau schaut mich nur verwundert an. ›Kanté war eben hier‹, sagt meine Frau. ›Dein Freund Kanté.
Er kam vorbei, setzte sich zu mir, und wir haben zusammen gefrüh-
stückt. Es ist nichts mehr übrig.‹«
Die Männer brüllten vor Lachen.
»Ich meine, das ist doch nicht normal. Wir treffen uns auf der Straße,
und Kanté sagt kein Wort davon, dass er gleich zu meiner Frau nach
Hause geht, um mir mein Frühstück wegzufressen.«
»Bist du sicher, dass er nur Frühstück bekommen hat?«, fragte einer
und wischte sich die Tränen von den Wangen.
»Jetzt sei doch mal ehrlich, Traoré«, warf ein anderer ein. »Bist du
denn wirklich verheiratet?«
Traoré, offensichtlich empört über diese Frage, zog sich die Mütze
wieder über den Kopf, stieg auf seinen Stuhl, breitete die Arme aus
und schrie: »Natürlich bin ich verheiratet! Ich habe vier Kinder. Das
wisst ihr doch alle.«

»Natürlich bist du verheiratet! Aber nicht mit der Frau, die Kanté Frühstück gegeben hat. Und vielleicht hat er auch noch einen kleinen Nachtisch von ihr bekommen.«

Nun gab es kein Halten mehr. Die Männer sprangen auf und schlugen sich auf die Schultern und strampelten wie vergnügte kleine Kinder. »Natürlich bist du verheiratet!«, brüllten sie im Chor. »Natürlich ist Traoré verheiratet!«

Mékétéré schlug einen Spaziergang vor, und wir folgten der staubigen Straße in Richtung Markt. Ein paar Hühner mit verdrecktem Gefieder stolzierten vorbei. Aus einem Radio plärrte Whitney Houston. An der Ecke hatte eine Frau ihre Drillinge auf einer Plane ausgelegt wie Gemüse.

»Was hat das zu bedeuten, Mékétéré?«

»Es bringt Glück, einer Mutter von Drillingen ein paar Francs zu schenken. Und sie braucht das Geld, um alle drei durchzubringen.« Ich legte einen kleinen Schein vor sie hin; sie lächelte, und wir folgten dem Klang lauter Musik, drängten uns durch eine Menschenmenge und waren plötzlich von Frauen umringt, die in festlichen Gewändern auf der Straße tanzten und um haushohe Lautsprecher wimmelten wie ein Schwarm bunter Fische. Einige von ihnen sammelten Geld bei den Schaulustigen.

»Sie begleiten die Braut zu ihrem Mann«, sagte Mékétéré. »Nach der Regenzeit findet fast jeden Tag eine Hochzeit statt. Die Frauen wollen jetzt versorgt sein.«

»Und wohin gehen wir?«

»Sie werden meine Familie kennen lernen. Ich zeige Ihnen mein Haus. Danach essen wir.«

Mékétérés Gehöft unterschied sich durch nichts von denen, die ich in den Dörfern am Fluss gesehen hatte: strohgedeckte Rundhütten um einen staubigen Platz, umgrenzt von einer Lehmmauer. Mékétérés Frau wog, wie ich schätzte, zehnmal so viel wie er selbst. Sie saß inmitten von Töpfen, Wannen, Plastikgeschirr, Kalebassen mit Fischköpfen, Innereien tranchierenden Kindern, Bergen von Zwiebeln, Gombo, Tomaten und Gurken, Beuteln mit Salz, Pfeffer, Knoblauch. Fliegenwolken umschwirrten das Essen. Irgendwo wurde ein Messer geschärft.

»Elf Jungen und drei Mädchen«, sagte Mékétéré. »Macht vierzehn. Vierzehn Kinder. Alle mit der Frau dort.« Der Jüngste, der drei Monate alte Abdoul, hing gerade an ihrer gewaltigen Brust. Sie sah kurz auf und lächelte. Dann verscheuchte sie Gänse mit warzenhaften Kopfgeschwüren, die sich am Reis zu schaffen machten.

»Willkommen in Afrika«, sagte Mékétéré, als wir auf der Terrasse saßen, und seine Augen ermatteten plötzlich. »Strom haben wir nur drei Stunden am Tag. Das Wasser kommt aus dem Brunnen. Seit einem Monat gibt es kein Telefon in der Stadt. Sind wir nicht unterentwickelt?«

Er erwartete eine Antwort, doch ich sagte nichts.

»Sie wollen nicht unhöflich sein. Aber sehen Sie sich das Gehöft an, diese Stadt, das ganze Land. Ich kann hier nicht einmal eine Zeitung kaufen. Zeitungen gibt es nur in Conakry. Und wenn sich doch einmal eine nach Siguiri verirrt, dann geht sie von Hand zu Hand, bis sie auseinander fällt. Wenn Afrika am Ende ist, wo ist dann Guinea?«

»Aber es verkehren doch jeden Tag Taxis zwischen Conakry und Siguiri«, sagte ich verständnislos. »Man könnte doch einen Stapel Zeitungen beiladen. Das wäre ein prima Geschäft, und allen wäre damit gedient.«

»Sehen Sie, jetzt haben Sie es raus. Das ist die Unterentwicklung, die Unfähigkeit der Afrikaner, etwas zu organisieren.«

Das Essen war ein Spektakel. Mékétéré hockte auf einem Schemel, vor ihm standen zwei gewaltige Reisschalen. Er hob die Deckel und goss dampfende Gombosoße darüber; dann griffen fünfzehn Hände wie auf ein geheimes Signal zu und gruben und schaufelten und kneteten.

»Man sieht, dass Sie Gelegenheit hatten, wie ein Afrikaner zu essen«, sagte Mékétéré zufrieden.

Als die Schüsseln geleert waren, schleckten wir unsere rechten Hände ab, wie es sich gehörte.

Meine Weiterreise zögerte sich immer länger hinaus. Eine regelmäßige Bootsverbindung über die Grenze nach Mali gab es nicht. Der

Niger war hier ebenso verlassen wie in Kouroussa. Mékétéré unterrichtete auch Somono-Kinder und versprach mir, mich wissen zu lassen, sobald ein Boot flussabwärts fuhr. So verstrich die erste Woche, und Siguiri gefiel mir immer besser. Ich stand morgens auf und ging den staubigen Pfad hinunter, der den Weg in die Stadt abkürzte, durch Rundhüttenviertel, über Rinnsale aus Abwasser, vorbei an den verschlossenen Toren des Kulturzentrums und an grüßenden Frauen, die Maiskuchen in heißem Fett frittierten. An den Brunnen balancierten Mädchen mit einem Fuß auf den Pumphebeln und schaukelten rhythmisch auf und ab, während das Wasser in die Eimer strömte und ihr anderes Bein in der Luft ruderte. Es sah aus wie ein tollkühner Tanz. Ich überquerte die Tankstelle, wo immer ein paar Händlerinnen saßen und Orangen schälten und mir eine schenkten: »Einen schönen Tag, Monsieur!«

Ich verbrachte ganze Tage im *Café Fof'*, las, schrieb oder unterhielt mich mit den Männern, mit dem Riesen mit der Hornbrille und der dröhnenden Stimme, den sie »Président« nannten, und dem Koloss, dessen Schneidezähne fehlten, der jedoch als Einziger das afrikanische *n'ko*-Alphabet beherrschte und den anderen aus seinen Büchern vorlas. Den schmächtigen Pullo im leuchtenden Boubou sah ich nie ohne sein Radio am Ohr. Und natürlich waren Mékétéré und die anderen Lehrer da.

»Malinke, Susu und Fulbe, das verträgt sich eben nicht«, polterte der Président eines Tages. »Wir sind verschiedene Menschen. Wie sollen wir da einen Staat bilden?«

»Die Fulbe sind bewaffnet, bereit zu töten«, rief ein anderer.

»Malinke und Fulbe, das geht gerade noch«, warf einer der Lehrer ein. »Aber Susu und Fulbe, das ist ein explosives Gemisch.«

Ich sah zu dem Pullo hinüber, der sich das Radio ans Ohr presste und mit der anderen Hand an seinem gelbgrün gemusterten Gewand zupfte.

»Die Fulbe scheinen mir gar nicht so übel«, sagte ich und zwinkerte ihm zu.

Er lächelte.

»Sie kennen den Pullo nicht«, rief der Président wie auf einer Wahlrede.

»Warum, wie ist der Pullo denn so?«

»In Guinea ist das ganz einfach, mein Lieber. Wir haben drei wichtige Volksgruppen. Der Susu will genug zu essen haben, der Malinke will sich gut kleiden, und der Pullo baut sich ein Haus. So ist das, mein Lieber. Der Pullo wohnt und arbeitet in der Stadt, doch sobald er ein wenig Geld hat, beginnt er zu bauen. Und zwar in seinem Dorf. Egal wie entlegen es ist. Im Fouta Djalon fahren Sie stundenlang durch einen Wald. Sie denken, da kommt garantiert nichts mehr. Und plötzlich stehen Sie vor einer Villa. Säulen, Teppiche, Marmor. Vielleicht kommt der Pullo nur alle zwei, drei Jahre her, vielleicht nie. Wichtig ist das Haus...«

Das Haus als Statussymbol der Fulbe – das fand ich interessant, denn traditionell sind sie ein Nomadenvolk. Die genaue Herkunft dieser auffallend hellhäutigen Viehzüchter ist eines der großen Rätsel Afrikas. Autoren vertreten die abenteuerlichsten Ansichten, wonach die Fulbe aus Äthiopien, Somaliland, Ägypten oder dem Kaukasus stammen, andere haben »Beweise« für eine bretonische, römische, judeosyrische oder indische Abstammung, und die Fulbe selbst behaupten oft, sie seien semitischen Ursprungs.

Nach der Version, die mir am besten gefällt, brach ein äthiopider Hirtenstamm im nordöstlichen Afrika in historisch nicht mehr zu fixierender Zeit nach Westen auf. Die Hirten durchquerten die Sahara und hinterließen eine Spur aus Tausenden von Felszeichnungen, die schlanke Krieger von heller Hautfarbe zeigen. Irgendwann trafen diese vorzeitlichen Nomaden an der Atlantikküste ein, wo sie kehrt machten und sich wieder nach Osten richteten, um mit ihren Herden durch die Savannen zu ziehen und schließlich, in unseren Tagen, wieder den Nil zu erreichen. Mich fasziniert die Vorstellung, dass die Fulbe Afrika von Ost nach West und wieder nach Ost durchquert haben könnten, um nach Jahrtausenden der Wanderschaft zu ihren Ursprüngen zurückzukehren.

»...Fulbe hielten sich Sklaven, verstehen Sie?«, polterte der Président noch immer. »Auch wir Malinke gehörten dazu. Sie ließen uns auf ihren Feldern ackern und sind reich geworden, steinreich, mein Lieber. Als die Franzosen jedoch die Schulpflicht einführten, hielten sich die Fulbe für besonders schlau. Statt ihrer eigenen Söhne schick-

ten sie ihre Sklaven in die Schulen der Weißen. So war das, mein Lieber, so haben wir Malinke die französische Sprache gelernt und westliche Bildung erlangt. Und heute bekleiden die Sklaven von damals die führenden Positionen im Land. Selbst schuld, wenn die Fulbe...«
Aber warum ausgerechnet das Haus als Statussymbol?, dachte ich und kam wieder auf meine Ausgangsüberlegung zurück. Warum nicht Kleidung oder Autos? Nur die sesshaft gewordenen Fulbe bauten Häuser, und plötzlich ahnte ich es: Vielleicht war den Fulbe der Städte und Dörfer etwas vom Nomadentum geblieben, etwas von jenen Wanderern, die immerfort unterwegs waren – zu neuen Weiden, neuen Wasserstellen, neuen Horizonten –, die sich ein Leben in Sesshaftigkeit nicht vorstellen konnten und tief in ihrem Herzen doch jene geheime Sehnsucht hegten, die allen Wanderern gemein ist. Sie sehnten sich nach einem Ort, an den sie zurückkehren konnten. Ein Haus war ein solcher Ort, selbst wenn man es nie bewohnte.
»Lassen Sie es mich noch einmal für Sie zusammenfassen, mein Lieber«, sagte der Président in väterlichem Ton. »Der Pullo hat eine gute und zwei schlechte Seiten. Er ist intelligent. Das ist die gute. Doch er ist auch ein Dieb, und er hintergeht Sie, sobald Sie ihm den Rücken zudrehen. Trauen Sie keinem Pullo! Hüten Sie sich vor dem Pullo!«
»Eine sehr rassistische Einstellung, mein Lieber«, sagte ich bestimmt, und die Männer am Tisch sahen mich erstaunt an.
Der Pullo im gelbgrünen Gewand nahm sein Radio vom Ohr und warf mir einen erschrockenen Blick zu.
»Mit Rassismus hat das nichts zu tun«, dröhnte der Président. »Schwarze können keine Rassisten sein. Rassisten sind immer die Weißen. Weiße, die Schwarze ungerecht behandeln. Weiße, die schlecht über uns reden.«

Am Abend sah ich mir einen Karatefilm an. Die Wellblechbaracke war bis auf den letzten Platz gefüllt. Zwanzig Holzbänke, vorne ein Fernseher, zwei kleine Lautsprecher. Die Hauptrolle spielte Jean-Claude Van Damme, die Handlung war klassisch: Böse-Männer-ermorden-Frau-des-Helden-und-Held-rächt-sich.
»Ihr Weißen seid stark«, sagte mein Nachbar, während Jean-Claude zuschlug. »Und schau dir diese Straßen an! Alle asphaltiert!«

Nach dem Film ging ich in die Trinkerhöhle nebenan. Das 52 war eine fensterlose Zelle. Aus dem Rekorder an der Autobatterie dröhnte Reggae, auf der Theke lagen zwei Bauhelme, daneben eine Packung Kondome zu hundert Stück – Marke *Prudence plus*. An der Wand hing ein Poster mit der Überschrift *The Living Domestic Animals* mit Pferd, Schaf, Kamel und so weiter. Mir fiel auf, dass das Schwein fehlte und dass es üblich war, seine Zigarette an der Wand auszudrücken.

Ich trank warmes Guinness aus der Dose und setzte mich an den einzigen Tisch. Vier kahl rasierte Afrikaner – vielleicht Catcher – mischten billigen Whisky mit warmem Bier, das sie aus Halbliterbechern tranken.

»Ich bin stärker als du«, schrie der eine mich an.

Sein Oberarm hatte den Umfang meines Brustkorbs. Die vier Catcher brüllten vor Lachen.

»Ich trinke Whisky, du nur Bier. Mein Whisky! Das ist Mais, purer Mais. Wenn du eine Frau nimmst, machst du es die ganze Nacht mit ihr.«

Wir saßen auf Autositzen. Die Federn quollen aus den Polstern. Der Barkeeper hinkte herüber und brachte eine neue Runde. An der Tür saß ein junger Mann ohne Beine in einem Pappkarton. Vor ihm stand ein Glas mit Wasser. Er lächelte mir zu.

»Wie geht's?«, grüßte ich.

»Sehr gut, Monsieur«, antwortete er und hob sein Glas. »Allah sei Dank! Es geht mir ausgezeichnet.«

Mékétérés Kontakte zu den Somono erwiesen sich als nützlich, denn Khalil, der Vater eines Schülers, fuhr flussabwärts nach Dialakoro, einem Marktflecken, der gelegentlich von Händlern aus Mali angelaufen wurde. Ich hoffte, dort eine Piroge zu finden, die mich über die Grenze brachte. Ich saß mit hochgekrempelter Hose im Bug und suchte die Sandbänke mit dem Fernglas nach Vögeln und die Ufer nach Dörfern ab, füllte mein Notizbuch und gefiel mir in der Rolle des Entdeckungsreisenden. Klangvolle Namen gingen mir durch den Kopf: Ibn Battuta, Leo Africanus, René Caillié, Mungo Park...

Ein Alter in gelbgrünem Boubou krabbelte auf allen vieren über die

Säcke und setzte sich zu mir. Seine Hände waren gepflegt, die Fingernägel exakt geschnitten. Seine Augen hatten die Farbe von Quecksilber. Er roch nach geschälten Orangen.

»Darf ich nach Ihrem Namen fragen?«, sagte er in gutem Französisch.

Ich stellte mich vor.

»Ibrahima Keita«, sagte er. »Mein Vater hat gegen die Deutschen gekämpft. Wir freuen uns, dass Sie mit uns reisen.«

Ibrahima brachte jede zweite Woche Reis und Mehl nach Dialakoro und lud Orangen und Schafe zurück nach Siguiri. Er öffnete seine abgewetzte Ledertasche und wickelte einen Räucherfisch aus einem Bündel Packpapier. Nach den Stunden in der prallen Sonne sah der Fisch nicht sehr appetitlich aus. Ich steuerte ein Stück Brot bei und überzeugte mich unauffällig davon, dass nirgendwo Maden krabbelten, dann aßen wir gemeinsam.

Die Frau, die uns am nächsten saß, eine schlanke Gestalt in einem lila Wickelkleid, nahm eine lila Plastikschale zur Hand, wusch ihre Zehen, trocknete sie an der Sonne und lackierte sie sorgfältig mit lila Nagellack. Dann öffnete sie ein lila Fläschchen, ließ ein paar Tropfen auf ihre Zunge rinnen, schluckte, murmelte etwas vor sich hin und verbeugte sich vor dem Fluss.

»Was hat das zu bedeuten?«, fragte ich Ibrahima, der die Szene ebenfalls beobachtet hatte.

»Sie kann nicht schwimmen«, sagte er und lächelte. »Das Wasser im Fläschchen schützt sie.«

»Ein Fetisch?«

»Allahs Wasser. Es schützt und heilt. Es bringt Kinder und Geld. Es kommt aus Kankan.«

Ich sah ihn fragend an.

»Kankan, die heilige Stadt, das moslemische Herz Guineas. Die Marabuts wählen Koranverse aus und schreiben sie auf kleine Holzplättchen. Sie sprechen ihre Formeln, waschen die Schrift wieder ab und vermischen Wasser mit Honig. Der Trank ist mächtig, sehr mächtig und sehr teuer.«

Am Nachmittag trieben wir völlig lautlos flussabwärts, als direkt vor uns eine große Schildkröte auftauchte. Ihr fast runder Panzer war auffallend flach und mit einer dicken Haut überzogen, welche die knochigen Umrisse deutlich überragte. Auf dem langen Hals saß ein verhältnismäßig kleiner Kopf, der in einer rüsselartigen Schnauze auslief. Die Schildkröte sah lustig aus, irgendwie verschnupft, und ich erwartete fast, dass sie gleich einen Ton von sich gab – ein leises Pfeifen oder ein Schnäuzen, doch sie blieb stumm auf dem Wasser liegen, und ich konnte deutlich die gut entwickelten Schwimmhäute an ihren paddelartigen Vorderfüßen sehen. Als sie uns bemerkte, ließ sie den Panzer unauffällig absinken, bis nur noch die lange Schnauze mit den fleischigen Lippen aus dem Wasser ragte, dann zog sie auch ihren Schnorchel ein und verschwand.

»Sehr wütende Tiere«, sagte Khalil, der hinter uns die Stake in den Fluss stieß; sein Körper erinnerte an ein Schaubild für menschliche Anatomie, an dem sich jeder Muskel einzeln abzeichnet. »Wir fangen diese Schildkröten mit dem Speer, doch man kann sie nicht leicht festhalten. Ihr Hals ist lang. Ihre Kiefer sind stark. Sie beißen deine Finger ab.«

Dann wechselte Khalil ins Malinke und erzählte eine sehr lange, sehr ernste Geschichte, die mit schmerzverzerrtem Gesicht und einem spitzen Schrei endete.

»Die Schildkröte sieht nicht sehr gut«, fasste Ibrahima zusammen. »Baden Sie deshalb niemals nackt im Fluss. Das Wasser ist trüb, Ihre Rute wedelt in der Strömung. Die Schildkröte schleicht sich an. Und schnapp!«

»Verstanden.«

Zwischen den Planken der Bordwand sickerten Wasserfäden wie Tränen über das Holz. Ein finkenartiger Vogel mit weißer Kehle flog vorüber und sang *Tiwu-Tiwu* – vielleicht ein Trauerschnäpper –, und von den Flussufern starrten uns Rinder an. Als der Gegenwind stärker wurde und Khalil sich mit aller Kraft gegen den Flussgrund stemmte, bat ich ihn um das Paddel, das im Heck lag. Der gleichmäßige Rhythmus, in dem ich das spatenförmige Holz eintauchte, die glucksenden Strudel und die silbernen Tropfen, die sich wie eine Perlenkette über das Wasser zogen – das alles hatte etwas Meditatives. Bald schmerzte jedoch mein Rücken; Schultern und Nacken versteiften sich, und an den Fingern bildeten sich brennende Blasen. Ich legte das Paddel wieder ins Heck und ging zurück auf meinen Platz.

»Ich schreibe ein wenig«, sagte ich zu Khalil.

»Ja, du musst alles aufschreiben«, sagte er verständnisvoll. »Du musst den Leuten sagen, wie schön unser Fluss ist.«

Wir erreichten Dialakoro kurz nach Mitternacht, und der alte Ibrahima brachte mich in einer Rundhütte unter. Ich ließ mich erschöpft auf die Strohmatratze fallen und spürte plötzlich ein heftiges Zucken im Bauch. Gleich darauf zogen sich meine Gedärme schmerzhaft zusammen. Ich griff nach Toilettenpapier und Taschenlampe und eilte über den Hof. Die Latrine bestand aus vier windschiefen Lehmwänden und war nicht größer als eine Telefonzelle. Es gab kein Fenster und kein Dach – auch keine Tür, die sich hätte schließen lassen. Ein kreisrundes Loch gähnte aus dem gestampften Boden und verströmte einen mörderischen Gestank.

Ich schob meine Hose über die Knie, ging in die Hocke und war froh, als ich wieder draußen war, doch ich erreichte meine Hütte nicht, denn kurz davor zogen sich meine Gedärme erneut zusammen, verknoteten sich, schwollen an, ab, wieder an. Ich machte kehrt, der Knoten, rannte, hockte über das Loch, hockte und beugte mich darüber, während meine Bedürfnisse immer schneller wechselten – so schnell, dass ich kaum mehr mithalten konnte. Hocke, Beuge, Hocke, Beuge, wieder Hocke. Die Situation ließ mich an eine gymnastische Übung denken, und sie dauerte die ganze Nacht.

Am folgenden Morgen fühlte ich mich schwach. Mir war übel. Ich stand nicht auf. Ibrahima kam vorbei, um nach mir zu sehen, brachte mir eine Schale Reis mit fettiger grüner Soße. Ihr Geruch trieb mir das Wasser in den Hals.

»Sie sind krank«, sagte Ibrahima und lächelte. »Das geht vorbei.«

Ich schlich leicht gekrümmt über den Hof. Frauen winkten von den Kochfeuern herüber. Ich hob die Hand und trottete weiter. Bei Tag war die Latrine noch weniger einladend als bei Nacht. Kakerlaken krabbelten ins Loch und gingen dicht unter dem Rand in Lauerstellung. Zahllose Füße hatten kleine Gruben in den Boden gescharrt. Unappetitliche Spritzer zogen scharenweise Fliegen an, auffallend große, seidengrün glänzende Fliegen.

Es war der Fisch, dachte ich, während sich mein Innerstes nach außen kehrte, oder die Sonne. Sicher nur ein harmloser Sonnenstich, nichts weiter. Ich presste und lachte, doch als ich wieder auf meiner Matratze lag, kam das Fieber. Ich troff vor Schweiß und fror. Die Glieder schmerzten, der Kopf dröhnte. Ich dachte an die Höhle im Kissi-Dorf. Der alte Mann mit dem aufgeplatzten Bauch. Hatte ich mich doch angesteckt? War die Inkubationszeit jetzt vorbei? Dann verwarf ich den Gedanken wieder. Die Symptome waren anders. Ich hatte keinen Ausschlag.

»Mein Lieblingspatient!«, fiepte plötzlich eine Stimme, und aus dem Zwielicht unter der Hüttendecke schwoll ein hinterhältiges Kichern an. »Hat er mir etwas Schönes mitgebracht?«

»Ich hoffe nicht«, hörte ich mich sagen. »Wie immer hoffe ich das nicht, Doktor Mungole.«

Ich mochte seinen Namen nicht. Ich mochte die Art nicht, wie er mit mir sprach. Und ihn selbst mochte ich auch nicht. Aber er war ein guter Tropenarzt. Die Berufserfahrung, die er in Liberia und Angola gesammelt hatte, war bemerkenswert, doch der Motor seines Erfolgs war ein anderer. Doktor Mungole war ein Sammler. Er sammelte die Krankheiten seiner Patienten wie ein Lepidopterologe Schmetterlinge sammelt. Er stöberte sie auf, unerbittlich, fing sie ein, bestimmte sie, stach ihnen eine Nadel durch den Leib und heftete sie in seinen Schaukasten – eine riesige Weltkarte unter Glas, die hinter dem Schreibtisch an der Wand hing und mit Hunderten verschiedenfarbig beschriebener Zettelchen versehen war, seinen Trophäen. Jede einzelne stand für eine exotische Krankheit, die er erbeutet hatte. Besonders stolz war er auf die roten – Krankheiten, die er selbst entdeckt und nach Gusto benannt hatte. Er sprach nie darüber, doch als er einmal aus dem Zimmer gerufen wurde, schlich ich mich hinüber und las einen der Namen: *Larva migrans cutanea mungolensis.*

Doktor Mungole beugte sich vom Hüttendach zu mir herunter, sein rundes, vernarbtes Gesicht mit der unerhört riesigen Nase bebte vor Erregung, seine Hände tasteten ungeduldig meinen Bauch ab.

»Eine simple Darmverstimmung können wir ausschließen«, sagte er glücklich. »Es könnte alles Mögliche sein: Salmonellen, Shigellen, Klebsiellen, Malaria tropica, Amöbenruhr, vielleicht sogar Cholera. Spannend! Sehr spannend! Eine Cholera hatte ich lange nicht mehr.«

Er schielte auf die Zettelchen auf der Weltkarte, und ich erkannte ein Flackern in seinen Augen.

»Wo Sie sich herumtreiben, gibt es Tausende von unbekannten Mikrobenarten – völlig unentdeckt, ohne Namen. Sie gehören zum Alltag, jeder trägt sie dort mit sich herum. Ihre Chance, groß herauszukommen, steht eins zu einer Million. Es ist unwahrscheinlicher als ein Lottogewinn, dass die Tierchen einen völlig verweichlichten Körper finden, einen Körper wie Ihren, mein Lieber.«

»Was genau ist es?«, drängte ich und krümmte mich vor Schmerz; meine Stimme klang trocken und brüchig.

»Ich muss die Proben erst einschicken. In einer Woche wissen wir mehr.«

»Und was soll ich bis dahin tun?«

»Wenn es die Cholera ist, fülle ich ein Zettelchen aus, ein gelbes. Ich stecke es auf den oberen Niger. Es ist das Einzige, was von Ihnen bleibt.«

Ich spürte, wie meine Hand genommen und sanft gestreichelt wurde. Ich öffnete langsam die Augen und sah in ein verschwommenes Gesicht. Es war nicht Doktor Mungoles Gesicht, es war das Gesicht einer weißen Frau, ein langes, mageres, trauriges weißes Gesicht, das zu lächeln versuchte. Eine Halluzination, sagte ich mir, du hast Durchfall und Fieber, aber du bist nicht verrückt, du weißt Bescheid, du liegst auf einer Strohmatratze in Dialakoro, einem entlegenen Dorf am Niger. Keine Straße, kein Strom, keine Apotheke – keine weiße Frau.

Als ich aufwachte, war ich schweißgebadet. Kein weißes Gesicht, gar kein Gesicht. Es ging mir schlecht. Ich stand auf und legte meine Halskrause an – irgendwie schien mir das angebracht. Dann rief ich einen Jungen herein. Mein Vorrat an Toilettenpapier ging zur Neige. Ich gab ihm Geld und erklärte ihm das Problem. Er nickte und verschwand. Ich kramte Imodium aus meinem Medizinbeutel, nahm es ein, löste Elektrolytsalz in abgekochtem Wasser. Es schmeckte schal, nach ranzigem Karitéöl und Rauch. Der Junge kam zurück. Ohne Toilettenpapier. In Dialakoro gab es keins. Absatzmangel. Die Menschen hier verfuhren nach der traditionellen Methode. Sie benützten die linke Hand und wuschen sie danach mit Wasser aus einem Plastikkännchen. Deshalb war die linke Hand tabu. Sie war schmutzig. Man reichte sie niemals jemandem zum Gruß. Man aß nicht mit ihr. Essen. Ich hatte seit Tagen nichts gegessen. Schon beim Gedanken daran wurde mir sterbensschlecht. Ich fühlte mich schwach, unendlich schwach, konnte mich kaum auf den Beinen halten. Hocke, Beuge, Hocke, Beuge, wieder Hocke. Meine Muskeln waren überfordert, völlig überfordert, zuckten, schmerzten, machten nicht mehr mit.

Am folgenden Morgen stand eine Holzbank auf der Latrine. Daneben lag ein Stapel alter Zeitungen. Ich zog die Bank über das Loch, setzte mich wie auf einen Donnerbalken, begann lustlos zu blättern. In London war ein nackter Mann in die Saint Andrew's Church gestürmt und hatte einem Kirchgänger mit einem Buschmesser die linke Hand abgeschlagen. Beim Wurstbraten in Mussorgskis *Boris Godunow* hatte sich die Darstellerin im Zürcher Opernhaus Brandverletzungen zugezogen. Tausend Angler trieben auf einer losgebrochenen Eisscholle auf dem Ladoga-See nordöstlich von Sankt Petersburg.

Die Holzbank war wirklich eine fabelhafte Idee, und ich überlegte, ob es nicht sinnvoller gewesen wäre, mein Lager gleich in der Latrine aufzuschlagen, doch ein neuer Darmknoten unterbrach den Gedanken. Ich spürte ein Brennen, dann das vertraute Plätschern. Ich wischte mir Tränen von den Wangen, las noch etwas weiter in den alten Zeitungen und schleppte mich dann wieder über den Hof. Die Frauen saßen noch immer am Kochfeuer. Lehm bröckelte von den Hüttenwänden. Kinder mit geblähten Bäuchen verscheuchten große, seidengrün glänzende Fliegen aus ihren Gesichtern. Ein Hund mit gelähmten Hinterläufen weidete eine zerzauste Ratte aus.

Ich legte mich auf meine Matratze, starrte an die Decke, zitterte. Meine Zähne klapperten. Ich wollte nach Hause, rechnete mir aus, wie lange das dauern würde: Warten auf eine Piroge (acht bis zehn Tage), Piroge bis zur Grenze (zwei Tage), per Buschtaxi weiter nach Bamako (zwei Tage), Rückflugticket organisieren (ein Tag), Wartezeit (drei bis vier Tage), Rückflug (ein Tag). Wie ich es auch drehte: Ich kam nie unter zwei Wochen. Wenn es die Cholera ist, dachte ich, kann dir auch kein Krankenhaus-Jet mehr helfen.

Ich tat mir Leid, unvorstellbar Leid. Ich würde hier auf der Strecke bleiben, in einem gottverlassenen Flussnest, in einer mörderisch stinkenden Latrine aus Lehm. Ich fand nicht, dass ich das verdient hatte. Mein Fetisch fiel mir plötzlich ein, das Fläschchen mit der Nabelschnur. Ich öffnete es. Gegen den Gestank in der Latrine roch sein Inhalt angenehm. Ich entkleidete mich, rieb mein Gesicht ein – Arme, Oberkörper, Bauch, die rechte Fußsohle mit der linken, die linke Fußsohle mit der rechten Hand. Als ich später aufwachte, war das Gesicht wieder da, das Gesicht der weißen Frau. Sie tupfte meine Stirn mit einem feuchten Tuch.

»Erinnern Sie sich an mich?«, sagte sie auf Englisch. »Ibrahima hat mich holen lassen. Sie erinnern sich doch an Ibrahima?«

»Ja«, röchelte ich.

»Haben Sie das Papier bekommen?«

»Ja.«

»Kein Toilettenpapier, aber besser als…«, sie machte eine Pause und bemühte sich zu lächeln. »Na, Sie wissen schon.«

»Ja.«

Wir schwiegen.

»Sind Sie echt?«, fragte ich die weiße Frau.

»Ja«, hauchte sie.

Ihr Name war Emily Carrey. Sie stammte aus Missouri. Sie war ein schlankes Mädchen – groß, mit schneeweißer Haut, voller Sommersprossen. Sie redete wie jemand, der schon lange Zeit nicht mehr seine eigene Sprache gesprochen hatte. Ihre leise, weiche Stimme tat mir gut.

»Ich arbeite für das Peace Corps«, flüsterte Emily und tupfte weiter meine Stirn. »Ich habe für zwei Jahre unterschrieben, wissen Sie, als Mathematiklehrerin, hier in Dialakoro. Eigentlich habe ich Wirtschaftswissenschaft studiert, aber, na ja… Sie werden sich fragen, wozu Dialakoro eine Mathematiklehrerin aus den Staaten braucht. Nun, die Lehrer hier wollen eben nicht aufs Land. Kein Komfort, keine Perspektiven. Ich muss zugeben, dass es nicht einfach ist. Die Leute wollen mich ständig verheiraten.«

Sie lachte.

»Mein Französisch ist auch nicht sehr gut, aber das alles ist eine wichtige Erfahrung. Und endlich habe ich Zeit, die Bücher zu lesen, die schon lange auf meiner Liste stehen.«

Sie tat mir Leid. Selbst in meiner winzigen Kammer wirkte sie verloren. Sie schälte mir eine Banane. Ihr zuliebe biss ich ein kleines Stück davon ab. Sie lobte mich. Dann schwieg sie und begann mit dem Oberkörper zu wippen. Ich nickte kurz ein. Als ich wieder aufwachte, hörte ich Emily neben mir murmeln. Ihre Hände waren gefaltet.

»Sie beten?«

»Für Sie.«

»So schlimm?«

»Ich komme morgen wieder.«

Ich sollte Emily nicht wiedersehen, konnte mich nicht einmal von ihr verabschieden, denn in dieser Nacht weckte mich Ibrahima.

»Eine große Piroge«, sagte er aufgeregt, und ich bemühte mich, wach zu bleiben. »Sie hat eben angelegt. Mit Treibstoff aus Mali. Morgen fährt sie zurück. Zwei Motoren, mein Freund. Zwei kräftige Motoren. Es kann Wochen dauern, bis so eine Gelegenheit wiederkommt.«

Wochen. Lieber auf dem Fluss sterben als kopfüber im Latrinenloch, dachte ich. Ibrahima holte mich vor Sonnenaufgang ab. Mein Kopf dröhnte, war bleischwer. Ich schlang mir die Halskrause um. An der Bootsrutsche stapelten sich Treibstofffässer. Männer in ölverschmierten Hosen beluden die Piroge mit Säcken und Kisten für die Rückfahrt nach Mali. Ich setzte mich auf den Frachtberg, die Außenbordmotoren sprangen an, das Boot erzitterte leicht und steuerte hinaus auf den Fluss. Ibrahima winkte mir nach. Dann ging die Sonne auf und tauchte die Hütten von Dialakoro in violettes Licht. Ich fühlte mich besser. Mein Kopf lag entspannt auf der Halskrause. Frottee und Sämischleder fühlten sich gut und vertraut an, und das monotone Surren der Motoren schien die Mikroben in meinem Darm auf geheime Weise zu besänftigen. Ich saß mitten unter Marktfrauen mit ihren Babys. Die Geräuschkulisse erinnerte an eine Entbindungsstation. Niemand sprach Französisch. Die Frauen lächelten und dufteten nach dem Rauch der Kochfeuer; sie saßen auf den Stufen des kleinen Aufbaus, der Motoren und Batterien überdachte –

nach oben gestaffelt, wie auf einer Tribüne. Hennabemalte Füße baumelten über meinem Kopf. Unter den Zehennägeln klebte getrockneter, ockerfarbener Uferschlamm.

Direkt vor mir leuchtete ein auffallend heller Rücken. Drei geflochtene Zöpfe hingen über den schlanken Nacken der Frau. Sie trug tropfenförmige Ohrringe und ein Goldkettchen mit gelötetem Verschluss und unterhielt die Mitreisenden mit Geschichten, die sie mit sinnlicher Stimme erzählte. Ich konnte sie nicht verstehen. Vielleicht hätte ich deshalb so gerne ihr Gesicht gesehen, doch sie drehte sich nicht um.

Die Sonne brannte. Die Frauen weichten Brotstücke im Fluss auf und fütterten ihre Babys damit. Sie lachten, als ich aus meiner Wasserflasche trank. Meine Nachbarin, eine ältere Frau in einem farbenfrohen Boubou – mintgrüne Blumen, himmelblaue Blätter auf rosarotem Grund –, bot mir gekochte Süßkartoffeln an. Ich aß eine davon, sie schmeckte gut. Fast fühlte ich so etwas wie Appetit, doch im selben Augenblick erschreckte mich ein Zucken im Bauch. Ich beschloss, es zu ignorieren, und es verflüchtigte sich wieder.

Die Frau vor mir beendete ihre Erzählung, und alle applaudierten. Einen Moment lang hoffte ich, sie würde sich umdrehen, doch sie strich nur mit der Hand über ihre Schulterblätter. Ihre Fingerspitzen waren in Henna getunkt. Sie zog die Hand wieder nach vorne und schaltete ihr Radio ein, einen französischsprachigen Sender, der die Musik gerade für die Nachrichten unterbrach. Ich schien der Einzige an Bord, der sie verstehen konnte. Der Sprecher meldete schwere Zwischenfälle an der Grenze zu Sierra Leone. Die guineische Armee, hieß es, habe in der Region gegen Rebellen vorgehen wollen und dabei versehentlich eigene Dörfer bombardiert. Hunderte von Toten. In der Präfektur Faranah hatten die Rebellen zurückgeschlagen. Mehrere Dörfer seien überfallen und niedergebrannt worden, sagte der Sprecher und nannte einige Namen. Bakando war nicht darunter. Ich atmete gerade erleichtert auf, als es plötzlich wieder in meinem Bauch zuckte. Meine Gedärme blähten sich abwechselnd auf und schnürten sich zusammen. Ich krümmte mich, stöhnte wie nach einem Faustschlag in die Magengrube. Konzentration war zwecklos. Es gab keine Toilette an Bord, und an einen Landgang war nicht zu denken. Der Knoten wurde größer, mein Bauch brannte, blies sich auf wie ein Heißluftballon. Ich kniff den bewussten Muskel zusammen, verzweifelt, zupfte die Frau neben mir am Ärmel und versuchte, ihr mein Problem zu erklären. Sie lächelte. Sie verstand nicht. Mir wurde schwindlig. Kalter Schweiß.

»Toilette!«, flüsterte ich. »Toilette! Toilette!«

Wir tauschten die Plätze, und ich hängte mich rücklings über die Bordwand. Die Frauen starrten mich an. Die Kinder starrten mich an. Ich konnte nicht mehr, zog die Hose über die Knie. Die Piroge neigte sich kaum merklich zur Seite. Ich spürte die Gischt auf meinem Hintern. Dann entlud ich mich in den Niger.

Die Frauen wendeten sich angewidert ab und zogen ihre Tücher vor Mund und Nase. Meine Arme zitterten. Die pinkfarbene Halskrause schnürte mir den Atem ab, staute das Blut in meinem Kopf. Er pochte heftig. Ich wollte mich gerade wieder an Bord ziehen, als die Geschichtenerzählerin sich umdrehte. Sie war jung und hübsch. Feine Fältchen spannten sich über ihren Nasenrücken. Zwei Schmucknarben zierten ihre Schläfen. Sie sah mir direkt in die Augen und schenkte mir ein strahlendes Lächeln.

SAHEL

I

Vielleicht hatte Doktor Switha Diabaté, die Amtsärztin der deutschen Botschaft in Bamako, es noch nie bemerkt, doch ihre Behandlungsräume lagen direkt neben dem Leichenschauhaus. Sie hörte sich geduldig meine Geschichte an und drückte ihre goldgerahmte Brille gegen die Nasenwurzel.

»Mein Gott, was sich Leute alles antun!«, sagte sie schließlich.

Die vorangegangenen Tage auf dem Fluss hatten mich vollends ausgelaugt. Ich konnte mich kaum mehr auf dem Stuhl halten. Mein Gesicht war eingefallen. Hemd und Hose hingen schlapp am Körper. Mein Kopf wog schwer. Ich war todmüde. Ich hatte Fieber. Ich fror.

»Mein Gott!«, sagte Doktor Diabaté wieder, während ihr Kugelschreiber über die Formulare für die bevorstehenden Untersuchungen glitt. »Wie bewegen Sie sich da draußen fort? Was essen Sie? Wo schlafen Sie? Und alleine? Ich meine, was ist, wenn Ihnen etwas zustößt? Niemand kann Ihnen helfen.« Mir wurde schwindlig.

»Vergangenes Jahr hatten wir einen Deutschen hier. Er machte eine Radtour vom Bodensee ans Kap der Guten Hoffnung. Er hatte eine schwere Malaria, und ich musste fünf Blutkonserven aus Deutschland einfliegen lassen. Wenn er nicht zufällig in Bamako gewesen wäre…«

»Wie lange sind Sie schon in Mali?«, röchelte ich.

»Verstehe«, sagte sie kopfschüttelnd. »Wechseln wir also das Thema. Ich bin seit 28 Jahren hier. Als mein Mann starb, war gerade die Sache mit der Mauer. Meine Familie lebt in Leipzig, und wenn Deutschland noch geteilt gewesen wäre, vielleicht wäre ich dann zurückgegangen. Aber so? Man kann überall leben.«

»Ja«, sagte ich und dachte: Sterben, sterben kann man auch überall.

Ich folgte dem Laufburschen durch ein Labyrinth aus aufgebrochenen Straßen, die kreuz und quer durch das weitläufige Areal des *Hôpital National du Point G* führten. (»Nur im äußersten Notfall!«, empfahl mein Reiseführer.) In trockenen Beeten vegetierten kümmerliche Pflanzen vor sich hin, belagert von Zigarettenschachteln, Plastikfetzen und rostigen Konservendosen. Hinter der Radiologie brannten Männer eine Grasfläche nieder. Sie trugen Mundschutz. Der Rauch zog zu den Hospitalblöcken, wo Patienten in zerschlissenen Boubous auf wabenartigen Terrassen saßen und husteten. Mir fiel der Spitzname des Hospitals wieder ein. In Bamako nannte man es »Einbahnstraße«.

Der Laufbursche trug einen grünen Arbeitskittel und ein dickes Pflaster auf der linken Wange. Bei jedem Schritt klatschten die Badeschlappen an seine Fußsohlen. Ich ging gekrümmt und erbrach mich zweimal. Wir kamen an einem kolonialen Wasserturm mit vier hohen Bogenfenstern vorbei, der sich nach oben hin leicht verjüngte. Er sah aus wie ein zoroastrischer Grabturm.

Das Zimmer, in dem die erste Blutabnahme erfolgte, erinnerte mich an ein Schullabor. Auf den Tischen standen kleine Mikroskope, Reagenzgläser hingen in ihren Vorrichtungen, neben einer Tafel lehnte ein Zeigestock. Auf das Leintuch vor der Tür war vor langer Zeit ein Wort geschrieben worden, das jetzt verwaschen war und mit dem Kopf nach unten hing. Ein Pullo mit schmalem Gesicht und traurigen Augen desinfizierte die Kuppe meines Zeigefingers, und als er mich mit dem Metallmesserchen pikte, entzifferte ich das Wort. Es hieß *contagieux* – ansteckend.

»Fünfhundert Francs!«, sagte der Pullo und drückte mein Blut auf ein Glasblättchen; ich zog den abgegriffenen Schein aus der Tasche und folgte dem Laufburschen hinaus in den Hof.

Das Hospital lag hoch über Bamako. Von oben wirkte die Stadt wie ein Wald, aus dem weiße und rötliche Felsen leuchteten. Der Niger zog sich als silbernes Band unter zwei Brücken hindurch und verschwand im Morgendunst.

»Was sind das für Buden dort?«, brachte ich heraus und zeigte auf die

Wellblechhütten und Bretterverschläge vor dem Krankenhausportal, wo Frauen in schweren Soßen rührten, fette Maiskuchen frittierten und Innereien brieten.

»Die Patienten sind zu krank, um in die Stadt zu fahren«, sagte der Junge. »Sie kaufen ihr Essen bei den Frauen. Ein gutes Geschäft.«

Im nächsten Warteraum saßen ein hagerer Tuareg mit indigoblauem Tagelmoust, ein Schwarzer, der sich ständig über die rechte Fußsohle strich, und ein libanesischer Junge mit unruhigem Blick. Er hatte einen kreisrunden Pilz auf der Stirn. An der bröckelnden Wand hing ein Plakat vom Fünften Kongress der Gesellschaft für Mikrobiologie. Als ich an der Reihe war, band mir ein griesgrämiger Mann mit der Routine eines Automechanikers, der einen Keilriemen aufzieht, ein Band um den rechten Arm. Ich gab ihm Nadel und Ampulle – Doktor Diabaté war so freundlich gewesen –, er riss die Verpackung auf und nahm wortlos mein Blut.

»Ihren Stuhlgang!«, befahl er.

Ich gab ihm das weiße Plastikdöschen mit dem roten Deckel.

»Dreitausend Francs!«

Ich bezahlte und ging.

In Bamako mietete ich mich im *Les Cèdres* ein, einem kleinen libanesischen Hotel im Stadtteil Darsalam. Monsieur George, der Besitzer, war ein etwas untersetzter Mann mit Halbglatze. Er stammte aus Zaarta, einem Dorf im Libanongebirge, nicht weit von den letzten Zedern, die noch von den berühmten Wäldern der Antike übrig waren.

»Wir Libanesen sind saubere Leute«, sagte er, als er mir das Zimmer zeigte.

»Ich weiß«, brachte ich hervor.

»Ah, Sie kennen den Libanon. Gut, sehr gut. Sicher kennen Sie auch mein Haus. Es steht in Ehden, am Ortsausgang Richtung Bcharré, gleich neben der Marienstatue. Es ist weiß, riesig und weiß wie ein kühler Traum. Erinnern Sie sich an mein Haus?«

Ich schob ihn durch die weiße Tür hinaus und ließ mich auf die weißen Laken fallen. Mein Blick schweifte müde durch das Zimmer: Die Fensterrahmen waren weiß, der Schrank war weiß, der Kleiderständer, der Plastikstuhl, der Ventilator – alles weiß, weiße Bodenfliesen, weiß gekacheltes Badezimmer mit einem weißen Waschbecken und einer glänzenden, duftenden weißen Kloschüssel.

Ich schloss die Augen. Das gleichmäßige Surren des Ventilators klang wie das ferne Rauschen eines Gebirgsbachs. Ich tauchte in sein Wasser ein – kühles Wasser, das auf meiner Stirn perlte und mich davontrug. Die Strudel wirbelten mich herum, und alles drehte sich, verschneite Bergrücken, geziegelte Kirchenkuppeln, Zedern mit weit ausladenden Kronen – alles drehte sich, drehte sich, und mein Magen zog sich zusammen, blies sich auf, und plötzlich war der Himmel weiß. Ich war nicht sicher, ob er sich noch immer drehte; er war weiß, einfach nur weiß, bis ich das Loch bemerkte, genau über mir, ein grelles, blendendes Loch, und erst als ich die Augen zusammenkniff und den unangenehmen, chemischen Geruch wahrnahm, sah ich das Gesicht. Es war Doktor Diabatés Gesicht. Sie lächelte.

»Keine Angst, gleich haben Sie es überstanden«, sagte sie.

Sie trug ein buntes Wickelkleid mit mintgrünen Blumen und himmelblauen Blättern auf rosarotem Grund. Ich sah an meinem Körper hinunter. Ich war nackt, mein Bauch war so dick wie ein Sitzball. Meine Beine lagen auf zwei Schienen, nach oben gespreizt, und mein Bauch wurde immer dicker, schmerzhafter, quälender. Etwas trat von innen dagegen.

»Pressen!«, hörte ich Doktor Diabaté rufen. »Pressen! Pressen!« Und ich presste und schrie vor Schmerz und presste. Plötzlich ging ein Ruck durch meinen Körper, und ich fühlte eine ungeheure Erleichterung. Ich starrte Doktor Diabaté an und glaubte zu erröten. Gleich wendet sie sich ab, dachte ich, gleich zieht sie angewidert ihr Tuch vor Mund und Nase. Doch Doktor Diabaté wischte sich nur die Schweißperlen von der Oberlippe.

»Fein haben Sie das gemacht!«, lobte sie mich. »Und jetzt schneiden wir das schön sauber ab. Wir wollen doch nicht, dass das Töchterchen vom Herrn Professor einen hässlichen Bauchnabel kriegt!« Einen Augenblick später legte sie etwas auf meinen Bauch, etwas Klatschnasses, das schwer atmete – warm, schlank, groß, mit schneeweißer Haut und Sommersprossen. Ich erkannte sie sofort. Es war Emily – Emily Carrey, die Mathematiklehrerin aus Dialakoro.

Zwei Tage nach meinen Untersuchungen im Hospital kam Doktor Diabaté zu einem Hausbesuch ins Hotel.
»Wie lange können Sie in Bamako bleiben?«, fragte sie ernst und zog den Befund aus ihrer Handtasche.
»Solange es nötig ist«, antwortete ich ängstlich. »Was ist es denn?«
»Amöbenruhr«, sagte sie nüchtern. »Noch eine Woche im Busch, und Sie hätten Ihre Reise dort beendet.«
»Ich hätte Mopti und Timbuktu nie gesehen«, sagte ich bestürzt. »Und Nigeria...«
»Trinken Sie viel, aber nichts Kaltes, keine Kohlensäure, kein Alkohol. Wenn Sie bald wieder auf Ihrem Fluss sein wollen, sollten Sie sich eine Woche von trockenem Reis und Bananen ernähren.«
Sie legte einen Stapel Medikamente auf den Nachttisch und gab mir zum Abschied eine zerknitterte Broschüre mit dem charmanten Titel *Reisedurchfälle*. Sie enthielt auch ein Kapitel über die mikroskopisch kleinen Nacktamöben, die jetzt millionenfach mit Hilfe ihrer Scheinfüßchen durch die Windungen meines Darmtraktes krochen und sich fleißig zweiteilten. Ich konnte ihre Zysten über verseuchtes Trinkwasser oder verunreinigte Nahrung aufgenommen haben, oder eine seidengrün schimmernde Fliege hatte mich damit befruchtet. Aus irgendeinem Grund stellte ich mir die Nacktamöbe wie eine durchsichtige Kellerassel vor, doch die Abbildung zeigte etwas, das eher an Vogelkot erinnerte, der aus großer Höhe auf eine Glasplatte klatscht – ein gallertartiger Klecks ohne erkennbares Vorder- oder Hinterteil.
Die Tage im *Les Cèdres* schlichen dahin. Tagsüber lag ich im Bett und starrte an die Decke, abends saß ich auf der Terrasse und schwelgte mit Monsieur George in Erinnerungen an den Libanon.
»Mein Haus!«, begann er wieder. »Erinnern Sie sich jetzt daran? Das schönste Haus in Ehden, wirklich ein Traum. Erinnern Sie sich?«
»Sicher, ja, natürlich«, sagte ich, um das Thema aus der Welt zu schaffen, und in gewisser Weise sah ich es tatsächlich vor mir; es war einer der protzigen Bauten, mit denen Exillibanesen und reiche Küstenbewohner – meist Christen – die Hänge des Libanon bis ins entlegenste Dorf verbaut hatten. »Weiß getüncht, nicht wahr?«, orakelte ich. »Säulen, mehrere Garagen, gekieste Hofeinfahrt?«

»Genau, genau!«, rief Monsieur George aufgeregt. »Das ist mein Haus, mein Haus in Ehden.«

Er selbst war seit zwei Jahrzehnten nicht mehr dort gewesen, denn er gehörte zu den zahllosen Libanesen, die ihr Land vor zwei bis drei Generationen aus wirtschaftlichen Gründen verlassen hatten und heute den westafrikanischen Handel kontrollierten. In Bamako besaßen sie Restaurants, Kaufhäuser, Hotels und Eiscafés.

»Die Neger hassen uns«, sagte Monsieur George. »Doch insgeheim bewundern sie uns, denn wir geben ihnen Arbeit. Man muss sie hart rannehmen, sonst rauben sie einen aus. Aber meine Neger sind gut erzogen. Sie sollten einmal unser *shawarma* probieren, wie zu Hause.«

»Ihre ›Neger‹ machen das sicher ausgezeichnet«, sagte ich und spürte, wie sich meine Gedärme zusammenzogen und sich schmerzhafte Gasblasen bildeten. Ich verabschiedete mich und suchte mein Zimmer auf.

Meinen ersten Ausflug aus dem Hotel machte ich gut zwei Wochen später. Bamako war ein Wespennest voller Abgase, der Lärm in den Straßen ohrenbetäubend. Die Menschen lachten selten, fast so selten wie in europäischen Großstädten. Sie wirkten gereizt, trugen Mundschutz, husteten und rieben sich die Augen. Ihrem Blick fehlte die Ruhe der Leute vom Fluss, sie waren ständig auf der Hut – vor rasenden Autos, vor Dieben, Betrügern und korrupten Polizisten. Bamako zerrieb seine Bewohner. Es machte sie müde, krank, gleichgültig.

An einer Kreuzung, direkt neben einem Zeitungsstand hockte ein Alter neben einem Stuhl mit rotem Bezug. Ich nahm Platz. Das Leder war zerschlissen, und das beschädigte Polster drückte ungleichmäßig durch meine Hose. Sonst war der Stuhl sehr bequem.

»Oui?«, sagte der Mann und sah mich verunsichert an.

»Schneiden, bitte.«

»Womit?«, fragte er und hielt mir eine elektrische Haarschneidemaschine und ein massives Rasiermesser hin.

»In dieser Reihenfolge.«

Der Friseur nickte, wickelte einen Draht um die Autobatterie zu seinen Füßen, und die Schermaschine begann aufgeregt zu schnattern. Er machte sich nicht erst die Mühe, meinen langen Zopf abzuschneiden, sondern nahm meinen Kopf wie ein Scherer das Schaf und fuhr

Bahn für Bahn von vorne nach hinten. Die Maschine vibrierte auf meiner Kopfhaut, und durch das Hemd hindurch spürte ich, wie der Zopf einer schweren Mütze gleich über meinen Rücken glitt. Der Friseur klemmte den Draht von der Batterie ab und schärfte das Messer. Passanten blieben stehen und reckten die Hälse, und der Friseur blühte auf. Er strahlte und pfiff ein Lied. Ich fühlte mich plötzlich auf den Montmartre versetzt – ich saß einem Karikaturisten Modell, der um mich herumtänzelte und flink über meine Kopfhaut schraffierte. Die Leute hinter ihm verfolgten neugierig das entstehende Bild. Einige hielten sich die Hand vor den Mund und lachten.

»Sehr gut!«, rief der Friseur schließlich, legte das Messer beiseite und rieb meinen Kopf mit einem Lappen ab; dann zeigte er auf den gewaltigen Haarberg am Boden, breitete seine Arme aus und verbeugte sich. Die Passanten jubelten. Ich blickte in den Handspiegel und sah ein Ei, ein poliertes Ei mit Ohren, etwas schrumpelig von der Ruhr, unten flussgebräunt, oben schneeweiß. Es sah großartig aus.

Ich bezahlte, und als ich mich aus dem Stuhl erhob, fielen mir die Worte des Fetischeurs von Faranah wieder ein.

»Lassen Sie niemals etwas von sich zurück!«, hatte er mir geraten. »Keinen Gegenstand, kein Kleidungsstück, nicht einmal ein Haar!«

Ich bat den Friseur, meinen Pelz einzupacken. Er nickte weise, fegte ihn zusammen und stopfte ihn in eine Plastiktüte. Dann ging ich die Straße hinunter und genoss die Morgenluft an meinem nackten Kopf. An einer Ecke verbrannten zwei Männer Abfälle. Ich warf die Haare ins Feuer und sah zu, wie die Flammen sie auffraßen.

2

Sie haben eine angenehme Stimme«, sagte Albakaye Kounta am Telefon. »Warum kommen Sie nicht gleich vorbei?«

Ich hatte eins seiner Gedichte gelesen und wollte ihn unbedingt treffen. Er wohnte im äußersten Osten Bamakos. Der Fahrer, ein bärtiger Mann mit Turban, raste die Ausfallstraße hinaus, im Zickzack durch den chaotischen Verkehr, vorbei an Gemüsegärten, Obstpyramiden und Restaurants mit libanesischen Städtenamen, an französischen Betten aus Mahagoni und Benzin in Literflaschen. Brennender Abfall, Betonskelette, lautes Hupen. Wir bogen links ab, dann rechts und hielten in einer ruhigen Seitenstraße, in der Palmen wedelten und Bougainvilleen blühten. Hübsche Häuser versteckten sich in großzügigen Gärten.

Albakaye Kounta lag auf dem Rücken am Boden seines Büros und streckte Rumpf und Beine senkrecht in die Höhe. Der hellblaue Boubou war bis an die Waden heruntergerutscht. Er trug Trekkingsandalen von Nike.

»Yoga«, sagte er und ließ sich langsam herunter.

»Ardha Sarvangasana«, sagte ich, und Kounta lächelte gewinnend.

Er war Eigentümer einer Baufirma, was ihn jedoch nicht davon abhielt, Gedichte, Kinderbücher und Romane zu schreiben und Erzählungen aus dem Bambara und dem Songhay ins Französische zu übersetzen. An den Wänden seines Büros hingen Fotos von Baustellen neben literarischen Preisen und einem ägyptischen Papyrus. Auf dem Schreibtisch standen zwei Kinderzeichnungen – Elefanten, Giraffen – und ein Michael-Jackson-Kalender.

»Ich bin in Timbuktu geboren, direkt am Niger«, sagte Kounta zurückhaltend, setzte sich in seinen Arbeitsstuhl und sah aus dem Fenster. »Der Fluss ist das Vehikel unserer Kultur, eine Goldmine. Für welchen seiner Schätze interessieren Sie sich?«

»Für sein Fließen«, sagte ich, ohne zu zögern. »Und für die Innere Welt.«

Meine Antwort schien ihm zu gefallen, denn er gab seine Zurückhaltung schnell auf. Wir unterhielten uns über die afrikanische Ausprägung des Sufismus, Subunternehmertum im malischen Baugewerbe, neoafrikanische Literatur, Algerien, die westliche Konsumgesellschaft – »Wohin rennen all diese Leute?« –, das französische Klonungsverbot, Kindersklaverei, die Weltbank, BSE – »Ich habe ein Gedicht darüber geschrieben« –, seine handwerkliche Inkompetenz, meine handwerkliche Inkompetenz, Amadou Hampâté Bâ, das Meer und seine philosophische Dimension –

»Leider werde ich seekrank, eine schlimme Sache« –, interkulturelle Flirts, die neue Art, die Heimat zu sehen, nachdem man längere Zeit verreist war, Rodin, Ensor, Vollmondnächte im Allgäu – Kounta war dort gewesen –, und ganz zuletzt sprachen wir über Teller.

»Ist Ihnen schon einmal aufgefallen, dass deutsche Teller größer sind als französische?«, fragte Kounta.

Ich sah ihn überrascht an.

»Für mich sagt das sehr viel aus.«

Die Sekretärin streckte den Kopf zur Tür herein.

»Da sind zwei Unternehmer, die Sie dringend sprechen wollen«, sagte sie und zuckte mit den Schultern.

»Ich werde sie empfangen müssen«, bedauerte Kounta. »Diese Leute lassen sich nicht abwimmeln. Tun Sie einfach so, als würden Sie für mich arbeiten.«

Ein schmächtiger Mann in Nadelstreifenanzug und ein wuchtiger Riese in goldfarbenem Boubou betraten den Raum. Sie klammerten sich an ihre Aktenkoffer und Handys und wollten für Kounta in der Ausführung arbeiten. Sie legten Projektunterlagen, Referenzen und eine kleine Fotomappe vor.

»Wir haben ein sehr gutes Team«, brummte der Riese.

Der Schmächtige schnitt ihm jedoch das Wort ab und begann mit einem einstudierten, näselnden Singsang, zu dem die rote Krawatte im Takt pendelte:

»Wir machen Einfamilienhäuser. Wir machen Mehrfamilienhäuser. Wir machen Bürogebäude, Fabrikgebäude, Lagerhallen. Wir sind Experten, Messieurs. Wir sind gut. Wir sind schnell. Wir sind nicht zu teuer.«

»Und wissen Sie, was ich bin?«, fragte Kounta butterweich.

Die beiden sahen sich ratlos an.

»Ich bin Poet«, brüllte Kounta. »Ich schreibe Gedichte.«

Er zog einen Stapel Veröffentlichungen aus der Schublade und knallte sie vor den verblüfften Bauunternehmern auf den Tisch. Sie erhoben sich und verließen fluchtartig das Büro.

»Das müssen Sie sich anhören«, sagte Kounta, als wären wir nie unterbrochen worden.

Er legte eine Kassette ein, der Rekorder orgelte kurz, bis er seine Laufgeschwindigkeit erreichte, dann erklang das monotone Stakkato einer *n'diarka*[11]. Sie wurde von einer gezupften Gitarre begleitet, die immerzu die gleichen Triolen wiederholte. Dazu intonierte ein Mann mit schriller Stimme einen rasenden Sprechgesang – fremd, eindringlich, fast hypnotisch. Ich bekam eine Gänsehaut, und als Kounta das Band stoppte, schwang die Musik noch eine Weile im Raum nach. »Ist das nicht faszinierend!«, sagte er. »Die Geister des Flusses. Sie leben in diesen Klängen.«

»Woher stammen sie?«, fragte ich benommen.

»Der Sänger hieß Malaman Tinidirma, ein Songhay-Bozo aus der Gegend von Timbuktu. Er lebt nicht mehr. Ich habe einen Teil seiner Erzählungen ins Französische übersetzt.«

»Und worüber singt er in diesem Lied?«

»Vom uralten Streit zwischen den Fulbe und den Bozo. Die Fulbe sind Hirten, die Bozo Fischer. Deshalb kommt es zu Konflikten. Der Bozo schleudert seine Harpune auf den Pullo, doch dieser ist unverletzbar. Bei uns ist der Pullo für sein ausgeprägtes Schamgefühl bekannt, und so ändert der Bozo seine Strategie. Er reißt ihm mit der Harpune ein Kleidungsstück nach dem anderen vom Leib. Der Pullo reitet nackt nach Hause, und seine Frau tadelt ihn, ob er sich nicht schäme. Doch der Pullo sagt nur, es wäre schlimmer gewesen, wenn das ihrem Vater passiert wäre.«

Kounta bog sich vor Lachen.

»Die Pointe, natürlich«, murmelte ich, ohne den Witz verstanden zu haben.

»Ich fragte Tinidirma damals nach der Herkunft seiner unglaublichen Geschichten«, fuhr Kounta fort, nachdem er sich wieder beruhigt hatte. »Und der Griot vertraute mir sein Geheimnis an. In seiner Jugend war er von einem Geist auf den Grund des Flusses gezogen worden und hatte dort mehrere Jahre gelebt. Die Geister selbst haben ihm die Geschichten erzählt.«

»Glauben Sie das?«

»In meiner Kindheit habe ich einige Leute gekannt, die behaupteten, mit den Flussgeistern gelebt zu haben. Einer davon war Bäcker in Timbuktu.«

[11] westafrikanische Violine

167

»Und welche Gabe hat er von den Geistern erhalten?«
»Keiner konnte so gutes Brot backen wie er.«
Wir lachten.
»Nein, im Ernst, wenn Sie die Innere Welt des Flusses fasziniert, gibt
es eine Kultgemeinschaft, die Sie interessieren wird. Ihre Anhänger
verehren die Flussgeister in nächtlichen Ritualen. Sie tragen weiße
Gewänder und weiße Mützen. Sie spielen Tamtam. Ich habe keinen
Kontakt zu ihnen. Aber ich bin sicher, dass Sie diese Leute flussab-
wärts finden werden.«
»Und wonach soll ich fragen?«
»Nach dem Flussgeist, dem sie opfern«, sagte Kounta. »Sein Name
ist Faro.«

Die Aussicht, bald wieder auf dem Niger zu reisen, ließ mich meine
restlichen Pläne für Bamako vergessen. Ich beschloss, die Stadt so
schnell wie möglich zu verlassen. Am Abend nahm ich meine Rücken-
gymnastik wieder auf, und am folgenden Morgen traf ich die Vorbereitungen für meine Weiterreise. Ich verabschiedete mich von Doktor
Diabaté – »Sie sind schlimmer als ein Zugvogel« –, besorgte mir ein
Empfehlungsschreiben im Ministerium für Kommunikation und eins
in der Nationaldirektion für Kunst und Kultur, brachte ein paar Briefe
zur Post und kaufte zwei neue Notizbücher. Danach ging ich zur Ein-
wanderungsbehörde, um mein Visum auf drei Monate zu verlängern.
Bei Bamako war die Schifffahrt auf dem Niger unterbrochen und
wurde erst fünfzig Kilometer flussabwärts in Koulikoro wieder aufgenommen. Man hatte mir gesagt, dass ich das Naturphänomen, das
für diesen Umstand verantwortlich war, am besten von der Terrasse
des *Lagon* bewundern könnte.
Ich war der einzige Gast unter dem grasgedeckten Dach des Restaurants. Aus dem tiefgrünen Wasser eines schmalen Flussarms schimmerte der Grund. Ein Fischer legte sein Netz aus, und die glatt
gebügelte Wasseroberfläche erzitterte kurz, als er sein Paddel eintauchte. Ein Stück weiter verästelte sich der Arm in mehrere kleine
Wasserläufe, die zwischen den Felsen verschwanden; dahinter lag
eine mit Mangobäumen und Platanen bewachsene Insel. Eine Landschaft wie aus einem Abenteuerfilm. Doch wo war der Niger?

Ein Mann in Trainingshose und Gummistiefeln kam vom Ufer her-
auf, wo er mit ein paar Helfern ein Floß zu Wasser gelassen hatte. Er
hieß Raoul Céleste und war der Besitzer des *Lagon*.
»Kann ich etwas für Sie tun?«, fragte er und wischte sich die schmut-
zigen Hände an der Hose ab.
»Ich suche den Fluss«, sagte ich halb ernst.
»Die meisten Besucher geben sich mit diesem Arm hier zufrieden.
Aber ich sehe schon, Sie wollen es genauer wissen.«
Ich erklärte, dass ich unbedingt das Hindernis sehen wolle, das einen
Strom wie den Niger das ganze Jahr über unpassierbar macht, und
erzählte Céleste von meiner Reise.
»Noch ein Spinner«, rief er. »Ich mag Spinner, Monsieur. Sie kom-
men auf meine Liste. Jetzt sind wir schon zwei.«
Er hatte Wirtschaftswissenschaft studiert und mit erstklassigem
Diplom abgeschlossen, wie er betonte. Seine Kommilitonen trugen
nun Krawatten, saßen hinter massiven Schreibtischen und verdienten
eine Menge Geld, und er, Céleste, grub hier draußen den Busch um
und züchtete Gazellen.
»Sie nennen mich einen Broussard[12]«, höhnte er. »Sie sagen: ›Sieh
dich an! Deine Hände sind zerrissen, und unter deinen Fingernägeln
klebt Gazellenscheiße.‹«
Er musterte mich aufmerksam.
»›Und ihr fahrt ein großes Auto‹, sage ich dann zu ihnen, ›ihr tragt
teure Klamotten, eure Frauen riechen gut, aber ihr steckt in der
Klemme. Das Geld zwängt euch ein. Es würgt euch. Ihr seid steif
wie Baumstämme, ihr kommt nicht vom Fleck, ihr kauft euch ein
Haus in Bamako, doch wenn ihr morgens aufsteht, spuckt ihr
schwarzen Schleim, und wenn ihr schlafen geht, tränen eure Augen.
Bamako stinkt und qualmt. Bamako ist kriminell. Keine zwei Tage
halte ich es dort aus. Dann schon lieber Gazellenscheiße unter den
Nägeln.‹«
Céleste hatte die Insel auf 99 Jahre gepachtet und brachte Besucher
aus der Stadt mit dem Floß hinüber zu seinen Hirschkühen, Pelika-
nen und Marabus, zu den Mufflons aus dem Aïr und den Dorkas-

---

[12] abwertend: Mensch, der im Busch lebt

Gazellen aus der Ténéré. Am Rand des Gartens schlummerten Eulen in einer Voliere, und im Terrarium schlief ein Python.

»Ich mag Tiere«, sagte Céleste. »Sie halten die Schnauze.«

Ein Eisvogel schoss ins Wasser und kämpfte sich mit seinem zappelnden Fang in die Luft. Als er zwei, drei Meter aufgestiegen war, verlor er den Fisch wieder, und er klatschte ins Wasser zurück.

»Kommen Sie, mein Freund«, sagte Céleste. »Machen wir eine Spritztour. Ich zeige Ihnen, was es mit dem Fluss auf sich hat.«

Wir stiegen in einen Pick-up ohne Scheiben. Bis auf die Sitze und das Lenkrad war die Innenausstattung ausgeschlachtet. Céleste schien nichts für Straßen und Pisten übrig zu haben. Er holperte querfeldein durch das Nigertal. Von blattlosen Baobabs baumelten kugelförmige Früchte, und die Kronen der Mangobäume hingen wie zerzauste Perücken über ihren Stämmen. Wir erreichten ein gut zwei Kilometer breites Feld aus verwaschenen Felsen, ohne Zweifel das Flussbett, doch weit und breit war kein Wasser zu sehen. Der Strom, der halb Westafrika bewässerte, schien einfach verschwunden zu sein.

Das Gelände war äußerst unwegsam, offene Abwässer strömten den Hang herunter und weichten den Boden auf.

»Sollten wir nicht lieber eine Piste suchen?«, fragte ich Céleste.

»Ich bin ein Buschmann«, rief er empört. »Wege! Wege! Scheiß auf die Wege, Monsieur.«

Er pfiff durch den Spalt zwischen seinen Schneidezähnen, und wir durchquerten einen weiteren Abwassergraben, doch plötzlich schien uns etwas festzuhalten. Der Toyota sackte hinten ab. Die Reifen drehten sich. Wir saßen fest.

»Merde!«, rief Raoul Céleste, und ich war nicht sicher, ob er fluchte oder die Beschaffenheit des Untergrunds meinte, denn zwischen den Reifen trieben Exkremente, Papierfetzen und Kondome. Es stank jämmerlich.

»Das ist jetzt etwas dumm«, keuchte der Buschmann. »Das einzige Schlammloch weit und breit. Und wir mittendrin. Wirklich etwas dumm.«

Dann lachte er laut auf, kniete sich in die Kloake und grub mit beiden Händen, um die Hinterräder freizubekommen.

»Ich brauche Steine, Monsieur«, rief er. »Steine, viele Steine.«
Ich sammelte welche, und wir legten sie unter die Reifen, um einen
griffigen Untergrund zu schaffen. Céleste setzte sich hinter das
Steuer und startete drei Versuche; die Reifen drehten sich, der Motor
heulte auf, doch der Toyota rührte sich nicht. Céleste verschwand
wieder unter dem Auto. Wasser gluckerte, Schlick spritzte, und während der Buschmann prustete und spuckte, erinnerte ich mich, in der
Monographie hydrologique du fleuve Niger gelesen zu haben, dass
der Niger an dieser Stelle auf die letzten Riegel der Guinea-Schwelle
traf. Der Fluss hatte sie zernagt, geschliffen, ausgehöhlt, doch die
Barriere war noch immer da, und während der Niger in der Regenzeit darüber hinwegschoss und die gefürchtete Chaussée de Sotuba
bildete – eine Stromschnelle, die jede Art von Flussverkehr unmöglich machte –, konnte er die Felsbarriere bei niedrigem Wasserspiegel
nicht mehr überwinden und wählte eine andere Strategie. Genau
genommen hielt er es wie Céleste. Er begann zu graben. Céleste grub
sich durch eine Kloake, der Niger grub sich durch schwarzen Sand-
stein und Granit. Blieb nur zu hoffen, dass Céleste nicht so lange
brauchte wie der Fluss, denn der Felsriegel stammte noch aus dem
Kambrium.
»Ich liebe Herausforderungen«, rief Céleste unter dem Wagen hervor wie aus einem weit verzweigten Höhlensystem. »Der Busch ist
voll davon. Deshalb liebe ich ihn. Er denkt, du schaffst es nicht, doch
du gibst nicht auf. Du kämpfst, und dann besiegst du ihn doch. Das
ist das Größte.«
Es wurde dunkel. In den Scheinwerfern flirrten Mücken, die sich gierig auf uns stürzten. Ich kroch zu Céleste unter den Wagen und half
ihm graben. Der Schlick fühlte sich warm an und weich wie... Knet-
masse. Er roch nicht nur schlecht, sondern auch ein wenig süßlich,
und als wir wieder zum Vorschein kamen, sahen wir aus wie Erd-
geister, die gerade ihrem Medium entstiegen waren.
»Versprechen Sie mir, dass Sie das nicht in Ihr Buch schreiben!«
»Wer hat gesagt, dass ich ein Buch schreibe?«
»Ich habe einen Riecher für so etwas. Also, versprechen Sie es!«
Ich versprach es.
Wenig später fuhren wir über eine unbeleuchtete Bruchsteinbrücke

ins Flussbett hinaus. Der Schlamm an unseren Kleidern trocknete bereits in der Nachtluft. Céleste parkte den Wagen an einer Ausbuchtung, und wir gingen zu Fuß weiter.

»Zwischen August und Oktober ist die Brücke überschwemmt«, sagte er. »Der Fluss ist dann reißend. Danach geht das Wasser schnell zurück, und der Niger verschwindet – bis auf das hier.«

Die Passage war nicht breiter als fünf Meter, und der Fluss zwängte sich tosend durch den Fels. Die Brücke bebte unter unseren Füßen. Gischt schoss durch die Luft.

»Es ist sehr tief hier«, brüllte Céleste gegen das donnernde Wasser an. »Manche sagen, zweihundert Meter, doch niemand hat das je messen können. Die Strömung ist zu stark. Senkbleie werden einfach mitgerissen.«

Rechts unterhalb der Brücke hantierten vier weiß gekleidete Gestalten im Schein einer Kerze. Ich hielt sie zuerst für Fischer, doch dann hörte ich ein Tamtam, und das Kerzenlicht fiel auf eine weiße Ziege. Eine Klinge blitzte auf. Die Ziege wurde ins Dunkel gezogen, und gleich darauf trug der Wind den süßlichen Geruch von frischem Blut zu uns herauf.

»Raoul?«

Raoul schwieg.

Durch die Brandung des Flusses hörte ich die Stimme einer Frau. Sie musste sehr laut schreien. Sie schien zu flehen. Wind und Wasser zerrissen ihre Worte.

»Raoul, was geht da unten vor?«

»Die Frau hat ein Problem«, antwortete er. »Sie opfert eine Ziege und bittet den Herrn des Flusses um seine Hilfe. Lassen Sie uns gehen, Monsieur. Diese Leute stört man besser nicht.«

Wir gingen zurück, die weiß gekleideten Gestalten verschwanden hinter den Felsen, und der Fluss verschluckte die Stimme der Frau.

»Die Passage ist ein mächtiger Ort«, sagte Céleste, als wir den Wagen erreichten. »Mit dem Wasser konzentrieren sich die Kräfte des Flusses. Wenn es dunkel wird, kommen die Leute und opfern dem Flussgeist. Das geht hoch bis zu den Reichsten und Mächtigsten, bis zum Präsidenten.«

»Und wie heißt dieser Flussgeist?«, fragte ich, während wir wieder zum Ufer zurückfuhren.

Céleste starrte auf das felsige Flussbett, das im Licht der Sterne aussah wie ein kochender, aschgrauer See.

»Faro«, flüsterte er schließlich. »Der Geist des Großen Flusses heißt Faro.«

In Koulikoro strömte der Niger wieder als breites, silbernes Band durch Mangobäume und Krüppelakazien und drückte die Stadt an eine zerklüftete Bergkette. Der Hafen war ein schräger Uferstreifen, der auf beiden Seiten von massiven Kaimauern eingerahmt wurde. Solange der Niger genügend Wasser führte – bis Mitte November –, legten hier die großen Flussschiffe an, die stromabwärts über Mopti und Timbuktu bis nach Gao fuhren. Aber nun lag der Niger tief in seinem Bett und hatte Land zurückgelassen, das als Garten, Weide, Markt und Müllhalde genutzt wurde. Die Nigerwoge hatte Koulikoro bereits passiert, diese gigantische Wasserwalze, die sich, genährt von den Regenfällen im Hochland Guineas, nach Norden schiebt, um einer Region nach der anderen das lebenswichtige Hochwasser zu bringen. Einmal im Jahr flutet die Woge die Ebenen, füllt Seen und tote Seitenarme, lässt staubige Weiden blühen und das Fährgeschäft florieren. Halb Westafrika lebt nach ihrem Rhythmus, denn sobald die Woge einen Ort passiert hat, zieht sich das Wasser schnell zurück. Der Niger verdunstet und versickert, die Ebenen trocknen wieder aus, die Vegetation erstirbt, Sandbänke wachsen aus dem Fluss, und die Menschen warten auf das nächste Hochwasser.

Mein ursprünglicher Plan war es gewesen, mit dieser Woge zu reisen, doch mein Aufenthalt im Quellgebiet hatte zu lange gedauert, und die Zwangspause in Bamako hatte ein Übriges getan. Die Nigerwoge war ohne mich davongezogen. Sie hatte einen Vorsprung von einem Monat.

Am Nachmittag sprang der Dieselmotor an, eine schwarze Wolke strich über die Pinasse hinweg, und als die Schiffsleute den lang gestreckten hölzernen Körper mit ihren Staken vom Ufer abdrückten, bemerkte ich ein erregtes Kribbeln im Bauch. Ich verspürte das

Bedürfnis, vor Freude zu schreien, denn ich reise für mein Leben gern ab. Das Vertraute bleibt wie unnötiger Ballast zurück, und die Welt verwandelt sich in eine ungeordnete Ansammlung rätselhafter Dinge. Während ich so auf den Fluss hinaustrieb, kam mir eine Passage aus Amadou Hampâté Bâs *Jäger des Wortes*, einem Klassiker der westafrikanischen Literatur, in den Sinn:

Die Laptots hoben in bewundernswertem Gleichklang und mit weit ausholender Bewegung ihre Staken und tauchten sie ins Wasser. Sie stemmten sich mit ihrem ganzen Gewicht dagegen, und es gelang ihnen, uns aus dem Uferschlamm zu befreien. Die Piroge bäumte sich auf wie ein Pferd, dem man die Sporen gibt. Dann entfernte sie sich langsam von der Uferböschung und ließ gelbliches Kielwasser hinter sich.

Als wir an eine Stelle kamen, wo uns die abfließende Strömung günstig war, wurde sie immer schneller und schwankte unter den rhythmischen Stößen der Schiffsleute sanft von rechts nach links. Nach und nach verschwand die Sanddüne von Koulikoro in der Ferne.

Ich wandte mich nach vorn. Der Schiffsbug zerteilte die seidigen, klaren Wasser des alten Flusses, dessen Strömung uns davontrug, als wolle er mich schneller in die unbekannte Welt bringen, die da auf mich wartete, ins große Abenteuer meines Lebens...

Der Steuermann trug eine braunweiß gestreifte Strickmütze, die am Hinterkopf hochgeschlagen war. Seine Jacke aus Segeltuch blähte sich im Wind. Am Kragen waren zwei perlmuttfarbene Knöpfe aufgenäht, die nach hinten sahen wie wache Augen.

»Segu, ja?«, sagte er, ohne sich umzudrehen. »Sie wollen nach Segu, ja?«

Ich nickte und sah zu, wie die Spitzen seines Oberlippenbarts im Wind ruderten.

»Sie haben meinen Namen gelesen, ja? Er steht am Bug. In der heiligen Farbe. ›Mami Touré‹, steht dort. ›Touré Transport Koulikoro – Segu.‹«

Er drehte das Steuerrad, um die Pinasse an einer Sandbank vorbeizulenken, legte sein ganzes Gewicht in die Bewegung und zirkelte dabei auf seiner linken Ferse um die eigene Achse wie ein Kreisel, während zwei ölige Ketten an den Bordwänden entlang ins Heck glitten und das Ruder in die gewünschte Position brachten.

»Mami Touré, ja?«, sagte Mami Touré. »Mein Schiff ist das größte von hier bis Segu. Achtundzwanzig Meter lang, ja? Gut für dreißig Tonnen Fracht, ja? Dazu die Passagiere. Zwei Motoren. Mercedes 508. Sehr stark, ja?«

Die Pinasse stampfte gegen die Wellen, die der Wind ihr entgegenwarf, Gischt sprühte seitlich herein, und in kürzester Zeit waren die Fahrgäste durchnässt. Mein Nachbar, ein junger Mann mit schmalen Augenschlitzen, die seinem Gesicht asiatische Züge verliehen, zupfte mich am Hemd, und wir kletterten auf das Dach der Pinasse, wo wir trocken blieben und gut beobachten konnten, wie sich das Tal des Niger zunehmend verbreiterte, wie die Berge schrumpften und schließlich ganz verschwanden und nur noch endlose Strände blieben, während der Fluss in das Nigerbecken strömte, in die Trockensavanne, den Sahel.

»S-a-h-e-l!«, intonierte ich leise, während wir so den Fluss hinunterfuhren. »Sahel! Sahel! Sahel!«

Die meisten Menschen in Europa ließ dieses Wort an Dürrekatastrophen, extreme Armut und Kinder mit dicken Bäuchen denken, an ein Notstandsgebiet, ein elendes, fremdes, leeres Land. Ich sah aber noch ganz andere Bilder: blühende städtische Kulturen, Paläste aus Lehm, die Endpunkte transsaharischer Karawanenwege, ausufernde Märkte, Teezeremonien, Geschichtenerzähler, Maskentänze und einzigartige Moscheen. Als in Europa noch das tiefste Mittelalter herrschte, blühten an den Ufern des Niger bereits mächtige afrikanische Königreiche: Gana, Mali, Songhay, Benin.

»Sahel!«, summte ich vor mich hin. »Sahel! Sahel! Sahel!«

Für die Karawanenführer war die Sahara ein Meer. Ihre Reisen glichen einer langen Seefahrt, und so nannten sie den Südrand der scheinbar endlosen Wüste *as-sahil* – Ufer. Ein rettendes Ufer, das war der Sahel für die Wüstenbewohner, denn dort gab es Wasser, Hirse, Weiden, dort begegneten sich hellhäutige, nomadische Viehzüchter und negride Bauern und Städter, dort trafen moslemische auf uralte schwarzafrikanische Glaubensvorstellungen. Dieses Land war staubig und dürr, und doch herrschte dort eine kaum vorstellbare kulturelle Vielfalt.

»Sahel!«, sagte ich wieder vor mich hin, und der Klang dieses Wortes ließ mich vor Erregung und Neugier zittern.

»Was brabbelst du denn die ganze Zeit?«, fragte der Mann mit den Schlitzaugen.

»Ein Gedicht«, sagte ich. »Ein Gedicht, nichts weiter.«

3

Die Frau lag eigenartig gekrümmt mit dem Gesicht nach unten im Sand. Sie war nur mit einem Lendentuch bekleidet, ihr nasser Körper schimmerte bläulich, und der Niger leckte an ihren Füßen, als wolle er sie zurückholen. Neben ihr knieten zwei Frauen und schlugen ihre Fäuste in den Sand.

»Unsere Tochter ist gegangen«, schrien sie. »Sie ist gegangen. Unsere Tochter hat uns verlassen.«

Ich war mit den Passagieren der Pinasse an Land gegangen und stand bei den Leuten, die sich um die Tote drängten. Ein Dorf war nicht zu sehen. Die Frau lag an einem einsamen Strand, der ein sanftes lang gezogenes S beschrieb, eine gute Stunde oberhalb von Segu.

»Sie ist ertrunken«, flüsterte mir ein Mann zu. »Sie war nicht lange im Fluss. Ihr Körper ist noch ihr eigener. Man hat sie eben erst gefunden.«

Mit einem Mal verstummte das Klagegeschrei. Die Frauen griffen nach den Schultern der Toten und drehten sie behutsam um. Der nasse Sand unter ihrem Körper gab ein harsches Geräusch von sich wie zaghafte Schritte im Schnee, und als sie auf den Rücken kippte, schrien die Leute entsetzt auf. Kinder rannten in wildem Schrecken davon, Frauen schlugen sich auf die Brust, die Männer sanken fassungslos auf die Knie und stimmten einen quälenden Gesang an.

Ich begriff nicht gleich, was diese Panik ausgelöst hatte. Der Fluss hatte feine Schlingpflanzen in das Haar der Frau geflochten. Ihre Augen waren geschlossen, Sandkörner rieselten über ihre Wangen wie gefrorene Tränen. Ihre Hände lagen ruhig auf den Beckenknochen, Zeigefinger und Daumen berührten sich und bildeten einen ovalen Rahmen; sie lenkten meine Aufmerksamkeit auf ein Detail, das mir fast entgangen wäre. Der Bauchnabel der Frau fehlte. Er war mit Gewalt herausgerissen worden. Und dann verstand ich auch, was die Leute schrien. Sie schrien immerzu dasselbe Wort. »Faro!«, schrien sie. »Faro! Faro! Faro!«

Uschi Metternich-Diabaté, die Frau des Bürgermeisters von Segu, wirkte nervös und angespannt.

»Ich weiß nicht, wo mir der Kopf steht«, sagte sie und zupfte an den weiten Ärmeln ihres afrikanischen Gewands. »Es ist die Zeit der Besuche. In meinem Haus ist ein ständiges Kommen und Gehen. Sie können sich nicht vorstellen, wie furchtbar anstrengend das ist.«

Ihren Namen hatte mir der deutsche Botschafter in Bamako genannt. (»Sehr interessante Frau, Deutsche, sie lebt seit über zwanzig Jahren in Mali.«) Frau Metternich-Diabaté war Mitte vierzig, und ihr Gesicht ließ erkennen, dass sie die Sonne mied. Sie wirkte grau. Wenn sie lächelte, lächelte sie kurz. Sie hatte wenig Zeit, und ich überfiel sie ohne Umschweife mit meinem Anliegen. Bisher hatte ich auf den Marktpinassen den Alltag am Fluss erlebt, und ich genoss diese Art zu reisen. Für die Nachforschungen, die ich stromabwärts anstellen wollte, schien sie mir jedoch ungeeignet. Ich wollte in den entlegenen Flussdörfern anhalten, um mit den Alten zu sprechen. Ich wollte alles über Faro wissen. Wie wurde er verehrt? Welche Opfer verlangte er? Wie sah er aus? Und was hatte es mit dem Bauchnabel auf sich?

»Dazu brauche ich eine Piroge«, sagte ich aufgeregt. »Eine Piroge, über die ich frei verfügen kann, und einen geeigneten Führer.«

Der Blick der grauen Frau schweifte über die leere Terrasse des *L'Auberge*. Sie war mit ihren Gedanken woanders, bei ihren Gästen, bei ihrer Arbeit.

»Ich habe einen Bekannten«, sagte sie abwesend. »Sein Name ist Lassiné Karabana. Er ist Bozo. Zwischen Bamako und Gao kennt er jeden am Fluss. Er wartet drinnen an der Theke.«

Lassiné Karabana, ein untersetzter Mann mit goldgerahmten Schneidezähnen, war Pinassenbauer und Präsident einer Bozo-Vereinigung.

»Wer keine Bildung hat, lebt in Finsternis«, sagte er und legte die Nase in Falten, um seine Brille zurechtzurücken, ohne die Hand bemühen zu müssen. »Womöglich hat das Volk der Finsternis viel zu bieten, doch es kann seine Interessen nicht vertreten. Es verschwindet unbemerkt. Es ist, als habe es nie existiert.«

»Das Volk hätte sich mitteilen sollen«, wandte ich ein.

»Gut, sehr gut. Aber sehen Sie, ohne Bildung ist das unmöglich.«

»Es gibt doch Schulen am Fluss!«

»Der Bozo schickt seine Kinder nicht auf die Schule nach Segu, Markala oder Mopti«, sagte Karabana und lächelte. »Transport und Unterhalt sind zu teuer, und die Arbeitskraft auf dem Fluss fehlt. Deshalb brauchen wir Schulen in den Bozo-Dörfern. Und genau darum kümmert sich unsere Organisation.«

»Ich muss mich leider verabschieden«, warf Frau Metternich-Diabaté ein und lächelte sehr kurz. »Sie wissen ja ... Und ich habe den Eindruck, dass Sie bei Karabana in guten Händen sind. Kommende Woche bin ich furchtbar eingespannt, aber danach sollten wir telefonieren.«

Wir wussten beide, dass es zu keinem weiteren Treffen kommen würde.

Karabana versprach, sich um mein Vorhaben zu kümmern. Er kenne einen alten Bambara, Beamter in Pension, der sehr gut Französisch und Bozo spreche. Vielleicht würde er mich begleiten. Um Boot und Pirogier wollte sich Karabana selbst kümmern.

»Ich möchte nichts für meine Dienste haben«, sagte er, und die Brille hüpfte aufgeregt auf seiner Nase. »Ich erweise Ihnen einen Gefallen, irgendwann erweisen Sie mir einen. Wie Ihr Landsmann. Er kam in Segu an und hatte nichts. Ich habe ihm geholfen. Sehen Sie den Mercedes dort?«

Er zeigte auf einen weißen 280er in gutem Zustand.

»Vergangenes Jahr rief mich Ihr Landsmann an und fragte, wo er

das Auto hinschicken solle. Ich habe es im Hafen in Lomé abge-
holt. Es ist vierzehn Jahre alt. Für Afrika ist das praktisch neu. Wenn
ich es verkaufen wollte, könnte ich zwei Millionen dafür bekommen.«

Ich glaubte nicht, dass ich Lassiné Karabana irgendwann einen Mercedes schicken würde, doch ich freute mich über seine Hilfe.

»Kommen Sie Ende der Woche zum Hafen«, sagte er und schüttelte
mir die Hand. »Fragen Sie nach Karabana. Jeder kennt mich.«

Ich reihte mich in den Strom der Gläubigen ein, die von der Großen
Moschee die Straße herunterkamen. Vier alte Frauen saßen auf einer
Eselskarre und spannten bunte Schirme gegen die Sonne auf. Eine
von ihnen sah von den faltigen Händen in ihrem Schoß auf und
schenkte mir ein zahnloses Lächeln.

Segu war eine unansehnliche Stadt am Fluss. Der Wind trieb den
Müll der Märkte durch die staubigen Straßen, und überall klafften
Löcher wie Gräber aus der Erde. Laut Reiseführer gab es keinen
Grund für einen längeren Aufenthalt. Eine Nacht sei völlig ausreichend, hieß es, und die wenigen Touristen, die sich nach Segu verirr-
ten, hielten sich streng an diese Empfehlung. Sie kamen im klimatisierten Landcruiser an, stiegen im libanesisch geführten, sterilen
L'Auberge ab, aßen, ließen sich durch ein paar windschiefe Souvenir-
buden schleusen, eilten über den Markt, an der Moschee vorbei, dann
zum unromantischen Hafen hinunter, wo sie eine Piroge bestiegen,
auf einen Abstecher in ein Bozo-Dorf, dann aßen sie wieder, tranken,
schliefen, bestiegen den klimatisierten Landcruiser und fuhren weiter nach Mopti.

Ich plante zwei Wochen für Segu ein. Orte ohne touristische Sehenswürdigkeiten üben große Anziehungskraft auf mich aus, denn meiner
Ansicht nach sind ihre Reize bisher lediglich nicht bemerkt worden.
Sie liegen im Verborgenen und warten darauf, entdeckt zu werden.
An Orten ohne Sehenswürdigkeiten kann das Reisen neu beginnen.
Ich schlenderte zum Hafen hinunter, setzte mich auf die Mole und
sah auf den Fluss hinaus. Der Niger war hier einen Kilometer breit,
grünblau und vom Ostwind mit weißen Schaumkronen geriffelt. Am
gegenüberliegenden Ufer duckten sich die Siedlungen der Bozo. Die
Fährleute stakten gegen den Wind flussabwärts, um etwa in der Mitte

ein kleines Segel zu setzen und sich dann gegen die Strömung in den Hafen von Segu treiben zu lassen.

Ich dachte daran, dass sich dieses Bild schon Mungo Park geboten haben musste, als er hier im Jahr 1796 erstmals auf den Niger traf. Als siebtes Kind eines schottischen Bauern aus Fowlshiels hatte sich Mungo Park nach seinem Medizinstudium in Edinburgh bei der Ostindienkompanie verdingt. Er reiste als Schiffschirurg auf der *Worcester* nach Sumatra und trat nach seiner Rückkehr in den Dienst der *British African Association*. Ihr Vorsitzender, Sir Joseph Banks, der James Cook noch auf dessen Weltumsegelung begleitet hatte, stellte dem jungen Arzt einen Kreditbrief über zweihundert Pfund aus. Dies war das Startkapital zu einer der abenteuerlichsten Entdeckungsreisen auf dem afrikanischen Kontinent, denn Park sollte das jahrtausendealte Rätsel des Niger lösen, von dem man seinerzeit weder wusste, wo er entsprang, noch, wo er mündete. Es existierten die abenteuerlichsten Annahmen über seinen Verlauf, und insgeheim hegte man die Hoffnung, doch noch eine Verbindung zwischen Niger und Nil und somit einen Weg durch Afrika zu finden, der die mühselige Umschiffung des Südkaps erspart hätte.

Am 2. Dezember 1795 brach Park vom Gambia-Fluss aus nach Osten auf. Als er endlich den Niger erreichte, blieben ihm die Tore Segus allerdings verschlossen. Er teilte dem König mit, er sei von weit hergekommen, um den Niger zu sehen, doch der misstrauische Bambara ließ ihn fragen, ob es in seinem Land denn keine Flüsse gäbe und ob nicht ein Fluss aussähe wie der andere? Als Park wissen wollte, wo der Niger ins Meer mündet, erhielt er zur Antwort: »Am Ende der Welt.« Krank und zum Skelett abgemagert, trat der Schotte den beschwerlichen Rückmarsch zur Küste an. Unterwegs wurde er von vermeintlichen Elefantenjägern überfallen, ausgeplündert und halbnackt in der Wildnis zurückgelassen. Park kam vorübergehend bei einem Sklavenhändler unter, erreichte im Juni 1796 mit einer Karawane die Küste und kehrte anschließend nach England zurück. Er hatte bewiesen, dass der Niger nach Osten fließt und somit nicht mit den Stromgebieten der westwärts fließenden Flüsse Senegal und Gambia zusammenhängen konnte. Auch eine Verbindung mit dem Nil konnte nun endgültig ausgeschlossen werden. Über den weiteren

180

Verlauf des Niger und die geografische Lage seiner Mündung blieb allerdings die alte Unklarheit bestehen.

Die parfümierten Landcruiser-Ladungen und der streng gechlorte Pool im *L'Auberge* trafen nicht meinen Geschmack, stattdessen stieg ich im sympathisch verwahrlosten *Hôtel de France* ab. Die schlicht eingerichteten Zimmer waren um einen schattigen Innenhof herum angeordnet. Irgendwo sang Édith Piaf mit kratziger, leicht orgelnder Stimme. Ich fand das Grammofon unter einem Neembaum. Daneben saß ein junger Mann mit Krücken; seine verkümmerten Beine schwangen leblos im Takt. Er hieß Moulaye. Vielleicht war er zwanzig Jahre alt. Der Tonarm des Grammofons wirkte zerbrechlich in seinen kräftigen Händen. Aus seinen wuchtigen Armen traten die Sehnen hervor, und unter seinem Trägerhemd spannte sich eine gewaltige Brustpartie.

»Du musst dir eine Afrikanerin nehmen«, empfahl Moulaye mit seiner tiefen, bebenden Stimme, als das Gespräch auf das Heiraten kam. »Du kannst gehen, wohin du willst. Du lässt ihr ein wenig Geld da und besuchst sie gelegentlich. Sie zieht deine Kinder groß. Ich kenne einen Franzosen, der es so gemacht hat. Er ist nach Frankreich zurückgekehrt. Seine Frau und die Kinder hat er hier gelassen. Er schickt Geld. Sie haben zu essen. Die Frau hat ein Auto. Sie sind glücklich.«

»Und was hat der Franzose davon?«

»Er ist verheiratet. Er hat zwei Söhne. Er kann gehen, wohin er möchte. Was will er mehr?«

Später saß ich mit dem Besitzer des Hotels an der Straße, und wir genossen den Abendwind. Der schwergewichtige Mann mit den geschwollenen Füßen rief eins seiner Mädchen, um Tee zu bestellen. Bei ihrem Anblick schraubte sich seine Stimme um zwei Oktaven nach oben.

»Sie ist arm. Sie hat kein Geld, keine anständigen Kleider«, sagte er. »Aber sie ist eine Schönheit. Und sie ist noch Jungfrau, so wahr ich Koné heiße.«

Koné kicherte wie ein kleiner Junge, und das vielleicht dreizehnjährige Mädchen sah verlegen zu Boden. Sie trug ein blaues Kleid mit großblättrigen roten Blüten, und ihre glänzenden Kunstfaserhaare erinnerten an lange Pflanzenstängel, die sich im Wind biegen. Sie hieß Bintou. Der Alte war vernarrt in sie, und sie wusste es.

»Ah, Deutschland«, rief Koné plötzlich aus. »Breite Straßen, nachts die Lichter. Große Frauen mit großen Brüsten. Wirklich, ich liebe Deutschland. Bismarck, Hitler, Adenauer, Koll.«

»Kohl«, korrigierte ich. »Helmut Kohl.«

»Mein Gott, Koll! Was für ein Staatsmann! Er hat Deutschland vereinigt, und dann habt ihr ihn fallen lassen. Nur weil er ein bisschen Geld gestohlen hat. Wirklich, man sollte einen großen Staatsmann nicht derart demütigen.«

»Er hat das Geld nicht gestohlen«, sagte ich. »Man hat es lediglich nicht ordnungsgemäß verbucht.«

»Er hat es nicht in seine eigene Tasche gesteckt?«, kreischte Koné fassungslos. »Dann verstehe ich euch Deutsche noch weniger. Ihr hättet diesen kleinen Fehltritt übersehen sollen. In Afrika würde kein Hahn danach krähen.«

Ein Junge in zerrissenen roten Turnhosen kam vorbei und führte an jeder Hand sieben Hunde spazieren.

»Wie in Paris«, sagte ich überrascht. »Der Junge führt die Hunde aus, weil ihre Herrchen keine Zeit haben.«

»Die Tiere gehen auf den Markt«, erwiderte Koné nüchtern. »Der Junge ist ein Bobo. Die Bobo sind Hundefresser.«

Ich sah ihn ungläubig an.

»Der Koran verbietet uns das Essen von Hunden, doch die Bobo sind Christen. Sie sollten sich ihr Viertel ansehen – das Viertel der Hundefresser, gleich hinter der katholischen Mission.«

Der Taxifahrer fuhr an einem großen Gebäude aus rotem Backstein vorbei, das an die Industriebauten im englischen Nordwesten erinnerte.

»Die katholische Mission, Monsieur«, sagte der Fahrer. »Wohin genau wollen Sie?«

»Ins Bobo-Viertel«, sagte ich vage.

Er fuhr die sandige Straße hinunter. Zwei Kreuzungen weiter hielt er an, stieß die Tür mit einem kräftigen Faustschlag auf und sagte:
»Sie sind mittendrin.«

Die Gehöfte aus rötlichem Lehm waren von brüchigen schulterhohen Wällen umgeben. Kinder spielten mit Glasmurmeln im Sand. Eine Alte kam mir entgegen, die rechte Hand auf einen Stock gestützt, die linke in der Hüfte. Sie ging leicht nach vorn gebeugt und verströmte einen intensiven Uringeruch. Ich sprach zwei junge Männer an, die vor einem kleinen Laden saßen. Ich sagte »Chien?«, doch sie sahen sich nur ratlos an. Im Gehöft gegenüber winkte mich eine Frau zu sich. Sie trug ein schmutziges, schwarzweißes Ringelhemd und eine auftoupierte Frisur und stellte sich mit Aurélie vor.

»Ich möchte Ihnen etwas zeigen«, sagte Aurélie auf Französisch. »Wenn Sie wieder zu Hause sind, können Sie sagen, Sie haben etwas Interessantes gesehen, etwas wirklich Afrikanisches.«

Sie zwinkerte mir zu, nahm mich an der Hand und führte mich durch Berge aus Töpfen, Schüsseln und warzigen Kalebassen. Dann öffnete sie ein großes Fass, und ich sah in eine schäumende, karamellfarbene Brühe, die einen süßsauren Geruch verströmte.

»Dolo!«, sagte Aurélie und strahlte. »Eine Spezialität der Bobo. Die Moslems dürfen es nicht trinken, aber wir Bobo sind Christen. Wir trinken unser Hirsebier den ganzen Tag. Sie müssen es probieren!«

Sie füllte eine Kalebasse, und ich nahm einen vorsichtigen Schluck. Im Geschmack erinnerte das Bier eher an neuen Wein.

»Es schmeckt Ihnen, stimmt's?«, strahlte Aurélie, füllte meine Kalebasse noch einmal bis an den Rand und nahm sich selbst auch eine.

Wir setzten uns auf eine Holzbank in den Schatten und tranken. Ein Auerhahn stolzierte vorüber und knurrte. Das brachte mich wieder auf den Grund meines Besuchs.

»Eigentlich bin ich auf der Suche nach einer anderen Bobo-Spezialität«, sagte ich vorsichtig.

Aurélie setzte die Kalebasse vom Mund ab und sah mich gespannt an.

»Hunde«, sagte ich und schämte mich ein wenig dafür.

»Lebendig oder gekocht?«

»Erst einmal lebendig.«

»Ich kann hier nicht weg, aber mein Sohn wird Sie hinbringen. Jean besucht die Missionsschule. Er spricht Französisch.«

Während ich den Sternen auf Jeans Gewand durch die heißen Gassen des Bobo-Viertels folgte, dachte ich über mein sonderbares Interesse für Hundeesser nach. Ich liebte Hunde. Meine Großmutter hatte drei Schäferhunde, und der älteste von ihnen lebte noch, als ich zur Grundschule ging. Rex war mein bester Freund. Er begleitete mich zum Angeln, wir schwammen zusammen im Rhein. Danach legten wir uns ins Gras, Rex' Kopf auf meinem Bauch, und sahen auf den Fluss hinaus – ich träumte von einer großen Reise mit Rex, auf einem Floß, nur er und ich und der Fluss. Doch dann wurde Rex bissig. Er bekam Gelenkrheuma und musste eingeschläfert werden. Als sie ihn abholten, wurde ich krank, lag tagelang im Bett und starrte an die Decke.

Jean hielt bei einer untersetzten Frau, die auf einem Holzschemel an der Straße saß und Süßkartoffeln schälte. Sie wechselten ein paar Worte; die Frau legte das Messer weg und erhob sich schwerfällig. Sie zog ein Bein nach. Ihr Haar war verfilzt, und über dem linken Ohr hing eine einzelne spiralförmige Kunsthaarsträhne. Wir folgten ihr über einen öden Fußballplatz mit schwarzweiß gestreiften Metalltoren ohne Netze. Ein kleines Mädchen entleerte seinen Darm auf dem Elfmeterpunkt. Aus schwelenden Abfallhaufen stieg beißender Rauch, und der Wind zerrte an Plastikfetzen.

Die Frau hielt an einem Baum, unter dem gut zwanzig abgemagerte Hunde mit braunweiß geflecktem Fell lagen. Ihre Schwänze waren glatt, die Schnauzen spitz, die Felle struppig und zerzaust, die Ohren zerbissen. Ihre Hälse steckten in einem hölzernen Joch.

»Sie fangen sie im Busch«, erklärte Jean, »aber auch in der Stadt. Die Nachfrage ist groß. Wenn Ihr Hund abends nicht zurückkommt, ist er Bobo-Futter.«

Die Frau deutete auf einen gelbroten Rüden mit weißem Brustfleck, der etwas abseits lag und hechelte. Seine Ohren waren unversehrt. Ich sah ihn schwimmen, den Stock holen, im Garten herumtollen und abends neben dem Sofa liegen. Er war der perfekte Hund, der ideale Freund. Die Frau sagte etwas – der Hund sah mir direkt in die Augen.

»Dreitausend«, übersetzte Jean. »Dreitausend Francs CFA, und er gehört Ihnen. Schlachten, ausnehmen, häuten müssen Sie ihn selbst. Wenn Sie nicht wissen, wie man ihn zubereitet, bringen Sie ihn zu einer Bobo-Frau.«

»Nein danke«, hörte ich mich sagen.

Meine Stimme klang brüchig. Mir wurde etwas schwindlig. Ich zog meine Mütze aus der Hosentasche und setzte sie auf. Die Sonne war mörderisch. Wir stapften zurück zum Gehöft, wo eine runzlige Frau vor einer rußgeschwärzten Lehmmauer saß. Ihr Oberkörper war mit Asche beschmiert; die schlaffen Brüste erinnerten an getrocknetes Treibholz. Sie hob den Deckel eines verkohlten Messingtopfs, der auf dem Feuer stand, und sagte: »*Bonu!*«

Das Fleisch war hell und von einer dünnen Fettschicht überzogen. Es sah aus wie Schwein, es roch wie Schwein. Es ist Schwein, redete ich mir ein.

»*Bonu!*«, sagte die Frau wieder, und ihr einziger Zahn schob sich zwischen ihren Lippen hervor wie eine Axt. »*Bonu! Bonu! Bonu!*«

»Sie müssen es probieren«, sagte Jean. »Sie wollen doch nicht unhöflich sein?«

Er stach mit der Gabel in ein Fleischstück und hielt es mir vor die Nase. Ich hatte auf meinen Reisen alles Mögliche gegessen, gegrillte Meerschweinchen in Peru, frittierte Hirschkäfer in Malaysia, rohe Mopane-Würmer in der Kalahari, gequirltes Affenhirn, Elefantenhoden, Froschlaichsuppe. Aber Hund? Danach kam nur noch Mensch. Ich sah in Jeans Augen, zu der Knochen nagenden Frau, auf die blutigen Felle über der Lehmmauer, dann starrte ich auf das Hundefleisch auf der Gabel. Es war ein glibberiges, bläulich schimmerndes Stück ohne Haut, vielleicht vom Herz. Ein süßlicher Geruch kroch in meine Nase. Ich dachte an Rex, an unsere Tage am Fluss; dann wendete ich mich ab und erbrach zwei Kalebassen Bobo-Bier. Als ich wieder durchatmen konnte, zog ich drei Tausenderscheine aus der Tasche und hielt sie der Frau hin.

»Den Rüden«, röchelte ich. »Den Rüden unter dem Baum.«

Ich ging zu Fuß zurück; der Hund lief an einem Strick neben mir her. Mit seinem gelbroten Fell erinnerte er an einen Dingo. Er war schäferhundgroß, schlank und kräftig, mit mittellanger Schnauze und Stehohren. Ich ließ bei einem Sattler ein ledernes Halsband und eine Leine anfertigen, dann spazierten wir zum Hafen hinunter. Zwei Fulbe tränkten ihr Vieh im Fluss, Frauen machten Wäsche, und ein Junge schrubbte eine Schaumstoffmatratze. Ich watete mit dem Hund ins Wasser und seifte ihn ein. Sein sehniger Körper wies kein Gramm Fett auf, und unter dem Fell spürte ich die Narben aus zahlreichen Kämpfen. Er ließ die Prozedur geduldig über sich ergehen; als wir zurück ans Ufer traten, schüttelte er sich, beschnupperte sein Fell und bestaunte seinen leuchtend weißen Brustfleck.

Zuerst wollte ich ihn Afrika nennen, denn schließlich hatten wir diesem Kontinent unsere Begegnung zu verdanken, doch dann nannte ich ihn Rex, wie den alten Schäferhund meiner Großmutter.

»Sieh dir das an, Rex!«, sagte ich leise, als wir an dem mit rotem Lehm verputzten Wohnhaus der Familie Thiam vorbeikamen – einem Märchenpalast mit Spitzbogennischen und imposantem Zinnenschmuck. Rex warf mir einen vertrauten Blick zu. Ich musste lächeln und fühlte mich beschwingt. Es war, als ob ich ein Stück Kindheit zurückgewonnen hatte.

Karabana, der Präsident der Bozo-Vereinigung, würgte seinen Mercedes ab. Wir stiegen aus und traten in die Hütte, ohne anzuklopfen. Drinnen roch es nach verbrannten Kräutern. Durch einen Spalt im Dach sickerte ein schmaler Lichtstrahl und zerfloss auf den nackten, knochigen Schultern eines älteren Mannes. Er saß mit gekreuzten Beinen und aufrechtem Rücken am Boden wie ein meditierender Inder. »Ich habe Sie erwartet«, sagte er, ohne sich umzudrehen. »Einen Augenblick noch, bitte.«

Er atmete mehrmals tief ein und aus, dann löste er seinen Schneidersitz, zog ein blauweiß geringeltes Hemd über und drehte sich um. Sein kurz geschnittener, grauer Vollbart wuchs fast bis unter die Augen. An seinen Schläfen pulsierten kräftige Adern. Der Lichtstrahl fiel jetzt auf seine schlanken, feingliedrigen Hände, und ich sah, dass der rechte kleine Finger fehlte.

»Sidibé Koulibali, Beamter in Pension«, sagte Karabana und ließ die Brille seinen Nasenrücken hinaufwandern. »Wenn er Sie mag, wird er Sie nach Diafarabé begleiten.«

»Wir Afrikaner reisen nicht zum Vergnügen«, gab Sidibé kühl zurück und rieb seine Lippen mit chinesischem Balsam ein. »Um genau zu sein: Wir reisen nur, wenn es nicht anders geht. Wir reisen, wenn ein Verwandter stirbt. Wir reisen auf einen Markt, auf entlegene Felder, zu fernen Fischgründen. Reisen sind mühsam, gefährlich, einsam, unberechenbar.«

»Und auf Reisen kann man Dinge erfahren, die einem sonst verborgen bleiben«, fügte ich hinzu und sah ihm fest in die Augen. »Wer etwas genauer wissen möchte, muss sich auf den Weg machen.« Er rieb die Lippen aneinander, um den Balsam zu verteilen, und lächelte. Wir gingen hinaus und setzten uns auf eine Holzbank. Die Lehmhütten um den verwinkelten Hof waren mit Zement ausgebessert. Die Fassaden bröckelten. Eine Ecke diente als Schafstall. Auf einem Rost lagen drei Fischhälften in der Sonne, bedeckt mit einer lebendigen Haut aus Fliegen. Nicht weit davon lauerten Eidechsen mit feuerroten Kehlen.

»Ich war mein ganzes Leben lang unterwegs«, nahm Sidibé den Faden wieder auf. »Als Beamter des Landwirtschaftsministeriums war der Busch sozusagen mein Büro. Ich zog von einem Dorf zum anderen, trug die gleichen Kleider wie die Leute, sprach wie sie, aß mit ihnen. Sie konnten nicht glauben, dass ein hoher Beamter sich auf eine Stufe mit ihnen stellte. Sie haben Recht. Auf diesen Reisen habe ich viel erfahren.«

»Erzähl ihm von deinem Buch«, drängte Karabana.

»*Die Bambara*«, sagte Sidibé bescheiden. »Ich arbeite am letzten Kapitel. Das Buch enthält alles, was ich im Busch erfahren habe. Vielen wird das nicht gefallen. Wir Bambara waren nicht immer Moslems, verstehen Sie?«

Ich sah ihn fragend an.

»Biton[13], mein Vorfahre, hat die Malinke vertrieben, dann hat er die Marokkaner vertrieben. Er gründete Segu, bildete eine gewaltige Armee und ließ eine Kriegsflotte auf dem Niger bauen. Selbst Timbuktu erzitterte vor ihm.«

»Doch Biton war kein Moslem«, erinnerte ich mich. »Er verehrte die Geister und die Ahnen.«

»Segu war eine Hochburg der Fetischanbeter«, sagte Sidibé und nickte. »Bis Hadj Omar die Stadt eroberte und die Einwohner zum Islam zwang, im Jahr 1861, um genau zu sein. Stellen Sie sich ein riesiges Feuer vor – brennende Haare, Rinden, Wurzeln, Tierschwänze,

[13] Biton Mamani aus dem Clan der Koulibali (1660–1710), größter Bambara-Herrscher, unter dem das Segu-Reich seinen Höhepunkt erlebte

zerschlagene Opfertische, zerbrochene Hacken, Hauen, Äxte –, Fetischpriester auf Knien, denen man ihre Ketten aus Zähnen und Federn vom Hals reißt und vor allen Augen die Köpfe rasiert.«

»Und was ist von der alten Religion geblieben?«

»Der Islam wurde im 11. Jahrhundert in Westafrika eingeführt. Fast tausend Jahre ist das her, doch die Ahnen, die Busch- und Wassergeister, die Besessenen, die Regenmacher und Schlangenpriesterinnen sind noch immer da. Trotzdem sind wir Moslems. Wir sprechen unsere Gebete. Wir achten den Koran.«

»Der schwarze Islam?«

»Ein Ausdruck der Weißen. Er gefällt mir nicht. Wir haben unsere eigene Art, mit dem Glauben umzugehen. Sagen wir, der Islam hat sich Afrika angepasst.«

Sidibés Mutter saß im Eingang zum Hof, den Rücken an die Wand gelehnt, die Beine am Boden ausgestreckt. Sie spann Baumwolle auf eine Spindel und rieb die Finger in kurzen Abständen an einem weißen Stein.

»Kalk aus Flussmuscheln«, sagte Sidibé, der meinem Blick gefolgt war. »Er lässt den Wollfaden gleiten.«

Er verschwand in der Hütte und kam mit einem Fotoalbum zurück. Seine Augen leuchteten. Eins der verblichenen Bilder zeigte ihn vor dem Dakhineshwar-Tempel in Kalkutta, wo er zweieinhalb Jahre lang an einer staatlichen Schulung in integrativer Verwaltung teilgenommen hatte.

»Sie sagen, Sie reisen, um etwas zu erfahren«, sagte Sidibé, und seine Stimme klang jetzt freundlicher. »Wonach wollen Sie flussabwärts suchen?«

»Nach den Dingen, die das große Feuer überlebt haben«, antwortete ich. »Vor allem aber nach Faro.«

Als ich den Namen aussprach, bemerkte ich, dass Sidibés verstümmelter kleiner Finger zuckte. Er griff instinktiv nach seiner Gebetskette und ließ die weißen Perlen durch die Hände gleiten.

»Wir werden mit dem alten Diarra sprechen müssen«, sagte er, und der Stummel beruhigte sich wieder. »Er wohnt in Diakoro, ein paar Stunden flussabwärts. Er wird uns erzählen, was sonst niemand mehr weiß. Diarra kennt die Geschichte vom Ursprung der Welt.«

4

Während Sidibé Koulibali im Heck saß und die Proviantliste kontrollierte, drückte Mamadou, ein junger Bozo aus Segu, die Piroge vom Ufer ab und zog sich gewandt an Bord. Der schlanke Bug glitt geräuschlos, elegant und ohne Mühe hinaus wie ein riesiges, stromlinienförmiges Flusstier. Ich saß auf der vordersten Planke, streichelte Rex' warmes Fell und ließ meinen Blick von einer träge treibenden Pflanzeninsel zum Ufer hinüberschweifen, an dem Lassiné Karabana neben seinem Mercedes stand und uns nachwinkte. Er hatte Wort gehalten. Ich saß mit einem Führer und einem Bootsmann in einer geräumigen, zwölf Meter langen Piroge. Unter dem Sonnenschutz aus geflochtenem Hirserohr lagen bequeme Strohmatten und Zelte und Decken, falls es nachts kalt werden würde. Karabana hatte darauf bestanden, kein Geld für seine Dienste anzunehmen, doch ich ließ mich nicht darauf ein und bezahlte ihn trotz seines Protests.

»Hat er Ihnen auch die Geschichte mit dem Mercedes erzählt?«, fragte Sidibé, während er Töpfe, Plastikwannen und die beiden Holzkohleöfen in der Bordküche verstaute, welche die gesamte hintere Bootshälfte einnahm. Im Heck stand Mamadou wie eine Granitsäule und stieß die Stake in den Fluss.

»Ein großzügiger Deutscher hat ihm den Wagen geschenkt«, sagte ich, die Hände noch immer in Rex' Fell vergraben.

»Karabana hat viel Geld verdient«, erklärte Sidibé, ohne von seiner Arbeit aufzusehen. »Mit den Touristen, die er in die Bozo-Dörfer bringt. Er ist ein reicher Mann. Aber das gehört sich nicht in Afrika. Wenn die Leute es mitbekommen, fallen sie über dich her wie die Heuschrecken. Karabana wollte den Mercedes kaufen, aber man sollte glauben, er sei ein armer Mann. Deshalb hat er die Geschichte mit dem Deutschen erfunden.«

Ich sah wieder zum flach ansteigenden Ufer von Segu hinüber, doch Lassiné Karabana war bereits verschwunden. Der Niger floss träge durch eine weite Ebene, in der hohe Gräser zwischen vereinzelten

Baobabs und Karitébäumen wogten und Ronierpalmen mit ihren geringelten, an der Basis verdickten Stämmen und riesigen, keilförmigen Blättern im Himmel ruderten wie zerfledderte Windmühlen. Nicht weit vom Ufer stand eine immergrüne Tamarinde, deren dichte Krone fast bis zum Boden reichte und nur ein kleines Stück vom Stamm sehen ließ.

»*Tamarindus indica*«, intonierte Sidibé und massierte den Stummel seines kleinen Fingers.

Er war in eine graue Baumwollhose und eine mintgrüne Skijacke gepackt. Auf dem Kopf trug er eine Pudelmütze mit lila Bommel, um den Hals einen Wollschal. Ich selbst trug ein kurzärmeliges Hemd und war schweißgebadet.

»Wir Bambara nennen die Tamarinde *ntomi*«, sagte Sidibé. »Sie ist sehr nützlich. Wir essen ihre Blüten als Salat oder geben sie an die Soße. Am Ende der Trockenzeit kochen die Frauen die Blätter wie Gemüse. Sie schmecken gut, ein wenig säuerlich.«

Mamadou legte die Stake beiseite, schob seine verspiegelte Sonnenbrille ins krause Haar, kramte in den zahllosen Taschen seiner kakifarbenen Jacke und zog eine fingerlange, braune Fruchthülse heraus, deren Form an eine Erbsenschote erinnerte. Ich brach sie auf. Im Inneren befand sich breiiges Fruchtmark mit kleinen, in harte Kammern eingebetteten Samen.

»Ein Baum kann viele Früchte tragen«, fuhr Sidibé fort. »Zweihundert Kilo im Jahr, um genau zu sein. Die Frauen trocknen das Fruchtmark, formen es zu Klumpen und machen Sirup daraus. Die Rinde hilft gegen Leberzirrhose, Hepatitis und Gelbsucht; sie enthält viel Tannin und eignet sich auch, um Schaffelle zu gerben. Die Schmiede stellen aus den Samen Schießpulver her. Natürlich können Sie das alles in meinem Buch nachlesen.«

»Und wenn dir die Augen tränen, *n'teri*[14], musst du den Blättersaft drauftun«, rief Mamadou. »*N'teri, n'teri*, wenn dein Baby nicht an der Brust saugen will, gibst du ihm den Wurzelsud, und es leert beide Schläuche in einem Zug.«

Als wir anlegten, um uns die Beine zu vertreten, hob ich einen Stock

[14] (mein) Freund

auf, ließ Rex daran schnuppern und schleuderte ihn auf den Fluss hinaus. Er klatschte weit draußen auf das Wasser. Rex sah mich gespannt an. Sidibé und Mamadou sahen mich ebenfalls gespannt an. »Er soll ihn holen und zurückbringen«, erklärte ich und schob Rex ans Wasser.

»Warum sollte er das tun?«, fragte Sidibé überrascht.

»Damit ich ihm den Stock noch einmal werfen kann.«

»Europäischer Unsinn!«, sagte Sidibé und schüttelte den Kopf. »Er kann den Stock nicht fressen. Er wird ihn nie holen.«

Wir wollten gerade wieder ablegen, als sechs Pirogen den Fluss heraufkamen. Ihre Segel aus schwarzen Plastikplanen blähten sich im Nordost. Sie waren mit ihrem gesamten Hausrat beladen – mit Netzen und Reusen, Brennholz, Stangen und Matten für den Hüttenbau, mit Getreide, Reis, Salz, Schafen, Ziegen, Gänsen und Hühnern. Es waren Bozo, Flussnomaden auf dem Weg zu ihren Fischgründen. Die Männer hoben beide Hände zum Gruß. Frauen und Kinder sahen flussaufwärts.

Ihre Pirogen waren winzig, die Segel schäbig, und dennoch wirkten sie majestätisch. Während sie an uns vorüberglitten und dem Horizont entgegenfuhren, fühlte ich mich an die Afar in der äthiopischen Danakil-Senke erinnert, an die Qashqai im Iranischen Hochland und die Burjaten östlich des Baikalsees. Nomaden. Ein Ort bedeutet ihnen nur so lange etwas, wie er ihnen eine Lebensgrundlage bietet. Wenn die Zeit gekommen ist, laden sie ihre Habe auf und ziehen davon, ohne sich umzusehen.

Nicht weit von uns stieß ein schneeweißer Silberreiher ein krächzendes Krah! aus. Er hatte lange Schmuckfedern und segelte mit weit ausgebreiteten Schwingen, den dünnen Hals angewinkelt und die grünlich schwarzen Beine hinter sich herziehend, dicht über den Fluss hinweg. Vielleicht kam er aus den Auen des Rheinwalds und befand sich hier im Winterquartier. Auch er war ein Nomade. Sidibé nannte ihn »Bote der Ahnen«.

Der Niger war in diesem Abschnitt sehr klar. Ich holte meine Schwimmbrille aus dem Rucksack, zog sie mir über und hängte mich vorsichtig über den Bug, um den Kopf in den Fluss zu tauchen. Das Wasser war kühl, und ich sah in eine auf seltsame Weise vertraute

Welt aus glatten Baumstämmen, glitzernden Schwebstoffen und Algen, die unter Wasser ganze Wälder bildeten. Ich sah überschwemmte Löcher, die an Bisamrattenhöhlen erinnerten, und Fische, die vor mir zur Seite zuckten: weiße Nigerkarpfen und hochrückige Tilapien, Elefantenfische und kleine schuppige Keile, die aussahen wie Stichlinge. Plötzlich hörte ich ein Plätschern neben mir. Als ich mich umsah, blickte ich in Rex' Augen. Luftbläschen perlten aus seinem Fell; er blinzelte. Sein Maul stand offen, und es sah aus, als grinse er.

»N'teri!«, schrie Mamadou aufgeregt, als wir unsere Köpfe wieder aus dem Wasser zogen. »Aufpassen, n'teri, der Fluss kann wütend werden.«

»Faro wird Ihnen den Kopf abbeißen«, sagte Sidibé. »Sie haben ihm sein Geschenk noch nicht gegeben.«

Er reichte mir eine Kalebasse mit frischen Tomaten.

»Begrüßen Sie Faro«, sagte er ernst. »Bitten Sie ihn um Erlaubnis, auf seinem Fluss zu fahren, und nennen Sie ihm Ihre Wünsche. Dann setzen Sie sein Geschenk auf das Wasser.«

Mamadou stellte die Piroge quer.

Ich sprach im Stillen ein paar Worte, setzte die Kalebasse auf den Fluss, und die Strömung trug sie davon.

»Warum gerade Tomaten?«, fragte ich Sidibé. »Weil sie rot sind? Wie Blut?«

»Biton Koulibalis Mutter hatte einen kleinen Garten am Flussufer. Sie pflanzte Tomaten, doch kurz vor der Ernte wurden die Früchte gestohlen. Biton legte sich auf die Lauer, und eines Nachts ertappte er den Dieb. Es war das Faro-Kind. Es hatte Angst vor Biton und versprach ihm, den Schaden zu ersetzen.«

Die Kalebasse schaukelte jetzt den Fluss hinunter, und wir sahen ihr gespannt nach. Die Tomaten leuchteten im tiefblauen Wasser wie treibende Blüten.

»Das Faro-Kind führte Biton in sein Dorf auf dem Grund des Flusses und riet ihm, seine Eltern um den magischen Samen des Fonio zu bitten. Faro und seine Faro-Frau hatten keine Wahl; sie gaben Biton den Samen und sagten ihm, er solle ihn pflanzen, aber nicht ernten, sondern von den Vögeln fressen lassen. Wo immer diese den Samen ausschieden und der Fonio wuchs, würde Biton seine Schlachten gewinnen. Die Vögel fliegen weit, müssen Sie wissen. Mit ein wenig Wasser wächst der Fonio noch am Rand der Sahara. Und überall dort herrschte Biton Koulibali, der Gründer des Segu-Reichs.«

»Ich kenne die Geschichte anders«, rief Mamadou, zog ein Klangholz aus einer mittleren Jackentasche, schlug es gegen die Bordwand und sang in der angestimmten Tonlage: »Faro mag Tomaten, weil viel Wasser drin ist. Eine Frau wurde im Busch vor Durst ohnmächtig. Sie tat Faro Leid, und er ließ einen Tomatenstrauch neben ihr wachsen. Die Frau aß die Früchte und wurde wieder stark. Seither essen die Menschen Tomaten, und dafür danken wir Faro.«

Die Kalebasse hüpfte noch immer auf den Wellen, und ich war erstaunt, wie lange sie sich über Wasser hielt. Einen Augenblick lang befürchtete ich, sie würde überhaupt nicht untergehen, doch dann schlug Mamadou das Klangholz noch einmal gegen die Bordwand, und plötzlich war sie verschwunden.

»Faro hat Ihre Tomaten angenommen«, sagte Sidibé, und sein Fingerstummel zitterte wie ein Malariakranker.

Wenig später legten wir an der Bootsrutsche von Diakoro an. Inmitten dichter Entengrütze lagen Reusen für kleinere Fische, und in den Ästen eines Dougalen saß ein schlammverschmierter Junge mit einer Steinschleuder. Mamadou blieb am Ufer zurück. Rex setzte, kaum dass er an Land war, seine Harnmarken an den Bugspitzen der Pirogen. Wir folgten dem Jungen durch Zwiebelfelder und Haine aus Ronierpalmen, vorbei an einem Wasserloch, das von einem dicken Algenteppich bedeckt war. Am Rand eines Maniokfelds mit strauchartig aufragenden Stängeln stampften Frauen gemeinsam Getreide. Der alte Diarra kam gerade vom Feld. Seine Wangen waren eingefallen, das Haar weiß wie ein Baumwollstrauch. Er trug zwei Wasserkalebassen und über der Schulter eine Hacke mit geradem Stiel, Eisenblatt und Dornschäftung. Wir setzten uns vor seiner Hütte in den Schatten eines Neembaums, brachen eine Kolanuss und kauten sie genüsslich, dann schloss der alte Diarra seine Augen.

»So ist es geschehen«, begann er mit trockener Stimme. »Am Anfang war *fu*, das Nichts. Vor Zeiten und Zeiten stieß das Nichts eine Kraft aus. Sie stieg auf und ab und schuf eine Bewegung, und durch diesen inneren Hauch entstand die lautlose Stimme, *yo. Yo* ruhte in sich selbst, *yo* war es selbst, und aus *yo* entstanden Dinge, die nur *yo* selbst waren. *Yo* war die Dunkelheit der Schöpfung. In ihm reifte, was noch nicht erschaffen war, denn das Universum war noch stumm und unsichtbar.«

Sein lichtes Oberlippenbärtchen und seine schneeweißen Augenbrauen bebten. Einzelne Bartkringel verteilten sich in seinem Gesicht wie Kokosraspel. Wasserspuren mäanderten an seinen schmutzverkrusteten nackten Beinen hinunter, bis zu den rosaroten Gummischuhen mit der Aufschrift *Good Luck – Canada '96.*

»Als das *yo* seine volle Geschwindigkeit erreichte, entstand *yereyereli* – ein Zittern, eine tönende Schwingung, der erste Laut im Nichts. Und dieser erste Laut schuf *miri,* das Weltei. So ist es gewesen. In *miri* waren Erde, Wasser, Luft und Feuer, in *miri* waren das Kommen der Dinge und das Gehen der Dinge, in *miri* war auch das Handeln. Dann zersprang *miri,* und aus seinen Teilchen entstand die Erde. Zugleich ließ *miri,* das Weltei, eine schwere kugelförmige Sache auf die Erde fallen. Später wurde die Sache Pemba genannt. Pemba gab der Erde ihre Gestalt. Aber Pemba war einsam; er mischte seinen Speichel mit dem Staub seiner Fußspuren und formte sich eine Frau. Er nannte sie Muso koroni. Mit ihr zeugte Pemba Pflanzen und Tiere, und diese nannten ihn *ngala,* Gott.

Das Ohr ist so weise wie die Worte der Ahnen. Und die Ahnen haben uns wissen lassen, dass Pemba die Erde nicht alleine erschaffen konnte. Deshalb schleuderte *miri,* das Weltei, ein eigenartiges Zittern in die Höhe. Dieses Zittern erschuf den Himmel. Dann verwandelte sich das Zittern in Wasser, und das Wasser wurde auf die Erde geworfen, und das Wasser war ein Gott. Und dieser Gott hieß Faro.«

Der Oberkörper des alten Diarra glich jetzt einem Grashalm bei ständig wechselnder Windrichtung. Seine Worte überschlugen sich. Kolastücke schossen wie zerhackte Möhren aus seinem Mund.

»Langes Leben ist in den Reden der Alten. Als Faro auf die Erde fiel, füllte er alle Zwischenräume mit Wasser. So ist der Fluss entstanden, und so ist der See entstanden; auch das Meer ist so entstanden. Dann ging Faro auf eine Anhöhe und gebar Zwillinge. Die Zwillinge wohnten in einem Wasserhaus. Faro schickte seine Schwalbe, um sie zu befruchten, und so kamen die Bozo auf die Welt. Alle Menschen stammen von Faro und den Zwillingen ab, doch die Bozo waren die ersten Menschen. Deshalb können sie unter Wasser leben – wie die Zwillinge, wie Faro. Das Wasser ist ihr Element, denn im Wasser spiegeln sich die *dya*, alle *dya* dieser Welt.«

»Und was ist ein *dya*?«, fragte ich fasziniert, während ich eine neue Kassette in mein Diktiergerät einlegte.

»Der Mensch hat eine Hauchseele, *ni*, und ein Doppel, einen Schatten, das *dya*. *Ni* ist das Bewusstsein des Menschen und zuständig für Einsicht, Gedächtnis, Willen und Gefühle. *Dya* ist das Doppel. Mädchen bekommen ein männliches *dya*, Knaben ein weibliches. Wenn ein Mensch stirbt, geht das *ni* in den Ahnenaltar und wird zum *dya* eines neuen Menschen. Das *dya* dagegen taucht zu Faro in den Fluss. Er verwandelt es in ein *ni*, bewahrt es auf und schenkt es einem Neugeborenen.«

»Diese beiden Seelen, sind sie sichtbar?«

»Gute Ohren haben ein langes Leben, mein Sohn. Wenn die Sonne scheint, fällt dein *dya* als Schatten auf die Erde, und wenn du in klares, ruhiges Wasser blickst, kannst du es noch deutlicher sehen. Dein *dya* berührt ständig die Erde. Deshalb ist es besonders anfällig für Unreinheiten. Deine Hauchseele jedoch, das *ni*, ist unsichtbar. Mit einer Ausnahme.«

Er rief eine Frau aus der Hütte. Sie kam mit einem Neugeborenen heraus und legte es dem alten Diarra in die Arme. Er zog seine gestrickte Kapuze zurück und zeigte auf die große Fontanelle des Babys. Sie bewegte sich leicht.

»Das ist das *ni*«, flüsterte Diarra. »In den ersten Wochen nach der Geburt kann man es sehen. Komm, mein Sohn, du musst es berühren.«

Er reichte mir eine Kalebasse mit Wasser, damit ich meine rechte Hand waschen konnte, dann nahm er meinen Zeigefinger und legte ihn vorsichtig auf die weiche Lücke zwischen den Schädelknochen des Babys; ich konnte deutlich die Pulswelle fühlen.

»Das *ni*«, sagte der alte Diarra. »Du hast die Hauchseele dieses Mädchens berührt.«

Für das Abendgebet legten wir an einem flachen Sandstrand an. Während Mamadou und Sidibé oberhalb des Ufers ihre Gebetsmatten ausrollten, trottete eine Viehherde ans Wasser und umringte die Piroge. Ich saß mitten unter schwarzweiß gefleckten Buckelrindern, die gierig und schmatzend aus dem Fluss tranken. Die Bullen hatten gewaltige Hörner, die Zeichen ihrer Eigentümer waren wie Schmucknarben in ihre Flanken geritzt. Der Hirte, ein Pullo mit Stock und Strohhut, lag in einiger Entfernung im Schatten. Ich winkte, doch er erwiderte den Gruß nicht. Nur sein Hund näherte sich, ein struppiger, rotweißer Rüde. Rex sprang vom Boot, stellte die Nackenhaare auf und knurrte wütend. Sein kräftiges Gebiss mit den spitzen Reißzähnen blitzte auf. Der Hirtenhund zog den Schwanz ein und trottete zurück zu seinem Herrchen, woraufhin Rex das Ufer mit seinem Harn besprenkelte.

Nach dem Gebet trieben wir den Fluss hinunter, und Mamadou frittierte die barschartigen Fische, die wir unterwegs gekauft hatten. Die Strahlen ihrer Rückenflossen waren nadelspitz, ihre Schuppen kreisförmig. Mamadou nannte sie Ntebe. Im Geschmack erinnerten sie an Forelle. Das nussartige Aroma führte ich auf das Karitéöl zurück.

Nach dem Essen zog ich Delphi aus dem Rucksack und rief nacheinander die in Frage kommenden Fischseiten auf. Der Ntebe war ohne Zweifel ein afrikanischer Buntbarsch *(Tilapia)*. In knusprig frittiertem Zustand ließ sich nicht mehr sagen, um welches Mitglied dieser großen Familie es sich genau handelte, doch Mamadou sah sich die Abbildungen an und zeigte, ohne zu zögern, auf den *Tilapia nilotica.* »Die Schwanzflosse«, sagte er. »Sie hat das Zebramuster. Diesen Fisch hast du gegessen.«

In lebendigem Zustand ist dieser Tilapia dunkelbraun, Bauch und Kehle leuchten hellgrau, und die Iris weist eine dunkelviolette Färbung auf. Er ernährt sich vor allem von Phytoplankton, scheint aber Kleingetier und Fischbrut nicht zu verschmähen.

»Er ist ein Reisräuber«, sagte Mamadou. »Er fällt in die Felder ein. Der Schaden ist groß. Aber wir mögen den Ntebe trotzdem. Er vermehrt sich gut und wächst schnell. Ohne den Ntebe wären unsere Bäuche oft leer.«

Besonders interessant fand ich das Fortpflanzungsverhalten des

Ntebe. »Die Eier sind oval, und ihr Durchmesser beträgt knapp zwei Millimeter«, las ich in Delphi. »Das Weibchen birgt sie in der Mundhöhle, nimmt den Samen des Männchens mit Wasser auf und befruchtet die Eier auf diese Weise im Maul. Es schichtet sie mit regelmäßigen Kaubewegungen um und versorgt sie so mit Frischwasser. Die Jungen schlüpfen in der Mundhöhle und bleiben so lange dort, bis sie frei schwimmen können. Bei Gefahr kehren sie ins sichere Maul der Mutter zurück.«

Der Kopf eines Tilapia lag noch neben mir. Ich bohrte vorsichtig meine Fingerspitze zwischen seine fleischigen Lippen und öffnete die Kiefer. Auf dem starren weißen Mundboden lagen winzige, fast violette Buntbarsche. Sie schienen nur aus Augen und Schwanzflosse zu bestehen. Wir genossen die kühle Brise, die jetzt aufkam. Am Ufer drückten Frauen leere Kalebassen in den Fluss, füllten sie, schleppten sie in ihre Gärten und schütteten das Wasser über ihre wedelnden Hände, um es gleichmäßig über Zwiebeln, Erdnüssen, Tomaten, Erbsen, Maniok und Indigo zu verteilen.

»Wir nennen diese Kalebassen *barra*«, rief Mamadou und schob die Sonnenbrille auf die Nase, als wir uns den Frauen näherten. »Wenn du eine Frau haben willst, *n'teri*, dann musst du ihr sagen, dass sie wundervolle *barra* hat.«

Sidibé lachte.

»Ihre Brüste?«

»Nein, ihr Hintern.«

Mamadou wählte den Platz für unser Nachtlager auf einem feinen Sandstreifen neben einem Mangohain. Wir zogen die Piroge ans Ufer und kochten Reis mit Gombo und Fisch. Ich schüttete Rex eine große Portion Fischabfälle in seinen neuen Napf. Er schnupperte daran und verschwand angewidert in der Dunkelheit.

Nach dem Essen kramte Sidibé seinen Rekorder aus dem Gepäck, jonglierte mit Kassetten, spielte sie an, drehte sie um und spulte sie mit einem Bleistift vor oder zurück, um Batterien zu sparen. Er legte verschiedene Bambara-Griots[15] ein, wog den Kopf im Takt

---

[15] darunter den blinden Sissoko Bazoumana und den ebenfalls blinden Baba Danté

der Tamtams, stimmte gelegentlich mit einem brummigen Mh! zu oder rief ein lautes Awo! aus, wenn der Name der Koulibali fiel, und als der Griot die Vergangenheit Segus besang, sprang Sidibé auf, hüpfte um das Feuer und schrie Uh! Uh! Uh! wie ein brunftiger Büffel.

Als die beiden schliefen, zog ich den Reißverschluss meines Zelts zu und setzte mich mit ausgestreckten Beinen und aufrechtem Rücken auf das grüne Theraband. Ich wickelte die beiden Enden um meine Handgelenke, hielt die Unterarme parallel zum Boden und zog die Schultern in kurzen Bewegungen nach oben, um Nacken- und Hinterhauptmuskel zu stärken. Dann wandelte ich die Übung etwas ab und konzentrierte mich auf den großen Sägemuskel. Ich genoss gerade die Qualen der letzten Wiederholungen – mein Rumpf zitterte, die Haut brannte, in den Ohren pfiff es, und ich schloss meine Augen, nur zur Sicherheit, damit sie nicht aus den Höhlen schossen –, als etwas an der Zeltplane entlangstrich und sie leicht nach innen drückte. Ich gab erschrocken dem Zug des Bands nach und stopfte es in den Rucksack. Als ich den Reißverschluss hochzog, lag Rex vor dem Zelt. Sein Atem ging schnell, schneller noch als mein eigener; seine Schnauze war blutig und voller silbergrauer Vogelfedern. Er hatte sich selbst verpflegt – wie seine Wolfsvorfahren.

Am nächsten Morgen, als wir bereits wieder in der Mitte des Flusses trieben, tauchte am Ufer eine Militärkapelle auf und spielte französische Marschmusik. Ich erkannte Uniformen und Barette; Trompeten funkelten in der Sonne. Ein Dirigent mit Sonnenbrille fuchtelte mit einem krummen Stock in der Luft herum. Weit und breit war kein Dorf zu sehen. Die Kapelle marschierte durch die offene Savanne wie durch ein lichtdurchflutetes Aquarell von August Macke und schien nur für uns zu spielen. Wir winkten. Einige Musiker winkten zurück, und das Stück geriet für mehrere Takte durcheinander.

Rex legte den Kopf schief und sah mich seltsam melancholisch an, und plötzlich durchzuckte mich die Erinnerung an einen Nachmittag aus meiner Kindheit. Es war ein Tag der offenen Tür in der französischen Kaserne: der Duft gegrillter Merguez, brennendes Harissa auf der Zunge, der Brodem aus schweißigen Stiefeln, Tarnzeug und

Dieselöl, knatternde Maschinengewehre, Reiterparade, Fallschirmspringer. Ich war fünf Jahre alt. In meiner rechten Hand hielt ich Rex' Leine, meine linke lag in der von Großmutter. Sie war eine riesige Frau mit kräftigen Armen und beruhigender Stimme; ihre Haut roch nach Kräutern, deren Namen niemand mehr kannte, und die Farbe ihrer Augen konnte ich nie genau bestimmen, denn sie waren blau und grau und grün zugleich. Und wenn Großmutter eine ihrer alten Geschichten erzählte, leuchteten sie wie polierte Kastanien. Sie arbeitete »bei den Franzosen«, wie es bei uns hieß, wenn die Kaserne gemeint war. Ihr französisches Lieblingswort war *petit*, und wenn sie es aussprach, meinte sie meist mich.

»Willst du auch einmal Fallschirmspringer werden, *petit?*«, fragte sie, während sich am Sommerhimmel bunte Schirme öffneten und blauweißrote Rauchfahnen über die Stadt hinwegzogen.

Ich wollte gerade antworten, als eine Militärkapelle vorbeistampfte – wie jene am Nigerufer – und Klarinetten, Trompeten und Tschinellen unsere Ohren klingeln ließen. Meine Berufspläne hätten meine Großmutter ohnehin nicht überrascht, denn natürlich wusste sie, dass ich nicht Fallschirmspringer, sondern Flusskapitän werden wollte – oder Taucher.

Mamadou ließ unsere Piroge weiter flussabwärts treiben; die Kapelle verschwand in der Savanne, und die Musik wurde langsam leiser, als ob jemand mit unendlicher Geduld die Lautstärke zurückdrehte und zuerst die Klarinetten verstummen ließ, dann die Trompeten und Hörner und zuletzt die tiefe Türkische Trommel, die wie das ferne Stampfen von Hirse klang. Der Niger floss jetzt in einen Stausee ein und verbreitete sich auf gut zwei Kilometer. Bald war keinerlei Strömung mehr auszumachen. Mamadou stemmte sich mit den Füßen gegen ein Querbrett und paddelte aus Leibeskräften gegen den böigen Wind.

»Ich werde ihm helfen«, sagte ich und griff nach dem Ersatzpaddel, doch Sidibé hielt mich zurück.

»Sie würden Mamadou beleidigen«, sagte er leise, aber streng. »Seine Ahnen herrschen über den Fluss. Es waren immer die Bozo, die paddelten und steuerten, während sich ihre Passagiere auf das Reisen und Beten beschränkten. Das Paddeln ist Mamadous Arbeit.«

Ich protestierte nicht.

Hinter Dougoula erreichten wir den Staudamm von Markala, mit dem das *Office du Niger*, die größte Entwicklungsbehörde in Mali, gewaltige Flächen für den Reisanbau erschlossen hatte. Wir folgten dem am rechten Ufer abzweigenden Kanal zur Schleuse von Tio, und während Mamadou mit dem Schleusenwärter verhandelte, gingen Sidibé, Rex und ich in das kleine Dorf, um mit dem Dji Tigui[16] zu sprechen.

»Ihr Hund?«, fragte der stämmige Mann und zeigte auf Rex, der gerade an die Ecke seiner Hütte pinkelte.

»Wir sind Freunde.«

»Ein afrikanischer Hund«, sagte der Dji Tigui und nickte anerkennend.

Wir tauschten die üblichen Begrüßungsformeln aus, dann setzten wir uns und fragten nach Faro.

»Er sagt, bei ihnen bekomme der Fluss kein Blut«, übersetzte Sidibé, und der Dji Tigui pochte sich auf die Brust. »Sie bringen Faro keine Opfer, aber ihr Verhältnis zu ihm ist gut – keine Probleme.«

»Und wie sieht Faro aus?«, fragte ich und spürte, wie mein Herz vor Aufregung einen Schlag aussetzte.

»Erst letzten Monat kam er, um die Kinder zu erschrecken, die am Ufer badeten.«

Der Dji Tigui spreizte die Finger und streckte die Hände im imaginären seichten Wasser aus.

»Faro ist eine Frau. Sie geht auf dem Wasser wie auf der Erde. Sie ist weiß, so weiß wie Sie. Sie ist sehr schön. Ihr Haar ist schwarz und glatt und so lang, dass es den Boden berührt. Faro trägt einen Rock und Schuhe, lederne Frauenschuhe.«

»Ist er gutartig, ich meine, ist Faro friedlich oder gefährlich?«

»Solange seine Regeln befolgt werden, ist Faro friedlich, doch es gibt viele Tabus. Er mag es nicht, wenn die Frauen ihre Töpfe im Fluss waschen. Der Ruß macht seine Kinder blind. Wenn Faro wütend wird, zieht er dich ins Wasser. Vielleicht kommst du mit dem Schre-

---

[16] Herr des Wassers, der traditionell über einen abgegrenzten Flussabschnitt wacht

cken davon, vielleicht lässt er aber auch deine Piroge kentern. Er zieht dich nach unten. Du stirbst.«

»Und dann nimmt Faro deinen Bauchnabel?«

»Wenn dein Körper gefunden wird, fehlt dein Bauchnabel. Ein eindeutiges Zeichen. Faro reißt ihn heraus, wenn er tötet.«

»Aber warum gerade den Bauchnabel?«

Der Dji Tigui zuckte mit den Schultern. Das Gespräch war beendet. Wir überreichten ihm eine Hand voll Kolanüsse und ein Geldgeschenk.

Kurz vor Einbruch der Dunkelheit fuhren wir in die Schleuse ein, in der unsere Piroge etwas verloren wirkte. Auf einer Steintafel stand *Échelle de Tio. 1939.* Winzige Fische sprangen aus dem tiefgrünen Wasser wie Regentropfen, die von seiner Spannkraft zurückgeworfen wurden, während das Quietschen der Winden und die Stimme des Schleusenwärters im Becken widerhallten. Neben uns trieb eine tote Ziege mit geblähtem Bauch auf, und Rex knurrte sie an. Es wurde kühler und roch nach Moder. Mir schien, als tauchten wir geradewegs in die Tiefe des Flusses, als die Fische wie auf ein geheimes Signal zu springen aufhörten. Luftblasen und Strudel entstanden, dann öffnete sich das Tor, und die Schleuse spuckte uns mitsamt der toten Ziege durch einen tiefen, felsigen Schlund auf den Fluss hinaus. Eine völlig andere Landschaft empfing uns, als hätten wir in der Schleuse drei, vier Monate im Wasserzyklus übersprungen. War der Niger oberhalb des Damms noch träge in einem tiefen Bett geflossen, so wuchsen nun Sandbänke aus dem klaren, sprudelnden Wasser. Eine kräftige Strömung erfasste uns.

Wir schlugen unser Camp flussabwärts auf einer Sandbank mitten im Niger auf, und Rex verschwand wieder in der Dunkelheit, während wir Mondfisch mit Reis aßen.

»Was halten Sie von der Geschichte über Faro?«, fragte ich Sidibé und schlürfte die Kiemenbäckchen aus.

»Mein Vater hat sich oft mit Faro unterhalten. Er hatte das Große Wissen, doch er gab es nicht an mich weiter. Er hatte sicher seine Gründe.«

Sidibés Fingerstummel zitterte plötzlich nervös.

»Elf Tage nach seinem Tod ließ Faro eine Piroge kentern, und alle

Reisenden kamen ums Leben. Man fand sie später am Ufer. Ihre Bauchnabel fehlten, auch ihre Nasenspitzen fehlten. Sie waren herausgeschnitten worden.«

»Von Faro?«, fragte ich leise, und mich fröstelte.

»Wenn Faro auftaucht, pfeift der Wind aus allen Richtungen gleichzeitig«, flüsterte Sidibé, und das Zittern seines Fingerstummels erfasste die ganze Hand. »Große Blasen steigen an die Oberfläche, und der Niger brodelt. Es ist, als ob sich ein riesiges, unsichtbares Tier im Fluss windet. Niemand entkommt Faro.«

Im Norden, weit hinter der Sandbank, die das linke Nigerufer bildete, erkannte ich durch das Fernglas zwei mächtige, viereckige Minarette, die aus einem feinen Dunstschleier ragten und von den letzten Strahlen der Sonne in weiche Pastelltöne getaucht wurden. Sansanding. Ich erinnerte mich an den Namen der Stadt aus den Aufzeichnungen von Mungo Park. Der Schotte hatte es in England nicht lange ausgehalten. Das Rätsel des Niger beschäftigte die Welt noch immer, und Park brannte darauf, es zu lösen. Er kehrte für eine zweite Reise nach Afrika zurück, doch in seiner Ungeduld beging er einen fatalen Fehler. Er wollte das Ende der Regenzeit nicht abwarten und brach im April 1805 in Pisania am Ufer des Gambia auf. Es wurde ein Marsch der Schrecken. Überschwemmungen, Wolkenbrüche, Fieberanfälle, die Ruhr, Diebstähle, bewaffnete Auseinandersetzungen, Krokodile. Einen Monat nach dem überstürzten Aufbruch waren die meisten seiner Begleiter marschunfähig, krank oder tot.

»Denken Sie an den Pharao?«, fragte Sidibé, der meine Abwesenheit bemerkt hatte.

»Den Pharao?«

»An Mademba Sy.«

Ich sah ihn neugierig an.

»Mademba Sy war Senegalese – genauer gesagt: ein Postbeamter. Als die Kolonialtruppen ins Innere des Kontinents vordrangen, verlegte er Telegrafenleitungen in den eroberten Gebieten, und weil er Frankreich so treu gedient hatte, schenkte ihm Colonel Archinard das Reich Sansanding. Das sind historische Fakten, die in meinem Buch lückenlos belegt sind. Ein Franzose schenkte einem Senegalesen ein

Reich in Mali, und dann ernannte der Franzose den Senegalesen zum König über dieses Reich.«

»Und wie war Mademba Sy als König?«

»Wenn Mademba Sy schlief, musste in Sansanding absolute Ruhe herrschen – keine Musik, kein Gesang, kein Lachen. Nichts durfte seinen Schlaf stören. Wenn ein Hund bellte, ermittelte die Polizei den Besitzer und peitschte ihn aus. Mit fünfzig bis hundertfünfzig Hieben, um genau zu sein. Mademba Sy war gefürchtet. Der Pharao vom Nigerbogen hat die Leute unterjocht.«

»Was ist aus ihm geworden?«,

»Sein Palast ist verfallen. Die Leute laden ihren Müll in den Ruinen ab und benützen sie als Latrine. Aber Mademba Sy ist noch immer dort. Er liegt mitten im Gestank, zwei Meter unter der Erde.«

Ich wickelte mich in meine Decke, doch ich konnte nicht einschlafen, und dabei dachte ich nicht an Mungo Park oder Mademba Sy, sondern an Faro, an die weiße Frau, die dort unten im Fluss lebte und sich am Ufer einen Spaß mit den Kindern erlaubte – an diese weiße Frau, die so schön war und auf so grausame Weise tötete. Und plötzlich sah mich Großmutter aus dem dunklen Zeltdreieck an. Ihre Augen leuchteten wie polierte Kastanien. Eine ihrer Geschichten, natürlich, dachte ich, sie will mir eine ihrer fantastischen Geschichten erzählen. Und ich wusste auch schon, welche.

Ich erinnerte mich genau an den Tag, an dem mich Großmutter zu sich gerufen hatte, um mir von der verbotenen Stelle am Rhein zu erzählen. Ich trug Gummistiefel und eine zerrissene Hose, an meinen Händen klebten Weißfischschuppen. Großmutter schob mir ein Karamellbonbon in den Mund, und ihre Augen färbten sich kastanienbraun.

»Die verbotene Stelle am Fluss, *petit*«, sagte sie mit ofenwarmer Stimme. »Du bist jetzt alt genug, um zu wissen, was es damit auf sich hat. Es war ein heißer Sommertag, und alles Lebende sehnte sich nach einer Erfrischung. Drei Schwestern gingen zum Rhein hinunter, zur alten Trauerweide, wo der schwarzgrüne Gießen in die Auen fließt. Sie entkleideten sich, und als die erste ins Wasser ging, sang sie: ›Wer will meine Freundin sein, der folg' mir in den Rhein hinein!‹« Großmutter sang den Vers in hoher Kopfstimme.

»Also stiegen auch die beiden anderen Mädchen ins Wasser. Doch die Stelle ist heimtückisch, *petit,* nicht weit vom Ufer wird der Fluss bodenlos. Die Strömung erfasste die Mädchen, Wellen schlugen über ihnen zusammen, und ein Strudel zog sie hinunter. Ihre Körper wurden nie gefunden. Die drei Schwestern, *petit,* sie sind jetzt Wasserfrauen.« Ich sah Großmutter mit riesigen Augen an und vergaß das Karamellbonbon in meiner Backe.

»Die Wasserfrauen leben auf dem Grund des Flusses«, sagte sie und lächelte. »In einem Kristallpalast, inmitten reizender Gärten mit Blumen und köstlichen Früchten. So hat es mir meine Mutter erzählt, und meine Mutter hat nie gelogen – niemals in ihrem langen Leben. Die Wasserfrauen sind bildschön. Ihr Haar ist lang und schwarz und mit einem Kranz aus weißen Seerosen geschmückt, und manchmal singen sie, lieblich und einschmeichelnd, fast wie ein Kirchenlied. Der Rhein verlangt seine Opfer, jedes Jahr ein neues Opfer, *petit.* Und wenn die Schiffer den Gesang hören, wissen sie, dass es bald so weit sein wird.«

Ich drückte ihr einen Kuss auf die Backe und lud das Angelzeug auf den Gepäckträger meines Fahrrads. Dann fuhr ich durch einen schattigen Hain aus Ronierpalmen und Karitébäumen – direkt zur Stelle, wo der schwarzgrüne Gießen in die Auen floss. Dort warf ich meine Angel aus, die stärkste, die mit der dicksten Schnur und dem Drillingshaken, an den ich keine Rotaugen hängte, keine Karauschen und auch keine Bartgrundeln, sondern drei Tomaten – drei pralle, blutrote Tomaten.

Ich warf weit hinaus in Richtung der Sandbank, auf der mehrere Pirogen nebeneinander lagen. Köder, Senkblei und der Schwimmer aus gedrehtem Hirserohr klatschten auf das Wasser. Plötzlich sah ich die riesige Welle, den Strudel; Luftblasen kochten auf. Noch bevor die Rolle einschnappte, begann die Nylonschnur zu laufen. Etwas hatte angebissen und schoss auf den Fluss hinaus. Ich schlug an, und die Wucht des Gegenzugs ließ mich straucheln. Meine Füße rutschten. Ich stemmte sie gegen einen Stein, rutschte weiter, zog aus Leibeskräften. Es musste ein riesiger Fisch sein. Er zerrte, zog, zerrte mich hinein, kopfüber in den eiskalten Fluss. Und dann hörte ich den Schrei. Es war der Schrei meiner Großmutter.

»Die Wasserfrauen!«, schrie sie. »Du hast sie am Haken. Lass die Rute los! Lass sie los! Lass mich los! Lass mich bloß!«

»Ich lass dich ja, *n'teri*«, jammerte Mamadou und schüttelte mich weiter.

Er zog einen duftenden Klumpen aus einer Jackentasche und hielt ihn mir unter die Nase.

»Ich lass dich ja, *n'teri*, aber erst musst du aufwachen. Dein *dya*, jemand wollte es auffressen. Aber du hast Glück, *n'teri*, großes Glück. Er hat dein *dya* losgelassen, und es hat zu dir zurückgefunden.«

Wir brachen kurz nach Sonnenaufgang auf, kochten Tee in der Piroge und fuhren an den Netzen entlang, welche die Bozo in der Nacht ausgelegt hatten. In den Maschen zappelten weiße und schwarze Nigerkarpfen, Nenuphare-Teppiche mit ihren weißrosa Blütenkelchen bildeten wogende Ufer. Auf einem tellerförmigen Blatt stand ein Rallenreiher mit üppigem, braunweißem Federschopf und grünlichen Stelzen und stieß seinen spitzen Schnabel wie einen Speer auf Insektenlarven hinunter. Als er uns bemerkte, blieb er wie versteinert stehen. Ich hätte gerne seine weißen Schwingen bewundert, doch er flog nicht auf.

Ein Stück flussabwärts eröffnete sich eine gute Sicht auf die Minarette von Sansanding. Sie waren gelblich gestrichen, im oberen Viertel von einer Art Balkon umgeben und mit kleinen blaugrünen Kuppeln gekrönt. Irgendwo dort drüben am sandigen Uferstreifen hatte Mungo Park eine baufällige Pinasse ausgebessert, sie *HMS Djoliba* getauft und mit den wenigen Überlebenden der Expedition die Vorbereitungen für die Weiterreise getroffen. Mitte November 1805 schickte er seinen Führer Isaako mit den Tagebüchern und einigen Briefen zurück:

Ich will bis zum Meer fahren, sei es durch den Kongofluss oder eine andere Mündung, und gedenke im Mai oder im Juni wieder in Europa zu sein. Sollten aber auch alle Europäer, die noch bei mir sind, sterben, und wäre auch ich halb tot, ich würde dennoch ausharren. Gelingt es mir aber nicht, das Ziel meiner Reise zu erreichen, dann will ich zuletzt doch auf dem Niger sterben.

Mit diesen Worten endeten Parks Aufzeichnungen. Am 19. November 1805 ging die *Djoliba* in Sansanding unter Segel, Park trieb am ersehnten Timbuktu vorbei, und tausend Kilometer weiter flussabwärts erfüllte sich sein Wunsch auf tragische Weise. Er ertrank in den Stromschnellen von Bussa. Die genauen Umstände seines Tods wurden nie geklärt.
Die Strömung trug uns schnell davon. Als Sansanding sich allmählich im Dunst auflöste, erinnerte ich mich wieder an meinen Traum und an Mamadous seltsame Worte. Mein *dya?* Wer wollte es auffressen? Und was hatte er gemeint, als er sagte, es sei zu mir zurückgekommen? Er hatte alle Hände voll damit zu tun, die Piroge in der Strömung zu halten, und so fragte ich Sidibé danach.
»Das *dya,* das Doppel des Menschen, verlässt den Körper nachts im Schlaf«, sagte er und griff nach der Gebetskette, als sein Fingerstummel zu zittern begann. »Das *dya* pendelt zwischen den Welten. Tagsüber ist es bei dir, aber nachts trifft es die Geister und die Ahnen. Die Ahnen sind nicht tot. Sie leben in der Anderen Welt. Das klingt weit entfernt, doch die Andere Welt ist immer gegenwärtig – hier, jetzt. Sie ist nur unsichtbar und für uns nicht direkt zugänglich.«
»Und deshalb wandert das *dya* hinüber?«
»Die Ahnen und Geister beraten dein *dya* in der Anderen Welt. Sie geben ihm Zeichen, warnen es vor Unglück; so kümmern sie sich um dich, sorgen dafür, dass du die Ordnung einhältst. Träume...«
Er hielt einen Moment lang inne, und auch die Perlen zwischen seinen Fingern kamen kurz zur Ruhe.
»...Träume sind Erinnerungen an das, was dein *dya* in der Anderen Welt erlebt hat.«
»Aber warum sollte das *dya* dann nicht zurückkommen?«
»Wenn dein *dya* dich nachts verlässt, begibt es sich in Gefahr. Es gibt Mächte, die es auf dein *dya* abgesehen haben...«
»Seelenfresser«, zischte Mamadou, zog das Gebiss eines kleinen Affen aus einer unteren Jackentasche und klapperte damit. »Dein *dya*

hat mit einem Seelenfresser gekämpft, *n'teri.* Er wollte es fangen und auffressen, doch dein *dya* war stärker. Und das war dein Glück, denn ohne dein *dya* bist du verloren, du wachst nicht mehr auf, du stirbst.«

»Verstehe.«

»Das glaube ich nicht«, sagte Sidibé und sah mir fest in die Augen. »Ihre Welt ist nicht wie unsere. Ihre Kinder, ja, vielleicht könnten uns die Kinder der Weißen noch verstehen.«

Ich konnte ihm nicht folgen.

»Jede Gesellschaft stellt dem Kind ein Netz von Begriffen zur Verfügung. Das Kind lernt, mit diesen Begriffen umzugehen, es ordnet die ganze Welt darin ein, und alles, was von diesen Begriffen nicht erfasst wird, verschwindet nach und nach hinter einem dichten Schleier. Unsere Kinder wachsen mit ihren Ahnen auf, mit Geistern, Mythen, Ritualen, Ihre Kinder dagegen haben für die Andere Welt nur einen einzigen Begriff erhalten: Aberglaube. Deshalb ist der Schleier, der die Welten trennt, für die Weißen undurchdringlich – mit einer Ausnahme.«

»Dem Traum?«

»Sie wollen es vielleicht nicht wahrhaben«, sagte Sidibé und lächelte. »Aber im Traum überwinden Sie den Schleier noch. Im Traum tauchen Sie noch in die Andere Welt ein.«

Während wir den Fluss hinuntertrieben, dachte ich über den Traumbegriff im traditionellen Afrika nach. Träume werden dort nicht als Bindeglieder zwischen Bewusstsein und Unterbewusstsein verstanden, sondern als Boten aus einer parallelen Welt, gewissermaßen als geistige Bilder, die den Menschen mit dem Rest des Universums verbinden und ihn wie Navigationslichter durch das Verborgene führen. Dabei gibt es keinen Unterschied zwischen Wachzustand und Traum, denn was im Traum geschieht, geschieht tatsächlich. Man kann wegen einer Tat, die man im Traum begangen hat, bestraft werden. Man kann sogar im Traum sterben, und das Gefühl, im Unberechenbaren, im Unfasslichen gefangen zu sein, verleiht dem Schlaf etwas sehr Beunruhigendes.

»Einmal angenommen, ein Europäer wollte den Schleier zwischen den beiden Welten niederreißen«, sagte ich und kraulte Rex' weißen Brustfleck. »Wäre das möglich?«

»Er müsste alles vergessen, was er gelernt hat«, sagte Sidibé und ließ die Augen über den Fluss schweifen. »Er müsste wieder ein Kind werden.« Auf einer der zahllosen Sandbänke sahen wir Bozo beim kollektiven Fischfang. Gut dreißig Leute, Kinder und Erwachsene, holten ein langes Netz ein. Im weiten Bogen, den es beschrieb, schwammen Männer mit Knüppeln und erschlugen Fische, die über den Rand springen wollten. Wir hielten an und halfen, das Netz einzuholen, doch als die beiden Enden am Strand zusammenfanden, enthielt es nur eine Hand voll Karpfen und einen Wels. Der Älteste, ein Mann mit Strickmütze und vernarbtem Oberkörper, erschlug ihn und überreichte ihn mir.

»Mpoli«, sagte er und strahlte.

»Unser Abendessen«, rief Mamadou entzückt.

»Nehmen Sie ihn ruhig«, sagte Sidibé, der meine Gedanken las. »Es war ihr sechster Fischzug heute. Ihre Boote sind nicht leer geblieben. Es war ein guter Tag.«

Ein Stück weiter flussabwärts lag das Somonodorf Ko Djiré Daga. Das Gehöft des Dorfchefs thronte auf einer Erhebung, schroff, wie eine natürliche Festung. Während der Überschwemmungen war es eine Insel, und die Familie musste mit der Piroge übersetzen, um ins Dorf zu gelangen. Doch nun weideten Schafe, wo das halbe Jahr über Wasser floss und Fische gefangen wurden. Wir lagen im Innenhof mit den Ältesten auf einer Matte, die Beine nach hinten ausgestreckt und die Köpfe zusammengesteckt wie Verschwörer.

»Unsere Ahnen wussten alles über Faro«, begann der Dorfchef und durchbohrte mich mit seinem misstrauischen Blick. »Aber das Wissen der Alten ist verschwunden. Faro lebt nicht im Wasser. Er lebt auf dem Land.«

Er wies mit dem Arm vage in den Busch.

»Faro geht nur ins Wasser, wenn er töten will. Wir verehren ihn nicht. Wir opfern ihm nicht. Wir sind Moslems.«

Es entspann sich eine heftige Diskussion auf Bambara. Sidibé warf mir einen viel sagenden Blick zu, als einer der Ratgeber das Wort ergriff. Er trug eine blaue Bomberjacke mit Fellkapuze, sein Schädel war kahl rasiert und das Gesicht von einem keilförmigen Kinnbart beherrscht. »Er hat gefragt, was für ein Mensch Sie sind«, übersetzte Sidibé.

»Und was haben Sie ihm gesagt?«

»Dass Sie dem Pirogier ansehen, wenn er müde ist, und eine Pause vorschlagen, damit er sich ausruhen kann.«

Er lächelte.

»Ich habe ihm auch gesagt, dass Sie essen, was wir essen, und schlafen, wo wir schlafen, und dass Sie Ihren Kopf in den Fluss tauchen, um in die Innere Welt zu schauen.«

Der Mann mit der Kapuze nickte zufrieden.

»Mein Name ist Moussa Dembélé«, begann er und spitzte die Lippen. »Meine Väter kamen vom Lac Débo. Sie siedelten zuerst in Tio, dann zogen sie nach Djiré. Faro lebt im Fluss, in der Inneren Welt, wo der Löwe wohnt, der Stier, das Pferd, das Schaf, die Ziege. Alles, was auf dem Land lebt, lebt auch dort unten im Fluss.«

Dembélé warf dem Dorfchef einen grimmigen Blick zu und wickelte eine Tonpfeife aus einem Tuch. Auf ihrem dicken Bauch erkannte ich Reste weißer Farbe. Das Mundstück fehlte.

»Diese Pfeife gehörte Faro«, flüsterte Dembélé. »Faro raucht Tabak wie wir – unter Wasser oder auf seinem Hügel unten am Ufer.«

»Und wie sieht Faro aus?«

Sidibé übersetzte.

»Faro ist eine Frau. Sie hat die Farbe von reifem Reis. Wenn sie aus dem Wasser steigt, faltet sie ihr schwarzes Haar und setzt sich darauf wie auf eine Matte. Ihr Oberkörper ist nackt, ihre Brüste sind schwer. Wenn man Faro stört, springt er ins Wasser.«

»Und die Pfeife?«

»Ich habe sie im Fluss gefunden. Das Mundstück war aus Gold, doch als Faro die Pfeife wegwarf, hat er es mitgenommen.«

Einer der Ratgeber, der ein Gewand mit leuchtend bunten Blumenmustern trug, nickte Dembélé zu und schob einen dickbauchigen, henkellosen Tonkrug in unsere Mitte. Das Wasser hatte ihn geschliffen und leicht porös gemacht; die beiden unteren Drittel waren geriffelt, das obere glatt. Auch der Krug wies weiße Farbreste auf.

»Hierin bewahrt Faro sein Gold auf«, sagte Dembélé, und die Männer nickten.

»Und wie heißt der Faro dieses Dorfs?«, fragte ich, einer Eingebung folgend.

Sidibé zögerte kurz, gab die Frage dann jedoch weiter.

»Seinen Namen kennen nur die Ahnen«, warf der Dorfchef schnell ein. »Sie haben ihn uns nicht wissen lassen.«

Es kam wieder zu einer heftigen Diskussion.

»Sie sind unser Gast«, sagte Dembélé schließlich. »Der Gast ist ein Geschenk Gottes. Man darf ihn nicht belügen. Unser Faro hat einen Namen, aber wir dürfen ihn nicht verraten. Alle unsere Faros haben Namen.«

»Alle?«, fragte ich überrascht. »Gibt es denn mehrere?«

»Die Faro-Frau und der Faro-Mann haben Faro-Brüder und Faro-Schwestern, und sie alle haben viele Faro-Kinder. Sie haben ihre Kasten. Sie sind Hirten, Händler, Schmiede, Sklaven. Seit Zeiten leben sie in ihren Wasserdörfern im Fluss.«

Zwei Jungen mit zerzausten Irokesenschnitten rannten vorbei und zogen das Band einer Musikkassette durch den Wind. Es schimmerte in der Sonne wie Lametta. Die Jungen kreischten vor Vergnügen und verschwanden zwischen den Hütten.

»Faro überwacht seine Ordnung«, fuhr Dembélé fort. »Es gibt viele Regeln. Faro verbietet es, sich mit einer Fulbe-Frau einzulassen. Auch eine Angehörige der Kaste der Schmiede dürfen wir nicht heiraten. Und Faro hasst Zwiebeln. Er verabscheut ihren Geruch. Das hat er die Alten wissen lassen. Die Frauen dürfen Gärten anlegen, aber sie dürfen keine Zwiebeln pflanzen – nicht direkt am Fluss. Wenn ein Händler mit einer Ladung neuer Töpfe zum anderen Ufer hinüberfährt, muss er einen davon auf das Wasser setzen, als Geschenk für Faro.«

»Und wenn er es nicht tut?«

»Wer Faros Regeln bricht, kann ihn mit einem Opfer besänftigen. Faro mag weiße Hähne. Ihr Blut fließt in den Fluss, ihr Fleisch wird gegessen. Doch wenn das Opfer ausbleibt, schickt Faro seinen Strudel und zieht deine Piroge hinunter. Er nimmt sich deinen Bauchnabel und deine Nasenspitze.«

»Aber warum gerade diese Körperteile?«

»Faro hat einen Hund wie Sie«, sagte Dembélé und zeigte auf Rex, der neben mir lag und seinen Kopf hob, als er bemerkte, dass die Rede von ihm war. »Faros Hund frisst gerne Bauchnabel und Nasen-

spitzen. Kommen Sie, bitte, ich möchte Ihnen noch etwas zeigen.«
Sidibé übergab dem Dorfchef eine große Tüte mit Kolanüssen und
ein Geldgeschenk, dann folgten wir Dembélé durch das ausgetrock-
nete Flussbett. Er hob eine Gänsefeder vom Boden auf und bohrte im
Ohr damit. Im Dorf füllten Frauen Trockenfisch in große Säcke. Auf
lehmverstärkten Feuerstellen, die im Halbkreis gegen den Wind
gebaut waren, köchelten Soßen. Ein nackter, mit Asche beschmierter
Junge saß zwischen Fischabfällen. Er trommelte mit einem Holz-
stück auf einer Konservendose, junge Frauen tanzten im Spaß dazu.
Wir ließen uns vor Dembélés Hütte nieder. Er öffnete eine rotbraune
Ledertasche, zog eine Schuhcremedose heraus und leerte drei kleine
bernsteinfarbene Klumpen in seine Hand. Ich nahm einen davon und
hielt ihn gegen das Licht. Er sah aus wie ein Zitronenbonbon.
»Seine Exkremente«, sagte Dembélé leise. »Die Exkremente von
Faro. Wir nennen sie *yala*. Oder wir sagen einfach *faro bo*.«
»Das bedeutet Faro-Kacke«, präzisierte Sidibé.
»*Faro bo* bringt dir einen guten Fang, gute Geschäfte. Es hilft bei
Prüfungen und erleichtert schwere Entscheidungen. Wir nehmen einen
Splitter und stampfen ihn gemeinsam mit einer Pflanze, die wir *rab*
nennen.[17] Das Pulver lösen wir in Wasser auf und waschen uns damit.
Ich selbst fülle *faro bo* in ein Plastikbeutelchen, versiegele es mit
Honigwachs und mache es an den Senkbleien meiner Netze fest.«
»Haben Sie *faro bo* auch im Fluss gefunden? Wie die Pfeife und den
Krug?«
»Vielleicht gibt es *faro bo* noch in unserem Flussabschnitt«, sagte
Dembélé und packte Faros Exkremente wieder ein. »Aber wir haben
das Wissen der Alten nicht mehr. Wir können *faro bo* nicht finden.
Ich bekomme es in Mopti, und der Händler sagt, dass er es bei einem
Sorko kauft – auf dem Markt in Gao.«

Am Abend spazierte ich mit Rex am Ufer der Sandinsel entlang, auf der
wir kampierten, und hob einen Stock auf, um ihn ins Wasser zu schleu-
dern, überlegte es mir dann jedoch anders, beschnüffelte ihn sehr auf-

---

[17] Sidibé erklärte später, dass es sich dabei um »Loranthus« handle, wohl
eine der zahlreichen afrikanischen Mistelarten.

fällig, warf ihn am Strand entlang und rannte wie von einer Wespe gestochen hinterher. Als ich den Stock erreichte, stürzte ich mich auf ihn und gab ein glückliches Hundewinseln von mir. Ich wiederholte die Dressurübung, bis ich völlig erschöpft im Sand liegen blieb. Rex schleckte voller Mitleid an meinem Arm; dann trabte er davon.

»Nicht einmal ich begreife das«, sagte Sidibé und schnalzte ratlos mit der Zunge. »Wie soll es dann der Hund begreifen?«

Als ich später mit der Klopapierrolle und dem grünen Theraband aus der Dunkelheit zurückkam, begann Mamadou gerade damit, den Wels zuzubereiten, den wir mittags von den Fischern geschenkt bekommen hatten. Ich nutzte die Gelegenheit, um den Fisch genauer zu betrachten. Sein kräftiger, nackter Körper war olivgrün und ohne besondere Zeichnungen. Auf dem Schädel schlossen sich Knochenplatten zu einem Panzer zusammen. Der vordere Strahl der Rückenflosse war dornartig verstärkt, und zwischen Rücken- und Schwanzflosse stand eine lang gezogene Fettflosse. Der Oberkiefer des Welses war stark reduziert und diente nur noch als Ansatzfläche für vier lange Barteln, die entfernt an die Fühler von Schaben erinnerten. Seine Oberlippe war leicht rötlich gefärbt.

»Du bist ein Zauberer, *n'teri*«, kreischte Mamadou, als gleich darauf die Abbildungen über Delphis Monitor glitten. »Du hast alle Fische in deinen Fernseher gesteckt. Du kannst sie rausholen, wenn du Hunger hast. Du kannst dir jeden Abend einen aussuchen, einen fetten, ohne Gräten, mit festem, süßem Fleisch.«

Er zog ein strahlend weißes Tuch aus dem schmalen Schlitz unter seinem Jackenkragen und putzte die Gläser seiner Sonnenbrille. Plötzlich kreischte er erneut auf, denn er hatte unseren Fisch erkannt, einen afrikanischen Raubwels aus der Familie der Clariidae.

»Der Mpoli ist ein unheimlicher Fisch«, flüsterte Mamadou, während er sein Fleisch in breite Scheiben schnitt. »Manchmal triffst du ihn nachts im Busch, *n'teri*. Wirklich, der Mpoli spaziert nachts im Busch herum.«

Das klang abenteuerlich, doch Delphi hatte eine Erklärung dafür: »Die sackartigen Atmungsorgane an der oberen Seite der Kiemenhöhlen erlauben es dem Raubwels, in sauerstoffärmsten Gewässern zu überleben und nachts für längere Ausflüge das Wasser zu verlassen. In Dürregebieten rettet er sich über Land von Wasserloch zu Wasserloch. Während der Trockenzeit gräbt er sich im Schlamm ein und wartet auf den ersten Regen.«

»Er springt und holt sich Vögel aus der Luft«, sagte Mamadou, salzte die Fischscheiben und warf sie in die kochende, würzig-scharfe Soße. »Wirklich, *n'teri*, der Mpoli frisst alles.«

»Und jetzt fressen wir ihn.«

»Ja, *n'teri*, jetzt fressen wir den Mpoli auf.«

Als wir mit dem Essen beginnen wollten, erhob sich Sidibé, setzte sich ein Stück abseits, öffnete das kleine Blechdöschen und rieb sich chinesischen Balsam auf die Lippen.

»Haben Sie keinen Hunger?«, fragte ich überrascht.

»Als Götter und Menschen noch gemeinsam auf der Erde lebten, gab es eine schlimme Hungersnot«, begann Sidibé tonlos. »Die Felder waren verdorrt, die Speicher und Netze leer, die Mare ausgetrocknet. Ganze Dörfer starben. Da schwamm der Mpoli in den Fluss, um zu fischen, und er zog durch die Savanne, um zu jagen, und seine Beute brachte er meinem Ahnen. So haben die Koulibali überlebt. Als mein Ahne später starb, verwandelte er sich selbst in einen Mpoli und beschützt uns seither. Dieser Mpoli...«

Er deutete auf die Fischscheiben in meiner Schüssel.

»...dieser Mpoli ist mein Ahne.«

»Entschuldigen Sie, Sidibé!«, rief ich entsetzt und schob die Schüssel weg. »Das wusste ich nicht. Wirklich, ich würde doch niemals Ihren Ahnen essen.«

»Sehen Sie sich Mamadou an«, sagte Sidibé, dessen Lippen jetzt vom Balsam glänzten wie polierte Rotbuche. »Er frisst Mpoli wie ein Riesenpelikan. Jeder Clan hat sein eigenes Totem, und das Verbot gilt nur innerhalb dieser Familie. Das ist alles in meinem Buch beschrieben.«

»Und was ist dein Totem, Mamadou?«, fragte ich und griff ohne meinen ursprünglichen Appetit in die Schüssel.

»Das Totem der Traoré ist das Krokodil«, sagte er und schob sich eine Portion Reis in den Mund. »Aber auch der Gottesvogel.«

»Der Gottesvogel?«

»Der Kronenkranich, *n'teri*«, schmatzte Mamadou und leckte jeden Finger einzeln ab. »Er hat den Menschen die Sprache gebracht.«

Stromabwärts legten wir in Sama, Bambougou, Nouidaga, Takala, Koury, Macina und Mérou an; danach überließen wir uns dem gemächlich dahintreibenden Fluss, dem schwachen Geklapper der im Sickerwasser der Piroge schwimmenden Töpfe und Schüsseln und dem gleichmäßigen Rhythmus von Mamadous Stake, die leise an der Bootswand rieb und wie der Atem eines Schlafenden klang. Der starke Wind vom Morgen hatte sich gelegt, und der Niger streckte sich weit nach Nordosten. Wir aßen gekochten Helikopterfisch und Süßkartoffeln mit scharfer Soße, dann hing jeder seinen Gedanken nach. Sidibé saß im Bug und murmelte Koranverse, die Gebetskette mit den dunkelgrünen Kordeln in der rechten Hand, die lila Pudelmütze wie eine Signalboje im blauen Himmel, während ich, an meinen Rucksack gelehnt und Rex' Kopf auf meinem Bauch, die Dunklen Wasserläufer beobachtete, die dicht über den Fluss glitten und mit ihren schlanken Schnäbeln seine makellose Haut aufritzten.

Die Haut des Flusses, dachte ich, benommen von der Gelassenheit, die der Niger verströmte, und ließ meine Gedanken diesem Bild nachtreiben – dem Fluss, der dalag wie eine gemalte nackte Frau mit weicher Haut, auf der die Sandbänke und Pflanzeninseln wie bezaubernde Male wirkten, eine Haut, an die der Fluss nicht gebunden, in der er nicht gefangen war, denn wenn er wollte, in Stromschnellen oder Wasserfällen, verließ er sie einfach und kehrte wieder in sie zurück, sobald ihm danach war. Seine Haut bildete die Grenze zwischen drinnen und draußen, zwischen fremd und eigen, und doch gehörte sie in gewisser Weise schon zum Inneren, zum Fremden. Obwohl sie durchsichtig war – oder gerade deshalb –, schien mir alles, was sich unter ihr verbarg, so faszinierend, so geheimnisvoll.

Als Junge hatte ich den Fluss gerne aus der Perspektive seiner Haut betrachtet, aus der Wellenperspektive, wie ich es damals nannte, wenn ich am Ufer lag und dicht über die Wasseroberfläche hinwegsah, bis die Haut eine andere Farbe annahm – ein Kirschblau oder ein Lamettagrau – und plötzlich nicht mehr weich erschien, nicht mehr einfach zu durchdringen war, sondern dick und fest wirkte, beinahe so fest wie das Eis, in das ich im Winter Löcher bohrte, um die gefrorenen Blutklumpen hinunterzulassen, die bei großer Kälte die besten Köder waren. Diesseits der Flusshaut, so schien es mir damals, gab es keine Geheimnisse mehr, denn auf jede Frage wusste irgendjemand eine Antwort. Jenseits der Flusshaut dagegen waren der Fantasie keine Grenzen gesetzt, und als ich einmal in Wellenhöhe am Ufer lag und ein aufgeregtes Schmatzen und Schlürfen hörte, das eindeutig aus dem Fluss kam, schloss ich die Augen und stellte mir vor, wie die schlecht erzogenen Kinder der Wasserfrauen dort unten am Küchentisch saßen und ihre Suppe ohne Löffel direkt aus dem Teller schlabberten.

Eine Marktpinasse knatterte vorbei und zerriss die Haut des Flusses, und als sich das Boot ein Stück entfernt hatte, beobachtete ich durch das Fernglas, wie der Steuermann das Ruder losließ und eine Hand voll Tomaten in den Niger warf. Faro! Da war er wieder! Gab es ihn wirklich? Fiel er ins Reich der Fantasie? Oder war er eine kollektive Einbildung? Dann drängten sich allerdings beklemmende Fragen auf: Wer riss den Ertrunkenen ihren Bauchnabel heraus? Und wer schnitt ihnen die Nasen aus dem Gesicht? Irgendetwas musste es dort draußen geben. Und das wollte ich herausfinden. Wenn Faro wirklich existierte, wollte ich ihn *sehen*.

Gegen Abend sprang uns ein zweipfündiger Hundsfisch mit silbernen Flanken ins Boot und fiel genau vor meine Füße.

»Von Faro!«, rief Mamadou. »Er mag dich, *n'teri*. Er gibt dir zu essen.«

»Im Fluss leben sieben Geister«, behauptete Drahmane Tigambo, der Dji Tigui von Touara. »Samakatayailou, Samakalatayailou, Yamaradayailou, Djinnibailou, Djinnibasasou, Yamakaradanayailou, Djiguitamoussa. Dies sind die Kinder Faros. Sie entscheiden alle Angelegenheiten im Fluss. Sie halten die Fische gefangen oder lassen sie frei. Djiguitamoussa – er hat den Schlüssel zum Fischverlies.«

Tigambos Augen waren trüb und zeugten von einem fortgeschrittenen Stadium der Flussblindheit. Hinter seinem Ohr klemmte ein Wattestäbchen. Er rotzte unbekümmert in die linke Hand und schleuderte den Auswurf an die Wand seiner Hütte.

»Mein erster Vorfahre, Sanamouy Tigambo, mein Großvater, mein Vater – alle waren sie Dji Tigui. Der Dji Tigui kennt die Geheimnisse der Tiefe. Früher legte er noch die Fischtage und -zonen fest, heute bestimmen die Beamten des Landwirtschaftsministeriums darüber. Wer keine staatliche Erlaubnis hat, dem nehmen sie die Netze weg.« Er schlug die Faust auf den Tisch. Kolanüsse hüpften.

»Hier in Touara hat Hadji Omar den schwarzen Stier geopfert, bevor er gegen Hamdallaye gezogen ist. Wir haben den gefährlichsten Faro im ganzen Fluss. Er schließt die Fische weg. Er tötet. Seine Kinder gleiten ins Wasser wie Krokodile. Sie ziehen Pirogen hinunter. Ihren Opfern reißen sie Bauchnabel und Nasenspitze heraus.«

»Aber warum tun sie das?«

»Ich bin kein Moslem. Ich kann frei sprechen. Der Islam macht die Leute schlecht. Sie ehren Faro nicht mehr; sie bringen seine Opfer nicht, halten sich nicht an seine Verbote. Pirogen kentern, Frauen und Kinder verschwinden, Fischer bleiben auf dem Fluss. Die Leute nennen das Unfälle, aber insgeheim wissen sie, dass Faro böse auf sie ist.«

Wir sahen zu Boden. Sidibés kleiner Finger zappelte in seiner Hosentasche wie ein erstickender Fisch.

»Faro glaubt, dass alles meine Schuld ist«, wimmerte Tigambo plötzlich. »Als Dji Tigui trage ich die Verantwortung, deshalb straft mich Faro vor allen. Jedes Jahr holt er einen aus meiner Familie. Die Menschen haben die Geister verlassen, aber die Geister verlassen die Menschen nicht, niemals. Und ihre Strafen sind grausam.«

»Der Bauchnabel und die Nasenspitze«, sagte ich leise. »Warum reißt Faro sie heraus?«

»Wenn Faro böse ist, wird er sehr hungrig«, flüsterte Tigambo und blickte sich ängstlich um. »Er zieht dich in den Fluss, er beißt deinen Bauchnabel heraus und gibt ihn seinem Hund. Dann schlüpft Faro durch das Loch in dich hinein und frisst deine Eingeweide, dein ganzes Inneres.«

Über die Nasenspitze wusste Tigambo nichts.

»Was ich Ihnen erzählt habe, weiß sonst niemand hier«, sagte Tigambo, während er uns zum Boot begleitete, das weit draußen vor der Sandbank im seichten Wasser auf uns wartete. »Niemand interessiert sich für dieses Wissen, und in meinem Alter weiß man nie, ob man noch von der nächsten Ernte isst. Wenn ich gehe, bleibt nichts. Ich sehe es in Ihren Augen, mein Freund. Sie werden es so schreiben, wie ich es gesagt habe. Bewahren Sie es für uns auf.«

Der Fluss erinnerte an eine tiefblaue Plastikfolie. Sandbänke glühten in der Abendsonne. Der Mond war schon aufgegangen und schimmerte rötlich, und in der Ferne wedelten die ersten Dumpalmen.

»Somata«, sagte Drahmane Tigambo plötzlich, als uns Mamadou schon vom Ufer abgestoßen hatte. »Wenn Sie in Diafarabé sind, fragen Sie nach Somata. Sie hat ein halbes Jahrhundert auf dem Grund des Flusses gelebt. Sie weiß alles über die Innere Welt.«

5

Somata stand bis zum Bauch im Fluss und strich mit ihren Händen über das Wasser, während der Wind an ihrem grauen Haar riss. Sie war eine kräftige, kleine Frau mit rindenhaftem Rücken. Um ihren Hals hing eine Kette aus roten Steinen. Neben ihr stand eine zweite Frau in einem weiten Gewand. Sie wirkte ängstlich und verloren vor der gewaltigen Wasserfläche.

Vom Ufer aus sah man, wie Somata der Frau etwas zuflüsterte; dann legte sie die Hand auf ihren Kopf, beugte sie langsam nach vorne und drückte sie hinunter, bis sie vollkommen im Wasser verschwunden war. Die Menge am Ufer von Diafarabé hielt den Atem an, und wer erst jetzt kam, sah lediglich eine alte Frau mit nacktem Oberkörper, die regungslos im Wasser stand, auf den Fluss hinausblickte und ihren Unterkiefer bewegte, als kaue sie etwas. Die Minuten schlichen dahin, zwei Minuten, drei, vier Minuten, und die Frau war noch nicht wieder aufgetaucht. Die Menge wurde unruhig. Neben uns begann ein Mädchen zu schluchzen, Kinder verkrochen sich in den Gewändern ihrer Mütter, die Alten murmelten leise Verse.

Ich sah Sidibé an. Er starrte auf Somata. Sein Fingerstummel schlug aus wie die Nadel eines Strahlendetektors. Dann ließ der Wind nach, und Somatas Haar senkte sich auf ihre Schultern wie herabfallende Spinnweben. Ihre Kiefer kamen zur Ruhe, und als sie langsam ihren Arm aus dem Fluss zog, tauchte auch der Kopf der Frau wieder auf.

Sie war die unmenschliche Zeit von sieben oder acht Minuten unten gewesen. Sie rang nach Luft und schlug um sich. Dann schrie sie: »Kono! Ich habe Kono gesehen. Meine Schwester lebt. Kono ist gesund. Kono hat mir zugelächelt.«

Da hielt es die Menschen nicht mehr am Ufer. Sie strömten in den Fluss und umringten die beiden. Somata lächelte. Sie hatte keine Zähne. Ihre Brüste waren schlaff und leer. Die Frau an ihrer Seite zitterte. Ihre geflochtenen Haare erinnerten an nasse Bootstaue, ihr Gewand triefte, ihre Augen waren gerötet und von zerlaufenem Kajal verschmiert.

»Kono geht es gut«, schrie sie völlig außer sich und warf den Kopf hin und her, als wolle sie etwas Unsichtbares abschütteln. »Ich habe Kono gesagt, sie soll zurückkommen. Aber Kono will im Wasserdorf bleiben.«

Ein Weinkrampf erfasste die Frau.

»Kono hat Kinder, Wasserkinder, sieben Wasserkinder – vier Söhne und drei Töchter. Kono sagt, dass ihr Platz jetzt dort unten ist.«

Dann brach die Frau zusammen, und die Leute trugen sie in den Schatten. Ihr Atem ging schnell, und ihre Augen rollten sich rastlos unter den Lidern. Sie wimmerte. Um Somata kümmerte sich niemand mehr. Sie blieb allein am Ufer zurück, und als ich mich nach ihr umsah, war die alte Frau verschwunden.

Diafarabé lag auf der Spitze einer gewaltigen Landzunge und erhob sich aus dem Fluss wie eine zerklüftete, von langstämmigen Palmen überragte Piratenfestung. Wir glitten dicht unterhalb der grauen Lehmhäuser entlang, die der Niger teilweise fortgerissen hatte; dann steuerte Mamadou auf den offenen Fluss hinaus. Als wir tiefes Wasser erreichten, legte er die Stake beiseite und nahm das Paddel. Rex wurde unruhig und begann zu schnuppern, als wittere er etwas. Sidibé rieb seine Lippen mit Balsam ein und starrte ins dickflüssige schwarze Wasser.

»Was hat Somata mit der Frau gemacht?«, brach ich das Schweigen.

»Er ist hier«, sagte Sidibé apathisch, und die Gebetskette schnürte sich in seinen Fingerstummel. »Ich kann ihn spüren. Er war am Ufer in Diafarabé, und jetzt ist er hier, direkt unter unserem Boot.«

Rex begann zu winseln.

»Von wem reden Sie, Sidibé?«

»Nicht jetzt, *n'teri*!«, zischte Mamadou nervös, schaufelte eine Hand voll Hirsekörner aus der ausgebeulten rechten Jackentasche und warf sie ins Wasser.

Als wir morgens in Diafarabé angekommen waren, hatte ich über hundert Pirogen auf dem Fluss gezählt. Nun näherte sich die Sonne dem Horizont, und der Niger war wie leer gefegt. Ich sah keinen Vogel am Himmel; kein Fisch sprang – nicht einmal Insekten zirpten.

»Er ist hier!«

»Sidibé, bitte!«

Eine eisige Brise schob sich den Fluss herunter, und um uns herum erhoben sich blaue Dunstschleier. Mamadou paddelte, als gehe es um unser Leben. Das Kielwasser schäumte in eitrigem Gelb. Rex sprang auf, er zog die Lefzen nach oben und knurrte das Wasser an. Die weißen Perlen von Sidibés Gebetskette klickten aufgeregt. Kurze Verse, dachte ich, vielleicht das »la ilaha ill-Allah«[18], doch ich kam nicht mehr dazu, mitzuzählen, denn im selben Augenblick streifte etwas den Boden der Piroge, ein lautes Kratzen – viel zu hell für einen Ast oder eine Pflanzeninsel. Es klang eher wie das Schleifen von scharfkantigem Metall, und gleich darauf streifte etwas Mamadous Paddel. Plötzlich kippte das Boot nach links, Wasser schwappte herein. Rex jaulte, Mamadou und Sidibé schrien gleichzeitig »Allah!«, ich griff nach meinen Notizbüchern. Reflexartig rutschten wir nach rechts und drückten die Piroge gerade noch in ihr Gleichgewicht zurück.

Niemand sah sich um. Mamadou rammte das Paddel in den Fluss und schob uns mit kräftigen Stößen vorwärts. Mein Herz raste. Ich fixierte den Strand. Er kam langsam näher, doch Mamadou schien ihn nicht wahrzunehmen. Zumindest beachtete er ihn nicht. Er drosch mit dem Paddel auf das Wasser ein, bis das Boot auf den Sand lief und mit einem Ruck zum Stehen kam. Wir sprangen an Land und rannten das Ufer hinauf. Oben erwartete uns ein alter Mann. An seinen Beinen schlotterten schwarze Tuchhosen wie Segel im Wind.

---

[18] Es gibt keinen Gott außer dem einzigen Gott.

»Hat man Ihnen in Diafarabé nichts gesagt?«, schrie er, außer sich
vor Aufregung.

Sein zugekniffenes rechtes Auge öffnete sich einen Spaltbreit, und ich
sah, dass die Augenhöhle leer war.

»Sind Sie lebensmüde? Der Fluss ist gesperrt, gesperrt.«

»Gesperrt?«, fragte ich atemlos.

»Nicht jetzt«, japste der Mann. »Nach dem Abendgebet ist Zeit.«

Sein Name war Gaya Karabenta. Wir hatten unsere Zelte am Morgen
neben seinem Camp aufgeschlagen, das sich auf einer Anhöhe über
dem Fluss erhob und eine schöne Aussicht auf Diafarabé am gegenüberliegenden Ufer bot. Die Leute hier waren Bozo aus Mérou und
Macina. Ihre Hütten bestanden aus zwei geflochtenen Strohwänden
und einem Dach aus Leintuch – kaum mehr als ein Windschutz. Darunter lagen die Schlafmatten.

Wir stiegen über Netze, Reusen, Fischgerippe, Kalebassen, leere
Tablettenschachteln, Zigarettenstummel, Keulenäxte, Badeschlappen, zerrissene Matten, Harpunen, ausgelaufene Batterien. Ein rotznäsiger Junge mit verklebtem Haar stieß eine Stake in einen Tauben-
stall; die Vögel flatterten erschrocken auf und wirbelten Mist und
Federn durch das Camp.

Als die Sonne unterging, sprachen Sidibé und Mamadou das Abendgebet. Am Rand meines Gesichtsfelds sah ich Rex, der eine Stroh-
wand nach der anderen mit seinem Harn besprenkelte. Zur Sicherheit markierte er auch die Leintücher. Dann kam er zufrieden
herüber und legte sich neben mich.

»Warum war der Fluss gesperrt?«, fragte ich Karabenta nach dem
Abendessen.

»Somatas Patientin, die schreiende Frau im Fluss«, sagte er und sog
an einer Pfeife, die mit einem Stück chinesischer Teedose gedeckt
war. »Sie kommt aus Macina. Ihre Schwester, Kono, ging Wasser
holen und kam nicht zurück. Viele Jahre ist das her, doch der
Schmerz der Menschen hält lange. Deshalb kam die Frau nach Diafarabé. Sie bat Somata um Hilfe. Somata hat Faro gerufen. Und Faro
hat der Frau ihre Schwester gezeigt. Kono ist nicht tot. Sie lebt in
einem Wasserdorf. Es geht ihr gut.«

»Und deshalb war der Fluss gesperrt?«

»Wenn Somata Faro ruft, sagt sie es vorher den Fischern, denn Faro kommt nie allein. Er bringt die Bewohner der Inneren Welt mit. Er bringt den Sale-Massa mit, den wir *shabi* oder *bamoutou* nennen – einen Kapitänsfisch, zweimal so groß wie eine Piroge. Er hat rote Schuppen. Er brennt ein Loch in dein Netz. Und wenn dein Paddel ihn berührt, ist es vorbei. Du stirbst, stirbst.«

Eine Frau mit goldenen Ohrensteckern und zitronengelbem Kopftuch breitete Stroh auf dem Boden aus, belegte es mit Kuhdung und zündete es an. Dann legte sie Weißfische obenauf, um sie zu räuchern.

»Niemand darf auf den Fluss, wenn Somata die Geister ruft. Niemand will Faro beleidigen, denn Faro wird böse, böse. Faro...« Karabenta brach ab, und sein gesundes Auge sah uns traurig an.

»Aber wir wussten nichts von dem Verbot!«, sagte ich und rutschte unruhig auf der Matte hin und her.

»Ein Verbot ist ein Verbot«, sagte Karabenta streng, klopfte seine Pfeife aus und erhob sich ächzend.

Er nahm die Sturmlaterne und bedeutete uns, ihm zu folgen. Wir gingen ein Stück durch die Nacht und erreichten einen einzelnen Felsen, um den ein Ameisennest gewachsen war. Im Schein der Sturmlampe erkannte ich Speisereste, geronnene Blutklumpen und weiße Federn. Sidibé trat vor und stellte wortlos einen unserer Proviantsäcke vor den Stein. Karabenta breitete den Inhalt auf dem Boden aus, sieben Tomaten, sieben weiße Kolanüsse, eine Schüssel Hirsebouille. Dann löschte er die Sturmlaterne, sah auf den Niger und rief:

»Herr des Flusses, Schöpfer des Universums und der sieben Himmel, Hüter der Seelen. Sie sind Fremde, Faro. Niemand hat ihnen das Verbot übermittelt. Sie bitten dich um Vergebung, Faro. Sie bringen dir Tomaten, Kola, Bouille. Sei nicht böse, böse, denn ihre Geschenke schmücken deinen Schrein.«

Danach gingen wir schweigend am Ufer entlang zurück. Karabenta hatte die Sturmlaterne nicht mehr angezündet, und in der Dunkelheit hörte ich, wie die Perlen von Sidibés Gebetskette klickten. Eine einzelne Wolke zog vor den Mond. Über uns stieß ein Nachtvogel ein heiseres Quoharr! aus.

»Die Innere Welt ist wundervoll«, flüsterte Karabenta. »Deshalb will

Kono nicht zurückkommen. Vielleicht bleibt sie so lange im Fluss wie Somata. Vielleicht bleibt sie sogar für immer.«

»Somatas Geschichte«, sagte ich und stolperte vor Aufregung über einen Stein. »Kennen Sie Somatas Geschichte?«

»Somata stammt aus dem Clan der Tomata, einer sehr alten Familie«, begann Karabenta, nachdem wir das Camp wieder erreicht und uns vor seinem Windfang niedergelassen hatten. »Als junges Mädchen wusch Somata eines Tages mit ihren Freundinnen Wäsche am Ufer. Plötzlich begann das Wasser zu brodeln. Etwas packte Somata und zog sie in den Fluss. Sie hat nicht geschrien, Somata hat nicht geschrien.«

»Was genau ist damals passiert?«, fragte ich bestürzt.

»Ich kannte Somata gut«, sagte er, und das Flackern des Feuers verfing sich in seiner leeren Augenhöhle. »Wir waren im gleichen Alter. Sie war wunderschön. Die Flussgeister haben sie geliebt, haben sie so sehr geliebt, dass Faro sie zu sich holte. Nicht im Bösen, Bösen – nein. Die Geister haben Somata gut behandelt. Es hat ihr an nichts gefehlt.«

Der Platz vor der Hütte hatte sich gefüllt, denn jeder wollte Somatas Geschichte hören. Karabenta schien der einzige Alte im Camp zu sein. Wir waren umringt von jungen Männern mit kräftigen Armen und ledernen Händen. Halbnackte Kinder bildeten dichte Knäuel, im Hintergrund standen die Frauen mit ihren Babys.

»Zweiundvierzig Jahre später stieg an derselben Stelle eine Frau aus dem Fluss«, hauchte Karabenta, und ein Raunen ging durch die Runde. »Sie war nackt. Sie war alt und grau. Sie trug eine rote Kette um den Hals. Sie stieg aus dem Wasser, grüßte die Frauen am Ufer und ging direkt zum Gehöft ihrer Familie. Somata war zurückgekehrt.«

In der Glut des Feuers knackte ein Stück Holz, dann war es still – so still, dass ich Rex' gleichmäßigen Atem hinter mir hören konnte.

»Ein paar Wochen später – ich ließ mir gerade ein Gewand beim Schneider fertigen – kam Somata zu mir. Sie nannte mich *beau-frère*[19]. Sie sagte, dass die Piroge, die an diesem Nachmittag nach

---

[19] Schwager

Dioro aufbrechen sollte, kentern würde, in einem Seitenarm, den wir Gousou nennen. Es würde viele Tote geben. Die Piroge war jedoch schon beladen, und die Leute lachten Somata aus.«
Karabenta seufzte und sah uns traurig an.
»Die Piroge kenterte im Gousou, keiner hat überlebt. Es gab einhundertsiebzehn Tote, Tote. Somatas Kräfte sind…«
Er hatte die Pfeife in seinem Mund vergessen, musterte die geflochtenen Strohhalme des Windschutzes und schien darin nach einem passenden Wort zu suchen.
»Somatas Kräfte sind wie das Strömen des Flusses. Wenn jemand ertrinkt, holen wir sie, und sie bringt den Körper aus der Inneren Welt zurück. Somata kocht unter Wasser, sie taucht auf, und die Speisen dampfen in ihrer Schüssel. Und wenn sie reist, braucht sie keine Piroge. Sie steigt einfach in den Fluss, und er bringt sie, wohin sie will. Die Flussgeister lieben Somata noch immer. Sie laden sie zu ihren Hochzeiten in die Wasserdörfer ein.«
Karabenta erhob sich schwerfällig, verschwand in seiner Hütte und kam mit einem alten Fernseher zurück. Er stellte ihn vor mich hin, drehte an den Reglern und redete auf Bozo auf mich ein.
»Er sagt, der Apparat sei aus Deutschland«, übersetzte Sidibé. »Er funktioniert nicht mehr.«
Ich sah ihn fragend an.
»Er sagt, dass Sie auch aus Deutschland sind.«
Sidibé unterdrückte ein Lachen.
»Er fragt, ob Sie nicht einmal mit dem Fernseher reden könnten. Ein Wort unter Landsleuten. Vielleicht hört er auf Sie und schickt wieder Bilder.«

Am folgenden Morgen fuhren wir nach Diafarabé hinüber und fanden Somata am Ufer unterhalb des Bozo-Quartiers. Sie zeterte und schlug mit einer Rute auf ein paar Frauen ein, die ihre verkohlten Töpfe im Fluss wuschen. Sie sammelten erschrocken ihre Sachen ein und suchten das Weite, während Somata Milch ins Wasser goss.
»Sie reinigt das Wasser«, flüsterte Sidibé. »Sie heilt die Augen der Faro-Kinder.«
Somatas Hütte lag neben einem übel riechenden Wasserloch. Der

Wind drückte Plastikfetzen an die Umfriedung aus dornigem Buschwerk, wo sie flatterten wie gepfählte Fledermäuse. In einer Ecke des Hofs wuchs ein wenig Gombo, ansonsten war er vegetationslos und trocken wie die Wüste.

Wir setzten uns vor die Lehmhütte, und Sidibé überreichte Somata eine Flasche Schnaps. Sie trug einen schmutzigen Wickelrock und ein orangefarbenes Hemd mit der Aufschrift *San Francisco*. Ihr Blick war flüssig und trüb wie ein See nach dem Regen; ihre Lippen schienen vernarbt. Sie roch nach Uferschlamm und Algen.

Während Sidibé uns vorstellte und nach Faro fragte, füllte Somata ihre Kalebasse und trank den Schnaps wie Wasser. Dann spuckte sie kräftig aus und starrte ins Leere. Ihr Unterkiefer begann sich zu bewegen, und dem zahnlosen, leicht geöffneten Mund entwich ein kaum hörbares Hauchen, das ich zuerst für ihren Atem hielt. Doch dann wurde es deutlicher und verwandelte sich in sehr leise Worte.

»Sie sagt, sie darf nicht über ihr Leben im Wasser sprechen«, übersetzte Sidibé, der sein Ohr fast an ihren Mund gelegt hatte. »Doch Faro hat sie zu seiner Mittlerin bestimmt. Über Faro darf sie sprechen. Sie hat in Faros Haus gewohnt. Sie hat mit Faro getanzt.«

Aus der Flut leiser Laute, die Somata von sich gab, glaubte ich ein Wort herauszuhören, das sich ständig wiederholte. Es klang wie »wunutunu«. Ich fragte Sidibé danach.

»Sie spricht Bozo«, flüsterte er. »Aber auch Worte, die niemand versteht, Worte aus der Sprache der Flussgeister. Sie sagt, Faro ist immerüberall. Alles kommt von Faro. Alles hängt von Faro ab. Faro ruht niemalsnicht. Er überwacht den Lauf der Dinge. Er hütet die Seelen. Er gibt Gesundheit, gibt Krankheit, gibt Leben, nimmt Leben. Faro ist in der siebten Himmelsschicht. Er ist im Blitz, im Donner, im Hagel. Er ist im Regenbogen. Er bringt die Flut nach dem großen Regen – die gute und die verheerende. Auf der Erde ist Faro im Niger. Er ist hierunddortzugleich. Er ist im Mar, im Brunnen, im Bewässerungskanal. Er ist in der Strömung, im blauen Dunst, der aus dem Wasser steigt.«

Somatas Stimme klang jetzt wie ein Bach, der leise durch einen Wald gurgelt. Sie wiegte ihren Oberkörper vor und zurück und ließ die Worte aus ihrem Mund strömen, ohne Atem zu holen. Ihre Augen

224

waren geschlossen. Tränen tropften auf den staubigen Boden, behielten einen Moment lang ihre Form bei und hüllten sich in feinen Staub wie winzige Glasperlen; dann zerflossen sie und lösten sich auf.

»Und wie sieht Faro aus?«, fragte ich aufgeregt.

Sidibé übersetzte. Er wirkte beunruhigt. Er verbarg seine Hände hinter dem Rücken, doch ich war sicher, dass der Stummel seines kleinen Fingers heftig bebte.

»Faro kann viele Gestalten annehmen. Er kann ein weißes Pferd sein. Er kann eine Gazelle sein. ErkanneinKaimansein. In menschlicher Gestalt ist er eine Frau. Ihre Haut ist halb Albinohaut, halb Leder. Ihr Haar ist schwarzlangglatt. Auch ihre Augen sind schwarz – durchdringende Augen. Faros Ohren haben keine Muscheln. Es sind zwei Löcher mit kleinen durchsichtigen Flossen. Seine rechte Hand ist männlich, die linke weiblich. Zwischen den Fingern spannen sich Schwimmhäute. Um den Hals trägt er zwei Ketten, eine aus Leder, eine aus Gold. SiefangenalleMenschenworteein.«

Somatas Stimme wurde höher, kräftiger, mitreißender. Ich sah sie nicht ein einziges Mal Luft holen. Sie redete, aber sie atmete nicht. Die Tränen strömten nun in breiten Rinnsalen über ihre Wangen und bildeten dunkle Flecke im Sand.

»Von den Ketten erfährt Faro, wer seine Verbote nicht einhält. Faro will nicht, dass die Bauern Zwiebeln am Flussufer pflanzen. Auch der schwarze Uferschlamm ist tabu. Er darf nicht zu Töpfen gebrannt werden. Faro verbietet es, Butter im Wasser frisch zu halten. Und die Frauen dürfen keine verkohlten Töpfe im Fluss waschen. Dennder-RußmachtseineKinderblind. Wer den Fluss überquert, muss seine Taschen öffnen. Faro will alles Gold und Leder sehen, am Schrein sind Metalle tabu. Faro hasst auch Menstruationsblut, wertloses, schmutziges Blut. DieblutendeFraudarfkeinWasserschöpfen, sie darf nicht baden, keine Wäsche machen. SiedarfdenFlussnichtüberqueren.«

Die Tränen strömten jetzt über Somatas Wangen in den Mund, und während sie sprach, zerplatzten kleine Luftblasen zwischen ihren Lippen. Ihre Stimme sprudelte, gurgelte, blubberte und klang dumpf wie ein Schrei unter Wasser.

»Bauchnabel und Nase«, flüsterte ich Sidibé zu. »Fragen Sie Somata nach den Wunden der Opfer.«

»Als die Menschen noch unsterblich waren, hatten sie glatte, weiche Glieder. Doch sie achteten Faros Verbote nicht. Und Faro verwandelte die Menschen in sterbliche Wesen. Er ließ ihre Glieder erstarren. Er gab ihnen Gelenke, damit sie arbeiten konnten, denn sie mussten jetzt für sich selbst sorgen. Der Bauchnabel ist der Knoten aller Gelenke. Er hält den Körper zusammen. Wenn Faro tötet, reißt er den Bauchnabel heraus, undderKörperzerfällt.«

»Und die Nase?«

»Die Nase ist der Kanal des Atems. Wir nennen ihn *ni na kle* – Seele, die auf- und absteigt. FaroziehtseinOpferinsWasser. Dann schneidet er ihm die Nase heraus. Indem Faro den Atem nimmt, nimmt er das Leben. Wenn der Körper gefunden wird, muss ein Opfer gebracht werden. Sonst ist die Seele des Toten verloren und kann nicht in den Körper eines Kindes zurückkehren.«

Ich starrte Somata an. Ihr Gesicht war jetzt zu einer Grimasse verzerrt. Noch immer strömten Tränen aus ihren geschlossenen Augen. Sie troff am ganzen Körper, ihr Haar hing völlig durchnässt über die Stirn. Das Hemd klebte an ihren Brüsten, ihre buschigen Augenbrauen waren durchtränkt, und an ihren Ohrläppchen zitterten Wassertropfen wie gläserne Perlen.

»Wenn der Körper nicht gefunden wird, geht der Vater des Vermissten zum Chef des Komo[20]. ErgibtihmsiebenTomaten. Der Chef wirft sie vor sieben Alten in den Fluss. Er bittet Faro um die Erlaubnis, den Körper unter Wasser zu suchen. Dann tauchen die Bozo hinunter. SieholendenKörperheraus. Der Chef des Komo schneidet die Nase aus dem Gesicht. Er schneidet den Bauchnabel aus dem Körper. ErwirftsieinsWasser. Als Geschenk für Faro. Dann drehen die Alten den Körper auf den Bauch. Sie drücken das Wasser aus ihm heraus, denn wer einen Körper voller Wasser beerdigt, der beerdigt den Regen. UnddasholtdieDürreinsLand.«

Somata schrie jetzt – rasend, schrill, ohrenbetäubend –, und die Worte hallten wider wie in einer tiefen Schlucht. Ihr Oberkörper wogte auf und ab. Ihr Mund versprühte Gischt, die verdampfte, bevor sie den Boden erreichte. Der Tränenteich zu ihren Füßen trat

[20] Männer-Geheimbund

über seine Ufer und mäanderte in haarfeinen Rinnsalen durch den Sand.

»NaseBauchnabelNase«, schrie sie. »Jeder Körperteil des Menschen hat seine Bedeutung. In den Haaren ist das *ni*. In den Gelenken ist der männliche Samen, im Mund das *nyama*, die Lebenskraft des Menschen. ZungeundSpeichel halten das *nyama* wach. Und von den Fingern hat der kleine den höchsten Wert. Er ist der Sohn der übrigen Finger. Der kleine Finger steht für den ganzen Menschen. Deshalb nutzen ihn die Wahrsager. Deshalb nutzen ihn die Marabuts. DeshalbnutzenihndieschwarzenFetischeure …«

Sidibé verbarg seinen Fingerstummel und sah Somata scharf an. Sie schien seinen Blick zu spüren, denn ihre Worte rissen ab, und sie öffnete die Augen. Rote Adern wanden sich zwischen den geschwollenen Lidern. Sie griff nach meiner Hand, spuckte hinein und verstrich ihren heißen, klebrigen Speichel darin. Sie musterte meine Handlinien und knetete die Beere meines kleinen Fingers. Dann hauchte sie einige sehr leise Worte, erhob sich mühelos und verschwand in ihrer Hütte.

»Was hat sie gesagt?«, fragte ich und wollte Somatas Speichel an der Hose abwischen, doch Sidibé zog meine Hand zurück.

»Ihr Speichel hat Kräfte«, sagte er ernst. »Sie müssen ihn so lange wie möglich auf Ihrer Hand lassen.«

»Was hat sie gesagt, Sidibé?«, hakte ich nach, überwand mich und schloss die klebrige Hand.

»Sie sagt, Sie werden einen Freund verlieren. Sie sagt, der Fluss wird Gefallen an ihm finden. Er wird ihn sich holen.«

Es war unsere letzte gemeinsame Nacht. Mamadou hatte Passagiere nach Macina gefunden. Sidibé wollte den Lastwagen nach Dia nehmen, um dort etwas für sein Buch zu recherchieren, und ich selbst würde mit der Marktpinasse nach Mopti weiterreisen. Wir aßen frittierten Hundsfisch, schauten schweigend in den Himmel und beobachteten, wie der Vollmond mit unendlicher Geduld in den Kernschatten der Erde wanderte und schließlich darin verharrte. Er sah aus wie ein kreisrundes Loch, durch das man in die Welt hinter dem Nachthimmel blicken konnte. Sie hatte die Farbe einer matt leuchtenden Orange.

»Ganz Mali schaut jetzt dort hinauf und betet«, flüsterte Sidibé.
»Natürlich gibt es eine wissenschaftliche Erklärung für eine Mondfinsternis, doch wir Moslems glauben, dass es ein Zeichen ist. Gott kann unsere Sünden nicht mehr ertragen. Deshalb verhüllt er das Gesicht des Mondes. Jeder kann es sehen. Jeder weiß, was es bedeutet. In dieser Nacht bitten wir Gott um Vergebung.«
Sidibé rollte den Teppich aus und murmelte sein Gebet dem erloschenen Mond entgegen. Ich ging mit der Taschenlampe zum Fluss hinunter und hockte mich ans Ufer, um meine Zähne zu putzen. Es war vollkommen windstill. Sandbänke hoben sich undeutlich vom Wasser ab. Aus der Ferne hallten Trommeln über den Fluss. Ich drückte die Paste auf die Bürste und begann gerade zu schrubben, als mich plötzlich das Gefühl ergriff, dass mich etwas aus dem Fluss heraus anstarrte. Ich spürte deutlich einen kalten Blick, der über mich hinwegglitt. Mich fror. Etwas lag dort im schwarzen Wasser, dessen war ich mir sicher, und ich erwartete einen Schrei – einen metallischen Schrei, mit dem dieses Etwas aus dem Wasser schnellte, mich packte und hinunterzog. Ich wollte meine Taschenlampe nehmen, um den Strahl auf das Wasser zu richten, doch ich war gelähmt vor jäher, nackter Angst, und zugleich fühlte ich mich von diesem körperlosen Blick angezogen. Ich zwang mich, ihn zu erwidern. Und für einen kurzen Augenblick glaubte ich, im Wasser ein Gesicht zu sehen – das Gesicht einer weißen Frau mit langem, schwarzem Haar. Doch dann sah ich mich selbst. Ich sah, wie ich über eine endlose Sandfläche wanderte. Ich ging rückwärts und verwischte die Fußspuren, die ich dabei hinterließ.
Eine Gänsehaut lief über meinen Rücken. Ich wendete mich ab, trat einen Schritt vom Fluss zurück, dann noch einen, dann rannte ich zum Zelt. Sidibé sah mich verwundert an. Die Zahnbürste steckte noch in meinem Mund.
»Sie haben ihn gesehen, nicht wahr?«, sagte er. »Faro hat sich Ihnen gezeigt.«

Mamadou war bereit für die Rückreise. Er hatte das Sonnendach auf dem Markt verkauft und in der Bootsmitte einen Mast aufgestellt. In der Piroge saßen Passagiere und ein Dutzend gescheckte Ziegen. Im

Bug lagen Säcke und Kisten, und in unserer Bordküche standen jetzt zwei verbeulte Mopeds. Als alles verzurrt war, kam er das Ufer herauf, zog eine Kette aus Schlangengliedern aus einer geheimen Tasche unter dem Jackenkragen und überreichte sie mir.

»Damit du Mamadou nicht vergisst, *n'teri*«, sagte er und blickte unbestimmt auf den Niger. »Mamadou Traoré, Bozo aus Segu. Er hat dich sicher den Fluss hinuntergebracht, *n'teri*. Er hat dein *dya* gerettet. Er hat den gesperrten Fluss mit dir überquert, schneller als Faros hungrige Kinder.«

Dann berührte er die ausgebeulte Brusttasche, in der das Schweizer Messer steckte, lächelte, stieg wortlos in die Piroge, hisste ein schwarzes Plastiksegel und ließ sich vom Nordost den Fluss hinaufschieben, ohne sich noch einmal umzudrehen.

»Der Niger«, sagte Sidibé gedankenverloren, während wir der Piroge nachsahen, bis sie nur noch ein winziger Punkt war und schließlich hinter einer entfernten Biegung verschwand. »Ich dachte immer, es sei ein gerader Strom, zwei Ufer, das Wasser dazwischen. Aber dieser Fluss ist ein Labyrinth – all diese Windungen, die Arme, die Inseln. Ich werde mein Buch um ein Kapitel erweitern müssen.«

Ich pfiff nach Rex. Er stellte die Berieselung der Bugspitzen ein, und wir begleiteten Sidibé zum Lastwagen. Er hatte die ganze Nacht hindurch gebetet und sah etwas verkatert aus. Er stieg auf die Ladefläche, trug Lippenbalsam auf, knöpfte die grüne Skijacke zu, rückte die Pudelmütze zurecht und wickelte den Wollschal um sein Gesicht. Der Motor sprang an, und eine dicke Wolke stieg unter dem Lastwagen hervor.

»Sie haben mich nie nach meinem kleinen Finger gefragt«, sagte Sidibé plötzlich und beugte sich ein Stück zu mir herunter. »Sie dachten, es sei eine Frage, die man nicht stellt. Aber Sie wollen es doch wissen? Sie wollen doch wissen, was es mit meinem kleinen Finger auf sich hat, nicht wahr?«

Der Fahrer legte geräuschvoll den Gang ein, und der Lastwagen fuhr langsam an. Sidibé streckte mir seine Hand entgegen. Ich nahm sie und spürte ihren festen, unheimlichen Druck.

»Am Tag meiner Geburt setzte die Dürre ein«, sagte er durch den Schal hindurch, während ich langsam hinter dem Lastwagen herging.

»Die Felder verbrannten, der Fluss trocknete aus. Mein erster Geburtstag kam, und die Leute warteten noch immer auf den Regen. Sie hungerten. Mein Vater hatte das Große Wissen. An meinem zweiten Geburtstag sprach er mit Faro, und Faro sagte ihm, was zu tun war.«

Der Lastwagen wurde schneller, und ich begann zu laufen. Staub wirbelte auf. Ich hustete, sprang über Schlaglöcher und hielt Sidibés Hand fest. Er zog den Schal vom Mund, lächelte und sah voller Mitleid zu mir herunter.

»Mein Vater legte meine Hand auf ein Stück heiliges Holz«, rief Sidibé. »Er nahm ein Messer und schnitt meinen kleinen Finger ab. Er trocknete ihn an der Sonne, sieben Tage lang. Dann bestrich er ihn mit Antilopenblut und warf ihn in den Fluss.«

Ich rannte jetzt, keuchte, stolperte, unsere Hände verloren sich, und der Lastwagen hüllte sich in eine Staubwolke, doch Sidibé Koulibalis Stimme war noch deutlich zu hören.

»Er hat meinen Finger in den Fluss geworfen«, schrie er gegen den Lärm des Motors an. »Noch am selben Tag schickte Faro den Regen.«

6

Sie haben Glück, Monsieur«, sagte der Mann hinter dem Schalter in Mopti. »Der Fluss führt noch ausreichend Wasser. Gerade genug für eine letzte Fahrt nach Timbuktu. Erste Klasse, Monsieur?«

»Dritte, bitte.«

»Weiße reisen erster Klasse«, entgegnete er und sah mich verwundert an.

»Ich nicht.«

»Diese Leute reisen dritter Klasse, Monsieur«, beharrte er und zeigte abfällig auf die Wartenden hinter mir. »Acht, zehn, zwanzig von denen in einer Kabine. Bettler, Diebe, Vieh. Solche Leute, Monsieur, solche Leute.«

»Eben.«

Er kniff die Augen zusammen.

»Reisen Sie alleine?«

»Zu zweit«, sagte ich und zeigte auf Rex, der neben mir stand und aufgeregt wedelte.

»Ein Hund?«, rief der Mann fassungslos. »Ein Hund auf der *Tombouctou? Ausgeschlossen! Unmöglich! Vollkommen unmöglich!*«

Ich schob diskret einen Geldschein über den Schalter und streichelte Rex, der mich besorgt ansah. Der Mann blickte sich verstohlen um, steckte den Schein in die Tasche und zog in derselben Bewegung ein Taschentuch heraus, um sich den Schweiß von der Stirn zu tupfen.

»Erster Klasse oder gar nicht«, brummte er, riss eine gelbe Fahrkarte ab und schob sie mir hin. »Aber machen Sie mir keinen Ärger, Monsieur. Ihr Hund kann sich doch benehmen? Er ist doch nicht bissig? Und, Monsieur, selbst ein Hund hat seine Bedürfnisse, Sie wissen schon.«

»Natürlich«, sagte ich, bezahlte und tat so, als hätte ich die gelbe Pfütze vor dem Schalter nicht bemerkt.

Die *Tombouctou* lag in strahlendem Weißblau am Kai, und ich konnte es kaum erwarten, auf das Schiff zu kommen, das noch fast verlassen vor Anker lag. Als ich mit Rex über den Steg zum Zwischendeck hinüberging, fiel mir steuerbord ein Weißer mit langem, grauem Bart auf. Er saß auf dem Oberdeck vor seiner Kabine und beobachtete mich, doch als ich zu ihm hinaufsah, lehnte er sich schnell zurück und verschwand hinter der offen stehenden Kabinentür.

Ich folgte dem Steward, einem jungen Mann in einem zweireihig geknöpften Bordjackett mit blauem Umlegekragen. Wir stiegen den Aufgang hinauf, gingen nach backbord hinüber und kamen dort an etlichen blau lackierten Türen vorbei. Der Steward blieb vor Nummer 7 stehen und schloss auf.

»Ihr Hund, Monsieur?«, fragte er und warf Rex einen feindseligen Blick zu.

»Wir sind Reisegefährten«, sagte ich und gab ihm ein großzügiges Trinkgeld.

»Schöner Hund«, sagte der Steward und lächelte.

231

In der engen Kabine stand ein zweistöckiges Etagenbett. Die Laken waren fleckig und zerknittert. Es war heiß und roch nach Zigarettenrauch. Ich verstaute meine Sachen in einem der beiden Pressspanschränke, deren Türen fehlten, dann drehte ich den Wasserhahn auf und hoffte auf ein Anzeichen von aufsteigendem Nass, bis ich sah, dass die Anschlüsse in der Luft hingen. Ich nahm eine Hand voll Guaven aus meiner Tasche und stieg auf das verlassene Sonnendeck, um das Treiben am Kai zu beobachten.

Auf dem Ponton standen Jungen, die ihre Angelleinen auswarfen oder ins Wasser pinkelten. Frauen in leuchtenden Gewändern kauten auf Zahnhölzern. Nach und nach strömten Träger, Händler und Passagiere aus allen Richtungen herbei, wuselten ameisenhaft über die Rampe – beladen mit Melonen, Kürbissen, Reis- und Orangensäcken –, und das Gedränge wurde bald so dicht, dass es den Anschein hatte, die Köpfe der hoch gewachsenen Tuareg mit ihren farbenfrohen Gesichtsschleiern trieben körperlos auf der Menge dahin. Alle sickerten sie in das Schiff ein wie eine sprudelnde Flüssigkeit, füllten jeden Winkel mit ihren Körpern, mit Tongefäßen, Gebetsteppichen, Ziegen und Perlhühnern. Getriebeteile für Lastwagen wurden herübergereicht, ein Außenbordmotor, Nähmaschinen mit Tretpedalen, Mahagonimöbel.

Die Sonne war schon untergegangen, als das dritte Bordsignal ertönte und die Maschinen der *Tombouctou* mit einem tiefen Grollen ansprangen. Das Schiff erzitterte, die letzten Händlerinnen rannten die Rampe herunter, warfen Säcke und Tüten herüber und sprangen dann selbst an Bord. Die Ladestege wurden dröhnend eingezogen, und dann legte die *Tombouctou* ab. Eine gewaltige, im Licht der Scheinwerfer weiß erscheinende Dieselwolke stieg in den Himmel; das Schiff drehte sich vorsichtig um die eigene Achse, ließ langsam die rostigen Kähne und Schleppelemente hinter sich und schnaubte wie ein schwerfälliges prähistorisches Ungetüm auf den schwarzen Strom hinaus.

Als ich in die Kabine zurückkam, war ein riesiger Mann in ockerfarbenem Boubou und Ledersandalen damit beschäftigt, Kalebassen zu einem Turm zu stapeln, der bis unter die Decke reichte. Um das

Waschbecken standen Eimer und Plastikstühle. Daneben lagen Guavensäcke, Getreidesiebe und ein Bündel Grasbesen; den Rest des schmalen Gangs verstopfte ein Karton, der einen Großbildfernseher enthielt.

Ich sah noch einmal nach der Kabinennummer. Es war die Sieben. Der Mann setzte die letzte Kalebasse auf die Turmspitze, drehte sich um, kniff die Augen zusammen und sagte:

»Toubabou! Ich teile die Kabine mit einem Toubabou! Schnarchen Sie? Ich kann schnarchende Toubabous nicht ausstehen.«

»Ich auch nicht«, sagte ich und stellte mich vor.

»Alidji Taoudina«, entgegnete der Mann. »Schuldirektor in Timbuktu. Ich bin auf dem Weg nach Hause. Und das...« – mit einer Handbewegung auf sein Bett deutend – »...das ist meine Gattin. Wir reisen zusammen.«

Die Frau trug ein Gewand im Moosgrün des Matratzenbezugs. Zwischen all den Waren hatte ich sie gar nicht bemerkt. Sie nickte mir zu und sah Hilfe suchend zu ihrem Mann auf.

»Und das...«, imitierte ich Alidjis Tonfall, »...das ist mein Freund. Wir reisen ebenfalls zusammen.«

Rex schlenderte herein, beschnüffelte die Waren, verkniff es sich jedoch, den Karton zu markieren, der ihn an eine Hauswand erinnern musste, und ließ sich vor das Bett fallen.

»Ein Hund!«, schrie Alidji. »Wir reisen erster Klasse! Hunde sind verboten! Tiere aller Art sind verboten!«

Rex knurrte.

»Schon gut, schon gut«, sagte Alidji und hob beide Hände. »Ich reise mit meiner Frau. Sie reisen mit Ihrem Hund.«

Kurz nach fünf Uhr morgens wachte ich auf. Die Schiffsschrauben standen still. Ich zog mich an und ging mit Rex hinaus. Unser Atem bildete kleine Wolken. Im Osten kündigte ein violetter Streifen den Tag an. Die *Tombouctou* lag in einem riesigen, von vereinzelten Wasserflächen durchbrochenen Bourgouteppich, der bis an den Horizont reichte. Die Landschaft war topfeben, bis auf wenige weit verstreute Baumgrüppchen und niedere Felsbuckel, die hier und da verloren aufragten, als schwämmen sie auf dem Grasteppich. Vom Bett des Niger keine Spur.

Als die Sonne aufging, sprangen die Maschinen wieder an, und die *Tombouctou* tastete sich rückwärts durch einen Wasserlauf, der gerade so breit war wie das Schiff selbst. Achtern hingen zwei Matrosen über die Reling und signalisierten dem Kapitän den Kurs.

»Sie haben in der Dunkelheit die Fahrrinne verloren«, erklärte Alidji, der sich zu mir stellte und seinen üppigen weißen Turban um den Kopf wickelte. »Der Kapitän ist ein erfahrener Mann. Er hat es vorgezogen, das Schiff bis Sonnenaufgang im Bourgou zu parken. Er wird jetzt die Fahrrinne suchen.«

Es dauerte eine Stunde bis wir die Bojen erreichten, die den Schiffen den Weg über eine ungeheure Wasserfläche zeigten. Das Ufer war durch das Fernglas gerade noch zu erahnen.

»Der Debo-See«, sagte Alidji. »Wir werden einen Tag benötigen, um ihn zu überqueren. Das Ufer ist nicht wirklich das Ufer. Alles Bourgougras. Wenn Sie aussteigen, gehen Sie unter. Sie sind mir doch nicht böse, oder?«

Ich sah ihn fragend an.

»Ich war etwas unhöflich gestern Abend«, sagte er und tätschelte Rex' Kopf. »Ich konnte ja nicht wissen, dass Sie nicht schnarchen.«

Wir lachten und gingen in den Speisesaal. Am Nebentisch saß ein europäisches Ehepaar, das schweigend vor sich hin starrte und ölige Butter auf gummiweiche Baguettes schmierte. Er war ein ordentlich frisierter Mann, der seltsam haushälterisch mit seinen Bewegungen umging, so als trage er ein Stützkorsett unter seinem blauweiß geringelten Seemannshemd. Seine weißen Tuchhosen bestachen durch exakte Bügelfalten. Er trug braune Mokassins mit an den Enden verknoteten Ledersenkeln. Sie war eine bleiche, abgekämpfte Frau mit messingfarbenem Haar; beim Essen spreizte sie den kleinen Finger derart ab, dass ich befürchtete, er könne jeden Moment abbrechen.

Ohne Zweifel Franzosen, dachte ich gerade, als der Mann aus heiterem Himmel das Besteck auf den Tisch knallte. Kaffee schwappte aus den Tassen. Orangen kullerten von ihrem Stapel. Alle Augen im Speisesaal richteten sich auf ihn, was er regelrecht auszukosten schien.

»Mais merde!«, schrie der Franzose, blies seine Backen auf und knickte den Kopf seitlich ab. »In den Kabinen ist es heiß und eng. Gut! Ameisen, Kakerlaken. Gut! Die Scheißhäuser stinken zum Himmel. Gut! Aber wer wollte denn nach Mali? Wer wollte diese hirnverbrannte Schiffsreise machen? Wer? Wer? Wer?«

Die Französin schwieg. Sie tat mir Leid. Die ganze Reise über sagte sie kein Wort.

»Ich bin Myriam«, sagte die Frau, die mir gegenübersaß, in die schneidende Stille hinein.

Sie trug kakifarbene Armeehosen und um den Hals ein Arafat-Tuch. Als sie sich mit der rechten Hand über ihren Bürstenhaarschnitt fuhr, spannte sich ihr kräftiger Bizeps.

»Und das ist Dörte«, fuhr sie fort und strich der zierlichen, langhaarigen Frau an ihrer Seite sanft über die Wange. »Wir sind aus Rotterdam. Auf Hochzeitsreise.«

Der Franzose verschluckte sich und lief rot an. Der einzige weitere Passagier im Speisesaal, ein Baske aus Pamplona, wie sich später herausstellte, sah kurz von seinem Frühstück auf und lächelte.

»Was hat er gesagt?«, fragte Alidji leise und wies mit der Nasenspitze auf Myriam.

»Sie sind ein Paar«, antwortete ich und schob mir eine Orangenscheibe in den Mund. »Sie haben kürzlich geheiratet.«

»Er sieht sehr weiblich aus«, fand Alidji. »Wie eine wirklich starke Frau.«

Dann wickelte er den Rest seines Frühstücks in eine Serviette ein, wünschte allen einen schönen Tag und verließ den Speisesaal.

Als ich später auf das Sonnendeck hinaustrat, war steuerbord ein Moskitonetz mit Schnüren an der Reling befestigt, und eine weiße Frau bemühte sich, die Bahnen unter ihre Schlafmatte zu schieben. Als sie ihr Netz gegen den Wind gesichert hatte, zog sie den Reißverschluss hoch und krabbelte heraus. Sie reise dritter Klasse, sagte sie – sehr ernst und mit starkem deutschem Akzent –, so wie die »Eingeborenen« reisten, aber auf den unteren Decks sei es heiß, es rieche und sei furchtbar eng. Sie könne ihr Mückennetz nicht aufschlagen, dabei habe sie einen solchen Horror vor Malaria und all den Krankheiten, die Insekten sonst noch übertragen würden.

Sie roch nach Autan. Ihr verschnittenes kurzes Haar war grau gefärbt und machte sie älter, als sie in Wirklichkeit war. Ihr Mund wirkte klein und hart. An einem Halskettchen mit Perlmuttintarsien hing eine Brille mit runden Gläsern. Ich hielt sie für eine Lehrerin: Deutsch, Geschichte, Gemeinschaftskunde.

»Gisela Herren«, sagte die Frau und reichte mir die Hand. »Ich bin Lehrerin. Für Deutsch, Geschichte und Gemeinschaftskunde. An einem Gymnasium in Stuttgart.«

Sie verbringe ihre Weihnachtsferien in Mali, fuhr sie fort, noch immer auf Französisch, da ich mich nicht als Landsmann zu erkennen gab. Afrika sei ja so wundervoll, die Leute so freundlich, märchenhafte Landschaften, und diese Schiffsreise, dieser Fluss, das alles fessele sie ungemein – ein echtes Abenteuer. Wenn sie das ihren Freunden und Schülern erzähle; niemand werde sich vorstellen können, wie sie dritter Klasse den Niger bereist habe. Die ganze Zeit überlege sie schon, wie sie denen zu Hause klarmachen solle, wie es hier aussah, wonach es roch, wie es klang. Sie habe sich, das müsse sie zugeben, schon dabei ertappt, wie sie vor lauter Überlegen gar nicht mehr auf die Landschaft achtete, habe nur noch ihr Klassenzimmer vor sich gesehen oder die Gaststätte, in der sie sich einmal die Woche mit Freunden zum Kegeln treffe. Und nun seien ihre Ferien bald vorbei. Dann heiße es Abschied nehmen vom Fluss...

Ich machte mich auf die Suche nach einem ruhigen Plätzchen. Rex hatte sich davon überzeugt, dass er der einzige Hund an Bord war, und schien nun gänzlich damit beschäftigt, seine Revieransprüche zu dokumentieren. Also stieg ich alleine auf die unteren Decks hinab und passierte lange Reihen höhlenartiger Kabinen mit dreistöckigen Etagenbetten, in denen mehrere Leute gleichzeitig schliefen. Von den Schaumstoffmatratzen waren nur noch Fetzen übrig. Am Boden wurde gekocht. Es roch nach Urin und dem Erbrochenen der Babys. Auf dem hoffnungslos verstopften Zwischendeck lagerten die Waren, die im Laderaum keinen Platz mehr gefunden hatten. Um ein verstaubtes Auto stapelten sich Zwiebel- und Kohlensäcke und Körbe voller Limonen. In einer Ecke lagen die Unterkiefer von Krokodilen, die aussahen wie prähistorische Sägen, Affenschädel, Antilopenfelle und lebendige Weichschildkröten. In einem Käfig gurrten Tauben, Hühner gackerten, Ziegen ließen glänzende Kothaufen in die Höhe wachsen. Dazwischen lagen Händlerinnen mit bemalten Fußsohlen auf ihren Matten, kochten Fisch auf Holzkohleöfen, bereiteten Tee zu, säugten ihre Babys oder schliefen. Männer spielten Karten auf den Planken, neben ihnen dröhnten Kassettenrekorder. Kleine Verkaufsstände boten Seife, Badeschlappen, Zigaretten, Zucker und Milchkonzentrat an. Der Fluss schwappte über das Schanzkleid herein.

Während ich so durch das Schiff streifte, versuchte ich mir einen Überblick über die verwirrende Vielfalt der Reisekategorien zu machen – es gab die Luxusklasse, die erste Klasse A, die erste Klasse B, die zweite, dritte und vierte Klasse. Steuerbord traf ich Alidji und fragte ihn nach den Unterschieden.

»So kompliziert ist das gar nicht«, sagte er. »Es gibt eigentlich nur zwei Klassen an Bord. Oben ist die erste und hier unten die dritte Klasse. Insgesamt sind fünfhundert Menschen an Bord. Ein Prozent reist erster Klasse.«

Alidji grüßte eine dicke Händlerin mit ausgefransten Schmucknarben auf den Wangen. Sie sagte etwas und lächelte.

»Sie nennt Sie den Weißen mit dem Hund«, übersetzte Alidji. »Sie sagt, dass die Weißen selten herunterkommen. Sie lädt uns zum Essen ein.«

»Ich kann diesen Reis nicht essen«, flüsterte ich Alidji verlegen zu. »Er ist mit Nigerwasser zubereitet.«

»Gekochtes Wasser ist sicher«, sagte er zuversichtlich. »Gekochter Reis ist sicher.«

Tatsächlich war der Reis kochend heiß, viel zu heiß zum Essen. Die Frau ließ eine Konservendose an einer Schnur in den Fluss hinunter, zog sie geschickt wieder nach oben und schüttete das Wasser über den Reis, bis er eine verträgliche Temperatur hatte.

»Es ist angerichtet!«, strahlte Alidji und griff zu.

Ich lehnte dankend ab und knabberte an einer Möhre.

Die Frau lächelte gütig.

»Sie gehört zu den Dauerpassagieren«, sagte Alidji, während er sich die Körner von den Fingern schleckte. »Sie macht alle Fahrten mit. Zwölf im Jahr, wenn der Wasserspiegel hoch genug ist, auch dreizehn. In Koulikoro kauft sie Früchte, Bohnen, Okra und Gewürze.

Unterwegs verkauft sie alles, und in Gao deckt sie sich mit Haushaltswaren, Bonbons, Kaugummi und Datteln für die Rückreise ein. Die Sachen kommen aus Algerien oder Nigeria. Diese Frauen leben auf dem Schiff. Sie sind schwimmende Handelsunternehmen. Vier Monate lang sehen sie ihre Männer nicht.«

Vom Oberdeck wurde auf Toilettenhöhe ein Eimer voll gelblicher Flüssigkeit über Bord geschüttet. Der Wind zerstäubte einen Teil davon und wehte ihn als feine Gischt über uns hinweg. Der Rest des Urins versank schäumend im See. Unsere Gastgeberin erhob sich, ließ unweit der Stelle ihre Blechbüchse hinunter und goss das Wasser in eine Teekanne.

»Dritte Klasse, Dritte Welt«, sagte Alidji schulterzuckend, nickte der Frau zu und stieg eilig den Aufgang zum Oberdeck hinauf.

Gleich nebenan lag die Bordküche, eine verqualmte Höhle mit rußgeschwärzten Wänden und gusseisernen Herdöfen, die an die Brennkammern einer Dampflokomotive erinnerten. Der Koch trug eine Wollpudelmütze und einen verschmierten Blaumann. Er legte Holz nach, schnitt fettiges Fleisch auf der Anrichte und jonglierte mehrere Pfannen über die Ofenplatten, würzte hier und da, schmeckte ab und gab Soßen zu. Seine Hände steckten in olivgrünen Gummihandschuhen. Neben drei windschiefen Kühlschränken türmten sich Speisereste. Davor saß Rex und strahlte mich an.

»Willkommen!«, schrie der Koch gegen die fauchenden Öfen an. »Willkommen im Reich der Haute Cuisine. Zwischen Koulikoro und Gao finden Sie keine bessere Küche. Unsere Mahlzeiten sind einzigartig. Mit Liebe zubereitet, Monsieur, von ganzem Herzen.«

Rex sah zufrieden aus. Sein flaumiger Bauch hing schwer über dem ranzigen Boden der Kombüse. Er wirkte schläfrig und träge. Ich beugte mich hinunter und knetete sein rechtes Ohr.

»Ihr Hund?«, fragte der Koch.

»Er stört doch nicht, oder?«

»Ein schlauer Hund«, lachte er und ließ eine Portion Gemüsescheiben durch die Luft segeln. »Er hat sich das beste Plätzchen ausgesucht. Bei Maître Charles ist noch keiner verhungert.«

Der Schiffskoch zwinkerte mir zu, und als Rex gerade nicht hinsah, steckte ich ein wenig Geld in seine fleckige Schürze.

Ein Stück hinter der Bordküche ließen Kartons und Kisten einen schmalen Zugang zum kleinen Vorderdeck frei. Um das Ankergeschirr und die massive Schiffsglocke herum lagerten Säcke mit Quinquéliba[21]. Ich setzte mich auf eine freie Fläche, windgeschützt und schattig, mit einem weichen Futtersack im Rücken, aß Bananen und sah auf den See hinaus. Auf winzigen Inseln nisteten einzelne Lager der Bozo; sie erinnerten an schwerfällige Flöße, mit eigenen Schattenbäumen und Hütten und zahlreichen Pirogen im Schlepptau – archaisch und endzeitlich zugleich.

Die *Tombouctou* stampfte gegen die Wellen, die der Wind über den See trieb, durch die Ankeröffnung im Schanzkleid stieg Gischt auf. Der Göschstock wies wie ein mächtiger Zeigefinger nach Nordwesten, während der See sich wie ein Ozean über geflutete Reisfelder ausbreitete und unter wogendes Bourgougras schob, als wolle er sich vor der sengenden Hitze schützen. Am Horizont zeichneten sich zwei große Pinassen ab, die unter geblähten Segeln über sattgrünes Land zu fahren schienen – wie in einer Fata Morgana.

Das riesige Gewässer wirkte beinahe absurd, umgeben von so viel Staub und Dürre. Ich grübelte eine Weile, woher dieses Wasser kommen mochte, und dann fiel mir die Nigerwoge wieder ein. Natürlich, ich hatte die Nigerwoge eingeholt, die jährliche Hochwasserwelle hatte sich im Binnendelta ausgebreitet. Sie war unzählige tote Nebenarme hinaufgeflossen, hatte Weiden und Sümpfe in riesige Seen verwandelt – wie eine gigantische Brunnenlandschaft, deren Becken durch schmale Überlaufschwellen miteinander in Verbindung stehen und zeitlich verzögert ihren höchsten Wasserstand erreichen –, und wenn der Niger dann weiterzog, flossen die Wassermassen wieder ab; sie versickerten, verdunsteten und hinterließen saftige Weiden und fruchtbaren Schlamm, den die Bauern als ertragreichen Ackerboden nutzten. Die Nigerwoge steuerte dieses geniale Überlaufprinzip wie eine riesige Naturpumpe. Die *Tombouctou* fuhr nicht über einen gewöhnlichen See hinweg. Es waren die Sommerregen

---

[21] getrocknete Blätter eines afrikanischen Buschs (*Combretum micranthum*), die aufgebrüht, gezuckert und als Sud getrunken werden. Schmeckt entfernt nach Salbeitee.

Guineas, die das Schiff durch den Sahel trugen – mitten in der Trockenzeit, viele Monate, nachdem diese Regen gefallen waren, und fast zweitausend Kilometer stromabwärts.

Aka kam in Sicht. Das Dorf lag am Ausgang des Debo-Sees. Alle Bewohner schienen am Ufer versammelt, als die *Tombouctou* längsseits ging. Frauen wateten mit Fisch, Hühnern, frischer Milch und geröstetem Ziegenfleisch zum Schiff herüber. Auf der landabgewandten Seite legten Pirogen an. Geschrei ertönte, Preise schwirrten durch die Luft, Geld und Waren wechselten ihre Besitzer.

Ich nutzte die Zeit für einen kurzen Landgang. Aka war eine Ansammlung von Lehmkastenhütten mit flachen Dächern und winzigen Fenstern, alles im gleichen durstigen Savannenbraun. Hohe Lehmwälle umgaben die Gehöfte. Aus den verschachtelten Gassen reckte sich eine kleine Moschee.

Ich sah durch eine offene Tür in ein geräumiges Haus. Drinnen stand ein Doppelbett wie ein Andenken an bessere Tage. Ansonsten war das Haus leer. Die schweren Wandbehänge, die bunten Teppiche, die kunstvoll gearbeiteten Töpferwaren, die es einmal beherbergt haben mochte, waren verschwunden. Kinder mit aufgetriebenen Bäuchen sahen mich mit großen Augen an. Sie waren in Fetzen gekleidet. An der Schulter eines kleinen Mädchens klaffte eine eiternde Wunde.

Das idyllische Bild, das die Flussdörfer aus der Ferne abgaben, täuschte, denn seit den siebziger Jahren wurden sie von schweren Dürrekatastrophen heimgesucht. 1984/85 war der Niger praktisch ausgetrocknet. Die Bauern konnten keine nennenswerte Ernte einfahren, und das Vieh verdurstete. Zwar hatten sich Felder und Pflanzungen mit den nachfolgenden Regenfällen langsam erholt, die Fische waren zurückgekommen und die Herden wieder gewachsen, doch die Folgen der Dürren waren noch allgegenwärtig. Vor dem Hintergrund materieller Bedürfnisse schien mir das Leben am Fluss noch bewundernswerter.

Das Dampfsignal ertönte, und ich ging wieder an Bord. Das Dorf, die Moschee, die Frauen in ihren bunten Gewändern blieben zurück, und je weiter sich die *Tombouctou* entfernte, desto anziehender wirkte Aka, das den Fluss, den See und die Savanne so malerisch miteinander verband.

Kurz darauf überholten wir eine große Pinasse. Ich stand neben Alidji vor der Kabine und sah deutlich, wie einer der Bootsmänner einen geflochtenen Korb öffnete und eine Hand voll Tomaten ins Wasser warf.

»Faro!«, sagte ich leise vor mich hin.

»Sie haben von Faro gehört?«, fragte Alidji überrascht.

»Ich habe nach ihm gesucht, zwischen Segu und Mopti.«

»Und? Haben Sie ihn gefunden?«

»Nein.«

»Sie *haben* ihn gefunden«, sagte Alidji ernst. »Glauben Sie mir. Ich weiß, wovon ich spreche. Sie haben Faro nur nicht gesehen.«

Er zog einen Stift aus seiner Tasche und malte eine Art Strichmännchen mit vielen Beinen auf seinen Handteller. An der Stelle, wo sie zusammenliefen, hing ein klobiges Ding. Das Männchen lag seltsam verkrümmt da. Es hatte nur einen Arm und einen unförmigen Kopf.

»Faro ist ein Reisender wie Sie«, erklärte Alidji und zeichnete mit dem Finger langsam die Linien des Männchens nach. »Faro reist nach Norden. Seine Beine machen ihn stark und breit. In Sama liegt sein Geschlecht. Am rechten Ufer ist es männlich, am linken weiblich. In Diafarabé trennt sich das *dya* von Faros Körper. Der Bani ist sein rechter Arm. Faro liegt auf dem Bauch in seinem Bett. Sein Kopf ist der Debo-See.«

»Faro ist ... der Niger?«, sagte ich erstaunt.

»Vor Zeiten machte Faro seine erste Reise. Er fiel vom Himmel und strömte nach Norden, überschwemmte die Ebenen, die Weiden, die Felder. Faro füllte alle Zwischenräume. Er reinigte die Erde und machte sie fruchtbar. Seither wiederholt er seine Reise einmal im Jahr. Im Moment ist sie in vollem Gang.«

»Die Nigerwoge!«, rief ich und sah Alidji mit großen Augen an.

»Die Alten am Debo-See nennen Faro *ga* – Mutter allen Lebens. Aka hütet seine Schlüsselbeine. Der Name des Dorfs stammt vom Wort *hake*, Grenze. Hier endet Faros Reise, denn die Völker im Norden verehren ihre eigenen Götter.«

Am späten Nachmittag verbreitete sich der Niger, und bald darauf erreichte die *Tombouctou* Niafounké. Die Bootsleute ließen den Steg zur Anlegestelle hinunter, und noch bevor er richtig auflag, strömten die Marktfrauen schon hinüber. Eine nach der anderen, Schüsseln, Körbe und Töpfe auf den Köpfen balancierend, sprangen sie an Land, breiteten ihre Waren auf dem Boden aus und bildeten eine provisorische Marktgasse, in der die Leute von Niafounké alles ergattern konnten, was es nur im fruchtbaren Süden gab: Bananen, Mandarinen, Guaven, Limonen, Karitébutter, Paprika, Gurken. Im Gegenzug boten die Dorfbewohner frisches Fleisch und Brot an, gekochten Fisch, gegerbte Ziegenfelle und Dumnüsse.

Von der Reling aus beobachtete ich Alidji, der sich gewandt in der Menge bewegte. Er grüßte diesen, schalt jenen, erstand hier ein Bündel Leder und verkaufte dort einen Plastikstuhl. Er schien zur selben Zeit an mehreren Stellen zugleich zu sein, die Hände stets im Boubou vergraben, aus dem er sie nur herauszog, wenn er Geld entgegennahm oder ausgab. Ich ging hinunter, zupfte ihn am Ärmel und sagte im Scherz, ich hätte ihn für einen Händler gehalten.

»Ich bin Schuldirektor!«, rief er empört. »Je suis en mission!«

Seine Mission, wie auch immer sie aussehen mochte, erlaubte ihm, mehrmals im Monat den Fluss zu bereisen und nebenbei die klimabedingten Schwankungen von Angebot und Nachfrage in bare Münze umzusetzen.

Ich ging mit Rex ein Stück am Ufer entlang, griff nach einem Stock, beschnüffelte ihn aufgeregt und warf ihn dann in weitem Bogen in den Fluss. Er schlug mit einem anziehenden Plätschern auf, sandte kleine Wellen aus, in denen sich das Licht unwiderstehlich brach, tanzte eine Weile reizend auf dem Wasser, beruhigte sich schließlich und trieb etwas bekümmert davon. Vielleicht hat Rex einen Sehfehler, dachte ich. Wir setzten unseren Spaziergang fort; das Geschrei wurde langsam leiser und verstummte schließlich. Ganz Niafounké schien sich am Kai aufzuhalten, und ich erschrak fast, als plötzlich ein Teenager vor mir stand. Er trug neue Jeans und eine schwarze Baseballkappe mit rotem Stierkopf.

»Mein Name ist Ibrahima«, sagte er in ausgezeichnetem Englisch. »Das ist Niafounké. Ein furchtbarer Ort, nicht wahr?«

Ibrahima war hier geboren, jedoch in Accra aufgewachsen und vor kurzem mit seiner Familie ins Dorf zurückgekehrt.

»In Niafounké läuft nichts«, sagte er und warf einen Stein zwischen zwei Hütten hindurch in die Dornensavanne. »Die Dorfjungen kennen es nicht anders. Aber ich war in Accra. Kennen Sie Accra, Sir? Eine große Stadt, die größte in Ghana. Es gibt Arbeit, Bars, Kinos, Mädchen.«

Er seufzte.

»Und nun sehen Sie sich um. Niemand in Niafounké hat ein Auto. Es gibt nur einen Fernseher im Dorf. Der Boden ist schlecht. Dumpalmen, sonst wächst hier nichts.«

Wir schlenderten die staubige Gasse hinunter. Eine Eidechse mit gelber Kehle rannte eine zerplatzte Fassade hinauf. Zerfallene Lehmhütten warfen vage Schatten. Der Harmattan trieb stechende Sandkörner vor sich her. Der Himmel war grau, mit schmutzigen Schlieren, durch die eine fahle und dennoch erbarmungslose Sonne brannte.

»Nehmen Sie mich mit, Sir«, sagte Ibrahima plötzlich, ohne mich anzusehen. »Ich kann Ihre Sachen tragen. Ich koche, ich mache sauber. Ich komme sofort mit Ihnen mit, Sir. Sofort! Ich lerne Ihre Sprache. Zuerst fahre ich Taxi. Dann mache ich eine Werkstatt auf. Für die großen Autos in Europa. Mercedes, Porsche, Ferrari. Und wenn ich zurückkomme, baue ich ein Haus, ach was, ich baue zehn Häuser.«

Seine Füße machten langsame, mechanische Schritte, seine Augen streiften die Kanten der Flachdächer, und seine Gedanken flogen davon – weit weg von diesem unwirtlichen Ort. Sie blieben eine Weile in der Ferne, kehrten dann aber wieder zurück, und Ibrahima sah sich um, als erwache er aus einem Tagtraum.

»Ich kaufe das ganze Dorf, dieses todlangweilige Niafounké«, sagte er. »Ich lasse es einstampfen. Ich baue neue Häuser, aus Zement, mit ordentlichen Fenstern, Klimaanlage und Zentralheizung. Und dann baue ich ein Kino. Eins, das die neuesten Filme aus Amerika zeigt, alle Filme mit Stallone. Und die Leute kommen vom ganzen Fluss in mein Kino. Und wenn die *Tombouctou* anlegt, fragen die Fremden, wer aus Niafounké einen zivilisierten Ort gemacht hat. ›Ibrahima‹, werden meine Leute dann sagen, ›zuerst war er in Accra, dann in Europa, und jetzt ist er ein reicher Mann, der reichste zwischen Mopti und Timbuktu.‹«

Das Dampfsignal ertönte. Wir eilten zum Schiff, und ich trieb im Strom der Marktfrauen an Bord zurück. Ibrahima stand am Ufer und winkte.

»Für mich kommt nur Accra in Frage!«, rief er in den Wind und versuchte zu lächeln. »Accra oder Berlin!«

Kurz nach Sonnenuntergang stiegen gut hundert Afrikanerinnen und Afrikaner auf das Oberdeck. Passagieren dritter Klasse war das eigentlich untersagt, doch hier gab es die einzige freie Fläche auf dem Schiff. Sie rollten die Gebetsteppiche aus, stiegen aus ihren Schlappen, und der Vorbeter eröffnete das Abendgebet. Ich zog mich in den Windschatten des Brückendecks zurück und traf dort den Basken. Er war ein sonnengebräunter, kahl geschorener Mittvierziger mit gewinnendem Lächeln. Die Ärmel seines Hemds waren hochgekrempelt und ließen seine dicht behaarten, kräftigen Unterarme sehen.

»Ich schiebe Autos«, sagte er wortkarg, steckte sich eine Guave in den Mund und wischte die Hände an seiner Leinenhose ab. »Am liebsten Transporter, du weißt schon.«

»Über Mauretanien?«

»Hm.«

»Und? Wie war die Strandfahrt ab Nouadhibou?«

»Schnurgerade. Und hart wie eine Autobahn.«

Wir lachten.

Sein Name war Romero. Er hatte den Transporter im Senegal verkauft und war jetzt auf dem Weg nach Agadez. Von dort wollte er weiter nach Algerien, die Hoggar-Route hinauf und über Gibraltar nach Hause.

»Warum bist du nicht zurückgeflogen?«, fragte ich.

»Flugangst«, sagte er halb ernst, zündete sich eine Zigarette an und sog genüsslich daran. »Außerdem war ich noch nie in Algerien.«

»Heiße Gegend.«

»Wenn man sich klein macht, kommt man überall durch. In welche Richtung gehst du?«

»Immer den Fluss entlang, nach Nigeria.«

»Schade um dich«, sagte Romero, lächelte und zog den Daumen über die Kehle.

Wir beobachteten den Franzosen, wie er Fotos von den Betenden machte und das Blitzlicht seiner Kamera ihre zornigen Gesichter erhellte. Ich schämte mich für ihn. Jemand musste ihn zurechtweisen. Ich machte einen Schritt auf ihn zu, doch Romero hielt mich zurück.

»Bringt nichts«, sagte er ruhig. »Der Kretin muss es selbst lernen.«
Beim Abendessen unterhielten wir uns über baskische Schwert- und Stocktänze, das Königreich Navarra, Sancho den Großen, die ETA. Ich bemängelte gerade, dass ihr politischer Arm, die Herri Batasuna, sich nicht deutlich von den Terrorakten distanziere, als uns eine weiche Männerstimme unterbrach.

»Entschuldigen Sie, darf ich mich setzen?«, fragte die Stimme. Sie gehörte zu einem faltigen Gesicht mit grauem Vollbart, zu dem Mann, der mir aufgefallen war, als ich an Bord kam. Seine rote Pluderhose steckte in Wollsocken und schweren Stiefeln. Er lächelte und setzte sich so vorsichtig, als befürchte er, der Stuhl könnte unter ihm zerbrechen. Dabei war er sehr mager. Ich schätzte ihn auf Mitte sechzig.

»Hans Rüti«, sagte er. »Bern, Schweiz.«
Wir stellten uns ebenfalls vor. Nur der Franzose, dessen Namen immer noch niemand kannte, ignorierte Rüti. Er hob sein Glas gegen das Licht und beäugte angewidert die Wasserflecken. Dann kippte er den Kopf zur Seite und bezeichnete den passablen Weißwein als »abgestandenes Nigerwasser«. Wir wendeten uns wieder Rüti zu. Er wirkte etwas kauzig, doch seine Geschichte machte das wett. Er hatte fünfundzwanzig Jahre lang im Tschad und in der Elfenbeinküste gelebt, besaß eine Diamantenmine in Sierra Leone, auf die er wegen der politischen Verhältnisse nicht mehr zugreifen konnte, und hatte sich lange Zeit im afrikanischen Kunsthandel betätigt – im illegalen, wie er betonte. Als dieser aufflog, musste er die Elfenbeinküste verlassen. Er ging nach Französisch-Guyana (»wo alle landen, die man aus dem frankophonen Afrika hinauswirft«), und nun, viele Jahre später, kam er als Reisender zurück, um noch einmal einige Stationen seines Lebens zu besuchen.

»Ich habe Sie beobachtet«, wandte sich Rüti an mich. »Sie trennen sich nie von Ihrem Notizbuch. Wenn Sie nicht gerade etwas hineinschreiben, tragen Sie es vor der Brust oder in Ihrer linken Hosentasche. Ihre Augen bewegen sich ständig. Auch wenn Sie ruhig dasitzen. Sie haben Ihre Ohren überall. Ihre Nasenflügel blähen sich, wenn Sie einen Geruch wahrnehmen. Sie gehen gerne über die Zwischendecks und schauen dem Koch in die Töpfe.«

»Sie habe ich erst ein einziges Mal gesehen«, sagte ich erstaunt und ein wenig belustigt. »Verwandeln Sie sich in eine Fliege, um Ihre Beobachtungen vorzunehmen?«

»Wissen Sie, wofür ich Sie halte?«, fragte Rüti und ignorierte meine Anspielung.

Ich sah ihn interessiert an.

»Sie sind ein Voyeur, mein Lieber. Sie können an keinem Schlüsselloch vorbeigehen, ohne hindurchzusehen.«

»Ist Ihnen das schon aufgefallen?«, platzte der Franzose in völlig übersteuerter Lautstärke dazwischen. »Wenn diese Araber beten und mit der Stirn den Sand berühren, tragen sie den Fleck noch stundenlang mit sich herum. Sie wischen ihn nicht ab.«

Er lachte gehässig.

»Wir haben auf unserer Reise alles Mögliche an ihrer Stirn kleben sehen. Sand, Motorenöl, Kaugummi, Gemüsereste und sogar...«

Ich spürte, wie meine Faust auf den Tisch schlug und wie mich meine Beine in den Stand katapultierten. Im Speisesaal herrschte Totenstille. Der Franzose sah mich überrascht an, verstummte und wandte sich seiner Frau zu.

»Erzähle ich etwa Lügen, chérie?«, brüllte er und errötete vor Zorn. »Will mich dieser boche[22] einen Lügner nennen? Will er das? He? He?«

Seine Frau schwieg. Seit wir auf dem Schiff waren, hatte ich sie noch nie sprechen hören. Romero zog mich in meinen Stuhl zurück. Meine Knie fühlten sich weich an. Mein Herz raste. Ich war schweißüberströmt. Der Steward kam und räumte einen Berg von Essensresten ab, Fleisch, Fisch, Gemüse und jede Menge Reis. Niemand schien darauf zu achten. Die beiden Holländerinnen gingen eng umschlungen hinaus und verschwanden in der Dunkelheit. Alidji nahm schweigend sein Essenspaket und verließ den Speisesaal ebenfalls.

[22] französisches Schimpfwort für den Deutschen

»Ich hatte damals gerade ein Hotel übernommen«, begann Rüti ohne jede Einleitung. »In Odiénné, Elfenbeinküste. Als ich ankam, wohnte noch ein Maler im Haus. Illegal, verstehen Sie? Die Behörden gewährten ihm ein Übergangswohnrecht von drei Monaten. Und was tut dieser undankbare Knabe? Er versucht alles, um mich in dieser Zeit kleinzukriegen. Alles, verstehen Sie?«

Er kratzte sich am Bart und machte eine vage Handbewegung in Richtung Decke.

»Ich war damals im Vollbesitz meiner Kräfte. Ich schiss auf Zauberei, wenn Sie mir den Ausdruck verzeihen, doch das Haus war voller Fetischeure, von morgens bis abends. Sie traten vor mich, sahen mir ins Gesicht und sprachen ihre Flüche aus. Und mit der Zeit wurde ich schwächer. Ich spürte richtig, wie etwas in mich hineinkroch. Ich bekam Angst, Todesangst.«

Er schloss einen Moment lang die Augen und ließ das Wort »Todesangst« durch den Speisesaal vibrieren. Dann fuhr er in heiserem Flüsterton fort:

»Eines Tages war ich auf dem Weg zum Rollfeld. Ich wollte etwas von einem Buschpiloten entgegennehmen. Stattdessen ließ ich mein Auto stehen. Ich schloss nicht einmal ab, verstehen Sie? Ich bezahlte den Piloten und stieg ein. Man kann das glauben oder nicht, aber ich bin einfach abgeflogen.«

»Und wohin?«, fragte ich neugierig.

»Ich kam erst bei Freunden im Süden wieder zur Besinnung. Sie vermittelten mir einen Fetischeur, und ich bezahlte ihm ein Vermögen, damit er mich nach Odiénné begleitete. Er arbeitete tagelang an einem Bündel, nicht größer als ein zusammengerolltes Taschentuch. Dann schlug er einen Stock in die Mitte des Hotelgartens und hängte es daran auf. Als es dunkel wurde, führte er mich über das Anwesen und buddelte dreißig Schadenzauber aus, Tierinnereien, Schädel, Knochen, eingewickelte Fleischstücke, wohl auch von Menschen. Er warf alles auf einen Haufen, sprach seine Formeln und ließ mich über den ganzen Krempel pinkeln. Dann zündete er ihn an. Am nächsten Morgen war der Maler verschwunden. Und mit ihm die ganze Horde.«

Jeder schien die Bilder zu ordnen, die Rütis Geschichte in ihm erzeugt hatte. Dann brauste der Franzose auf.

»Sie glauben doch nicht an diesen Schwachsinn«, brüllte er mich an. »Sie sind doch ein gebildeter, aufgeklärter Mensch? Sind Sie doch, oder?«

Die Tischdecke hatte ein unruhiges Muster aus roten Quadraten, die sich an den Ecken schnitten und bei längerer Betrachtung etwas tiefer zu liegen schienen als der grellgelbe Untergrund. Ich strich darüber hinweg und überzeugte mich davon, dass es sich um eine optische Täuschung handelte.

»Na los!«, stichelte der Franzose. »Glauben Sie daran? Glauben Sie an solche Gespenstergeschichten?«

»Ich bin kein Wissenschaftler«, sagte ich ruhig und warf seiner Frau einen freundschaftlichen Blick zu. »Ich bin ein Reisender. Ich lasse mich gerne faszinieren.«

»Das reicht! Das reicht!«, zeterte der Franzose. »Ich kann mir diesen gehirnkranken Müll nicht länger anhören.«

Er sprang auf, packte seine Frau am Arm und verließ den Speisesaal.

»Vielleicht sollten wir der armen Französin einmal einen Fetischeur vermitteln«, sagte Rüti, nachdem die beiden draußen waren.

»Er könnte ein Mittel zubereiten«, stimmte Romero grinsend zu. »Ein scharfes Wässerchen, das diesem Typen seine Hämorrhoiden platzen lässt.«

Es war spät geworden. Die *Tombouctou* hatte Tondidarou, Tonka und Tindirma hinter sich gelassen und kreuzte vorsichtig von einem Ufer zum anderen, während die Sterne ihr kühles Licht über dem Fluss ausgossen, über die Camps der Fischer, vor Anker liegende Boote, Sandbänke und schwach leuchtende Dünen, die sich im Schutz der Nacht fast bis ans Ufer schlichen.

»Das war sehr unvorsichtig von Ihnen«, sagte Alidji, als ich in die Kabine eintrat.

»Was meinen Sie?«

»Der Franzose! Er ist anmaßend, ignorant, penibel und furchtbar eitel. Das macht die Franzosen so gefährlich.«

»Es gibt auch nette Franzosen«.

Alidji antwortete nicht. Das Bullauge war leicht geöffnet, und ich konnte das Wasser draußen plätschern hören. Es klang hell und fröhlich wie Regen, der vom Dach rann.

»Das Essen, das der Steward abgeräumt hat«, flüsterte Alidji viel später, als ich dachte, er sei längst eingeschlafen. »Ich habe Ihren Blick bemerkt. Keine Angst, mein Freund. Er wirft das Essen nicht in den Fluss. Er gibt es den Leuten auf den unteren Decks. Die dritte Klasse lässt nichts übrig.«

Er knipste die Taschenlampe an und reichte mir eine Hand voll Früchte, die ich nicht kannte. Sie waren braun und erinnerten an eine Kreuzung aus Hagebutten und kleinen Datteln. Ich sah sie mir genau an und gab sie wieder zurück, doch Alidji tat so, als sei er schon eingeschlafen.

»Darf ich sie behalten?«, fragte ich leise.

»Natürlich«, sagte Alidji.

Der Kapitän der *Tombouctou,* ein hagerer, schweigsamer Mann, saß aufrecht und regungslos auf einem Metallhocker, den weißen Gesichtsschleier über Mund und Nase gezogen, während seine Augen unermüdlich über den Fluss glitten. Der Wind fegte durch die offenen Frontscheiben über die schmucklose Brücke und riss an losen Blechstücken. Die Maschinen waren nicht zu hören; wären die Ufer des Niger nicht vorübergezogen, man hätte sich auf einem stillgelegten Kahn geglaubt.

Ich bot dem Kapitän Erdnüsse an. Er nahm sich wortlos ein paar, ließ sie in die Brusttasche seines Hemds fallen und holte eine einzelne heraus, knabberte mit unendlicher Geduld daran, kaute die winzigen Splitter, zermalmte sie, schien noch einmal ihrem Geschmack nachzuspüren und wartete sehr lange, bis er mit seinen Schneidezähnen wieder ein wenig von der Erdnuss abraspelte. Sein Blick löste sich nie vom Fluss. Seine feingliedrigen Finger korrigierten den Kurs, steuerten das Schiff zwischen Sandbänken, scharfkantigen Felsen und tückischen Untiefen hindurch – unter einem kontrastlos grauen Himmel, den der Harmattan mit Staub und Sand aus der Sahara füllte.

»Wie wird man eigentlich Kapitän?«, fragte ich.

Obwohl ich sehr leise gesprochen hatte, klang es, als hätte ich in eine Kirche hineingeschrien. Der Kapitän saß da wie ein Steinbild, schweigend. Nur seine Unterkiefer und seine Augen bewegten sich und seine Hände, wenn er an den Rudern drehte. Er schien nicht zu atmen.

»Mein Vater war Kapitän«, sagte er sehr leise, als kosteten ihn die Worte unendlich viel Kraft. »Vierzig Jahre. Ich bin mit ihm gefahren. Hier, auf dieser Brücke.«

»Und wonach navigieren Sie?«

»Es gibt eine Karte.«

Ich glaubte, ein kurzes Lächeln in seinen Augenwinkeln zu erkennen.

»Sie ist in meinem Kopf. Der Fluss lebt. Er verändert sich. Ich bin Bozo. Ich sehe auf seinen Grund.«

»Und nachts?«, flüsterte ich fasziniert.

»Man lernt den Fluss auswendig. Dörfer, Bäume, Hügel, der Wind, die Stimme der Wellen. Sie sagen dir, wie der Issa nachts aussieht.«

Ich ließ den Kapitän seine Arbeit tun und holte Rex in der Kombüse ab. Wir zogen uns auf unseren Platz auf dem Vorderdeck zurück. Der Quinquéliba war wohl in Diré entladen worden. Dafür hatte man eine kleine Schafherde am Ankergeschirr festgemacht. Ein kräftiger Bock senkte seine spiralförmigen Hörner und musterte uns angriffslustig. Rex stellte sein Fell auf und knurrte; der Bock überlegte es sich anders, rammte ein zierliches Schaf zu Boden, stieg über es hinweg, ließ die gewaltigen Hoden über seiner Nase baumeln und spritzte ihm einen Urinstrahl zwischen die Augen. Dann legte er sich zufrieden in den schmalen Schatten, den das Schanzkleid der Sonne abtrotzte.

Die Decks der *Tombouctou* lagen hoch über der Wasserlinie, und ich konnte weit ins Land hineinsehen, wo die Gräser immer niedriger und die Baobabs immer seltener wurden. Schließlich verschwanden sie ganz, und die letzten ausladenden Schattenbäume wichen einer durstigen Dornensavanne. Akazien bestimmten jetzt das Bild. Hier und da ragten schlanke Termitenhügel auf wie Türme von Gaudí, und in der Ferne erkannte ich mächtige Sanddünen im fahlgelben Licht der dunstverhüllten Sonne.

Ich fragte mich gerade, nur so zum Zeitvertreib, ob es sich bei den Gräsern am Ufer um Imperata- oder Pennisetumarten oder um die als Viehfutter geschätzten Vetiveriagräser handeln mochte, als der

Schafbock mit den Hörnern hart gegen das Schanzkleid schlug, als wolle er es jetzt mit dem Schiff aufnehmen. Dann brach er zusammen. Schafe torkelten, Säcke verrutschten, Rex jaulte auf, und ich wurde von einer unsichtbaren Kraft nach vorne gezogen. Aus der Tiefe des Flusses drang ein dunkles, schleifendes Geräusch; die *Tombouctou* antwortete mit einem kaum merklichen Zittern und schien den Bug langsam aufzurichten. Dann verstummte das Schleifen, das Zittern verebbte, und das Schiff lag still.

Ich kletterte mit Rex über die Kartons und Kisten, die jetzt übereinander lagen und uns den Rückweg zum Zwischendeck versperrten. Auf der anderen Seite stieß ich mit Alidji zusammen.

»Kein Grund zur Panik«, sagte er gut gelaunt. »Wir sind nur aufgelaufen.«

Die Marktfrauen zeterten, begutachteten den Schaden an ihren Waren und türmten sie wieder auf. Wir stiegen auf das Oberdeck, am Funkraum vorbei, in dem ein nervöser, haselnussbrauner Mann in ein Mikrofon schrie:

»Ja, natürlich, sicher. Wir werden eine Lösung finden. *Inshallah!*«

Dann lehnten wir uns über die Reling und sahen vage den Flussgrund aus dem Wasser schimmern.

»Was für ein Abenteuer!«, schwärmte die Lehrerin. »Wenn ich das meinen Schülern erzähle!«

Die Schiffsleute tauchten hinunter. Offensichtlich gab es kein Leck. Der Kapitän war nun wie ausgewechselt. Er nahm seinen Gesichtsschleier ab und schrie Anweisungen von der Brücke, dann verschwand er im Steuerhaus. Die Maschinen brüllten auf, die Turbinen schlugen den Niger zu Schaum, doch die *Tombouctou* rührte sich keinen Meter. Wir saßen fest.

Am Abend schwärmten die Mücken in Wolken vom Ufer herüber und fielen über das Schiff her, und am nächsten Vormittag sprach auf dem Oberdeck niemand mehr vom Abenteuer. Rüti war seit dem Vorfall in seiner Kabine verschwunden. Das lesbische Pärchen aus Holland saß nicht mehr eng umschlungen an der Reling, sondern starrte in verschiedene Richtungen auf den Fluss, und der Franzose stritt ungeniert mit seiner leichenblassen Frau.

»Merde!«, fluchte er, sah ständig auf die Uhr und drückte sich einen feuchten Lappen auf die Stirn, wo er sich beim Aufprall eine Beule zugezogen hatte. »Wir werden noch unseren Flug verpassen. Du wirst sehen, wir verpassen noch unseren Flug.«

»Auf der letzten Reise saß die *Tombouctou* eine ganze Woche fest«, sagte Romero so laut, dass der Franzose es hören musste. »Stell dir das vor, Miguel, eine ganze Woche.«

»Eine Woche? Eine Woche?«, schrie der Franzose. »Ich werde sie verklagen. Ich werde diese verdammte Schifffahrtsgesellschaft verklagen.«

Um die Mittagszeit begannen die Decks in der Hitze zu glühen, und die träge Stille des Flusses übertrug sich auf die *Tombouctou*. Die Bootsleute, die einen Teil der Fracht auf Pirogen umluden und am Ufer zwischenlagerten, stellten ihre Arbeit ein. Selbst der Franzose verstummte für ein, zwei Stunden. Die deutsche Lehrerin lag vor ihrem Moskitonetz, blätterte in ihrem Reisepass und hielt ihn so, dass man die Stempel auf den Seiten sehen konnte. Als sie niemand nach deren Ursprung fragte, legte sie den Pass beiseite und kam herüber.

»Ich habe gehört, Sie schreiben ein Buch?«, fragte sie, etwas niedergeschlagen, und mir fiel auf, dass sie völlig zerstochen war.

»Vielleicht nach dieser Reise.«

»Worüber denn?«

»Über den Niger«, antwortete ich so vage wie möglich.

»Ich habe erst kürzlich ein wundervolles Buch über den Niger gelesen«, sagte sie, und ihre Augen leuchteten auf. »Sie kennen es sicherlich. Es ist von einem Amerikaner. Es handelt von einem Entdecker. Wie hieß er noch? Sein Name ist mir gerade entfallen. Wie hieß dieses Buch noch gleich?«

»*Wassermusik*«, sagte ich, bereits an diese Assoziation gewöhnt.

»Richtig!«, seufzte die Lehrerin. »*Wassermusik*. Ein wundervolles Buch. Wie wollen Sie das noch übertreffen?«

»Boyles Buch ist ein Roman«, erklärte ich geduldig, »von einem historischen Hintergrund inspiriert, aber dennoch eine fiktive Geschichte. Falls ich ein Buch schreibe, wird es ein Reisebericht. Er wird nur Dinge enthalten, die ich mit eigenen Augen gesehen habe.«

»Aber dieser Boyle, ich meine, er war doch sicherlich hier und hat vor Ort recherchiert?«

Ich hatte Tom Coraghessan Boyle einmal für eine Zeitschrift inter-
viewt, und sein Gesicht schob sich jetzt in meine Erinnerung – der
Vollbart, der fast mädchenhafte Mund, das gekräuselte, grau
melierte, steil nach oben toupierte Haar und die einzelne Strähne, die
wie ein Korkenzieher über seine Ray Ban hing. Er war groß und
hager und trug fleckige Armeehosen, ein psychedelisch gemustertes
Sakko und Armreife aus Plastik. Boyles irischen Vornamen spricht
man »Kregessen« aus. Er war radikaler Hippie und brachialer Punk
gewesen, hatte öffentlich das Sternenbanner verbrannt, Saxophon in
einer Garagenband gespielt, geschlägert, getrunken, gefixt und mehrere Psychoanalytiker verschlissen.
Ich mochte ihn.
»Ich war nie am Niger«, hatte mir Boyle gestanden. »Ich war überhaupt noch nie in Afrika. Ich hasse Reisen, wissen Sie. Ich gehe lieber irgendwohin, wo es aufregend ist, bleibe eine Zeit lang dort und
schreibe. Wenn ich ausspannen will, gehe ich in eine dunkle Bar, je
dunkler, desto besser.«
Er war als Student an der Universität von Iowa über eine Arbeit gestolpert, die Mungo Park ankreidete, dass er seine Familie verlassen
hatte, um irgendwelchen Abenteuern nachzujagen. Boyle hatte diese
Vorstellung fesselnd gefunden (auch wenn er selbst, wie er betonte,
noch nie seine Familie verlassen hatte) und machte den schottischen
Entdecker zum Protagonisten seines fantastischen Romans.
»Dieser Boyle ist doch hier gewesen?«, hakte die zerstochene Lehrerin nach und holte mich wieder an Bord der *Tombouctou* zurück. »Ist
er doch, nicht wahr?«
Ich sah nicht, was das für einen Unterschied machte. Schließlich
wurde *Wassermusik* keineswegs schlechter, nur weil Boyle nicht am
Niger gewesen war, doch die Lehrerin schien regelrecht in den
Gedanken vernarrt zu sein, dass er selbst aus dem in Kot und Regen
versinkenden London in die afrikanische Wildnis geflohen war, um
mit seinem Urinstrahl Lehmwände zum Einsturz zu bringen, von
Christen fressenden Stammesfürsten und tonnenschweren Maurin-
nen gejagt zu werden und ein Krokodil zu bestaunen, das mit den
Zähnen auf der Harfe seines Dieners spielt. Die Lehrerin sah mich
hoffnungsvoll an, als hinge es allein von Boyles persönlicher Anwe-

senheit am Niger ab, ob einer der roten Punkte in ihrem Gesicht eine schwere Krankheit über sie brachte oder nicht.

»Sicher ist Boyle hier gewesen«, beruhigte ich sie.

Schließlich ist das Schreiben eines Romans immer eine Reise zum Ort, an dem er handelt.

»Ich habe es gewusst«, sagte die Lehrerin, und ihre Züge glätteten sich. »Ich habe es gewusst.«

Die Hitze ließ gerade etwas nach, als es steuerbord zu einem Tumult kam. Ich lief hinüber und hörte den Franzosen schon, bevor ich um die Ecke bog.

»Schweinerei!«, brüllte er. »Ich kann es nicht glauben! Er hat an meine Kabinentür gepisst!«

Rex stand mit geducktem Kopf vor ihm, seine Schulterblatthöcker ragten spitz auf, die Nackenhaare waren aufgestellt. Er knurrte und jaulte eigenartig.

»Nehmen Sie Ihren Köter zurück!«, tobte der Franzose.

»Entschuldigen Sie«, sagte ich und holte Rex zu mir.

»Afrikanische Dreckstöle!«, zischte er, verschwand in seiner Kabine und schlug die Tür zu.

»Das nächste Mal bellst du den bösen Onkel kräftig an«, sagte ich und tätschelte Rex' Kopf. »Das wirkt überzeugender.«

»Er kann nicht bellen«, sagte Alidji, der die Szene aus sicherer Entfernung beobachtet hatte.

Ich sah ihn ungläubig an, doch ich hatte Rex tatsächlich noch nie bellen hören.

»Er hat es nicht gelernt«, erklärte Alidji. »Er ist ein afrikanischer Hund. Er ist nie zivilisiert worden.«

Ich hängte meine Angelleine ins Wasser, fing aber nichts, und als die Mittagshitze etwas nachließ, stieg ich mit Alidji auf das Unterdeck hinunter. Hier schien sich niemand daran zu stören, dass wir seit zwei Tagen festsaßen. Niemand sah auf die Uhr. In den Kabinen blubberten Soßen auf kleinen Holzkohleöfen. Die Männer spielten noch immer Karten, ein Radio krächzte, nackte Kinder sprangen ins Wasser, kreischten vor Vergnügen und zogen sich an einem Tau wieder an Bord, während die Löscharbeiten hin und wieder unterbrochen wurden, ein Beben durch das Schiff ging und achtern die Schrauben donnerten. Mittlerweile waren die Bananen der Händlerinnen schwarz, die Mangos und Orangen schwer angeschlagen. Die süßliche Wolke, in welche die reifen Guaven das Schiff anfangs gehüllt hatten, war dem beißenden Gestank von Fäulnis und Kot gewichen. Kuhreiher flogen an, wohl im Glauben, bei der *Tombouctou* handle es sich um eine Rinderherde, doch dann sahen sie, dass es lediglich eine schwimmende Latrine war, und zogen benommen wieder ab.

»Früher war das Schiff wundervoll«, sagte Alidji und rümpfte die Nase. »Und jetzt? Heruntergekommen! Abgewirtschaftet! Schmutzig! Die Leute dritter Klasse machen überall hin, nur damit sie nicht auf diese Toiletten müssen.«

Gegen Abend tauchte am Ufer ein Hirte mit seiner Herde auf, und gleich darauf wuchs eine singende und klatschende Menschenmenge aus der Dornensavanne, Pirogen nahmen die Reisenden der unteren Decks auf und setzten sie auf eine Sandbank über. Andere schossen wie Harpunenspitzen mit Tauen zum Ufer hinüber. Die Enden wurden zu Schlingen gebunden und den Rindern um die Hälse gelegt. Die Männer nahmen die restlichen auf. Dann betätigte der Kapitän das Dampfsignal, die Taue spannten sich, die Schiffsschrauben wühlten den Flussschlamm auf, und ein leises Knirschen war zu hören. Es klang wie Sand zwischen den Zähnen. Ich hielt den Atem an. Das Schiff bewegte sich, senkte sich kaum merklich, kippte nach backbord, schaukelte unentschlossen und drehte sich dann erleichtert um die eigene Achse. Die Leute am Ufer ließen die Taue fallen, umarmten sich und jubelten.

Die *Tombouctou* war wieder frei.

Die Sonne war längst untergegangen, als wir Danga erreichten, die letzte Station vor Timbuktu. Die Frauen gingen mit Körben voller angefaultem Obst an Land und bildeten hinter dem Landesteg einen Halbkreis auf dem Boden. Gleichzeitig enterten die Kinder von Danga das Schiff. Sie hielten sich nicht lange auf den unteren Decks auf, sondern sprudelten die Aufgänge herauf, besetzten das Oberdeck und rückten zwei mannshohe Lautsprecher aus dem Speisesaal. Einer der Jungen, er trug einen viel zu langen Ledermantel und eine

255

Baseballkappe, schob eine Kassette ein – *Best of Techno, Volume 4* – und drehte die Lautstärke bis zum Anschlag. Für einen Moment brachte der sich wie eine Sonnenprotuberanz blähende Bass den Herzschlag aus dem Rhythmus; dann begannen zweihundert, dreihundert Kinder auf dem Sonnendeck der *Tombouctou* zu tanzen. Kleine Jungen in verdreckten Boubous und zerrissenen Hosen schwangen ihre Hüften, zerzauste Mädchen hoben abwechselnd die Beine und stampften wild entschlossen im Takt – gewagte Drehungen, rasende Schrittfolgen, schweißüberströmte Körper. Schultern zitterten. Arme ruderten. Köpfe schüttelten sich. Und plötzlich bildete die Menge einen Kreis. Ich konnte in dem Gedränge erst nicht erkennen, was dort vor sich ging. Der Kreis wurde größer, und die Kinder klatschten und kreischten vor Begeisterung. »Tou-ba-bou!«, schrien sie. »Tou-ba-bou! Tou-ba-bou!«

In ihrer Mitte tanzte eine sonderbare Gestalt. Ihre Bewegungen waren ungelenk und schwerfällig, und die Unterschenkel knickten abwechselnd nach hinten, während der Oberkörper schwankte wie eine altersschwache Fichte.

Die Kinder waren außer sich. Sie übernahmen die steifen Tanzschritte, wankten, bogen sich in Zeitlupe und scharten sich um die sonderbare Figur, die ihre Hände in den Taschen eines absurden roten Umhangs vergrub und das Gesicht in einer riesigen Kapuze verbarg. Erst als sich die Gestalt ins Licht drehte, sah ich den silbernen Vollbart aufleuchten. Es war der Schweizer. Es war Hans Rüti aus Bern.

Das Bordsignal riss die Kinder aus ihrer Trance. Sie kreischten, stoben auseinander und rieselten die Treppen hinunter wie die Körner einer ablaufenden Sanduhr. Auf dem schmalen Steg stießen sie mit den Marktfrauen zusammen. Sie drückten, drängelten, quetschten rücksichtslos, Orangen fielen ins Wasser, Frauen keiften. Der Steg wurde bereits nach oben gekurbelt, und noch immer rannten einzelne Kinder hinaus und übersprangen den größer werdenden Abstand. Ein Junge fiel ins Wasser, zappelnd, noch immer tanzend, während die Menge bei jedem johlte, der das Ufer erreichte.

Schließlich drehte sich die *Tombouctou* und trieb wie ein riesiger schwimmender Kassettenrekorder hinaus auf den Fluss. Die Lichtkegel der Bordscheinwerfer verloren die Bootsrutsche, und die Kinder verglommen wie eine erlöschende Glut. Nur ihre Stimmen waren noch zu hören.

»Tou-ba-bou!«, skandierten sie. »Tou-ba-bou! Tou-ba-bou!«
Und ich war sicher, dass sie dort, in der Dunkelheit von Danga, Rütis Tanz vollführten.

7

Wegen des niedrigen Wasserstands konnte das Schiff in Korioumé, dem Hafen von Timbuktu, nicht am Kai anlegen, und die Passagiere mussten durch den Fluss ans Ufer waten. Die beiden Holländerinnen krempelten ihre indonesischen Batikhosen hoch und gingen als Erste. Romero und ich nahmen Hans Rüti in unsere Mitte, denn der Tanz in Danga schien ihn sehr angestrengt zu haben. Rex schwamm neben uns her. Als wir das Ufer schon fast erreicht hatten, applaudierten die Händlerinnen auf der *Tombouctou* lautstark. Wir drehten uns um und erblickten den Franzosen. Er trug seine Frau auf Händen über den Fluss. Sie strahlte und sah plötzlich sehr jung aus. Und dann sprach sie zum ersten Mal in all den Tagen. »Timbuktu!«, sagte sie mit warmer, fast zärtlicher Stimme. »Ich kann es kaum glauben! Wir werden Timbuktu sehen!«

Timbuktu bestand aus einer Ansammlung würfelförmiger Häuser aus Lehmschlamm, die an einem scheinbar beliebigen Ort in der Wüste ausgestreut und dann vergessen worden waren. Die *ville mystérieuse* verströmte etwas Zurückgezogenes, etwas Abwesendes. Sie entzog sich der Zeit, beatmet von der eigenen Vergangenheit. Und dennoch war die Zukunft allgegenwärtig. Sie bäumte sich im Norden auf, flimmernd, heiß und durstig, rollte in Wogen über die Stadt hinweg und begrub sie langsam unter sich.
Die Wüste war hartnäckig und holte sich Timbuktu Stück für Stück

zurück. Kabara, der alte Hafen, war versandet, und das einzig Feuchte im Kanal, der von dort in die Stadt führte, waren die Exkremente der Tuareg und Bella, die dort in ihren Behausungen aus Fetzen und Schrott lebten.

Ich quartierte mich im *Hôtel Bouctou* ein, im günstigsten Zimmer, das sich in der Stadt finden ließ – einem finsteren Schlauch mit unverputzten Wänden. Das Fenster war mit Brettern vernagelt. Es gab keinen Strom. Ich zündete eine Kerze an, spannte eine Schnur über das Bett und hängte mein Moskitonetz daran auf. Ich trug mich kurz mit dem Gedanken an eine Trainingseinheit mit dem grünen Theraband, doch dann legte ich es beiseite, denn Nacken und Rücken fühlten sich ausgezeichnet an. Meine schweißtreibenden Übungen schienen sich langsam bezahlt zu machen. Ich versuchte, mich zu erinnern, wann die Besserung eingesetzt hatte, und kam zum Schluss, dass es in Segu gewesen sein musste. Seit Rex an meiner Seite war, schienen meine Schmerzen wie weggeblasen.

Im Hotelhof hielt mich ein riesiger Mann an. Sein Gesicht war von einem Schleier verhüllt, der nur seine matten Augen frei ließ.

»Ich bin Tuareg«, sagte er tonlos. »Mein Camp liegt zwölf Kilometer von hier.«

Ich verstand nicht ganz.

»Ich bin zu Fuß gekommen«, fuhr er in flehendem Ton fort. »Ich verkaufe mein Schwert. Ich verkaufe den Silberschmuck meiner Mutter. Dann gehe ich zurück ins Camp.«

»Tut mir Leid«, sagte ich. »Aber ich bin sicher, Sie werden einen anderen Käufer finden.«

»Es gibt keine Kunden«, murmelte der Targi resigniert. »Es gibt keine Flugzeuge mehr. Timbuktu ist leer.«

Ich ließ mich mit Rex ziellos durch die Stadt treiben. Abwasserrinnen fraßen sich durch Sandwege. Skelettöse Schafe wühlten in einem Misthaufen. Die Sonne, ein weißer Fleck im weißen Himmel, war nicht stark genug, um Schatten zu werfen. Die Lehmfassaden wirkten bleich und eigenartig zweidimensional. Plastiktüten wirbelten im Wind. Staubhosen. Ein Esel mit gebrochenem Vorderbein schleppte sich über einen zugigen Platz, auf dem sich eine verkrüppelte Akazie mit dürren Zweigen verlor. Darunter saß eine bucklige

Frau vor einem Stapel verrunzelter Orangen. Wir bogen in eine schmale Gasse ein und waren plötzlich von halbnackten Kindern umringt.

»Toubabou, ça va?«, schrien sie, »ça va, Toubabou?«

»Es geht mir sehr gut, vielen Dank.«

»Toubabou! Gib uns Kugelschreiber!«

Ich hatte nur einen bei mir, und den brauchte ich selbst. Außerdem hielt ich nichts vom Weihnachtsmann-Gehabe, mit dem Touristen überall auf der Welt mit Kugelschreibern, Bonbons und Geldmünzen um sich warfen. Die Kinder wurden ungeduldig. Sie umzingelten mich, zerrten an meinem Hemd, schoben ihre Hände in meine leeren Taschen und stampften wütend vor mir auf. Rex stellte die Nackenhaare und knurrte böse. Ein Junge versetzte ihm einen Fußtritt, die anderen hoben Steine auf und warfen sie nach ihm. Einer traf ihn am Kopf. Rex jaulte und rannte erschrocken davon. Ich schrie die Kinder an, doch sie blieben völlig unbeeindruckt. Ich kehrte um. Sie liefen mir nach.

»Toubabou, ça va?«, kreischten sie.

»Ausgezeichnet!«, rief ich über meine Schulter. »Es geht mir wirklich ausgezeichnet, großartig, vielen Dank.«

Ich war der einzige Gast im Hotel, und als ich zu meinem Zimmer kam, lauerten acht Männer in Turbanen und weiten Gewändern vor meiner Tür. Sie hatten Schwerter, Schmuck und Teppiche am Boden ausgelegt.

»Geschenke«, sagte der eine und grinste gerissen. »Sie sind unser Gast. Wir schenken Ihnen diese Sachen. Sehen Sie, all diese Sachen. Kein Geld. Wir wollen kein Geld. Alles Ihre Geschenke.«

Ich stieg über meine Geschenke, ohne sie eines Blickes zu würdigen, und schloss mich für den Rest des Tages in mein Zimmer ein.

Am Morgen darauf stand ich lange vor Tagesanbruch auf. Rex erwartete mich im Innenhof. Als er mich sah, drehte er sich auf den Rücken und wedelte.

»Lass uns einen Spaziergang machen«, sagte ich und kraulte seinen Bauch. »Ganz heimlich, verstehst du! Bis die Geier ausgeschlafen haben, sind wir wieder zurück.«

Doch Rex zog es vor, mich nicht zu begleiten. Er war ein afrikanischer Hund. Alleine fiel er nicht auf. Er konnte Timbuktu unbehelligt durchstreifen, wann immer er wollte. Mit einem Weißen gab es dagegen nur Schwierigkeiten. Er rollte sich zusammen, stieß einen Seufzer aus und schloss die Augen.

Nachts wirkte Timbuktu noch entrückter. Ich spazierte an den Bürgerpalästen aus dem 15. und 16. Jahrhundert vorüber, die im Licht des Vollmonds schimmerten und auf bescheidene Weise schön wirkten. Ihre Fassaden waren mit Pilastern aus Kalksteinquadern verziert und in den Obergeschossen von rechteckigen Fensternischen durchbrochen. Hier und da fielen fein ausgesägte maurische Rundbogenfenster auf. Einige der Holztüren trugen aufwändige Verzierungen aus gestanzten Eisenblechbeschlägen und Ziernägeln; schwere Ringe dienten als Türklopfer.

Ich ging direkt zur Djinger-ber-Moschee. Das Minarett mit seinen zahllosen Stützhölzern ragte wie der stachelige Hals eines Urtiers in den Nachthimmel. Der gedrungene Turm verjüngte sich nach oben und endete in einem rundlichen Pfeiler; zuckerhutförmige Lehmtürme schmückten die Ecken des Hauptgebäudes. Ich musste an Kankan Moussa denken, und mich befiel das schmerzliche Gefühl, in der falschen Zeit zu leben.

Du bist rund siebenhundert Jahre zu spät dran, tadelte ich mich und strich über die rauen Wände, an denen sich die Finger der Arbeiter abzeichneten, die den Lehm vor langer Zeit zu Klumpen geformt und festgedrückt hatten. Siebenhundert Jahre, sonst hättest du miterlebt, wie der berühmteste Malikönig die Gesandten Arabiens und Bagdads empfing und wie allein aus Ägypten jährlich zwölftausend beladene Kamele durch die Sahara nach Timbuktu kamen. Und weil du nicht pünktlich bist, hast du auch die berühmteste Pilgerfahrt aller Zeiten verpasst, als Moussa 1324 nach Mekka aufbrach, Afrika mit riesigem Gefolge durchquerte und in der heiligen Stadt Almosen im Wert von zwanzigtausend Goldstücken verteilte. Bei seinem Zwischenaufenthalt in Kairo gab er so viel Gold aus, dass der Weltmarktpreis völlig zusammenbrach und das Edelmetall zwölf Jahre später noch immer zu Tiefstpreisen gehandelt wurde.

Das *Centre Ahmed Baba* war noch nicht geöffnet, doch der Bibliothekar ließ mich trotzdem ein. Sein Name war Hamada Maiga. Aus seinem halboffenen Turban sah ein rundes Gesicht mit intelligenten, freundlichen Augen. Auf den Schläfen trug er drei feine Schmucknarben. Er war Historiker und schrieb Gedichte.

Ich wollte die Bücher sehen, an deren Zahl einst der Reichtum eines Mannes in Timbuktu gemessen worden sein soll, als die bekanntesten Doktoren und Schriftsteller aus Fès und Kairo an der Sankoré-Universität lehrten. Im 14. Jahrhundert prägte sie die moslemische Theologie zwischen Marrakesch, Bagdad und Buchara. Zwanzigtausend Studenten sollen damals an den Medresen Timbuktus studiert haben. In der riesigen Bibliothek verfassten Geisteswissenschaftler fundamentale theologische und philosophische Werke. Selbst die Schriften von Aristoteles waren hier kopiert worden.

Maiga führte mich in einen finsteren, kleinen Raum und öffnete mehrere verbeulte Aktenschränke, denen ein muffiger Geruch entströmte. Ein paar hundert Manuskripte bogen die Bleche durch. Einige waren von Termiten zerfressen, andere verrotteten oder lösten sich fast schon auf.

»Sie wollten die Bibliothek sehen«, sagte Maiga und strich vorsichtig über die Buchrücken.

»Ist das alles?«, fragte ich bestürzt, denn es war kaum mehr als eine schmerzhafte Erinnerung an das mittelalterliche Mekka der Bibliografie.

»Die Marokkaner«, sagte Maiga niedergeschlagen. »1591 schoben sie ihre Kanonen durch die Sahara und eroberten Timbuktu. Sie haben die Gelehrten vertrieben oder verschleppt.«

»Und die Bücher?«

»Haben sie mitgenommen«, sagte Maiga. »Die meisten befinden sich heute in der Nationalbibliothek in Paris. Die Franzosen haben sie während der Kolonialzeit dorthin transferiert. Sie haben sie auf Mikrofilm abfotografiert und uns einen Katalog geschickt. Wir dürfen die Kopien kaufen.«

»Kaufen?«, fragte ich fassungslos.

»Sehen Sie diese Schriften hier?«

Er zeigte auf einen Stapel Manuskripte in spröden Ledereinbänden. »15. und 16. Jahrhundert. Ein französischer Forscher hat sie vor langer Zeit ausgeliehen. Als er starb, gingen sie in den Besitz – Sie hören

261

richtig –, in den Besitz seiner Tochter über. Unser Präsident hat sie zurückgekauft. Für sechzig Millionen Francs CFA!«

Ich sah ihn ungläubig an.

»Ich bin Historiker, Monsieur«, sagte Maiga betrübt. »Meine Familie befasst sich seit Jahrhunderten mit den Schriften. Wenn ich ein Manuskript meines Großvaters einsehen will, muss ich in Paris um eine Kopie bitten – und teuer dafür bezahlen.«

Als ich auf die Straße trat, hatte sich der Himmel bereits in Staub und Dunst gehüllt. Vor mir breitete sich der riesige Sankoré-Platz aus. Er war nach allen Seiten offen, die Wüste drang ungehindert herein. Sand warf sich in Wellen gegen die Häuser und reichte bis zu den Fenstern. Auf der Nordseite der Moschee hatte eine große Verwehung eine Akazie erstickt. Mitarbeiter einer internationalen Hilfsorganisation brausten in einem weißen Geländewagen heran und hüllten den Platz in eine Staubwolke. Schulkinder husteten, ein Esel schlug aus, Brennholz fiel von seinem Rücken zu Boden. Der Wagen hielt an, doch keiner der Insassen schien sich um die Kinder und den Esel zu kümmern. Offensichtlich machten die Entwicklungshelfer eine Ausflugsfahrt. Sie kurbelten die Scheiben herunter, knipsten bei laufendem Motor das pyramidenförmig aufragende Minarett und verschwanden wieder in ihrer Staubwolke.

Ich dachte an eine Passage bei Jean-Marie Gibbal und nahm an, dass ihm eine ähnliche Szene vorschwebte, als er das »tägliche Autoballett der Fahrzeuge von Experten und Repräsentanten internationaler Hilfsorganisationen« in Timbuktu geißelte und in diesem Zusammenhang von den »neuen Gekrönten des Orients« und ihrer aufopfernden »Mission als Weltverbesserer und guter Samariter« sprach. Leider kam ich nicht mehr dazu, diesen Standpunkt gerecht zu beurteilen, denn nun erregte eine kleine Menschenmenge meine Aufmerksamkeit, die in erstaunlicher Geschwindigkeit über den Platz trieb. Ich sah erhobene Fäuste. Es schien ein Handgemenge zu geben. Dann erkannte ich das blauweiß geringelte Seemannshemd. Der Franzose und seine Frau waren von schreienden Kindern eingekreist. Ich spazierte ihnen ein Stück entgegen, obwohl sie nicht in meine Richtung gingen.

»Was ist passiert?«, rief ich aus sicherer Entfernung.

»Diese Rotznasen!«, schrie der Franzose.

Ein kleines Mädchen zerrte an seinem Arm. Unter der Achsel war sein Hemd zerrissen. Auf dem Rücken seiner Frau saß ein Junge und zog an ihren Haaren.

»Sie wollen Kugelschreiber! Kugelschreiber! Meine Frau hat alle verteilt, die sie hatte. Gören! Furzer! Seid zufrieden! Haut ab, ihr Schmeißfliegen!«

Ich winkte den beiden zu und bog in das wohlhabende Sankoré-Viertel ein. Wie gesagt, die Franzosen gingen nicht in meine Richtung.

Timbuktu lud nicht zum Verweilen ein, und als ich in einer Karawansarei von der großen Pinasse hörte, die in Korioumé lag und Fracht für Gao aufnahm, wollte ich mir diese Gelegenheit nicht entgehen lassen.

Doch zuvor hatte ich noch etwas Wichtiges zu erledigen. Mitte des 19. Jahrhunderts war die Entdeckung Afrikas politisch und wirtschaftlich zu bedeutend geworden, um sie Abenteurern wie Mungo Park zu überlassen. Der Wettlauf um Handelsabkommen, Territorien und Macht war entbrannt, und die Briten rüsteten eine neue Expedition aus. Sie führte jenen Deutschen nach Timbuktu, den Basil Davidson später den »wahrscheinlich intelligentesten aller Afrikareisenden« nennen sollte – Heinrich Barth. Und natürlich wollte ich die Stadt nicht verlassen, ohne sein Haus gesehen zu haben.

Im Jahr 1849 lud das britische Außenministerium den in Berlin lebenden Geografen ein, an einer groß angelegten Expedition teilzunehmen, die das westliche Afrika zwischen Tschadsee und Niger erforschen sollte. Als Barths Begleiter unterwegs ums Leben kamen, tauchte er als Ein-Mann-Universität in das Innere Afrikas ein, drang von Libyen aus durch die Sahara zum Tschadsee vor und erreichte über Sokoto und Gao schließlich Timbuktu. Seine Aufzeichnungen führte er auf Deutsch, Englisch und Arabisch. Unterwegs soll er zehn afrikanische Sprachen gelernt haben. Die Einheimischen hielten ihn für den Messias, den sie aus dem Osten erwarteten, und strömten in Scharen herbei, um seinen Segen zu erbitten. Barth nannte sich selbst Abd el-Kerim, Diener des Allerhöchsten.

Barths Wohnhaus lag in der Nähe der Sidi-Yahia-Moschee. Ich klopfte kräftig, doch es rührte sich nichts, und ich wollte schon wieder gehen, als sich die Tür einen Spalt öffnete. Eine glänzende Nase schob sich heraus, dann erschien ein verschwitztes, mürrisches Gesicht mit schlitzartigen Augen und hoher Stirn.

»Geschlossen!«, zischte der Mann.

»Ich bin Journalist!«, sagte ich schnell, bevor er die Tür wieder schließen konnte. »Aus Deutschland!«

Es schien noch Menschen zu geben, auf die dieser Beruf Eindruck machte, denn der Mann streifte sich ein Lächeln über, riss meine Hand an sich und schüttelte sie kräftig.

»Der Antrag, nicht wahr?«, rief er entzückt. »Endlich! Endlich!«

Er war klein und stämmig. Sein fleckiges Unterhemd spannte sich über einen dicken Bauch. Er roch nach Schweiß und Sex.

»Ich würde gerne das Haus sehen«, sagte ich.

»Natürlich! Kommen Sie herein! Kommen Sie!«

Sein Name war Hassan Souleyman. Er führte mich in ein Zimmer und knipste die Neonröhre an. Der winzige, weiß getünchte Raum war zu einem kleinen Museum umgestaltet worden. Es gab einen mit Eisenplättchen verzierten Schrank im marokkanischen Stil. In der Ecke stand eine kleine Holzkiste mit Metallschloss und beschlagenen Kanten. Auf dem Sandboden lagen zerbrochene Kalebassen, Mörser, Stößel, eine defekte Fahrradpumpe. Alles war von einer dicken Staubschicht belegt – außer der Matte, dem kleinen Ofen, den Töpfen und dem dampfenden Milchpulver in der Mitte. Hier war eben noch gekocht worden. Zweifellos wurde das Museum von Souleymans Familie als Wohnraum mitgenutzt.

»Sobald Deutschland die Mittel bewilligt hat, werden wir dort einen Durchbruch machen«, sagte er aufgeregt. »Hinter der Wand gibt es ein kleines Zimmer. Wir könnten sagen, Barth habe dort geschlafen.«

»Hat er denn dort geschlafen?«

»Nein, er hat in diesem Zimmer gewohnt, aber mit dem Durchbruch machen wir einen großen, hellen Raum aus alldem hier. Es ist eine Frage des Geldes, verstehen Sie. Ich selbst kann das nicht leisten. Der Antrag, Sie haben ihn sicher gelesen. Die zuständigen deutschen Stellen werden sich um die Finanzierung kümmern...«

264

Es war nicht einfach, sich vorzustellen, wie Barth hier gelebt hatte. Die Wände waren mit Plakaten tapeziert, mit beliebigen Tuareg-Schmuckstücken, Hotelprospekten, Broschüren des deutschen Presseamts und einem kitschigen Gemälde, das Störche über einer Auenlandschaft zeigte. Souleymans Kinder sprangen durch das Zimmer und schrien »Toubabou, ça va? Donnesmoicadeau[23]!«, ein Radio krächzte, eine Frau keifte aus dem Obergeschoss herunter, ein Mädchen in Badeschlappen schlurfte herein, spuckte in eine Ecke, nahm den Topf mit dem Milchpulver und ging wieder hinaus.

»...könnten wir den Pfeiler herausreißen und dort ein Fenster herausbrechen. Aber das ist Ihnen ja bekannt. In meinem Antrag ist das alles genau beschrieben. Wir könnten...«

»Entschuldigen Sie?«

»...nicht sehr viel Kapital nötig, finde ich. Die deutsche Botschaft wird zweifellos...«

»Kann ich bitte ein paar Minuten allein sein?«, unterbrach ich Souleyman bestimmt.

»Aber Monsieur!«, sagte er fassungslos. »Das ist *mein* Haus!«

»Bitte, nur ein paar Minuten.«

Er stampfte hinaus, und ich hockte mich in den Sand, schloss die Augen und stellte mir vor, wie Barth in diesem Raum auf seinem von Termiten zerfressenen Teppich gelegen hatte, vom Fieber geschüttelt, ohne Fenster, bei Kerzenlicht, das geladene Gewehr griffbereit. Die meisten Einwohner von Timbuktu wussten, dass Barth Christ war, und als solcher befand er sich in der verbotenen Stadt in Lebensgefahr. Angebliche Vertraute erpressten Geschenke von ihm, man stahl ihm seine Kamele. Fanatische Nomadenhorden durchkämmten plündernd die Straßen. Ein Unwetter setzte das Haus unter Wasser und riss die hintere Wand ein, doch kein Handwerker traute sich, dem Christen zu helfen, und Barth musste seinen Unterschlupf notdürftig mit einem Dornengestrüpp sichern.

Während sich die Ruhe um mich herum mit Szenen aus Barths Reisebericht füllte, erinnerte ich mich daran, wie Scheich El Bakay, der

---

[23] GibmirGeschenk; Wortkreation, die der Tourismus in dieser Gegend hervorgebracht hat

Gastgeber und Beschützer des Forschers, ihn schließlich überredete, die Stadt zu verlassen. Sie schlugen ein Camp in der Wüste auf. Zehn Monate musste Barth ausharren, bis er endlich die Rückreise antreten durfte – zehn Monate in akuter Lebensgefahr. Barths Aufzeichnungen aus der »Stadt des Propheten«, wie er Timbuktu nannte, spiegeln allerdings mehr Erschöpfung als Angst wider: »...in melancholischer Stimmung... gleichgültig und voller Melancholie... beschwöre El Bakay in einem Brief, meine Abreise zu beschleunigen... melancholischer Tag, schlaflose Nacht... meine einsame Situation ohne Bücher und die geringste Bequemlichkeit. Nicht einmal Kaffee... meine Sehnsucht nach der Heimat ist unerschöpflich.«

Im Juni 1854 war es endlich so weit, und niemand kümmerte sich um den sonnenverbrannten Reiter, der drei Monate später, fünf Jahre nach seinem Aufbruch ins Innere, hager, ein ausgebleichtes Tuch auf dem Kopf und das Gewehr am Sattel, durch das Oasentor von Tripolis ritt. Er hatte 15 500 Kilometer zurückgelegt und seine gewissenhaften Aufzeichnungen nicht einmal unterbrochen, als er südlich des Tschadsees in Ketten lag.

Es klopfte. Souleyman streckte den Kopf herein.

»Entschuldigen Sie«, sagte er, »aber das Abendgebet...«

Er begleitete mich zur Tür, und während er meine Hand schüttelte, forderte er ein Geschenk.

»Ich schicke Ihnen eine Kopie meines Berichts«, sagte ich.

»Schön! Sehr schön!«, freute er sich. »Das wird den Antrag beschleunigen.«

Dann schlug Souleyman die Tür zu.

Ich setzte mich gegenüber auf einen Stein und notierte ein paar Gedanken. Aus dem Obergeschoss plätscherte Abwasser aus einem Rohr auf die Straße und sickerte an der Haustür vorbei. Ein kleiner Junge stand plötzlich vor mir.

»Toubabou, ça va?«, schrie er, machte einen Schritt auf mich zu und stampfte auf. »Sie schreiben jetzt diesen Satz fertig. Dann geben Sie mir Ihren Kugelschreiber!«

Ich ließ Stift und Notizbuch fallen, packte ihn an beiden Armen, bog ihn über meinen Oberschenkel und versohlte ihm den Hintern, bis

Tränen aus seinen Augen schossen. Dann lehnte ich ihn an die Wand, hob meine Sachen auf und ging bester Laune die Straße hinunter. Während ich an den Häusern der reichen Händler vorbeiging, fragte ich mich, warum die Verdienste historischer Reisender von ihren Zeitgenossen nur selten gewürdigt worden waren. Vielleicht lag es daran, dass sich die Daheimgebliebenen einfach nicht vorstellen konnten – oder wollten –, wie »die Welt dort draußen« tatsächlich aussah. Barths Hauptwerk[24] jedenfalls war den Leuten zu trocken gewesen, und die Briten feierten lieber Livingstone, der zur gleichen Zeit von seiner ersten Afrikareise zurückkehrte. Barth zog von London zurück nach Berlin, doch es wurde keine glorreiche Heimkehr. Die ersehnte Professur erhielt er nicht. Im Oktober 1865 erfuhr er vom Tod El Bakays in Timbuktu, und wenig später starb er selbst im Alter von 44 Jahren. Sein Werk dient der Fachwelt bis heute als unerschöpfliche Quelle, doch in der Öffentlichkeit wurde der Afrikaforscher schnell vergessen; in England oder Deutschland ist sein Name kaum noch jemandem bekannt.

»Kennen Sie Heinrich Barth?«, fragte ich, eher zum Spaß, einen gut gekleideten Mann mit strahlend weißem Turban, der gerade aus dem Haus eines Salzhändlers kam.

»Heinrich Barth, natürlich!«, sagte er zu meiner Überraschung.

Er war ein Haussa aus Zinder im Niger und zeigte nach Norden, als sei Barth eben erst vorbeigezogen.

»Abd el-Kerim hat unsere Sprachen gesprochen. Er hat Kranke geheilt und unseren Vätern seinen Segen erteilt. Er war einer von uns. Die Kinder singen sein Lied.«

Rötlicher Dunst hüllte den Fluss ein, als ich kurz nach Tagesanbruch über einen Baumstamm an Bord der Pinasse balancierte. Der Bootsführer, ein schweigsamer Mann mit locker gewickeltem Turban, wies mir einen Platz vor dem Steuerhaus zu – gerade groß genug für Rex

---

[24] *Reisen und Entdeckungen in Nord- und Central-Afrika in den Jahren 1849 bis 1855 von Dr. Heinrich Barth. Tagebuch seiner im Auftrag der Britischen Regierung unternommenen Reise* (1857/58). In der deutschen Ausgabe umfassen die fünf Bände insgesamt 3564 Druckseiten.

und mich, meinen Rucksack und den Wasserkanister, den ich seit einiger Zeit mit mir führte. Ein paar Händler verstauten die letzten Säcke, dann nahmen auch sie ihre Plätze ein. Die beiden Motoren sprangen an, die Pinasse schliff kurz über den Grund, gewann tiefes Wasser und tuckerte an einem Hain aus Eukalyptusbäumen vorbei auf den Niger hinaus. Es schien, als wolle der Fluss mit einer Windung nach Osten der Sahara ausweichen. Am nördlichen Ufer warfen sich gewaltige Dünen in den Fluss, einsame Lehmgehöfte duckten sich in malerischen Sandbuchten, Pinassen mit geblähten Segeln trieben vor der ockerfarbenen Kulisse stromaufwärts, während die Morgensonne messerscharfe Grate auf die Sandrücken zeichnete, die einzeln stehende Dumpalmen umschlossen und in makellos geschwungenen Linien ins Wasser tauchten. Die Wüste stürmte gegen den Fluss an. Unermüdlich warf sie Sandkorn um Sandkorn ins Wasser, rollte kleine Zungen aus, baute Brücken, wo immer sich eine Gelegenheit dazu bot – in einer Biegung, hinter einem Baumstamm, im Schutz einer vermodernden Piroge. Stellenweise rangen die Bauern der Wüste noch kleine Gemüsegärten ab, doch sie wurden immer bescheidener und seltener, und die Dörfer folgten in immer weiteren Abständen. Dazwischen gab es nur Wasser und Sand.

Ich lehnte mich an meinen Rucksack, schloss die Augen und dachte an die üppigen, lärmenden Wälder Guineas, an Gboloma, den Quellgeist, an Waldelefanten und Papageien und Epiphyten, die in den Kronen der Baumriesen ihre Gärten entstehen ließen. Dann öffnete ich die Augen. Der Niger wirkte verirrt in diesem leeren Land, und zugleich verlieh ihm die Wüste eine majestätische Erhabenheit.

Die Pinasse legte in jedem der weit verstreuten Dörfer und Fischercamps an, um kleine Posten Brennholz zu entladen, und so zog sich die Reise endlos hin – Mandiakoy, Gourma-Rharous, Bamba, Téméra, Tossaye –, während ich mich der trägen, reibungslosen, unwiderstehlichen Bewegung des Flusses überließ und nichts weiter tat, als hinunterzutreiben, überwältigt vom nutzlosen Augenblick und unfähig, an etwas zu denken oder etwas festzuhalten. Als ich später meine Aufzeichnungen ordnete, fand ich nichts über diesen Reiseabschnitt außer ein paar logbuchartigen Einträgen – Wetter, Strömung,

Wassertiefe –, aus denen ich schloss, dass die Pinasse für die dreihundert Kilometer bis Gao acht Tage benötigt hatte.

Ich versuchte, die Lücke aus der Erinnerung zu schließen, doch ich fand nur seltsam verschwommene Bilder vor. Die Einzelheiten waren wie ausgelöscht. Ich hatte alles um mich herum vergessen – alles, was nicht wie ich in Bewegung war –, und es schien, als sei ich durch ein leeres Land getrieben, in dem die Zeit sich zog und dehnte und es keinen anderen Grund für die Bewegung gab als die Bewegung selbst. Es war, als sei einfach nichts geschehen, was sich aufzuzeichnen gelohnt hätte, und dieser rauschartige Zustand, den ich als höchste Belohnung des Reisens empfand, löste eine wohltuende Sprachlosigkeit in mir aus. Er brachte keine Worte hervor, keine Erzählungen.

Doch dann riss die Bewegung des Flusses ab, endete jäh und gewaltsam. Wie in einem Wasserfall. Und mein Bedürfnis nach Worten kehrte zurück.

8

Am späten Nachmittag erreichten wir die Stromschnellen von Tossaye, wo sich der Niger zwischen schwarz glänzenden Quarzitfelsen hindurchzwängt, umrahmt von hoch aufragenden, rötlichen Dünen, üppig grünen Bourgouteppichen und winzigen Sandinseln. Ich fand die Vorstellung faszinierend, dass der zersplitterte Quarzitrücken, der hier langsam an mir vorüberzog, für einen der merkwürdigsten Flussverläufe der Erde verantwortlich war.

In noch junger Vergangenheit – erdgeschichtlich gesehen – waren der Ober- und der Unterlauf des Niger zwei vollkommen getrennte Flüsse. Der Oberlauf strömte seit jeher nach Norden, endete jedoch jenseits von Timbuktu in einem See, der sich in die Wüste fraß wie in ein gigantisches Löschpapier, einem See, der eine ähnliche Ausdehnung wie Deutschland hatte und keinen Abfluss besaß. Der Lac

Faguibine und die Überreste zahlreicher Fischerdörfer weit draußen in der Sahara erinnern noch an dieses Binnenmeer. Nach der Theorie, die mir am wahrscheinlichsten erschien, hatte sich der Wasserspiegel des Sees erhöht, weil die Wüste ihn von Norden her zurückdrängte und aus den regenreichen Gebieten in Guinea weiterhin Wasser nachfloss. Der See dehnte sich nach Osten aus und drückte dort gegen die Quarzitschwelle von Tossaye, die wir gerade durchfuhren. Ich stellte mir vor, wie das Wasser presste und scharrte, wie haarfeine Risse entstanden und winzige Äderchen verstohlen herunterrannen. Kiesel wurden gelöst, kleine Steine, immer größere, ganze Brocken, bis die Statik des Naturdamms versagte. Als er brach, entstand die Enge von Tossaye, durch die der See schließlich abfloss. Jenseits dieser Barriere trafen seine Wassermassen auf das Bett des Tilemsi, der nach Süden floss und dem Niger auf diesem Weg seinen Abfluss in den Atlantik verschaffte.

Die Passage dauerte eine knappe Stunde, dann ließen wir den nördlichsten Punkt des Niger hinter uns, den Punkt, an dem der Strom seinen Lauf abrupt korrigierte, um nun in fast entgegengesetzter Richtung weiterzufließen – nach Süden, wo ihn die tiefen Wälder Nigerias erwarteten. Ich machte es mir im Bug bequem und legte den Kopf auf Rex' Rücken. Ich konnte seinen Atem spüren und die angenehme Wärme, die durch sein Fell drang. Als Nächstes würde die Pinasse die Camps um Bourem anlaufen, und von dort würde es nur noch ein kleines Stück nach Gao sein.

»Gao, Gao«, summte ich vor mich hin – ein wundervoller Name für eine Stadt in der Wüste.

Die Motoren blubberten gleichmäßig, und während die Ufer vorüberzogen, schob sich ein leises metallisches Geräusch in meine Wahrnehmung. Tak! Tak! Tak! Ich nahm an, dass es von den Pinassenschrauben kam. Oder war es der Ständer, der an die Speichen meines alten Fahrrads schlug? Die Ufer verschwanden, und ich hörte nur noch dieses Geräusch. Tak! Tak! Tak! Ich fuhr den Waldweg am Altrhein entlang. Am Lenker hing ein kleiner Eimer mit Maden und Würmern, die Ruten hatte ich quer über meinen Rücken geschnallt. Schwimmer, Haken, Senkbleie, Leinen füllten die Satteltaschen. Tak! Tak! Tak! Es war Frühling und roch nach Maiglöckchen. Rex trabte

neben mir her. Vielleicht war ich elf Jahre alt. Wir fuhren zum
versteckten See, den die Alten »Karpfenhod« nannten. Ich war
gerne dort, denn es gab jede Menge Rotaugen und stattliche Hechte.
Aus irgendeinem Grund packte ich mein Angelzeug nicht aus,
sondern legte mich am Ufer ins Gras. Rex wälzte sich in der Asche
eines alten Lagerfeuers. Dann kauerte er sich neben mich. Sein Fell
war verklebt und voller Ruß, und als er den Kopf auf meine Brust
legte, fiel mir der Ruf eines Vogels auf, den ich noch nie zuvor gehört
hatte.
»Ohu! Ohu!«, rief er.
»Ohu! Ohu! Ohu!«, antwortete ein anderer.
Ich rätselte, was das für Vögel sein mochten. Eine seltene Eulenart?
Am frühen Nachmittag? Die Rufe wurden zahlreicher, überschnitten
sich, wurden lauter, immer lauter.
»Ohu! Ohu!«, riefen sie.
»Ohu! Ohnu! Bonu!«, antworteten sie.
»Bonu! Bonu! Bonu!«, schrien sie.
Ich sprang auf und sah eine Horde schwarzer Frauen aus dem Wald
brechen. Sie stürmten über die Wiese auf uns zu. Ihre Hände
umklammerten Stricke, manche trugen hölzerne Genickbalken,
andere schwangen lange Messer. Sie zerschnitten die Luft damit. Und
alle schrien sie, schrien immerzu dasselbe Wort.
»Bonu!«, schrien sie. *»Bonu! Bonu! Bonu!«*
Ich sah Rex an. Er wedelte erwartungsvoll.
»Lauf!«, rief ich. »Lauf weg, Rex! Mach schon!«
Doch er rührte sich nicht von der Stelle.
»Verstehst du denn nicht?«, schrie ich. »Die Bobo! Sie wollen dich
fangen, dich kochen, dein Fleisch essen, dein Fell zum Trocknen über
die Lehmmauer hängen.«
»Bonu! Bonu! Bonu!«
»Sie wollen irgendein Pulver aus deinen Zähnen machen, deine
Hoden frittieren, dein Hirn auslöffeln, dein Hirn, gebrauch doch
einmal dein Hirn!«
Ich griff nach dem Stock, der vor mir am Boden lag, und schleuderte
ihn auf den Fluss hinaus. Mit einem Sprung war Rex im Wasser. Er
tauchte kurz mit dem Kopf unter, und die Asche löste sich aus sei-

nem Fell. Er zog eine schwarze Wolke durch den See. Dann verstummten die Schreie der Bobo. Überhaupt war es plötzlich sehr still. Ich drehte mich um. Der Strand, die Dünen, die schimmernden schwarzen Felsen – nirgendwo Bobo! Ich atmete auf.

Die Frau sah ich erst, als Rex weit draußen nach dem Stock schnappte. Sie saß auf der kleinen Sandinsel, wo sonst die Haubentaucher gründelten. Ihr Haar war lang und schwarz, ihre Haut schneeweiß. Vielleicht hatte ich es der Frau zu verdanken, dass die Hundefresser verschwunden waren. Rex schwamm jetzt zum Ufer zurück, und etwas begann mich zu beunruhigen. Irgendetwas stimmte nicht. Irgendetwas. Natürlich! Der Wind! Er blies plötzlich aus allen Richtungen gleichzeitig. Er wurde stärker und wühlte den Fluss auf. Rex kämpfte gegen die Wellen an. Ich sah zu der Frau hinüber, und ihr Gesicht verzerrte sich zu einer hässlichen Fratze.

»Meine Kinder!«, schrie sie plötzlich mit schneidender Stimme. »Dein Hund macht meine Kinder blind! Du weißt doch, dass die Asche meine Kinder blind macht! Das weißt du doch!«

Sie sah mich an, sah Rex an, sah mich an. Dann lächelte sie eisig. Ihre Zähne waren aus Metall, aus spitzem, messerscharfem Metall. Sie lächelte und glitt ins Wasser. Der Sturm schlug die Blätter von den Eichen, Äste brachen, Blasen stiegen aus dem Fluss. Das Wasser dampfte, schien zu kochen. Und irgendetwas wand sich dort draußen, dicht unter der Oberfläche, wie ein riesiges Tier. Es kam auf uns zu. Rex war noch zehn Meter vom Ufer entfernt, noch sieben, sechs, drei. Ich konnte die nassen Härchen auf seiner Stirn erkennen, die triefenden Ohren, seine erschöpften, verzweifelten Augen. Der Stock klemmte in seiner Schnauze. Die Frau, das große Tier ...

»Schneller, Rex!«, schrie ich. »Schneller! Schneller!«

Ich streckte die Hand aus. Ein paar Zentimeter noch, doch plötzlich erstarrten seine Züge, und er stieß einen markerschütternden Schrei aus. Dann war er verschwunden.

Ich riss die Augen auf. Wieder dieser Traum. Wie oft hatte er sich schon wiederholt, seit ich in Gao angekommen war? Ich war schweißgebadet. Ich fror. Mir war schwindlig. Neben mir flackerte eine Kerze. Ich starrte an die Decke – eine rissige, spröde Gewölbe-

decke, von der Staub und Spinnweben rieselten. Irgendwo scharrten
Ratten. Durch einen Spalt in der Holztür sickerte fahles Licht, und
draußen dröhnte der Harmattan. Rex. Rex war ertrunken.

Ich hatte ihm diesen Stock geworfen, an einem Strand bei Bourem,
und Rex war ins Wasser gesprungen, zum ersten Mal, seit wir den
Fluss zusammen bereist hatten. Ich hatte ihm ein Kunststück bei-
bringen wollen, das nur europäische Hunde beherrschten. Dann zog
ihn etwas hinunter, direkt vor meinen Augen, etwas, von dem ich
nur den Rücken zu Gesicht bekommen hatte. Einen unförmigen,
schwarzen Rücken – nicht der eines Krokodils, nicht der eines Flusspferds –, ein glatter, lederner, kräftiger Rücken wie der einer unwahrscheinlich großen Schlange, finster, mit grellgelben Flecken.

War Rex der Freund, den ich verlieren würde, wie es die alte Somata
vorausgesagt hatte? Und der Fetischeur in Guinea? Hatte er Rex' Tod
in den Kaurimuscheln gesehen? Und hatte er nicht vorausgesagt, dass
noch jemand vor meinen Augen sterben würde? Und mein eigener Tod?
Hatte er in den Muscheln nicht auch meinen eigenen Tod gesehen?

Ich fühlte mich schlecht, krank, schwer. Wie damals in Guinea, als
ich die Ruhr gehabt hatte. Wie lange war das her? Wie viele Monate
oder Jahre war das her? Ich lag in dieser üblen Höhle von einer
Unterkunft am Stadtrand von Gao. Es gab kein Licht, keinen Strom.
Die Wüste drängte herein, tagsüber glühend heiß und nachts eisig
kalt. Doch ich kümmerte mich nicht darum. Ich lag auf der fleckigen
Matratze und starrte einfach nur an die Decke.

Am folgenden Morgen zwang ich mich, aufzustehen. Mein Kopf war
bleischwer. Mein Nacken schmerzte. Ich zog die Halskrause aus dem
Rucksack und legte sie an. Gao kam mir grau und tot vor. Es war bei
weitem lebendiger als Timbuktu, doch ich wollte, dass es grau war.
Also war es grau. Und verdorrt. Es war staubig, schmutzig. Es stank.
Gao stank. Es gab keinen Grund, in dieser grauen, stinkenden Stadt
herumzulaufen. Also schleppte ich mich wieder in meine Höhle und
warf mich auf die Matratze. Mein Kopf fühlte sich seltsam an. Ich
stellte mir vor, wie es klang, wenn jemand mit einem Stock auf ihn
einschlüge. Dumpf! Es würde dumpf klingen, wie ein Eselsrücken.

Auf dem Weg zur Latrine – ich ging gebeugt und hielt das obligato-
rische Plastikkännchen in der linken Hand – hielt mich der Hotel-

besitzer an. Über seinem Boubou trug er einen schweren grauen Wollmantel. Buschige Koteletten zogen sich bis zum Kinn.

»Sie sehen nicht gut aus, mein Freund«, sagte er ehrlich besorgt, zeigte auf meine Halskrause und stellte sich mit Mossi Djibo vor.

»Mein Nacken«, sagte ich schwerfällig und erklärte ihm das Problem.

»Sie haben doch Medikamente bei sich?«

»Ich habe schon alles versucht.«

»Es gibt etwas, das Sie noch nicht versucht haben«, sagte Djibo und senkte verschwörerisch die Stimme. »Sie sollten sich helfen lassen. Ich will nicht, dass Sie in einem meiner Zimmer zu Staub zerfallen.«

»Natürlich nicht«, sagte ich, noch immer das Plastikkännchen in der linken Hand. »Was schlagen Sie vor?«

»Ich kenne einen Sohantye. Einen richtigen, verstehen Sie? Er macht sich nichts aus Allah. Sie haben einen Feind? Seine Nase soll abfaulen? Seine Hoden sollen anschwellen? Blindheit, Gedächtnisverlust? Tod seiner Frau? Tod seines ersten Sohns? Tod seines ältesten Bruders? Der Sohantye leitet alles für Sie in die Wege.«

»Ich habe keinen Feind«, sagte ich matt.

»Der Sohantye ist sehr mächtig. Er macht starke *korte*[25]. In vierundzwanzig Stunden tötet er, wen Sie wollen. Vergiften, enthaupten, ersticken, ertränken, vom Krokodil zerfetzen, vom Bus überfahren. Wie Sie wollen, in nur vierundzwanzig Stunden.«

Ich sah ihn ungeduldig an und hob das Plastikkännchen in sein Blickfeld, damit er sehen konnte, was mich aus der Höhle gelockt hatte, die er »eins seiner Zimmer« nannte.

»Der Sohantye ist auch ein Heiler«, sagte er mitfühlend. »Der beste weit und breit, mein Freund. Er backt die besten Kuchen.«

»Kuchen?«

»Magische Kuchen«, sagte Djibo und freute sich, mein Interesse geweckt zu haben. »Die Geister, verstehen Sie? Jeder Geist wohnt in seinem eigenen Baum und gibt Kräfte an ihn ab. Der Sohantye geht in den Busch und erntet diese Kräfte. Wie reife Früchte, verstehen Sie? Dann mischt er sie in seinen Teig und backt den Kuchen. Der

[25] Zauber

Sohantye wird Ihnen helfen, mein Freund. Er gibt Ihnen von seinem Kuchen und macht Ihren Kopf leicht – leicht genug für Ihren kranken Nacken.«

Mir war alles gleichgültig, und kurz nach Mittag fand ich mich auf dem Rücksitz eines Mopeds wieder. Es fuhr aus Gao hinaus in die Wüste. Am Lenker saß Djibo.

»Die besten Sohantye leben nicht in der Stadt«, rief er in den ofenheißen Fahrtwind hinein. »Der Koran lehrt uns, sie zu verachten. Aber ohne sie geht es auch nicht. Wer einen Sohantye aufsucht, will nicht gesehen werden. Der Busch ist der ideale Standort. Ein richtiger Sohantye haust bei den Tieren und den Djinns.«

Das Gehöft des Heilers lag in einem Dornengestrüpp, fern jeder Siedlung. Es bestand aus drei großen und einer winzigen Hütte, ein paar Akazien, einem Autowrack, in dem Hühner nisteten, und einer klassischen Lehmlatrine. Im Schatten saßen drei Alte und hielten sich die Fliegen mit präparierten Kuhschwänzen vom Leib. Sie winkten uns zu und zeigten ihre verfaulten Zahnreihen.

Im Eingang der kleinen Hütte bemerkte ich einen hageren Jungen. Sein Körper war mit etwas beschmiert, das ich für Kuhdung hielt. Er stützte sich auf selbst gemachte Holzkrücken. Seine Beine waren dünn und zerbrechlich wie Akaziengeäst. Als sich unsere Blicke trafen, trat er einen Schritt zurück und verschwand im Dunkel der Hütte.

»Der Name des Sohantye tut nichts zur Sache«, flüsterte Djibo. »Wenn Sie ihn begrüßen, sehen Sie ihm nicht in die Augen. Benutzen Sie Ihre Songhay-Kenntnisse. Dann geben Sie mir die Zigaretten. Ich gebe sie dem Heiler. Alles Weitere zeigt sich.«

Ein schwergewichtiger Mann in sumpfgrünem Gewand trat aus der größten Hütte. Ich sah zu Boden, als er mir die fleischige Hand reichte. Er ging barfuß. Seine Füße waren erstaunlich klein. Der rechte kleine Zeh fehlte. Der rechte kleine Finger fehlte ebenfalls. Wir tauschten Begrüßungsformeln aus. Ich reichte Djibo die Zigaretten; er gab sie dem Heiler, der sie wortlos entgegennahm und uns in seine Hütte bat. An der Stirnwand stand ein blaues Mofa mit roten Gummigriffen. Ein Bett, verstaubte Tonkrüge, ein Stapel Holz – nichts, was auf die Tätigkeit eines Heilers hingewiesen hätte.

Djibo sprach, und der Heiler hörte schwer atmend zu. Seine Haut

275

war tiefschwarz. Eine schwere Akne hatte Narben in seinem Gesicht hinterlassen. Die Falten um seine Augen hätten fröhlich gewirkt, wären da nicht die Augen selbst gewesen – riesige schwarze Kugeln, umgeben von einem Geflecht aus blutroten Äderchen. Als mich sein Blick traf, sah ich wieder zu Boden.

Der Heiler gab mir zwei rote Kolanüsse und wies mich an, sie an meine Schläfen zu halten. Ich tat das etwa zwei Minuten lang, dann gab ich sie ihm zurück. Er wog sie in der rechten Hand, murmelte leise vor sich hin, legte die Kolas beiseite und berührte meine Nase.

»Was hat er gesagt, Djibo?«

»Er hat das Orakel befragt. Er sagt, Sie erfreuen sich bester Gesundheit. Er sagt, Ihr Problem, dieser Schmerz und diese Müdigkeit, die Sie quälen, sie haben einen anderen Grund.«

Der Heiler zog die Augenbrauen hoch. An ihren äußeren Enden nahmen sie die Form von Widerhaken an. Er räusperte sich kräftig und spuckte den Auswurf an die Wand. Der verschmierte Junge schleppte sich herein, ortete das Corpus Delicti, löste es behutsam vom Lehm und strich es in eine kleine Kalebasse.

»Der Sohantye sagt, dass Ihnen jemand Böses wollte«, fuhr Djibo fort, ohne auf die sonderbare Szene einzugehen. »Er sagt, Sie haben den Fluch eingeatmet. Der Sohantye hat es in den Kolas gesehen. Sie haben geschlafen, und ein böser Rauch ist in Ihre Nase gekrochen. Er sitzt jetzt in Ihrem Kopf und macht ihn schwer. Der Rauch ist ein Teufel, Mikael.«

Mein Vorname ließ mich plötzlich aufschrecken. Mikael. Das war ich. Ich war gemeint. Ich saß in dieser Hütte. Ich war hier der Patient. Und dieser Heiler war dabei, mich zu behandeln. Etwas drängte mich, die Sache hier zu beenden.

»Keine Angst«, sagte Djibo, als habe er meine Gedanken erraten. »Der Sohantye sagt, der Teufel ist als Rauch in Sie eingedrungen. Er wird einen Rauch schicken, der ihn wieder heraustreibt.«

»Keinen Kuchen?«, fragte ich ängstlich.

»Keinen Kuchen«, sagte Djibo, und seine Stimme wirkte sanft und zuversichtlich.

Ich vertraute ihm. Immerhin war er der Eigentümer des Hotels, in dem ich wohnte. Und war das nicht eine einzigartige Gelegenheit?

Jetzt, wo ich schon mal hier war? Der Heiler würde schließlich kein Skalpell ansetzen. Was konnte schon passieren? Ein wenig Rauch... Wir einigten uns auf den horrenden Preis von 10 000 Francs CFA, ich zog zwanzig Scheine aus der Innentasche meiner Hose und bezahlte. Wenig später hockte ich nackt in einer Ecke der Latrine. Neben mir stand ein Tonkrug mit schlammgrünem Wasser. Ich wusch mich von Kopf bis Fuß damit, legte mir ein Tuch um die Lenden und ging in die Hütte zurück. Auf dem Boden lag eine Metallschaufel mit glühenden Kohlen. Mir brach der Schweiß aus. Ich zitterte. Der Heiler malte mit dem rechten Zeigefinger ein Kreuz auf den Boden. Dann zog er einen Kreis darum, murmelte etwas und spuckte in alle vier Himmelsrichtungen; der beschmierte Junge fing den Speichel geschickt mit der Kalebasse auf.

»Das *gandyi hau*«, flüsterte Djibo und legte mir seinen Mantel um. »Der Sohantye bindet den Busch fest, bevor er die Tür zur Anderen Welt öffnet. Er bindet die Unsichtbaren und die Schlechten fest, damit sie uns nicht schaden können.«

Der Heiler zog einen Lederbeutel aus seinem Gewand und begann von neuem zu murmeln und zu spucken. Ich vermutete, dass dies die Formeln waren, die den Teufel aus meinem Kopf treiben sollten. Er öffnete den Beutel, schüttete ein gelbliches Pulver in seine vierfingrige Hand und zerrieb es im Takt der Silben, die er jetzt intonierte. Plötzlich zog Djibo seinen Mantel über meinen Kopf und drückte mich unsanft hinunter. Der Heiler streute das Pulver auf die Kohle. Es zischte und knisterte. Rauch füllte die winzige Kammer, die der Mantel um mich herum bildete. Ich hielt instinktiv die Luft an und schloss die Augen. Sie tränten trotzdem. Mein Brustkorb krampfte sich zusammen. Ich atmete vorsichtig ein. Der Rauch kroch in meine Nase, in Mund und Rachen, war jetzt in mir, brannte, biss, kratzte. Ich würgte, wollte schreien, konnte nicht. Panik ergriff mich. Doch die Männer hielten mich fest, zwangen mich, unter dem Mantel zu bleiben – zwangen mich, den Rauch einzuatmen.

Eine innere Stimme begann zu brüllen.

»Fünfzehn Jahre«, brüllte sie böse, »fünfzehn Jahre. Du warst überall, nur nicht zu Hause. Du konntest nie bleiben. Egal, wo du warst. Fünfzehn Jahre! Sesshaft wolltest du werden? Lächerlich! Alles

Mögliche hast du versucht. Karriere in Paris. Kneipe in Nord-queensland. Eigenheim im Elsass. Eremit in den chilenischen Anden. Länger als zwei Jahre hast du es nie ausgehalten. Du willst immer dort sein, wo du gerade nicht bist. Du fühlst dich nur als Fremder daheim. Was treibt dich? Was tust du hier? Wohin willst du?«

»Weiter!«, schrie eine andere Stimme dagegen, während ich über dem Rauch gegen einen Brechreiz ankämpfte. »Weiter, ich will weiter! Aber das habe ich nicht verdient! Unter diesem Mantel zu ersticken, in diesem Rauch, in der Hütte dieses Scharlatans. Ich will weiter! Den Fluss entlang! Weiter! Weiter!«

Ich wurde wütend, wollte um mich schlagen, doch stattdessen stöhnte ich, hustete, flennte, meine Muskel erschlafften. Dann endlich lösten die Hände ihren Griff. Ich riss den Mantel fort und stürzte nach draußen. Der Heiler ließ mich nicht aus den Augen. Er stand unter höchster Spannung. Und plötzlich brüllte er, stürzte sich auf mich, griff vor meinem Gesicht ins Leere, verdrehte die Augen, warf sich zu Boden, wälzte sich, als kämpfe er mit einem unsichtbaren Tier. Ein lauter Knall ließ mich zusammenzucken. Dann war es still, vollkommen still – eine Stille, wie man sie nur in der Wüste erlebt.

»Es ist vorbei«, sagte Djibo leise und legte seine Hand auf meine Schulter.

Die Berührung tat gut. Sie brachte mich wieder zu mir. Die Alten im Hof lachten und spuckten Kolastückchen. Der Heiler lachte. Djibo lachte. Ich sah an mir hinunter. Ich stand in meiner Unterhose in diesem Gehöft, mitten in der Dornensavanne, weit entfernt vom Fluss. Meine Knie schlotterten. Um mich herum lachten zahnlose schwarze Männer. Ich war sicher, dass man sich einen Spaß mit mir erlaubt hatte, doch ich war zu erschöpft, um wütend zu sein. Ich zog meine Kleider an und sank in einen Bambusstuhl.

»Es ist vorbei«, sagte Djibo noch einmal. »Der gute und der böse Rauch. Sie haben miteinander gekämpft. Sie haben es gespürt, nicht wahr? Der gute Rauch hat gesiegt. Er hat den Teufel herausgetrieben. Er wollte entkommen, in eine andere Nase, doch der Sohantye hat ihn gefangen und vernichtet. Wir sind alle sicher.«

»Sicher«, keuchte ich.

»Wie fühlen Sie sich? Der Schmerz ist fort, nicht wahr? Der Teufel ist aus Ihrem Kopf. Er ist leicht, nicht wahr?«

Ich musste niesen.

»Das ist der gute Rauch«, lachte Djibo erleichtert. »Er putzt noch die Ecken in Ihrem Kopf aus. In ein paar Stunden ist er verflogen.«

Der Junge hinkte auf seinen Krücken herbei, verrührte den zähflüssigen Speichel in der Kalebasse und strich ihn in die rechte Hand des Heilers, der sie uns zum Abschied reichte. Sie fühlte sich klebrig und warm an. Als wir wieder beim Moped waren, riss Djibo ein Stück von seinem Unterboubou ab und bandagierte sich die Hand damit.

»Der Speichel des Sohantye ist kostbar«, sagte er und verknotete den Fetzen. »Er enthält die Kraft der Worte. Waschen Sie Ihre Hand vier Tage nicht. Geben Sie niemandem Ihre Hand. Heben Sie Ihre Hand nicht zum Gruß, denn sonst weht der Wind den Segen des Sohantye fort.«

Dann fuhr Djibo los und knatterte über die holprige Piste in Richtung Stadt. Ich hielt meine Hand heimlich in den heißen Wind, und als sie getrocknet war, raspelte ich den Speichel des Heilers am Sattel ab.

»Dieser Junge?«, fragte ich mit zittriger Stimme. »Der Junge mit der Kalebasse? Was ist mit ihm?«

»Ich kenne ihn seit seiner Geburt«, rief Djibo über seine Schulter. »Er kam völlig gelähmt zur Welt. Sein Vater ist strenggläubiger Moslem. Er hat ihn ins Krankenhaus gebracht und ein Vermögen für moderne Medizin ausgegeben. Als alles nichts half, trug er seinen Sohn doch zum Sohantye.«

»Und der hat ihm ein *korte* gemacht?«

»Zweieinhalb Monate ist das her«, brüllte Djibo gegen den Wind. »Sie haben den Jungen selbst gesehen. Er kann schon wieder gehen. Der Sohantye ist ein mächtiger Mann.«

Wir bogen auf die Schotterstraße ein. Djibo schaltete in den vierten Gang. Ich zitterte noch immer.

Während der folgenden Tage besserte sich mein Zustand. Ich trug zwar noch meine Halskrause, doch die Schmerzen im Nacken ließen langsam nach. Ich schien den Schock von Rex' plötzlichem Tod überwunden zu haben und tröstete mich mit der Tatsache, dass er nicht im Kochtopf gelandet war, dass er für kurze Zeit noch einmal ein glücklicher afrikanischer Hund hatte sein dürfen.

Ich gestaltete eine Ecke meiner Höhle zur Trainingsfläche um und absolvierte das doppelte Pensum mit dem grünen Theraband. Danach besuchte ich das *Musée du Sahel*. Die vier beengten Räume beherbergten eine erstaunliche Anzahl von Gegenständen aus dem Alltag der Volksgruppen des Nordens. Ich blieb vor einem eher unscheinbaren Objekt aus gebundenem Riedgras stehen, das an der Spitze eines langen Holzstabs hing, mit klimpernden Münzen und den Federn verschiedener Wasservögel verziert war. Auf dem kleinen Schild stand: *Gonbo – Musikinstrument für den Fischfang.*

Ich versuchte mir gerade vorzustellen, wie das *gonbo* funktionieren mochte, als sich ein kleiner, nach süßlichem Parfüm duftender Mann neben mich stellte.

»Sehen Sie das Metallstück an der Spitze des Stocks?«, fragte er, den Blick auf das *gonbo* geheftet. »Der Sorko[26] reibt damit über den Boden des Instruments, dicht über dem Wasser. Das *gonbo* gibt einen kratzigen Ton von sich. Die Münzen klimpern dazu.«

»Und das lockt die Fische an?«, fragte ich ungläubig.

»Die okkulte Kunst des Fischens«, sagte der Mann und lächelte. »Sie funktioniert nicht ohne Inkantationen, ohne die geheimen Worte, die nur die Eingeweihten kennen. Der Sorko rezitiert sie. Sein Bruder steht hinter ihm in der Piroge und hält die Harpune bereit. Der Fisch kommt, um die Musik zu hören. Und zusch!«

Er war der Direktor des Museums und gleichzeitig sein einziger Angestellter. Er stammte aus einem Dorf in der Nähe von Gao, hatte in Bamako und Paris Archäologie studiert und war in den Norden Malis zurückgekehrt, um das Museum aufzubauen. Wir rückten zwei Stühle auf den schmalen Betonsockel an der Straße und setzten uns in den Schatten der Museumsfassade. Der Wind trieb Plastiktüten und Staubwolken durch die menschenleere Straße. Graue Lehmhäuser, ein paar dürre Neembäume, ein Lastwagenwrack. An der Kreuzung schwankte ein Stoppschild im Harmattan.

---

[26] Angehöriger der Fischerkaste der Songhay

»Diese Inkantationen«, sagte ich. »Ich würde gerne mit einem Sorko sprechen, der sie kennt?«

»In Gao ist vieles verloren gegangen«, sagte der Museumsdirektor, zog ein kleines Fläschchen aus dem Boubou und tupfte etwas vom süßlich duftenden Inhalt auf seinen Hals. »Aber flussabwärts sind die Kulte noch lebendig. Die Flusspferdjäger – sie gehen niemals auf die Jagd, ohne die Geister zu rufen. Und dann sind da noch die Regenmacher.«

»Die Regenmacher?«, fragte ich gebannt.

»Bei uns im Norden dreht sich alles um den Regen. Sehen Sie sich den Niger an. Sehen Sie einen Fluss? Nein, in Wirklichkeit sehen Sie Regen. Ohne Regen kein Fluss, ohne Fluss keine Herde, keine Weide, keinen Garten. Sehen Sie dort hinüber.«

Er zeigte zwischen zwei Häusern hindurch in die Wüste hinaus.

»So sieht die Welt ohne Regen aus: Steine, Sand, Staub.«

»Und was wissen Sie über die Regenmacher?«, fragte ich und platzte fast vor Neugier.

»Mächtige Männer«, sagte er und senkte respektvoll die Stimme. »Regen ist kostbarer als Gold. Können Sie Gold trinken? Können Sie Ihren Garten damit wässern? Können Fische darin schwimmen? Die Regenmacher hüten das kostbarste Geheimnis. Sie sprechen mit Dongo, dem Donnergeist. Dongo lässt den Regen fallen. Dongo nährt den Fluss.«

»Kennen Sie stromabwärts jemanden, der mich mit diesen Leuten zusammenbringen kann?«

»Die Regenmacher müssen Sie selbst finden«, sagte der Museumsdirektor und lächelte. »Aber ich werde Ihnen einen Brief an einen Onkel in Ansongo mitgeben. Sein Name ist Issamane. Er ist ein berühmter Flusspferdjäger. Heute ist er alt, doch sein Wort gilt viel. Er wird Ihnen weiterhelfen.«

»Flusspferdjäger und Regenmacher!«, murmelte ich fasziniert, während ich die Straße hinunterging, und konnte es kaum erwarten, nach Ansongo aufzubrechen. In meiner Hand hielt ich den Umschlag für Issamane. Er duftete nach Parfüm wie ein Liebesbrief.

Die Pinasse legte pünktlich um sechs Uhr morgens ab, schwer beladen und so tief in den Fluss gedrückt, dass die Bugwelle mehrere Fingerbreit über die Bordwand stieg und nur die Spannkraft des Wassers zu verhindern schien, dass das Boot voll lief und sank. Ich hatte meine Notizen in einem wasserdichten Beutel verpackt und hockte auf der vorderen Sitzplanke, eine Wollmütze über die Ohren gezogen und die Hände in meinen Taschen vergraben. Neben mir saß ein älterer Mann mit schwerem Mantel und riesigem Turban, doch noch bevor wir uns vorstellen konnten, knickte sein Kopf nach vorne, dann zur Seite, und schließlich blieb er auf meiner Schulter liegen. Seine Barthaare raspelten an meiner Windjacke, sein Atem kondensierte an meinem Kinn. Ich schob ihn mehrmals behutsam in seine Ausgangsposition zurück, und als das nichts nützte, zog ich die Halskrause aus dem Rucksack und bettete seinen Kopf so komfortabel wie möglich an meiner Seite.

Die Sonne kroch fast heimlich über den Horizont und vermied jeden Anklang von Röte, während die Pinasse an blühenden Nenuphare-Teppichen vorübertrieb, an trinkenden Ziegenherden, kleinen Pyramiden aus Reisgarben und Schwärmen erwachender Kuhreiher. In der Ferne machte ich Hügelketten aus, die sich dem Fluss näherten und weiter im Süden das Tal von Niamey bilden würden, doch vorläufig blieben die großen Ergs in Sichtweite, und die Dornensavanne schob nur gelegentlich ein wenig Cram-Cram[27] vor oder einzelne Krüppelakazien, die wie gebeugte Riesen über das Land zu wandern schienen, und als ich meine Hand ins kühle Wasser tauchte, löste diese Empfindung plötzlich das eigenartige Gefühl aus, ein Teil dieser Landschaft zu sein, genauso zu ihr zu gehören wie die Düne drüben am Ufer, die Lehmhütte auf der Sandbank, der kleine Hain von Dumpalmen und die schwarzweißen Eisvögel, die in großen Kolonien in den unterspülten Ufern nisteten und den Fluss in ihr aufgeregtes Tschirpen hüllten. Es war ein intensives Gefühl von Nähe, das ich in der Form seit meiner Kindheit nicht mehr erlebt hatte. In Europa schien alles von einer unsichtbaren Hülle umgeben zu sein, welche die Dinge in eine vage Ferne rückte. Und nun war Europa fern. Ich versuchte, mir den Ort vorzustellen, von dem ich aufgebrochen war, doch zu meiner Überraschung sah ich kein Gesicht, kein

---

[27] Trockengrasart (*Cenchrus biflorus*)

Haus, keinen Flughafen, sondern lediglich einen winzigen schwarzen Punkt. Ein Ort schrumpft eben, je weiter man sich von ihm entfernt, dachte ich und sah im Geist nach vorne, wo ich einen großen, stetig wachsenden Punkt erwartete, doch ich sah nichts, nichts klar Umrissenes jedenfalls, nur einen warmen, sonnengelben Nebel.

»Wohin reisen Sie?«, fragte mein Nachbar, der gerade aufgewacht war und seinen Kopf von meiner Schulter genommen hatte.

»Flussabwärts«, sagte ich und verstaute die Halskrause wieder im Rucksack.

»Darf ich fragen, aus welchem Grund Sie diese Reise unternehmen? Geschäfte? Bekannte? Verpflichtungen?«

»Um in Bewegung zu sein«, sagte ich spontan – und ehrlicher als sonst; ein wohliges Gefühl durchströmte mich dabei.

Der Mann schwieg eine Weile. Ich nahm an, dass er nicht wusste, was er von dieser Antwort halten sollte. Er schien abzuwägen, ob ich ihn angelogen hatte oder ob ich nicht ganz richtig im Kopf war.

»Was meinen Sie, wie weit werden Sie reisen?«, fragte er schließlich unerwartet ernst.

»Bis ans Ende des Flusses.«

»Und wo ist das?«

»An der Mündung im Süden Nigerias.«

»Und dann? Wo fließt der Niger dann hin?«

Ich verstand seine Frage nicht und sah ihn neugierig an. Seine Augen waren von einem klaren, fast gelblichen Grün. Ich bemerkte, dass er die ganze Zeit nicht blinzelte.

»Er fließt nirgendwohin«, sagte ich, ohne weiter zu überlegen. »Sein Wasser vermischt sich mit dem des Meers. Der Niger löst sich im Atlantik auf.«

»Ich glaube nicht, dass es so ist«, sagte der Mann, atmete tief ein und begann seinen Unterkiefer zu bewegen, als kaue er die frische Morgenluft. »Der Niger erreicht das Meer und fließt einfach weiter. Er fließt durch den Atlantik, wie er zuvor durch Afrika geflossen ist. Er fließt in den großen See, wo die heiligen Krokodile und Flusspferde leben.«

»Und wo liegt dieser See?«

»Am Ende des Flusses.«

9

Issamane saß im Schneidersitz auf seiner Matte, vor sich einen massiven Stock mit einem Fischgebiss im Knauf – seine blinden Augen schienen wach und sehend. Ich griff nach der Hand, die er mir entgegenstreckte, verbeugte mich tief und umfasste dabei respektvoll meinen eigenen Unterarm, wie es im Nigerbogen Brauch ist. Wir tauschten Begrüßungsformeln aus, dann übergab ich ihm einen Beutel Tabak und den duftenden Brief. Er ließ ihn sich zweimal von einem bärtigen Mann vorlesen; schließlich nickte er bedächtig und öffnete den Tabakbeutel geschickt mit einer Hand.

»Ohne diesen Brief hättest du nichts von mir erfahren«, sagte Issamane mit sehr klarer Stimme und kratzte sich an den Rippen. »Die alten Dinge, die Geheimnisse, man erzählt sie nicht jedem – nicht einfach so. Aber du kommst mit den Worten meines Sohns. Du gehörst zur Familie.«

Nach und nach traten die Alten ein, grüßten und ließen sich schwerfällig neben Issamane nieder. Auch sie kratzten sich ständig, und soweit ich im spärlichen Licht erkennen konnte, waren ihre Augen ausnahmslos trüb oder weiß.

»Sie sind kalt geworden«, sagte Issamane, der meine Gedanken erriet. »Die Augen der besten Fischer erkalten fast immer. Die anderen gönnen uns den Erfolg nicht. Sie gehen zum Fetischeur. Wenn der Harmattan bläst, schleicht er zum Fluss hinunter und setzt den bösen Zauber in den Wind, der ihn in unsere Augen trägt.«

Ich war sicher, dass es sich um Flussblindheit handelte. Die Parasitenkrankheit wird von einer buckligen, schwarzen Kriebelmücke übertragen, die in bewegten, möglichst sauerstoffreichen Gewässern brütet – am liebsten in der Nähe von Stromschnellen wie denen gleich unterhalb von Ansongo. Durch ihren Stich überträgt sie Mikrofilarien, winzige Larven, die im Körper des Menschen zu langen Würmern heranwachsen, unmittelbar unter der Haut umherwandern und sich in Beulen und Pusteln sammeln, wie sie auf den Körpern der Alten in Issamanes Hütte zu sehen waren. Die bis zu einem halben Meter langen weiblichen Würmer legen Millionen von Eiern unter die Haut. Die Larven schlüpfen und gehen ihrerseits auf Wanderschaft. Wenn sie unterwegs absterben, rufen sie massiven Ausschlag und Juckreiz hervor. Im Auge führt das zu einer Trübung der Hornhaut und später zur Erblindung. Da immer genügend Larven überleben, braucht die Schwarze Fliege nur einen infizierten Menschen zu stechen, um wieder welche davon aufzunehmen, in ihrem Körper zu veredeln und sie dem nächsten Menschen als reife Mikrofilarien zu injizieren. Man schätzt, dass in West- und Zentralafrika zwanzig Millionen Menschen an dieser Krankheit leiden. Dabei ist die Behandlung sehr einfach. Es genügt eine Pille Mectizan pro Jahr, zehn aufeinander folgende Jahre lang eingenommen. Sie kostet einen Dollar, doch in die entlegenen Gebiete dringt das Medikament oft nicht vor. Und der besonders quälende Juckreiz nach der ersten Anwendung lässt viele Kranke vor der Einnahme der Folgedosen zurückschrecken.

»Die Sorko sind die Herren des Flusses«, sagte Issamane und kratzte sich am Bauch; dann schüttete er eine Portion Tabak in seine Hand und ließ sie offen auf den Knien liegen. »Nur der Sorko jagt das Flusspferd, das Krokodil, den Manati. Nur der Sorko beherrscht die Harpune. Der Sorko ist es, der mit den Geistern spricht. Der Sorko ist der Eigentümer des Niger.«

Issamane machte eine bedeutungsvolle Pause. Seine Hand lag noch immer offen auf den Knien. Er bog den Mittelfinger und durchmischte vorsichtig den Tabak.

»Vor der Jagd versammeln sich alle Sorko«, fuhr er fort, und die Gewänder der Alten raschelten, während sie sich kratzten. »Sie rufen die Geister des Flusses – Harakoy, Moussa, Bandarou, Meymoudarou. Der Fluss ist voller Geister, Sohn. Sie kommen mit dem Wind. Sie reiten ihr Pferd. Und die Sorko hören, was sie zu sagen haben. Sie holen ihren Rat ein, ihre Erlaubnis. Niemand tötet ein Banga gegen den Willen der Geister. Dann nehmen die Sorko ihre Harpunen und fahren hinaus, zwanzig Pirogen und mehr. Die Frauen schließen sich in ihre Häuser ein und verlassen sie nicht mehr, bis ihre Männer zurückkehren. Es ist Krieg, Sohn. Die Jagd ist ein Krieg. Das Banga ist gefährlich. Du tötest das Banga, oder das Banga tötet dich.«

»Und wann hat die letzte Flusspferdjagd stattgefunden?«, fragte ich aufgeregt.

»Vor fünfzehn Jahren.«

Ich ließ den Kopf sinken. Issamane rollte den Tabak zu einem Klumpen, schob ihn in den Mund und begann genüsslich zu kauen. Dann kratzte er sich ausgiebig an Brust und Schultern, neigte sich leicht nach vorne und musterte mich mit seinen blinden Augen.

»Die Regierung hat die Jagd mit der Harpune verboten«, sagte er und schob den Tabak mit der Zunge in die Backe. »In Bamako haben sie entschieden, dass die Zeit der Väter vorbei ist.«

»Ich hatte gehofft, bei einer Jagd dabei zu sein«, sagte ich niedergeschlagen. »Ich hätte gerne gesehen, wie die Sorko die Flussgeister rufen, wie die Geister ihr Pferd reiten, wie...«

Issamane streckte seine Hand aus. Sie fühlte sich rau und warm an. Einige Tabakkrümel hafteten noch in den Rissen der ledernen Haut, und als er sie richtig spannte, fielen sie zu Boden. Er knetete meinen kleinen Finger, dann folgte sein Daumen langsam meinen Handlinien und befühlte mein Gelenk.

»Flussabwärts gibt es viele Geheimnisse«, sagte Issamane schließlich und ließ meine Hand langsam los.

Seine Stimme klang jetzt verändert. Er zog die Worte und ließ sie leicht beben.

»Zwischen Ansongo und Labezanga wirst du finden, wonach du suchst. Du musst in die Sorko-Dörfer gehen. Du musst mit den Alten sprechen. Ich werde dir einen Pirogier und einen Übersetzer mitgeben, Sohn. Niemand dort unten spricht Französisch.«

Die Piroge war knapp acht Meter lang. Am Boden lag trockenes Stroh, im Bug eine Motorwinde als Anker, daneben ein Netzbündel. Über der Bordwand waren zwei lange Harpunen mit rostigen Spitzen angebracht.

»Ich fahre nie ohne Harpune auf den Fluss«, sagte Mahi, der Pirogier, und strich fast zärtlich über die massigen korkartigen Schwimmer. »Der Fluss ist voller Überraschungen. Der Sorko hat seine Harpune. Der Hirte hat seinen Stock. Du hast deinen Kugelschreiber.«

Als wir das Boot beladen hatten, traf Doudouyou, mein Übersetzer, ein. Dicke Kajalstriche verliehen seinen rehbraunen Augen eine übertriebene Intensität. Er hatte Lippenstift aufgelegt und trug ein neongrünes Hemd mit großem Kragen und die neuen orangeroten Schuhe, die er sich ausgesucht hatte. Doudouyou war in Ansongo geboren und in Gao aufgewachsen; danach hatte er länger in Dakar und Ouagadougou gelebt. Sein Französisch war tadellos.

Hinter ihm führte ein Junge einen Eselskarren, auf dem ein riesiger Koffer lag.

»Es ist weit von meinem Haus bis zum Hafen«, piepste Doudouyou. »Mein Gepäck ist schwer, zu schwer zum Tragen.«

Mahi starrte mürrisch auf den Koffer. Unsere Piroge hatte keinen Motor, und er würde uns den Fluss hinunterpaddeln müssen. Ich nahm Doudouyou beiseite, und wir schleppten den Koffer um die Ecke, wo uns niemand sehen konnte. Den meisten Platz nahmen drei schwere Mäntel ein.

»Ich glaube nicht, dass es unterwegs so kalt wird«, sagte ich und bemühte mich, ernst zu bleiben.

»Es ist nicht wegen der Kälte«, sagte Doudouyou. »Diesen hier werde ich an ganz gewöhnlichen Abenden tragen« – ein dunkelbrauner Wollmantel – »diesen bei Feuchtigkeit oder Regen« – ein schwerer Ledermantel mit grobem Futter – »und den hier bei besonderen Anlässen« – ein eleganter Lodenmantel aus Kamelhaar. »Vielleicht werden wir bei feinen Leuten eingeladen, ein Fest, eine Geburt, eine Hochzeit.«

»Ich glaube nicht, dass es unterwegs regnet«, sagte ich und hielt Doudouyous flehendem Blick stand. »Und falls wir an einem Fest teilnehmen, werden deine Hemden genügend Eindruck machen.«

»Meine Hemden gefallen dir, nicht wahr?«, schwärmte er, und seine ebenmäßigen, weißen Zähne leuchteten. »Hier in Mali bekommt man solche Hemden nicht. Ich habe sie aus Dakar mitgebracht. Hemden aus der Stadt, feine, vielfarbige Hemden. Hemden, wie sie die Weißen in den Filmen tragen.«

Außer dem Regen- und dem Festtagsmantel sortierten wir eine elektrische Haarschneidemaschine aus, eine Küchenuhr mit kleinen Vögeln an den Zeigerspitzen, ein Paar grüne Gummistiefel und einen

blechverzierten Spazierstock. Von seinem gut sortierten Toiletten-
beutel wollte sich Doudouyou keinesfalls trennen, auch nicht von
den französischen Modezeitschriften.

Mahi nickte zufrieden. Issamane kam aus seiner Hütte, kratzte sich
am geschwollenen Hals, hob die Hände über uns und sprach seine
Benediktionen. Dann stießen wir die Piroge vom Ufer ab und trieben
durch Entengrütze auf das kleine Becken hinaus – vorbei an Marktständen, halb versunkenen Booten und zerfallenen Hütten –, die
Strömung erfasste uns und schob uns durch unzählige schmale
Arme, die zeitweilig den Eindruck erweckten, als trieben wir einen
winzigen Fluss hinunter, nicht breiter als drei, vier Meter, bis wir
plötzlich auf den Strom hinausgespült wurden, auf den breiten,
mächtigen Niger, der sich wie die weite Bucht eines Meeres bis zu
den roten Dünen am westlichen Ufer erstreckte.

Mahi saß auf der schmalen Sitzplanke im Bug. Seine spröden Fersen
stemmte er unter dem Hintern gegen die Sitzplanke, während er den
Fluss mit dem langen, spatenförmigen Paddel umgrub, als gelte es,
ihn zu züchtigen. Der Wind raute das Wasser auf und verlieh ihm ein
sattes Ultramarin. Die Piroge hüpfte über die kleinen Wellen, während sich Doudouyou hinter mir mit Rosenwasser besprenkelte und
mit holpriger Aussprache die Namen deutscher Fußballlegenden
aufsagte:

»Karlenz Rumigge, Fran Beggepopper, Lotta Mattus, Rudífoller...«
Es klang, als rezitiere er Koranverse.

Unterhalb von Léléhoy, im Flussabschnitt Komeye, legte Mahi das
Paddel über die Knie – Wassertropfen huschten über die Unterseite
des Blattes wie silbern glänzende Tierchen. Er zeigte zum rechten
Ufer, wo am Fuß eines gewaltigen Granitblocks eine Felsnadel im
Flussgrund steckte.

»Vor langer Zeit ging unser Ahne hier auf die Jagd«, sagte Mahi.
»Sein Name war Faran Maka. Dort drüben hat er einen riesigen Ele-
fanten entdeckt. Faran schrie: ›Elefant, ich erlege dich! Ob es Gottes
Wille ist oder nicht!‹ Als er seine Harpune schleuderte, wurde der
Elefant zu Fels. Und auch die Harpune wurde zu Fels.«

Er nahm das Paddel wieder auf, und die silbernen Tierchen fielen in
den Fluss.

»Ich habe dir gesagt, dass du mir viel Geld bezahlen musst, Mikael. Weil ich den Fluss kenne. Weil ich dir die Geschichten erzähle und alle interessanten Sachen zeige. Und weil ich dich auf die Jagd mitnehme, Mikael, auf Bangajagd.«

»Auf Bangajagd?«, fragte ich erstaunt. »Issamane hat gesagt, dass das letzte Flusspferd vor fünfzehn Jahren erlegt wurde.«

»Hat er nicht auch gesagt, dass es stromabwärts viele Geheimnisse gibt? Hat der kluge alte Issamane das nicht gesagt? Und hat er nicht gesagt, dass Mahi alle Geheimnisse kennt?«

»Wir fahren wirklich zu einer Jagd?«, rief ich und brachte vor Aufregung das Boot zum Schaukeln.

»Eine Jagd?«, schrie Doudouyou und klammerte sich an seine Sitzplanke. »Eine Bangajagd? Davon habt ihr mir nichts erzählt! Das war nicht abgemacht! Das Banga ist gefährlich! Es wirft die Piroge um. Es reißt sein Maul auf. Es zerquetscht meinen Kopf wie eine reife Papaya.«

Kurz vor Einbruch der Dunkelheit erreichten wir Kaya. Der Dorfchef führte uns in einen stabilen Lehmbau mit zwei hintereinander liegenden Räumen.

»Die Hütte der Jungen«, sagte er und stellte die Sturmlaterne auf den Boden. »Sie sind zum Fischen. Ihr Haus steht leer. Ich werde den Do rufen.«

Er ging zur Tür und verschwand in der kalten, mondlosen Nacht. In der Hütte hielt sich noch die angenehme Wärme des Tages. Wir rollten unsere Matten am Boden aus. Für einen Moment erwog ich, mich mit dem grünen Theraband ins Gebüsch zurückzuziehen, verwarf den Gedanken jedoch sogleich. Seit dem Rückfall in Gao schmerzte mein Nacken zwar wieder häufiger, doch es war nicht mehr so schlimm wie zu Beginn der Reise. Ich beschloss, die heimlichen Übungen aufzugeben und nur noch zu trainieren, wenn ich ein Zimmer für mich allein hatte.

Eine Frau brachte zwei dampfende Schalen herein. Wir rückten zusammen, und Mahi hob die Deckel. Es war Huhn mit Reis. Doudouyou sprang auf und setzte sich an die Wand.

»Du isst kein Huhn?«, fragte ich überrascht.

»Hühner sind schmutzig«, sagte Doudouyou angewidert. »Hühner fressen Exkremente.«

Das Huhn schmeckte hervorragend – überhaupt nicht wie Huhn, eher wie Wild –, und während wir schweigend aßen, fragte ich mich, ob unsere Hähnchen auch einmal so geschmeckt haben mochten, bevor man sie in Industrieanlagen gepfercht hatte, wo sie mit Antibiotika und Schnellmastfutter voll gepumpt wurden, täglich im Schnitt vierzig Gramm zunahmen und ihr jämmerliches Dasein im Alter von 35 Tagen als fade Klumpen beendeten.

»Exkremente, verstehst du!«, wiederholte Doudouyou angeekelt und strich sich ein Brot.

Vielleicht hätte ich ihm erzählen sollen, was Hühner in Europa alles fressen mussten, stattdessen sagte ich:

»Du hast Recht, Doudouyou, man sollte niemals etwas essen, wenn man sich dazu überwinden muss.«

Wenig später kam der Dorfchef mit einem Mann in Daunenjacke und purpurrotem Turban zurück. Sie ließen sich schweigend auf den Matten nieder, und das Licht der Laterne warf grobe Schatten in ihre Gesichter.

»Issa Aboubakrine, der Do von Kaya«, sagte der Dorfchef und zeigte auf den Mann, der zu Boden sah. »Der Herr des Wassers ist für unseren Fluss zuständig. Er kennt die Geheimnisse der Tiefe. Er spricht die Sprache der Geister. Er spricht die Sprache der Pferdefische, der Hundsfische, der Katzenfische und auch die Sprache der Bangas.«

Der Do zupfte an seinen schorfigen Fußsohlen, während er den größten Teil seines Gesichts hinter dem roten Schleier verbarg. Ich hatte den Eindruck, dass meine Anwesenheit ihn verunsicherte, und stellte keine Fragen. Wir tranken Tee und kauten wortlos Tabak. Es war jedoch keine unangenehme Stille, im Gegenteil, sie wirkte gelassen, und es war der Do, der sie schließlich brach, um in einen ruhigen Singsang zu verfallen, während seine Augen das Licht der Sturmlaterne fixierten.

»Er hat die Kräfte von seiner Mutter bekommen«, übersetzte Doudouyou leise. »Den Nachbardörfern sagt er, sie sollen ihre Krokodile bei sich behalten. In seinem Flussabschnitt ist es ruhig. Wenn sie ihre Krokodile nicht bei sich behalten, dann schickt der Do seine eigenen gegen ihre; und wenn ihre Krokodile zerrissen sind, schickt er seine an die Nachbarufer, damit sie dort auch die Leute zerreißen. So haben Kriege begonnen.«

»Kann er uns etwas über die wichtigsten Geister im Fluss sagen?«
Als Doudouyou übersetzte, straffte sich die Haut über den Schlüsselbeinen des Do. Er kratzte an seinen Fußsohlen, und ich hörte, wie seine brüchigen Fingernägel leise barsten. Dann kniff er die Augen zusammen, löste den Blick vom Licht der Sturmlaterne und sah auf meine Hände, die ruhig und gefaltet auf meinen Knien lagen. Er schien sie mit seinen Augen abzutasten.

»Viele Dinge leben im Fluss«, begann er schließlich. »Dort unten gibt es eine zweite Welt. An ihrer Spitze steht eine Frau. Ihre Haut ist weiß, ihr Haar lang und schwarz. Ihre Füße sind die einer Ziege. Sonst ist sie wie jede andere Frau. Nur ihre Füße: lange, schlanke Ziegenfüße.«

»Faro!«, platzte ich heraus. »Ihr Name ist Faro, nicht wahr? Sie reißt ihren Opfern den Bauchnabel und die Nase heraus?«

»Nachts steigt sie aus dem Wasser«, fuhr der Do fort und sah mich verständnislos an. »Sie streift durch die Dörfer und verführt die Männer. Wenn du dich mit ihr einlässt, bist du in Gefahr. Diese Frau hat viele Männer. Doch sie selbst duldet keine Konkurrentin. Wenn du eine Frau nimmst, tötet sie sie. Wenn du das Geheimnis verrätst, tötet sie dich.«

Ich schluckte laut.

»Harakoy«, sagte der Do leise und erhob sich. »Ihr Name ist Harakoy Dikko.«

Ich gab Mahi Tee, Zucker und ein Geldgeschenk, und er überreichte es mit einer tiefen Verbeugung. Als sie schon in der Tür waren, drehte sich der Do noch einmal um. Er hatte seinen Schleier schon wieder vor das Gesicht gezogen und murmelte etwas, bevor er in der Dunkelheit verschwand.

»Was hat er gesagt, Doudouyou?«
Doudouyou schwieg. Er zitterte am ganzen Leib.

»Der Do sagt, dass die Jäger in Tassiga ihre Harpunen schärfen«, übersetzte Mahi an seiner Stelle und lächelte gelassen. »Er sagt, dass sie das Banga jagen werden, diesen Donnerstag.«

»Warum gerade am Donnerstag?«

»Eine Bangajagd beginnt immer an einem Donnerstag.«
Am Donnerstag also. Das war in drei Tagen, und wir würden Tassiga
schon morgen erreichen. Vor Aufregung schlief ich die halbe Nacht
nicht.

Wir lagen mit den Sorko von Tassiga am Flussufer im Stroh, tranken
Tee und knabberten Erdnüsse, während immer mehr Pirogen ankamen, die mit zwei oder drei Männern besetzt und mit zahlreichen
Harpunen bestückt waren. Mahi kannte alle Jäger und hatte uns gut
eingeführt; außerdem hatten wir eine Empfehlung vom alten Issamane. Niemand sah also ein, warum wir nicht auf die bevorstehende
Jagd mitkommen sollten.
Die Männer tauschten Geschichten über bösartige Bangas aus – über
ihre mörderischen Hauer, über menschenunmögliche Harpunentreffer, gerissene Seile, gekenterte Pirogen, Fleischberge, Narben, Todesfälle. Während der sehnige Nouhoun, Do und zugleich Chefsorko
von Tassiga, von seiner schlimmsten Jagd erzählte – sieben Tage, zwei
Tote, die halbe Jagdflotte versenkt –, wickelte er das Drahtseil straff
um den Schwimmer aus dem leichten Holz des Kollobaums, steckte
die dreizackige Eisenspitze obenauf, nahm letzte Korrekturen mit
dem Krummbeil vor, wog die Waffe und ging in Wurfstellung. Sein
weißes Haar kringelte sich auf dem unbedeckten Kopf, in seine Wangen war ein Kreuz geritzt, eine kräftige Ader stieg senkrecht die Stirn
hinauf wie die Verlängerung seines Nasenrückens. Dann deutete
Nouhoun einen Wurf an, und das Seil schlug an die Harpunenstange
wie eine Leine an den Mast eines Segelboots.
»Ist die Jagd nicht verboten?«, flüsterte ich Mahi zu und dachte an
die Flusspferde, die im Niger so gut wie ausgerottet waren.
»Das Banga hat einen Jungen getötet«, sagte Mahi. »Die Leute können nicht auf die Genehmigung aus Bamako warten. Heute muss der
Fluss vorbereitet werden, morgen wird das Banga sterben. Und du
darfst dabei sein, Mikael. Du darfst Bangafleisch essen. Du wirst
mehr über die Bangajagd wissen als die meisten Sorko.«
Kurz nach Mittag gab Nouhoun das Zeichen zum Aufbruch. Wir
stiegen in die Boote und fuhren flussaufwärts, wobei wir uns innerhalb des Bourgougürtels hielten, der den offenen Fluss von einer

seichten, fast strömungslosen Zone trennte. Ein Graureiher flog krächzend auf. Gerötete Blätter ragten aus dem Wasser wie die Rückenflossen großer Fische. Am Ufer droschen Bauern langstielige Reishalme. Bei Sonnenuntergang rutschten die Pirogen mit einem knirschenden Geräusch auf den Strand einer unbewohnten Insel. Nicht weit vom Ufer stand eine halb zerfallene Hütte. Während sich die meisten der knapp fünfzig Jäger zum Abendgebet zurückzogen, saß Doudouyou ein wenig abseits, blätterte in einer französischen Modezeitschrift und verharrte über einer Seite mit weißen Frauen in knapp bemessenem Tüll. Sie kamen mir fad vor, ohne jeden Ausdruck – uniform, faltenfrei, puppengleich.

»Wunderschön!«, schwärmte Doudouyou, strich sein frisches Blumenhemd zurecht und seufzte Mitleid erregend. »Eure Frauen sind wunderschön!«

»Nicht alle Frauen sehen so aus«, sagte ich und verkniff mir ein »glücklicherweise«.

»Mager«, sagte Mahi, als er vom Gebet zurückkam, und schnalzte geringschätzig mit der Zunge. »Hellhäutig, aber viel zu mager. Wie hungrige Ziegen. Und schwach. Der Eimer zieht sie in den Brunnen.«

»Wie gesagt, nicht alle weißen Frauen sehen so aus«, versuchte ich, das entstandene Bild zu korrigieren. »Die wenigsten sind wie die in den Zeitschriften.«

»Wunderschön!«, seufzte Doudouyou erneut.

Als das Camp errichtet war, versammelten sich die Jäger vor der Hütte, legten ihre Harpunen nieder und setzten sich im Kreis. (Mahi, Doudouyou und ich hielten uns im Hintergrund.) Nouhoun zog zwei Steine aus seinem Gewand, drückte sie in den Sand und verband sie murmelnd mit einem Strich. Gleich darauf begann der Griot der Sorko zu singen, ein wuchtiger Mann in einem zeltartigen Boubou. Er hatte seine Sonnenbrille nicht abgelegt, obwohl es längst dunkel war. Seine Stimme klang trocken und ohne jeden Hall wie in einem schallgedämpften Raum.

»Wenn der Griot singt, lauschen die Geister«, flüsterte Doudouyou und starrte auf die Hütte. »Der Griot kennt ihre Geschichte. Er weiß, was sie mögen. Er schmeichelt ihnen. So lockt er Harakoy an, die

Herrin des Flusses, und ihren Sohn Moussa, dem alle Bangas unterstehen.«

Die Sorko saßen bewegungslos vor der Hütte im Sand, der Griot sang und sang, brach ab, nahm sein Lied wieder auf, flüsterte, gurgelte, steigerte sich, schrie, schrie immer lauter. Seine Stimme klang gierig, drängend, nervenaufreibend, und ich bat Doudouyou, einen der rasenden Verse für mich zu übersetzen.

»Die Scham deiner Kinder«, schrie der Griot, den Blick auf die Hütte geheftet, »ist auch deine Scham, Harakoy. Die Somono fischen mit dem Netz. Die Bozo mit dem Haken. Weiber! Wir lachen über sie. Nur die Sorko führen die Harpune. Harakoy, mach deine Kinder nicht zum Spott dieser Weiber. Die Scham deiner Kinder ist deine Scham. Wenn du nicht zu uns kommst, Harakoy, vielleicht gibt es dich nicht. Gibt es dich gar nicht, Harakoy? Dich gibt es nicht, gibt es nicht.«

Plötzlich bohrte sich ein Schrei in die Nacht, die morsche Tür der Hütte flog auf, und ein Mann in zerrissener Hose sprang heraus. Er tobte, spuckte, drehte sich um die eigene Achse, sein Kopf zitterte. Die Füße wirbelten eine Staubwolke auf, die den Schein des Lagerfeuers auf eigenartige Weise brach und den kleinen Platz in diffuses Licht tauchte. Dann erstarben die Schreie des Mannes und schlugen in ein Mitleid erregendes Wimmern um. Seine Knie knickten ein, er sank wie an unsichtbaren Fäden hinuntergelassen zu Boden, seine Arme machten schwimmende Bewegungen. Erst als sich sein Mund zu einem unheimlichen Lächeln öffnete, erkannte ich ihn. Er gehörte zu den Sorko und war mir am Nachmittag wegen seiner riesigen Schneidezähne aufgefallen.

»Djâdje?«, sagte ich überrascht.

»Harakoy!«, hauchte Mahi ehrfürchtig.

Ich sah ihn fragend an.

»Djâdje ist nicht mehr Djâdje!«, sagte Mahi, ohne den Blick vom Geschehen vor der Hütte abzuwenden. »Harakoy ist in Djâdjes Körper. Sie lässt ihn tanzen. Harakoy reitet ihr Pferd.«

Der Griot sang noch immer, rasend, laut und so durchdringend, dass ich befürchtete, die Dunkelheit über der Insel könne jeden Moment zerreißen wie eine dünne schwarze Hülle. Ich stellte mir vor, wie eine riesige Hand aus dem gleißenden Raum hinter der Nacht auftauchte, sich nach uns ausstreckte und uns alle packte und mit sich riss, als plötzlich einer der Sorko neben Nouhoun zu zucken begann, nach hinten umfiel und sich wie ein Aal auf den Bauch drehte. Seine Hände waren auf dem Rücken verschränkt. Einen Augenblick lang ächzte er, dann schnellte er in einer unerklärlichen Bewegung in den Stand, begann zu keifen, zu brüllen, um sich zu schlagen. Er zitterte am ganzen Körper. Seine Augen waren weit aufgerissen und nach oben gerollt – weiß, in finsteren Schächten. Als sie mich erfassten, erschauderte ich.

»Moussa!«, bebte Mahi, während der Griot seine Stimmlage änderte und sich der neuen Erscheinung zuwandte. »Moussa ist gekommen.« Die Luft schien plötzlich voller Geister zu sein, denn am Rand des Geschehens schrien noch weitere Männer jäh und schrill auf, stöhnten, wurden zu Boden gerissen, wälzten sich, das Gesicht in den Sand gedrückt, rangen nach Atem. Schaum quoll aus ihrem Mund. Doudouyou beriet sich kurz mit Mahi, dann sagte er, es seien unwichtige Geister.

Als sich Harakoy und Moussa etwas beruhigt hatten, näherten sich die Sorko vorsichtig und halfen ihnen, sich auf die Matte zu setzen. Während sich die anderen Geister auf dem kleinen Platz vor der Hütte wälzten, mit den Fäusten gegen ihre Köpfe schlugen und gutturale Laute ausstießen, gruppierten sich die Sorko um die beiden wichtigsten Gäste, der Griot sprach seine Begrüßungsformeln, und Nouhoun eröffnete das Gespräch.

»Wir vertrauen uns dir an, Harakoy, Herrin des Flusses, Karitébaum des großen Stroms«, begann er mit respektvoller Stimme. »Das Banga hat einen Jungen getötet. Wir sind deine Kinder, Harakoy. Kein Banga darf deine Kinder töten. Wir bitten dich um Erlaubnis, das Banga zu jagen, damit es kein Unheil mehr anrichtet.«

»Ich bin im Fluss! Der Fluss strömt! Ich bin!«, sagte Harakoy mit unmenschlich hoher Stimme, während Djâdjes abwesende Augen einen Spaltbreit geöffnet waren und sich die massiven Schneidezähne in die Unterlippe gruben. »Das Banga soll sterben. Fahrt zum Ostufer, fahrt zum glänzenden Fels. Das Banga, das einen Ohrring trägt, tötet es nicht. Tötet auch nicht die Zwillinge. Sie gehören den Geistern. Fragt Moussa. Er wird das Banga zum Fels schicken – das Banga, das ihr jagen sollt, das Banga mit dem halben Ohr.«

Nouhoun wandte sich Moussa zu. Er steckte im zitternden Körper eines großen, sehr schwarzen Mannes mit glänzendem Gesicht und buschigen Augenbrauen.

»Moussa, Sohn Harakoys, Sohn des tapferen Gurmantschen. Du hast die Djinns gejagt, hast sie besiegt, Herr über die Tiere des Flusses«, sagte Nouhoun und verlieh seiner Stimme einen flehenden Unterton. »Wir wollen das bösartige Banga jagen, das Banga mit dem halben Ohr. Es hat einen Jungen getötet. Es bedroht uns, Moussa. Schick es zum glänzenden Felsen, wie Harakoy es gesagt hat.«

Moussa schlug plötzlich wütend um sich, und die Männer wichen erschrocken seinen geballten Fäusten aus. Der Griot redete auf ihn ein, bis seine Arme langsam erschlafften und sein Gebrüll in ein kindliches Wimmern überging. Der Körper des Mannes wiegte sich jetzt vor und zurück. Seine Augen waren noch immer weit aufgerissen, und ich erkannte die bläulichen Adern, die seinen Augapfel umspannten. Tränen rannen über seine Wangen.

»Er weint«, flüsterte Mahi. »Moussa weint. Er liebt die Bangas. Moussa weint, weil Harakoy ihn gebeten hat, eins seiner Kinder zu opfern.«

»Nouhoun«, begann Moussa leise. »Es ist drei Jahre her, seit ich das letzte Mal auf eure Insel kam. Ihr ehrt uns. Ihr beschenkt uns. Ihr sollt das bösartige Banga haben, das Banga mit dem halben Ohr. Ich werde es zum Felsen schicken. Aber hütet euch, ein anderes zu töten! Tötet nicht die Zwillinge, nicht die Alte mit dem Ring im Ohr, nicht jene mit den Armreifen und nicht die Kuh, die sich gerne abseits hält. Hütet euch, Nouhoun!«

Moussa verstummte, und der Körper des Mannes schien zu schrumpfen. Die getrockneten Tränen hatten Salzspuren auf seinen Wangen hinterlassen. Sein Kopf senkte sich auf die Brust, als schlafe er ein. Als jedoch ein Sorko seinen Arm berührte, fuhr Moussa auf und schrie:

»Gebt Acht auf euch, Nouhoun! Gebt Acht! Meine Kinder verschenken ihr Leben nicht!«

Dann sanken die beiden Körper in sich zusammen, ihre Gesichter verzogen sich zu schmerzverzerrten Grimassen. Ein leises Hüsteln war zu hören, und Harakoy und Moussa verließen die Körper ihrer Medien, um wieder in die Innere Welt zurückzukehren.

Während Djâdje und der andere Mann völlig erschöpft im Sand liegen blieben, erhoben sich alle anderen und folgten Nouhoun hinunter zum Fluss. Er nahm eine ungebrauchte Kalebasse, füllte sie mit Milch und sah auf den Niger hinaus, der schon wenige Meter vom Ufer entfernt mit der Nacht verschmolz.

»Harakoy Dikko, Beschützerin der kleinen Insel Kassami«, sagte er mit geschlossenen Augen. »Harakoy, Karitébaum des großen Stroms, den man schüttelt, dessen Frucht herunterfällt, die jedoch niemand aufhebt. Harakoy, Mutter, Stein der flachen Wasser, hier ist deine Milch, frische, weiße Milch, die nie trocknet, niemals. Komm, Harakoy, komm und trink deine Milch.«

Später, als wir bereits zusammengerollt um die Feuer lagen, weckte mich Mahi leise. Sein Kopf schwebte über mir, und die Spitzen des sichelförmigen Monds griffen um seinen Hals wie ein glühender, halboffener Reif.

»Die Jagd«, stammelte er, als sei er gerade aus einem schlimmen Traum erwacht. »Sie ist gefährlich. Das Banga ist böse. Es kann dich töten. Du hast doch einen Schutz? Ein Amulett? Einen Fetisch?«

Ich nickte. Ich hatte das Fläschchen mit der Nabelschnur fast vergessen.

»Nur du weißt, was zu tun ist«, sagte Mahi geheimnisvoll, rollte sich in seinen Mantel und atmete bald wieder gleichmäßig.

Es war kalt und feucht. Mücken surrten um mein Ohr und stachen mich ins Gesicht. Tausend Dinge gingen mir plötzlich durch den Kopf – Erinnerungen, Pläne, Ängste. Ich konnte nicht mehr einschlafen. Ich stand auf, knipste die Taschenlampe an und kramte leise in meinem Rucksack. Ich fand das Fläschchen im Medizinbeutel, schlüpfte aus der Zeltplane und ging ein Stück am Ufer entlang. Als ich weit genug von den Feuern entfernt war, öffnete ich den Fetisch. Die weiße Nabelschnur trieb noch immer in der öligen Flüssigkeit. Ich ließ ein wenig in meine Hand tropfen und rieb mich sorgfältig damit ein, Gesicht, Arme, Oberkörper, die rechte Fußsohle mit der linken Hand, die linke Fußsohle mit der rechten Hand. Nichts daran erschien mir sonderbar. Ich stellte mir keine Fragen. Und fast nebenbei fiel mir auf, dass die Flüssigkeit nicht mehr unangenehm roch, kein bisschen mehr.

Am folgenden Morgen, eine Stunde vor Sonnenaufgang, brachen wir das Lager ab. Nouhoun warf seine magischen Steine in den Sand, mischte ein wenig Wasser unter ein Puder, das ich nur undeutlich sah, und schüttete den Brei über die Bugspitzen der Pirogen. Die Sorko legten ihre Harpunen und Lanzen auf die Erde, so dass sich die Spitzen berührten. Wir knieten im Kreis nieder, Nouhoun knotete zwei Turbane zusammen und legte sie der Länge nach um unsere Hälse, und jeder schwor, alle bösen Absichten abzulegen, weil er sonst der Erste sein würde, den das Flusspferd tötete. Ein weißer Schafbock wurde gebracht; Nouhoun schnitt ihm ohne weitere Inkantationen die Kehle durch und ließ das Blut über die Harpunenspitzen rinnen. Dann nahmen die Sorko schweigend ihre Waffen auf. Wir drückten die Pirogen vom Ufer ab, und die Paddel tauchten ins Wasser, vorsichtig und leise, als dürfe niemand hören, wie wir uns von der unbewohnten Insel entfernten.

Wir fuhren bis zu einem Felsen, der mitten im Fluss aus den Fluten ragte. Er war von einem riesigen Bourgouteppich umgeben und schimmerte bläulich.

»Habe ich es nicht gesagt, Mikael?«, flüsterte Mahi. »Du gehst mit mir auf die Jagd. Zur Belohnung bringst du mir ein Drahtseil mit.«

Er zeigte auf das behelfsmäßig geflickte Seil seiner Harpune.

»Ein Banga hat es abgerissen. Wenn du das nächste Mal nach Ansongo kommst, bringst du mir ein neues mit, Mikael, ein starkes deutsches Drahtseil.«

Die Flotte machte am Ufer gegenüber dem Felsen Halt, letzte Vorbereitungen wurden getroffen. Wir luden sicherheitshalber unser Gepäck und den Proviant aus. Doudouyou faltete seinen Mantel und legte ihn auf meinen Rucksack. In der öden Landschaft sah er in seinem bunten Hemd, der gelben Leinenhose und den orangeroten Schuhen wie ein verirrter Tropenvogel aus. Die Sonne brannte bereits, als wir erneut in die Pirogen stiegen. Mahi stand mit wehenden Tuchhosen im Heck. Jeder Muskel seines schlanken Oberkörpers spannte sich unter einem weißen Trägerhemd. Lederne Bänder schnitten sich in seine Oberarme. Er strahlte und reihte sich vier

Plätze hinter Nouhoun ein, und ich beobachtete den Do von Tassiga in seiner Jagdkappe, dem fast durchsichtigen Hemd voller Amulette und Umhängetäschchen, wie er im Bug sitzend die Harpunenspitze an einem Stein schärfte.

Dann brachen wir durch das Bourgou, die Strömung erfasste uns. Die Männer legten die Staken beiseite und griffen nach den Paddeln, und einundzwanzig schlanke Pirogen stoben auf den Fluss hinaus. Die Sorko paddelten entschlossen, der Niger schäumte auf, die Spitzen der Harpunen und Lanzen funkelten gefährlich. Issamanes Vergleich mit einem Krieg fiel mir ein. Wir fuhren tatsächlich in einer Flotte – einer Flotte, die in die Schlacht zog.

Die Jagd hatte begonnen.

10

Das Bourgou verschluckte eine Piroge nach der anderen; alles, was von der Jagdflotte blieb, waren die Enden einiger Bambusstaken, die ich hier und da aus dem Dickicht ragen sah. Jedes Boot war jetzt auf sich selbst gestellt. Pflanzenstängel kratzten am Boden wie Fingernägel über den Bauch einer Violine. Die Vegetation war so dicht und das Wasser unter uns so selten zu sehen, dass ich den Eindruck hatte, Mahi stake uns durch einen Wald – Stück für Stück, durch einen heißen, stickigen, unheimlich dichten Graswald. Beißende Blüten rieselten herab und schwarze Käfer mit haarigen Panzern, die sich im Boot sammelten und unsere Beine hinaufkrabbelten, während über unseren Köpfen Tausende winziger Insekten aufflogen, um sich auf unsere verschwitzten Körper zu stürzen, in Nase, Augen, Ohren zu kriechen und mit unersättlicher Gier zu lecken, zu stechen, zu saugen.

»Verdammte Viecher!«, schrie Doudouyou und schlug nach ihnen wie nach Gespenstern. »Sie übertragen Krankheiten, grausame Krankheiten. Und diese Hitze, diese unerträgliche Hitze!«

»Das Banga ist nicht besonders mutig«, flüsterte Mahi, überging Doudouyou und forderte uns auf, im Boot zu wippen, um den Reibungswiderstand im Gestrüpp zu verringern. »Tagsüber versteckt es sich hier drinnen. Es verträgt die Sonne nicht. Nachts kommt es heraus und plündert unsere Gärten. Du musst auf die Spuren achten, Mikael. Siehst du die Schneise? Das Banga zieht sie, wenn es sich verkriecht.«

Mahi ließ die Stake im Bourgou stecken und untersuchte eingehend die abgeknickten Halme. Dann schnalzte er mit der Zunge und kam zum Schluss, dass die Spur schon älter sein musste. Er nahm die Stake wieder auf, rammte sie in den Grund und stemmte sich dagegen, machte drei, vier Schritte auf dem Bootsrand und zog sie mit einem kräftigen Ruck aus dem Morast.

»Aber das Banga ist schlau«, keuchte er und rückte die Amulettreife an seinem Oberarm zurecht. »Sehr schlau, das Banga. Es verquirlt seine Exkremente mit dem Schwanz, bevor es das Wasser verlässt.«

»Was ist so schlau daran?«, fragte Doudouyou gereizt.

Die Kajalstriche unter seinen Augen waren zerlaufen, seine neuen Schuhe schlammverkrustet. Er versuchte, sein hoffnungslos verschwitztes und mit Blütensamen gespicktes Hemd glatt zu streichen. »Der Fetischeur kann die Exkremente nicht einsammeln, verstehst du?«, sagte Mahi. »Er kann kein Pulver daraus machen, keinen Zauber. Er hat nichts gegen das Banga in der Hand.«

»Broussards!«, stieß Doudouyou wütend hervor. »Schmutzige, dumme Broussards!«

Während wir den riesigen Bourgouteppich durchkämmten, sah ich im Geist das Flusspferd vor mir, wie es sich irgendwo in diesem Irrgarten versteckte, im trüben Wasser, aus dem nur seine Augen und die Nase ragten. Ich sah, wie es tauchte und sich still verhielt, selbst wenn eine Piroge direkt über es hinwegfuhr, zumindest so lange, bis sich eine Bambusstange in seinen Rücken bohrte. Ich stellte mir gerade vor, wie es in Panik ausbrach, an die Oberfläche schoss und alles zerbiss und zerschlug, was in seiner Nähe war, als sich direkt neben uns etwas im Bourgou rührte. Irgendetwas Großes ließ die knorrigen Stängel krachen und kam auf uns zu. Mahi griff nach seiner Harpune und warf sich herum.

»Das Banga!«, schrie Doudouyou und legte sich flach ins Boot.
Er sah nicht mehr, wie eine Bugspitze durch das Bourgou brach und
sich Mahi und ein anderer Jäger mit erhobenen Harpunen und verdutzten Gesichtern gegenüberstanden.
Wenig später öffnete sich der Graswald, und wir fuhren auf einen
weiten, lichtüberfluteten See. Obwohl er mitten im Fluss lag, ließ er
keinerlei Strömung erkennen. An einer seichten Stelle hielt Mahi an,
tauchte seine Hand ins milchig grüne Wasser, führte sie behutsam
durch eine gallertartige Algenmasse und tastete die Spuren am Grund
ab. »Frisch!«, sagte er, und wie zur Bestätigung hörten wir in der
Ferne das laute Grunzen eines Flusspferds.
Nach und nach trafen auch die anderen Pirogen auf dem See ein. Wir
legten am Fuß des blau schimmernden Felsens an, der mitten aus der
inselartigen Wasserfläche ragte. Niemand verließ sein Boot. Die
Männer hielten sich an benachbarten Planken fest. Nouhoun war
unzufrieden mit dem Jagdverlauf und schimpfte mit gedämpfter
Stimme.
»Die jungen Jäger haben noch nie ein Flusspferd gejagt«, sagte Doudouyou leise und tupfte sich ein wenig Rosenwasser hinter das Ohr.
»Nouhoun sagt, sie trampeln durch das Bourgou wie eine Herde Elefanten, wie trampelnde, Zigaretten rauchende Elefanten.«
Nouhoun erinnerte die Jäger nochmals daran, dass Harakoy ausschließlich das Banga mit dem halben Ohr zur Jagd freigegeben hatte.
Dann löste sich das Pirogenbündel; wir reihten uns im Abstand von
fünf, sechs Metern nebeneinander auf und drangen erneut ins Bourgou ein. Es war, als verdicke jemand per Knopfdruck die Luft. Sofort
fiel das Atmen schwer, und in wenigen Sekunden waren wir schweißüberströmt. Mein Körper juckte, Halme schlugen mir ins Gesicht,
scharfe Blätter zerschnitten die Haut. Alle Mücken und Fliegen des
Niger schienen sich in diesem Bourgou versammelt zu haben. Sobald
sich die Vegetation etwas auflockerte, leuchteten violette, weiße und
frauenschuhartige Blüten auf. Aus der Tiefe stiegen Blasen, Wasserläufer stoben auseinander. Ein kleiner Vogel stolzierte über treibende
Blätter, die er gerade so weit hinunterdrückte, dass die Oberflächen-
spannung nicht riss. Es sah aus, als gehe er über das Wasser. Im Stillen taufte ich ihn »Jesusvogel«.

Mahi hielt inne, und die kratzenden Stängel an der Bootswand verstummten. Wir lauschten angestrengt in die Stille hinaus, doch es war nichts zu hören. Die Sorko hielten sich an Nouhouns Redeverbot, und die Geräusche, welche die benachbarten Pirogen verursachen mussten, wurden vom Bourgou verschluckt. Mahi wollte gerade wieder die Stake in den Grund stoßen, als links von uns deutlich das Blasen eines Flusspferds zu hören war, und gleich darauf ertönte ein Schrei: »Birigarou[28]!« Plötzlich erwachte das Bourgou; um uns herum riefen sich Jäger Anweisungen zu, starke Halme brachen, Vögel flogen kreischend auf, wir wippten im Boot und zogen uns am Bourgou voran, ohne Rücksicht auf Blütenstaub, Käfer und Stechmücken. Doudouyou jammerte. Mahi schlug mit der Stake auf das Gras ein, stieß sie in den Grund und schob uns in die Richtung, aus welcher der Schrei gekommen war. Eine Weile lang arbeiteten wir uns hastig voran; dann, völlig unerwartet, brachen wir auf den offenen Fluss hinaus. Wind schlug uns entgegen. Gleißendes Licht schmerzte in den Augen. Fünf, sechs Meter vor uns trieb der Schwimmer leblos auf dem Wasser.

Die Harpunenspitze muss sich gelöst haben, dachte ich, doch im selben Augenblick begann der Schwimmer zu tanzen. Er wanderte ein Stück flussaufwärts, blieb erneut liegen, kurz nur, dann brach ein gewaltiger Kopf durch die Wasseroberfläche wie ein Geschoss durch eine Scheibe.

Es war ein Bulle, wie ich annahm, denn für eine Herde gab es keine Anzeichen. Die Harpunenspitze steckte in seinem Hals. Ich sah kein Blut. Das Flusspferd holte kräftig Luft. Dann brüllte es wütend, riss das Maul auf und biss die Piroge, die ihm am nächsten war, in zwei Hälften wie einen Schokoriegel. Das Tier beachtete die Männer im Fluss nicht weiter und kam direkt auf uns zu, und noch bevor Mahi die Stake gegen seine Harpune tauschen konnte, rammte es uns, hob unser Boot aus dem Wasser und ließ es mit einem harten Schlag zurückfallen.

»Springt! Springt!«, schrie Mahi und war mit einem Satz im Fluss.

---

[28] geheimes Sorko-Wort, das gerufen wird, wenn ein Flusspferd getroffen ist

Doudouyou nahm sich noch die Zeit, sein Hemd glatt zu streichen, dann sprang er ebenfalls. Ich umklammerte mit einer Hand mein Notizbuch und mit der anderen die Sitzplanke. Ich war völlig gelähmt. Undeutlich, wie in einem Traum, hörte ich die Sorko rufen, die noch viel zu weit entfernt waren, um einzugreifen. Es war eigenartig. Ich saß in der Piroge, allein, unfähig, mich zu verteidigen oder zu fliehen, und auf seltsame Weise gefangen vom Blick des Flusspferds, das sein Maul so nah vor mir aufriss, dass ich an seine Hauer hätte klopfen können. Ich sah in die winzigen Augen, die mich vorwurfsvoll anstarrten, als trage ich allein die Schuld an seinem Schicksal, und wartete in seltsam unbeteiligter Weise darauf, dass das verwundete Tier die Piroge zerschmetterte oder mein Rückgrat – oder beides. Stattdessen brüllte es markerschütternd und tauchte unter mir davon. Erst dann brach ich zusammen.

Die Sorko sammelten Mahi und Doudouyou auf und brachten sie zur Piroge zurück.

»Das reicht!«, kreischte Doudouyou wütend, als er wieder an Bord kletterte. »Wirklich, das reicht! Seht euch meine Kleider an! Das war nicht abgemacht. Dieses Banga wird uns alle umbringen. Umkehren! Warum kehren wir nicht einfach um?«

Er wimmerte jetzt.

»Wir sind doch keine Jäger! Wir haben doch gar nichts mit dem Banga zu tun!«

Mahi versicherte sich, dass ich nicht verletzt war, würdigte Doudouyou keines Blickes und paddelte stattdessen, wie alle Sorko, aus Leibeskräften dem Schwimmer nach, der jetzt schnell und in der Strömung schlingernd flussaufwärts zog. In jedem Bug stand ein Jäger, die Harpune erhoben, das linke Bein nach vorne gestellt, bereit zum Wurf. Als das Flusspferd auftauchte, um Atem zu holen, sah ich, wie sich nicht weit von uns der nackte, muskulöse Oberkörper eines alten Mannes spannte. Sein linkes Bein hob sich leicht, und für den Bruchteil einer Sekunde wurde meine Aufmerksamkeit auf seine Knie gelenkt. Die Haut war vom jahrzehntelangen Kauern im Boot gedehnt und hing jetzt, da er stand, in dicken Falten über seine Kniescheiben. Dann schleuderte er die Harpune. Sie durchschnitt die Luft und drang mit einem leisen Fupp! in den Hals des Flusspferds ein, die

Eisenspitze löste sich von der Stange, und das Seil entrollte sich vom Schwimmer wie von einer Spindel.

Chaos brach aus. Der Fluss schäumte. Triumphschreie gellten – Anweisungen. Wellen schwappten gegen die Bordwand. Das Flusspferd brüllte und quiekte. Fupp! Paddel schlugen auf den Fluss ein. Boote stießen aneinander. Jeder Sorko wollte seine Harpune in diesem seltenen, Ruhm verheißenden Ziel anbringen. Das Flusspferd war zu verwirrt, um zu tauchen, und die Sorko nützten ihre Chance. Ein regelrechter Harpunenregen prasselte auf das Tier nieder. Fupp! Fupp! Fupp! Es wand sich, wehrte, quälte sich. Fupp! Fupp! Und als das Flusspferd aus dem Wasser sprang, glänzend, riesig, verwickelt in Seile, Schwimmer und Harpunenstangen, in triefendes Bourgou und Algenfetzen, umringt von all den Booten, in denen Männer schrien und ihre Harpunen schwangen, dachte ich an Moby Dick. Und dann an Ibn Battuta. Der arabische Reisende hatte eine Flusspferdjagd auf dem Niger beschrieben. Vor siebenhundert Jahren. Sie unterschied sich durch nichts von dieser hier.

Das Tier tat mir Leid, unendlich Leid. Doudouyou hatte Recht. Wir waren keine Jäger. Fupp! Fupp! Ich wünschte mir ein Gewehr. Ein gezielter Kopfschuss, dachte ich, während sich das Flusspferd noch einmal verzweifelt aufbäumte. Ein Schuss zwischen die Augen, oder wo immer die beste Stelle liegen mochte, um einen schnellen, schmerzlosen Tod herbeizuführen.

Und dann warfen die Sorko keine Harpunen mehr. Die Bewegungen des verhedderten Tiers erlahmten. Es atmete schwer, hatte keine Kraft mehr für einen Wutausbruch. Nach einer Weile gab Nouhoun einem der Jäger ein Zeichen. Er griff nach einem Schwimmer, zog sich vorsichtig heran, richtete sich zur vollen Größe auf und rammte seine Lanze in den Nacken des Tiers. Ein stummes Beben ging durch den massigen Körper, als erschauderte er bei der Berührung mit dem kalten Metall. Dann rührte sich das Flusspferd nicht mehr.

Als das Tier abzusinken drohte und seinem Rachen gewaltige Mengen an Atemluft entwichen, nahmen die Männer die Schwimmer auf; andere tauchten in das blutrote Wasser, um starke Seile um die Beine ihrer Beute zu legen. Sie drehten den Koloss auf den Rücken, hoben ihn an und nahmen ihn in Schlepp. Es war ein stattlicher Bulle. Ich schätzte sein Gewicht auf gut zwei Tonnen und die Länge der Hauer auf vierzig Zentimeter. Die zeitlebens nachwachsenden Eckzähne waren im Ober- und Unterkiefer so angeordnet, dass sie sich gegenseitig spitz schliffen.

Es dauerte eine Weile, bis wir den Bullen an den Seilen an Land gezogen hatten, und als er schließlich im Sand lag wie ein entartetes, rotbraunes Riesenschwein, die kurzen, hell gefleckten Beine von sich gestreckt und die Winkel seines leicht geöffneten Mauls zu einem unheimlichen Lächeln verzogen, entlud sich die Anspannung der Sorko. Sie schrien vor Glück. Jeder behauptete, seine Harpune habe getroffen. Sie klopften sich gegenseitig auf die Schulter, hüpften herum wie ausgelassene Jungen, tanzten, drehten sich und wälzten sich eng umschlungen am Boden. Einige der Alten weinten.

Erst jetzt fiel mir Harakoys Vorgabe wieder ein, und ich fragte mich, wie sich der Jäger im Bourgou verhalten hatte, als das Flusspferd völlig unerwartet neben ihm aufgetaucht war, um Luft zu holen. Hatte er einen Moment lang gezögert? Hatte er sich vergewissert, dass es auch wirklich das Tier war, das Harakoy den Sorko gewährt hatte? Das bösartige Banga, das den Jungen getötet hatte? Wie auch immer. Das Ohr des Flusspferds war tatsächlich halbiert. Es sah aus, als sei der obere Teil des fleischfarbenen Lappens vor sehr langer Zeit sauber mit einem Messer abgetrennt worden.

Nouhoun zog die Harpunenspitzen aus dem Fleisch, prüfte die seitlich eingeritzten Markierungen – parallele Striche, Rechtecke, Sterne – und übergab sie ihren triumphierenden Besitzern. Dann legte er seinen Unterarm an der Schnauze des Flusspferds an, maß das Tier und kam auf fünfzehneinhalb Ellen. Die Alten wählten acht Männer aus, um das Banga zu zerlegen. Die Schlachter nahmen mit scharfen Messern die Bauchdecke ab, trennten die Beine vom obersten Gelenk, zogen die kräftige, schwartige Haut ab und legten die helle Fettschicht darunter frei. Der Bauch wurde aufgeschnitten, die Organe entnommen, die Mägen vom übel riechenden Bourgou gesäubert. Anschließend zerlegten die Männer die Seiten mit dem Hackbeil, arbeiteten die Wirbelsäule heraus und zerteilten den Rest des Fleischs.

Wir saßen ein Stück abseits, und ich verfolgte das blutige Schauspiel mit gemischten Gefühlen.

»Ihr Weißen«, sagte Nouhoun plötzlich. »Ihr Weißen bevorzugt die Gouverneursjagd, nicht wahr?«

Ich verstand nicht, was er meinte.

»Früher gab es zahllose Bangas im Fluss«, sagte Nouhoun und schob sich Tabak in den Mund. »Harakoy legte fest, welches Tier getötet werden durfte. Die Geister sind weise, sehr weise. Unsere Väter gingen zur Jagd, und die Herden wuchsen trotzdem. Doch dann kamen die Franzosen und schossen die Bangas mit ihren Gewehren ab, hundert Bangas an einem Tag – Kühe, Junge, Zwillinge. Die Franzosen haben die Bangas abgeschlachtet. Und als es kaum mehr welche gab, haben sie die Jagd verboten.«

Sicherlich war das Problem weitaus komplexer, doch als ich später ein wenig in der Literatur stöberte, stieß ich tatsächlich auf regelrechte Massaker, die hoch gestellte weiße – aber auch schwarze – Persönlichkeiten jahrzehntelang unter den Flusspferden am Niger angerichtet hatten. Sie knallten die bewegungslosen Tiere mit großkalibrigen Gewehren auf den Sandbänken ab. Und selbst heute scheint es noch ausreichend »Sportler« zu geben, die ihre Erfüllung in der »weidmännischen Bejagung von Flusspferden« finden. In der Broschüre eines deutschen Jagdveranstalters fand ich den Hinweis, ein mit gegerbter Flusspferdschwarte überzogener Schreibtisch sei ein Blickfang, der seinesgleichen suche. Im Übrigen wurde empfohlen: »Sparen Sie nicht am falschen Ende, sondern beauftragen Sie eine erfahrene Fachspedition mit dem Transport Ihrer Trophäe.«

»Gouverneursjagd«, wiederholte Nouhoun tonlos. »Nur große Herren nehmen daran teil. Sie brechen dem Banga die Hauer heraus und lassen das Tier im Fluss verfaulen.«

Die Sorko legten die Beuteteile vor die Alten. Der Jäger, der den ersten Treffer im Bourgou gelandet hatte, erhielt die *boulamou*, die Bauchdecke. Der zweite Treffer verdiente den Hals. Und als Do standen Nouhoun der Kopf und die Hauer zu. Den Rest des Fleischs teilten die Sorko gerecht unter den Jagdparteien auf. Alles wurde verwertet, Fleisch, Haut, Innereien, Knochen. Die Alten sammelten das Fett ein, um ihre Haut damit einzureiben oder Medizin daraus herzustellen. Und die ganze Zeit über kniete der Griot neben dem riesigen leblosen Kopf, spielte eine kleine afrikanische Gitarre und sang sein Loblied auf das Banga. Er nannte es »Mutter der Strömung«.

»Wird es ein Dankopfer geben?«, fragte ich Nouhoun, als das Fleisch verteilt war.

»Kein Opfer«, sagte er, sehr stolz auf den Verlauf der Jagd. »Wir sind dem Fluss nichts schuldig. Wir lassen ihn einen Tag ruhen. Einen Tag und eine Nacht.«

Später saßen wir in einem großen Kreis um die Feuer und aßen knuspriges Bangafleisch. Im Geschmack erinnerte es am ehesten an Schwein, mit einem leicht süßlichen Beigeschmack, den ich auf die vier Zentner Bourgou zurückführte, die ein ausgewachsenes Tier täglich verschlingen kann. Nouhoun schnitt gerade ein Stück Keule ab und reichte es mir mit einem viel sagenden Grinsen, als ein Sorko aufsprang, den Mund aufriss und die geweiteten Augen auf etwas richtete, das nur er selbst wahrnahm. Die Jäger bogen sich vor Lachen und sahen mich mit einer Mischung aus Neugier und Erstaunen an.

»Was hat das zu bedeuten?«, fragte ich mit vollem Mund.

»Sie sagen, du bist sitzen geblieben, einfach sitzen geblieben«, sagte Doudouyou und bestaunte mich ebenfalls. »Alle sind ins Wasser gesprungen, nur du hast dich nicht von der Stelle gerührt. Du hast das Banga angestarrt, richtig angestarrt. Es hat Angst bekommen und ist untergetaucht. Dein Fetisch – die Sorko sagen, dass dein Fetisch sehr mächtig sein muss.«

Wir begleiteten die Sorko nicht mehr nach Tassiga, sondern folgten dem Niger stromabwärts. Mahi saß im Heck, den weißen Turban straff um den Kopf gewickelt und den Kragen seines Mantels hochgeschlagen; er tauchte das Paddel ein und ließ seinen Blick über den leer gefegten Fluss schweifen, während wir durch einen fahlen Staubschleier trieben, den der Harmattan so stark verdichtete, dass das gegenüberliegende Ufer verschwand und die Landschaft an die Küste eines nordischen Meers erinnerte.

Doudouyou, angewidert vom Flussleben, hockte auf der vorderen Sitzplanke, blätterte in einer Modezeitschrift und zog sich in eine Welt zurück, in der es nie unangenehm roch, die keine Hitze kannte, keinen Schweiß, keine Hungerbäuche oder Mücken, die unheimliche

Krankheiten übertrugen. Er brütete über einer Doppelseite, die eine im Abendrot leuchtende amerikanische Skyline zeigte.

»In Dakar habe ich hohe Häuser gesehen«, sagte er staunend, als betrachte er diese Seite zum ersten Mal. »Aber diese hier, sie müssen Hunderte von Metern hoch sein.«

»Büros«, sagte ich, während ich einen Weißbrustkormoran beobachtete, der dicht über dem Wasser vorüberflog, den Kopf mit dem hakenförmigen Schnabel leicht nach oben gezogen. »Solche Hochhäuser sind meistens voller Büros. Die Leute fahren morgens hin, verbringen ihren Tag dort und fahren abends wieder nach Hause.«

»Aber weshalb tun sie das?«, fragte Mahi verständnislos.

»Geld!«, rief Doudouyou so laut, dass der Kormoran einen Schreck bekam und scharf nach Westen bog. »Sie müssen Geld verdienen, viel Geld.«

»Mein Onkel ist ein reicher Mann«, sagte Mahi nach einer Weile und legte nachdenklich das Paddel über die Knie. »Früher war er ein einfacher Fischer wie ich. Doch dann hat er viel Geld verdient. Er hat sich ein Haus gebaut, ein großes Haus wie ein Kolonialherr. Er hat viele Boote gekauft, mit starken Motoren. Und sogar ein Auto. Er hat vier Frauen geheiratet.«

Mahi hielt einen Moment lang inne. Der Weißbrustkormoran setzte sich in sicherer Entfernung auf einen toten Ast, breitete seine Flügel aus und hielt sie in die Sonne. Er beobachtete uns argwöhnisch.

»Mein Onkel muss jetzt sehr viel denken, damit er sein Geld nicht wieder verliert«, sagte Mahi plötzlich. »Und während er denkt, verdient er noch mehr Geld – immer mehr Geld. Und dann muss er noch mehr denken, und deshalb kommt er nie zur Ruhe. Er geht nicht mehr fischen. Er schläft schlecht, sein Gesicht ist traurig. Ich glaube, dass er krank ist.«

Wir fachten den Ofen zwischen der zweiten und dritten Sitzplanke an, kochten Nilbarschsuppe und schlürften genüsslich die heiße Brühe. Anschließend kauerten wir uns auf den Boden der Piroge. Mahi schob uns mit kräftigen Paddelschlägen über den Fluss, den der Harmattan derart aufwühlte, dass die Piroge zu beiden Seiten des Bugs feine Gischt aufwarf und unruhig über die Wellen kabbelte, vorbei an unterspülten Ufern, an den gegabelten Stämmen zerzauster Dumpalmen, an zunehmend dichter stehenden Büschelgräsern, Krüppelakazien und glatt gewaschenen Felsen – weiß gefleckt, wie die Rücken einer Elefantenherde, die ein darmkranker Eisvogelschwarm überflogen hatte.

Am Nachmittag bat ich Mahi, das Paddel aus dem Wasser zu nehmen, und wir trieben lautlos an einer Kolonie graubraun gefärbter und erstaunlich schweigsamer Rötelpelikane vorüber. Nur hier und da ließen sie einen gutturalen Laut hören. Sie streckten ihre muskulösen Flügel leicht von sich, machten sich unseretwegen jedoch nicht die Mühe, ihre schweren Körper in die Luft zu hieven. Dazwischen gründelten Sporngänse, Gelbschnabelenten und eine Afrika-Zwerggans, farbenfroh, als sei sie einem Kindermalbuch entflogen. Spornkiebitze und Krokodilwächter rannten aufgeregt über den Strand. Scherenschnäbel mit langen, spitzen Flügeln und schwalbenartig eingeschnittenen Schwänzen glitten dicht über das Wasser hinweg, erbeuteten kleine Fische oder stießen ihr verärgertes, schrilles Kriep! aus. Mit Delphis Hilfe identifizierte ich außerdem ein Blaustirn-Blatthühnchen, einen Temminckrennvogel, eine grauhalsige Senegaltrappe, mehrere Riesenfischer sowie einen – eigentlich in Ost- und Südafrika beheimateten – Klunkerkranich, den ich jedoch an den weiß befiederten Lappen auf beiden Seiten seiner Kehle eindeutig zu erkennen glaubte.

Später legte Mahi das Paddel abermals beiseite, wusch sich über die Bordwand hinweg Hände, Füße und Gesicht, kniete in der Bugspitze nieder und sprach sein Abendgebet. Er neigte sich weit über den Bootsrand hinaus, wo ihm das Paddel über dem Wasser einen Ersatz für die Erde bot, und berührte das nasse Blatt leicht mit der Stirn. Sie hinterließ einen Abdruck, der sich auflöste wie Atem auf kühlem Glas. Nilgänse zogen in Formation über uns hinweg. Eine feine Mondsichel hing am Himmel, und der Horizont leuchtete pastellrosa. Lautlos trieben wir flussabwärts, und die Piroge neigte sich im Rhythmus von Mahis Gebet nach Osten.

Die Sonne schob sich gerade hinter den Horizont, als wir eine winzige Insel erreichten, die wie eine Barke im Strom vor Anker lag: Doundoufel. Der Name klang wie eine magische Formel, und ich mochte den Ort schon, bevor wir ihn betreten hatten. Es war nicht viel mehr als ein Sandstreifen zwischen zwei glatt polierten Klippen, an die sich eine Hand voll Hütten schmiegten. Wir legten am winzigen Strand auf der Leeseite an. Mahi sprang an Land und begrüßte mit einer tiefen Verbeugung das Familienoberhaupt, einen würdevollen Mann mit kurz geschnittenem grauem Vollbart und rotweiß kariertem Turban. Sein Name war Issa Hari.

Wenig später saßen wir auf dem Felsabsatz vor seiner Hütte, lehnten unsere Rücken an die warme Lehmwand, aßen geräucherten Wels mit gekochten Nenuphare-Knollen, die an kleine Artischocken erinnerten. Wie von einer Terrasse blickten wir auf den winzigen Platz hinunter, der die gesamte nutzbare Fläche von Doundoufel ausmachte. Neben dickbauchigen Getreidespeichern stampften Frauen in einem riesigen Mörser Sorghum, ließen die massiven Stößel in der Luft los, klatschten in die Hände, fingen sie wieder auf und stießen erneut zu. An einem Neembaum lehnten Harpunen. Auf beiden Seiten des Landstreifens lagen Pirogen im Schilf.

»Bei Hochwasser steigt der Fluss in den Graben dort«, erklärte Hari und zeigte auf die Vertiefung, die quer über den Platz lief.

Während wir die letzten Knollen aßen, stellte ich mir vor, wie der Fluss die winzige Insel in zwei noch winzigere Inseln teilte und wie Haris Leute in ihren Pirogen zwischen ihnen hindurchfuhren wie durch einen Kanal, der nicht länger als sechs, sieben Meter war. Und ich spürte, wie mich eine alte Sehnsucht durchströmte, der geheime Wunsch, ein Insulaner zu sein und auf einem kleinen, autarken Flecken im Wasser zu leben, einfach, abgeschieden, halb im Freien – auf Nantucket, auf der Schatzinsel, in der Blauen Lagune.

»Es ist sicherlich nicht einfach hier«, sagte ich schließlich und überwand meinen romantischen Anflug.

»Vor uns haben es viele versucht«, sagte Hari ernst, »und alle mussten sie Doundoufel verlassen. Der Fluss ist tief, sehr tief, voller großer Fische, voller Djinns. Manchmal steigt ein schwarzer Stier aus dem Fluss und stellt sich dort unter den Neem. Er will uns erschrecken, doch die Djinns können uns nicht vertreiben. Unser Zauber ist sehr mächtig.«

»Und was ist das für ein Zauber?«, fragte ich neugierig.

»Warum interessiert Sie das?«, brauste Hari auf. »Warum interessiert ihr Weißen euch für diese Dinge? Ich habe nie verstanden, was euch herführt und warum ihr all diese Fragen über die Innere Welt stellt.«
»Ich kann nicht für die anderen sprechen«, sagte ich und kramte meine Karte aus dem Rucksack. »Ich selbst glaube, dass man in den Flüssen nachsehen muss, wenn man nach dem Sinn der Dinge sucht, nach einem treffenden Bild der Welt.«
Ich faltete die Karte auf, und wir rückten über Westafrika zusammen wie kleine Jungs, die sich anhand von kursiv gedruckten Namen und bunten Schraffierungen ferne Länder ausmalen. Ich knipste die Taschenlampe an, legte meinen Zeigefinger auf die Nigerquelle und führte ihn langsam durch Guinea, über Faranah und Kouroussa, an Bamako vorbei nach Norden, ließ ihn vage über das weit verzweigte Binnendelta schlängeln und las schließlich die Namen der Städte und Flussdörfer vor – Timbuktu, Mandiakoy, Bourem, Gao, Ansongo, Tassiga –, und alle lachten und nickten wissend. Dann drückte Hari seinen Finger auf Doundoufel, sah mich kurz und durchdringend an und schob ihn schweigend über die Grenze aus Mali hinaus – langsam der blauen Wellenlinie folgend, als könne er den Niger auf dem Papier spüren –, durchquerte den südlichen Teil der Republik Niger und tauchte nach Nigeria ein, in jenes riesige letzte Land, das der Fluss von Norden nach Süden durchquerte.
»Bis wohin sind Sie gefahren?«, fragte ich, erregt von der Vorstellung, dass all diese Gegenden noch vor mir lagen.
»Bis Bussa«, sagte Hari, und ein finsterer Unterton schlich sich in seine Stimme. »Bis zum großen See, den sie Kainji nennen.«
Ein schwarzer Käfer landete plötzlich unsanft im Tibesti-Gebirge, durchquerte den Tschad und das Haussaland und krabbelte auf den Kainji-See zu. Kurz davor schlug er einen Bogen nach Süden und scharrte kaum hörbar in der Gegend von Lokoja, wo der Benue in den Niger mündete. Da tauchte eine Spinne aus dem Nichts auf und stürzte sich auf den Käfer. Ich glaubte, seinen Panzer brechen zu hören. Dann verschwand die Spinne mit ihrer Beute so schnell, wie sie gekommen war, und hinterließ einen winzigen Blutfleck in der Nähe von Onitsha.

»Ein Omen!«, fuhr Mahi mit gepresster Stimme auf. »Ein schlechtes Omen!«

Seine Augen waren aufgerissen wie die eines Nachttiers.

»Nigeria«, sagte Issa Hari leise. »Sehr gefährlich. Nehmen Sie sich in Acht unterhalb des Kainji-Sees. Kein Sorko, den ich kenne, war weiter als bis zu diesem Punkt. Aber wir haben die Geschichten gehört.«

»Geschichten?«

»Sie fressen Menschenfleisch, am liebsten Kinderherzen. Fremden ziehen sie die Haut vom Leib. Verbrechern hacken sie die Hände ab. Mitten auf der Straße. Sie hacken ihnen Hände und Köpfe ab und zünden sie an.«

Issa Haris Warnung vibrierte durch die Dunkelheit und schien sich unter dem Dach einzunisten. Wir saßen still da und kauten an unseren Gedanken. Dann brach Hari das Schweigen, und alle lachten plötzlich.

»Er sagt, du hast den Kopf eines Mannes, aber den Körper eines kleinen Jungen«, übersetzte Doudouyou.

Hari rief etwas durch die halb offene Tür der Hütte hinaus, und wenig später schob sich ein knochendürrer Alter durch den Spalt, ohne die Tür zu berühren – lautlos wie ein Windhauch. Sein rechtes Augenlid fehlte, und das blinde Auge lag schutzlos wie eine graue Murmel in seiner Höhle. Wir ließen Tabak herumgehen und kauten, während sich die kleinen Fenster mit neugierigen, schwach leuchtenden Kindergesichtern füllten, die alle den Weißen sehen und die Geschichte des Griots hören wollten, die Geschichte über Faran Maka, den ersten Sorko.

Ich bat Hari um die Erlaubnis, die Erzählung aufzunehmen. Er beriet sich kurz mit dem Alten, der Issifi Boussouba hieß, und nickte dann. Ich legte eine Kassette in mein Diktiergerät und stellte es vor mich auf die Matte.

»So sind die Dinge geschehen, so werden die Dinge erzählt«, begann Boussouba und formte einen unsichtbaren Ball zwischen seinen Händen. »Koutioumo, den viele Gott nennen, und der Weltordner N'Débi haben die Holey erschaffen. Zeiten und Zeiten lebten die Holey auf ihrer Insel im Niger. Kein Mensch wusste von ihnen – kein Mensch, sage ich. Auch Faran Maka lebte auf einer Insel im Niger.

Faran Maka, der erste Sorko, lebte auf Karey-Kopto[29]. Er war riesig, tötete vierzig Bangas am Tag. Zum Frühstück aß er fünf – fünf Bangas, sage ich. Ein Mar leerte er in einem Zug.

Maka lebte allein auf Karey-Kopto. Er jagte Krokodile, Bangas, jagte Manatis und Fische. Doch dann verschwanden die Tiere. Der Fluss war leer. Hunger quälte Makas Bauch. Maka wurde wütend, sehr wütend. Er fuhr den Fluss hinauf, hinunter, durchsuchte alle Inseln, fand kein Wild, keinen Fisch. Nur die Große Insel wimmelte, wimmelte. Töpfe voller Flusspferde. Und die Leute tanzten. Teufel! Teufel auch! Sie tanzten zum Schlag der Tamtams, zur Godje[30], zum Lied des Griots. Keine Leute wie andere, sage ich. Wirklich, keine wie andere. Es waren...«

Der Alte ließ das Wort langsam in sich anschwellen, es blähte seinen Brustkorb, stieg seine Kehle hinauf und drückte die Adern aus seinen Schläfen. Er behielt es bis zur letztmöglichen Sekunde, dann brach es aus ihm heraus.

»Torou!«, schrie der alte Boussouba.

Seine Stimme riss, und sein schutzloses Auge trat so weit hervor, dass ich befürchtete, es könne auf die Erde fallen und zerspringen. Wir zuckten zusammen. Zerkaute Tabakklumpen flogen durch die Luft. Kinder wimmerten vor den Fenstern.

»Torou! Es waren Torou! Es waren die Holey des Flusses und des Himmels, die da tanzten, tanzten. Ihr Chef hieß Zinkibarou. Er war ein Fisch, ein riesiger Capitaine. Teufel! Kein Capitaine wie andere, sage ich. Maka setzte sich, denn es war Essenszeit, und Zinkibarou schob ihm einen Schafbock hin. Maka verschlang ihn mit einem Bissen. Ein Schafbock war nichts für Maka, Gaumenkitzel. Maka griff nach einem Flusspferd, doch Zinkibarou schlug seine Hand fort, schlug Makas Hand fort – Faran Makas Hand, die Hand des ersten Sorko vom Clan der Faran. Ein Kampf, Teufel, ein Kampf zwischen Maka und Zinkibarou. Maka, riesig, mit gewaltigen Muskeln. Maka gegen den Fisch, diesen seltsamen Capitaine, auf der seltsamen Insel.«

---

[29] Schuppe des Krokodils
[30] afrikanische Violine

Boussouba holte tief Luft. Mahi lehnte mit dem Rücken an der Wand und schien zu schlafen, doch ich war sicher, dass er gespannt zuhörte. Doudouyou leuchtete wie eine grüne Neonröhre.

»Maka, Faran Maka!«, rief Boussouba. »Maka hob Zinkibarou in die Luft und wollte ihn zu Boden schmettern. Da murmelte Zinkibarou ein Wort in der Sprache der Holey: Kei, goguei, yârâ! Und schlag! Maka kracht zu Boden, Maka wälzt sich, bäuchlings auf dem Rücken, stirbt fast vor Schmerz. Und der Fisch lacht, lacht Maka aus – Faran Maka, den ersten Sorko –, lacht ihn aus. Und die Holey lachen. Und der Godje lacht. Und die Tamtams lachen, lachen alle, voller Spott, voller Spott.«

»Maka schleppte sich auf seine Insel zurück und schloss sich ein. Haare wuchsen aus seiner Brust, wuchsen, durchdrangen sein Hemd, wanden sich über den Boden, krochen durch die Matten seiner Hütte, wuchsen über den Weg, wuchsen. Makas Mutter kam vorbei. Sie stolperte über die Haare, und Maka erzählte ihr die Geschichte: der leere Fluss, die Sache mit Zinkibarou.«

»Wenn ihr etwas erfahren wollt, Kinder, fragt die Alten! Makas Mutter wusste Bescheid. Harakoy hatte die Bangas in Bella verwandelt, die Krokodile in Schneider, die Manatis in Fulbe. Harakoy wollte, dass Maka hungert, wollte ihn vom Fluss vertreiben. Kinder, warum fragt ihr nicht die Alten? Makas Mutter wusste auch die Antwort auf Zinkibarous Formel. Einfach, sehr einfach. Eine Gegenformel: ›Wenn die Trockenzeit kommt, zerbricht das Palmblatt.‹«

Boussouba saß auf seiner Matte und verfiel in ein finsteres Schweigen. Er schloss das gesunde Auge und ließ die graue Kugel unter der Braue durch den Raum schweifen, als könne sie durch die Dunkelheit dringen, durch Kleider, Haut und Muskeln, direkt in uns hinein.

»Am nächsten Tag ging Maka auf die Jagd«, fuhr er fort. »Das Ufer war voller Bella. Sie kicherten. Sie starrten ihn spöttisch an. Faran rammte seine Harpunen in ihre Rücken. Die Bella schrien, rannten zum Fluss und verwandelten sich in Bangas. Maka spießte die Fulbe auf. Sie wurden zu Manatis, die Schneider zu Krokodilen. Maka tötete, tötete. Maka briet das Fleisch und schlang es hinunter. Den Rest hängte er zum Trocknen in die Bäume. Alle Bäume am Fluss hingen voller Fleisch.«

»Dann ging Maka zu Zinkibarou. Die Holey, sie tanzten wieder. Teufel auch! Teufel! Ein Schlag auf die Tamtams, ein Streich über die Godje genügte, und die Holey tanzten, tanzten. Maka forderte Zinkibarou heraus. Maka hob ihn in die Luft, wollte ihn zerschmettern. Zinkibarou murmelte seine Formel.«

»Doch Maka sagte: ›Wenn die Trockenzeit kommt, zerbrich das Palmblatt.‹ Dann schleuderte er Zinkibarou zu Boden. Mit solcher Wucht! Solcher Wucht! Zinkibarou verflüssigte sich, verflüssigte sich, sage ich. Zinkibarou verwandelte sich in Wasser. Er versickerte im Sand.«

»Maka war jetzt Chef der Holey, Meister des Flusses. Zuerst ergab sich Dongo, Herr des Donners, Regenbringer, Vater der Geier. Alle Holey ergaben sich Maka. Harakoy ergab sich. Dandou Ourfama, Zaberi und Moussa ergaben sich. Auch Tchirey und Faran Barou ergaben sich. Und Maka nahm das magische Orchester, die Godje, die Tamtams, die Kalebassen. Faran Maka hat sie seinen Söhnen weitergegeben, den Sorko. Sie kennen alle Geheimnisse der Holey. So sind die Dinge geschehen, so werden die Dinge erzählt.«

Später lag ich auf meiner Matte, auf dieser geheimnisumwitterten Barke mitten im Strom, hörte, wie der Niger leise gegen den Bug von Doundoufel plätscherte, und dachte an Faran Makas Geschichte. Der mythische Ahne hatte die Geister entdeckt und unterworfen, die Magie den Sorko weitergegeben und diese zu den Herren des Flusses gemacht, als die sie alle Völker am mittleren Niger bis heute anerkennen. Und mit einem Mal verstand ich auch den Anspruch der Sorko auf die großen Flusstiere. Natürlich waren auch Haussa, Djerma oder Fulbe fähig, ein Banga zu erlegen. Doch nur die Sorko konnten mit den Geistern sprechen, nur sie konnten den Fluss auf die Jagd vorbereiten. Es genügte, dass ein Sorko die magische Godje spielte, und die Geister kamen, um zu tanzen. Faran Maka hatte die Sorko zu den spirituellen Führern aller Völker am Fluss gemacht.

»Du denkst sehr laut«, flüsterte Mahi plötzlich neben mir.

»Ich denke über euch nach«, sagte ich leise. »Über die Sorko, die Herren des Flusses.«

»Weil du dem alten Boussouba gut zugehört hast«, sagte Mahi und lächelte leise. »Wenn sich eine Familie ins Hinterland wagt, weit weg vom Fluss, ist immer ein Sorko an ihrer Seite. Er führt sie und leitet den Bau des Buschdorfs, denn der Sorko ist nicht nur der Herr des Flusses, er ist auch der Herr des Regens. Alles Leben hängt von ihm ab, denn nur der Sorko spricht mit Dongo.«

»Und wer ist dieser Dongo?«, fragte ich, während die Stechmücken mit verärgertem Surren gegen das Netz prallten.

»Dongo sitzt im Himmel und schleudert seine Axt auf uns herab«, flüsterte Mahi. »Doch Dongo lässt auch den Regen fallen. Dongo nährt den Fluss.«

Labezanga, der Grenzort zur Republik Niger, war die letzte Station unserer gemeinsamen Reise. Mahi stakte die Piroge über ein abgeerntetes Reisfeld ans Ufer. Ein Junge bastelte an einer Motorpumpe japanischen Fabrikats, deren Schlauch hinauf in einen Gemüsegarten führte. Zwei Bellafrauen mit üppigem Haarschmuck saßen im Schatten eines Buschs und flochten eine Matte aus Dumfasern.

Nachdem wir Tee getrunken hatten, entlohnte ich die beiden. Doudouyou schenkte ich zusätzlich eins meiner seidenen Tücher – ich hatte sie als Geschenke für die Frauen dabei, die uns in den Dörfern bekochten.

»Es leuchtet wundervoll!«, sagte er und legte es sich um den Hals wie einen Schal.

Seine Augen strahlten, und ich merkte erst jetzt, dass er auf sein Kajal verzichtet hatte. Ich roch auch kein Rosenwasser. Die orangeroten Schuhe steckten in der Tasche, seine Füße in einfachen Ledersandalen.

»Die Broussards«, sagte Doudouyou und drückte meine Hand. »Sie sind schmutzig, aber sie haben uns ordentlich behandelt. Sie wissen, wie man den Gast ehrt. Es sind gute Leute.«

Ich gab Mahi mein letztes Schweizer Messer und überließ ihm den Rest des Proviants und die Wasserkanister.

»Wenn du in Nigeria bist, musst du mir Planken schicken, Mikael, starke Planken aus Mahagoni«, sagte er, während wir uns auf die Backe küssten, und lächelnd fügte er hinzu: »Aber auch wenn du

keine schickst, musst du mir schreiben. Schreib mir, wie der Fluss
unterhalb vom Kainji-See aussieht. Schreib mir alles über die Stelle,
wo der Niger ins Meer fließt.«
Dann stiegen sie in die Piroge, glitten über das Reisfeld und verschwanden im Bourgougürtel. Sie waren erst wieder zu sehen, als das
Segel aus zusammengenähten Säcken schon gehisst war. Mahi stand
in einen Wollmantel gehüllt und mit wehenden Tuchhosen im Heck,
während der Harmattan sie den Strom hinaufschob.

I I

Mayaki, der Zima von Ayorou, dem ersten Ort in der Republik
Niger, stellte den linken Fuß auf die Flügel des Huhns und
den rechten in seinen Nacken. Er bog den Kopf nach hinten und
setzte die Klinge an der Kehle an, und die Godje und die Kalebassen
begannen genau in dem Augenblick zu spielen, als das Blut heraus-
schoss – fein wie ein Bindfaden. Mayaki murmelte etwas und warf
das Huhn teilnahmslos hinter sich. Es zuckte heftig, sprang auf und
rannte los. Sein Kopf hing nur noch an einem Muskelstrang und
wurde aufgeregt hin und her geworfen. Dann prallte es gegen eine
Lehmwand und blieb leblos liegen.
Wir setzten uns neben die Musiker unter das Sonnendach und knabberten geröstete Wanderheuschrecken. Ein schwarzer Ochse und
zwei weiße Ziegen wurden auf dem Tanzplatz angepflockt. Der
Sorko traf mit seiner Harpune und dem in Leder gehüllten Tanzstock ein. Ich erkannte die alte Hassana, die tief gebeugt und von
einem Jungen gestützt den Hof überquerte und sich mühsam auf
einer Matte niederließ. Sie winkte mir zu und lächelte. Gleich darauf
setzten sich mehrere alte Zima zu uns, denn Mayaki beschränkte
sich auf seine Rolle als Gastgeber. Er wich nicht von meiner Seite.
Drei Kalebassenspieler schlugen unermüdlich auf die glänzenden
Buckel ihrer Instrumente ein, dom-du-dom, ließen den Sandboden

unter dumpfen Rhythmen beben und erzeugten mit krallenähnlichen Schlegeln ein vibrierendes Kratzen, das wie schwere Rasseln klang. Hinter ihnen saß der Godje-Spieler etwas erhöht auf einem Schemel, mit dunkler Sonnenbrille – den Kopf auf die linke Schulter gelegt, als sei er abgeknickt –, und strich mit dem Bogen gleichmäßig über die einzige Saite seiner mit Waranhaut bespannten Spießlaute. Er ließ die Finger über den Hals des Instruments fliegen und umgarnte den Tanzplatz mit gezogenen, durchdringenden Tonfolgen, in die ein Kalebassenspieler mit hoher Stimme ein Lied flocht.

»Er schmeichelt den Geistern«, sagte Mayaki und atmete tief durch. »Der *Holey-horey* hat begonnen.«

Die ersten Tänzer streiften ihre Schlappen von den Füßen, betraten den Platz und gingen hinter einem Zima im Kreis, einer nach dem anderen, gegen den Uhrzeigersinn, langsam, Schritt für Schritt, domdu-dom, gleitend, träge, aber sehr anmutig, fast wie bei einem gemächlichen Schlittschuhlauf. Ich zählte sechzehn Tänzer. Auch die alte Hassana war darunter. Sie bewegte sich mit großer Mühe. Ihr Kleid war durchnässt, und ich fürchtete, sie könne jeden Moment zusammenbrechen.

Das Orchester wechselte mehrmals die Stücke, denn jeder Geist hatte sein eigenes Preislied. Die Medien verfielen in verschiedene Schrittfolgen, den Oberkörper leicht nach vorne geneigt; sie schüttelten sich, hüpften einzeln oder zu zweit auf die Musiker zu und drehten wieder ab, lachten, flachsten miteinander, stießen sich freundschaftlich in die Seite und verbeugten sich vor den Zuschauern, die auf Matten saßen, die Lehmmauern und Dächer bevölkerten und in den Bäumen hingen. Es war ein Fest, ein richtiges Volksfest.

Mir fiel auf, dass die meisten Medien Frauen waren, und ich fragte Mayaki danach, doch er zuckte nur gleichgültig mit den Schultern.

»*Karuwai!*«, rief ein Mann von der Lehmwand herunter. »Prostituierte! Und die Männer, die tanzen. Sie machen es mit Männern. Schmutzige Leute, faul und schmutzig. Prostituierte, Homos, Bettler. Kein guter Umgang für Sie, Monsieur.«

»Verschwinde, Noulou!«, schrie Mayaki und warf einen Stein nach dem Mann.

»Was meint er damit?«

»Diese Leute reden Unsinn! Wenn eine Frau nicht verheiratet ist, nennen sie sie eine *Karuwa*, eine Prostituierte. Sie meiden und beschimpfen sie. Im Ramadan werfen die Kinder Steine nach ihr.«

»Und warum sind diese Frauen nicht verheiratet?«

»Der Geist wählt eine Frau zu seinem Pferd und will nicht, dass sie sich einen Mann nimmt. Der Geist will, dass sie nur ihm dient – nur ihm, verstehst du? Dafür beschützt der Geist die Frau. Er gibt ihr Kräfte. Niemand tut ihr etwas.«

Das Orchester spielte gerade Dongos Lied, und alle Augen richteten sich auf die alte, völlig erschöpfte Hassana, als diese plötzlich innehielt und heftig erzitterte. Mehrere Frauen umringten sie. Die Zima und der Sorko eilten hinüber.

»Sie sind da!«, sagte Mayaki und zog mich auf den Tanzplatz. »Ich kann sie spüren. Die Geister sind um uns.«

Die Kalebassenspieler zogen das Tempo an. Der Godje-Spieler sägte auf seiner Laute. Hassana erschauerte, wimmerte, begann zu weinen. Sie tat mir unendlich Leid. Sie war müde und ausgelaugt und gab ein kümmerliches Bild ab, wie sie, bedrängt von der Menschenmenge, tränenüberströmt und verstört um sich sah.

Der Sorko stand jetzt direkt hinter ihr. Sein Bauch drückte an ihren Rücken. Er schwang Dongos Axt vor ihrem Ohr, und das aufgeregte, helle Klingeln eines Glöckchens skandierte seinen rasenden Gesang. »Vater der Geier, Bart des Pferds«, schrie er und spuckte gelbe Kolastücke. »Dongo, der kaltes Blut nimmt, der das Eisen schlägt, damit die Leute es zusammenschweißen. Schlag zu, Dongo! Schlag mit aller Kraft zu! Die Wolke kommt. Auf der Erde wird es dunkel. Du bist groß, bist sehr groß, ein Tier, bist stark, bist böse, du tust weh. Dongo, du schlägst auf den Rücken, du schlägst auf den Bauch. Der Wicht ist tot, ist steif, schrumpft. Fürchtet Gott! Fürchtet Dongo! Fürchtet Dongo!«

Hassana schüttelte sich und drückte den Sorko und die Zima beiseite, schluchzte tief und stieß einen Schrei aus, einen hässlichen, rauen Schrei, der mich zurückweichen ließ. Dann brach sie zusammen. Ihr Atem raste. Sie wippte ungestüm mit dem Oberkörper auf und ab wie ein Spielzeug, das eine unsichtbare Hand aufgezogen hatte, wippte immer heftiger und schien vom Boden abzuheben. Dann fiel sie zur Seite und krümmte sich. Ihr Bauch bäumte sich auf. Ihre Züge waren jetzt völlig entstellt. Die Adepten schrien. Die Zima schrien. Der Sorko schrie und spuckte. Die Kalebassen rasten, der Godje-Spieler fiedelte. Zweihundert, dreihundert Zuschauer reckten die Hälse und brüllten. Die Luft war schwer, dicht, undurchdringlich, wie ein Netz aus Wortfetzen und fremdartigen Tönen, die sich über den Tanzplatz legten und ihn verschlangen – ein lähmendes Netz, in dem sich alles verfing, und je mehr die Leute johlten und pfiffen, je unbändiger die Kalebassen und die Godje spielten, desto dichter wurde das Netz, desto auswegloser schien es, sich dem Geschehen zu entziehen. Gefangen. Ich fühlte mich gefangen, während Hassana, die alte gebrechliche Hassana, am Boden lag, sich im Staub wälzte, schluchzte.

Die Helferinnen richteten sie auf. Sie schwankte, öffnete die geröteten, wässrigen Augen, stöhnte, keuchte. Für einen Moment nahm ich den scharfen Geruch von Urin wahr, und ich glaubte, ein Lächeln in ihrem Gesicht zu erkennen. Nein, es war kein Lächeln, eher ein Schmunzeln, ein finsteres, grauenhaftes Schmunzeln.

»Dongo!«, sagte Mayaki ehrfürchtig. »Dongo ist gekommen!«

Hassana war nicht wiederzuerkennen. Sie schlug um sich, riss zwei kräftige Helfer zu Boden und brüllte mit raubtierhafter Stimme. Ihre Augen waren abwesend und starr ins Nichts gerichtet. Ich sah Mayaki verwirrt an.

»Hassana ist nicht mehr Hassana«, sagte er. »Dongo ist in ihr. Er reitet sie. Ihr Körper ist jetzt sein Gefäß.«

Die Zima streiften Dongo seinen schwarzen Boubou über, setzten ihm einen Lederhut auf und parfümierten ihn ein. Der Sorko übergab ihm die Axt und den Tanzstock, und Dongo krabbelte auf allen vieren zu den Kalebassen. Die Finger krallten sich in den Boden. Dann schrie er dreimal mit unmenschlicher Intensität Ayiiiieeeeeh! Ayiiiieeeeeh! Ayiiiieeeeeh!, ließ Hassanas Körper mit einer schnellen Bewegung aufspringen, schüttelte die Axt mit ausgestreckten Armen, warf sie in die Luft und fing sie wieder auf. Hassanas krummer Rücken war vollkommen aufgerichtet, als Dongo zur Mitte des Tanzplatzes schritt und direkt neben ihm zwei andere Medien von ihren Geistern ergriffen wurden. Sie erzitterten und fielen zu Boden.

»Die Unsichtbaren«, sagte Mayaki so weggetreten, dass ich befürchtete, er würde selbst jeden Moment besessen. »Die Unsichtbaren reiten ihre Pferde.«

Nachdem alle wichtigen Geister ihre Medien ergriffen hatten, empfing sie der Sorko auf den vorbereiteten Matten, um sie zu befragen, doch das Palaver wurde jäh von einem jungen Mann mit freiem Oberkörper unterbrochen, der auf die Knie fiel, sich krümmte wie unter Schmerzen und erschütternde Schreie ausstieß. Seine Muskeln spannten sich. Er stand da wie eine polierte Bronzeskulptur und atmete heftig. Schaum trat aus seinem Mund. Er sackte zusammen, blieb auf dem Rücken liegen und schlug sich mit der Faust in die Magengrube. Dann drehte er sich auf den Bauch und robbte auf dem Boden wie ein Soldat.

»Die Hauka sind da«, sagte Mayaki ergriffen.

»Die Hauka?«

»Revenants«, hauchte er. »Tote, die zurückgekehrt sind und sich ein Pferd genommen haben. Doch die Hauka sind keine Afrikaner. Es sind Europäer, Weiße wie du.«

»Europäische Geister?«, fragte ich ungläubig. »Die Geister von Weißen, die sich in Afrika ein Medium suchen?«

»Die Hauka sind intelligent und stark, doch sie machen seltsame Sachen. Sie gehen steif und sitzen steif – genau wie du. Sie schwitzen und werden ständig krank. Dann erbrechen sie sich und machen ihre Hosen voll. Die Weißen respektieren nichts, sie brechen alle Tabus und tun, was sie wollen. Und genauso sind die Hauka. Aber warum erzähle ich dir das? Du weißt es besser; sie sind aus deiner Kompanie.«

»Und welcher Europäergeist steckt in diesem Mann?«, fragte ich verwirrt.

»Colingel, der Colonel aus Marseille«, sagte Mayaki. »Er ist Techniker, doch er macht auch die Buchhaltung seiner Kompanie. Er hat das Große Wissen. Er gibt seine Befehle, und das Problem ist gelöst. Er liebt teures Parfüm. Siehst du, wie er sich bewegt? Nur Weiße bewegen sich so.«

Colingel ging über den Platz, als seien seine Gelenke eingerostet, und tobte in einer Fantasiesprache, die wie Französisch klang, aber nur wenige Fetzen erkennen ließ:

»Verblödete Bande! Was ist los? Steht ein Krieg an? Ist jemand krank? Verschwindet! *Merde!* Auf die Schnauze, klar?«

Eine junge Frau mit Schmucknarben an den Schläfen brachte rohe Eier – von einem Huhn, das zum ersten Mal gelegt hatte, wie Mayaki präzisierte. Colingel brach sie auf, träufelte sein Parfüm hinein und schlürfte lautstark die Schalen aus. Ein Helfer reichte ihm einen Lappen, mit dem er sich theatralisch Staub und Schweiß vom Körper wischte. Dann nahm er einen Kamm und riss ihn durch das widerspenstige Haar.

»Uniform!«, schrie er, unterbrochen von lautem Schlucken und Rülpsen. »Meine Uniform! *Nyadafe!* Mösen eurer Mütter, bringt mir die verdammte Uniform!«

Die Hauka waren in den Besessenheitskulten erstmals während der Kolonialzeit aufgetaucht, erklärte Mayaki, während wir gebannt die grotesken Szenen auf dem Tanzplatz verfolgten. Die Europäergeister hatten sich mit rasanter Geschwindigkeit bis ins heutige Ghana verbreitet und gingen in immer neuen Erscheinungen in das offene Pantheon ein, als Korporal der Küste, Lokführer, Automechaniker und Lastwagenfahrer, als Ärzte, Rechtsanwälte, Sekretäre und in verschiedensten militärischen Dienstgraden mit englischen oder französischen Titeln – sogar als Kriegsminister. Die Kolonialmächte hatten Einzug in die Geisterwelt Westafrikas gehalten. Und das war nicht weiter erstaunlich, denn schließlich war das Land seinerzeit von Weißen besetzt. Weiße Soldaten ließen ihre Kanonen donnern und verbrannten Dörfer wie Dongo; sie töteten Menschen, beschlagnahmten Reis und Vieh und verschleppten Männer zu Zwangsarbeit und Militärdienst. Die Macht dieser Weißen grenzte ans Übernatürliche, und mit den neuen Geistern ließ sich die veränderte Situation in die bestehenden mythischen Glaubensvorstellungen integrieren.

Doch während die Helfer auf dem Tanzplatz Colingel ein kurzärmliges, kakifarbenes Hemd mit fantasievollen Rangabzeichen anlegten, es in seine versabberte Jeans stopften und ihm zwei Schärpen umhängten, die sich über der Brust kreuzten, wurde mir klar, dass es bei den Hauka um mehr ging als um die Verarbeitung des Kolonialtraumas. In den Augen der Zuschauer glaubte ich zu erkennen, dass das Fremde in der afrikanischen Gesellschaft ebenso reizvoll wirkt wie in unserer eigenen. Und mir gefiel der Gedanke, dass sich im Siegeszug der Hauka letztlich auch die Faszination für das Andere ausdrückt. Als Reisender bin ich ebenso begeistert, ebenso besessen davon, denn es lässt das Bekannte in einem neuen Licht erscheinen und erlaubt, ein wenig vom Unbehagen in der eigenen Kultur abzustreifen. Besessenheitskulte sind demnach keine Überreste einer archaischen Vergangenheit. Im Gegenteil. Sie sind auf dem neuesten Stand der Zeit, sozusagen modern – vorausgesetzt, man gesteht Afrika zu, dass es seine eigene Modernität hervorbringt.

Colingel betrat wieder den Tanzplatz, in moosgrünen Wollstrümpfen, die ihm bis unter die Knie reichten und das Gehen in den Badeschlappen erschwerten. Er umklammerte ein Spielzeuggewehr fernöstlicher Fabrikation, durchmaß im Stechschritt den Hof, blieb direkt vor mir stehen, schlug die Hacken zusammen, salutierte und schüttelte mir übertrieben heftig die Hand.

»Mayaki, sag ihm, dass er schlecht riecht!«, schrie er, schnaubte und spuckte Schaum in mein Gesicht. »Sag ihm, dass er nicht gewaschen ist. Sag ihm, er soll gefälligst strammstehen. Und frag ihn, was er hier will. Sein Dienstgrad? Seine Kompanie? Warum ist er hier?«

»Um die Geister kennen zu lernen«, sagte ich unbeholfen.

»Lügner, verdammter Lügner«, schrie Colingel und fuchtelte mit dem Gewehr herum. »Er ist ein Spion, ein Spion der Engländer. Er will unsere Geheimnisse aushorchen. Er schreibt sie auf, damit alle sie lesen können. Er soll in die Möse seiner Mutter kriechen und sich die Nase zuhalten.«

Im Hintergrund sah ich weitere Männer umfallen und sich auf dem Boden krümmen. Ihre Augen waren gerötet. Sand klebte auf ihren verschwitzten Leibern. Sie taumelten über den Tanzplatz wie Betrunkene, zerrissen ihre Hemden, trugen Brillen ohne Gläser, schwangen Messer und Gabel. Sie gingen in die Knie, falteten die Hände zum Gebet und atmeten laut wie durch ein Sauerstoffgerät.

»Kaufen! Ihr müsst kaufen! Kauft alles!«, schrie einer. »Und bringt mir meinen Wagen! Meinen Peugeot! Nein, doch lieber meinen Mercedes!«

Einem anderen lief Blut aus der Nase. Er kam im Stechschritt zu uns herüber, schlug die Hacken zusammen und salutierte vor Colingel. Dann hielt er sich ein Holzbrett mit aufgemalten Tasten ans Ohr, sprach hinein und schüttelte aufgeregt den Kopf.

»Deine Frau!«, kläffte er und hielt mir das Brett hin. »Deine Frau ist dran! Sie will mit dir sprechen. Sie sagt, du sollst sofort nach Hause kommen.«

Zwei Hauka sprangen sich plötzlich an die Gurgel und schlugen sich mit den Fäusten ins Gesicht. Knochen knackten, Blut floss. Ein Auge schwoll an.

»Teufelsanbeter!«, schrie ein Zuschauer auf Französisch dazwischen. »Ihr verspottet Allah! Ihr dreckigen Teufelsanbeter!«

Die Zima erhoben sich und machten dem Lärm ein Ende. Einige Hauka blieben steif und schäumend, fast im Spagat, auf dem Tanzplatz stehen. Andere zogen sich auf ihre Bänke zurück, die sie mit übertriebener Sorgfalt abwischten, bevor sie sich setzten. Sie schoben sich Sonnenbrillen auf die Nase, pfiffen vor sich hin, rauchten eine Zigarette nach der anderen und betrachteten scheinbar unbeteiligt das Geschehen auf dem Tanzplatz, wo die Zima das Palaver mit Dongo aufnahmen.

»Warum habt ihr mich gerufen?«, fragte Dongo mit fester Stimme.

Hassanas Oberkörper wiegte sich auf der Matte, und alle Blicke auf dem Tanzplatz richteten sich jetzt auf sie.

»Dongo, Herr der schwarzen Himmelsgefäße, wir haben dich wegen des Regens gerufen«, antwortete der Sorko, als spreche er mit einem Menschen. »Ein Fremder kam im Traum zu einer Frau. Er sagt, dass der Regen nicht mehr fällt. Er sagt, dass es ein Geheimnis gibt. Sag uns, Dongo, was es damit auf sich hat.«

Dongo grollte wütend und schlug mit seiner Axt um sich. Helferinnen streichelten seine Schulter und versuchten, ihn zu beruhigen.

»Er sagt, er will nicht, dass die Frauen beim Getreidestampfen den Stößel in der Luft loslassen«, flüsterte Mayaki. »Sie sollen nicht in die Hände klatschen. Dongo sagt, sie verspotten seinen Umgang mit der Axt.«

»Pardon! Pardon!«, riefen die Frauen unter den Zuschauern.

»Ihr macht euch lustig über mich?«, brüllte Dongo. »Ihr werdet schon sehen. Dieses Jahr werdet ihr sehen, was ihr davon habt. Es gibt kein Pardon. Kein Mitleid. Ich werde töten. Auf dem Fluss, im Busch. Viele von euch werden sterben.«

»Pardon! Pardon!«, riefen die Frauen noch lauter.

Ein Mann gab Dongo fünfhundert Francs CFA. Er starrte das Geld an und reichte es dem Kalebassenspieler.

»Der Regen, Dongo«, drängte der Sorko. »Was ist mit dem Regen?«

Dongo fuhr zusammen, drehte sich zu den Musikern und schrie: »Schlagt! Schlagt die Kalebassen!«

Dann katapultierte er Hassanas Körper in den Stand, tanzte im Kreis, schleuderte die Axt in die Luft und fing sie wieder auf. Und plötzlich warf sich Dongo herum. Seine Augen durchbohrten den Sorko, und er stieß einen einzigen kurzen Satz aus. Ich sah, wie sich die Augen des Sorko ungläubig weiteten. Das Spiel der Kalebassen riss ab. Der Godje-Spieler ließ seine Laute sinken. Das Johlen der Zuschauer verebbte, während sich ein entsetztes Murmeln wie eine einzelne Welle auf-bäumte, die über die Matten rollte, über die Lehmmauern, durch die Kronen der Bäume und den gesamten Hof, bis sie jäh in sich zu-sammenbrach. Auf dem Tanzplatz herrschte beklemmendes Schwei-gen. Alle Augen waren auf Hassanas Körper gerichtet. Doch Dongo sagte nichts mehr. Er erschauderte erneut, krümmte sich und kippte zur Seite. Dann hustete Hassana leise, und Dongo verließ ihren Körper.

Der Sorko fing sich als Erster wieder. Er hob die Hände zum Him-mel und holte tief Luft, und ich hatte den Eindruck, dass er pure Energie aus der Erde sog, sie durch seine nackten Fußsohlen auf-nahm und mit dem Atem langsam heraufsog – durch Knie, Ober-schenkel, Hüften, durch seinen Bauch, bis in die Brust, wo sie sich aufstaute und anwuchs, seinen Hals blähte, den Kopf verformte und erzittern ließ, bis sie mit explosiver Wucht in Form eines einzigen Wortes aus ihm herausbrach.

»*Fi-dji-ri!*«, schrie der Sorko, und die Silben fegten wie Sturmböen über den Tanzplatz.

»*Fidjiri!*«, echote Mayaki finster. »Jemand hat ein *Fidjiri* vergraben.«

Ich sah ihn aufgeregt an und löste meine Hände, die zu Fäusten geballt waren.

»Schwarze Magie«, sagte Mayaki in einem Ton, der mir eine Gänsehaut über den Rücken jagte. »Ein Händler kauft in guten Jahren Reis und Getreide. Der Preis ist niedrig, weil das Angebot groß ist. Der Händler füllt alle seine Speicher, dann geht er zum Schadenzauberer und gibt ihm viel Geld, damit er den Regen verhindert. Er macht ein *Fidjiri* und vergräbt es. Das *Fidjiri* kann jahrelang wirken, wenn es nicht gefunden wird.«

»Und wenn die Dürre eintritt, explodieren die Preise«, führte ich den Gedanken fort. »Das ist okkulte Marktwirtschaft!«

»Diese Leute sind zu allem fähig«, sagte Mayaki und griff nach meiner Hand; die seine fühlte sich kühl an und zitterte leicht. »Tausende sterben. Und die Händler werden reich dabei.«

Die Kalebassen und die Godje setzten wieder ein. Die Hauka erwachten aus ihrer Betäubung, sprangen von ihren Bänken und stürmten den Tanzplatz.

»Ich übernehme das Kommando«, schrie Colingel. »Alles hört auf meinen Befehl! Hauka! Auf eure Pferde! Angetreten zum Dienst!«

Die Hauka stellten sich gerade in Reih und Glied vor Colingel auf, als ich spürte, wie Mayakis Händedruck fester wurde. Ich zwang mich, meinen Blick von Colingel abzuwenden, und erstarrte. Mayakis Augen waren nach oben gerollt. Sie ließen nur noch das Weiß ihrer Bälle sehen. Schaum quoll aus seinem Mund. Er drehte aufgeregt den Kopf hin und her, als kämpfe er gegen etwas an. Dann brach er zusammen, noch immer meine Hand umklammernd, die er mit solcher Kraft drückte, dass ich aufschrie. Mayaki löste seinen Griff und blieb wie bewusstlos liegen. Sein Brustkorb krampfte sich zusammen. Er stieß einen erstickten Laut aus. Seine Bundfaltenhose färbte sich im Schritt dunkel, und der Fleck breitete sich langsam bis zu den Knien aus.

Ich bückte mich zu ihm hinunter, doch jemand zog mich zurück, und als ich mich umdrehte, stand Tamalous vor mir, die Bellafrau, der ich vor ein paar Tagen Tabletten gegen Kopfschmerzen geschenkt hatte. »Komandan Mugu«, sagte sie, lächelte gütig und legte meine Hand auf ihre Schläfe. »Du musst Mayaki lassen, hm. Der Komandan bringt ihn sonst um.«

»Soldaten!«, schrie Colingel, während Kommandant Mugu aufsprang und sich wie ferngesteuert unter die Hauka mischte. »Zu den

Waffen, Soldaten! Wir finden das *Fidjiri!* Wir vernichten es! Folgt mir!«

Die Hauka setzten sich in Marsch wie auf einem Exerzierplatz. Bauern holten Spaten und Hacken und schwangen sie über ihren Köpfen. Der Godje-Spieler erhob sich und stolperte über die Kalebassenspieler, die auf die glänzenden Buckel eindroschen. Frauen wimmerten. Mir fiel ein kleines Mädchen in einem gelben Kleid auf. Es hielt beide Hände über die Augen, als blende es die Sonne, und starrte einen Hauka an. Als ihm Erbrochenes aus dem Mund quoll, klappte es die Hände herunter und trat in den Schatten seiner Mutter.

»Folgt mir!«, keifte Colingel erneut und zeigte in südöstliche Richtung. »Ich sehe den Rauch. Nur ich kann den Rauch sehen. Er steigt dort hinten auf.«

Alle folgten Colingel – die Zima, der fiedelnde Godje-Spieler, der Sorko, der seine Harpune in die Luft stieß, die Helferinnen, die Zuschauer. Tamalous nahm meine Hand; wir reihten uns hinter den Hauka ein und ließen uns in der Menschenmenge treiben, vorbei an Lehmkastenhäusern und Urnenspeichern, an Alten, die auf halbkreisförmigen Terrassen saßen und die Hälse reckten. Wir eilten aus der Stadt hinaus, bis Colingel neben einem Dornenbusch stehen blieb, die Mündung seines Spielzeuggewehrs in den Boden rammte und knatternde Geräusche ausstieß.

»Grabt hier!«, befahl er und stemmte die Arme in die Hüften. »Sofort graben! Hier, Soldaten! Genau hier!«

Hinter uns machten einige Leute verächtliche Bemerkungen über den »Mummenschanz der Hauka«. Schwindel, Theater, nichts als Theater. Ein *Fidjiri*, dass sie nicht lachten. Und selbst wenn es eins gäbe, würden diese Teufelsanbeter, diese erbärmlichen Spinner es garantiert nicht finden. Doch die Hauka gruben unbeirrt weiter, und ich sah Kommandant Mugu, wie er Mayakis Körper in die Knie zwang und ihn im harten Boden scharren ließ, bis seine Finger bluteten.

»Das genügt!«, brüllte Colingel, als das Loch etwa einen halben Meter tief war. »Zurück jetzt! Alle zurücktreten!«

Colingel beugte sich hinunter und grub vorsichtig mit den Händen.

Plötzlich gellte ein Schrei aus dem Loch, und etwas schoss in die Höhe. Ich bildete mir ein, einen grauen Rauch gesehen zu haben, der aber sofort wieder verschwand. Der Sorko riss seine Harpune hoch. Frauen kreischten erschrocken, und die Menge wich zurück, als habe man ihr einen kollektiven Stoß versetzt.

»Es ist entwischt!«, zeterte Colingel. »Das *Fidjiri* ist entwischt! Ihr Stümper, ihr habt nur eure Stängel im Kopf! Bastarde!«

Er riss sich die Wollsocken von den Füßen und rannte los. Die Schärpen klatschten auf seine Brust, sein Hemd war durchnässt und mit geronnenem Speichel verschmiert. Alle rannten jetzt, Tropen- und Bauhelme hüpften auf den Köpfen der Hauka. Einer blies in eine Trillerpfeife, militärische Kommandos wurden gekläfft, Säbel und hölzerne Gewehre schlugen an Gürtel, Peitschen knallten.

»Die Sache ist schlau«, keuchte Tamalous neben mir. »Sie ist schlau und sehr gefährlich, hm. Sie hat sich wieder in der Erde versteckt. Nur Colingel kann den Ort sehen.«

Die Menschenmenge wälzte sich wie eine lärmende Flut durch die Wüste, bog niedere Büsche um, knickte die unteren Äste junger Akazien ab, rieb sich an den Gattern von Viehgehegen und quoll über knochenbleiche Felsbuckel. Der Sorko rezitierte die Preislieder der Hauka, der Godje-Spieler fiedelte und die Kalebassen auf dem Tanzplatz wurden stetig leiser, je weiter wir uns entfernten. Schlappen klapperten an ledernen Fußsohlen. Die Gewänder der Frauen raschelten, als flüsterten sie sich Geheimnisse zu. Alte ächzten und hatten Mühe, Schritt zu halten.

»Das ist schwarze Magie!«, sagte jemand hinter mir. »Es sah aus wie Regen, der nach oben steigt.«

Und bald hatte jeder etwas anderes gesehen – ein Leopardenfell, das ein geheimnisvolles Wesen sehr schnell aus der Erde in den Himmel gezogen hatte; ein eigentlich durchsichtiges Gewand, das nur durch die Künste Colingels für einen Augenblick sichtbar geworden war; einen Insektenschwarm, winzige fliegenartige Insekten, die zu Tausenden im Boden brüteten. Und manche meinten, es sei gar kein *Fidjiri* gewesen, sondern ein *Sheytan,* ein großer schwarzer Teufel, der seine Gestalt beliebig verändern kann, der in seiner menschlichen Erscheinungsform glühend heiße Hände und Ziegenfüße hat und den tödlichen Blick, der durch die Augen in seine Opfer eindringt und wie ein Tauchsieder ihr Gehirn erhitzt, bis das Blut aus Mund und Nase schießt und der Kopf platzt.

»Halt!«, schrie Colingel. »Halt, ihr verdammten Ochsen! Grabt, sage ich euch! Grabt hier!«

Die Hauka gruben, und niemand machte mehr Witze. Nur das Keuchen der Alten war zu hören. Sand wurde mit den Händen weggescharrt. Colingel beugte sich hinunter, wühlte und griff gerade nach seinem Gewehr, als sich erneut ein Schrei in die Stille bohrte – schriller, hässlicher und furchteinflößender als zuvor, wie eine Mörsergranate, die ganz in der Nähe einschlug, ein unmenschlicher, erschütternd atonaler Schrei, der sich aus vielen unvereinbaren Stimmen zu bilden schien und so abrupt abriss, wie er eingesetzt hatte.

Die Menge erstarrte, und für einen Augenblick war es, als ob jeder dem Schrei nachhing, um in seinem Klang einen Hinweis auf das Wesen zu finden, das ihn hervorgebracht hatte. Dann brach Panik aus. Die Leute stoben auseinander wie ein Fliegenschwarm auf einem Stück Fleisch, das plötzlich zum Leben erwacht. Einige fielen hin, wurden aufgehoben oder überrannt. Ich verlor Tamalous im Gedränge, suchte nach ihr, erblickte stattdessen Colingel, der sich das Hemd vom Leib riss und losspurtete, gefolgt von den Hauka, gefolgt von allen, denn niemand zweifelte jetzt mehr an der Existenz des *Fidjiri*.

Colingel raste wie von einer Schlange gebissen durch den Sand, schlug einen Haken, stürzte, rappelte sich auf, rannte weiter, zog die Menschenmenge durch die Wüste, wie ein Schnellboot einen Schaumschleier über das Meer zieht. Perlhühner sprengten zur Seite. Dornen bohrten sich durch Schuhsohlen. Schreiende Babys hopsten auf den Rücken ihrer Mütter. Stöcke, Messer, Äxte schepperten. Gekreisch. Der Sorko rezitierte. Die Zima keuchten. Der Godje-Spieler sägte im Laufschritt auf seiner Laute. Seine Sonnenbrille fiel zu Boden, wurde zertrampelt. Er achtete nicht darauf, kniff die Augen zusammen, rannte weiter, spielte. Staub, dichter, kratzender Staub. Aus der Ferne musste es aussehen wie eine Viehherde, die in einer Stampede über das Land jagt. Colingel stürzte wieder, blieb liegen, hob die Nase in die Luft wie ein Terrier und schnüffelte angestrengt, als könne er das *Fidjiri* riechen. Dann kläffte er einen Befehl heraus und nahm Kurs auf Ayorou, wo die Menge in einem der ersten Gehöfte zum Stehen kam. Colingel stieß den Eigentümer beiseite, warf sich bäuchlings auf die zementierte Terrasse, schnüffelte erneut und schrie:

»Hier! Holt Werkzeug! Aufschlagen! Sofort den Boden aufschlagen!«

Die Stelle, auf die Colingel zeigte, unterschied sich durch nichts vom Rest der weitläufigen Terrasse. Ich sah keine Markierung, kein Zeichen, keinen Anhaltspunkt dafür, dass hier kürzlich etwas eingedrungen wäre oder dass sich seit dem Bau der Terrasse überhaupt etwas gerührt hätte. Vorschlaghammer und Pickel wurden gebracht, und die Hauka droschen auf den Zement ein. Der Boden bebte unter ihren Schlägen, und als das Loch die Größe eines Medizinballs hatte, gab Colingel den Befehl, zurückzutreten. Die Menge bildete einen Kreis um die Hauka, die ihre hölzernen Säbel zogen und die Spielzeuggewehre in Anschlag brachten. Die Zima und der Godje-Spieler standen dicht hinter Colingel. Der Sorko sang sein Preislied.

Colingel ging über dem Loch in die Knie und begann gerade zu scharren, als sich Tamalous neben mich schob. Sie lächelte unsicher. Sie sah abgekämpft aus. Ihre rechte Schulter war zerkratzt. Der Anhänger, den sie auf der Stirn getragen hatte, fehlte.

»Colingel ist der Beste«, flüsterte sie atemlos. »Der beste Hauka, hm. Leider hat er in Ayorou nie ein Pferd gewählt.«

»Sein Medium ist gar nicht von hier?«, sagte ich fassungslos.

»Er ist ein Fremder«, hauchte Tamalous. »Mayaki hat ihn aus Tilaberi kommen lassen.«

»Und dieses Haus? Wann ist es gebaut worden?«

»Jahre, hm. Das muss Jahre her sein.«

Colingel grub jetzt vorsichtiger als ein Archäologe im Tempelhof von Palmyra. Er legte einzelne Zementbrocken neben sich, wischte den Sand behutsam mit den Fingerspitzen beiseite und blies in das Loch, um es von Staub zu befreien. Ich bemerkte, wie manche Leute die Arme leicht anhoben, die Ellbogen unmerklich nach außen drückten und ihr Körpergewicht auf ein Bein verlagerten – bereit, sich herumzuwerfen und wenn nötig die Flucht zu ergreifen.

Tamalous ließ meine Hand los, und ich wollte gerade wieder nach ihr greifen, als mich ein lauter Knall zusammenfahren ließ – ein Knall wie ein Kanonenschuss, wie ein Donner, aber vollkommen trocken, ohne jeden Widerhall. Stattdessen brach ein Kreischen aus ihm heraus wie aus einer Hülse und setzte sich im Ohr fest, wo es schrill und Schwindel erregend bohrte. Ich sah, wie Colingel aufschnellte und einen Satz nahm wie auf einem Trampolin. Er riss seine Arme hoch und fing ein klobiges Ding auf. Dann wurde er zu Boden gerissen und rang damit. Ein unerträglicher Gestank breitete sich aus. Colingel ächzte und schlug um sich. Zwei Hornspitzen tauchten unter seinem Kinn auf und verschwanden wieder. Das Kreischen schwoll an, gurgelte, leierte, ebbte ab und endete in einem finsteren Knurren. Dann war es still.

Die Leute überwanden ihre Starre und drängten sich um Colingel. Er lag mit zerschundenem Körper am Boden, atmete heftig und umklammerte mit beiden Armen ein lebloses Gebilde. Es war der Schädel eines Schafbocks, verwest bis auf die Knochen und mit Eisendraht und starkem Bindfaden umwickelt. Haarbüschel und verfaulte Fleischstücke quollen heraus. Und als Colingel sich stöhnend auf die Seite rollte, fielen Schneidezähne und Fingerknochen aus den Augenhöhlen.

»Das *Fidjiri*«, murmelte Tamalous, während die Zima den Schädel mit Kerosin übergossen. »Colingel hat den Zauber besiegt, hm. Es wird wieder regnen.«

Dann ging das *Fidjiri* in Flammen auf.

Meine Abreise aus Ayorou verzögerte sich durch ein seltsames Ereignis. Am Morgen nach dem *Holey-horey* rannten zwei Frauen aufgeregt auf Mayakis Hof. Ein Bauer war bei der Arbeit von einem unbekannten Geist befallen worden, und noch in derselben Nacht fand auf einer Wegkreuzung vor der Stadt eine geheime Zeremonie statt. Der Bauer sah deprimiert aus. Seine Augenwinkel zeigten nach unten, seine Gesichtszüge wirkten kraftlos und unpassend zu seinem athletischen Körper. Die Musiker spielten neben einem Termitenhügel, und Mayaki und der Sorko riefen den unbekannten Geist auf den Bauern herab. Er ergriff ihn in wilder Entschlossenheit, rang ihn zu

Boden und warf ihn in einen Dornenbusch. Seine Haut wurde zerrissen. Er blutete heftig, doch er ertrug die Schmerzen ohne einen Laut. »Woher kommst du?«, fragte Mayaki, als der Geist vollständig Besitz von seinem Medium ergriffen hatte. »Woher kommst du? Und wer bist du?«

»Bush! Bush!«, schrie der Geist und ließ den Körper des Bauern ungestüm aufspringen; seine Hände umklammerten ein imaginäres Maschinengewehr, mit dem er um sich knatterte wie ein kleiner Junge. »Bush!«, schrie er noch einmal, und ein irres Kichern mischte sich in seine Stimme. »Ich bin Bush, Presidamerika! Ich bringe euch um, ihr verdammten Moslems! Ich bringe euch alle um!«

12

In Niamey, der Hauptstadt der Republik Niger, hatte ich keine Mühe, ein Internet-Café zu finden. Das schlauchförmige, unverputzte *Cyber-Mekka* lag nicht weit vom Petit Marché in einer Nebenstraße und war mit vierzehn vernetzten Rechnern ausgestattet. Die flimmerfreien, emissionsarmen, entspiegelten – und womöglich dynamisch fokussierbaren – 17-Zoll-Monitore standen auf wurmstichigen Holzpulten. Kakerlaken krochen über den blanken Estrich. Von der Straße drang das Geschrei der Händler herein.

Ich rief meine E-Mails ab, und während sie heruntergeladen wurden, beobachtete ich die fahlen Gesichter, die alle wie hypnotisiert auf ihre Bildschirme starrten. Geschäftsleute in Anzug und Krawatte erledigten ihre Korrespondenz oder schlossen online Verträge ab. Studenten, die es sich leisten konnten, brachten sich in ihren Fachgebieten auf den neuesten Stand. Tagungsgäste und Besuchergruppen wurden angekündigt. Mütter kommunizierten mit ihren Kindern, die es nach Europa, Amerika oder sonst wohin verschlagen hatte.

Neben mir saßen zwei junge Mädchen und kicherten immerzu. Ich schätzte ihr Alter auf dreizehn, vierzehn Jahre. Die jüngere, eine kleine Schönheit mit geflochtenen Zöpfen und hohen Wangenknochen, hieß Rose und hatte sich gerade auf einer grellbunten Seite eingeloggt.

»Was kann man auf dieser Seite machen?«, fragte ich und riss die Coladose auf, die ich mir im Automaten gezogen hatte.

»Wir unterhalten uns mit Freunden«, sagte Rose etwas verlegen, und die beiden kicherten wieder. »Mit Freunden auf der ganzen Welt.«

Sie gab mit flinken Fingern ein Passwort ein, Alter (21), Aussehen (groß, blond, blaue Augen), Hobbys (elegante Kleider, tanzen, gut essen); dann schickte sie ihre Daten ab und drehte sich so, dass ich nicht mehr auf ihren Monitor sehen konnte.

Ich hatte 436 E-Mails in meinem Briefkasten. Es war fünf Monate her, seit ich die letzten abgerufen hatte. Der Gedanke an alles, was mir entgangen sein musste, ließ mich seltsam unberührt. Ich sah aus dem Fenster. Draußen hockten Frauen in bunten Gewändern am Boden und feilschten um Tomaten und Trockenfisch. Ein Handwerker hackte die Einzelteile eines Stuhls mit einem Krummbeil zurecht und band sie mit Fasern zusammen. Eine Hühnerfamilie stolzierte vorüber. Als ich wieder auf den Monitor sah, waren es noch immer 436 Nachrichten. Ich übersprang die meisten, ohne sie zu lesen, erkannte Adressen von Verlagen und Redaktionen, von Pressestellen, Reiseveranstaltern, sah alberne rote Dringlichkeitssymbole aufleuchten und überflog befremdlich wirkende Betreffzeilen wie »Wo zum Teufel stecken Sie?«.

Die wenigen Nachrichten, in die ich hineinlas, handelten vom Wetter, von Hausbau, Hunden, Katzen und Pferden, von Gartenpflege und Alufelgen. Die folgende Passage aus der Mail eines Freundes berührte mich:

Es ist spät geworden in Freiburg. Vollmond. Dieser kleine, miese Planet lässt mich nicht zur Ruhe kommen. Meine Füße stecken in einem Baby-Schlafsack. Vor mir steht eine wunderbare Flasche mit Ehrenstetter Spätburgunder. Meine Frau und die Kinder liegen im Bett und schlafen, und meine Gedanken schweifen in die Ferne und landen bei dir – in Afrika. Noch habe ich mir die Reise in »meine Heimat« aufgespart, alter

Freund. Aber einmal, da stand ich in Gibraltar und sah hinüber. Hard stuff, man.

Auch ich bin ein Reisender. Auch ich ziehe jeden Morgen aufs Neue los, ohne zu wissen, was der Tag bringt. Der Unterschied zwischen uns beiden ist, dass ich träumerisch damit umgehe. Momentan mache ich andere Erfahrungen: die Aufzucht! Es ist, als ob dir jeden Tag ein Spiegel vorgehalten wird. Die Reise geht weiter, auch wenn momentan kein Ortswechsel in Sicht ist. Du siehst, ich bin bei dir.

Ich ließ ein paar Nachrichten ausdrucken, warf noch einmal einen flüchtigen Blick auf die farbbrillanten Monitore, den filigranen Laserdrucker und den Scanner mit Schlittenverriegelung und integrierter Durchlichteinheit für Dias im Gehäusedeckel, dann trat ich eilig hinaus in die brütende Hitze von Niamey. Vor der Tür stieß ich mit einem Mann in Lumpen zusammen. In seinem Bart hing Erbrochenes.

»Hundert Francs, bitte«, sagte er und griff nach meinen Händen.

Ich sah hinunter. Seine Finger waren bis zu den Knöcheln von Lepra zerfressen.

»Hundert Francs, bitte«, wiederholte er und starrte mir in die Augen.

Ich zerrte einen Schein aus der Hosentasche, und als mich die wunden Stummel des Mannes erneut berührten, fiel er auf den Boden.

»Darf ich ihn behalten?«, fragte der Lepröse und bückte sich danach.

»Natürlich«, sagte ich.

Ich riss die Tür eines Taxis auf und warf mich auf den Rücksitz.

Lepra, surrte es in meinem Kopf, während ich mir die Hände an der Hose abwischte. Lepra, Aussatz, bakterielle Infektionskrankheit, *Mycobacterium leprae*, Übertragung nicht genau bekannt, vermutlich durch Tröpfchen- oder Schmierinfektion, surrte es weiter, während sich der Fahrer hupend durch die überfüllten Straßen des Marktbezirks arbeitete.

Um mich abzulenken, dachte ich an die technischen Errungenschaften des 21. Jahrhunderts. Ich hielt noch immer meine Ausdrucke in der Hand. Eine der Nachrichten war erst heute Morgen in Dänemark abgeschickt worden. Und während der Fahrer über die breite, von

Neembäumen gesäumte Straße nach Osten raste, kam mir Heinrich Barth wieder in den Sinn. Im Norden Nigerias hatte ihn einmal unverhofft ein Briefpaket erreicht, das zehn Monate lang unterwegs gewesen war. Er schrieb in sein Notizbuch: »Ein überaus glücklicher und erfreulicher Tag.«

Damals machten Briefe noch lange, abenteuerliche Reisen. Sie durchquerten die Sahara in den Packtaschen von Karawanen. Das ist gerade erst hundertfünfzig Jahre her. Heute ist das Internet überall, dachte ich, bezahlte den Taxifahrer und ging durch den Innenhof des einfachen Hotels, wo Männer den ganzen Tag über Bier tranken, Prostituierte mit ihren Augen klimperten und zwei Bildschirme rund um die Uhr die Segnungen des Satellitenfernsehens verbreiteten. Ich schloss meine Tür auf und warf mich auf mein Bett, und um ein Haar wäre ich zum Schluss gekommen, die Welt sei klein geworden. Doch sie ist nicht klein, überhaupt nicht. Sie ist riesig – riesig und voller Orte, nach denen man sich sehnen kann.

Ich verbrachte den Vormittag in einer der zahlreichen Grünanlagen, dann schlenderte ich durch fast idyllische Nebenstraßen und sah mir die mit libyschen Geldmitteln errichtete gewaltige Moschee und den berühmten Arbre de Ténéré an, den einzigen Baum in Afrika, der es auf eine Michelin-Karte geschafft hatte, weil er einst mitten in der Sahara stand – ganz allein in einem Gebiet von der Größe Frankreichs. 1973 fuhr ihn ein Lastwagenfahrer versehentlich um. Seither sind die Überreste der letzten Akazie der saharischen Wälder im Nationalmuseum in der Avenue de la Mairie ausgestellt.

Ich absolvierte meine Trainingseinheiten – mit ergänzenden Spezialübungen für Schläfen- und Stirnmuskeln, Ringmuskeln der Augen und mimische Gesichtsmuskeln –, aß anschließend in einem kleinen senegalesischen Restaurant ein exzellentes Tiéboudienne und machte einen Verdauungsspaziergang über den Campus der Universität am gegenüberliegenden Flussufer. Danach ging ich zum amerikanischen Kulturzentrum, das mich an eine Festung erinnerte, die eher darauf spezialisiert schien, amerikanische Kultur einzukerkern, als sie zu vermitteln. Ich ersparte es mir, hineinzugehen.

Am Abend sah ich mir ein Hip-Hop-Konzert an. Drei Sänger rappten auf Djerma und Haussa. Die kurzen, harten Silben eigneten sich, wie ich fand, hervorragend für diesen Musikstil. Leider verstand ich nur die spärlichen französischen Einschübe: »Das Leben ist schön. Pass auf, morgen ist es vorbei!«

Gut hundert Zuhörer standen im Halbkreis um die Bühne. Sie trugen weit geschnittene Jeans, Baseballkappen, Nylonhemden mit Nummern, Kapuzenpullis. Ihre Finger waren mit Farbe versprüht, ihre Köpfe nickten im Takt, protzige Kopfhörer lagen um ihre Hälse. Eine weiße Lichterkette hing in der Krone eines Neem. Ihr Schein reichte bis zu den angrenzenden strohgedeckten Hütten. Und der Sänger schrie:

> »Der Prophet, der Prophet,
> was kümmert uns der Prophet?
> Sag mir nicht, was ich tun soll, Prophet!
> Ich bin mein Prophet,
> mein eigener Prophet!«

Beim Betreten der Botschaft von Nigeria fühlte ich mich in eine andere Welt versetzt. Das herrschaftliche Gebäude lag in einem weitläufigen Garten. Kolabäume, Kautschuk und Kokospalmen. Vögel zwitscherten. Ein Sprinkler beregnete den exakt geschnittenen englischen Rasen. Mir fiel eine Art Spion auf, der wie eine Wabe an der Fassade hing und mit Stahl vergittert war. Ich drückte die schwere Tür auf und trat durch das Bogenportal in eine geräumige Halle. Sobald man den dickflorigen Perserteppich verließ, hallten die Schritte durch das diplomatische Tonnengewölbe. Eine Frau mittleren Alters klapperte in roten Lackschuhen heran. Ich gab ihr meinen Pass. Sie sah zweimal abwechselnd auf das Foto und auf mich.

»Ich bin das wirklich«, sagte ich nervös.

»Tut mir Leid«, sagte die Frau mit eisiger Mine. »Visa nur für Staatsbürger der Republik Niger.«

»Das wusste ich nicht.«

»Tut mir Leid«, sagte sie noch einmal, gab mir den Pass zurück, lehnte sich wohlig in ihren Polstersessel und hauchte ihre rot lackierten Fingernägel an.

Wir saßen uns einen Moment lang schweigend gegenüber, dann zog ich ein Foto aus meiner Dokumententasche und schob es ihr hin. Es zeigte eine gute Freundin mit ihrem Baby.

»Meine Frau und mein Sohn«, log ich. »Ich habe sie seit einem Jahr nicht gesehen. Sie warten auf mich. In Abuja, verstehen Sie? Ich *muss* nach Nigeria.«

Sie nahm das Foto und betrachtete es lange. Ich nahm an, dass sie in die blauen Augen des Kleinen versunken war, denn ihre harten Züge weichten langsam auf – sehr langsam, wie eine Maske aus Eis, der man einen warmen Gegenstand vor die Nase gehalten hatte. Ihr Gesicht schmolz, die Haut schien einen wärmeren Farbton anzunehmen, und auf ihren stark gewölbten Augäpfeln glaubte ich einen flüssigen Schimmer zu erkennen. Dann legte sie das Foto wieder auf den Tisch, vorsichtig, aber bestimmt, als befürchte sie, es könne ihr wehtun. Sie sagte nichts. Sie schien zu warten. Ich überlegte, ob ich sie bestechen sollte. Zehn Dollar, zwanzig? Für welchen Betrag würde sie eine Ausnahme machen?

»Wir werden eine Ausnahme machen«, sagte sie, ohne zu lächeln. »Wir benötigen ein Schreiben Ihrer Botschaft. Formlos. Es muss nur ersichtlich sein, was Sie in Nigeria tun wollen.«

Die Frau streifte ihre Schuhe von den Füßen und legte erschöpft den Kopf nach hinten. Sie versank im Polstersessel wie in einer Gletscherspalte. Ihr Gesicht gefror wieder. Und noch bevor ich die Betonsäulen erreichte, war sie eingeschlafen.

Von der deutschen Botschaft in Niamey war nur noch das leere Gebäude übrig. Frau Paul saß in einem kleinen Anbau hinter ihrem Schreibtisch. Sie trug einen altmodischen blauen Seitenschlitzrock, eine blaue Reversbluse, blaue Ohrstecker. Ihr Alter war schwer zu schätzen. Die Botschaft sei aus finanziellen Gründen geschlossen worden, erklärte sie und sah mich über den Rand ihrer Brille an. Die Republik Niger werde jetzt von Abidjan aus abgedeckt. Ich bat sie um das Schreiben.

»Ebenso gut könnte ich ein Todesurteil verfassen«, sagte sie mit einem Zittern in der Stimme, und erst jetzt fiel mir ihr veilchenblauer Lidschatten auf. »Ich weiß, wovon ich spreche. Ich habe fünfzehn

Jahre in Nigeria gelebt, im korruptesten, kriminellsten Land der Welt. Erpresser, Vergewaltiger, Räuber, Mörder…«

Ich ließ meinen Blick über die Entwicklungshilfebroschüren und Bücher im Regal gleiten. Es gab einen Bildband vom neuen Reichstag, mehrere Werke über die Wiedervereinigung und eine alte Ausgabe des Brockhaus, von welcher der vierte Band fehlte.

»…die Tiv schlachten die Jukun ab, die Yoruba schlachten die Haussa und die Fulbe ab, die Haussa und die Fulbe schlachten die Ibo ab, und die Armee richtet ein Blutbad nach dem anderen an. Bürgerkrieg, ich nenne das Bürgerkrieg. Ganze Städte sind in den Händen von Jugendbanden. Wir konnten unser Haus nur noch im gepanzerten Wagen verlassen. Und Sie wollen den Fluss hinunterschippern? Mitten durch dieses schreckliche Land? Was ist, wenn die Organjäger Sie schnappen? Was dann? Man wird mich zur Verantwortung ziehen.«

»Sie trifft keine Schuld«, sagte ich und riss meinen Blick vom Bücherregal los. »Schreiben Sie etwas Unverfängliches, irgendetwas. Wichtig ist der Stempel.«

Frau Paul gab sich einen Ruck, zog einen Briefbogen aus der Ablage, spannte ihn in die elektrische Schreibmaschine und tippte eine Bestätigung, dass ich Nigeria als Tourist zu bereisen gedachte. Dann drückte sie den Stempel auf das Papier und schüttelte verständnislos den Kopf.

Als ich am späten Nachmittag wieder am Tor der nigerianischen Botschaft ankam, hielt mich der Wächter an und bedeutete mir, zu warten. Er legte sein automatisches Schnellfeuergewehr auf den Schemel und ging ans Telefon.

»Tat white man is back witta letta«, sagte er in den Hörer; dann winkte er mich durch und zwinkerte mir zu.

»You go Nigeria, he?«

»Yes.«

»Tank God, Sir.«

Die mir bereits bekannte Sachbearbeiterin las sich den Brief flüchtig durch, prüfte den Stempel dagegen sehr genau. Ich füllte die Formulare aus. Die Frau lieh sich meinen Kugelschreiber und verschwand in einem der hinteren Räume. Es war eine Angelegenheit von zwei

Minuten. Das Visum galt drei Monate und kostete 3200 Francs CFA. Ich legte einen Fünftausenderschein hin.

»Kein Wechselgeld«, sagte die Frau kühl.

»Der Rest ist für Sie.«

Sie steckte das Geld ein und verschwand ohne ein weiteres Wort zwischen den Betonsäulen.

Der Gedanke, Nigeria auf dem Fluss zu durchqueren, wurde in dem Maß faszinierender, in dem sich die Warnungen bedrohlicher und skurriler ausnahmen. Glaubte man den Leuten, so gab es jenseits der Grenze Frauen, die Unbeschnittenen ihr Präputium aus dem Penis bissen, und geheime Sekten, die Fremden mit Messern den Kopf abschnitten, ihn drei Tage lang vergruben, um anschließend ein Trinkgefäß aus der Schädeldecke zu schnitzen und giftige Säfte daraus zu schlürfen. In dem Land, das mehr Biersorten braut als alle anderen westafrikanischen Staaten zusammen, sollten Peitschenhiebe auf Alkoholgenuss stehen. Ich hörte von Flusspiraten und Killerkommandos, von Ebola und der Pest. Immer wieder warnte man mich vor Organjägern, die einem heimlich auflauerten und einen niederschlugen, und wenn man aufwachte, fehlten einem Niere, Netzhaut oder Hirnanhangsdrüse.

Ich nahm an, dass die meisten Leute, die mich mit ihren Warnungen überschütteten, Nigeria nicht wirklich kannten. Trotzdem beschloss ich, mich klein zu machen. Ich wollte wendig sein; also ging ich auf den Grand Marché und tauschte meinen Trekkingrucksack gegen eine blauweiß karierte Tasche ein, die kaum mehr Stauraum bot als eine Plastiktüte. Außer den Kleidern, die ich trug, behielt ich nur ein kleines Bündel Wäsche, mein Moskitonetz, das Leintuch, den Medikamentenbeutel; natürlich auch Delphi und das grüne Theraband. Ganz zum Schluss schob ich noch meine Halskrause in die Tasche – man konnte nie wissen.

Den Rest meiner Sachen schenkte ich der Frau, die sich um mein Hotelzimmer kümmerte. Meine Notizen schickte ich per Paketdienst nach Hause und wog bei dieser Gelegenheit – nur so zum Spaß – die Habe, mit der ich stromabwärts durch Nigeria reisen würde. Die Waage zeigte knapp drei Kilogramm an. Ich fühlte mich gut, wirklich gut – wie ein Ballonfahrer, der die letzten Sandsäcke abgeworfen hatte, um sich dem Wind zu überlassen. Und als ich am gegenüberliegenden Ufer, gleich neben der Kennedy-Brücke, die große Pinasse bestieg, die zur nigerianischen Grenze hinunterfuhr, genoss ich das prickelnde Gefühl grenzenloser Ungewissheit.

ZUR MÜNDUNG

I

Den Anfang machten zwei Bauern, die um ein Grundstück stritten, danach gab es eine Vaterschaft zu klären und eine komplizierte religiöse Angelegenheit, der ich nicht folgen konnte. Schließlich erhob sich ein drahtiger, junger Mann in Jeans und Baseballhemd.

»Eure Exzellenz«, sagte er und verbeugte sich tief. »Als Sprecher der *Bussa Bombers* bin ich beauftragt, Sie höflichst auf die Schwierigkeiten aufmerksam zu machen, die unser Verein derzeit durchläuft.«

Der Emir von Bussa, ein lustiger, kleiner Mann in erdnussfarbenem Boubou, versank in einem Sofa mit grünem Pflanzenmuster und lächelte. Seine Füße steckten in viel zu kleinen Gummisandalen und baumelten ein gutes Stück über dem Boden. Der *Bussa Bomber* sprach mehr als zehn Minuten lang, doch sein Anliegen ließ sich in einem Satz zusammenfassen. Der lokale Fußballverein hatte Auswärtsspiele und wusste nicht, wie er die Fahrtkosten für die Mannschaft auftreiben sollte.

»Wir haben gerechnet, o Emir«, hauchte er. »Für die nächsten Fahrten werden wir 13 000 Naira benötigen. Und die meisten von uns haben keine Fußballschuhe.«

Einen Moment lang herrschte Stille im Audienzsaal, dann ergriff der Emir das Wort.

»Wir haben euer Anliegen verstanden«, sagte er auf Englisch, wobei er ruckartig Luft durch die Nase ausstieß. »Ihr seid unser Fußballverein. Ihr habt ein Problem, und es ist gut, dass ihr damit zu uns kommt. Doch etwas daran gefällt uns nicht. Wenn dir hundert Naira fehlen, dann stell sicher, dass du dreißig selbst aufgebracht hast, bevor du jemanden um den Rest bittest.«

Die Fußballer senkten die Köpfe, einige nickten beschämt. Der Emir warf mir einen überlegenen Seitenblick zu.

»Wir halten nichts davon, jemanden mit dem Löffel zu füttern«, sagte er, »denn wir wollen niemanden daran hindern, für sich selbst zu sorgen.«

Ein Wächter mit einem riesigen zinnoberroten Turban kam herein und überreichte dem Emir ein Bündel Banknoten. Er wog es viel sagend in der Hand und gab es seinem Ratgeber, der es dem Sprecher überließ.

»Wir fordern Disziplin, Zusammenhalt und Einsatz von euch – sozialen Einsatz, versteht ihr?«, fuhr der Emir mit erhobenem Zeigefinger fort. »Was habt ihr für die Leute von Bussa erreicht, Sprecher? Davon wirst du uns das nächste Mal berichten, wenn es Allahs Wille ist.«

Eine Stunde später saß ich im hinteren Teil des Palastes auf meergrünen Kissen und trank Tee aus königlichem Porzellan.

»Ah, unsere Jugend«, seufzte der Emir und streifte seine Gummisandalen von den Füßen. »Bussawa, Gungawa, Lopawa, Kambari, Haussa, Fulbe, Yoruba, Ijaw. Die Vereine sind wichtig. In Vereinen und Schulen wächst Nigeria zusammen. Oder würden Sie den Torwart Ihrer Mannschaft umbringen, nur weil er einer anderen Volksgruppe angehört?«

»Nicht, wenn er gut hält.«

Wir lachten.

»Wie kann ich Ihnen behilflich sein, junger Freund?«

»Mungo Park«, sagte ich aufgeregt. »Vor zweihundert Jahren ist er hier in der Gegend umgekommen. Es heißt, er und seine Leute seien in den Stromschnellen ertrunken, doch die genauen Umstände seines Tods sind nie aufgeklärt worden.«

»Und Sie würden das gerne nachholen?«

»Ich würde gerne mit den Alten sprechen, die die Stromschnellen und Old Bussa noch kannten, bevor alles im Stausee unterging.«

Der Emir sah mich einen Moment lang interessiert an. Er schien mich etwas fragen zu wollen. Stattdessen klatschte er in die Hände, und ein alter Mann in einem straff gewickelten weißen Turban erschien. Er verbeugte sich tief vor dem Emir und reichte mir die Hand. Es fiel mir schwer, seinem Blick standzuhalten, denn seine Augen sahen in verschiedene Richtungen.

»Alhaji Woru Sabi«, sagte der Emir mit einer weit ausholenden Geste. »Der Weise von Bussa. Er wird Sie führen.«

»Führen? Wohin?«

»In die Vergangenheit, junger Freund«, sagte der Emir und seufzte wieder. »In die Zeit von Mungo Park, in die Zeit der Stromschnellen, in die ruhmreichste Epoche Bussas.«

Das neue Bussa, das die Leute auch Kainji nannten, war eine verzettelte Kleinstadt aus Zement und Wellblech, von Planern auf dem Reißbrett entworfen und etwa zwanzig Kilometer vom Ufer des Stausees entfernt in die karge Landschaft gesetzt – lieblos, künstlich, ohne jeden Charme. Ich stieg im einfachen *Hotel Brahmatola* ab. Der Empfangsraum war dunkelrot gestrichen. Die Hitze erschwerte das Atmen. Von der Decke baumelten Malzbier-Flaschen aus Pappe wie vertrocknete Fledermäuse. Eine Katze strich um die Füße eines Sofas, auf dem sich eine junge Frau im Schlaf räkelte. Ihr Kleid hatte sich bis zu den Hüften hochgeschoben, darunter war sie nackt. Neben ihr saß ein dicker Mann mit glänzendem Gesicht und offenem Hemd und blätterte in einer Bibel.

»Wie heißen Sie?«, fragte er und erhob sich schwerfällig.

Ich nannte ihm meinen Vornamen.

»Wundervoll!«, schwärmte er. »Der Name eines Engels. Wir sind Yoruba, Christen. Ich bin Ben. Willkommen in Bussa. Bussa ist ein wundervoller Ort. Sie werden hier viele Dinge erleben.«

Ich steuerte auf die Kühltruhe zu. Sie war voller *Fizzi*, zuckersüßem, gelbem Früchtesprudel aus dem Benin. Ich fragte nach Bier.

»Scharia!«, zischte Ben und sah sich ängstlich um. »Bier ist nicht erlaubt. In Bussa ist nichts erlaubt. Alkohol, Frauen, Indian Hemp – alles verboten.«

»Indian Hemp?«

»Rauch. Sie wissen schon, das gute Zeug!«

»Ich habe davon gehört. In Zamfara...«

»Zamfara?«, kreischte Ben. »Jesus, nein! So weit ist es in Bussa noch nicht. Dieben schlagen sie dort die Hände ab. Leichte Frauen bekommen die Peitsche. Ehebrecher steinigen sie. Wie im Mittelalter. Zamfara? Jesus, wer wollte in diesem Bundesstaat leben?«

»Ich nicht.«

»Sehen Sie!«, sagte Ben. »Bei uns Christen ist alles anders. Im Süden können Sie tun, was Sie wollen. Sie wollen sich betrinken? Kein Problem. Frauen? So viele Sie wollen. Rauch? Sie gehen mit dem Joint durch die Straße. Aber hier im Norden!«

Er flüsterte jetzt.

»Hier muss alles heimlich passieren. Wenn Sie Bier wollen, ich besorge es Ihnen. Sie nehmen es mit auf Ihr Zimmer. Sie schließen sich ein und sind frei. Bier? Indian Hemp? Die hübsche Kleine dort?«

»Bier, bitte.«

»Kronenbourg? Stout? Rock? 33?«, ratterte Ben herunter. »Gulder? Legend? Welfort? Noble? Star?«

»In dieser Reihenfolge.«

Am nächsten Morgen ging ich mit pochendem Kopf auf den Markt, um das Geld zu wechseln, das ich noch aus der Republik Niger übrig hatte. Ein Alter saß an der Straße unter einem provisorischen Strohdach. Vor ihm stapelten sich Türme aus speckigen Geldbündeln. Ich setzte mich, und nach langen Verhandlungen einigten wir uns auf einen Kurs, der mir angemessen schien. Der Alte zählte siebenundfünfzig Bündel in Ziegelsteingröße ab und schob sie mir hin.

Ich sah ihn verwirrt an.

»Ihr Geld, Sir!«, sagte er und legte eine signalrote Plastiktüte neben den Haufen.

Ich zählte die Bündel nach, stopfte sie in die Tüte, wie man es im Supermarkt mit seinen Einkäufen tut, und ging die Straße hinunter. Ich fühlte mich wie ein Bankräuber. Die Leute starrten mich an. Nein, nicht mich, sie starrten auf die Plastiktüte, und jeder schien zu wissen, was sich darin befand. Den Rest des Vormittags verbrachte ich damit, mir in meinem Zimmer zu überlegen, wie ich die Bündel durch das kriminellste Land der Welt transportieren sollte, und ich wusste nicht recht, ob ich es beruhigend oder beunruhigend finden sollte, dass der größte Teil meines Gepäcks nun aus Geld bestand. Weil es nicht in meine afrikanische Tasche passte und auch nicht im Zimmer bleiben konnte, beschloss ich, die Tüte vorerst mit mir herumzutragen.

Am späten Nachmittag holte mich Woru ab, und wir spazierten quer durch Bussa, vorbei an nüchternen Zementhäusern mit Wellblechdächern, Stapeln aus bunt bezogenen Schaumstoffmatratzen und schweren Bettrosten aus Metallschrott. Eine Frau trieb mit einem Stock eine Schar Gänse in ein Gatter. Sie trug ein Hemd mit der Aufschrift *Titanic* und dem breiigen Gesicht des Hauptdarstellers. Ein Junge zog ein Spielzeugauto aus Konservendosen hinter sich her. Er sah kurz auf, schenkte mir ein strahlendes Lächeln und sagte:

»How tings, fatha?«

Wir stiegen eine aufgerissene Straße hinauf, wo Abwasserrohre seit langer Zeit auf ihre Verlegung warteten. Zwei Frauen kamen uns entgegen, setzten ihre Holzstapel am Boden ab, umfassten ihre Knie und gingen respektvoll in die Hocke. Woru erwiderte den Gruß und verneigte sich erhaben.

»Was tragen Sie denn in dieser Tüte spazieren?«, fragte er, als wir weitergingen.

»Geld«, sagte ich.

Er lachte.

Wir nahmen auf der Terrasse vor Worus Haus Platz, und ich fragte ihn nach der Scharia, dem islamischen Recht, das einige Gliedstaaten im Norden Nigerias eingeführt hatten.

»Unser Land wird von einer Welle der Gewalt heimgesucht«, sagte er. »Die Menschen sehnen sich nach Recht und Ordnung.«

»Nach Sofortjustiz?«, fragte ich, etwas zu laut. »Nach abgehackten Händen für einen Diebstahl? Nach Steinigungen für Ehebruch? Nach öffentlichen Hinrichtungen vergewaltigter Mädchen? Ist das Recht? Wo bleibt da die Demokratie?«

»Wir Nigerianer waren vier Jahrzehnte lang bemüht, uns nach europäischen Vorstellungen zu modernisieren«, antwortete Woru ruhig und rollte seine Augen unabhängig voneinander wie ein Chamäleon. »Das Ergebnis ist ein Desaster. Nigeria ist ein Scherbenhaufen. Die Politiker und die Reichen haben sich die Taschen gefüllt. Auf der

Straße herrscht Mord und Totschlag. Sie fragen nach der Demokratie, junger Freund? Die Scharia ist das Gegenmodell. Weil die westlichen Konzepte in Nigeria versagt haben.«

»Und die Scharia funktioniert besser?«

»Gottes Recht ist für alle gleich. Auch die Mächtigen müssen sich an seinen Gesetzen messen lassen, an unwandelbaren Gesetzen, klar und eindeutig formuliert, ganz im Gegensatz zu den europäischen, die nicht einmal Leute mit hohem Schulabschluss verstehen.«

Ich sprach im Verlauf der Reise mit vielen nigerianischen Moslems aus verschiedensten sozialen Schichten; kaum einer glaubte noch, dass die Imitation westlicher Vorbilder das Land aus seiner schweren Krise herausführen könne. Neben den harten Strafen sahen alle – selbst viele Christen – den größten Vorzug der Scharia in der Tatsache, dass sie jeden Aspekt des öffentlichen und privaten Lebens regelt. Für mich ist das eine bedrückende Vorstellung, doch die Menschen erhoffen sich von dieser islamischen Utopie eine Welt, die nicht länger von Konflikten zerrissen ist, eine Welt, in der jeder seinen Platz in einer umfassenden Ordnung einnimmt. Die Demokratie nach westlichem Muster kann das nicht bieten. Sie ruft zur Selbstbestimmung auf, zu Kampf und Konkurrenz im Dienst selbstsüchtiger Interessen, zu einem entfesselten Individualismus, der schnell außer Kontrolle geraten kann. Für viele Menschen in diesem gebeutelten Teil Afrikas ist die Scharia die letzte Hoffnung, dem Chaos zu entrinnen, und deshalb genießt sie eine für uns kaum vorstellbare und ständig wachsende Popularität.

»Ich habe unsere Geschichte studiert, die Geschichte des Borgu-Reichs«, wechselte Woru das Thema, als ein Mädchen mit Antennenfrisur Tee brachte. »Ich habe von den Vätern alles über die traditionellen Erdherren erfahren, über unseren Ahnen Kisra, der aus Persien kam, und seine Nachkommen, die Wasangari, unter denen wir unsere Könige wählen. Und natürlich alles über die ersten Europäer, die unser Land erreichten.«

Wir schlürften unseren Tee. Weiße Buckelrinder mit beachtlichen Hörnern standen in einem Misthaufen. Die Äste eines abgestorbenen Neem griffen in den Himmel wie das Skelett einer Hand.

»Mungo Park wollte die Mündung des Niger finden«, fuhr Woru

fort. »So schnell wie möglich. Er war ein Fanatiker. Er schoss sich seinen Weg mit Musketen frei, trieb an Timbuktu vorbei und erreichte schließlich Yawuri, das heute auf der anderen Seite des Stausees liegt.«

»Dort ließ er Fatouma, seinen Führer, zurück und reiste ohne ortskundige Begleitung weiter«, erinnerte ich mich an Parks rätselhafte Entscheidung. »Fatouma behauptete später, Parks Geschenke hätten den Emir von Yawuri nicht erreicht, und der Herrscher habe Park eine Truppe nachgeschickt.«

»›Zum Dorf Bussa in der Nähe des Flusses‹«, zitierte Woru Fatoumas Bericht wörtlich, als lese er ihn aus einem Buch vor. »›Vor diesem Dorf erstreckt sich eine Felsenbarriere quer über die ganze Breite des Flusses. Eine Öffnung in Form eines Tores bildet den einzigen Durchgang für das Wasser, das zur Flutzeit hier sehr reißend ist.‹«

Fatouma berichtete später, die Soldaten aus Yawuri hätten ebendiesen Felsen besetzt und das Boot angegriffen. Park und seine Leute sollen sich lange Zeit verteidigt und alles über Bord geworfen haben, seien dann aber, ohne Aussicht, sich in den Stromschnellen zu halten oder zu entkommen, Seite an Seite über Bord gesprungen und im Fluss ertrunken. Der einzige Überlebende, ein Sklave aus Parks Mannschaft, soll Fatouma später alles erzählt haben. Sein umstrittener Bericht wird bis heute häufig als offizielle Version des Geschehenen herangezogen.

»Sehr unwahrscheinlich«, sagte Woru unvermittelt und zeigte nach Norden. »Der Emir von Yawuri konnte nicht einfach eine Truppe nach Bussa schicken. Yawuri und Bussa waren zwei getrennte Reiche, verstehen Sie? Nein, so kann es nicht gewesen sein.«

»Aber wie war es dann?«

»Wir werden nach Old Bussa hinausfahren«, sagte Woru und nippte an seinem Earl Grey. »Wenn Sie verstehen wollen, was passiert ist, müssen Sie sich ein Bild von der Gegend machen.«

»Ich dachte, der Stausee hat alles begraben.«

»Nicht alles, junger Freund. Nicht alles.«

Der Himmel über dem Kainji-See war schmutzig und grau, und der Harmattan trieb Dunstschwaden über das Wasser zum fernen Ufer, wo sich über blattlosen Wäldern – verwischt wie eine Bleistiftzeichnung – mehrere Hügelketten ineinander schoben. Das motorisierte Kanu holperte in nordöstlicher Richtung über die Wellen, vorbei an der »Insel der Flusspferde«, auf der sich Hütten, Schattenbäume, Rinder und die hier typischen winzigen Ziegen um glatt gewaschene Felsen drängten.

Ich saß auf der mittleren Sitzplanke zwischen Woru und dem Sarkin Gwata, dem Herrn des Wassers von Old Bussa – einem faltigen Mann mit gebrochenem Blick.

»Die Haussa nennen den Fluss Kwara, Sir«, sagte er und starrte in den milchig braunen See. »Doch wir Bussawa nennen ihn Sebe – großes Wasser. Wir sind am Sebe aufgewachsen, wie unsere Väter und deren Väter. Dann haben sie den Damm gebaut.[31] Er hat uns aus unseren Dörfern gerissen, Sir.«

Er seufzte.

»Vierzigtausend Leute. Man hat uns ein paar Lehmhütten hingestellt, weit weg vom See, zu weit zum Fischen. Die Hütten sind längst zerfallen. Man hat uns Licht versprochen, sauberes Wasser, auch Wasser für unsere Felder, und einen besseren Fang, sogar eine Fabrik für Konservenfisch. Leere Worte, Sir. Nichts als leere Worte.«

»Sie müssen mich nicht Sir nennen.«

»Natürlich nicht, Sir.«

Der Sarkin Gwata ließ seinen Blick über den See schweifen. Ziernarben öffneten sich wie breite Fächer an seinen Mundwinkeln, liefen über die Backen und Schläfen und verschwanden unter seinem Haar.

»Mehr als dreißig Jahre ist das her, Sir. Und wir sitzen noch immer im Dunkeln«, begann er wieder. »In unseren Dörfern gibt es noch immer kein Wasser. Unsere Frauen müssen weit gehen, um es auf ihren Köpfen zu holen. Und die Bauern konnten sich die Bewässerungsgeräte nicht leisten. Ihre Felder sind verdorrt, Sir. In den ersten zehn Jahren kamen Fischer aus Kebbi-State, Sokoto und Maiduguri, aus Niger und Mali, manche sogar aus Kamerun. Dann war der See leer gefischt. Flusspferde, Manatis und Krokodile starben aus. Rie-

[31] fertig gestellt im Jahr 1968

348

senschildkröten gibt es nur noch wenige. Die Wasserhyazinthe erstickt den See; er ist voller Krankheiten.«

Der Sarkin Gwata erhob sich schwerfällig und ging gebeugt zum Bootsmann im Heck. Fischer in ihren Kanus verloren sich in der Weite des Sees. Abgestorbene Baumstämme ragten gelegentlich aus der Tiefe herauf. Riesige Teppiche aus Wasserhyazinthen wogten wie schwimmende Inseln.

»Ist das der Preis des Fortschritts?«, fragte ich Woru schockiert. »Der Preis dafür, dass der Damm jetzt Strom für ganz Nigeria liefert?«

»Das wäre ein Trost, ja«, sagte Woru resigniert, und der Winkel, in dem seine Augen auseinander strebten, weitete sich. »Dann wüssten die Leute zumindest, wofür sie den Fluss geopfert haben. Doch die Generatoren des Damms stehen still. Die Turbinen verrotten. Es fehlt am Geld für die Wartung.«

Durch die Ritzen im Bug perlte Wasser in das Kanu, rann wie über eine abfallende Straße zur Bootsmitte und füllte die feinen Runzeln und Schürfungen im Holz, tränkte winzige Mooskissen, nahm Kiesel und Sandkörner mit sich und überzog diese Miniaturlandschaft mit hauchdünnem Lack, der plötzlich in einem einzelnen Bündel Sonnenstrahlen wie unter einem Scheinwerfer aufleuchtete und mich an ein Kunstwerk von Andy Goldsworthy denken ließ. Der Sarkin Gwata ging achtlos darüber hinweg und drückte seine Fußsohlen in die Lackschicht. Als er sich wieder zu uns setzte, erlosch das Strahlenbündel.

Ich erzählte ihm von Fatoumas Bericht über Mungo Parks Tod, doch als ich den Felsen beschrieb, der sich bei Bussa wie ein Tor über dem Fluss erhoben haben soll, unterbrach er mich.

»Das ist Unsinn, Sir!«, sagte er bestimmt. »Einen solchen Ort hat es hier nie gegeben. Die Stromschnellen lagen ein Stück unterhalb von Bussa. Bubaro bei Garafini. Und weiter unten Awuru. Aber die Felsen dort waren nicht hoch. Sie waren flach, flach und tödlich.«

»Und wo ist Mungo Park gestorben?«

»Unsere Väter sagen, dass der Weiße in den Stromschnellen von Bubaro ertrunken ist. Es gab dort drei Abschnitte: Bawa, Mutukabari, Kotoji. Die einzig mögliche Passage lag auf der Kotoji-Seite, am linken Ufer. In der Trockenzeit mussten wir unsere Kanus dort entladen. Sehen Sie sich meine Beine an, Sir. Vierzig Jahre ist das her. Sehen Sie die Narben? Während wir die Kanus am Seil durch die Stromschnellen zogen, haben wir uns die Beine an den Felsen aufgeschlagen.«

»Und Mungo Park?«

»Er starb im Arm von Mutukabari, Sir.«

Der Bootsmann zog den Motor aus dem Wasser, und als das Kanu über die drahtigen Stängel der Wasserhyazinthen schliff, störten wir eine seltene Rostkehl-Kampfwachtel bei ihrem Staubbad. Sie schwirrte in geradlinigem Flug das Ufer entlang, landete bald wieder, tänzelte wachsam über ein Kieselfeld und begann zu trinken. Durch das Fernglas sah ich, wie sie den Kopf hinunterhielt und einzelne Tropfen in sich hineinkaute.

»Es ist heiß«, sagte Woru väterlich, als das Kanu ins Uferdickicht der Insel stieß. »Wollen Sie Ihre Tasche nicht lieber im Boot lassen?«

»Vielen Dank«, sagte ich und klammerte mich an die Geldtüte. »Ich trenne mich nie von ihr.«

Wir schlugen einen verwilderten Pfad ein; die Grasstoppeln erinnerten an Stachelschweinborsten. Niemand sprach mehr. Woru und der Sarkin Gwata hingen ihren Gedanken nach, doch die Art, wie sie gingen, verriet eine gewisse Ungeduld – eine Erwartung, vielleicht eine Vorfreude. Sie schienen etwas zu suchen. Und plötzlich traten wir mitten im Busch auf einen festen Untergrund. Ich schob mit dem Fuß das Dickicht beiseite und sah, dass wir auf Asphalt standen. Es war eine überwucherte Straße. Wir folgten ihr ein Stück, und als wir kurz darauf ein paar Zweige beiseite schoben, waren wir wieder am Ufer des Sees angekommen.

»Old Bussa, Sir!«, keuchte der Sarkin Gwata und strich mit zittriger Hand über die Straße, die direkt vor uns in den Stausee tauchte. »Sie führt nach Old Bussa hinunter auf den Grund. In der Ortsmitte liegt der Palast des Emirs, dahinter die Primary School und nicht weit davon mein Haus.«

Wir betraten die ehemalige Residenz der Kolonialbeamten, die höher gelegen hatte und von der noch Fundamente und Mauerreste zu sehen waren. Aus Spalten und Brüchen wuchsen Grasbüschel; der

Wind trieb Wellen über den Fußboden, und der See grub und nagte an der Ruine wie das Meer an einer Küste. Wenig später erreichten wir eine Ansammlung strohgedeckter Rundhütten. Eine Einfriedung aus geflochtenen Schilfmatten hielt den Wind ab. Ein kleines Getreidefeld schob sich bis in die Mitte der Siedlung, in der gespenstische Stille herrschte.

»Old Bussa heute, Sir.«

Unter einem Neem fanden wir einen Jungen, der auf einer umgedrehten Badewanne aus Gusseisen hockte und an einem Stock schnitzte. Er sah uns abwesend an und schwieg. Die Prägung im Wannenboden war noch lesbar: *Shanks, Made in Britain, 1.12.1855.* Vom Felsen über dem Dorf hatte man eine schöne Aussicht auf den See. Während wir schweigend dasaßen und über die kargen Berge und die uralten Baobabs, die schon Park bei seiner Passage aufgefallen sein mussten, auf die vom Wind geriffelte, silbern schimmernde Scheibe hinuntersahen, ließ der Sarkin Gwata die Wassermassen mit seinen Geschichten verdunsten und zauberte den Fluss darunter hervor, und die Zeit schien immer langsamer zu vergehen, bis sie schließlich innehielt und den seltenen Zustand vollkommener Bewegungslosigkeit erreichte; mich überkam das sonderbare Gefühl, in beide Richtungen der Zeit zu reisen, und der Gedanke, ich sei einem kostbaren Geheimnis auf die Spur gekommen, dass es nämlich gar keine Zeit gibt, jedenfalls nicht diese unaufhörlich verrinnende, immerzu unwiederbringlich verloren gehende Zeit, sondern – wenn überhaupt – eine Art Zeit, in der es möglich ist, dass früher geschehene Dinge noch einmal geschehen und jederzeit wieder geschehen können, dass mir meine Großmutter noch einmal Karamellbonbons in den Mund schieben, dass Einstein noch einmal an seiner Relativitätstheorie herumtüfteln und Mungo Park noch einmal den Fluss hinunterfahren und dort unten in den Stromschnellen von Bubaro ertrinken kann, und dass er dort so oft ertrinken kann, wie es diese eigenartig fremde Zeit zulässt.

»Die Soldaten aus Yawuri«, sagte Woru plötzlich in das Knistern der Grashalme hinein. »Diese Soldaten hat es nie gegeben. Selbst wenn der Emir sie losgeschickt hätte, sie hätten Park nicht einholen können. Unsere Väter haben uns die Geschichte anders erzählt.«

Er nickte dem Sarkin Gwata zu, der gut zwanzig Jahre älter war als er selbst, und überließ ihm das Wort.

»Für Fremde waren die Bubaro-Schnellen gefährlich, Sir«, sagte der Sarkin Gwata und strich mit beiden Händen über seine vernarbten Beine. »Der Emir von Bussa hörte von der Ankunft der Weißen. Er schickte seine Leute, um sie zu warnen, doch sie verstanden weder Bussawa noch Haussa. Sie schossen. Die Bussawa verteidigten sich und schossen zurück. Die Weißen verloren die Kontrolle über das Kanu. Sie kippten alles über Bord. Ihre Lage wurde aussichtslos. Sie sprangen ins Wasser, Sir. Und der Sebe holte sie. Alle, bis auf einen Sklaven.«

Auf dem Rückweg zum Boot rekapitulierte ich noch einmal. Fatoumas Bericht wies gravierende Schwachstellen auf. Offensichtlich hatte es den von ihm beschriebenen Felsen in Bussa nie gegeben. Die meisten anderen schriftlich fixierten Versionen aus dieser Zeit zogen im Gegensatz zu ihm keine direkte Beteiligung Yawuris in Betracht. Einen Unfall glaubte ich ebenfalls ausschließen zu können, denn Park musste die Gegend Ende 1805, Anfang 1806 erreicht haben, zu einer Jahreszeit, in der sich die Nigerwoge an Bussa vorüberwälzte, der Fluss also viel Wasser führte und die gefährlichen Felsen unter sich begrub. Es müsste ein unglücklicher Zufall gewesen sein, ausgerechnet hier zu kentern, nachdem die Mannschaft auf ihrer weiten Reise seit Sansanding vergleichbare Passagen ohne Mühe gemeistert hatte. Und während wir durch die brütende Hitze zum Ufer des Sees hinabstiegen, neigte ich dazu, der Version des Sarkin Gwata den Vorzug zu geben. Er gehörte einer Generation an, in der die mündliche Überlieferung noch weitgehend funktioniert hatte. Er kannte den Fluss. Und ich sah kein Interesse seinerseits, den Ort der Handlung zu verfälschen. Park war also in den Stromschnellen von Bubaro ums Leben gekommen, eintausendeinhundert Kilometer hinter Timbuktu und nur noch achthundert Kilometer von der Mündung entfernt.

Ungeklärt blieb für mich die Frage, warum die Leute von Bussa tatsächlich zum Fluss gekommen waren und wer zuerst geschossen hatte. Wer wollte aus heutiger Sicht schon gerne den berühmten weißen Forscher auf dem Gewissen haben? Andererseits hatte Park es unerhört eilig, seine Mission zu vollenden, und war dazu übergegangen, auf alles zu schießen, was sich ihm näherte. Fatouma, seinen Übersetzer, hatte er zurückgelassen. Und so war es durchaus möglich, dass er die Warnungen der Leute von Bussa falsch verstanden hatte. Von da an wäre es nur noch ein kleiner Schritt zur Eskalation gewesen. Wer auch immer zuerst geschossen hatte, schloss ich, als wir schweißgebadet das Ufer des Sees erreichten, Park und seine Leute starben, weil sie sich nicht mit den Einheimischen verständigen konnten.

»Die Weißen haben nicht alles über Bord geworfen, Sir«, sagte der Sarkin Gwata plötzlich, als wir durch die Entengrütze zurück zum Kanu wateten.

Ich sah ihn überrascht an.

»Das Boot wurde geborgen und die Beute nach Bussa geschafft. Es gab ein Fest, Sir, doch noch bevor es beendet war, kam eine ansteckende Krankheit über die Stadt. Der König starb. Die meisten Männer, die gegen die Weißen gekämpft hatten, starben ebenfalls. Unsere Väter verbrannten alles. Sie brachten ihre Opfer. Die Seuche verschwand, doch die Nachricht verbreitete sich, und die Nachbarvölker zeigten mit Fingern auf Bussa.«

»Dieses Unglück kommt Ihnen heute zugute«, sagte Woru und lächelte sanft.

»Mir?«

»Unser Sprichwort rät: Tu dem weißen Mann nichts, sonst holt dich die Seuche von Bussa.«

Der Bootsmann stieß uns vom Ufer ab und tauchte den Außenbordmotor ins Wasser. Wir waren erst ein kurzes Stück gefahren, als ich durch das Fernglas einen einzelnen Busch entdeckte, der aus dem See ragte. Wir fuhren hin und fanden knapp unter der Wasseroberfläche einen Sockel. Der Busch wuchs darauf. Der See hatte rötliche Steine im Zementbett freigelegt, die jetzt geheimnisvoll heraufschimmerten. Darunter verlor sich die Masse in der Tiefe.

»Was ist das?«, fragte ich fasziniert und unterdrückte den Wunsch, auszusteigen und auf dem Sockel mitten im See umherzugehen.

»Bussa war aus Lehm gebaut«, sagte Woru mit einem wehmütigen Unterton in der Stimme. »Der See hat die Stadt aufgelöst, bis auf diesen Turm. Wir nannten ihn Strong Room, weil seine Wände so dick waren. Es war die königliche Schatzkammer.«

353

2

Gustav Lagerlöf redete gern. Er hatte im verdammten Kongo gearbeitet, in der verdammten Zentralafrikanischen Republik, in Angola und diesem verdammten Uganda, und jetzt schraubte er an den Turbinen des Kainji-Damms herum. Er führte ein verdammt beschissenes Leben, aber auch ein verdammt freies, wie er fand, und wenn seine Frau ihn damals nicht verlassen hätte, gottverdammich, dann säße er jetzt wohl noch immer in Uppsala und würde fades Smörrebröd in sich hineinstopfen, einmal im Monat mit dieser langweiligen Schwedin schlafen, ein knochenbleich gestrichenes Reihenhaus bewohnen und der Stromgesellschaft ein Vermögen in den Rachen werfen, weil sich die verdammte Sonne monatelang nicht blicken ließ. Und wenn er es sich richtig überlegte, könnte er, Gustav, in Uppsala das halbe Jahr über kein Bier im Freien ablassen, weil der Strahl sonst gefror und sich als gelber Eiszapfen in sein Ding bohrte. In der Generatorenhalle des Kainji-Damms war es totenstill. Von den acht Triebwerken des Kraftwerks funktionierte kein einziges. Ein Aggregat war ausgebaut und lag wie eine zerbombte Kläranlage mitten in der Halle. Zu seinen Füßen hockten schwarze Mechaniker mit gelben Bauhelmen um einen zerlegten Oberflächenkondensator und spielten Karten.

»Sie wollen Energie produzieren, aber nichts für die Wartung tun«, sagte Gustav, wischte die Hände an seinem ölverschmierten Blaumann ab und fuhr sich über die fettigen, angegrauten Haarsträhnen, die an seinem Kopf klebten. »Wenn etwas kaputtgeht, wird es irgendwie geflickt. Wie bei einem verdammten Buschtaxi. Wenn ich in ein afrikanisches Flugzeug steige, versuche ich, nicht daran zu denken, was Wartung auf diesem Kontinent bedeutet.«

Wir durchquerten die Halle und betraten auf der gegenüberliegenden Seite eine Plattform, von der man an der Staumauer entlangsehen konnte. Tief unten in einem Wasserbecken wogte eine Ölschicht, auf der Fische mit dem Bauch nach oben trieben.

»Irgendwo ist ein Leck«, sagte Gustav und schob sich einen braunen

Nikotinklumpen mit feinen Glassplittern unter die Oberlippe. »In Europa müssten sie die verdammte Anlage stilllegen. Hier wird das Öl einfach in den Fluss gepumpt. Du solltest dir keine Notizen machen. Die Herren von der NEPA sind nervös. Für die Journaille haben sie nicht viel übrig.«

»Warum? Gibt es etwas zu vertuschen?«

»Was trägst du in deiner Plastiktüte spazieren?«

Ich öffnete sie und ließ ihn hineinsehen. Die Geldscheine verströmten einen muffigen Geruch.

»Verdammt unauffällig!«, sagte Gustav.

Ja, diese verdammten Überschwemmungen. Es gab Warnsysteme, natürlich, aber die verdammten Dinger funktionierten längst nicht mehr, und als sich die Flut auf den Damm zuwälzte, versagten die Ablasstore. Ich solle mir das mal vorstellen: Der See war voll bis zur Kante, fünfzehn Kubikkilometer Wasser, und die verdammten Tore versagten; das Wasser strömte über die Mauerkrone, und um ein Haar wäre der Damm gebrochen. Er, Gustav Lagerlöf, schraubte hier an einer verdammten Zeitbombe herum, und wenn die hochging, mussten sich selbst die feinen Herrschaften in Lagos Gummistiefel anziehen – von Hunderttausenden von Toten ganz zu schweigen. Und als die Flut dann im folgenden Jahr wiederkam, wollte das Management kein Risiko eingehen, kein Risiko für den Damm, versteht sich. Sie öffneten die Tore gleich, und stromabwärts gab es eine verdammte Flutkatastrophe, in der die Leute ertranken wie Ameisen, denn niemand hatte sie gewarnt. Hunderte von Dörfern, Hütten, Häusern, Zuckerrohrplantagen, Ackerland mitsamt Ernte – alles weggespült.

So war das mit dem verdammten Kainji-Damm, verdammte Zeitbombe. Die NEPA wusste Bescheid, die Regierung wusste Bescheid, die Weltbank wusste Bescheid, aber niemand von diesen verdammten Geldsäcken rührte sich. Sie ließen ihn, Gustav aus Uppsala, lieber ein wenig an den Generatoren herumschrauben und bauten einen neuen Damm – unten in Zungeru, und vielleicht noch einen in Mambila, ein Monster mit 3900 Megawatt, sechsmal so groß wie der Kainji –, anstatt mit dem verdammten Geld die alten Dämme zu entschärfen, bevor halb Westafrika ersoff.

Gustav ließ mich am Empfang zurück. Ich wurde durch krankenhausartige Korridore mit glanzgrünen Wänden und durch eine Reihe von Vorzimmern geschoben und landete schließlich im Büro eines Mannes, der sich nicht vorstellte. Er musterte mich durch seine goldgerahmte Sonnenbrille – meine gebleichten Kleider, die verstaubten Zehen, die aus meinen Sandalen schauten – und tastete mit seinen Augen die Kanten der Geldbündel ab, die sich durch meine rote Plastiktüte abzeichneten. Dann rückte er seine Krawatte zurecht und erklärte, der Kainji-Damm bestehe aus einem Haupt- und einem Satteldamm, aus Beton und Felsmaterial, mit einer 85,5 Meter hohen und acht Kilometer langen Staumauer, an der 20 000 Männer aus neun Nationen fünf Jahre lang gebaut hätten. Italienisches Konsortium. Über Durchlaufgeschwindigkeiten, Maximalproduktion und so weiter könne er nicht sprechen. Das müsse ich verstehen. Interna. Sondergenehmigung aus Lagos, schriftliche Anfrage, detaillierter Fragenkatalog, Empfehlungsschreiben.

»Die Überschwemmungen ...«, sagte ich.

Ich müsse ihn jetzt entschuldigen, unterbrach er mich, denn er habe gleich eine wichtige Sitzung.

Ich entschuldigte ihn.

»Na, was haben dir diese verdammten Lackaffen erzählt?«, fragte Gustav, als wir wenig später im Serviceboot saßen, das flussabwärts zum Jebba-Damm fuhr.

»Verdammt wenig.«

Das Motorboot legte ab. Wassermassen stürzten durch die Fallschütze herunter, schäumten wütend auf und durchnässten uns mit ihrer Gischt. Wir fuhren durch einen Wald aus Gittermasten, die mit ihren Querträgern und Abspannisolatoren quijotesken Riesen glichen, und schossen den Fluss hinunter, schneller als die reißende Strömung, mitten durch den undurchdringlichen Busch, der nur von weit aufragenden Baobabs durchbrochen war. Gustav Lagerlöf saß neben mir und starrte schweigend vor sich hin. Er wirkte müde. Er war der letzte Weiße, den ich bis zum Nigerdelta zu Gesicht bekommen sollte.

In Jebba hatte ich plötzlich das Gefühl, in einem anderen Teil Afrikas gelandet zu sein. Die Menschen schienen zahlreicher und schwärzer, die Tage heißer und feuchter. Es wurde geschrien, laut gelacht, getrunken. Männer hingen in Unterhemden und Shorts an den Straßenecken herum, gummiweiches Toastbrot ersetzte gummiweiche Baguettes, und die zahllosen Kirchen trugen klangvolle Namen, wie *Life of God Bible Church, Victory Evangelic Church of Christ (Inc.)* oder *United Missionaries Church of Africa*. Die Hauptstraße war schwarz wie der Startbereich einer Rennstrecke. Ein ausgebrannter Tanklastzug lag in einem Vorgarten und streckte die Räder von sich wie ein erlegtes Tier.

»Schlechte Bremsen«, schrie der Junge und drückte das Moped erbarmungslos in die Kurve; der heiße Fahrtwind schnitt mir den Atem ab. »Ein Radfahrer, zwölf Fußgänger. Dreizehn starben. Dort drüben ist der Markt« – schiefe Stände, verfaulte Gemüseberge – »das ist der Hafen« – eine verlassene Bootsrutsche, kein Schiff, kein Kanu – »die Papierfabrik« – grau, staatlich, stillgelegt – »der Taxistand« – schrottreife Peugeots, Essbuden, Leute, die Fahrtziele herumschrien. Der Junge legte eine Vollbremsung hin und würgte den Motor ab.

»Und hier wirst du wohnen«, sagte er.

Ich sah keinen Hinweis auf ein Hotel oder eine Pension. Ein Mann mittleren Alters trat aus der Tür. Die Dielen der Terrasse bogen sich unter seinem Gewicht.

»Chief Oye«, stellte er sich vor und reichte mir seine fleischige Hand. »Keine Angst, in meinem Haus sind Sie sicher. Wir sind Yoruba. Wir essen keine Affen, kein Schwein, keine Schlange. Unser Familiengeist mag Schlange nicht.«

Im Haus lag Teppichboden. Polstermöbel. Eine Glasvitrine mit feinem Porzellan. Daneben hing eine Art Comic in Postergröße mit der Überschrift: *Die einzige Wahrheit*. Ein bärtiger Mann schritt über einen See. In der Sprechblase stand: *Ich bin Jesus Christus. Wer sonst?* Jesus trug eine Lederjacke und Motorradstiefel. Die Geschichte endete damit, dass er auf seine Harley stieg und eine einsame Landstraße hinunterfuhr.

»Sind Sie Priester?«, fragte ich Chief Oye, weil mit Kreide Bibelzitate an die Wände meines Zimmers geschrieben waren.

»Ich bin Christ!«, rief er fröhlich. »Wenn der Herr die Erdanziehungskraft aufhebt, werde ich dabei sein.«

Ich sah ihn überrascht an.

»Am Tag, an dem der Herr kommt, schweben alle Gläubigen in den Himmel und treffen Jesus Christus – Jesus Christus und die Engel.« Er hielt einen Moment lang inne und schien über seine Epistel nachzudenken. Dann sah er mich mit seinen braunen Maki-Augen an und bedachte mich mit einem väterlichen Blick.

»Doch bis dahin ist die Welt schlecht. Böse und schlecht. Sehen Sie sich vor. Es sind viele Fremde in der Stadt. Gefährliche Leute. Sprechen Sie mit niemandem. Lassen Sie alles im Haus.«

Ich nahm nur die rote Tüte mit dem Geld mit und ging zu Fuß durch die brütend heiße Stadt, in der mich jeder erstaunt ansah – mich, nicht die rote Plastiktüte. Nach kurzer Zeit war ich völlig erschöpft und nass geschwitzt. Ich trank vier Flaschen Cola in einem Laden an der Hauptstraße. Neben mir saß ein Yoruba-Junge und kritzelte seltsame Zeichen in sein Schulheft.

»Was schreibst du da?«

»Steno!«, sagte er und strahlte.

»Auf welcher Schule lernt man das?«

»NEPA, Primary School, Business. Ich bin im Juli fertig.«

»Und dann?«

»Gehe ich auf die Secondary nach Ilorin, und anschließend auf die Uni, vielleicht in Ibadan. Ich will Ingenieur werden.«

»Straßen? Brücken?«

»Erdölraffinerien!«

Seine Mutter saß hinter der Ladentheke – Bleichcremes, Spielzeugpistolen, Zahnpasta – und las laut in der Bibel. Als sie mich sah, setzte sie sich zu uns. In der linken Hand hielt sie ein Bündel Geldscheine. Auf den rechten Unterarm war grob und lieblos ihr Name tätowiert. Unter jedem Auge trug sie eine tränengroße Ziernarbe. Sie rief einen zerlumpten Jungen, den ich für einen Schuhputzer hielt. Er hockte sich vor sie auf die Erde und begann, mit einer stumpfen Nagelschere die Haut um ihre Zehennägel wegzupulen.

»Sind Sie Christ?«, fragte sie mich.

»Hm.«

Sie nickte zufrieden.

»Sind Sie Jesus schon begegnet?«

»Nein, Sie?«

Der Junge raspelte jetzt mit einem feinen Schleifpapier über ihre Fußnägel, konzentriert, fast andächtig. Haut und Nagelreste fielen wie Sägespäne auf sein blaues Taschentuch.

»Einmal…«, sagte die Frau, und ihre Stimme bebte leicht, »… einmal ist Jesus mir erschienen. Es war in der Nacht, als ich mit meinem Bruder über die Sünde gesprochen hatte. Ich sah plötzlich ein Licht, ein strahlendes Licht. Und mittendrin schwebte Jesus. Er ist ein schöner weißer Mann. Er trägt weiße Kleidung. Er hat weiße Flügel.«

Sie schloss die Augen. Der Junge zog einen Schwamm aus einem Beutel, drückte ein glitzerndes Häubchen auf jede Zehe und rubbelte den Seifenschaum sorgfältig ab. Die Fußnägel glänzten jetzt leicht rosa, als seien sie lackiert.

»Plötzlich wurde ich angehoben«, sagte die Frau. »Ich flog. Ich schwebte wie Jesus Christus. Ich kam in ein Land aus Glas. Die Erde war aus Glas, und es blühten bunte Blumen. Jesus sagte: ›Ayo Funlayo, du bist leicht. Die Schweren, die Sünder, die Diebe, Betrüger und Politiker, sie kommen nie in dieses Land.‹ Dann nahm Jesus eine Glocke und läutete kräftig. Es war wundervoll, wundervoll.«

Der Junge wischte seine Schere ab, schüttelte sein Taschentuch aus und erhob sich. Er trat einen Schritt zurück und verbeugte sich, doch Ayo Funlayo konnte ihn nicht sehen, denn ihre Augen waren noch immer geschlossen. Um ihren Mund spielte ein seliges Lächeln.

»Sie haben großes Glück«, sagte ich und trank meine Cola aus.

»Es war wundervoll, wundervoll!«, wiederholte sie und öffnete sehr langsam die Augen.

Der Junge stand noch immer vor ihr. Sie gab ihm zehn Naira, erhob sich schwerfällig, griff in eine Dose auf der Ladentheke und steckte mir einen Kugelschreiber zu.

»Für Sie, mein Freund!«, sagte sie und verschwand im Laden.

Am Abend legte ich die Geldtüte auf mein Bett und bemerkte, dass sie abgefärbt hatte. Meine Hände sahen aus, als seien sie von einer Hautkrankheit befallen. Mein Nacken und die Schultern schmerzten. Ich absolvierte ein paar Lockerungsübungen und hängte eine Trainingseinheit an, in der ich bewusst die Gegenbewegung zur Last der Geldtüte suchte. Ich stellte mich auf das Theraband, spreizte die

359

Beine leicht und drückte beide Hände senkrecht zur Decke, bis ich schweißgebadet war und außer Atem geriet. Ich entkleidete mich bis auf die Unterhose, führte die Übungen fort und genoss es, im Spiegel die Kontraktion meiner erwachenden Muskeln zu verfolgen, besonders die des dreiköpfigen Armmuskels. Ich machte einen Ausfallschritt und drückte das Band gerade abwechselnd nach vorne wie ein Boxer in Zeitlupe, als Chief Oye hereinkam, ohne anzuklopfen. Er blieb verdutzt stehen. Dann klatschte er in die Hände und ahmte meine Bewegungen nach.

»Körper und Geist«, sagte er beifällig, während das Theraband zurückschnellte und die Faust gegen meine Brust schlug. »Bete und arbeite! Sehr gut, wirklich sehr gut! Danach kommen Sie essen, ja?«

Es gab Pfeffersuppe mit Fisch und Yamsfladen. Ich fragte Chief Oye nach den Abfahrten in die Dörfer, die stromabwärts lagen.

»Die Kanus der Fischer sind klein«, schmatzte er. »Sie sind nicht für weite Reisen geeignet.«

»Aber flussabwärts muss es doch Märkte geben.«

»Wer verreist, nimmt das Buschtaxi oder den Lastwagen«, sagte Chief Oye ernst. »Und dasselbe empfehle ich Ihnen auch.«

Natürlich war das völlig ausgeschlossen. Stromabwärts lag das sagenumwobene Nupe, das Ibn Battuta im 14. Jahrhundert als ein Land beschrieben hatte, in das sich kein Fremder wagte. Es wurde nur in wenigen Reiseberichten erwähnt. Ich hielt Nupe für ein Land voller Traditionen und religiöser Kulte, die auf die Zeit vor dem Islam zurückgingen. Die extrem dünn besiedelte Feuchtsavanne wurde nur von den weit verstreuten Dörfern der Kyede durchbrochen, der Fischerkaste der Nupe. Die Kyede waren geborene Flussreisende, die dem Fisch folgten und die unbewohnten Uferstreifen eroberten. Im Tal des Niger, einem alten Kreuzungspunkt zwischen Nord und Süd, hatten sie seit jeher eine wichtige Rolle gespielt. Wenn der König der Nupe in den Krieg zog, hing sein Erfolg von den Kyede ab. Karawanen und Rinderherden überquerten den Fluss in ihren Booten. Der umfangreiche Warenverkehr lag in ihren Händen. Und wenn ich mich in Jebba nach dem Fischervolk erkundigte, hieß es: »Die Kyede herrschen über das Wasser. Die Kyede regieren den Dunklen Fluss.«

Ich verbrachte eine Woche mit der Suche nach Fischern, die bereit waren, mich stromabwärts bis Pategi zu führen, wo der Kaduna in den Niger mündet, und ich fand sie schließlich auf Jebba Island. Natürlich wollte Chief Oye sie kennen lernen. Also fuhren wir in seinem klapprigen Auto zum Fluss hinunter, wo die beiden Männer gerade gefleckte Köderfische mit ungewöhnlich langen Afterflossen aus großen Wannen schöpften. (Mit Delphis Hilfe fand ich später heraus, dass es sich um Helle Breitnilhechte handelte.) Mohammed, ein klein gewachsener Kyede, drehte einen, der im Gewusel mit dem Bauch nach oben schwamm, fast zärtlich um, wischte seine Hände am togaartigen Überwurf ab und verbeugte sich vor dem Chief. Sunday, ein Ibo, den es aus dem Süden nach Jebba verschlagen hatte, machte über ein flüchtiges »Welcome!« hinaus keine Umstände. Der Schirm einer Baseballkappe beschattete sein Gesicht und verdunkelte seine Augen, die kaum zu sehen waren. Mir fiel auf, dass er süßlich roch.

Wir setzten uns neben die Fischwannen und besprachen die Einzelheiten. Ein Außenbordmotor war in Jebba nicht aufzutreiben, und so würden wir vier bis sechs Tage nach Pategi benötigen, die Besuche in den Flussdörfern eingerechnet. Die Anzahlung erleichterte meine Geldtüte um fast die Hälfte ihres Gewichts und genügte, um ein geeignetes Kanu für die Reise zu kaufen, das die Fischer in Pategi mit Gewinn veräußern wollten.

»Mohammed! Sunday!«, sagte Chief Oye schließlich sehr ernst.

»Hört mir genau zu! Der Fluss hat sich verändert. Er ist voller Fremder. Ich möchte, dass ihr euch ein Gewehr leiht.«

»Ein Gewehr?«, fragte ich, tauchte meine Hand in die Wanne und ließ die kleinen Breitnilhechte durch die Finger gleiten.

»Ein Gewehr lokaler Fabrikation mit selbst gemachtem Schießpulver. Die Kugeln sind aus Blei oder Eisen. Zur Elefantenjagd kann man auch kleine Speerspitzen damit abschießen. Sie werden vergiftet.«

»Wir werden keine Elefanten jagen«, sagte ich.

»Sie sind fremd in unserem Land. Sie sind blind. Mohammed, Sunday! Ihr müsst für ihn sehen! Es gibt Krokodile flussabwärts. Und eine Menge Gesindel. Nehmt ein Gewehr mit, sage ich euch!«

Sie nickten.

Ich fand es beunruhigend, mit einer Waffe zu reisen, doch ich mischte mich nicht weiter ein. Ich genoss die Berührung mit den Fischen und vertraute Mohammed. Er war ein Kyede. Er würde wissen, was zu tun ist. Wenn er meinte, dass wir ein Gewehr brauchten, dann würden wir eben eins mitnehmen.

»Halten Sie sich an den Kyede«, sagte Chief Oye, als wir wieder in die Stadt zurückfuhren. »Aber seien Sie vorsichtig mit dem Ibo.«

»Sunday ist Christ wie Sie, oder?«

»Er ist ein Ibo!«, sagte Chief Oye verächtlich. »Ich habe zwölf Jahre unter ihnen gelebt. Etwas habe ich dabei gelernt: Traue keinem Ibo!«

Wir schwiegen.

»Wenn Sie im Ibo-Land sind, warne ich Sie«, hakte Chief Oye nach, als wir in die Straße einbogen, die zu seinem Haus führte. »Pategi und Lokoja sind noch in Ordnung. Aber südlich davon ist es gefährlich, lebensgefährlich. Reisen Sie dort nicht mehr auf dem Fluss. Nehmen Sie sich ein Buschtaxi von einer Stadt in die andere. Und melden Sie sich auf der Polizeistation an. Der schlechte Ruf Nigerias kommt von dort unten. Die Ibo, sie fressen noch Menschen.«

Ich wischte mir die Schweißperlen von der Oberlippe und schnupperte an meinen Fingern. Sie rochen gut. Sie rochen nach dem Fluss und nach Breitnilhecht.

3

Chief Oye legte seine Hand auf den Bug des Kanus, schloss die Augen, murmelte einen leisen Segenswunsch und ließ etwas Wasser über das Holz rinnen. Dann durften wir einsteigen. Sunday stieß uns vom Ufer ab, die Strömung erfasste das Boot, Chief Oye blieb winkend zurück, und die wellblechgedeckten Hütten des Fischerdorfs auf Jebba Island leuchteten in einem ungewöhnlich sanften Licht auf, denn zum ersten Mal seit Wochen war der graue Dunst einem stahlblauen Himmel gewichen, und während Mohammed das Kanu in die Mitte des Stroms legte, fragte ich mich, wann ich die letzten, richtigen Wolken gesehen, wann es zum letzten Mal geregnet hatte; ich sah in meinem Logbuch nach und stellte fest, dass der letzte Regentag fast fünf Monate zurücklag.

Das Kanu war klein. Eine vierte Person hätte es nicht getragen. Vom Ufer aus musste es verloren aussehen, doch ich fühlte mich geborgen. Ich fragte Mohammed nach dem Gewehr.

»Yoruba!«, sagte er und legte die Hand auf seine Harpune. »Ich mag diese Yoruba nicht. Sie wissen alles. Sie können alles. Sie wollen alles für sich selbst. Sie glauben, Nigeria gehöre ihnen.«

Sunday kicherte.

»Teufelszeug!«, murrte Mohammed, ohne sich umzudrehen. »Trink dieses Teufelszeug nicht! Es verdirbt deinen Kopf.«

Sunday nahm einen kräftigen Schluck, schraubte die Flasche behutsam zu und verstaute sie unter seiner Sitzplanke. Der Wind trug einen scharfen Geruch herüber.

»Was ist in der Flasche, Sunday?«, fragte ich.

»Medizin!«, sagte er und kicherte von neuem.

Der Niger hatte sein Gesicht verändert, und ich erkannte es wieder. Dreitausend Kilometer stromaufwärts, in Guinea, hatte ich es schon einmal gesehen. Der Fluss hatte die Öde endgültig hinter sich gelassen und war wieder in die Savannenzone eingetaucht, und ich konnte mich nicht satt sehen am Grün, an den Palmen, dem verschlungenen Buschwerk, den Vorboten der Tropen, den Nere mit ihren kurzen Stämmen, die sich schon wenig über dem Boden teilten und schief dastanden, als wollten die schweren Kronen sie umdrücken – jene Kronen, die in Guinea gerade ihre Blätter verloren hatten und jetzt voll hingen mit geflochtenen, grünen Zöpfen und leuchtend roten Blütenbällen. Wo sich das Uferdickicht zurückzog und einen Blick in das weite Grasland zuließ, erkannte ich einzeln stehende Tamarinden, immergrüne Sheabutterbäume, Baumwollbäume und Afrikanische Mahagonibäume mit cremefarbenen Blüten und Früchten, die aussahen wie haarige Tischtennisbälle. Den ganzen Morgen hindurch genoss ich die Vorstellung, auf dem Niger in Vergessenheit zu geraten. Später, im Dunst der Mittagshitze, funkelten am linken Ufer Wellblechdächer aus dem Busch.

»Rabba«, sagte Mohammed und zeigte mit dem Paddel hinüber. »Bevor der Damm gebaut wurde, kamen die großen Schiffe bis hierher. Man hat versucht, eine Fahrrinne zu graben, aber das Wasser ist viel zu flach.«

Ich kannte den Namen der Stadt aus dem Reisebericht von Richard und John Lander, die Rabba im Oktober 1830 auf ihrem Weg von Bussa zum Atlantik erreicht hatten. Angeregt von den Berichten Mungo Parks hatte der kleingewachsene, heitere und sehr fromme Richard bei der Expedition von Hugh Clapperton nach Westafrika angeheuert. Als sein Herr in Nordnigeria starb, blieb der »kleine Christ«, wie ihn die Afrikaner nannten, alleine im Inneren Afrikas zurück – gerade zwanzig Jahre alt, krank, ohne Geld und ohne geografische Kenntnisse. Doch er schlug sich bis zur Küste durch und lieferte Clappertons wertvolle Aufzeichnungen in England ab.

Das Rätsel um den Verlauf des Niger war zu jener Zeit noch immer ungelöst, und so machte sich Richard Lander mit seinem jüngeren Bruder John zu einer zweiten Reise nach Bussa auf, um dem Strom von dort aus bis zur Mündung zu folgen, wo immer diese auch liegen mochte. Irgendwo im Flussabschnitt, den wir gerade befuhren, hatten die Landers in ihrem Kanu einen improvisierten Mast errichtet, die englische Flagge gehisst, ihre Strohhüte abgelegt – was sie sonst sehr selten taten – und sich alte Marineuniformen übergezogen, denn sie fuhren in Begleitung des »Herrn der dunklen Wasser«. Das Sonnensegel seines majestätischen Boots war mit scharlachrotem Tuch und aufgenähten Goldtressen verziert. Sechs seiner Frauen saßen im Schatten, achtern spielten Trommler und Trompeter, und die Bootsleute sangen im Chor zum Takt der Paddel, während der mächtige Nupe – »ein fein aussehender Mann, vom Alter gebeugt, die Haut schwarz wie Kohle, die Züge grob, aber gutmütig« – in seinem Gewand aus knisterndem Seidendamast auf einem Schemel im Bug saß und sein Gefolge von zwanzig Kanus anführte. Unweit von Rabba hatte der »Herr der dunklen Wasser« den Engländern zu einem Führer und einem Kanu verholfen, doch niemand wollte ihnen Paddel verkaufen, und so sahen sich die sonst sehr einfühlsamen Reisenden gezwungen, nachts durch die Dörfer zu schleichen und Paddel zu stehlen, damit sie ihre Fahrt fortsetzen konnten.

Wir ließen Rabba hinter uns; die Ufer wurden dichter, und bald glitten wir wieder durch die Savanne, die bewegungslos und stumm in der Mittagshitze brütete. Auf einer Sandbank flimmerten Fischerhütten aus dem Buschwerk wie riesige Vogelnester. Von Zeit zu Zeit schöpfte ich Wasser und tränkte Hemd und Hose damit. Ansonsten bewegte ich mich nicht, nichts bewegte sich – kein Vogel, keine Fliege –, kein Windhauch rührte sich. Selbst der Niger floss träger als gewöhnlich, die Farben waren verschwunden, es roch nach nichts. Am Nachmittag wand sich eine Schlange mit rhombenartiger Zeichnung dicht an unserem Kanu vorbei. Ich schätzte ihre Länge auf siebzig Zentimeter und identifizierte sie mit Delphis Hilfe als Afrikanische Eierschlange. Sie ist eine ausgezeichnete Schwimmerin. Mit Vorliebe kriecht sie in die Nester von Webervögeln, reißt die elastischen Kiefer auseinander, stülpt sie über ein Ei und verschlingt es unversehrt, dann drückt sie die Enden ihrer Brustwirbel in die Speiseröhre und zerlegt die Beute wie ein Eierschneider.

»Wir haben Glück«, sagte Mohammed und schüttelte seine Apathie ab. »Wenn dir eine Schlange im Wasser begegnet, kommst du sicher ans Ziel.«

»Aberglaube!«, zischte Sunday.

Ich sah ihn überrascht an.

»Ich bin Christ! Christ, wie die meisten Ibo!«, sagte er und drückte sein Kreuz durch.

Der blaue Schirm seiner Kappe hob sich ein wenig und gab seine entzündeten, schwarz geränderten Augen frei. Seine Wangen waren eingefallen. Er trug ein graues Hemd mit der Aufschrift *Pray hard!*

»In Nigeria soll es über hundert christliche Kirchen geben«, sagte ich. »Wie weiß man da, welche die richtige ist?«

»Tank God! Du musst die Bibel lesen. Die meisten Kirchen sind große Firmen. Sie machen viel Geld mit dem Glauben. Lies die Bibel sehr genau, dann weißt du, ob deine Kirche gut ist – gut wie die *Assembly of God*. Sie ist keine Business-Kirche. Sonntags gehe ich zur Messe und unter der Woche in den Bibelkreis. Und wie bist du getauft?«

»Katholisch«, sagte ich und wollte eben hinzufügen, dass ich nicht praktiziere, doch Sunday schrie bereits entsetzt auf.

»Ihr glaubt an den Papst, nicht wahr?«, kreischte er und riss das Paddel in die Luft; unter seiner Sitzplanke klimperten Flaschen. »Der alte, kranke Mann mit der weißen Kappe sagt euch, dass er keine Fehler macht, und ihr glaubt ihm. Euer Vizegott kommt nach Afrika und sagt, wir sollen uns mit Aids anstecken und viele Kinder machen. Warum sagt er das nicht euch? Wie viele Kinder hast du denn?«

»Keins.«

»Und wo steht, dass ein Priester nicht heiraten darf? Lies die Bibel und zeig mir, wo das steht. Warum sagt euer Papst, wir sollen Kinder machen, wenn er selbst noch keins gemacht hat?«

»Das Zölibat«, sagte ich und bemühte mich, ernst zu bleiben. »Ein Papst kam vor tausend Jahren auf diese Idee.«

»Mochte er denn keine Frauen?«

»Einer seiner Kardinäle nannte ihn den ›heiligen Satan‹. Er wollte die Welt beherrschen und brauchte ein Heer, das nur der Kirche diente. Familienbeziehungen passten nicht in seinen Plan. Priester durften Huren aufsuchen, aber nicht heiraten.«

Ein storchengroßer Klaffschnabel zog über uns hinweg. Ich erkannte deutlich seine eigenartige Schnabelform, deren Ränder sich in der Mitte nicht zusammenführen ließen. Durch die Lücke schimmerte das Kobaltblau des Himmels.

»Ich war verheiratet«, sagte Sunday plötzlich, und seine Wangen schienen noch mehr einzufallen. »Seit achtzehn Jahren geschieden. Ein Sohn, eine Tochter. Meine Frau hat die Kinder mitgenommen. Sie hatte andere Männer. Sie war korrupt. Geld war alles für sie. Ich habe nicht wieder geheiratet.«

»Weil wir unsere Töchter keinem Ibo geben«, lachte Mohammed schmutzig. »Deshalb hat er keine Frau.«

»Kyede! Wenn ich wieder eine Frau brauche, dann gehe ich in Mikes Land und heirate eine Weiße – eine ehrliche, saubere weiße Frau.«

»Hast du das gehört, Mista Mikel? Wir sind ihm nicht sauber genug, dem Ibo aus dem Süden. Wir wissen schon, warum wir ihm keine Frau geben.«

»Buschfrauen!«, zischte Sunday und nahm einen Schluck von seiner Medizin. »Unzivilisierte, ungebildete, schmutzige Buschfrauen!«

Wir hielten uns am rechten Ufer und streiften den Schatten eines

366

hohen Baums. Es wurde augenblicklich kühler, und ich nahm gerade den Duft vergorener Früchte wahr, als sich einige Lehmhütten aus dem Busch schälten.

»Chihichichi«, sagte Mohammed, ohne hinüberzusehen.

»Ein lustiger Name«, sagte ich, um die Stimmung ein wenig zu lösen, doch Mohammed schwieg.

In der winzigen Bucht lag kein Kanu. Es waren keine Stimmen zu hören, kein Babygeschrei. Kein Kochfeuer qualmte. Das Dorf schien verlassen.

»Die Seuche!«, sagte Mohammed tonlos. »Wer nicht gestorben ist, ist weggegangen.«

»Eine Seuche?«

»Cholera oder die Pocken. In solchen Fällen ist es meist eins von beiden.«

Ich sah hinüber. Das Dorf war in gutem Zustand; stabile Häuser, doch die Fenster standen alle offen – jetzt, bei dieser Mittagshitze. Sie starrten zu uns herüber wie leere Augenhöhlen. Die Cholera bricht in diesem Teil Nigerias häufiger aus. Der Kommabazillus findet hier, wo der Fluss gleichzeitig als Trinkwasserlieferant und Toilette dient, ideale Bedingungen vor. Er heftet sich an die Beine der Fliegen, die den Erreger in der nächstbesten Reisschale absetzen. Auf Kleidungsstücken überlebt er drei bis sieben Tage. In Dörfern wie Chihichichi kann die Sterblichkeitsrate bei Cholera siebzig Prozent betragen. Aber die Pocken? Sie gelten seit über zwanzig Jahren weltweit als ausgerottet.

»Elempe«, sagte Mohammed und trieb das Paddel ins Wasser, um Abstand zum Dorf zu gewinnen. »Ein Python trägt Elempe den Fluss hinunter. Er ist alt und lahm. Er geht an einem Stock. Elempe streut Körner aus, schneidet die Erde mit seiner Schere auf und steigt hinunter. Die Erde schließt sich hinter ihm. Dann kommen die Pocken.«

»Wir Ibo nennen ihn Ojukwu«, warf Sunday ein. »Er schläft mit seiner Schwester. Ihren Namen habe ich vergessen. Aber sein Gehilfe heißt Buku. Er reißt den Kranken die Haut vom Leib. Dann bricht er ihnen das Genick. Hast du das gewusst, Kyede? Sag schon, hast du's gewusst?«

Wir trafen Yunusa Adamu, den Chief von Tada, in einer Moschee aus rostigem Wellblech. An einer Wand hing ein Kalender mit den Fotos der Emire Nordnigerias. Auf dem Boden lagen bunte Matten. Mohammed ging in die Hocke und senkte respektvoll den Blick, als er uns vorstellte. Der Chief reichte mir die Hand und knetete meine Finger eine Weile. Dann führte er uns über die schmalen Pfade des Dorfes, vorbei an langen Lehmwänden, Räucheröfen und trockenen Schilfbündeln. Wir durchquerten eine geräumige Eingangshütte, die Mohammed *katamba* nannte, und betraten ein Gehöft mit strohgedeckten Rundhütten. Dort lebte das Familienoberhaupt mit seinen Frauen, mit seinen Söhnen und jüngeren Brüdern, deren Frauen und Kindern, seinen unverheirateten Schwestern und Töchtern und älteren Verwandten, die keinen eigenen Haushalt mehr führen konnten, mit ehemaligen Sklaven und Freunden und entfernten Verwandten, die von weit her kamen und aus diesem oder jenem Grund für eine Weile in Tada blieben.

Ich lehnte einen eigens herbeigebrachten Stuhl ab, und wir setzten uns auf die Matten im Schatten einer Lehmwand, die Hitze abstrahlte wie ein Glutofen. Schweiß strömte meinen Rücken hinunter. Chief Adamu roch angenehm nach einem Pflanzenaufguss; die Fingernägel seiner rechten Hand fehlten. Die Alten ließen sich würdevoll neben uns nieder. Über uns drängten sich die Köpfe der Kinder. Zwischen den Nupefrauen in ihren bunten Wickelgewändern erkannte ich auch Fulbe mit bemalten Oberlippen.

»Wir Kyede von Tada verehren Inna Jenu«, begann Chief Adamu, und sein Gesicht erinnerte mich an eine topografische Landkarte mit feinen Höhenlinien um Nase, Mund und Augen. »Inna Jenu ist geschaffen vom einzigen Gott. Sie ist die Mutter des Flusses. Wir opfern ihr eine weiße Ziege. Das Fleisch wird unter den Kindern von Tada verteilt. Bevor wir fischen gehen, schenkt der Chief dem Fluss Honig.« Die Menschenmenge wuchs. Von hinten wurde gedrängelt, Kinder fielen vor unsere Füße, und die Alten schlugen mit Ruten um sich und trieben die Leute zurück. Staub wirbelte auf. Wir husteten. Die glühende Lehmwand durchnässte mich völlig.

»Früher hat Inna Jenu unsere Netze gefüllt«, fuhr der Chief fort. »Es gab genug Wasser – tiefes, dunkles Wasser, gutes Wasser für Inna Jenu.

Inna Jenu liebt tiefes Wasser. Doch dann kam der Damm und hat das Wasser flach gemacht, und Inna Jenu hat uns verlassen. Unsere Netze bleiben leer. Unser Dorf ist ohne Schutz.«

»Und wie sieht Inna Jenu aus?«, fragte ich in das drückende Schweigen hinein.

»Das wisst ihr Weißen besser«, sagte der Chief niedergeschlagen. »Ihr wisst viele Dinge. Ihr habt den Damm gebaut. Und wir haben euer Kanu gesehen. Es kam den Fluss herauf, ganz aus Metall, aus schwerem Metall. Es schwamm unter Wasser. Ich erzähle keine Geschichten. Wir haben es alle gesehen. Euer Kanu mit dem Eisenturm schwamm unter Wasser. Nur Weiße bringen so etwas fertig.«

Die Erinnerung an das eigenartige Schiff – ein U-Boot im Niger? – beschäftigte die Menge noch, als ein Stoffsack gebracht wurde, aus dem der Chief eine ovale Holzmaske zog. Über dem Kopfteil erhob sich ein stabförmiger Aufbau wie ein einzelnes senkrechtes Horn, das in einem phallusartigen Knauf endete. Der Chief reichte mir die Maske, und die Menge verstummte.

Es war eine fantastische, sehr alte Arbeit mit winzigen Augenöffnungen, einer gleichmäßig geformten, langen Nase und stark herausgewölbten Ohren. Eine Mundöffnung fehlte. Das angedeutete Kinn lief in einem bartähnlichen Holzstück aus, das vom Wurm zerfressen war. Die Durchbohrungen am Rand und der untere Teil, mit dem die Maske auf der Brust des Tänzers aufsaß, waren stark abgenutzt. Es handelte sich um eine *elogara*-Maske – ein ähnliches Stück hatte ich einmal im Museum für Völkerkunde in Leipzig gesehen. Weltweit sind nur sehr wenige Exemplare bekannt. Die meisten davon hatte Frobenius zwischen 1910 und 1912 auf seiner Westsudanexpedition gesammelt.

»Eine wundervolle Maske«, sagte ich und stellte mir vor, wie Sakralkunsträubern und Museumsdirektoren bei diesem Anblick der Geifer aus dem Mund troff. »Die dürfen Sie nie hergeben! Am besten, Sie zeigen sie niemandem.«

Die Alten wussten nichts mehr über die ursprüngliche Verwendung der Maske. Die Nupe seien jetzt Moslems, niemand kenne mehr den Tanz, die Gesänge. Sie nannten die Maske *kuti*, was in etwa Ritual bedeutet.

369

»Tsoede hat sie mitgebracht«, sagte Chief Adamu. »Tsoede liebte den *kuti*-Tanz.«

»Tsoede?«, fragte ich und ließ meinen Zeigefinger vorsichtig über die feinen Reste rötlicher Farbe gleiten, die sich in einigen Fugen erhalten hatten.

»Unser Ahnherr«, sagte er und packte die *elogara*-Maske wieder in den Sack. »Stromabwärts, in Ketso, gibt es einen Mann, der Tsoedes Geschichte besser kennt als wir.«

Während Mohammed sich den Namen des Geschichtenerzählers geben ließ, fiel mir im Gedränge eine Frau auf, deren seidenes rosarotes Wickelgewand in einem einzelnen Sonnenfleck leuchtete. Auf dem Brustbein erhob sich eine narbige Geschwulst, als habe man ihr ein ledernes Amulett unter die Haut genäht. Als sie meinen Blick bemerkte, zog sie ihr Kopftuch darüber und lächelte.

»Die Leute von Tada wollen dir jetzt eine Frage stellen«, sagte Mohammed.

»Natürlich!«

»Sie sind weit gereist«, begann der Chief, und die Foula, die straff mit einem weißen Tuch umwickelt war, machte sein langes Gesicht noch länger. »Sie sind ein Weißer. Sie kennen den Dunklen Fluss und seine Geister. Wir brauchen Ihren Rat. Wie können wir Inna Jenu nach Tada zurückholen?«

Alle sahen mich voller Hoffnung an. Voller Hoffnung auf eine Lösung, die es nicht geben konnte. Nichts würde das Wasser zurückbringen, das der Damm aufstaute, nichts würde Inna Jenu zurückbringen und nichts die Fische, die ihren Lebensraum verloren hatten. Ich sah in die ernsten Gesichter der Kinder und fragte mich, was einmal aus ihnen werden würde.

»Ich bin ein Fremder in Ihrem Land«, hörte ich mich wie aus weiter Ferne sagen. »Ich verstehe die Dinge hier nur sehr langsam. Doch ich glaube, dass die Innere und die Äußere Welt in Verbindung bleiben müssen.«

Die Männer nickten. Mohammed überreichte Kolanüsse und hundert Naira in kleinen Scheinen. Wir gingen zurück zum Kanu, wo uns Sunday erwartete, und drückten uns vom Ufer ab.

»Sie sind sehr glücklich über deinen Besuch«, sagte Mohammed, während uns die Leute von Tada nachwinkten. »Sie mögen deine Art. Du sitzt gleich hoch wie wir. Du lachst mit uns. Du bewegst dich im Kanu wie ein Kyede. Sie sagen, sie werden diesen Tag nie vergessen.«

Ich saß auf meiner Planke und redete mir ein, dass sie nicht wirklich eine Lösung von mir erwartet hatten. Doch das Gefühl der Hilflosigkeit schnürte mir den Hals zu und machte mich maßlos wütend auf die NEPA, auf die Regierung, auf alle, die den Kyede hätten zu Hilfe kommen müssen und es nicht taten, wütend auf die ganze so genannte Zivilisation, wütend auf mich selbst.

Der Fluss bog nach Süden, die Sonne näherte sich langsam der Savanne, und Sunday saß im Heck und sang mit leiser, knabenhafter Stimme Kirchenlieder. Eine angenehme Brise wehte uns entgegen, Hyazintheninseln streckten ihre lila Köpfe und wachsgrünen Stängel in die Höhe.

»Kyede, willst du deinen Kopf schon wieder auf die Erde schlagen?«, johlte Sunday, als Mohammed zum Ufer paddelte, um sein Mittagsgebet nachzuholen. »Bist du eine Eidechse, Kyede?«

»Sprichst du mit mir?«

»Unser Weg ist weit! Wir haben keine Zeit für deine ständigen Gebetspausen!«

»Für das Gebet ist immer Zeit!«, sagte Mohammed und ließ das Kanu sanft auf das Ufer rutschen.

»Motherfucker!«, zischte Sunday.

»Was meint er?«, fragte Mohammed.

»Er vermisst seine Mutter«, sagte ich. »Es ist das Heimweh.«

»Kleiner Sunday!«, lachte Mohammed und ging kopfschüttelnd an Land. »Armer, kleiner Sunday.«

»Motherfucker!«, zischte Sunday erneut und nahm einen kräftigen Schluck aus der Flasche.

»Ist ja gut, kleiner Sunday«, sagte Mohammed väterlich und rollte sein Ziegenfell aus. »Wir sind ja bald wieder zu Hause.«

Nach dem Gebet aktivierte ich Delphi und bestimmte eine Schwarzbauchtrappe, eine Gelbschnabelentenfamilie, ein paar Palmtäubchen und einen Wollkopfgeier mit fleischfarbenen Füßen, der in einem Reisighorst saß und die blutrote Schnabelspitze in unsere Richtung

streckte. Ich beobachtete gerade eine auffällig gezeichnete Libelle –
eine Teufelsnadel? –, die nicht weit von uns anmutig über den Fluss
schwirrte, als plötzlich ein Fisch aus dem Wasser schoss, seinen grob
geschuppten Körper herauswuchtete und für einen Moment in der
Luft zu hängen schien, so dass ich sein tief gespaltenes Maul und die
Knochenplatten auf seinem Kopf bewundern konnte. Dann
krümmte er seine Rückenflosse und fiel mit einem lauten Knall in
den Fluss zurück.

»Egogi!«, sagte Mohammed nüchtern. »Er schlägt das Wasser mit
seinem Schwanz.«

»Was für ein Sprung!«, rief ich aufgeregt, wechselte in die Fischdatei
und fand den Egogi unter der Ordnung der Knochenzüngler. »Die
Egogis leben überhaupt nicht wie Fische. Hier steht, dass sie ein Nest
aus Wasserpflanzen bauen. Das Weibchen legt seine Eier hinein, und
das Männchen bewacht das Gelege.«

»Seltsame Fische«, sagte Mohammed und schnalzte mit der Zunge.
»Viel Fleisch, aber sehr seltsam.«

»Wenn die Jungen geschlüpft sind, führt der Vater sie spazieren«,
fasste ich Delphis Ausführungen zusammen. »Sie halten sich dicht
über seinem Kopf, weil seine Drüsen einen speziellen Stoff abson-
dern, der verhindert, dass der Nachwuchs unterwegs verloren geht.
Wenn sie doch getrennt werden, muss das Junge nur ein wenig
schnuppern, und schon findet es seinen Vater wieder.«

»Die Kleinen frittieren wir«, sagte Mohammed. »Wir essen sie am
Stück. Sie schmecken wie Nüsse.«

Mohammed und Sunday wollten unter keinen Umständen im Busch
kampieren, und so verbrachten wir die Nacht in Kpashafu, aßen
gekochte Buschhamsterratte mit knackigen Nasenknorpeln und
schliefen gemeinsam unter meinem Mückennetz. Ich erwachte, als
Mohammed mich an meinem Hemd zupfte. Es war noch dunkel.
Mein ganzer Körper juckte. Der Wind musste das Mückennetz
geöffnet haben, denn ich war völlig zerstochen. Sunday roch streng
nach seiner Medizin und war nicht wach zu bekommen. Ich schraubte
die Flasche auf, die neben ihm lag, ließ ein wenig in meine Hand tropfen und leckte daran. Es war Schnaps – oder Brennspiritus.

»Teufelszeug!«, zischte Mohammed.

Als es hell wurde, hielten wir ein Palaver mit den Kyede ab, und wo immer wir in den folgenden Tagen anlegten, war das Thema dasselbe: die Dämme, die Geister, die die Dörfer verlassen hatten, die leeren Netze, Fischzüge, zu denen man abends im Kanu aufbrach und morgens zu Fuß zurückkehrte, weil der Niger über Nacht einfach ausgetrocknet war. Und irgendwann kam dann die Flut, völlig unerwartet und höher und gewaltiger als alles, was die Kyede je gekannt hatten, eine Flut, die alles mitriss – Hütten, Felder, Kanus, Vieh, Menschen –, die sie aus den Dörfern ihrer Väter trieb und irgendwo Obdach suchen ließ wie Fremde im eigenen Land. Durch die Dämme war der Dunkle Fluss unberechenbar geworden.

Wir hatten Gudu, Zogu und Kpacha hinter uns gelassen, als in der Ferne zwei Kinder quer über den Fluss zu laufen schienen. Wir sahen die flache Sandbank erst kurz bevor wir dort anlegten. Dahinter erhoben sich auf einem stark erodierten Hochufer die Hütten von Ketso. Chief Makum war ein schwergewichtiger Mann, der gelassen in seinem Sessel hing und uns mit dröhnender Bassstimme begrüßte. Als die goldfarbene Wanduhr zur vollen Stunde schlug, hielt er inne, und wir lauschten einigen Strophen von *O my darling Clementine*, während wir uns in der brütenden Hitze zwischen vierzig Alten am Fußboden drängten. Ein kleiner Junge schmiegte sich an meine Seite und fächelte mir Luft mit einem Palmblatt zu.

»Es ist gut, dass Sie in Ketso halten«, fuhr der Chief fort, nachdem die Wanduhr verstummt war. »Denn in Ketso hüten wir die Geschichte der Nupe, die Geschichte von Tsoede.«

Er nickte kaum merklich einem Alten zu, der sich von seinem Platz erhob, um sich zu seinen Füßen niederzulassen.

»Hört die Geschichte, die Geschichte von Tsoede, Tsoede, hm«, begann der Geschichtenerzähler, während ich das Diktiergerät auf einen Lehmabsatz stellte. »Hört, hört und gebt Acht. Mächte kommen. Geister folgen den Worten. Zur Zeit der Götter kam der Prinz von Idah nach Nupe. Er wollte jagen, jagen, wo der Kaduna in den Niger fließt, hm. Er traf eine Nupefrau. Sie wurden ein Paar, doch der König starb, und der Prinz kehrte heim. Er schenkte der Nupe einen Ring, sie trug sein Kind, sein Kind kam zur Welt, ein Junge, hm. Sie nannte ihn Tsoede, Tsoede, und sie gab ihm den Ring.

Tsoede wurde versklavt. Er kam nach Idah. Er trug den Ring, und der Herrscher erkannte ihn, seinen Sohn, hm. Tsoede blieb dreiunddrei-ßig Jahre, dann wurde der König krank, sehr krank, sehr geheimnis-voll, niemand konnte ihn heilen.«

Schweißperlen lösten sich aus dem krausen Haar des Geschichtener-zählers und rannen über seine Schläfen in die senkrechten Ziernar-ben, wo sie einen Moment lang verharrten wie Regentropfen an einer Scheibe, bis ihnen weitere folgten und sich mit ihnen vereinigten, um gemeinsam ein Stück tiefer zu rutschen.

»Der Wahrsager befragte das Orakel und sah eine Frucht in einer hohen Ölpalme. Hört, hört und gebt Acht! Die Söhne des Königs klettern hinauf, doch sie fallen herunter. Tsoede klettert hinauf, Tsoede pflückt die Ölfrucht, und der König wird gesund. Hört ihr, der König liebt Tsoede, doch seine Halbbrüder hassen ihn. Der König gibt Tsoede ein Kanu, ein Kanu aus Bronze, hm, gibt ihm zwölf Nupesklaven, gibt ihm Königstrompeten und Trommeln mit Glocken. Er gibt ihm Eisenketten mit Kräften, Tsoedes Eisenketten, die jede Lüge erkennen. Und Tsoede fährt den Dunklen Fluss hinauf, hinauf in sein Land, nach Nupe, hm. Seine Halbbrüder verfolgen ihn, doch Tsoede versteckt sich im Egga-Creek. Sie finden ihn nicht, bekommen Angst, kehren um, hm. Tsoede versenkt sein Bronze-kanu. Er opfert es dem Dunklen Fluss. Wo der Kaduna in den Niger fließt, schimmert es noch immer herauf. Dort bringen wir unsere Opfer, Flussopfer, Opfer für Tsoede.«

Alle Augen hingen am Geschichtenerzähler, der völlig regungslos zu Füßen des Dorfchefs saß. Die Ritzungen an seinen Schläfen konnten das Wasser jetzt nicht mehr halten, es rann über die Wangen und wurde dort von tiefen Narben aufgefangen, die es quer über die Backen zu den Mundwinkeln führten. Der Geschichtenerzähler öff-nete die Lippen, als wolle er weitersprechen, doch er sprach nicht. Er öffnete nur die Lippen, und der Schweiß rann in seinen Mund.

»Und Tsoede eroberte Nupe«, fuhr er schließlich fort. »Tsoede machte sich zum König von Nupe. Seine Hauptstadt war Gbara. Hört, hört! 5555 Pferde standen in seinem Stall. Mit Tsoede kamen die *kuti*. Mit Tsoede kamen die Silberschmiede, kamen die Messing-klopfer, die Glasmacher, die Kanubauer. Tsoede hat Nupe mächtig gemacht, berühmt und mächtig, hm. Auf seiner Flucht aus Idah traf er Belenko, einen Kyede. Er saß auf einem Felsen im Fluss und trug zwei Hemden. Er half Tsoede, und Tsoede machte ihn zum Kuta, zum Emir der Fischer. Er herrscht noch immer über den Fluss, unten in Muregi.«

»Und wie ist Tsoede gestorben?«, fragte ich leise, weil ich befürchtete, die Geschichte könnte schon zu Ende sein.

»Alle Nupe kommen von Tsoede«, sagte der Geschichtenerzähler, öffnete seine Augen und warf mir einen ernsten Blick zu. »Auch alle Kyede kommen von Tsoede. Tsoede war einhundertzwanzig Jahre alt. Er starb im Kampf, im Kampf bei Gbagede. Sein Schwert ist noch dort. Seine Steigbügel sind noch dort. Weiße Steigbügel, in Gbagede, hm. Sie sind heilig. Kein Fremder darf sie sehen.«

Mohammed überreichte in meinem Namen eine Schale Kolanüsse und ein Geldgeschenk. Ein Junge brachte ein rotes Huhn, eine Schale Reis und eine Schilfmatte und legte die Geschenke vor mich hin. Dann zog Chief Makum eine Harpunenspitze aus seinem Gewand und hielt sie hoch, damit alle sie sehen konnten.

»Wir nennen sie Ekpan. Wir jagen damit. Wir fischen und kämpfen damit. Sie gehört Ihnen.«

Ich nahm die Harpunenspitze entgegen und wog sie in der Hand. Sie war schwer und etwas angerostet und verfügte auf jeder Seite über zwei kräftige Widerhaken. Es war ein wundervolles Geschenk.

Chief Makum führte uns an der Spitze einer langen Prozession aus gebeugten Alten und hüpfenden Kindern durch Ketso. Staub wirbelte auf, Schlappen klapperten an Fußsohlen, unser Huhn zappelte in Mohammeds Händen. Wir kamen an einer hohen Palme und zwei Mangobäumen vorbei, an zerfallenen Lehmhütten und neuen Häusern aus Zement. Arbeiter winkten, und immer neue Menschen schlossen sich uns an, bis der Tross über dem Hochufer zum Stehen kam.

Der Niger hatte einen Teil der Hütten weggerissen. Astwerk war in die Erde getrieben worden, um die Böschung zu halten, doch der Fluss grub sich stetig weiter ins Dorf.

»Dort lag das Ketso unserer Ahnen«, sagte der Chief und deutete auf eine Hyazintheninsel, die weit draußen im Niger trieb. »Der

Fluss jagt uns. Die Flutkatastrophen – die Regierung will uns umsiedeln.«

Wir sahen schweigend den Hyazinthen nach.

»Schreiben Sie in Ihr Buch, dass wir Ketso niemals aufgeben werden«, sagte Chief Makum plötzlich. »Tsoede hat uns diesen Ort geschenkt. Unsere Väter sind hier begraben. Wir werden Ketso nie verlassen. Schreiben Sie, die Regierung soll uns Zement schicken. Wenn die Flut kommt, gehen wir. Aber danach kehren wir zurück. Das Wasser kann Zementhäusern nichts anhaben.«

Als wir abfuhren, stand ganz Ketso am Hochufer. Der Chief sprach seine Benediktionen, und wir hoben respektvoll unsere Hände.

»Sie werden ein berühmter Mann!«, rief er, als wir schon fast außer Hörweite waren. »Denken Sie daran, mein Freund, Freund der Nupe. Sie sollen uns Zement schicken.«

Als Ketso hinter der Biegung des Flusses verschwand, dachte ich über Tsoede nach, den Kulturhelden der Nupe, den Bastard, der magische Kräfte erlangte, König wurde und den Kyede den Fluss schenkte. Durch Tsoede war der Nupe-Staat in der Ehrfurcht gebietenden Sphäre mythischer Geschehnisse verankert worden. Doch die ganze Tiefe dieses Mythos sollte ich erst verstehen, als ich längst wieder zu Hause war. Erst in den gut sortierten Bibliotheken Europas fand ich heraus, dass ich in Ketso eine wahre Geschichte gehört hatte. Denn Tsoede hat tatsächlich gelebt – vor einem halben Jahrtausend. Ich taufte das Huhn Mathilda. Es lag unter Mohammeds Sitzplanke und hechelte wie ein erschöpfter Hund. Seine Zunge zitterte, sein Kehlsack hüpfte; seine Füße waren zusammengebunden, und der linke Flügel war auf Mohammeds Badeschlappen ausgestreckt.

»Du musst keine Angst haben, Mathilda«, sagte ich leise. »Dir wird nichts passieren.«

Ich füllte die Plastikschale, mit der ich von Zeit zu Zeit das Wasser aus dem Kanu schöpfte, und stellte sie Mathilda hin. Sie wandte verächtlich den Kopf ab. Mohammed sah es und lachte.

»Ihr Weißen!«, höhnte er.

»Was machen wir jetzt mit Mathilda?«, fragte ich besorgt.

»Mit Mathilda?«

»Mit dem Huhn.«

»We kill it!«, brüllte Mohammed. »We kill tat chicken and chop it!«

Kurz vor Chewuru flatterten Hunderte von Scharlachspinten um ihre Löcher im Hochufer, wie exotische Falter um eine Mineralstelle, und stießen metallische, zweisilbige Rufe aus. Es waren schöne karminrote Vögel mit grünblau schimmernden Köpfen und sehr langen Schwanzspießen. Sie beherrschten das ganze Ufer und saßen sogar auf den Rücken der Rinder, die oberhalb weideten. Wir fuhren zu einer Insel, um uns zu waschen. Ich fand eine tiefe Stelle mit geringer Strömung. Das Wasser war erstaunlich kalt, doch es tat gut, in den Fluss zu tauchen und sich den klebrigen Schweiß und den Staub von der Haut zu schrubben. Danach fuhren wir nach Chewuru hinüber, um Fisch zu kaufen. Als wir an den Frauen vorbeikamen, die auf den Steinen am Ufer Wäsche machten, sahen sie kurz zu mir auf, tuschelten und brachen in ein tosendes Gelächter aus.

»Warum lachen sie?«, fragte ich Sunday.

»Sie haben gute Augen, diese Nupefrauen. Als du gebadet hast, haben sie dich beobachtet. Sie sagen, sie haben deine Rute gesehen.«

»Na und?«, sagte ich gelassen. »Wird nicht die erste gewesen sein.«

»Sie sagen, deine Rute ist weiß, weiß und winzig«, brüllte Sunday und warf sich entzückt ins Gras. »Sie sagen, sie haben noch nie eine so winzige Rute gesehen.«

In Chewuru gab es keinen Fisch, als wir gerade wieder aufbrechen wollten, kamen ein paar Männer mit einem eigenartigen Fang zurück. Sie hatten das wuchtige Tier mit Stricken zwischen zwei Kanus festgebunden, und weil ich anfangs nur den speckigen, dunkelbraunen Rücken sah, hielt ich es für ein kleines Flusspferd. Doch dann tauchte eine kräftige, walartige Schwanzflosse auf, und ich sah den kleinen Kopf und die wulstige, borstige Oberlippe einer zerknautschten Schnauze. Es war ein junger Afrikanischer Manati (auch Rundschwanzseekuh genannt). Das spärlich behaarte Tier war unverletzt, atmete laut aus und starrte uns mit seinen winzigen Augen an. Ich konnte sehen, wie sich seine halbmondförmigen Nasenlöcher öffneten und schlossen. Es musste gut zwei Zentner wiegen.

»Was wird aus ihm?«, fragte ich Sunday, weil ich Mohammeds Antwort schon ahnte.

»Sie warten auf die Nachricht des Kuta in Muregi. Nur er kann sagen, was mit einem Manati geschehen soll.«

»Sein Penis bringt 40 000 Naira«, mischte sich Mohammed ein, und der Manati legte seine Flossen über die Augen. »Die Araber stellen Medizin daraus her. Sie macht ihre Stängel hart. Das Fleisch bringt das Doppelte, gutes Fleisch. Man brät es im eigenen Fett. Der Magen des Manati gibt fünfundzwanzig Liter Öl.«

»Aber der Manati ist fast ausgestorben!«, protestierte ich.

»Sein Blut wird gekocht und getrunken«, fuhr er unbeirrt fort, »seine Knochen stoßen wir zu Puder. Sie helfen gegen Rheuma. Aus der Haut des Männchens wird ein Schlagstock gemacht, der *koboko* heißt. Er bricht nie, sehr schmerzhaft. Das Moos auf dem Rücken wird abgeschabt. Es reinigt die Gesichtshaut. Der Manati hört sehr gut. Wir lösen sein Ohrenschmalz in Wasser auf und träufeln es Schwerhörigen ein. Und wenn du viele Kinder willst, Mista Mikel, dann musst du Manati-Sperma trinken, jede Menge Manati-Sperma.«

»Natürlich.«

Wir stießen uns vom Ufer ab, und während Mohammed in allen Details verschiedene Manati-Schlachttechniken ausführte, stellte ich mir vor, wie das Weibchen sein einziges Junges beim Säugen mit der Flosse an sich drückte und wie dabei ihre großen Brüste aus dem Wasser auftauchten wie die einer Meerjungfrau. Vielleicht wurden Seekühe deshalb Sirenen genannt, und vielleicht beruhten die Geschichten von weinenden Sirenen, die es auf der ganzen Welt gab, auf den öligen Absonderungen, die auch dem Manati im Teich von Chewuru aus den Augen getreten waren wie dickflüssige Tränen.

»Wie ist der Manati in den Fluss gekommen?«, unterbrach ich Mohammed in seinem Blutrausch.

»Eine Frau ging ans Ufer, um zu baden«, antwortete er. »Ihre Schwiegermutter kam vom Holzsammeln zurück und überraschte sie ohne Kleider. Die Frau sprang vor Scham in den Fluss. Sie wollte nicht mehr herauskommen. Sie wurde ein Manati. Und sie schämt sich noch immer. Deshalb hat die Seekuh in Chewuru ihre Flossen

auf die Augen gelegt. Nachts weint sie wie eine Frau, sie hat ihre Tage
wie eine Frau und säugt ihr Baby wie eine Frau. Bei Vollmond verwandelt sie sich in ihre menschliche Gestalt zurück, und jeder kann
sie sehen, wenn sie nackt badet. Die Seekuh ist eine Fulbe.«
Sunday fluchte plötzlich laut, und ich fuhr erschrocken herum.
»Er hat seine Hose vergessen«, rief Mohammed und brachte vor
Schadenfreude fast das Kanu zum Kentern. »Der kleine Sunday hat
seine Hose in Chewuru gewaschen und sie einfach liegen lassen. Ich
werde den kleinen Sunday noch mal zur Schule schicken. Er muss
das Abc aufsagen und lernen, wie man im Stehen pinkelt. Und wenn
der kleine Sunday ohne Hose kommt, setzt es Prügel.«
Wir waren schon zu weit, um umzukehren, und als wir so den Niger
hinuntertrieben, kam mir der Manati wieder in den Sinn, und mir fiel
ein, dass ich schon einmal einen gesehen hatte – im Amazonas. Das
brachte mich auf den Gedanken, dass meine Reise vor, sagen wir,
hundertdreißig Millionen Jahren um ein ganzes Stück länger ausgefallen wäre. Damals klebte Südamerika noch an Afrika, und der
Niger war der Oberlauf des Amazonas, der seinerzeit noch in den
Pazifischen Ozean mündete. Manatis gab es schon damals. Doch als
die südamerikanische Kontinentalplatte die Ur-Manatis beim Fluss-
grasfrühstück überraschte und sich von Afrika losriss, konnten sie
sich nicht schnell genug entscheiden, und ihre Familie wurde auseinander gerissen.
Während ich meine Kleider und meine gedünstete Kopfhaut mit
Nigerwasser befeuchtete und gegen das hypnotische Gemurmel der
Paddel ankämpfte, sah ich die urzeitlichen Separatisten vor meinem
geistigen Auge auf ihrer Scholle nach Westen driften und auf den
Pazifikboden krachen – mit derart ungezügelter Fahrt, dass sich dort
die Anden aufschoben, die alte Mündung des Amazonas blockierten
und so lange Regenwasser über ihre Osthänge abführten, bis sich der
Flusslauf schließlich umdrehte. Alles ging sehr schnell, so schnell
jedenfalls, dass den überraschten Seefischen keine Zeit blieb, aus der
Amazonasmündung zu verschwinden. Sie wurden durch die auf-
schießenden Anden vom Pazifik getrennt. Und das war auch der
Grund, warum ich damals auf dem Fischmarkt im peruanischen
Iquitos eine ganze Reihe von Salzwasserfischen (Rochen, Haie, Säge-

fische) bestaunen konnte – viertausend Flusskilometer von der heutigen Mündung entfernt.[32]

»Du hast einfach kein Glück«, sagte ich mir, streckte meinen brettharten Rücken durch, versuchte ein wenig Blut in meine tauben Hinterbacken zu pumpen und winkte Mathilda zu, die sich offensichtlich mit ihrer neuen Umgebung abgefunden hatte, »bist ein wenig zu spät dran, 130 Millionen Jahre. Was macht das schon, deine Reise braucht ja an der Nigermündung nicht zu Ende zu sein. Musst ja nur über den Atlantik fliegen und am Amazonas anknüpfen, dann allerdings gegen den Strom ...«

»Was brabbelst du denn die ganze Zeit?«, rief Mohammed über seine Schulter.

»Nichts, ach nichts. Ist schon gut.«

Mir war ein wenig schwindlig. Als die Mittagshitze ihren mörderischen Höhepunkt erreichte, legten wir am Ufer an, weit von jeder Siedlung, und nahmen ein erfrischendes Bad im Fluss. Ich wehrte mich energisch gegen Mathildas Ermordung, und so ging Mohammed los, um mit der Steinschleuder eine Senegaltrappe zu schießen. Wir brieten sie und streckten uns nach dem Essen unter einem Wollbaum aus, dessen frei liegende Wurzeln die Form eines riesigen Sofas hatten.

Wir fuhren erst weiter, als die Hitze etwas nachließ. Oberhalb von Dakanni wurde der Busch am rechten Ufer sehr dicht, und wir hielten uns im Schatten der überhängenden Bäume.

»Seht euch dieses Wasser an!«, schwärmte Mohammed, tauchte die Hand hinein und schlürfte sie genüsslich aus. »Sehr tief, sehr einsam. Nach den ersten Regen werde ich mit meinem Kanu kommen und hier mein Camp aufbauen. Ich werde viel Fisch fangen.«

Er überlegte eine Weile.

»Das verdanke ich dir, Mista Mikel. All diese Dörfer! Die Leute sind sehr stolz auf unseren Besuch. Sie werden ihren Enkeln erzählen, dass ein Weißer in ihrem Haus geschlafen hat. Und jeder weiß dann,

---

[32] Die These, diese Seefische seien vom Atlantik den Amazonas hinaufgezogen, wird unter anderem dadurch entkräftet, dass ihr Vorkommen stromabwärts kontinuierlich abnimmt.

dass sie die beste *katamba* im Dorf haben. ›Und wisst ihr auch, wer den Weißen geführt hat?‹, werden sie ihre Enkel fragen. ›Mohammed‹, schreien die Kleinen dann, ›Mohammed Mohammadu hat ihn geführt, ein Kyede von Jebba Island.‹ Und wenn jemand flussabwärts reisen möchte, werden sie ihn zu mir schicken. Weil ich den Dunklen Fluss jetzt besser kenne als jeder andere.«

»Außer mir!«, kreischte Sunday.

»Natürlich! Außer dem kleinen Sunday, der seine Hose vergisst.«

Die Sonne ging bereits unter, als wir einen Fischer trafen, der im Heck seines Kanus saß und eine Leine mit Hunderten von Angelhaken in den Fluss ließ. Er zeigte uns seine Handflächen zur Begrüßung und erklärte, es sei noch eine halbe Stunde bis Gonkozhingi, wo wir übernachten wollten.

Kurz darauf bogen wir in einen schmalen Arm ein, der in östlicher Richtung ins Schilf führte. Auf einer Baumkrone saß ein Goliathreiher, langbeinig und regungslos. Die Luft wurde feuchter. Es roch nach Schlamm. Die Stechmücken fielen über uns her. Bald verengte sich der Flusslauf, Pflanzen wucherten in die Fahrrinne, die Paddel drangen nicht mehr bis zum Wasser durch, und wir mussten uns an Stängeln voranziehen. Dunstschleier krochen durch das Schilf.

»Wohin führst du uns, Kyede?«, fragte Sunday, während die Halme unsere Arme und Gesichter zerschnitten und schwere Käfer mit leisem Klacken ins Boot fielen.

Mohammed schwieg.

Wir gewannen wieder Wasser unter dem Rumpf. Sunday griff nach der Stake und gab mir sein Paddel, und so arbeiteten wir uns gemeinsam die Strömung hinauf. Die Trainingseinheiten mit dem Theraband zeigten ihre Wirkung, denn es fiel mir nicht schwer, das Wasser hinter mich zu drücken – zumindest anfangs nicht. Die Blasen an den Händen und die Stiche in der rechten Schulter stellten sich erst später ein. Von allen Seiten strömten jetzt neue Rinnsale und Wasserarme auf uns zu, führten in verschiedene Richtungen, schlangen sich um Schilfinseln, vereinigten sich wieder oder verzweigten sich in andere, seichtere oder tiefere, breitere oder engere Wege – manche so eng, dass das Kanu kaum hindurchpasste. Wir steckten in einem riesigen, überfluteten Schilfwald, und wir folgten keinen

Fahrrinnen, sondern Schneisen – Schneisen, die der Fluss geschaffen hatte.

»Du hast dich verirrt, Kyede, stimmt's?«, sagte Sunday mit schneidender Schärfe und drehte eine neue Flasche auf. »Wo sind wir, Kyede? Verdammt noch mal, Kyede, wo sind wir?«

Es wurde dunkel, und meine Taschenlampe reichte nicht aus, um das Dickicht zu durchdringen. Der Lärm der Insekten war ohrenbetäubend, und selbst die Mücken schrien; sie störten sich nicht weiter an unseren Bewegungen, sie stachen einfach in unsere Füße, in die Hände, in Nase, Mund, Augenlider. Plötzlich spie uns der Schilfwald auf eine große Wasserfläche, an der mehrere Arme zusammenflossen. Es war ein Labyrinth. Und wir hatten keine Ahnung, in welcher Richtung Gonkozhingi lag.

»Dort entlang!«, sagte Mohammed wenig überzeugend.

Sunday rief in die Nacht hinaus, bis seine Stimme riss. Niemand antwortete. Die Strömung wurde schwächer, das Wasser flacher. Wir liefen auf Grund und mussten aussteigen. Keiner von uns machte sich mehr die Mühe, die Hosen hochzukrempeln. Der Schlamm verschluckte unsere Beine bis zu den Knien. Das Wasser wurde tiefer, flacher, wieder tiefer, und am Ende stiegen wir gar nicht mehr ein, sondern zogen das Kanu durch den Morast und über widerspenstige Pflanzenbündel – bis zur Hüfte im Wasser, in diesem pechschwarzen, übel riechenden Wasser, in dieser Finsternis, in diesem Busch, mitten in Nigeria. Sunday sang Kirchenlieder, und seltsamerweise dachte ich nicht an die Krokodile, die dort in der Dunkelheit lauern konnten und für die wir einfache Beute waren; nein, ich dachte an winzige Tierchen, so winzig, dass ich sie selbst bei Tag nicht hätte sehen können – vielleicht einen halben Millimeter groß. Ich dachte an Zerkarien.

Zerkarien, ging es mir durch den Kopf, während ich den Fuß aus dem Schlamm zog. Sicher ist dieses Wasser voll davon. Sie paddeln hier irgendwo mit ihren Gabelschwänzen herum – nicht wahllos, nein, systematisch –, auf der Suche nach einem Stück Menschenhaut, in das sie in Sekundenschnelle eindringen. Sie werfen ihre Schwänze ab, durchwandern alle Hautschichten, ziehen sich ein paar menschliche Eiweiße über und besorgen sich die Passwörter, damit das Immunsystem sie für Körpereigene hält. Dann steigen sie in ein Blutgefäß

382

und schippern darin zur Lunge, durchqueren das Zwerchfell und die Leber und legen in den feinen Verästelungen der Pfortader eine Verschnaufpause ein.

Ich hockte mich auf einen Matschhügel, rang nach Atem, starrte in die Nacht und dachte daran, dass die Zerkarien in meiner Pfortader nicht mehr ganz so klein sein würden; sie würden dann lange Würmer sein, richtige, lange, geschlechtsreife Würmer – Schistosomen, wenn ich mich nicht irrte. Ich wischte mir einen Schlammklumpen aus dem Gesicht und stellte mir vor, wie sich Männchen und Weibchen zu einem Tandem zusammenschweißten und meine Pfortader hinunterradelten wie durch eine Allee im Frühling, und wie sie von den zahllosen Abfahrten die beiden einzig richtigen nahmen, die in meinen Darm oder die in meine Blase. Dort würden die Schistosomen dann ihre Eier legen, dreißig Jahre lang, wenn es sein musste, und bis zu dreitausend Stück am Tag. Deshalb stand selbst im schlechtesten Reiseführer, man solle südlich der Sahara nicht einmal seinen Finger in Risikogewässer halten – Gewässer wie das, in dem ich gerade bis zur Brust stand –, weil von den Hunderttausenden von Eiern nur die Hälfte den Ausgang fand und der Rest im Körper herumirrte (wie wir in diesem verfluchten Schilfwald) und ziemlich verheerend wütete, was man dann Schistosomiasis nennt – oder Bilharziose.

Aber vielleicht musst du ja gar keine Angst haben, hörte ich eine innere Stimme sagen, während sich ein langes, sehr langes Etwas in mein Gesichtsfeld schob, sich an der Wasseroberfläche wand, auf uns zukam und mich laut aufschreien ließ, bis Mohammed es mit seiner Harpune aufspießte und es sich als Algenstrang entpuppte, der in der Strömung wedelte. Vielleicht musst du ja gar keine Angst haben, sagte die Stimme, denn vielleicht haben sich die Schistosomen ja längst in deinem Unterleib eingenistet.

Und plötzlich war das Licht da. Ein Glimmen, das in der Dunkelheit zitterte und auf das wir zuhielten wie Schiffbrüchige auf eine rettende Insel. Es war der Schein eines Feuers, das hinter einem Erdwall flackerte. Mohammed rief etwas hinüber, und einen Moment lang herrschte Stille, dann antworteten mehrere Männerstimmen, doch niemand zeigte sich.

»Kyede«, sagte Mohammed erleichtert. »Sie wollen auch nach Gonkozhingi. Wir sollen warten. Wir können mit ihnen ins Dorf fahren.« Wir saßen gut eine Stunde im Kanu, nass, verklebt, zerstochen, dann wurde das Feuer hinter dem Wall gelöscht, und mehrere Männer nahmen aus dem Dunst heraus Gestalt an. Sie trugen lange Holzstangen und Ballen weißen Tuchs, das knochenbleich im Mondlicht schimmerte. Ein riesiger Mann, zweifellos ihr Anführer, hielt ein eigenartiges Gefäß von vager menschlicher Form in den Händen. An seinem Gürtel rasselte eine schwere Eisenkette. Er blieb dicht vor mir stehen und musterte mich von Kopf bis Fuß. Seine Augen leuchteten wie die eines Leoparden. Sein Gesicht war mit einem weißen Puder bestäubt. Er roch nach Rauch und verbrannten Kräutern.

Die Fremden zogen ihre Kanus aus dem Versteck, und wir folgten ihnen durch die Finsternis.

»Mohammed«, flüsterte Sunday, und mir fiel auf, dass er ihn zum ersten Mal mit seinem Namen ansprach. »Mir gefällt das nicht, Mohammed. Was sind das für Leute?«

»Wir können die Nacht nicht hier draußen verbringen.«

»Mohammed?«

Mohammed schwieg.

4

Ein grauenhaftes Geräusch riss uns aus dem Schlaf. Es schwankte zwischen den panischen Schreien kleiner Kinder und dem Gebrüll von Raubkatzen, die sich grausame Wunden zufügten. Es schlang sich um die Bäume vor unserer Hütte, verhedderte sich im Geäst, in den Zweigen, den Dornen und brach sich, wie Knochen in einer Mühle brechen, wurde etwas schwächer, schwoll erneut an, bohrend, surrend, quiekend, und endete in einem bösartigen Fauchen.

»Jesus Christus!«, presste Sunday heraus und bekreuzigte sich dreimal.

»Mohammed!«, rief ich. »Mohammed, was war das?«

Mohammed saß wie gelähmt auf seiner Matte und starrte auf eine Türritze, durch die das erste Tageslicht hereinsickerte und sich zögernd auf dem Boden ausbreitete wie die giftigen Ausdünstungen des unheimlichen Geräuschs.

»Ich wusste nicht, dass es so schnell beginnen würde«, stammelte er. »Ich...«

»Was beginnt, Kyede?«, keuchte Sunday und suchte im Halbdunkel nach seiner Flasche.

»Der Ndako Gboya«, flüsterte Mohammed. »Der Ndako Gboya will das Dorf sauber machen.«

»Der Ndako Gboya?«

»Er ist mächtig, mächtig und gefährlich. Er haust im Busch – niemand weiß, wo. Der Hexenjäger ruft ihn, und der Ndako Gboya kommt und findet die Hexen, alle Hexen im Dorf.«

»Der Hexenjäger?«, fragte ich aufgeregt. »Der Mann von gestern Nacht?«

Mohammed nickte.

»Ein Hexenjäger?«, japste Sunday und stopfte hastig das Leintuch in seine Tasche. »Schnell! Brechen wir auf, solange wir noch Zeit haben.«

»Keine Zeit mehr«, murmelte Mohammed, den Blick noch immer auf den Lichtstreifen geheftet, der das Dunkel der Hütte durchschnitt wie eine staubige Klinge. »Der Hexenjäger hat Gonkozhingi bereits verschlossen. Er hat einen unsichtbaren Faden um das Dorf gespannt. Wer ihn zerreißt, stirbt.«

Ich sah durch einen Spalt im Fenster. Die Wege Gonkozhingis waren verlassen. Es herrschte eine Stille wie vor einer Naturkatastrophe. Während ich die Umgebung nach einem Hinweis auf den Ursprung des Geräuschs absuchte, erinnerte ich mich an einen Bericht von Siegfried F. Nadel, dem zufolge es in Bida, der Hauptstadt Nupes, im Januar 1932 zu einem regelrechten Ausbruch von Hexerei gekommen war. Die hysterische Menge hatte damals drei Frauen zu Tode gesteinigt. Ich drückte mein Auge noch dichter an den Spalt und erkannte zwei Sandhaufen, hinter denen ein Weg in den Busch führte. Tuchfetzen flatterten in den Ästen der umstehenden Bäume. Am Boden lagen getrocknete Schildkrötengehäuse, und dann sah ich ihn: den Ndako Gboya. Einen schlanken Zylinder aus weißem Tuch, fünf Meter hoch, ohne jedes menschliche oder tierische Merkmal. Er wuchs aus dem Busch wie ein riesiger, bleicher Finger und stand einfach nur da, und obwohl ich keine Augen erkannte, war ich sicher, dass er das Dorf anstarrte, jede einzelne Hütte – stumm und regungslos. Nur der Wind zog hier und da an seiner zerknitterten weißen Haut.

»Hexen!«, flüsterte Mohammed hinter mir. »Der Ndako Gboya verbrennt sie. Oder er erwürgt sie. Er will die Erde nicht mit ihrem Blut beschmutzen. Ihre Körper werden in den Wald geworfen.«

Plötzlich fegte ein einzelner Trommelschlag durch das Dorf, trocken und laut wie ein Kanonenschuss. Ich blinzelte irritiert, und als meine Augenlider wieder nach oben schnellten, war der Ndako Gboya verschwunden, als sei er verpufft oder in eins der leeren Schildkrötengehäuse gefahren.

»Und was geschieht jetzt?«, fragte ich unsicher, das Auge noch immer am Spalt.

»Ich war noch nie bei einer solchen Zeremonie dabei«, sagte Mohammed. »Früher verlangten die Hexenjäger so viel Geld für ihre Arbeit, dass die Leute die Steuern nicht mehr bezahlen konnten. Die Regierung hat den Ndako Gboya verboten. Doch er ist ein mächtiger Geist. Er lässt sich nicht verbieten. Die Hexen sind gefährlich, und nur der Ndako Gboya kann sie vernichten.«

Draußen raschelte etwas, und ich dachte gerade an eine Maus oder eine Schlange, als sich ein Auge vor den Spalt schob und mich anstarrte. Ich schrie vor Schreck auf, taumelte rückwärts, stolperte über Sundays gepackte Tasche und riss beim Sturz das Mückennetz von der Decke. Die Tür wurde aufgestoßen, und ein großer Mann mit schlichtem Hüfttuch und nacktem Oberkörper schob sich ins Gegenlicht wie ein Scherenschnitt.

»Lauf, lauf! Der Ndako Gboya holt dich ein!«, sagte er tonlos.

Seine Leopardenaugen glühten. Ich erkannte ihn auch ohne das weiße Puder, das in der vorangegangenen Nacht auf dem Erdwall

sein Gesicht bedeckt hatte. Der Hexenjäger sagte nichts weiter. Er
trat wieder hinaus, und als das Licht auf seinen Rücken fiel, sah ich,
dass seine Haut mit Narben übersät war. Sie sahen aus wie schlecht
verheilte Schusswunden.
Wir machten uns zum Versammlungsplatz auf. Die Dorfbewohner
trugen frische Einschnitte an Schläfen und Gelenken. Ihre Haut war
mit Pflanzenpasten eingerieben. Amulette, magische Ringe und Ketten baumelten an ihren Körpern. Einige beteten im Gehen.
»Wovor haben die Leute Angst, Mohammed?«, flüsterte ich, während wir dem Strom der Dorfbewohner folgten.
»Die Hexen«, antwortete er so leise, dass ich ihn kaum verstand. »Du
fischst nachts auf dem Fluss. Sie schlagen ihre Zähne in deine Brust,
sie reißen dein Herz heraus. Wenn dein Kanu gefunden wird, ist es
voller Blut, doch dein Körper ist verschwunden.«
Neben uns gingen zwei Jugendliche in zerschlissenen Turnhosen, die
sich ständig vor uns verbeugten. Frauen in schwarzen Büstenhaltern
überholten alte Männer, die sich auf knorrige Stöcke stützten. Der
Versammlungsplatz lag unter einem Paukenschlägerbaum. Am
Stamm häuften sich Flaschen mit trüben Flüssigkeiten und ver-
schmiertes Essgeschirr aus Blech. Ich nahm an, dass der Ort auch als
Schrein diente, doch ich sah nirgendwo Tierreste oder geronnenes
Blut. Direkt gegenüber lag die kleine Moschee von Gonkozhingi.
»Ich kann es riechen, das Hexenzeug«, schrie der Hexenjäger plötzlich, und die Menge verstummte.
Er ging barfuß, und die Sonne warf kleine, ausgefranste Schatten um
die Narben auf seinem Oberkörper. Mächtige Venen pulsierten unter
seiner straffen Haut.
»Das Hexenzeug ist hier! Hier in Gonkozhingi!«, dröhnte er und
stieß einen Speer aus verrostetem Eisen in den Boden; unter der
gedrehten Spitze waren vier Glöckchen angebracht, in denen Angelhaken klingelten. »Ich rieche finstere Herzen, finstere Gedanken. Ich
rieche Mordlust. Bei Gott, deshalb verschwinden die Männer auf
dem Fluss«, schrie er, und die Leopardenaugen sprühten Funken.
»Die Hexen schleichen sich nachts in den Busch. Sie entkleiden sich,
legen sich auf den Rücken und nehmen das Pulver. Sie verwandeln
sich in Flughunde. Sie schwirren über das Wasser, und wenn ein

Fischer einschläft, reißen sie ihm die Haut vom Leib. Sie trinken sein Blut. Seinen Körper schleppen sie zum Hexenbaum und fressen ihn auf. Nichts bleibt von ihm übrig.«

Mehrere Frauen jammerten und schlugen sich aus Trauer um ihre Männer mit den Fäusten auf die Brust.

»Und der Hexenhunger wird immer größer«, schrie der Hexenjäger und hob beide Hände zum Himmel. »Hexen sind unersättlich. Sie fressen die Ungeborenen. Sie kommen durch die Dachspitze in euer Haus. Sie kriechen durch eure Nase und fressen euren Kehlkopf, eure Ohren, eure Augen, fressen eure Gebärmutter, Lunge, Herz, Hoden, fressen sich durch eure Haut, fressen euch, fressen euren Reis, euren Yams, euren Fisch, fressen ganz Gonkozhingi auf.«

Ich roch Sundays Ausdünstungen und wusste, dass er jetzt gerne einen Schluck aus der Flasche genommen hätte. Doch sie war nicht griffbereit. Er sah zu Boden und seufzte. Seine Hände zitterten.

»In Gonkozhingi stinkt es nach Hexerei«, tobte der Hexenjäger, schweißüberströmt. »Es stinkt nach Hexerei und Aas, nach Menschenaas, Menschenaas in schlechten Bäuchen. Deshalb hat mich euer Chief kommen lassen. Jetzt ist eure Zeit um, Seelenfresser! Lauft, lauft! Der Ndako Gboya holt euch ein!«

Bevor der Hexenjäger tätig wurde, wollte er bezahlt werden. Seine Forderungen waren wohl astronomisch, denn ein hoch gewachsener Mann in mandelfarbenem Hemd stürmte auf ihn zu und schrie ihn auf Nupe an. Der Hexenjäger griff gelassen nach dem Eisenspeer und setzte die Spitze an einer Narbe unterhalb der linken Brust an, genau über seinem Herz. Er sah dem Mann liebevoll in die Augen und rammte den Speer in sich hinein. Ein Pfeifen ertönte, wie wenn Luft unter starkem Druck entweicht – pihf! –, dann schoss Blut aus seiner Brust und tränkte das Hemd des erstarrten Mannes. Das Gesicht des Hexenjägers verlor plötzlich seine Furcht erregende Ausstrahlung, als sei diese mit dem Pfeifen aus seinem Körper gewichen. Seine Züge entspannten sich, seine Augen nahmen ein gütiges Sonnengelb an, und seine Mundwinkel beschrieben das weitherzige Lächeln eines Großvaters, der seinen Lieblingsenkel auf dem Schoß trägt. Er stieß seine Finger in die blutende Wunde und zog etwas heraus, das aussah wie ein Wurm, wie ein blutverschmierter, auffallend dicker, weißer

Wurm. Doch dann flutschte der leicht gepanzerte Kopf einer Albinoschlange aus der Wunde, und der Mann im Mandelhemd wich zwei Schritte zurück. Die Leute würgten, und die Kinder rannten in panischem Schrecken davon. Das Blut des Hexenjägers perlte vom aalglatten Körper der Schlange ab. Sie wand sich um seinen Arm und stieß ihre schwarze Zunge hervor. Ihre Augen waren giftgrün.

»Hexenmacht!«, schrie der Hexenjäger und hielt die Schlange vor das Gesicht des entsetzten Mannes, ohne das Blut zu beachten, das noch immer aus seiner Wunde strömte. »Nur Hexenmacht schlägt Hexenmacht! Lauft, lauft!«

Die Leute eilten davon, um das Geld aufzutreiben, und wir setzten uns vor unsere Hütte. Ich fütterte Mathilda und redete ihr gut zu, denn sie schien etwas verstört.

»Die Schlange ist sein Totem«, behauptete Mohammed und warf einen hungrigen Blick auf Mathilda. »Habt ihr seine Narben gesehen? Er häutet sich wie eine Schlange. Er ruft sein Totem, und es kommt ihm zu Hilfe – wie der Ndako Gboya.«

»Ein Trick, Kyede! Nichts weiter!«, sagte Sunday und trat nach Mathilda, die neben seinem Fuß defäkierte. »Das viele Blut – niemand hat richtig aufgepasst.«

Während sich die beiden stritten, verspürte ich selbst keinerlei Bedürfnis, zu erklären, wie der Hexenjäger das mit der Schlange gemacht hatte. Einen Moment lang dachte ich daran, Delphi über das weiße Reptil zu befragen, doch dann verwarf ich den Gedanken wieder. Aus irgendeinem Grund glaubte ich, bereits mehr über die Schlange zu wissen als alle Computer dieser Welt, und ich ließ mich von der Vorstellung faszinieren, sie könnte dauerhaft im Körper des Hexenjägers leben – zusammengerollt in seiner Brust schlummernd, von seinem Herzschlag hypnotisiert, durch seine Hautporen atmend und gelegentlich einen Schluck von seinem Blut trinkend, in harmonischer Symbiose, unzertrennlich wie Einsiedlerkrebs und Seeanemone –, und im Gegenzug durfte der Hexenjäger die Schlange herausrufen, damit sie die Leute zu Tode erschreckte. Mir gefiel dieses Bild, und ich hakte nicht weiter nach, stattdessen fragte ich Mohammed, warum es die Hexen ausgerechnet auf die Fischer abgesehen hatten.

»Hexen brauchen keinen Grund zum Töten«, sagte er düster. »Sie sind von Natur aus böse. Sie gehen nachts um wie die Geister, laufen mit den Beinen nach oben, fliegen und versammeln sich auf hohen Bäumen. Ihre Augen leuchten rot. Sie sind nackt. Sie haben Sex mit Tieren und spielen Fußball mit Menschenschädeln.«

»Aber die verschwundenen Fischer … Ich meine, jemand muss doch gesehen haben, dass die Hexen sie verschleppten?«

»Die Hexe schickt nachts ihr *fifingi* aus, ihr Doppel, ihre Schattenseele«, sagte er leise und lachte nervös. »Ihr Körper schläft friedlich, doch das *fifingi* verwandelt sich in einen Flughund. Es wartet, bis du einschläfst und dein *fifingi* deinen Körper verlässt. Dann schlägt der Flughund zu. In deinen schlechten Träumen, verstehst du?«, fügte er leiser hinzu. »Der Flughund frisst dein *fifingi*, in dem die Gesundheit steckt – jede Nacht ein Stück mehr, bis du stirbst. Dann holen die Hexen deinen Körper und fressen auch ihn. Das *fifingi* ist unsichtbar, und wenn du die Hexe aufweckst, kommt es sofort zu ihr zurück. Du kannst nie beweisen, dass eine Hexe eine Hexe ist.«

»Und deshalb muss der Ndako Gboya kommen?«

»Die Geheimgesellschaft, ja«, hauchte Mohammed und sah sich ängstlich um. »Der Hexenjäger kennt die Kräfte des Ndako Gboya. Er kann ihn rufen, ihn benutzen, wie er die Schlange benutzt hat. Nur der Hexenfindergeist kann es mit den Seelenfressern aufnehmen.«

»Aber die Nupe sind doch Moslems«, warf ich verwirrt ein.

»Gute Moslems«, sagte Mohammed, »die Nupe sind sehr gute Moslems! Aber die Nupe sind auch Nupe!«

»Aberglaube!«, zischte Sunday. »Ihr Nupe seid abergläubisch!«

»Abergläubisch?«, kreischte Mohammed. »Ihr Christen nennt uns abergläubisch? Ihr packt drei Götter in einen einzigen, den großen Gott, seinen Sohn und einen Geist, der sich in eine Taube verwandelt und überall zugleich ist. Ich habe euer Buch gelesen. Es ist voller Djinns mit Flügeln, roten Backen und goldenen Scheiben um den Kopf. Sie schützen euch und tragen eure Gebete zu eurem Gott, der im Himmel sitzt. Und diese Frau, die ihr anbetet? Sie soll einen Sohn geboren haben. Ohne einen Mann! Ohne Sex! Wie hat sie das gemacht? Wie soll das funktionieren? Was würde dein Computer dazu sagen, Mista Mikel? Wie würde er das erklären?«

»Die Unbefleckte Empfängnis«, sagte ich. »Man kann das nicht erklären. Man muss daran glauben. Es heißt, dass Maria vor der Sünde bewahrt wurde und Gottes Sohn vom Heiligen Geist empfangen hat.«

»Und dann hat euer Gott seinen Sohn geopfert«, rief Mohammed erregt. »Eure Religion basiert auf einem Menschenopfer. Euer Gott hat seinen eigenen Sohn an ein Holzkreuz nageln lassen, damit ihr ewig leben könnt. Und was tut ihr Christen? Ihr fresst ihn auf.«

Ich sah ihn erstaunt an.

»Ihr seid Kannibalen«, brüllte Mohammed völlig außer sich. »Ihr schneidet euren Gott in Scheibchen und fresst ihn auf. Ist es nicht so, Mista Mikel? Und dann trinkt ihr sein Blut. Ihr findet unsere Bräuche gruselig und nennt uns abergläubisch, aber wenn ihr euren Gott auffresst, findet ihr das ganz normal. Ihr wartet darauf, dass er eines Tages zurückkommt, nicht wahr? Aber wie soll er zurückkommen, wenn ihr ihn auffresst? Oder wollt ihr gar nicht, dass er zurückkommt? Wollt ihr am Ende lieber selber Gott spielen? Fresst ihr ihn deshalb auf?«

»Nur die Katholiken machen das!«, protestierte Sunday und nahm einen Schluck aus der Flasche.

»Nach katholischer Lehre werden Brot und Wein durch Verwandlung zu Fleisch und Blut«, erinnerte ich mich. »Nur ein geweihter Priester kann die Eucharistiefeier...«

»Ein Fetischeur!«, schrie Mohammed. »Ihr seid auch nicht besser als wir Afrikaner. Kein bisschen, Mista Mikel. Ich habe von diesem bösen Geist gehört, mit den Ziegenhufen und dem langen Schwanz. Er macht, dass ihr schlimme Dinge tut, verbotene Dinge, ungehörige Sachen. Dann geht ihr in die Hütte des Fetischeurs und flüstert ihm eure Sünden ins Ohr. Ihr müsst nur so tun, als täte es euch Leid, und der Fetischeur zaubert eure Sünden weg, damit eure Seele nicht in das große Feuer kommt.«

Sunday bekam Schluckauf. Ich sah zu Boden.

»Aber ich mache mich nicht über euch Christen lustig, Mista Mikel«, sagte Mohammed und beruhigte sich wieder. »Weil unsere Religionen sich sehr ähnlich sind. Keine ist besser oder schlechter als die andere. Sie sind voller Geheimnisse und Launen. Nur Gott weiß, was dahinter steckt.«

Es dauerte den ganzen Vormittag, bis das Dorf das Geld für die Zeremonie zusammenhatte. Jeder wusste, dass Hexen am liebsten ihre eigenen Kinder und Geschwister fraßen, und so beschuldigten sich die Leute gegenseitig. Sie kontrollierten gewissenhaft die Hexennetze an Dachspitzen und Fenstern und frischten ihre magischen Abwehrkräfte auf.

»Wenn Hexen in die Enge getrieben werden, sind sie besonders gefährlich«, sagte Mohammed, während er eine Pflanzenpaste auftrug, ich mich gründlich mit meinem Nabelschnurfetisch einrieb und Sunday, auch wenn er das alles für Aberglauben hielt, unablässig das Vaterunser betete.

Mit dem ersten Luftzug wogten schwere Trommeln durch das Dorf, und die Leute strömten wieder auf den Versammlungsplatz. Einer der Trommler spielte auf einem dickbauchigen, irdenen Topf, der mit Ziegenhaut bespannt war. An den Handgelenken trug er Rasseln aus runden Eisenscheiben. Eine afrikanische Zither spann finstere Melodien dazu. Dann ging ein Raunen durch die Menge, und die Männer nahmen hastig ihre Mützen ab, als der Ndako Gboya aus dem Busch brach, einen Schrei ausstieß und in ruckartigem Gang in die Mitte des Platzes schritt. Seine fünf Meter hohe Gestalt erinnerte an einen weißen Aal, der aus großer Tiefe an die Wasseroberfläche aufstieg. Nichts am Verhalten der Maske erinnerte an ein menschliches Wesen.

»Ein guter Tänzer«, sagte ich gebannt und betrachtete das Leintuch, das bis auf den Boden fiel und nicht einmal die Füße sehen ließ.

»Er hat das Opfer gebracht«, sagte Mohammed in ehrfürchtigem Ton. »Er hat die Medizin getrunken und sich damit gewaschen. Er ist kein Tänzer. Er ist der Ndako Gboya.«

»Er ist ein Buschmann!«, stänkerte Sunday. »Ihr seid alle Buschmänner, Kyede! Abergläubische Primitive!«

Der Ndako Gboya wirbelte eine Staubwolke auf, so dass sein Schatten erst weit von ihm entfernt auf die Erde fiel und losgelöst umherglitt wie der eines Raubvogels am Himmel. Er hüpfte zweimal auf der Stelle, senkte seine bleiche Haut und rannte direkt auf Sunday zu, der seine Flasche fallen ließ und kreischend davonlief, um sich hinter einem Busch zu verstecken, wo er in nervöses Gelächter ausbrach.

»Hast du gesehen, wie unser kleiner Christ rennen kann?«, rief Mohammed begeistert. »Hast du's gesehen, Mista Mikel?«
Der Hexenjäger begleitete den Ndako Gboya auf Schritt und Tritt und schlug mit seinem Speer nach jedem, der sich der Maske näherte. Hin und wieder sprach er mit ihm und übersetzte seine schrille Fistelstimme – die Mohammed wiederum für mich übersetzte:

»Kennst du den Ndako Gboya?
Nein? Du kennst ihn nicht?
Hast nie von ihm gehört?«

Oder:

»Saug nicht an unseren Brüsten!
Friss unsere Glieder nicht!
Werd fett wie ein Nilbarsch!
Lauf, lauf! Der Ndako Gboya
schlitzt dich auf.«

Die Frauen begannen zu singen. Eine Alte mit hohen Wangenknochen trat in die Mitte, schüttelte ihre Kalebassenrassel und tanzte vor dem Ndako Gboya. Die Männer saßen herum und beobachteten die Zeremonie, die vor allem eine Angelegenheit der Frauen zu sein schien. Ich fragte Mohammed danach.
»Auch Männer können hexen«, erklärte er. »Aber die Macht der Frauen, die wirkliche Hexerei, ist viel stärker.«
Ein Mann sprang auf und ahmte in clownesken Schritten den Tanz der Alten nach. Die Leute lachten, lachten, wie Sunday hinter dem Busch gelacht hatte. Und im nächsten Augenblick wurde es still. Die Trommeln setzten aus, Tanz und Gesang verebbten, und der Ndako Gboya erstarrte in seiner monumentalen Schlichtheit wie eine römische Säule. Die Frauen näherten sich ihm, knieten nieder, senkten ihre Köpfe und legten ihm demütig das gesammelte Geld zu Füßen. Dann standen sie auf und sangen:
»Man nennt ihn nicht Freund, wenn er ins Dorf kommt. Freund ist er, wenn er wieder geht.«

Der Hexenjäger hob das Geld auf und steckte es ein. Die Zeremonie wurde jedoch nicht sofort wieder aufgenommen, da sich die Leute neu gruppierten und ihr Abendgebet gegen Mekka verrichteten. Der Hexenjäger fungierte als Vorbeter.

»Er ist ein guter Moslem!«, sagte Mohammed, als er wieder an meine Seite zurückkam.

Die Sonne ging unter, und als die Taschenlampen und Sturmlaternen den Versammlungsplatz schon in ein gespenstisches Licht tauchten, wurde die Zeremonie noch einmal unterbrochen. Zwei Soldaten mit Kalaschnikows erschienen wie aus dem Nichts und stürmten auf den Hexenjäger zu. Mohammed konnte das Wortgefecht nicht verstehen, doch es sah so aus, als wollten sie die Veranstaltung verbieten. Einer griff nach dem Beutel, in dem der Hexenmeister das Geld verwahrte, und als dieser sich wehrte, spuckte der größere Soldat ihm ins Gesicht und entsicherte die Kalaschnikow.

Der Hexenmeister trat einen Schritt zurück, hob gelassen seinen Speer und drehte ihn über seinem Kopf, so dass die Spitze auf ihn selbst zeigte. »Tsoedes Speer!«, rief er laut, und ich erkannte gerade noch, wie seine Augen das gütige Sonnengelb annahmen, dann schloss er sie, und seine Züge erschlafften. Er röchelte leise, und die Narbe unter seiner Brust platzte von alleine auf – pihf! – und daneben zwei weitere– pihf-pihf! –, und eine ganze Reihe von Narben klaffte um den Bauchnabel auf – pihf-pihf-pihf! Die Soldaten ließen ihre Kalaschnikows sinken – pihf! – und wichen erschocken zurück – pihf! –, während der Hexenjäger mitten auf dem Versammlungsplatz stand wie ein durchlöcherter Ziegenschlauch, aus dem das Blut in alle Richtungen schoss, stumm, die Augen geschlossen, mit willenlosen Zügen und Tsoedes Speer über sich, als richte der Urahn der Nupe eigenhändig die gedrehte Spitze auf sein Haupt.

Ich starrte auf die Wunde unter der Brust und sah, wie die Schlange ihren Kopf herausschob und aus dem Körper des Hexenjägers glitt. Ich sah, wie die mächtigen Venen unter seiner Haut erwachten, wie in den blutenden Wunden weitere Köpfe erschienen, die Köpfe kleiner Albinoschlangen mit schwarzen Zungen und giftgrünen Augen. Nach und nach flutschten sie aus dem Körper des Hexenjägers – alle weiß, alle schuppenlos – und klatschten auf die Erde und wanden sich im Blut.

Panik brach aus. Die Menschen stoben auseinander. Ein kleines Mädchen stolperte und wurde überrannt. Wir zerrten sie unter den Füßen der Fliehenden hervor, die achtlos über sie hinwegtrampelten. Sie trug ein rosafarbenes Rüschenkleidchen. Sie legte ihre Hand in meine und blieb wie gelähmt neben mir stehen. Sie weinte nicht.

Die Alten erwachten aus ihrer Starre, stürzten sich auf die Soldaten und drängten sie vom Versammlungsplatz. Aus einer der Kalaschnikows löste sich eine Salve und zerfetzte das Blätterdach des Paukenschlägerbaums. Der Hexenjäger schlug die Augen auf und richtete seinen großväterlichen Blick fest auf die verstörten Soldaten.

»Lauft, lauft!«, rief er mit elektrisierender Stimme. »Der Ndako Gboya holt euch ein!«

Die Maske durchbrach jetzt die aufgewühlte Menge und verschwand im Busch, und am anderen Ende des Dorfs, hoch über den Hütten, erschien plötzlich ein weiterer Ndako Gboya. Er stieß seinen Schrei aus, raste wie eine schlanke, sehr dichte Windhose auf den Versammlungsplatz zu, stürzte in den Kreis, tanzte, schrie, bog sich wie eine kahle Pappel im Sturm und verschwand wieder. Aus einer anderen Richtung tauchte noch eine identische Maske auf.

»Viele, sehr viele«, keuchte Mohammed, während der Hexenjäger blutüberströmt seine Schlangen einsammelte. »Die Erde schluckt sie, die Erde spuckt sie aus. Sie sind ohne Zahl.«

»Gott! Gott! Sei mit uns!«, kreischte Sunday und bekreuzigte sich.

Die Musiker droschen auf die Trommeln ein und umschlangen ihre hölzernen Bäuche mit beiden Beinen, als ritten sie auf ihnen. Die Kuhzähne an den Daumen des Zitherspielers entrissen den Saiten aufreibende Tonfolgen, welche die Frauen wieder in die Mitte des Kreises trieben. Erneut begannen sie zu tanzen, schneller, immer näher um den Ndako Gboya kreisend, bis sie ihn fast umarmten und die Maske zwischen ihnen herausragte. Es sah aus wie ein Angriff. Die Alten liefen mit ihren Ruten auf den Platz und schlugen auf die Frauen ein, doch diese sangen und tanzten in fieberhafter Ekstase – schweißüberströmt, heiser, den Rücken voller Striemen. Sie wirbelten im Kreis, schlugen um sich und schüttelten Arme und Beine, Schultern und Köpfe in unkontrollierten Bewegungen. In der Ferne rollte ein Donner. Ein Wetterleuchten ließ den Nachthimmel splittern. Und plötzlich, mitten im Tanz, blieb der Ndako Gboya stehen und beugte seinen Körper über eine junge Frau.

»Die erste«, fuhr Mohammed zusammen. »Der Ndako Gboya hat die erste Hexe gefunden.«

Ein Raunen ging durch die Menge, und in der Umgebung der Frau wurde ängstlich getuschelt. Jeder wich jetzt dem Blick des Hexenjägers aus, der jäh und wie vom Geist dazu veranlasst den Namen der Frau ausspie. Sie warf sich flach auf die Erde und drückte ihr Gesicht in den Staub. Der Hexenjäger zog sie aus dem Kreis und schleppte sie in den Busch.

»Was passiert mit ihr?«, fragte ich erschrocken und schüttelte Mohammed an den Schultern. »Mach den Mund auf, Mohammed! Was passiert mit ihr?«

»Sie muss mit den Händen in der Erde graben«, sagte er mit bebender Stimme. »Wenn ihre Finger unter den Nägeln bluten, ist sie eine Hexe.«

Als sie zurückkamen, der Hexenjäger, der Ndako Gboya und die Frau, waren ihre Hände blutüberströmt. Abgerissene Nägel hingen von ihren Fingern.

»Sie hat gestanden!«, rief der Hexenjäger in die Menge und schwang die Kette. »Tsoedes Kette erkennt jede Lüge.«

»Aber das ist doch Wahnsinn!«, schrie ich, und die Leopardenaugen durchbohrten mich.

»Vorsicht, Mike!«, zischte Sunday und zog mich so weit zurück, dass der Hexenjäger mich nicht mehr sehen konnte. »Er tötet dich. Niemand wird dir helfen.«

Die Frau stand in der Mitte des Kreises und starrte ins Leere. Sie schien keinen Schmerz zu empfinden. Ihre Oberlippe war auffallend stark behaart, die Schneidezähne fehlten, das lange Wickeltuch hing matt und leblos an ihrem knochigen Körper. Ihre Fußspangen aus Messing wirkten wie Sklavenfesseln. Niemand sah sie an. Sie hatte unter ihnen gelebt, mit ihnen Wäsche am Fluss gemacht und Hirse gestampft und vorgetäuscht, auf ihre Kinder Acht zu geben. Nachts hatte sie sich in einen Flughund verwandelt. Gewöhnliche Gewehrkugeln konnten ein Hexentier nicht töten, denn jeder in Gonkozhingi wusste, dass man sich das Schmalz aus den Ohren kratzen und die Kugel damit bestreichen musste, weil der Flughund nur dann – und nur dann – starb. Sobald der Tag anbrach, würde die Hexe im Busch in ihrem eigenen Blut gefunden, am Hinterkopf noch die verräterische hundeartige Schnauze und, wo der Mensch seine Ohren hat, die riesigen Augen. Aus den Spitzen der durchsichtigen Schwingen würden Frauenhände mit den unheimlichen Krallen wachsen, mit denen sie ihren Opfern die Haut vom Körper reißen, nicht aber unverletzt in der Erde graben konnte, denn dafür sind die Krallen des Flughunds nicht gemacht. Und natürlich hätte man im Gesicht der erschossenen Hexe Reste des Flughundfells gefunden, Reste, die sich – wie man jetzt auf der Oberlippe der Frau im Kreis sah – niemals ganz zurückbildeten. Selbstverständlich wusste jeder, wie schwer es war, nachts den richtigen Flughund mit der richtigen Munition zu treffen. So war es kein Wunder, dass die Hexe weiterwüten, über die schlafenden Fischer in ihren Booten herfallen und ihr Blut aussaugen konnte, dass sie die Männer, wenn sie schwach genug waren, mit ihren Hexenschwestern auffraß, um nach dem Kannibalenfest ihre Trommeln aus Menschenschädeln zu schlagen, welche die Leute von Gonkozhingi seit geraumer Zeit in ihren Träumen hörten.

Während der Ndako Gboya weitertanzte, musste ich an einen englischen Wissenschaftler denken, einen gewissen Edward Evans-Pritchard, der Hexerei in Afrika untersucht, aber keine Objekte gefunden hatte, deren sie sich bediente – keine stichhaltigen Beweise also –, und der somit, seiner eigenen wissenschaftlichen Logik folgend, schloss: »Hexerei ist ein eingebildetes Vergehen, denn sie ist unmöglich. Eine Hexe kann nicht tun, was man ihr unterstellt zu tun, und existiert somit nicht.«

Die Witwen der verschwundenen Fischer sahen das anders. Sie schrien vor Schmerz auf, schlugen sich mit Fäusten gegen die Brust und beschimpften die Frau mit den blutenden Fingern.

Der Ndako Gboya überführte zwei weitere Frauen und blieb dann direkt vor mir stehen. Ich redete mir ein, dass es nur eine Stoffmaske war, in der ein schwitzender, erschöpfter Tänzer stand; doch selbst wenn ich mich sehr angestrengt hätte, mein Körper ließ sich nicht überrumpeln und fröstelte wie bei einem Fieberanfall. Meine Beine zitterten, wie sie es taten, wenn ich ausgiebig mein Hockentraining mit dem Theraband absolvierte. Mein Unterkiefer klapperte. Ich nahm den metallischen Geschmack von Blut wahr, und einen absurden Moment lang glaubte ich, es sei das Blut des Hexenjägers, das auf irgendeine Weise in meinen Mund gelangt war. Erst dann spürte ich den Schmerz in meiner Zunge. Ich lief nicht weg, war zu keiner Bewegung fähig, blieb einfach stehen und spürte, wie mich die Kegel der Taschenlampen abtasteten. Der Hexenjäger starrte mich an. Seine Leopardenaugen funkelten. Der Ndako Gboya näherte sich mir bis auf einen Schritt. Ich konnte den rasselnden Atem des Tänzers hören und das muffige Tuch riechen, und es war etwas Unirdisches, etwas zutiefst Beunruhigendes in der Art, wie sich die Stoffmaske über mir auftürmte, so als erforsche sie mit unsichtbaren Tentakeln meine verschiedenen Hautschichten. Der Ndako Gboya schien an mir zu riechen, nicht wie man an einer exotischen Frucht riecht, sondern eher wie man es bei einem Stück Fleisch tut, wenn man prüfen möchte, ob es noch essbar oder schon schlecht ist – intensiv, vorsichtig, hellwach. Und ich verspürte eine unbeschreibliche Angst dabei. Dann ging der Ndako Gboya weiter, zwei, drei Schritte nur, um sich über eine weitere Frau zu beugen. Und der Hexenjäger zerrte sie zum Ordal in den Busch.

Die Menge raste. Aufgebrachte Frauen rissen Zweige von den Büschen und geißelten ihre Rücken damit, Männer schrien, Kinder stampften hysterisch auf, bückten sich nach Steinen und keiften die Beschuldigten an, die alle gestanden hatten und sich apathisch im Kreis drängten.

»Was wird aus den Frauen, Mohammed?«, fragte ich ängstlich und dachte an Nadels Bericht über die Steinigungen in Bida.

»Die Hexen sind überführt«, sagte er. »Sie haben ihre Kräfte verloren. Doch sie müssen bestraft werden.«

Ich sah ihn erschrocken an.

»Keine Angst, Mista Mikel. Er wird sie nicht töten. Er jagt sie mit einer brennenden Fackel aus dem Dorf. Sie werden im Busch leben wie die Tiere – falls sie sich nicht freikaufen können.«

»Freikaufen?«, japste ich, völlig am Ende. »Wie viel?«

»Die Frauen können das Geld unmöglich aufbringen.«

»Wie viel?«, schrie ich in die Raserei hinein, und der Hexenjäger sah
wieder herüber.

Mohammed gab ihm ein Zeichen, und wir zogen uns in den Busch
zurück. Im Schein der Taschenlampe erkannte ich die aufgewühlte,
blutverschmierte Erde, in der die Frauen gegraben hatten. In der
Ferne grollte wieder ein Donner, doch dieses Mal blieb das Wetterleuchten aus.

Mohammed fragte nach dem Preis, der die Frauen vor der Verban-
nung bewahren würde. Der Hexenjäger prüfte die Stoffpfropfen, die
in seinen Wunden steckten. Sein Körper und das Wickeltuch waren
blutverkrustet. Tsoedes Speer schien gerostet. Er heftete den Blick
auf mich, doch seine Augen sahen mich nicht an. Vielmehr schien es,
als ob sie an mir rochen, wie der Ndako Gboya an mir gerochen
hatte. Fleisch, dachte ich, ich bin Fleisch für ihn.

Dann nannte er seinen Preis. Es war die Hälfte des Geldes, das ich
noch bei mir hatte. Ich bezahlte ohne den Versuch, die Summe her-
unterzuhandeln. Der Hexenjäger nahm das Geld und stieß Tsoedes
Speer in den Boden, doch die Angelhaken in den Glöckchen waren
vom Blut verklebt. Sie klingelten nicht mehr.

5

Wir verließen Gonkozhingi noch vor dem Morgengrauen. Der
Hexenjäger war verschwunden, den Ndako Gboya hatte er
mitgenommen. Die Leute schliefen friedlich in ihren Hütten. Vögel
zwitscherten, irgendwo bellte ein Hund. Verlassene Kochfeuer
dampften in der frischen Brise, die vom Fluss heraufzog.

»Saubere Luft«, sagte Mohammed und atmete tief ein, als wir unser
Kanu vom Ufer abstießen und geräuschlos auf den sanft gewellten
Fluss hinausglitten.

Wir fuhren bis Muregi und besuchten den Kuta, jenen Emir der
Fischer, der sein Amt Tsoede verdankte. Die Audienz dauerte keine

fünf Minuten. Der alte Mann mit der gebrochenen Stimme saß hinter einer weiß getünchten, pilzbefallenen Mauer in einem Polstersessel mit Rollen und starrte wie betäubt vor sich hin. Fragen zur Geschichte der Kyede überforderten ihn. Mit einer morschen Geste schickte er einen Jungen los, um einen vergilbten Papierstapel zu holen. Seine Ratgeber wühlten darin – ohne Ergebnis.

Auf dem Weg nach Pategi rasteten wir unter einem einzeln stehenden Sheabutterbaum. Ich musste eingeschlafen sein, denn als ich mich aufrichtete, hatte Sunday ein üppiges Essen gekocht.

»Der kleine Kyede hat wieder mit seiner Steinschleuder gespielt«, sagte er, als wir hungrig in die Schüssel griffen.

»Schmeckt der Vogel?«, gab Mohammed zurück und tunkte ein Fleischstück in die Pfeffersoße. »Schmeckt der Vogel, den der kleine Kyede mit seiner Steinschleuder geschossen hat?«

Er schmeckte ausgezeichnet. Und als ich fragte, was es für ein Vogel sei, bogen sich beide vor Lachen und sahen zum Pflock hinüber, an dem eine zerschnittene Fußschnur hing. Ein Stück weiter lagen rötliche Federn und weißer Flaum.

»Mathilda!«, würgte ich.

»Dieser Kyede!«, kreischte Sunday begeistert. »Dieser verrückte Kyede! Er hat das Huhn mit der Steinschleuder erlegt!«

Wir trennten uns wie geplant in Pategi, wo die beiden das Kanu zu einem guten Preis verkaufen konnten. Mohammed wollte sich von seinem Anteil auf Jebba Island ein neues Boot kaufen, um beim nächsten Hochwasser die tiefen Flussstellen aufzusuchen, die er auf unserer Reise entdeckt hatte. Sunday legte sich einen imposanten Vorrat an Medizin zu.

»Teufelszeug!«, murrte Mohammed. »Dieses Teufelszeug wird dich noch mal all deine Hosen kosten.«

»Tank God!«, kicherte Sunday und schüttete den Fusel glücklich in sich hinein.

»Ibo und Ijaw«, sagte Mohammed wirklich besorgt, als ich an Bord der Marktpinasse ging, die am späten Nachmittag nach Lokoja fuhr. »Sei vorsichtig flussabwärts, Mista Mikel. Diese Leute schlitzen dich für zehn Naira auf!«

»Der Kyede hat Recht«, stimmte ihm Sunday zum ersten Mal auf unserer Reise zu. »Lokoja geht noch, aber Onitsha ist das Tor zur Hölle.«

Die Motoren der Pinasse sprangen an. Mohammed reichte mir vom Land aus ein kleines Papierbündel, und Sunday sang ein Hosianna zum Abschied; dann blieben sie zurück, winkend und Händchen haltend wie ein verliebtes Paar. Als das Boot durch den Mündungsbereich des Kaduna-Flusses in den Niger fuhr, wo Tsoede auf seiner mythischen Reise nach Nupe sein Bronzekanu versenkt haben soll, wickelte ich Mohammeds Geschenk aus. Es waren Hühnerfüße – Mathildas Hühnerfüße.

In Lokoja wohnte ich mit Blick auf das älteste Gefängnis im Norden Nigerias. Das kleine Backsteinhaus mit dem schwarzen Sockel stand im Garten des *Kogi Hotel*. Ich zog die vergitterte Tür auf; ein muskulöser, junger Mann sah überrascht von den Leintüchern auf, die er gerade in einer Badewanne schrubbte. Er trug Shorts und eine rote Mütze mit goldenen Pailletten.

»Ein schöner Hut«, sagte ich und lächelte. »Yoruba?«

»Stimmt, Sir!«, sagte er. »Der Hut eines Yoruba-Königs.«

Ich sah ihn neugierig an.

»Mein Vater ist der König von Kabba. Ich bin der Prinz von Kabba. Eines Tages werde ich König von Kabba sein.«

»Früher sollen hier Mörder aufgehängt worden sein«, sagte ich und zeigte zum Dachbalken hinauf, von dem ein ausgefranster Strick baumelte.

»Stimmt, Sir!«, sagte der Yoruba-Prinz. »Lange her!«

Die vier Fenster waren noch immer vergittert. Im Boden liefen die offenen Latrinengräben auf ein Loch in der Wand zu. Es roch nach Seifenpulver. An der Stirnwand stapelten sich verrostete Bettgestelle.

»Schönen Tag noch, Prinz von Kabba!«, sagte ich, als ich hinausging.

»Ihnen auch, Sir!«

An diesem Tag wurde der Strom in Lokoja über die Mittagszeit nicht unterbrochen, und ich nutzte den seltenen Luxus einer Klimaanlage in meinem Zimmer, um richtig abzukühlen. Später rückte ich Polstersessel und Tisch beiseite, befestigte das grüne Theraband an der Türklinke und zog die Arme mehrmals zurück – rasch, aber lustlos, eher aus Gewohnheit. Mein Nacken fühlte sich gut an, die letzten Schmerzen lagen Wochen zurück, und irgendwie kamen mir die Übungen plötzlich überflüssig vor. Ich zwang mich trotzdem, sie ordentlich abzuschließen.

Den Rest des Tages blieb ich im klimatisierten Zimmer. Ich verließ es nur zweimal. Um Bier zu holen. Und um Bier zu holen. Dazwischen sah ich mir die Nachrichten auf CNN an. In Mekka waren 32 Pilger bei einer Massenpanik zu Tode getrampelt worden. Auf der Santana High School in San Diego hatte ein Junge mehrere Mitschüler erschossen. Belgien war ein Land voller Kinderschänder. In Deutschland übergossen Rechtsradikale auf offener Straße junge Türken mit Benzin und zündeten sie an. In weiten Teilen Europas grassierte die Maul- und Klauenseuche. Eine halbe Million Tiere waren bereits eingeäschert worden, und während die britische Königsfamilie um ihre Viehbestände in Dartmoor bangte, sinnierte CNN darüber, ob Straußensteaks aus Schweden die explodierte Nachfrage nach »sicherem Fleisch« befriedigen konnten.

Ich schaltete den Fernseher wieder aus und sah aus dem Fenster. Der Yoruba hatte seine Prinzenmütze abgenommen und döste im Schatten eines Mangobaums. An einer Leine triefte Bettwäsche. Die Tür des ehemaligen Gefängnisses stand weit offen. Ich trank die grüne Flasche aus, auf deren Etikett sich zwei goldene Hände schüttelten und das deutsche Wort *Vereinsbrauerei* prangte – auf der Rückseite war das dubiose Hygienezertifikat eines Londoner Instituts von 1926 abgedruckt –, dann schoss ich den Kronenkorken einer frischen Flasche durch das Zimmer und dachte an Lord Lugard, eine der schillerndsten Figuren der britischen Kolonialzeit.

Eine verunglückte Liebe hatte Frederick Lugard, Sohn eines anglikanischen Armeekaplans und einer Missionarin, gegen Ende des 19. Jahrhunderts an den Rand des Wahnsinns gebracht – und nach Afrika. Er folgte der Ostküste von Äthiopien bis Mosambik, kämpfte in Njassaland gegen die Sklaverei, öffnete den Briten die Tür nach Uganda und sicherte ihnen Handelsverträge im Borgu-Reich am Niger.

Lugard hatte den Sambesi, den Ganges, den Indus und den Irawadi im Assamhimalaya bereist, doch kein Fluss, wie er selbst einmal sagte, hatte seine Fantasie derart beflügelt wie der Niger. Ob dies ein Glücksfall für diesen Teil Afrikas war, sei dahingestellt; fest steht, dass die englische Krone 1886 die Royal Niger Company ermächtigte, am Unterlauf des Niger Landgebiete zu erwerben, und als diese später in den Besitz des Empire übergingen, wurde Lugard zum Hochkommissar bestellt. Im Januar 1900 holte er in Lokoja die Flagge der Royal Niger Company ein und hisste den Union Jack. Wie bist du jetzt ausgerechnet auf Lugard gekommen?, fragte ich mich plötzlich und gab dem Bier die Schuld. Doch dann fiel es mir wieder ein: Natürlich, Lugard hatte auch das Gefängnis bauen lassen, das jetzt als Waschküche diente.

Lokoja war eine glühende Stadt, in der die Menschen endlose Warteschlangen vor Tankstellen bildeten, über die ständigen Stromausfälle klagten und massenhaft gekochte Riesenhamsterratten verzehrten. Sie hegten offenbar eine Vorliebe für fromme Geschäftsbezeichnungen, denn schon auf meinem ersten Spaziergang sah ich einen *Halleluja-Waschsalon,* eine *Eternal Love-Schule,* den *Wonderful Jesus-Barbier* und mehrere *Hosianna-Metzgereien,* und als mich mein Durchfall im *Trinity Restaurant* überstürzt die Latrine aufsuchen ließ, war ich ausgesprochen dankbar für eine Rolle *Holy Family-Toilettenpapier.*

Ich machte einen Abstecher ins Museum für Kolonialgeschichte. Es war in einem der gut erhaltenen Langhäuser untergebracht, in denen Lugard und seine Stabsmitglieder nach ihrer Ankunft gewohnt hatten.

»Wir haben im Moment leider keine Ausstellungsstücke«, beteuerte der Direktor des vollkommen leeren Museums. »Aber wenn Sie das nächste Mal kommen, werden Sie eine packende Sammlung vorfinden. Bitte, Sir, schreiben Sie doch etwas in unser Gästebuch!«

Der einzige Eintrag war fast sieben Monate alt und lautete: »Danke, Gott, dass Du uns dieses einzigartige Museum geschenkt hast...« Ich verdächtigte den Museumsdirektor dieser kleinen Urkundenfälschung und schrieb: »Sehr schönes, aber leider leeres Museum.«

»Gott segne Sie!«, sagte der Museumsdirektor und begleitete mich noch zur Straße.

Im Hotelgarten traf ich den einzigen anderen Gast, einen Yoruba aus

Ibadan. Schweißbäche strömten über sein Gesicht und tränkten sein üppiges Brusthaar.

»Jesus Christus!«, sagte er und fächelte sich Luft zu. »Sehen Sie sich an, wie ich schwitze! Ich liebe es! Sehen Sie sich meine Haut an! Afrikanische Haut! Dunkel und weich, weich vom Schweiß.«

»Hm.«

»Warten Sie noch vier, fünf Wochen. Kurz vor den ersten Regenfällen glüht Nigeria. Um sieben Uhr morgens steht die Sonne am Himmel und glüht.«

Er warf die rechte Hand zur Seite und ließ die Finger lautstark aneinander klatschen.

»Sie brennt! Ist das nicht wundervoll?«

»Ja.«

»Das ist Afrika, mein Freund! Wir haben kein Geld, aber wir haben Hitze – viel Hitze, die uns wundervoll schwitzen lässt. Und wir sind frei. Wer kann das schon von sich behaupten, wo Sie herkommen?«

»Die wenigsten.«

»Sie machen Geschäfte?«

»Ich reise den Fluss hinunter. Über Onitsha bis ins Delta.«

»Warum erschießen Sie sich nicht?«

Er verzog keine Miene.

»Man wird Sie ausrauben, mein Freund. Man wird Sie erschlagen und ins Wasser werfen. Niemand kennt Sie. Niemand vermisst Sie. Niemand wird Ihnen helfen.«

»Das habe ich schon oft gehört.«

»Die Ibo und die Ijaw – das sind Wilde, richtige Wilde. Wenn ein Mann stirbt, begraben sie seine Frauen mit ihm. Oder sie kaufen ein paar Kinder und stoßen sie lebendig ins Grab. In Nigeria verschwinden viele Kinder. Ein Kopf, ein Kinderkopf, verstehen Sie, kostet weniger als vierzig Dollar.«

»Das sind doch Geschichten!«

»In vielen Ländern ist es heute schwer, Opfermaterial zu bekommen«, fuhr der Yoruba fort, »deshalb floriert der Export von Menschenteilen. Vor allem Köpfe sind gefragt, Opferköpfe, verstehen Sie? Früher wurden im Landesinneren Sklaven gejagt, heute jagen sie Kinder und junge Frauen und Albinos – Albinos wie Sie. Albinos bringen die höchsten Preise. Diese Wilden ersticken Sie, ohne äußere Verletzungen. Sie verpacken Ihre Leiche und verschiffen sie in einem Container nach Ghana, Elfenbeinküste, nach England.«

Ich zog mich auf mein Zimmer zurück. Als die Hitze etwas nachließ, ging ich zum Niger hinunter und ließ flache Steine über das Wasser hüpfen. Fasziniert sah ich zu, wie sie glitzernde Ringe aussandten, die sich überschnitten und sich langsam ineinander auflösten. Dann setzte ich mich unter einen Mangobaum, und während ich wartete, dass eine Frucht herunterfiel, fragte ich mich, wann ich zuletzt etwas derart Sinnloses getan hatte. Du kommst nicht drauf, sagte ich mir. Es fällt dir nicht ein, weil es so lange her ist. Du warst noch ein Junge. Damals kanntest du noch den unschätzbaren Wert vergeudeter Zeit.

Am Abend wollte ich mir Lord Lugards Residenz ansehen, das heutige Government House, doch man ließ mich nicht ein, und so besichtigte ich stattdessen sein Wochenendhaus auf dem Mount Pati. Leider waren nur noch die Außenmauern übrig. Der Wind hatte das Dach vor langer Zeit weggerissen, und aus den Fenstern quoll Gestrüpp. Ich hatte mir das Haus deutlich größer und luxuriöser vorgestellt. Es bestand nur aus zwei kleinen Räumen, doch Lugard hatte zweifellos den besten Ort dafür gewählt. Nirgendwo sonst hatte ich bis dahin eine derart grandiose Aussicht auf den Niger genossen.

Ich stellte mir den Kolonialarchitekten Lugard vor, wie er hier von seiner mühseligen Aufgabe ausspannte, die riesigen Landgebiete, welche der Krone durch die Umtriebe der Royal Niger Company zugefallen waren, zu befrieden und in eine politisch kontrollierbare Einheit zu verwandeln. Vielleicht war Lugard hier oben die Idee der so genannten indirekten Herrschaft gekommen – beim Blick über die gewundenen Arme des Niger und des Benue, der ein Stück weiter flussabwärts einmündete, über die blassen Grün- und Gelbtöne, die kleinen Waldseen und die geometrisch angelegten, von fahlen Sandflächen gerahmten Felder.

Indirekte Herrschaft. Lugard beließ die traditionellen afrikanischen Führer in ihren Ämtern und garantierte ihnen ihre Privilegien unter der Bedingung, dass sie den Sklavenhandel aufgaben und die britische Oberhoheit anerkannten. Wenn es zu Aufständen kam, wurden diese von den einheimischen Führern niedergeschlagen und nicht von der Kolonialmacht. Die wenigen britischen Beamten begnügten sich damit, den lokalen Führern, die fortan wie bezahlte Distriktleiter waren, hier und da einen Regierungstipp zu geben. Die traditionelle afrikanische Machtstruktur änderte sich demnach nicht. Ihr wurde lediglich eine zusätzliche Instanz aufgepfropft: die des Generalgouverneurs Lugard.

Und im Norden ging Lugards Plan auch auf, dachte ich, während ich auf die verschachtelten, rostbraunen Wellblechdächer Lokojas hinuntersah. Im Norden konnten die Briten auf die fein gesponnenen Herrschaftssysteme der moslemischen Reiche zurückgreifen. Die besiegten Sultane und Emire waren gerne zur Kooperation bereit, denn so konnten sie trotz der Niederlage einen Großteil ihrer Macht behaupten. Im Süden jedoch, wohin sich der Fluss weit unter mir schlängelte, wo heute das Tor zur Hölle liegen und Menschenhändler Jagd auf Opferköpfe machen sollten, hatten die Briten vergeblich nach zentralen politischen Autoritäten gesucht. Dort gab in jedem Dorf ein anderer Clan den Ton an, was Lugards indirekte Herrschaft – abgesehen vom Yorubaland – zu Beginn verhinderte. Die Kolonialbeamten mussten die Drecksarbeit selbst erledigen und machten sich die lokalen Clans zu erbitterten Feinden.

Doch trotz allem, sagte ich mir und sah über die silbern lackierten Flüsse hinweg, auf denen Sandbänke und Inseln wie dunkle Kratzer wirkten, trotz allem brauchten die neuen Territorien einen einprägsamen Namen. Und während sich die Savanne jenseits der Flüsse langsam im Dunst verlor und der Horizont bis ans Ufer des Benue vorrückte, erinnerte ich mich an den Brief einer gewissen Flora Shaw, der späteren Frau von Lord Lugard. Sie hatte an die *Times* geschrieben und den Namen »Nigeria« vorgeschlagen, und die Idee war sofort akzeptiert worden.

»Ni-ge-ria, Ni-ge-ria«, summte ich vor mich hin und ging auf einen alten Baobab zu, der vor Lugards Haus stand. Das Wort klang schön, wirklich schön – dreihundert verschiedene Sprachen und Dialekte, einhundertfünfundzwanzig Millionen Menschen, die Hälfte aller Westafrikaner oder jeder fünfte Afrikaner. Und alle sind sie nun – dank der findigen Miss Shaw – »Ni-ge-ria-ner«.

Der Baobab war blattlos und trug schwere Früchte, und im Stamm hatten sich Besucher mit ihren Messern verewigt. Etwa vier Meter über der Erde, an einer Stelle, die ein wenig an eine Achselhöhle erinnerte, entdeckte ich eine alte, sehr tiefe Ritzung: *Frederick and Flora, 1.1.1914.* Die Namen und das Datum waren von ungeschickter Hand mit einem monströsen Herz umgeben worden.

Ich reiste in einem Lastenboot weiter, das am oberen Benue Yams geladen hatte. Es war ein dickbauchiges, schwerfälliges Gefäß, das nichts von der Eleganz und Ästhetik der Pinassen am mittleren Niger hatte. Der Bug drückte sich flach in den Fluss, im Heck hing ein windschiefer Bretterverschlag, der zwei starke Außenbordmotoren umgab und als Toilette diente.

»Wie weit fährst du mit?«, fragte der Bootsführer, ein pockennarbiger Mann aus Delta State.

»Bis Onitsha.«

»Du hast Glück«, sagte er und verzog sein Gesicht zu einer Grimasse, die wohl ein Lächeln war. »Nur wenige Boote fahren noch die langen Strecken. Nigeria ist ein modernes Land. Alles muss schnell gehen. Die Straße kommt heute fast überallhin.«

Er fuhr mit einem Deo-Roller über das verschwitzte Hemd unter seinen Achseln.

»Aliu«, sagte er und verzog erneut sein Gesicht. »Mein Name ist Aliu.«

Wir durchquerten die Strudel des Benue, der braune Fluten aus dem Hochland von Adamaua in den Niger erbrach. Bald erhoben sich hinter den sandigen Ufern kegelförmige Berge mit dichter Vegetation, aus der Granittürme stießen und sich im Dunst verloren. Von einem Felsvorsprung bei Geregu schrie ein ganz in Weiß gekleideter Mann mit einem schweren Kreuz auf der Schulter etwas Beschwörendes auf uns herab, während ergreifend falsche Frauenstimmen zu einem Klavier sangen und Kumuluswolken über den Kreuzträger hinwegzogen – dick, grau und gemächlich wie eine Elefantenherde. Als der Lastkahn die nächste Biegung nahm, stemmte sich plötzlich eine gewaltige Erscheinung aus dem bernsteinfarbenen Licht des Nachmittags wie ein prähistorisches Tier, silbergrau, gepanzert, mit Stacheln, Hörnern und Reißzähnen bewehrt und vollkommen regungslos, als sei es vor langer Zeit gestorben und unfähig, zu verwesen. Und dennoch schien es auf alles zu lauern, was der Fluss in seine Reichweite brachte.

»Unser Stahlwerk!«, sagte Aliu stolz. »Ist es nicht großartig? Das größte Stahlwerk Afrikas!«

Das Stahlwerk von Ajaokuta wäre sogar im Ruhrgebiet etwas Besonderes gewesen, doch die Stille, mit der die Förderbänder, Schachtöfen, Winderhitzer und Gichtgasabzüge aus der Savanne wuchsen, war unheimlich.

»Arbeitet es denn nicht?«, flüsterte ich aus Angst, es aufzuwecken.

»Nein«, seufzte Aliu ehrfürchtig. »Es ist einfach nur da.«

Wir legten für mehrere Stunden in Idah an, wo Aliu Fracht beilud und ich die Gelegenheit für einen Landgang nutzte. Die verschlafene Kleinstadt zog sich vom Fluss auf ein Plateau hinauf. Die asphaltierten Straßen waren vom Lateritboden gefärbt, und die Häuser schimmerten rötlich vom Spritzwasser ungezählter Regenzeiten. Die Kinder waren zurückhaltend und hängten stets ein »Sir« an, wenn sie mich grüßten. Die Männer nannten mich Masta.

Auf dem Markt fiel mir eine junge Händlerin auf, die mitten im geschäftigen Treiben mit gefalteten Händen auf einer Treppe kniete und jammerte. Über ihr erhob sich eine Frauenstatue, die eine kräftige, kleine Igala in ärmelloser Bluse darstellte. Es war eine herzzerreißende Szene, doch niemand auf dem Markt schien die weinende Frau zu beachten. Drei Fulbefrauen mit Brusttätowierungen balancierten Futterbündel auf ihren Köpfen. Händlerinnen ließen Reis aus der Höhe rieseln, nahmen ihre geflochtenen Hüte ab und benutzten sie als Körbe. Ein kleines Mädchen wühlte in grünem Hennastaub.

Ich setzte mich neben einen älteren Mann, der sich ein Transistorradio ans Ohr hielt. Er roch nach Räucherfisch und frittierten Bällchen aus Bohnenteig.

»Die weinende Frau«, sagte er und blies in die dichten Haare auf seinen Fingerrücken. »Am Tag, als sie geheiratet hat, ging ihre Nachbarin für eine Nacht in den Wald, um sie zu verfluchen. Über ein Jahr ist das her, und sie hat noch immer kein Kind. Deshalb ist sie zu Inikpi gekommen.«

»Inikpi?«

»Inikpi war eine mutige Igala«, sagte der Mann, blies noch einmal über seine Finger und zeigte auf die Frauenstatue. »Als die Jukun uns angriffen, unser Land verwüsteten und kurz vor Idah standen, befragte unser König das Orakel. Die Götter wollten, dass er seine Lieblingstochter Inikpi opferte, um sein Volk zu retten. Der König bot Yamsberge, Viehherden, Gold. Doch das Orakel blieb stur. Inikpi tröstete ihren Vater und opferte sich freiwillig. Sie wurde lebendig begraben. Mit neun Sklaven, Lebensmitteln, Tieren, Geschirr. Damals glaubte man noch, der Tod sei eine weite Reise.«

»Damals?«, fragte ich und stellte mir vor, wie Inikpi, den Sklaven und den Tieren zumute gewesen sein musste, als sie lebendig begraben wurden. »Damals? Wie lange ist das her?«

»Achtzig Jahre«, sagte der Mann und drehte an den Reglern seines Radios. »Ja, etwa achtzig Jahre muss das jetzt her sein. Der König gewann den Krieg und vertrieb die Jukun. Inikpi hat unser Volk gerettet.«

Die junge Händlerin jammerte jetzt nicht mehr und kochte stattdessen Yams und Bohnen auf einem kleinen Ofen. Sie schöpfte das Essen liebevoll auf einen Teller und stellte ihn vor die Statue.

»Wenn der Teller morgen früh leer ist, hat Inikpi sie erhört«, sagte der Mann mit dem Transistorradio und den Haaren auf den Fingern. »Und der Teller ist immer leer. Es gibt viele Hunde hier, viele glückliche, fette Hunde.«

Die Sonne stand schon tief, als ich in den Fluss hinauswatete und meinen Platz im Bug einnahm. Aliu umschiffte zwei Grasinseln. In den Camps, die sich an den weiten Stränden verloren wie angeschwemmtes Treibgut, stießen zahlreiche Kanus ab, hängten sich für eine Weile an die Bordwand, damit die Marktfrauen mit ihren Babys auf dem Rücken Körbe und Säcke herüberreichen und selbst an Bord klettern konnten; dann lösten sich die Kanus wieder und blieben in der Strömung zurück. Lang gezogene Sandbänke erinnerten mich an den Mittellauf des Niger zwischen Koulikoro und Mopti, an Rex und die Begegnung mit Faro. Stundenlang saß ich nur da und schaute auf den Strom, ohne etwas wirklich anzusehen, lehnte den Rücken an den warmen Ton eines Wasserkrugs und genoss den aufkommenden Abendwind und das berauschende Gefühl, den Niger hinunterzutreiben, genau wie eine Pflanzeninsel oder ein Stück Holz oder ein Wasservogel, und irgendwann bemerkte ich, dass ich aufgestanden war und im Bug umherging; wie aus einem verschwommenen Nebel tauchten wahllos Gedankenfetzen auf – eine Prügelei in der Schule, meine erste Krawatte, die Nacht mit der Kolumbianerin, der Unfall im Persischen Golf –, einzelne Worte schälten sich aus dem Nichts, Töne mischten sich dazu, und alles setzte sich wie von allein zu einem kleinen Lied zusammen.

»Ruhig, ruhig, mein Kind«, sang ich vor mich hin. »Sei ruhig, bleib ruhig.«

»Ein schönes Lied«, sagte eine Stimme. »Was bedeutet es?«

»Ich weiß es nicht«, sagte ich und sah Aliu verwirrt an, der einen Kontrollgang über die Laufplanken machte und sein Gesicht in einer Art verzog, die gerade noch als Lächeln durchging. »Ich habe es eben erfunden. Nur irgendein Lied.«

Das Boot hielt sich jetzt am linken Ufer, wo ganze Dörfer von der Erosion weggespült worden waren und die Leute, die mitfahren wollten, in den Nischen des Steilufers ausharrten wie nistende Vögel. Schwarze Wolken quollen über die Bergrücken, und die Silhouetten der Bäume erinnerten an Karawanen, die über die Grate nach Süden zogen. Der Wind roch nach Regen. Ich saß im Bug des Yamsbootes und wartete auf die ersten schweren Tropfen, doch sie fielen nicht. Es blieb bei ihrem Geruch.

Wir erreichten Onitsha kurz vor Morgengrauen. Für nigerianische Verhältnisse glich die Stadt einem Lichtermeer. Aliu legte an der schlammigen Bootsrutsche am Oze-Markt an. Die Baracken schienen mit dem Müll, den sie produzierten, in die Höhe zu wachsen und thronten weit oben wie auf einem Kraterrand. Im Schlick stand ein nackter Junge, der sich mit einer rostigen Rasierklinge kleine Wunden in den Bauch schnitt. Seine Mutter schlug ihm die Klinge aus der Hand und verpasste ihm eine Ohrfeige. Er sah mich trotzig an und spuckte in meine Richtung.

Ich nahm meine Sachen und streckte den Rücken durch, der auf den Planken steif geworden war.

»Noch nicht!«, sagte Aliu und hielt mich zurück. »Wir sind noch nicht frei!«

Ich verstand nicht.

»Onitsha ist eine raue Stadt«, sagte Aliu. »Viele Waffen seit dem Biafrakrieg, viele Überfälle. Zwischen Mitternacht und sechs Uhr früh darf niemand auf die Straße.«

Er verzog sein Gesicht wieder zu einer Grimasse, doch dieses Mal, da war ich mir sicher, sollte es kein Lächeln sein.

6

Die Schiebetür des Lieferwagens flog auf, und ein gefesselter, nur mit einem Lendentuch bekleideter Mann wurde mit einem Fußtritt auf die Straße gestoßen. Männer in schwarzen Hosen und roten T-Shirts schossen mit Schnellfeuergewehren in die Luft und zerrten den Gefesselten auf die Kreuzung im Zentrum von Onitsha. Sein Körper war voller Wunden und Blutergüsse, seine linke Schulter schien ausgekugelt. Er lag seitlich auf dem Asphalt, die Augen weit aufgerissen, die Zähne vor Angst und Schmerz zusammengepresst.

Eine schreckliche Stille griff um sich, als der Anführer der Bewaffneten, ein Muskelmann in weißem Unterhemd, von hinten an den Gefesselten herantrat, mit einem Lächeln auf den Lippen ein Buschmesser aus dem Gürtel zog und dem Mann mit zwei gezielten Hieben die Arme abschlug – beide Arme, oberhalb der Ellbogen – und dann die Beine, beide Beine.

Ein Trick, dachte ich, natürlich ein Trick. Es muss ein makabrer Taschenspielertrick sein. Doch beim zweiten Bein, dem rechten, schlug er viermal mit ganzer Kraft zu, bis der Knochen endlich nachgab. Blut spritzte aus den Wunden und lief über die Straße wie öliger roter Regen. Es war kein Trick. Ein Mensch wurde bei lebendigem Leib verstümmelt – direkt vor meinen Augen, direkt vor den Augen aller –, und genau im Moment, als mir das klar wurde, als sich die Haut an meinem ganzen Körper zusammenzog und ich mich am Rahmen eines Mopeds festhalten musste, ließ der

Schlächter den Rumpf des Mannes aufrichten und schlug ihm mit einer fast tänzerischen Drehung den Kopf ab. Er knallte mit einem grausamen, hölzernen Ton auf den Asphalt. Die Menge jubelte und schrie »Bakassi! Bakassi!«. Die bewaffneten Männer reckten ihre geballten Fäuste und spuckten auf die Leichenteile; sie schossen in die Luft, schwangen Buschmesser, Äxte und Schildkrötenpanzer, warfen alte Autoreifen auf die blutüberströmten Glieder, übergossen sie mit Kerosin und zündeten sie an. Der Anführer kickte den abgetrennten Kopf ins Feuer. Das Haar loderte auf. Der Mund des Toten stieß einen schrecklichen stummen Schrei aus. Seine Hand öffnete sich langsam in den Flammen und gab ein glühendes kleines Kreuz frei.

»Ich verstehe nicht...«, stammelte ich. »Was...?«

»Die Bakassi Boys, white man«, schrie jemand wie in Ekstase. »Sie räumen Onitsha auf. Sie hacken Mörder und Räuber in Stücke. Sie zünden die Teufelsbrut an. Bakassi! Bakassi!«

Es war wie in einem schlimmen Traum. Ich wollte weglaufen, weil sich ein Abgrund näherte, doch eine unsichtbare, selbsthärtende Masse schien über mir ausgegossen worden zu sein – genauso war es, als der Anführer mit der blutigen Machete in der einen und einem Revolver in der anderen Hand vor mich trat und etwas auf Ibo zu mir sagte. Seine Stimme war ein fernes Rauschen, ein Wind in Reishalmen, sein Blick trunken vom Blut, das an seinen Armen und Waffen klebte. Ich roch seinen schlechten Atem, der auffallend schnell ging, nicht vor Erschöpfung, wie ich glaubte, sondern wie in einem Augenblick höchster Lust. Er setzte das Buschmesser auf meinen Oberarm, drückte die Klinge gerade so stark in meine Haut, dass sie nachgab, ohne zu reißen, und zeichnete mit dem Blut des Hingerichteten ein Dreieck auf meinen Arm. Dann ließ er das Buschmesser sinken, brüllte wie ein Wahnsinniger und schoss sein ganzes Magazin in die Luft.

Die Schüsse sprengten die lähmende Masse, die mich umgeben hatte; sie drückten den Mann beiseite und schoben eine Straße in mein Blickfeld wie eine Kulisse, die von der Seite auf eine Bühne gerückt wird. Und plötzlich rannte ich, rannte diese Straße hinunter, rannte, spürte nicht, wie mein Blut pochte und der Schweiß in meinen Augen brannte, rannte einfach nur, bis ich erschöpft zusammenbrach und mich übergab, bis nichts mehr in mir war – nichts mehr, kein Tropfen Flüssigkeit, kein Gedanke. Ich lag auf einer Straße Onitshas, in meinem eigenen Erbrochenen, auf die Seite gedreht und mit angezogenen Beinen, wie ein Fötus, den man aus dem Bauch der Mutter gerissen hatte – ich würgte, hustete, heulte… und jemand schrie etwas, irgendjemand schrie irgendetwas; es dauerte lange, bis ich merkte, dass ich selbst es war.

»Ruhig, ruhig, mein Kind«, schrie ich. »Sei ruhig, bleib ruhig.«

Ich war in der nächstbesten Unterkunft abgestiegen, dem zentralen, aber schäbigen *Eleganza,* und duschte seit Stunden, doch ich konnte das grauenhafte Bild nicht wegwaschen. Der Ekel erregende Geruch verbrennender menschlicher Haut hatte sich in meiner Nase eingenistet, und bei jedem Atemzug sah ich das verkohlte schreiende Gesicht vor mir.

Jetzt bist du im finstersten Teil Afrikas angekommen, hielt ich mir vor, und meine Stimme klang rau und fremd. Das wolltest du doch, nicht wahr? Du wolltest so dicht wie möglich ran, so tief wie möglich hinein. Deshalb hast du alle Warnungen in den Wind geschlagen, ernst gemeinte Warnungen, keine Hirngespinste, nicht die Art von Geschichten, mit denen man Reisende ängstigt und seine Nachbarn schlecht macht.

Onitsha ist tatsächlich das Tor zur Hölle, murmelte ich und rubbelte mit dem Handtuch meinen Kopf. Doch wenn Onitsha erst das Tor ist, wie sieht dann die Hölle selbst aus? Was erwartet dich im Süden? Wie viel Grausamkeit und Ungerechtigkeit muss es geben, wenn Menschen eine derart barbarische Hinrichtung bejubeln? Und wer war diese Todesschwadron? Wer hatte sie mit dieser uneingeschränkten Macht ausgestattet?

Ich hatte das dringende Bedürfnis, Delphi zu irgendeinem Fisch oder Vogel zu befragen oder eine ausgedehnte Trainingseinheit mit dem Theraband zu absolvieren; stattdessen packte ich meine Sachen aus der Tasche, was ich sonst nie tat, schüttelte jedes einzelne Kleidungsstück aus, strich es glatt, faltete es und legte es behutsam in den von Schimmel befallenen Kleiderschrank. Die Berührung mit dem Stoff tat gut, und es war beruhigend, die wenigen Dinge, die ich

besaß, an ihrem Platz zu wissen. Für Delphi und die Notizbücher
wählte ich ein separates Brett und schichtete sie so, dass ihre Kanten genau übereinander abschlossen. Meine Stifte legte ich obenauf,
die Halskrause passte exakt dahinter, und das Theraband hängte
ich über einen Kleiderbügel. Ich ordnete Zahnbürste, Zahnpasta,
Salben, Kamm und Seife auf der Ablage über dem Waschbecken,
putzte meine Schuhe und stellte sie sorgsam unter mein Bett. Dann
legte ich Großmutters geweihte Kreuze und ihr Bild von Pater Pio,
den Krokodilzahn aus Guinea, die Harpunenspitze aus Ketso,
Mathildas Füße und mein letztes Bündel Dollarnoten in gleichmäßigen Abständen auf den Boden, so dass sie einen Kreis um
das Bett bildeten. Als ich auf der Matratze unter dem Mückennetz saß, fühlte ich mich sicher. Ich öffnete das Fläschchen mit der
Nabelschnur, rieb mich sorgfältig ein und summte das Lied dazu,
das ich selbst erfunden hatte und das mir nicht mehr aus dem Kopf
ging.

Ist es das, was du suchst?, hob die innere Stimme wieder an, als ich
mich zusammenrollte und die Stechmücken gierig gegen das Netz
schlugen. Suchst du den Tod, wie deine Bekannten glauben, den prickelnden Tod in der Fremde? Oder hat Duvignaud[33] doch Recht,
wenn er sagt, dem Spieler – und nichts anderes bist du – gehe es gar
nicht um den Gewinn, nicht um das Glück? Wenn er sagt, der Reiz
des Spiels liege vielmehr in der *attente catastrophique,* in der Erwartung der Katastrophe? Ist es die Katastrophe, die du suchst? In
Kolumbien, im Jemen, in der Gobi?

Bist du der kleine Junge, der sich im Kreis dreht, bis er zu Boden taumelt? Der etwas Gefährlicheres tun muss, als den Büroaufzug zu
nehmen oder europäisches Rindfleisch zu essen? Etwas, was
Hemingway oder van Gogh getan hätten? Lustvolle Selbstzerstörung? Sag schon, ist es das?

Nein, hielt ich stumm dagegen, das ist es auf keinen Fall. Es ist die
Sehnsucht nach dem Realen, nicht die Sehnsucht nach dem Ende. Im
Gegenteil, das Reale soll nicht aufhören. Es soll sich wiederholen,
immer von neuem, hautnah und in so purem Zustand, dass man sich

---

[33] Jean Duvignaud, der französische Soziologe

darin auflösen kann. Weil man jede Möglichkeit des Eingreifens aus der Hand gibt. Weil eine Reise kein Computerspiel und kein Fernsehfilm ist. Weil man nicht einfach umschalten oder auf den roten Knopf drücken kann, wenn einem das Programm nicht mehr gefällt. Eine Reise ist voller Überraschungen, flüsterte ich mir zu – und in diesem Moment fiel im ganzen Viertel der Strom aus –, jederzeit kann alles passieren, und doch ist alles real. Es geht um die Dinge jenseits der Internet-Suchmaschine, verstehst du? Und diese Dinge folgen ihrer eigenen Logik. Nimm eine Karawane in der Wüste. Wenn du erschöpft bist, kannst du sitzen bleiben oder weitergehen. Bleib sitzen oder geh weiter. Es kommt nicht auf dein Urteil über die Logik der Karawane an. Sie zieht einfach weiter, strebt dem Horizont entgegen – auch ohne dich. Und in dieser Situation offenbart sich dir das Absolute. Wenn die Karawane weiterzieht, wirfst du einen Blick auf den verborgenen Raum jenseits jeder Wertung, jeden Werts, jeder vertrauten Logik. Und du lachst vor Staunen, denn du weißt jetzt wieder, dass du einfach nur da bist, wie ein Stein, ein Kaktus, eine Ameise. Vielleicht ist es das, sagte ich mir und schloss die Augen, die noch von diesem grausamen Tag brannten. Vielleicht ist es das, was Duvignaud mit dem *don du rien* meint, mit dem Geschenk des Nichts.

Ich schwieg, und die Stille, die im Zimmer eintrat, verunsicherte mich. Langsam, sehr langsam verfestigte sich die Matratze unter meinem Rücken, bis ich die harten Rundungen massiver Balken spürte. Dann wurde es hell, die Zimmerwände verschwanden, ein starker Wind blies, das Floß, auf dem ich lag, schaukelte über die Wellen, und in der Ferne sah ich einen Strudel, der sich brodelnd näherte und eine flammende Spur durch das Wasser zog. Plötzlich brach ein gewaltiger Fisch durch die Wasseroberfläche. Er riss sein Maul auf. Seine Zähne wirkten wie eine Palisade, und aus seinem Rachen schlugen Flammen. Auf seinem gepanzerten Schädel saß Tom Sawyer und zerrte die Augenlider des Monsters auseinander, damit ich tief hineinsehen konnte. Dann öffneten sich die Palisaden, und ich wurde in den Rachen gesogen, fiel in ein finsteres Gewölbe, in dem es Inseln, Dörfer, Tempel, Wälder gab. Alles war jedoch verfallen und verfault, als habe der Fisch die ganze Welt verdaut, und auf den Straßenkreuzungen stiegen schwarze Rauchfahnen auf wie aus zerbombten Ruinen. Es stank nach verbranntem Menschenfleisch; ich würgte, hustete, heulte. Und dann war Tom wieder da, Tom Sawyer. Er grub mit den Händen in der Erde, und ich war mir nicht sicher, ob seine Finger bluteten oder der Bauch des Fischs. Ein riesiger, schlauchartiger Lampenschirm beugte sich über Tom und verströmte ein unwirkliches Licht durch seine zerknitterte weiße Haut. Tom grub weiter, und seine Hände erzeugten ein sonderbares Scharren. Und dann schrie Tom auf:

»Ich hab ihn! Ich hab ihn gefunden!«

Seine Hand hielt einen glühenden kleinen Schlüssel hoch, der die Form eines Kreuzes hatte. Plötzlich öffnete sich der Schlund, und der Fisch spuckte mich aus. Tom verschwand, mein Körper schillerte silbern; hauchdünne, durchsichtige Flügel trugen mich in gleichmäßigem Rhythmus hoch über eine glatt gebügelte Wasserfläche. Von Zeit zu Zeit tauchte ich in die Tiefe, wo ich mühelos atmete, und so beschrieb ich eine Bahn wie eine schlanke, silberne Nadel, die in geschwungenen Stichen etwas zusammennähte. Doch das Scharren hörte ich noch immer, dieses eigenartige Geräusch, das sich vergeblich bemühte, ungehört zu bleiben, weil die Dielen unter seinem Gewicht knarrten, während es linkisch auf mich zukroch, ganz in der Nähe stehen blieb und auf derart bedrohliche Weise verstummte, dass ich die Augen aufriss und nach Luft rang. Mein Puls raste. Im Zimmer war es heiß. Aus der Toilettenecke roch es nach Urin. Im Fliegengitter vor meinem Fenster verfing sich ein fahler Mond.

Ich starrte zur Tür, die sich wie ein Höhleneingang ins Dunkel fraß, stieg leise aus dem Bett und ging auf Zehenspitzen bis zur unsichtbaren Linie zwischen der Harpunenspitze und Mathildas Füßen. Ich überschritt sie nicht. Ich ließ die Taschenlampe aufleuchten und prüfte den Türriegel. Er war vorgeschoben. Ich knipste das Licht wieder aus und horchte, ob sich draußen etwas regte.

Und dann klopfte es!

Ich fuhr zusammen; in der Dunkelheit klang das Klopfen dicht und gefährlich. Mein Zimmer lag am Ende eines langen Korridors. Ich war, soweit ich wusste, der einzige Gast im *Eleganza*. Ich kannte niemanden in dieser Stadt, niemand würde mich hier anrufen oder besuchen. Es war nach Mitternacht, der Strom war ausgefallen, der ganze Stadtteil lag im Dunkeln. Und draußen schlich diese Killertruppe herum und hackte wehrlosen Leuten die Köpfe ab.

Wer immer dort vor meiner Tür stand, er wollte mich herauslocken. Warum sonst hatte er sich angeschlichen? Warum war er so lange stehen geblieben, bevor er klopfte? Und warum schwieg er jetzt? Ich konnte förmlich spüren, wie er mich durch die geschlossene Tür hindurch anstarrte; selbst die Stechmücken verstummten jetzt und lauschten in die Stille hinaus. Ich wünschte mir eine Waffe. Dann suchte ich nach meiner bösesten Stimme.

»Was ist los?«, brüllte ich auf Deutsch. »Verdammt noch mal, was ist los?«

Keine Antwort, kein Geräusch, nichts. Ich stand hinter der unsichtbaren Linie und wartete regungslos in der Dunkelheit, wartete auf Schritte, die sich entfernen würden, auf Tom Sawyers Scharren, auf das eigenartige Kriechgeräusch. Doch es blieb still.

Am nächsten Morgen packte ich meine Sachen und klapperte mehrere Hotels ab. Schließlich fand ich das kleine *Ricky's Guesthouse,* das sich hinter einem Vertrauen erweckenden, mit Glasscherben und Stacheldraht bestückten Stahltor verschanzte. Ich verließ mein Zimmer tagelang nicht, ließ mir Obst und Wasser bringen und las Chinua Achebes *Things Fall Apart* – eine schlecht kopierte Schulausgabe auf fast durchsichtigem Papier. Abends legte ich meine Talismane um das Bett aus und räumte sie morgens wieder an ihren Platz im Schrank. Ich summte mein Lied, sooft ich konnte. Das grüne Theraband ließ ich unberührt. Ich fühlte mich zu schwach für jede überflüssige Anstrengung.

Eines Morgens traf ich auf dem Weg zur Dusche die Inhaberin der Pension, eine dicke Frau mit großmütterlichen Zügen.

»Du siehst furchtbar aus, mein Junge«, sagte sie ehrlich besorgt.

»Ich habe eine Hinrichtung gesehen.«

»Die Bakassi Boys?«

»Das klingt wie der Name einer Straßengang«, sagte ich mit matter Stimme. »Was wissen Sie über diese Killer?«

Sie lud mich zum Tee in den kleinen Salon ein.

»Nach Einbruch der Dunkelheit traut sich in Onitsha niemand aus dem Haus«, begann sie und rückte ihr Wickelgewand zurecht, das die Farbe meines Therabands hatte. »Jeder Schuljunge trägt eine Waffe. Wenn er dein Geld will, schießt er dir in den Kopf. Letzte Woche ging ein Räuber mit einem Gewehr in einen Laden und schlachtete 27 Menschen ab. Eine Horde drang ins Haus meines Bruders ein, doch er hatte nur tausend Naira bei sich. Sie erschossen ihn vor den Augen seiner Töchter.«

»Und was tut die Polizei dagegen?«, fragte ich und schlürfte den Tee wie ein schwer Erkälteter.

»Die Polizei?«

Sie kreischte förmlich auf.

»Unsere Polizei ist korrupt, mein Junge. Es gibt kein Verbrechen, von dem man sich nicht freikaufen könnte. Die Leute von Onitsha sind ohnmächtig – ohnmächtig und sehr wütend.«

»Aber was hat das alles mit diesen Bakassi Boys zu tun?«

»Zuerst haben die Räuber uns gehetzt. Jetzt hetzen wir sie«, sagte sie glücklich und drückte den grünen Seitenknoten ihres Gewands. »Die Moslems im Norden haben die Scharia. Sie peitschen Verbrecher aus, hacken ihnen die Hände ab, steinigen sie. Wir in Onitsha haben die Bakassi Boys. Sie sind Ibo wie wir. Sie sind Christen. Sie sind unbestechlich.«

Ich sah sie zweifelnd an.

»Biete einem Bakassi Boy zehn Millionen. Wenn du jemanden ermordet oder ausgeraubt hast, hackt er dich trotzdem in Stücke. Er legt dich auf zwei Autoreifen, übergießt dich mit Kerosin und zündet dich an – auf einer Kreuzung, wo es jeder sehen kann. Deine Überreste holt die Müllabfuhr und bringt sie in den Mörderwald.«

»Aber gibt es keine Gerichtsverhandlung? Ich meine, woher wissen die Bakassi Boys, wer schuldig ist?«

»Sie wissen es!«, sagte sie wirklich überzeugt und bekreuzigte sich. »Die Bakassi Boys, sie arbeiten mit Magie. Sie haben Kräfte, verstehst du? Man kann sie nicht erschießen. Die Kugeln prallen an ihnen ab. Sie halten ein Taxi an und sagen: ›Du! Steig aus!‹ Sie sehen, wer Dreck am Stecken hat. Sie wissen alles. Du steigst aus und gestehst.«

»Und wenn ich nicht gestehe?«

»Sie halten dir einen Schildkrötenpanzer vor. Wenn du lügst, leuchtet er rot auf. Niemand kann die Bakassi Boys täuschen. Wer nichts verbrochen hat, hat nichts zu befürchten.«

Auch wenn die Aussichten beklemmend waren, kam es nicht in Frage, die Reise jetzt abzubrechen, nachdem ich fast viertausend Kilometer auf dem Niger zurückgelegt hatte und nur noch zweihundert bis zur Küste vor mir lagen. Ich ging zur *United Bank of Africa,* um mein letztes Geld zu wechseln. Der Umtausch war nur bei privatem Interesse eines Bankangestellten möglich. Ein Herr mit messerscharfen Koteletten winkte mich hinter den Schalter. Wir setzten uns an seinen Schreibtisch und handelten einen akzeptablen Kurs aus. Ich machte große Scheine zur Bedingung. Während er sie auf den Tisch blätterte, beobachtete ich den rosafarbenen Schriftzug, der von links nach rechts über einen schwarzen Bildschirm lief. Er versicherte: *GOD is so good!*

Bevor ich auf die gleißende Straße hinaustrat, zog ich mich auf die Banktoilette zurück. Ich versteckte den Großteil meiner verbliebenen Mittel in meinen Schuhen und verteilte das Geld für den täglichen Bedarf auf meine Hosen- und Jackentaschen.

Onitsha war eine pulsierende afrikanische Großstadt, laut, geschäftig, verpestet und voller Gegensätze. Der friedlichen Government Residence Area mit ihren Gärten und luxuriösen Villen standen die Barackenviertel gegenüber, die sich jenseits des Main Market wie ausufernde Geschwüre in die verseuchte Lagune fraßen. Vor den getönten Scheiben des Luxusrestaurants *Holy Trinity* lag ein nackter, schorfiger Mann auf der Erde, fischte etwas aus einem Abwasserkanal und steckte es in den Mund. Neben Büros für Grafikdesign boten Schreiber auf wackligen Hockern ihre Dienste für Analphabeten an. Die Werbung für einen Crashkurs in Riesenhamsterrattenzucht versprach beste Zukunftschancen in diesem Agrarzweig. Geschäftsleute in Anzug und Krawatte trugen ihre Aktenkoffer an bettelnden Lepra- und Elefantiasiskranken vorbei, ein Plakat warb für Schönheitsoperationen: *Wir verwenden die neuesten Lasertechniken!* Darunter pries ein Schlangenmann seine Buschmedizin an. Junge Männer verkauften Antibiotika wie Wunderbonbons, die in langen, durchsichtigen Plastikstreifen über ihren Schultern hingen und von denen die Marktfrauen aus den Dörfern so viele kauften, wie sie sich leisten konnten. Einen Beipackzettel gab es nicht. Die bunten Pillen halfen gegen jede Krankheit.

Die scheinbar alltägliche Geschäftigkeit konnte allerdings nicht über die Angst hinwegtäuschen, die in Onitsha herrschte. Im Gedränge spürte ich die harten Umrisse der Waffen, die unter der Kleidung versteckt waren. Auf den Kreuzungen lagen verkohlte Leichen, und nach Sonnenuntergang leerten sich die Straßen wie auf ein geheimes Kommando.

Ich kaufte einen Stapel nigerianische Tageszeitungen und erfuhr, dass es sich bei den Bakassi Boys um eine Miliz handelte, die ursprünglich von Händlern in Aba rekrutiert worden war, als sich die Stadt im Südosten im Würgegriff einer Straßengang befunden hatte. Die Truppe machte kurzen Prozess mit den bewaffneten Räubern, und dieser »Erfolg« war dem Gouverneur im gebeutelten Anambra State, einem gewissen Dr. Chinwoke Mbadinuju, nicht entgangen. Er sprach den Bakassi Boys eine »Einladung« aus, auch in Onitsha tätig zu werden.

Die Öffentlichkeit war in zwei Lager gespalten. Das weitaus größere spendete den barbarischen Aktionen der Bakassi Boys ungezügelten Beifall, lobte ihre Unbestechlichkeit und knüppelte auf die korrupte Polizei ein – diese »Bande von Bettlern und Halsabschneidern«. Nach ihrer Ansicht war Onitsha dank der Bakassi Boys in kürzester Zeit wieder eine bewohnbare Stadt geworden. Die Geschäfte florierten. Und die Zeitungen erhielten eine Flut von Leserbriefen, in denen Bürger der Nachbarregionen an ihre Führer appellierten, die Killertruppe auch zu sich »einzuladen«.

Ein sehr viel kleinerer Teil der Öffentlichkeit klagte über das »Versagen der Demokratie« und den »Rückschritt in die Anarchie« und äußerte die Befürchtung, die Regierung habe sich ein Monster geschaffen, das bald niemand mehr kontrollieren könne. Einige unbequeme Politiker waren bereits auf Bakassi-Art verstümmelt an den Ausfallstraßen von Onitsha aufgefunden worden. Auch wenn die Organisation eine Beteiligung entschieden abstritt, warnten Kritiker dennoch davor, die Todesschwadron könnte instrumentalisiert werden, um politische, wirtschaftliche oder private Rechnungen zu begleichen. Das Verbot der Bakassi Boys verlangte allerdings niemand. Und der Sicherheitsberater des Gouverneurs, der sich selbst als »Kind Gottes« bezeichnete, sagte, er lasse keinen Angriff auf die »Boys« zu und sehe den »christlichen Sicherheitsdienst als ein Instrument Gottes, das von Gott dazu benutzt wird, die Kriminellen in Anambra State auszuradieren«.

Es lag nicht in meiner Absicht, länger als notwendig in Onitsha zu bleiben, also nahm ich ein Moped zum Fluss, um mich nach den Abfahrten zu erkundigen. Mehrere Leute gaben mir gerade sehr unterschiedliche Auskünfte, als jemand aus dem Innern eines Marktschiffs rief:

»Wenn du etwas wissen willst, white man, dann komm rein!«

Auf dem unteren Bordrand saß ein Mann mit schweren Brüsten und dickem Bauch, nass und nackt bis auf einen weißen Slip, durch den sich sein »private thing« abdrückte, wie er es nannte. In der Hand hielt er eine rostige Holzschraube.

»Mein Schiff hat ein Leck«, sagte er. »Tauche und flicke es unter Wasser. Was willst du wissen, Mista?«

Ich sagte es ihm.

»Solltest ein Auto nehmen«, kicherte er, und seine Brüste zitterten. »Ist schneller und sicherer. Bin aber wohl nicht der Erste, der dir das rät. Nehme an, du hast deine Gründe.«

Ich nannte sie ihm.

»Verstehe!«, sagte er. »Hast ein Problem, nein, hast dreihunderttausend Probleme. So viele Ijaw wohnen auf deiner Route. Mögen keine Whities. Habt sie ausgeplündert und ihr Land versaut, es in eine Altölhalde verwandelt.«

»Sie werden denken, ich gehöre zu einer Ölgesellschaft.«

»Genau das! Und dann frühstücken sie dich!«

Ich sah den Fluss hinunter, der sich trüb und schmutzig an Onitsha vorbeiwälzte, um sich in der Ferne in einer zuckenden Wolkenwand aufzulösen.

»Fährst am Sonntag auf meinem Schiff mit«, sagte der Mann und legte seine ölverschmierte Hand auf meine Schulter. »Fährst mit dem dicken Terence. Niemand tut dir was.«

Er wickelte sich ein Tuch um die Hüften, und wir gingen das müllübersäte Ufer hinauf durch eine müllübersäte Marktzeile zur Straße an der müllübersäten Lagune.

»Terence bringt dich nach Umolu«, sagte der Mann, als ich hinter dem Fahrer auf das Moped stieg. »Umolu, an der Grenze zu Ijaw-Land. Kein Ibo fährt weiter – wegen der Piraten. Komm am Sonntag. Der dicke Terence bringt dich hin.«

Der Dei, das spirituelle Oberhaupt der Onitsha-Ibo, saß im Wohnzimmer seines doppelstöckigen Hauses unterhalb der Main Road – das Sakko seines Anzugs neben sich gelegt und die Krawatte weit geöffnet – und schlürfte Pfeffersuppe.

»Ich komme gerade von einem Fall«, sagte er, und seine getönte Brille mit dem breiten Goldrahmen lief über der dampfenden Schüssel an. »Lassen Sie mich nur schnell meine Suppe essen.«

Um die Wahrheit zu sagen, ich war enttäuscht. Vor mir saß kein spiritueller afrikanischer Führer, sondern ein schwergewichtiger Londoner Advokat. Ich erwartete nichts – ein kurzes, oberflächliches Gespräch, der Blick auf die goldene Armbanduhr, ein Tut-mir-Leid-ich-habe-gleich-noch-einen-Termin.

»Sie bereisen also den Niger«, sagte der Dei und stellte seine Schüssel beiseite.

»Es tut mir Leid, dass ich so bei Ihnen hereinplatze ...«

»Ganz im Gegenteil!«, unterbrach er mich freundlich. »Sie sind willkommen! Sie haben eine vertraute, zivilisierte Welt verlassen, um eine fremde, kaum als zivilisiert zu bezeichnende Welt zu bereisen. Geben Sie mir fünf Minuten. Ich möchte es mir bequem machen.«

Er deutete mit einer geringschätzigen Geste auf seinen Anzug, erhob sich schwerfällig und verschwand in einem der hinteren Zimmer. Seine Frau servierte mir Orangensaft und Marmorkuchen auf einem Silbertablett. Über den Lehnen der Sitzecke hingen weiße Spitzentücher, am Boden lag ein bordeauxroter Teppich. Ich zählte fünf Stereoanlagen. Auf einem Wandbrett standen großformatige Fotografien. Eine zeigte den jungen Dei mit seiner Frau vor der Westminster Abbey, auf einer anderen trug er stolz den glänzend schwarzen Hut, der ihn als frisch gebackenen Juristen auswies. Eine Reihe von Farbdrucken zeigte das Leiden und Sterben Christi.

»Essen Sie auch jeden Tag Ihre Vitamine?«, fragte die Frau und schob
den Saft an den bunten Papierblumen vorbei in meine Richtung.
»Ein Kilo Mangos und eine Ananas.«
Wir lachten.
»Würden Sie mir noch mal Ihren Namen nennen, bitte?«, sagte sie
und zog einen großen Block aus der Schublade. »Ich möchte wissen,
wie Sie sich schreiben.«
Ich buchstabierte. Sie notierte.
Der Dei kam in einem rotgoldenen Ibo-Gewand zurück, ließ sich
wieder in seinen Polstersessel sinken, der mit einer Ziegenhaut
bedeckt war, und zog sein sorgfältig umsäumtes Gewand über die
gewaltigen Waden. Dann brach er die Kolanuss, nahm sich sein Stück
und reichte uns die anderen.
»Das Wichtigste für einen Onitsha-Ibo ist sein Titel«, begann er ohne
Umschweife. »Bevor sich ein Onitsha für irgendetwas qualifizieren
kann, wird er als Junge in den Maskenkult initiiert.«
»Das Altersklassensystem«, sagte ich und biss ein Stück Kola ab.
»Alle Völker am Niger haben es in irgendeiner Form. Malinke, Bambara, Bozo, Sorko, Haussa, Nupe – sie lassen im Lauf ihres Lebens
mehrmals bestimmte Abschnitte zurück und treten in neue ein.«
»Und jeder Übergang ist mit einem Initiationsritual verbunden«,
sagte der Dei, legte die Brille und die Armbanduhr ab und steckte sie
in die Tasche. »Der Initiand stirbt einen rituellen Tod. Er verbringt
sieben Tage im Busch. Der Busch ist seine Plazenta. Er schlüpft hinein, um neu geboren zu werden. Im Busch lernt er von den Alten und
von den Geistern. Er erfährt Entbehrung, Freundschaft, Glück,
Angst, Schmerz. Er erlangt magisches Wissen. Er begegnet dem Tod.
Im Busch leidet er, und im Busch entscheidet sich, ob er sein Leiden
überwindet.«
Wir schwiegen eine Weile, und jeder hing seinen Gedanken nach.
»Es ist genau wie mit Ihrer Reise, junger Freund«, sagte der Dei
plötzlich. »Ihre Reise ist ebenfalls eine Initiation. Auch Sie haben
etwas hinter sich gelassen. Sie sind Ihren rituellen Tod bereits gestorben. Der Fluss ist Ihre Plazenta, denn dort entscheidet sich, ob Sie
überleben und neu geboren werden. Sieben Tage im Busch, sieben
Monate auf dem Fluss – im Grunde macht das keinen Unterschied.

Am Ende verlässt der Initiand die Plazenta. Seine Nabelschnur wird durchtrennt. Er wird neu geboren, ein neuer Mensch.«

Der Dei öffnete eine kleine Silberdose, klopfte sich Alligatorpfeffer auf den Handrücken und sog ihn kräftig durch die Nase ein. Ich begnügte mich mit ein paar Krümeln, die mich niesen ließen, bis es schmerzte. Die Frau des Dei servierte Tee in feinen Porzellantassen und nahm ihren Block wieder auf, in den sie etwas hineinzuschreiben schien.

»Der erste Titel, den ein Onitsha erwerben kann, ist der des Mitglieds im Ozo-Bund«, fuhr der Dei fort. »Die Hürde für den Eintritt in die traditionelle Gesellschaftshierarchie ist hoch. Der Ozo kostet bis zu einer Million Naira. Die Initiation dauert Jahre. Wenn der Anwärter seine Familie informiert, dass er den Titel annehmen möchte, schlachtet er eine Ziege. Das Fell dieser Ziege wird sein Thron.«

Er erhob sich demonstrativ vom Ziegenfell, auf dem er saß. Seine Frau schraffierte jetzt über den Block, und ihr Mund beschrieb ein weit geöffnetes, glückliches U.

»Viele Onitsha gehen zur Kirche und behaupten, sie hätten keinen Schrein mehr«, sagte der Dei, legte die Faust in die Handfläche und drehte sie, wie einen Stößel, der eine Substanz in einem Mörser zerkleinert. »Doch in ihren Häusern steht trotzdem einer, denn wer keinen Schrein hat, kann weder Ozo-Mitglied noch Chief werden. Ein Schrein ist nicht für fremde Augen bestimmt. Aber in Ihrem Fall darf ich eine Ausnahme machen. Sie haben Ihre Initiation fast abgeschlossen. Ihre Nabelschnur wird bald durchtrennt.«

Wir gingen den engen Flur hinunter und betraten ein kleines Zimmer, in dem es kühl und vollkommen dunkel war. Der Dei zündete Kerzen an. Ihr Schein warf Schatten in sein Gesicht, und seine Züge schienen nun völlig verändert. Sein Gewand nahm ein sattes Rubinrot an, und ich vernahm das raue Geräusch seiner Hände, als mahle der Stößel noch immer im Mörser. Der Londoner Advokat war verschwunden. Der Dei schloss die Augen und murmelte etwas. Wir standen vor einem bootsähnlichen Holzgefäß, das mit weißer Kreide bestrichen und mit stilisierten Elefantenstoßzähnen beschnitzt war. Es enthielt fünf kurze Stöcke. Im Halbdunkel machte ich Kolanüsse, Teller mit gekochtem Yams und ein Glas Palmwein aus.

»Hier wohnt mein *chi*«, sagte der Dei leise.

»Der persönliche Gott der Ibo«, flüsterte ich. »Ich habe darüber gelesen.«

»Gott teilt dein Schicksal in viele gute und schlechte Stückchen. Alles hängt davon ab, welche dein *chi* aufsammelt.«

»Gott macht nur gute Stückchen«, entgegnete ich. »Es ist das *chi*, das die schlechten hinzufügt.«

»Sie haben gründlich studiert«, sagte der Dei und lächelte. »Dann wissen Sie auch, dass jeder Mensch sein eigenes *chi* hat. Es gibt also so viele *chi*, wie es Menschen gibt. Und niemand kann sich sein *chi* selbst aussuchen. Das *chi* ist die spirituelle Essenz des Ichs. Wenn ein Ahne auf die Erde zurückkehren will, betritt er eine Kreuzung zwischen den Welten und schließt einen Pakt mit einem *chi*. Er wählt die Länge seines Lebens, die Anzahl seiner Kinder, seinen Beruf, die Krankheiten, die ihn heimsuchen werden. Der Ahne bestimmt seinen Lebensweg in allen Einzelheiten, von der Geburt bis zum Tod. Seine Entscheidungen werden im *chi* festgeschrieben, im Schicksal des Menschen, der nun bald geboren wird.«

»Und kennt man den Ahnen, dem man sein Leben verdankt?«

»Niemand kennt seinen Ahnen, und niemand weiß, welches Leben er für einen ausgesucht hat. Niemand kennt die Natur seines *chi*. Doch einmal im Leben versucht jeder Ibo, seinen Ahnen zu finden. Wenn der Seher ihn feststellen kann, werden die fünf heiligen Stöcke aus dem Holz des Egbo-Baums geschnitzt.«

Er zeigte auf die fünf Stöcke im Holzgefäß.

»Sie repräsentieren das *chi* und den Ahnen. Nur eine Jungfrau darf das heilige Schiff bewegen, in dem sie aufbewahrt werden.«

Das Geräusch, das die Hände des Dei erzeugten, verstummte plötzlich, als sei die Substanz im Mörser nun fein genug zermahlen. Er blies die Kerzen aus, und ihr Licht flüchtete sich für einen Augenblick in den spiralförmig aufsteigenden Rauch, bevor es ganz erlosch.

»Ich sorge für viele Schreine in der Stadt«, sagte der Dei und zog die Tür hinter uns zu. »Ich besprenkle sie mit Palmwein, mit Gin und mit dem Blut der Opfertiere. Diese Dinge setzen sich fort, junger Freund. Niemand kann sie aufhalten. Die meisten Onitsha haben sich wieder der traditionellen Religion zugewendet.«

»Und der Niger?«, fragte ich gespannt. »Spielt der Fluss im Ozo-Kult eine Rolle?«

»Als Ozo nimmt man einen neuen Namen an. Ich selbst heiße Akume, Mutters Reichtum. Nach der Weihe sucht der Ozo eine bestimmte Stelle am Flussufer auf, um sich zu waschen. Der Niger reinigt und schützt uns. Unsere Väter tranken sein Wasser noch, weil sie glaubten, es könne Krankheiten heilen. Doch man muss mit der Zeit gehen. Niemand will sterben. Der Niger ist eine Kloake. Es gibt Dinge, die verschwinden.«

»Der Fluss soll ein Symbol des Lebens sein«, sagte ich, während wir die Treppe hinuntergingen und auf die Straße traten. »Geburt, Kindheit, Reife, Alter, Tod.«

»Das ist Unsinn«, sagte der Dei und lachte. »Sie als gebildeter Europäer müssten das besser wissen.«

Ich sah ihn neugierig an.

»Nehmen Sie die Mündung des Flusses«, sagte er, fuhr mit der Hand in die Tasche seines Gewands und schob die goldene Brille auf seine Nase und die schwere Uhr über sein Handgelenk. »Ihrer Symbolik zufolge wäre die Mündung der Tod, nicht wahr?«

»Das Ende des Flusses, ja. Er löst sich im Meer auf.«

»Wie Sie wissen, gibt es etwas, das wir Wasserkreislauf nennen. Der Fluss und das Meer – sie verdampfen. Das Wasser steigt in den Himmel und fällt als Regen auf die Erde, wo es wieder in sein Bett findet. Der Fluss stirbt nie!«

Die Frau des Dei kam zum Abschied herunter und reichte mir ihren Block. Sie hatte ein, wie ich fand, gelungenes Porträt von mir gemalt. »Darf ich es behalten?«, fragte sie freundlich.

»Natürlich«, sagte ich.

1947 hatte der nigerianische Schriftsteller Cyprian Ekwensi mit *When Love Whispers* eine vierundvierzigseitige Erzählung in Pamphletform für den Onitsha-Markt geschrieben. In den darauf folgenden Jahren entwickelte sich in Nigeria ein bedeutender Literaturbetrieb, welcher der breiten Masse Lesestoff zu günstigsten Preisen anbot. Natürlich wollte ich nicht abreisen, ohne mir einen Eindruck davon zu verschaffen, wie sich die Onitsha-Markt-Literatur weiterentwickelt hatte. Ich stellte mir einen riesigen Markt vor, auf dem die Billigdrucke gehandelt wurden, doch dieser »Markt« bestand aus vielen kleinen Ständen, die über die ganze Stadt verstreut waren. Die größte Dichte fand ich im Ostteil des Main Market, wo die Bücher zwischen Ziegenhälften, Trockenfisch, Emailschüsseln und Mopedwerkstätten oft vollkommen untergingen. International bekannte nigerianische Schriftsteller wie Soyinka, Achebe oder Ekwensi waren vergriffen, weil sie in der Schule gelesen wurden. Stattdessen türmten sich an den Ständen sonnengebleichte und von zahllosen Gratislesern zerfledderte Taschenbücher und Broschüren. Die Erzählungen darunter hatten selten mehr als sechzig Seiten und befassten sich meist mit romantischen Sujets oder mit dem Wandel der afrikanischen Gesellschaft. Die Autoren begnügten sich mit einem begrenzten Wortschatz und kümmerten sich oft nicht weiter um die englische Grammatik. Ihre Kreativität und Fantasie waren jedoch grenzenlos. Bei den meisten Pamphleten handelte es sich um Ratgeber: *Wie Sie beten müssen, um Resultate zu erzielen* oder *Verschwenden Sie Ihr Geld nicht an Quacksalber. Heilen Sie sich und Ihre Familie mit diesem Buch* oder *Zement für Ihre Ehe,* verfasst von einer Prinzessin Mma-Osita-Agwuna. Ein Titel machte eine verblüffende Gleichung auf die Polygamie auf: *Eine Frau = Ein Ärger. Zwei Frauen = Zwei Ärger,* und ein anderer bot *Die biblische Antwort auf die Frage, warum der Ibo Erfolg hat, wo andere scheitern.*

Ich ging zwischen den Passfotografen hindurch, die auf Hockern neben ihren ausgebleichten Arbeitsproben saßen und auf Kundschaft warteten. Der Boden war mit weißen Fotorändern übersät. Unter Sonnenschirmen lauerten die Verkäufer von Glückwunschkarten und Postartikeln. Ein Halbwüchsiger in Jeansklamotten und Turnschuhen rempelte mich an.

»Was willst du hier, white man?«, schrie er, während seine Hände das Innere meiner Hosentaschen erkundeten. Ich ließ ihn erkunden – was er suchte, befand sich in meinen Schuhen – und wandte mich dem nächsten Stand zu. Neben zahlreichen religiösen und esoterischen Schriften überraschte mich der hohe Anteil von Büchern in Pidgin und Ibo und – in geringerem Maß – in Yoruba, Haussa und

Arabisch. Jeder Politiker, Geschäftsmann und Offizier, der etwas auf sich hielt, schien seine persönlichen Ansichten zur Zeitgeschichte zu publizieren. Unter diese Sparte fielen Titel wie *Warum ich glaube, dass die Ibo keine Nigerianer sind* oder *Biafra – unser Traum lebt* oder *Regierungsschlächter. Die blutige Bilanz.*

Ein Erdnussverkäufer mit einem Tablett auf dem Kopf blieb neben mir stehen.

»Hab selbst 'n Buch gemacht, Mann«, sagte er. »Übers Wichtigste vonner Welt, Mann. Weißte, wie mein Buch heißt, Mann?«

»Wie denn?«

»Mann!«, sagte der Erdnussverkäufer und wühlte in den Büchern. »Kann's nich findn, Mann. Muss vergriffen sein. Es heißt *Umgang mit Geld – Tipps für Regierungen.*«

Ich stieg vorsichtig über ein Baby, das zwischen zwei Gestellen mit Briefumschlägen auf dem Boden schlief, und streifte eine schwangere Frau, deren Bauchnabel an meinem Rücken rieb. Direkt neben dem Schild mit der Aufschrift *Free reading is not allowed!* saßen Männer auf Holzbänken und schmökerten in Büchern und Zeitungen. An einem der Stände, die an die Mopedwerkstätten grenzten, fand ich Schwarzweiß-Comics, in denen der Erzengel Gabriel einen Drachen mit der Kalaschnikow erlegte, ein Ungeheuer mit Fernsehkameras in den Fingerspitzen einen Rambo ans Kreuz nagelte und ein Soldat aus dem Biafra-Krieg Handgranaten im Gemüsebeet pflanzte. Ich vertiefte mich gerade in ein Motorradrennen, das sich der Papst – in Cowboystiefeln – mit einer halbnackten Nixe lieferte, als eine riesige Menschenmenge gleichzeitig aufschrie und applaudierte. Ein Fußballspiel, dachte ich, irgendwo muss ein Stadion sein, und eben ist ein Tor gefallen.

»Strom!«, rief der Comic-Händler, außer sich vor Freude. »Der erste Strom seit Wochen. Sie haben uns vom Netz abgehängt. Ein ganzes Viertel in Dunkelheit. Tank God, heute Abend haben wir Licht.«

Ich stöberte den ganzen Nachmittag in den Büchern, und am Ende fand ich doch noch einen Klassiker: *Mein Leben im Busch der Geister* von Amos Tutuola, einem der brillantesten Erzähler Nigerias. Ich schlug das Taschenbuch auf und las:

Als ich eine Meile vom Dorf entfernt war, trat mir der Zaubergeist in den Weg, bat, wir sollten die Gaben teilen, doch als ich mich weigerte, verwandelte er sich in eine giftige Schlange und wollte mich totbeißen. Darum musste auch ich meine Zauberkräfte gebrauchen, verwandelte mich augenblicklich in einen langen Prügel und begann auf ihn einzuschlagen. Als er heftige Schmerzen empfand und dem Tod nahe war, verwandelte er sich von der Schlange in ein großes Feuer und verbrannte den Prügel zu Asche und begann, auch mich zu verbrennen. Ohne zu zögern verwandelte ich mich da in Regen und löschte ihn wie nichts aus. Doch er hatte schon die Stelle, auf der ich stand, in seiner Gewalt und ließ einen tiefen Brunnen entstehen, in den ich überraschend versank... als er aber den Deckel auf den Brunnen legen wollte, damit ich nicht mehr herauskäme und darin verendete, verwandelte ich mich in einen großen Fisch, um herauszuschwimmen. Doch kaum, dass er den Fisch sah, verwandelte er sich in ein Krokodil, sprang in den Brunnen, um mich zu verschlingen, doch ich hatte mich schon in einen Vogel verwandelt...

Als ich am Abend in die Pension zurückkam, lag eine Nachricht unter meiner Tür: »Einer unserer Brüder ist erloschen. Beerdigung morgen. Mein Fahrer holt Sie um elf Uhr ab. Der Dei.«

7

Chief Ugochukwu war im vordersten Zimmer seines Hauses aufgebahrt. Winzige Glasperlen funkelten auf seinem weißen Gewand wie Tautropfen. Ein Windhauch spielte im Flaum der Adlerfeder, die in seinem Haar steckte. Er schien zufrieden zu lächeln, doch sein Gesicht war blutleer und hatte die Farbe langsam gekochter Oliven. Leichengeruch lag in der Luft.
Der Dei war während der Trauerfeierlichkeiten sehr beschäftigt und

hatte mich seinem Schwager Nwakaego anvertraut. Seinen Namen –
sinngemäß »Kind, das Geld übertrifft« – konnte ich kaum ausspre-
chen, deshalb einigten wir uns auf Nwa. Wir standen dicht an der
Wand des Bestattungszimmers, während die Frauen direkt vor uns
ihren Kummer herausschrien, sich umarmten und zu Boden warfen.
Ihre Frisuren waren zerzaust, ihre Kleider von Tränen und Schweiß
durchnässt.

»Sie haben Ugochukwu sein letztes Mahl gekocht«, sagte Nwa und
zupfte an seiner Fischadlerfeder, die ihn als Ozo auswies. »Seine
Töchter haben es an seiner Stelle gegessen. Früher musste eine Witwe
ihr Haus verlassen. Sie lebte ein Jahr lang in einer einfachen Hütte
und schlief in einem Bett aus Asche.«

Die Frauen erhoben sich wieder; sie fielen sich um den Hals, und ihr
Schmerz schien sich in ungezügelte Freude zu verwandeln. Sie tanzten ausgelassen um den Körper des Verstorbenen, und während sich
ein eigenartiges Lachen in ihren Gesang schlich, das durch ihre zu-
sammengepressten Zähne zischte wie Druckluft durch ein Ventil,
gingen die älteste Tochter und der älteste Sohn des Verstorbenen, ein
außerordentlich dicker Mann mit amerikanischem Akzent, im Haus
herum und sangen:

»Willkommen, mein Vater! Mein Vater ist ein großer Mann! Vater,
Sohn eines großen Mannes!«

Und auf jede Lobpreisung antworteten die Trauernden im Chor:
»So war es! So ist es!«

Mich überkam das Gefühl, dass ich hier nichts verloren hatte –
obwohl mich niemand vorwurfsvoll ansah –, und ich sagte es Nwa.

»Ugochukwu fühlt sich geehrt«, wehrte er ab. »Die wenigsten Erloschenen dürfen einen solchen Gast begrüßen. Er ist sehr glücklich,
dass Sie hier sind. Und der Dei sagt, Sie sollen alles sehen.«

»Wo wird man ihn beerdigen?«, fragte ich etwas zuversichtlicher.

»Gleich hier!«, sagte Nwa und öffnete die Tür hinter uns.

Der Betonboden des kleinen Zimmers war aufgebrochen und gut zwei
Meter tief ausgehoben. Rote Erde häufte sich bis unter die Decke.

»Nach dem Begräbnis wird zwei Jahre lang niemand dieses Zimmer
bewohnen. Dann opfert der älteste Sohn eine Ziege, und der Raum
ist wieder rein.«

Wir gingen hinaus, wo gut zweihundert Trauergäste in ihren feinsten Gewändern unter Sonnensegeln saßen und Yams, frittierte Kochbananen, Ziegenfleisch und Fisch verschlangen. Aus riesigen Kanistern wurde Palmwein ausgeschenkt. Die Familienangehörigen wedelten mit präparierten Pferdeschweifen. Frauen mit aufwändig gewickelten Kopftüchern sangen und tanzten auf der Straße, nach vorne gebeugt, die Köpfe im Rhythmus wiegend, die Arme ausgestreckt und im Takt der Klanghölzer stampfend, damit die Glockenbänder an ihren Fußgelenken schellten. Kriegstrommeln wurden geschlagen, und eine Horde älterer Männer stieß furchtbare Schreie aus. Sie nahmen Drohgebärden ein, machten grimmige Gesichter und schwangen Stöcke und Keulen.

»Der Tanz der Wut«, sagte Nwa und nickte beifällig. »Die Männer tanzen ihn, wenn ein großer Krieger erlischt.«

Für mich sah es aus wie die symbolische Version einer Schlacht, wie eine faszinierende Darbietung der zerstörerischen Kraft der Gemeinschaft, des kollektiven Kriegs, und ich stellte mir vor, dass der Tanz von all den Kämpfen erzählte, die der Verstorbene in seinem Leben ausgefochten hatte.

Gruppe für Gruppe marschierte jetzt mit Schellen, Rinderhörnern und Korbrasseln die Treppe hinauf, legte Geldscheine auf das Silbertablett zu Füßen des Verstorbenen und tanzte durch das Bestattungszimmer; die Trommeln ließen den Boden unter meinen Füßen vibrieren. Dagegen erschien mir der Tod in Europa wie aus der Welt der Lebenden verbannt. Ich sah das Dienstleistungsunternehmen vor mir, das den Leichnam abholt, ihn herrichtet und in ein Kühlfach schließt, wo ihn niemand mehr zu Gesicht bekommt. Ich sah die Fotografie, die dann beim Begräbnis an die Stelle des Körpers tritt – keine Blässe, kein Geruch, kein Zerfall. Der Tod als keimfreies, virtuelles Ereignis.

»Wenn Sie etwas nicht verstehen, fragen Sie mich bitte«, sagte Nwa, während der Verstorbene das Volksfest von seinem Platz aus zu beobachten schien. »Der Dei sagt, Sie sollen alles wissen.«

»Es sieht aus, als würden sich die Leute über den Tod des Mannes freuen«, sagte ich und schämte mich sogleich dafür.

»Es ist ein großer Verlust für uns alle«, entgegnete Nwa und strich mit der Fischadlerfeder über sein Gewand. »Ugochukwus Ruf in der anderen Welt hängt davon ab, wie großzügig die Trauerfeierlichkeiten ausfallen. Wer im Diesseits nicht ordentlich bestattet wird, ist im Jenseits ein Ausgestoßener. Und solche Ahnen hungern danach, den Lebenden zu schaden.«

»Und wenn ein Verstorbener ein großes Fest erhalten hat, blickt er mit guten Erinnerungen in unsere Welt zurück?«

»Wenn er auch noch ein gutes Leben geführt hat, dann ermuntern wir ihn, zurückzukehren. Je näher er bei seiner Familie beerdigt ist, desto wahrscheinlicher ist es, dass er in ein Neugeborenes schlüpft. Deshalb wird Ugochukwu in seinem Haus begraben. Und deshalb tragen wir Verbrecher in den Busch.«

Und deshalb verstehst du es nicht, machte ich mir selbst klar. Weil dir die religiöse Weltanschauung fehlt, der Glaube dieser Menschen an ein Leben nach dem Tod.

Als wir zwischen den Tanzenden hindurchgingen, hörte ich den Zeremonienmeister meinen Namen ins Mikrofon rufen. Die Leute nickten mir zu und winkten. Eine ältere Frau mit Hornbrille und lückenhaften Zähnen schüttelte mir die Hand.

»Willkommen!«, sagte sie und reichte mir Yams, Nsala Soup mit Fisch und eine Schale Wasser, damit ich meine Hände waschen konnte. »Willkommen, Sir! Du bist mein Schwiegersohn!«

Am späten Nachmittag begann der Palmwein seine volle Wirkung zu entfalten. Die Lautstärke an den Tischen wurde ohrenbetäubend, und der älteste Sohn des Verstorbenen – er war zum Begräbnis aus den Vereinigten Staaten angereist, wo er seine Körperfülle erlangt hatte – war so betrunken, dass er zu aller Entzücken rückwärts von der Bank kippte, die Augen verdrehte und lallte:

»Ich bin Amerikaner, versteht ihr? Amerikaner!«

Plötzlich verstummten die Gesänge, die Tanzenden wichen zur Seite und gaben die Straße frei. Eine Trommel ertönte, und während ich die geschnitzten Köpfe an ihren Enden bewunderte, schob sich eine riesige Kreatur in mein Gesichtsfeld.

»Mmuogonogo!«, sagte Nwa respektvoll. »Der Lange Juju, die oberste Autorität in Onitsha. Niemand widersetzt sich seinem Urteil. Er ist mächtiger als der König.«

Mmuogonogo war eine gesichtslose Maske in der Art des Ndako Gboya, ein vier oder fünf Meter hoher Schlauch aus grasgrünen Stoffbahnen, die sich um die Spitze eines Holzstabs drehten und als lange Schleppe durch den Staub schliffen. Mmuogonogo schritt erhaben die Straße herunter, während ihm seine Begleiter Luft zufächelten und mit Bambusgabeln die Stromkabel hinaufdrückten, damit er nicht daran hängen blieb. Er machte einen Ausfallschritt; die Leute schrien und sprangen entsetzt zur Seite. Vor dem Haus blieb er stehen und stieß ein gutturales Wot-wot-wooot aus, und die Ozo antworteten geschlossen mit einem tiefen Woooh. Dann beugte sich Mmuogonogo nach vorne, kratzte mit seiner Spitze auf dem Boden und verschwand im Bestattungsraum. Die Tür fiel zu, die Fensterläden wurden verschlossen, und gleich darauf war die schrille Fistelstimme des Langen Juju zu hören.

»Was singt er, Nwa?«

»Niemand versteht Mmuogonogos Sprache. Etwas zwischen ihm und dem Verstorbenen.«

»Unser Bruder ist erloschen!«, stimmten die Ozo ein. »Nehmt ihn auf! Nehmt ihn gut auf!«

Sieben Kanonenschüsse donnerten, dann stieß Mmuogonogo die Tür auf wie ein Rammbock und ging die Straße hinunter, langsam und gebeugt, als trete er selbst die mühsame Reise ins Land der Toten an. Nachdem auch die Ozo das Haus verlassen hatten, schob mich Nwa zur Tür. Es war der Moment der Bestattung. Ich fand, dass das zu weit ging, und sträubte mich.

»Der Dei hat gesagt, dass…«

»Ich weiß, was der Dei gesagt hat, Nwa, aber…«

»Sie müssen! Sie müssen dabei sein!«, beharrte er und drängte mich die Treppe hinauf. »Wollen Sie den Toten beleidigen?«

»Eben nicht!«

»Dann machen Sie keine Umstände!«

Wir traten ein, und die Tür wurde hinter uns geschlossen. Nur das spirituelle Oberhaupt der Familie, ein Alter mit vom Palmwein geröteten Augen, und zwei Helfer waren jetzt noch im Raum. Sie legten den Körper des Toten in einen schlichten Holzsarg und verschlossen ihn. Mehrere Jugendliche traten ein, bekreuzigten sich und ließen den Sarg hinunter. Ein Junge warf eine weiße Ziege zu Boden, durchtrennte ihr mit der linken Hand die Kehle und ließ sie neben dem Grab ausbluten. Die Männer halbierten das Tier. Der Alte stopfte eine Hälfte in eine gegerbte Ziegenhaut, gab Kolanüsse und drei Flaschen Gin dazu und legte die Gaben ins Grab. Dann nahm er den Stock, der Ugochukwus Leben symbolisierte, und zerhackte ihn mit einem Buschmesser. Die Stücke fielen polternd auf den Sarg. Die Jugendlichen begannen zu schaufeln, und draußen donnerten noch einmal sieben Kanonenschüsse.

»Ugochukwu«, flüsterte Nwa. »Er ist zu seiner ersten Reise aufgebrochen.«

Die Feierlichkeiten dauerten bis tief in die Nacht, und mir fiel Nwas eigenartige Bemerkung über die erste Reise erst wieder im Auto des Dei ein.

»Es wird eine zweite Beerdigung geben«, sagte er und drückte die Türknöpfe hinunter, als der Fahrer auf die Straße hinausfuhr. »Jeder Ibo wird zweimal beerdigt. Zuerst reist sein Geist in die Welt der Toten. Kein schöner Ort. Die Seelen müssen von Blättern und Gras leben wie wilde Tiere. Erst das zweite Ritual entlässt den Ahnen in die Welt der Geister, in die Obhut seiner Väter.«

»Und nur von dort kann der Ahne zurückkehren?«, fragte ich, während Onitsha finster und leblos vorüberflog wie der Hades.

»Dort allein liegt die Quelle des Lebens, junger Freund«, sagte der Dei und ließ mit den Fingern Regen vom Himmel des Wagens rieseln. »Der Mensch ist wie ein Fluss. Er verschwindet, doch er stirbt nie. Er kommt immer wieder zurück.«

Der dicke Terence startete die Maschinen der *Ebuaga*. Das Schiff erzitterte und spie schwarzen Rauch in den Himmel; die Besatzung stemmte sich gegen die Bordwand und drückte uns langsam auf den Fluss hinaus – Blasen stiegen unter ihren Füßen auf, zerplatzten und bildeten ölige Teppiche. Als Terence das Wasser tief genug erschien, wirbelte er das Steuerrad herum, schwere Ketten rasselten über eine Winde zum Heckruder. Die Bootsleute schwammen uns mit kräftigen Zügen nach und kletterten mühelos an Bord, bevor die Strömung den Schiffsrumpf erfasste und die Schrauben aufbrüllten. Die *Ebu-*

aga vollführte eine schwerfällige Wendung, legte sich wie ein dick-
bauchiger alter Erpel in den Strom und strebte nach Süden, vorbei an
einem riesigen Trümmerfeld aus zerbrochenen Holzschiffen, die aus
dem Fluss ragten wie die Ruinen einer versunkenen Stadt – wie ein
schwimmender Slum, in dem Menschen hinter rußigen, morschen
Brettern und zerrissenen Planen hausten. Am Ufer quoll Müll wie
Lava in den Fluss. Hütten krallten sich unter dem schmutzigen Himmel am Abgrund fest. Verdreckte Kinder hockten auf Autowracks
und hingen in rostigen Stahlskeletten. Bussarde zitterten im Wind.
Ich saß im Schatten des Steuerhauses auf dem Oberdeck und war
froh, wieder auf dem Fluss zu sein. Im Fenster über mir sog der dicke
Terence an seiner Pfeife, und die Maschinen ließen seine Brüste
vibrieren. Frauen entfachten ein Feuer auf der Kochstelle und stellten Reistöpfe auf. Wäsche und Netze flatterten im Wind. Auf den
ölverschmierten Planken lag eine Schubkarre mit der Aufschrift *Jesus
kümmert sich darum,* und direkt dahinter standen schwere Blech-
wannen voller Welse, deren Kiemen sich gleichmäßig bewegten,
während die spitzen Dorne ihrer Rückenflossen aus dem Wasser ragten und ihre Barteln an den Wannenwänden klebten wie glänzende
Regenwürmer. Ich zog Delphi aus dem Rucksack, um nachzusehen,
was er über die Fische wusste, doch dann steckte ich ihn wieder weg.
Stattdessen schaute ich zum Ufer hinüber, wo sich Iyogwa und
Odembe und weitere von Onitsha verschlungene Städte vorüber-
schoben – unansehnliche, rauchende Betonkästen, die zwischen
Bananenbäumen, Palmen und Manioktrieben wucherten wie über-
düngte Riesenstauden und sich über den Fluss beugten, über die kleinen Kunstfaserboote, die mit ihren starken Außenbordmotoren den
Fährdienst bestritten und *Flying Boats* genannt wurden. Sie waren
die ersten Vorboten des Ozeans.
Nachdem die *Ebuaga* auf Kurs gebracht war, setzten sich die Bootsleute zu mir in den Schatten. Ein Alter mit roter Filzmütze brach eine
Kola, warf das erste Stück in den Fluss und verteilte den Rest. Während wir kauten, drehte er eine Flasche auf, murmelte etwas und
schüttete das erste Glas über Bord, das zweite träufelte er auf die
Schiffsplanken, das dritte leerte er in einem Zug. Dann goss er nacheinander jedem von uns ein.

»Gin!«, freute er sich und fuhr mit der Zunge über seine Lippen. »So ist es Tradition! So muss es sein!«

»Und warum geht ein Teil über Bord?«, fragte ich, während der Schnaps meine Speiseröhre hinunterkroch wie eine glühende Schnecke.

»Er ist hungrig und durstig wie wir«, sagte der Alte. »Was wir besitzen, teilen wir mit ihm.«

»Mit wem?«

»Mit dem Fluss, mit niemandem sonst.«

Die Männer lachten, doch der Alte blieb ernst. Ein kahl geschorener Hüne schlug ihm grob auf die Schulter.

»Warum sagst du es dem white man nicht?«, polterte er, senkte dann jedoch die Stimme. »Warum sagst du ihm nicht, dass du Egbesu fütterst?«

»Egbesu?«

»Ein Ijaw-Gott«, hob der Hüne an und schüttete ein weiteres Glas in sich hinein. »Ihr verdammten Ijaw«, brüllte er. »Ein Schiff aus Onitsha kentert in eurem Fluss. Wir sollen die Ladung bergen. Wir tauchen hinunter, doch der Laderaum ist schon leer. Nur noch ein Ijaw drin. Ersoffen – ersoffen, weil ihr Banditen nie genug kriegt.«

Ein junger Bootsmann öffnete eine zweite Flasche, brachte Egbesu und den Fluss um ihren Anteil und kippte die ersten drei Gläser selbst hinunter.

»Zwei Wochen später kentert wieder eins unserer Schiffe«, brüllte der Hüne. »Ein paar Halbstarke warten schon auf uns. Mit Gewehren, die Augenlider rot bemalt, weiße Stofffetzen um die Stirn. Fast noch Kinder, aber sie wollen Kola, Gin, Geld, eine Menge Geld. Sie schießen in die Luft. Sie schreien Wom-wom-wom! und machen irgendeinen Juju...«

Der Hüne reichte mir das Glas, und ich achtete darauf, ein wenig von dem Gin über Bord zu träufeln, bevor ich ihn trank. Der alte Ijaw lächelte wohlwollend, doch der Hüne schrie:

»Verschwender! Oder verträgst du nichts? Wen willst du bescheißen? Uns oder dich selbst?«

Er schenkte mir noch ein Glas ein.

»Die Ijaw-Brut macht also irgendeinen Juju, und wir bezahlen lieber. Doch dann kommen die Alten, ebenfalls mit Gewehren. Es gibt Streit. Die Alten schießen auf ihre Söhne und binden sie zwei Tage an Pflöcken fest, bis Sonne und Stechmücken sie erledigt haben. Ihr Ijaw seid Kannibalen! Für einen Naira fresst ihr euch gegenseitig auf!«

»Komm rauchen, white man!«, lud mich ein anderer Bootsmann nach unzähligen Schnapsrunden ein.

Ich nahm die Marihuanatüte und zog daran. Es war stark und würzig. Sandbänke leuchteten weiß unter dem schwarzen Himmel. In der Ferne züngelten Blitze.

»Warum fahren wir denn nur bis Umolu?«, wütete der Hüne, und das Marihuana hob seine Stimme um eine halbe Oktave. »Gibt es dahinter etwa keine verdammten Märkte? Oder ist das verdammte Wasser nicht tief genug? Hä? Hä? Noo-o-oin! Es ist wegen der verdammten Ijaw-Piraten!«

Die Joints kreisten wie Friedenspfeifen. Meine Glieder wurden bleischwer, und die *Ebuaga* schien plötzlich unaufhaltsam in den Fluss zu sinken, wie in ein Tuch, das eben noch straff über eine Spalte gespannt war und jetzt langsam nachgab. Die Ufer schoben sich in die Höhe, und mit einem Mal fuhren wir durch eine Schlucht, von deren Wänden sich der Busch ins Wasser ergoss. Palmen staffelten sich und reckten die Köpfe wie Schaulustige, die sich am Ufer drängten und mir zuwinkten, und eine Palme sagte:

»Aber die Regierung, die verdammte Regierung hat genug von euch!«, sagte die Palme. »Die Armee räuchert eure Piratennester aus«, sagte die Palme; ihr Stamm glänzte dunkelbraun, und sie trug eine einzige Frucht. »Sie bombardieren eure Dörfer«, sagte die Palmfrucht, »Odi, Odi haben sie ausgelöscht, sie rotten euch aus, verdammte Kannibalen!«

Wellen warmer und kalter Luft rollten jetzt in kurzen Abständen über mich hinweg. Mein Hemd war nass. Ein Sturm zerrte an hölzernen Fensterläden, an Planen, an Frauengewändern. Es wurde dunkel. Ein Fluss schäumte; Sand schoss durch die Luft, stach in meine Wangen wie feine Nadeln. Eine Wolkenwand wälzte sich heran, dunkler als die Nacht, und rundum glommen riesige Feuer, der Schein riesiger Feuer. Sie glommen über dem Busch, im Himmel, wie pulsierende, pulsierende... Geschwüre.

»Fühlst du dich gut?«, fragte die Palme.

»Sehr gut!«, hörte ich mich sagen. »Ausgezeichnet! Wundervoll! Fantastisch!«

»Siehst du!«, sagte die Palme. »Du fühlst dich gut, aber ich, ich fühle mich schlecht. Gib mir Geld, white man, damit ich glücklich bin.«

»Tut mir Leid«, sagte meine Stimme. »Aber ich bin nicht der, der dich glücklich macht.«

»Wer dann?«, kreischte die Palme fassungslos.

»Ich nicht!«, sagte ich, denn mein Körper schillerte schon silbern, und ich glitt über eine wogende Wasserfläche. Gerade wollte ich meine hauchdünnen, durchsichtigen Flügel anlegen, um hinunterzutauchen, als mich eine Windbö erfasste, an meinen Brustflossen zerrte und sie mir ins Gesicht klatschte, und aus dem Wasser schälte sich plötzlich das Gesicht des alten Ijaw. Er sah besorgt aus. Seine Hände rüttelten an meinen Schultern.

»Die Palmen, die Feuer...«, stammelte ich, und die Worte schmerzten in meinem Hals.

»Der dicke Terence«, flüsterte der Ijaw. »Der dicke Terence sagt, ich soll mich um dich kümmern. Komm frühstücken!«

Ich war schweißgebadet und spürte nach meinem Geld unter den Fußsohlen. Es war noch da. Und meine Tasche stand neben mir. Ich sah mich um. Ich war nicht mehr auf der *Ebuaga*. Ich lag in einem kahlen Raum mit unverputzten Zementwänden.

»Komm frühstücken!«, wiederholte der Ijaw.

Frühstücken, ja, dachte ich und erhob mich von der Matte. Mein Kopf hämmerte. Mein Rücken war steif. Draußen war es noch dunkel. Frühes Frühstück, dachte ich – hinter dem Alten durch weitere kahle Räume taumelnd – und sah im Geist frische Brötchen, Eier, Räucherschinken, frisch gepressten Orangensaft und Bohnenkaffee. Wir betraten einen besonders großen kahlen Raum, das Wohnzimmer, wie ich annahm. Die Ijaw-Familie erwartete mich vollzählig und der Tisch war bereits gedeckt. Natürlich begnügte man sich im Busch mit einem schlichteren Frühstück. Es gab Gin.

»Morgen«, brummte ich und sah ängstlich auf die Flaschen, in denen Wurzeln, Rinden und zerhackte Schlangen dümpelten.

»Hoooy!«, rief die Ijaw-Familie fröhlich.

Ich reichte den Männern einzeln die Hand, und wir ließen lautstark unsere Mittelfinger gegeneinander schnippen. Die Frauen grüßte ich gesammelt mit erhobenen Handflächen. Jeder nannte seinen Namen, dann ließ ich mich in einen Polstersessel fallen. Als Neuankömmling gebührte mir das erste Glas. Der Alte – er hieß Sylvanus – goss randvoll ein. Ich versuchte, nicht auf die Schlangenteile zu achten, die im Glas schwammen, träufelte ein wenig Gin auf den Boden, schloss die Augen und schüttete den Rest hinunter.

»Hoooy!«, applaudierte die Ijaw-Familie und riss die Hände hoch.

»Gut für die Gesundheit!«, sagte Sylvanus.

»Danke, es geht mir schon besser«, sagte ich und fröstelte.

»Und gut gegen Schlangenbisse.«

»Hm.«

»Viele Schlangen hier.«

»Natürlich.«

»So ist es Tradition«, lallte ein Mann in Unterhosen und offener Trainingsjacke. »Wir treffen uns jeden Morgen. Wir besprechen alles. Wir trinken Gin. Dann gehen wir in die Pflanzungen.«

»Jeden Morgen?«, fragte ich besorgt.

»Hoooy!«, jubelte die Ijaw-Familie.

Vielleicht lag es an den schmerzhaften Stichen, die jedes Geräusch in meinem Kopf verursachte, doch ich glaubte, dass die Leute im Süden lauter sprachen als im Norden. Sie schrien auf kürzeste Entfernung. Sie lachten laut und schallend, kreischten und begrüßten sich brüllend. Und der Pegel schien mit zunehmender Nähe zum Äquator anzusteigen. Als die erste Flasche leer war, erhob sich einer der Männer und kam mit einer neuen zurück.

»Gin!«, rief er und streckte mir das Glas hin. »Gin! Hot!«

Mir war schwindlig. Mein Bauch brannte. Ich hatte seit gestern Nachmittag nichts gegessen.

»Ich kann nicht mehr«, röchelte ich. »Ich kann wirklich nicht mehr.«

»Local Viagra!«, kreischte die Frau mit dem Trinkergesicht und der gelben Rüschenbluse. »Trink den Kickstarter, Junge! Dann kannst du wieder!«

»You want to sex her?«, fragte der Mann in Unterhosen.

»Nein danke, sehr freundlich.«

»Sie ist gesund und kräftig! Sieh dir ihren Hintern an! Reife Mango, sag ich! Sie heiratet dich!«

»Ich bin schon verheiratet.«

»Du trägst keinen Ring!«

»Wegen der Diebe«, sagte ich und stürzte den Gin hinunter.

»Hoooy!«, schrie die Ijaw-Familie. »Du lügst besser als ein Ijaw!«

Es entspann sich eine Diskussion um die Ziege, die in Umolu vor einem Schrein geopfert werden sollte. Im Vorjahr hatten die Ältesten ein Muttertier bestimmt, das drei Junge im Bauch trug. Der Eigentümer hatte vier Tiere geltend gemacht und das Geld dafür auch bekommen. Dieses Jahr war eine Ziege von Sylvanus' Sohn Godwyn ausgewählt worden.

»Deine verdammte Ziege ist nicht trächtig«, schrie der Mann in Unterhosen, rückte sein *private thing* zurecht und sprang auf.

»Ich will den gerechten Preis haben!«, schrie der volleibige Godwyn und sprang ebenfalls auf.

Speichel schoss durch die Luft, und ich befürchtete, die beiden würden sich an die Gurgel springen.

»Den Preis für vier Ziegen?«, brüllte der Mann in Unterhosen und zeigte mit dem Finger auf Godwyn.

»Den gerechten Preis, verdammt noch mal! Den Preis, der mir zusteht!«, tobte Godwyn.

Er tänzelte gereizt um seinen Sessel herum, verfing sich in einem Netz, das auf dem Boden lag, und fiel der Länge nach über den Tisch. Flaschen kippten um. Gin floss aus und roch wie Desinfektionsmittel.

»Hoooy!«, schrie die Ijaw-Familie, und alle sprangen auf und klopften einander begeistert auf die Schulter.

»Jeden Morgen?«, fragte ich ungläubig, als gegen sechs Uhr der Tag anbrach und die Familie sich auf den Weg in die Pflanzungen machte.

»Jeden Morgen«, bestätigte Sylvanus.

Wegen der ausgiebigen Frühstücksbuffets kam ich erst am dritten

Tag zu einem Rundgang durch Umolu. Nach Onitsha wirkte das Flussdorf wie ein kleines Paradies. Windschiefe Häuser drängten sich um einen Hauptpfad, von dem schmale Sandwege abzweigten. Das Elefantengras stand so hoch, dass man nur wenige Meter weit sehen konnte. Es gab keine Autos, nirgendwo lag Müll, und die sandigen Höfe waren gefegt. Die Luft roch nach frisch gemahlenem Maniok.

»Willkommen!«, grüßte ein Fischer, reichte mir die Hand und schnippte meinen Mittelfinger. »Bring uns viel Gutes, damit wir deinen Namen nicht vergessen.«

Die meisten Leute glaubten, ich sei gekommen, um die ersehnte Straße nach Warri zu bauen.

»Euer Gott? Egbesu?«, fragte ich Sylvanus. »Was darfst du einem Fremden über ihn erzählen?«

»Du frühstückst jeden Morgen mit uns«, sagte er und bog in den Weg ein, der zum Fluss hinunterführte. »Du teilst deinen Gin mit Egbesu und den Ahnen. Du bist kein Fremder.«

Er lächelte.

»Egbesu ist der Kriegsgott der Ijaw. Die einzelnen Clans hängen ihre Namen an – Tarakiri-Egbesu, Kolokuma-Egbesu, Okpoma-Egbesu –, doch die Riten sind in ganz Ijaw-Land gleich. Wer in den Kult initiiert ist, kann alle Schreine am Fluss aufsuchen.«

Wir kamen zu einer kleinen Hütte am Hochufer. Zum Niger hin war sie offen, an den Seitenwänden standen Lehmbänke, und im hinteren Drittel hing ein weißes Tuch wie eine Leinwand von der Decke. Am Dachrand raschelten Reihen aus Palmstroh.

»Egbesus Schrein«, sagte Sylvanus und strich über die gut fünf Meter hohe Bambusstange, an der ein langer weißer Stoffstreifen flatterte. »Egbesu ist im Busch. Egbesu ist im Fluss. Egbesu lässt Kugeln und Speere von uns abprallen. Unsere Frauen tauchen in den Strom, um ihm nah zu sein. Er trinkt Gift und macht es zu Wasser, zu gutem Wasser. Er bewirft Hexen mit Erde. Er spielt mit Ginsterkatzen.«

Ich dachte an all die Götter und Geister, von denen ich auf meiner Reise gehört hatte, und versuchte, sie mir vor Augen zu rufen, doch ihr Bild blieb vage und verschwommen. Du treibst den Niger hinun-

441

ter, sagte ich mir, und mit jeder Flussbiegung verstehst du weniger. Dein Bibliothekenwissen nützt dir nichts. Schau nach, was Delphi über die Ginsterkatze weiß! Schau doch nach! Der Computer wird dir nicht verraten, warum der Kriegsgott der Ijaw mit ihr spielt. Du kratzt an der Oberfläche, nichts weiter. Du bist ausgeschlossen. Du bist als Fremder gekommen und wirst als Fremder gehen.

»Ich möchte Egbesu sehen, Sylvanus«, sagte ich plötzlich und erschrak, wie entschlossen meine Stimme klang.

»Nur Initiierte dürfen Egbesu sehen.«

»Es ist wichtig, Sylvanus. Irgendetwas sagt mir, dass es sehr wichtig für mich ist.«

Er sah mich an, wie er es getan hatte, als mich meine durchsichtigen Flügel über das wogende Wasser getragen hatten und sein Gesicht daraus aufgetaucht war. Ich befürchtete, er würde gleich sagen »Komm frühstücken!«, doch er sagte:

»Ich werde mit dem Priester sprechen. Egbesu hat ihn selbst gewählt. Egbesu steigt in seinen Körper und spricht durch ihn.«

Dann nahm der alte Sylvanus meine Hand und führte mich den Pfad zurück wie einen Blinden.

Ganz Umolu fieberte dem Tag entgegen, an dem der Dorfsee abgefischt werden durfte, ein Großereignis, das nur einmal im Jahr stattfand. Bei Hochwasser ging der See im Niger auf, doch sobald der Wasserspiegel sank, trennte ihn eine Sandbank vom Fluss ab. Der schmale Ausgang wurde mit Netzen verriegelt, und die Fische waren in der natürlichen Falle gefangen. Seit Tagen schichteten Frauen und Kinder Brennholz auf und bestückten lange Bambusroste mit Maschendraht, auf dem sie ihren Fang räuchern würden. Hunderte von fremden Fischern hatten zwischen den Marktständen ihre Lager aufgeschlagen und besserten am Ufer ihre Netze und Einbäume aus. In der Nacht vor dem großen Fest saß ich alleine vor einer Hütte im Busch. Leise Stimmen sickerten durch die Ritzen der Bambuswände und vermischten sich mit dem meerartigen Rauschen des Waldes. Palmstämme schimmerten knochenblass aus der Finsternis. Mäuse oder Schlangen raschelten im Dickicht. Ansonsten war es still, auffällig still für einen Wald in den Tropen.

Sylvanus muss sein ganzes Gewicht für dich in die Waage gelegt haben, sagte ich mir. Der Egbesu-Priester hat zugestimmt, du darfst ihren Kriegsgott sehen. Doch was ist das für eine Zeremonie, die du durchlaufen sollst? Eine spezielle Initiation für dich? Eine Mutprobe? Eine Prüfung? In welche Geheimnisse wird man dich einweihen?

Ein Brüllen ließ mich zusammenzucken. Es brach durch die Wände der Hütte, guttural und hässlich, und ließ die Stille bersten wie eine Glasscheibe, die vor den Wald gespannt war. Vögel kreischten, Baumschliefer schrien, Flughunde schreckten auf, hüllten mich in eine säuerliche Wolke und streiften mein Gesicht mit ihren Schwingen. Das Brüllen hob an, laut und rau wie von einem sehr großen, sehr wütenden Tier, dann verzerrte es sich und zerriss wie ein Schrei in einem Megafon: Häää-hä-hä-hä! Die Tür der Hütte sprang auf, das Licht traf mich wie eine klebrige Zunge. Der Boden bebte. Zwei Hände stülpten einen Sack über meinen Kopf. Er roch muffig und erschwerte das Atmen. Schweiß brannte in meinen Augen. Ich wurde in die Hütte geführt, und plötzlich nahm ich den Geruch von Kerosin wahr. Sturmlaternen, versuchte ich mich zu beruhigen, es sind nur Sturmlaternen. Doch es roch wie auf der Straßenkreuzung in Onitsha, und ich sah den brennenden Kopf vor mir, das glühende Kreuz in der verkohlten Hand. Die Geschichten über die Menschenjäger fielen mir ein, über Opferköpfe, Organräuber, Geheimgesellschaften, die kannibalischen Riten frönten. Ich keuchte, und mein Atem übertönte Egbesus Gebrüll. Dann legten sich mehrere Hände auf meine Schultern und drückten mich nach vorne, bis ich kniete, die Arme auf dem Rücken verschränkt, die Stirn am Boden – wie der Gefesselte in Onitsha.

Ich hielt den Atem an und lauschte. Das Gebrüll verstummte. Hinter mir hörte ich das gedämpfte Rascheln von Palmstroh.

»Alles in Ordnung«, sagte eine Stimme neben mir.

Es war Sylvanus. Ich beruhigte mich etwas.

»Noch nie ist ein Weißer in den Kult des Egbesu eingeweiht worden«, sagte eine andere, eindringliche Stimme, die ich für die des Priesters hielt. »Doch du kennst die Quelle des Großen Stroms! Und Sylvanus ist dein Großvater. Dein Großvater hat es bewirkt. Ohne ihn wäre es unmöglich.«

»Egbesu!«, riefen viele Männerstimmen gleichzeitig.

Über mir rasselten Muscheln oder Schneckengehäuse, und der Priester stieß seine Formeln in kurzen, abgehackten Ijaw-Silben aus. Meine Stirn berührte noch immer den Boden, und direkt hinter mir stand Egbesu, so nah, dass ich ihn spüren konnte, mächtig und unförmig wie der Stamm eines Baobab, der seine Form veränderte, indem er sich blähte und zusammenzog. Ich stellte mir vor, wie er seine Wurzeln aus dem Erdreich riss, um mich herumsprang und sich über mich beugte, während er mich mit seinen unirdischen Schreien umhüllte.

»Du kannst deinen Kopf jetzt wieder heben«, sagte Sylvanus' Stimme plötzlich. »Aber dreh dich nicht um!«

Der Sack wurde abgenommen, und ich atmete gierig. Ich kniete vor einem uralten Mann mit angefeilten Schneidezähnen. Sein Gesicht lief spitz zu. Seine Ohren waren dreieckig und zerbissen. Er saß auf einem Ritualhocker und trug ein weißes Gewand. In der rechten Hand hielt er den langen, schwarzbraun gebänderten Schwanz einer Ginsterkatze. Als er die Augen öffnete, riesige Augen wie die eines Nachttiers, verstummte Egbesu hinter mir mit einem heiseren Röcheln.

»Egbesu!«, rief der Priester.

»Egbesu!«, riefen die weiß gekleideten Männer, die ich am Rand meines Gesichtsfelds erkannte.

»Zieh dein Hemd aus!«, befahl der Priester und tauchte seine Hand mit einer geschmeidigen Bewegung in die Kalebasse, die zwischen uns stand und Steine, Adlerfedern, Kreide, weißes Tuch enthielt.

Er zog ein Rasiermesser heraus, beugte meinen Kopf erneut und schabte behutsam mein Haar herunter, so dass nur ein einzelnes Büschel über der Stirn stehen blieb. Er steckte eine Adlerfeder hinein. Dann rieb er mich mit Kreidestaub ein – Kopfhaut, Gesicht, Arme und Füße. Nicht die Fußsohlen. Seine Hände fühlten sich rau an. Seine krallenartigen Fingernägel spürte ich nicht, als habe er sie eingezogen, und als er sich mit einer leichten, anmutigen Bewegung erhob, glaubte ich, er wolle einen unsichtbaren Baum hinaufklettern, völlig mühelos und fast in Zeitlupe.

»Du bist gewaschen«, sagte er schließlich. »Du bist weiß, rein wie die Ahnen.«

Sylvanus legte meine Geschenke vor die Kalebasse – tausend Naira, Kolanüsse, Zigaretten, eine Flasche Gin. Der Priester füllte ein Glas, träufelte den Inhalt auf die Erde und öffnete sie so für die Ahnen, die bei der Zeremonie anwesend sein mussten.

»Egbesu, Herr des Flusses, Herr des Buschs!«, rief er. »Schleichender Krieger im Gewand aus Fels, Meister der Ginsterkatzen, der du Hexen mit Erde bewirfst und Gift zu Wasser machst. Egbesu, sieh die Geschenke, die dir Sylvanus' Enkel gebracht hat – der weiße Flussjunge, der die Quelle des Stroms kennt und zu dir will.«

Dann schüttelte er die Rassel und rief mir zu:

»Die Ziege! Wo ist Egbesus Ziege?«

»Ich bringe kein Tieropfer«, sagte ich leise, aber bestimmt.

»Du opferst Egbesu das Beste!«, fauchte der Priester, und sein Rücken krümmte sich zu einem Buckel. »Blut steht am Anfang. Blut steht am Ende.«

Ich hatte mit Sylvanus darüber gesprochen. Egbesu stand das kostbarste Geschenk zu. Leben war das Kostbarste, und das Blut der Opfertiere symbolisierte Leben – ihr Leben, aber auch das Leben des opfernden Menschen. Bei allen Völkern der Erde gilt Opferblut als rituelles Zeichen vollkommener Hingabe, als ein Geschenk, das ein Gleichgewicht zwischen Gott und den Menschen anstrebt. Doch ein solches Opfer kam für mich nicht in Frage. Ich gab Sylvanus das verabredete Zeichen, und er legte meine Halskrause vor die Kalebasse. Der Priester betrachtete den imprägnierten, pinkfarbenen Mikrofaserbezug und stieß ihn mit dem Finger an wie eine Katze, die unentschlossen mit ihrer Beute spielt. Er führte kleine Hiebe über der Halskrause aus, und ich befürchtete, er würde sie jeden Moment packen und fortschleudern. Stattdessen knurrte er:

»Was kann diese Sache?«

»Sie sieht aus wie ein Schmuck, doch wo ich herkomme, ist sie eine Medizin«, sagte ich und deutete an, wie man sie anlegt und den Klettstreifen schließt. »Sie trägt meinen Kopf, wenn er zu schwer ist. Blut ist kostbar. Doch auch der Kopf ist kostbar.«

»Opferköpfe!«, stieß der Priester hervor, und ein Raunen ging durch die Reihe der weiß gekleideten Männer. »Opferköpfe, ja, zur Zeit unserer Väter.«

Er schwang erneut die Rassel, brach eine Kolanuss in vier Teile und warf sie wie Würfel auf ein weißes Tuch. Dann knickte er den Kopf zur Seite und betrachtete konzentriert die glänzenden Stücke.

»Egbesu hat dein Opfer angenommen«, sagte er schließlich. »Egbesu sagt, du bist willkommen. Egbesu sagt, du wirst aus der Tiefe auftauchen. Er sagt, du wirst neu sein.«

Sylvanus warf mir ein weißes Tuch um und reichte mir ein Glas. Ich träufelte ein wenig von dem Gin auf die Erde und trank den Rest in einem Zug.

»Wenn du in Gefahr bist«, sagte der Priester, »dann sprich Egbesus Namen aus, und dir kann nichts passieren. Egbesu rettet dich. Egbesu heilt dich. Egbesu füttert dich. Doch ich warne dich!«

Seine Augen verengten sich.

»Du hast geheimes Wissen erlangt. Teile es nur mit Egbesus Söhnen! Sprich nie darüber! Wenn du Egbesu verrätst, stirbst du!«

Der Priester holte einen rostigen Nagel aus der Kalebasse und hielt ihn so dicht vor mich, dass er vor meinen Augen verschwamm.

»Wenn du Egbesu verrätst«, sagte er und schob sein Gesicht mit einer fließenden Bewegung an mich heran. »Wenn du Egbesu verrätst, wird er dich mit diesem Nagel töten! Egal, wo du bist! Egbesu findet dich! Auch in Europa! Er schlägt den Nagel zwischen deine Augen. Du stirbst einen qualvollen Tod.«

Direkt hinter mir stieß der Kriegsgott der Ijaw einen fürchterlichen Schrei aus. Ich spürte einen heißen Luftzug an meinem frisch rasierten Kopf und schloss die Augen, um mir vorzustellen, wie Egbesu aussehen mochte. Ähnelte er dem Ndako Gboya der Nupe? Oder dem Langen Juju beim Begräbnis in Onitsha? Oder gehörte er bereits zu den geheimnisvollen Tiermasken der Waldvölker?

Dann drehte ich mich langsam um.

»Egbesu!«, rief der Priester.

»Egbesu!«, riefen die Männer.

8

Am Flussufer von Umolu lagen gut dreihundert Kanus. Das frühe Morgenlicht ließ die Netze aufleuchten wie Glasnudeln. Draußen fuhr das Musikboot auf und ab.

»Neun Uhr! Neun Uhr!«, klang die eindringliche Stimme des Zeremonienmeisters aus dem Lautsprecher am Mast. »Niemand steigt in sein Kanu, bevor das Signal ertönt! Neun Uhr, keine Sekunde früher!« Am Ufer patrouillierte die Dorfjugend mit Stöcken und brüllte wie eine Horde Krieger. Sie hatten die Nacht durchwacht, Gin getrunken, Gras geraucht und dafür gesorgt, dass sich niemand dem See näherte. Das Wasser lag verlassen da. Kein Windhauch kräuselte die Oberfläche. Hyazinthen trieben dahin. Im hohen Gras lauerten die Fischer auf den Startschuss.

»Ein großer Tag für Umolu«, sagte Sylvanus und rückte seine rote Filzmütze zurecht.

Er hatte sich die Veteranenplakette aus dem Biafra-Krieg angesteckt, stützte sich beim Gehen auf einen Stock, aus dessen Knauf ein Vogelkopf geschnitzt war, und sah ständig auf seinen Taschenrechner mit dem Display, das die Zeit anzeigte. »8 Uhr 42«, sagte er gerade, als sich ein Mann an uns vorbeischob und auf ein Kanu am Ufer zuging. Er wurde sofort von den Jugendlichen eingekreist. Anscheinend wollte er nicht umkehren. Es kam zu einer heftigen Diskussion. Stöcke knallten auf seinen Rücken, er zerschlug eine Flasche an seinem Kopf und zog den abgebrochenen Hals über die Brust eines Wächters. Am anderen Ende des Flussufers nutzten gut fünfzig Fischer den Tumult; sie rannten los, sprangen in die bereitliegenden Kanus und stießen die Paddel in den Fluss.

»Fahrt nicht auf den See!«, schrie der Zeremonienmeister ins Mikrofon. »Es ist noch nicht so weit! Fahrt nicht auf den See!«

Die Wächter ließen vom Flaschenkämpfer ab, der sich ohnehin nicht mehr rührte, und stürmten auf die Einfahrt des Sees zu. Sie sprangen ins Wasser, schlugen auf die Fischer in ihren Kanus ein und stemmten sich gegen die Abzäunung aus Bambus. Der Ansturm wurde immer größer; Paddel krachten dumpf auf krause Köpfe, Wasser spritzte, Kanus kenterten, und dann brach der Bambuswall. Die Fischer waren nun nicht mehr aufzuhalten. Sie zwängten sich durch die enge Passage und strömten hinaus auf den See wie Tierchen, die sich in Windeseile unter dem Mikroskop vermehren. Fische sprangen erschrocken davon. Das Wasser kochte, rauschte wie in einer Stromschnelle. Auch der Busch war plötzlich voller Männer, die ihre Einbäume auf den Köpfen balancierten, stolperten, fielen und sich wieder aufrappelten, im Lauf das Kanu auf den See warfen und aufsprangen. Hunderte von Booten schossen fast gleichzeitig über das Wasser, während sich im Heck die Netze abspulten wie Garn von einer Rolle. In weniger als zehn Minuten war der gesamte See bedeckt, und die Fischer paddelten in den schmalen Bahnen zwischen den Netzen auf und ab, um ihren Fang aus den Maschen zu lösen.

Ich ging mit Sylvanus an Bord des Musikkanus, das vorsichtig über den Netzen kreuzte, für Stimmung sorgte und den Anteil einsammelte, der dem Dorf zustand. Delphi lag auf meinen Knien. Mir war nicht danach, Details zu einzelnen Fischen nachzulesen; ich begnügte mich damit, ihre Namen zu bestimmen. Den größten Teil des Fangs machten Afrikanische Scheibensalmler, Tigerfische und Tilapien aus, doch es gab auch Schmetterlingsfische, Schwarze Messerfische, einen Pfauenaugen-Buschfisch – Sylvanus meinte, er sei sehr selten –, Scherenschnäbler, Klavierfische, zwei riesige Wasserhunde, Langstirnwelse, Schönflössler, einen Zitteraal, Langnasen- und Boxer-Nilhechte. Außerdem verfingen sich in den Netzen mehrere Eierschlangen, eine Speikobra und eine Giftschlange, die Sylvanus »Minutenschlange« nannte, eine verängstigte Rohrratte und eine Pantherkröte, die niemand anfassen wollte, bis ein Fischer sie mit seinem Paddel zu Brei schlug.

Am Ausgang des Sees warteten die Frauen von Umolu auf Fischer, die ihren Fang verkaufen wollten. Sobald sich ein Kanu näherte, rafften sie ihre Kleider, wateten in den Fluss und füllten ihre Wannen mit so viel Fisch, wie sie zu fassen bekamen. Sie hockten am Ufer, nahmen bergeweise Tilapien aus und legten die Fische auf die langen Roste über dem Feuer. Schuppen klebten auf ihrer Haut wie silberne Pailletten.

»Ein gutes Geschäft«, sagte Sylvanus und stieß den Vogelstock in die Erde. »Geräuchert ist der Fisch auf dem Markt das Fünffache wert.« Das Dorf hüllte sich noch immer in würzigen Rauch, als mich Sylvanus am Tag meiner Abreise zum Flussufer begleitete. Neben dem Kanu wartete der kleine, aber sehr kräftige Mann, der mich stromabwärts bis Odi begleiten sollte. Ich schätzte ihn auf Anfang zwanzig. Er trug Jeans und ein Gewehr.

»Ihr seid beide meine Enkel«, sagte Sylvanus und legte unsere Hände ineinander. »Der Fluss ist gefährlich. Traut niemandem! Legt in keinem Dorf an! Ihr verbringt die Nacht im Busch. Mozi kennt die Stelle. Mozi ist ein Krieger. Mozi passt auf dich auf.«

Mozi lächelte. Wir schnippten unsere Finger zur Begrüßung, und während er sein Gewehr ins Kanu legte und meine Tasche verstaute, zog mich Sylvanus hinter einen Baum.

»Egbesu hat ein geheimes Zeichen«, flüsterte er und sah sich wachsam um. »Es ist noch wirksamer als sein Name. Der Priester wollte es dir nicht verraten. Er traut dir nicht. Er glaubt, dass du das Zeichen verrätst.«

Er sah mich mit wässrigen Augen an. Aus irgendeinem Grund hatten wir an diesem Morgen keinen Gin gefrühstückt, doch Sylvanus roch trotzdem danach. Seine Hände zitterten ein wenig. Dann beugte er sich schwerfällig hinunter und malte das Zeichen in den Sand.

»Wenn du in Gefahr bist, sprichst du Egbesus Namen aus«, ächzte er, während ich ihm wieder aufhalf. »Erst wenn es ganz schlimm wird, malst du sein Zeichen auf die Erde. Falls du es benutzt, gehst du später zu Egbesus Schrein und bringst ihm Kola und Gin. Versprich es mir!«

Ich versprach es.

Wir schoben das Kanu ins Wasser, ich setzte mich ins Heck, griff nach dem zweiten Paddel und drückte die braunen Strudel hinter mich, die Mozi mir vom Bug aus zuschob, während Sylvanus am Strand von Umolu zurückblieb, auf seinen Vogelstock gestützt und von einer blassen Wolke umhüllt. Wir hielten uns den ganzen Vormittag über dicht am rechten Ufer, und ich bewunderte die Architektur des Waldes, diese gestaffelte Tribüne aus farbenreichen Gräsern, Büschen und verschieden hohen Bäumen, die sich wie Ränge und Logen in Schwindel erregende Höhen auftürmten. Ein umgestürzter Baum hatte eine Schneise in den Wald geschlagen, und im Sonnenlicht erkannte ich die krautigen, kleinen Kletterpflanzen, die einen Mantel über das entblößte Unterholz gelegt hatten. An einigen Stellen standen bereits schnellwüchsige, holzige Lianen, die bald mit den jungen Bäumen aufsteigen und weit oben die Pflanzendächer bilden würden – diese schwebenden Konstruktionen mit ihren Schlaufen, Leitern und Brücken, die entstanden, wenn tragende Äste zwischen den Baumkronen wegbrachen.

Ein Schwarm schwarzer Vögel mit gebogenen, gelben Schnäbeln flog dicht über dem Wasser an uns vorüber. Sie stießen ein rabenartiges Krächzen aus.

»Regenzeitvögel«, sagte Mozi, während er das Kanu sicher durch eine Reihe ertrunkener Baumstümpfe steuerte.

Ich lud Delphi nicht hoch, um nach dem offiziellen Namen der Vögel zu suchen. Er schien mir belanglos. Sie kamen und brachten die schweren Wolken, die jetzt jeden Nachmittag über den Fluss trieben und bisher noch zögerten, ihre Last abzuwerfen. Regenzeitvögel. Es gab keinen besseren – und auch keinen schöneren – Namen.

Ich konzentrierte mich wieder ganz auf das Paddeln und stellte mir vor, wie ich das grüne Theraband um die Türklinke oder um das Bettgestell wickelte, wie ich in Schrittstellung ging und dann langsam die Arme nach hinten zog. Ich hatte mit dem Band gearbeitet, seit mein Orthopäde befürchtete, mein Hals würde unter meinem Kopf abknicken wie ein Blumenstängel. Ich hatte trainiert, seit ich zu meiner Reise aufgebrochen war, und jetzt wählte ich im Geist die kürzeste Variante des Bands, die mit dem stärksten Zug, und konzentrierte mich ganz darauf. Meine Arme funktionierten. Der Kapuzenmuskel, die Untergrätenmuskeln, die kleinen und großen runden Armmuskeln, sogar die gemeinsamen Fingerstrecker und Handbeuger – sie alle funktionierten; und der Kopfhalter hielt meinen Kopf.

Wir paddelten stromabwärts; die Luft war warm, schwer, träge, und der Fluss schön, atemberaubend schön. Doch irgendetwas stimmte nicht mit diesem Zauber, denn die Blüten und Früchte glänzten nicht recht in der Sonne, die Schreie der Affen klangen seltsam geknebelt, und der Strom wälzte sich finster an ängstlichen Dörfern vorbei, an Ofiniban, Elemebri, Asamabri – finster, als laste ein Fluch auf ihm. Im Moment, in dem ich das dachte, brach sich das Wasser plötzlich über einer Untiefe; die Strömung wurde so stark, dass wir das Kanu abbremsen mussten, und während wir rückwärts paddelten, kam mir plötzlich ein faszinierender Gedanke.

Wenn du stromabwärts fährst, erklärte ich mir, dann liegt die Zukunft des Flusses vor dir, solange du schneller fährst, als der Fluss dahinströmt. Ist es nicht so? Doch im Moment bremsen wir unsere Fahrt ab, und demnach muss uns die Vergangenheit des Flusses einholen.

Dein Modell hat einen kleinen Denkfehler, hielt ich mir entgegen, und außerdem vergisst du die Buddhisten. Sie sagen, dass für den Fluss nur die Gegenwart existiert, erinnerst du dich? Weil der Fluss überall zugleich ist – am Ursprung und an der Mündung, am Wasserfall, an der Stromschnelle. Was also ist mit den Buddhisten?

Vergiss die Buddhisten einfach für einen Moment, beschwatzte ich mich, während wir noch immer kräftig rückwärts paddelten. Und ich gab mir nach; ich übersah den Denkfehler und die Buddhisten und stellte mir vor, dass uns die Vergangenheit tatsächlich einholte und wir nur lange genug unsere Fahrt abbremsen müssten, bis – sagen wir – Richard und John Lander mit ihren riesigen Strohhüten an uns vorüberfuhren. Mit etwas Glück könnten wir erleben, wie die Brüder in dieser Gegend fast ihr Leben verlieren, wie sie landen, um zu kampieren, wie die bewaffnete Bande aus dem Busch bricht, die Engländer ihre Pistolen zu Boden werfen und auf den Anführer zugehen, wie der nun einen Pfeil in seinen Bogen legt, wie die Landers mit ihren Armen in der Luft herumfuchteln, damit er nicht schießt, wie sie weiter auf ihn zugehen, bis sie nur noch ein paar Yards vor ihm stehen und der Mann plötzlich zu zittern beginnt, weil er die beiden für Feinde vom anderen Ufer gehalten hat und jetzt sein Versehen einsieht, wie er auf die Knie sinkt und sich krümmt wie unter Schmerzen, nach ihren Händen greift, seinen Kopf hineinlegt und in Tränen ausbricht.

Und wenn wir unsere Fahrt nicht ganz so lange abbremsen, spann ich den Gedanken fort, während wir durch einen Baumtunnel trieben und Mozi uns mit dem Paddel die Äste vom Leib hielt, wenn wir nicht ganz so lange abbremsen, landen wir vielleicht in der Zeit, als die Landers schon die Mündung des Niger entdeckt haben, als es sich schon herausgestellt hat, dass die wegen ihres Reichtums an Ölpalmen so benannten Oil Rivers in Wirklichkeit das Mündungsdelta des Niger sind – in einer Zeit also, als die Europäer bereits auf dem *Highway ins Innere* vordringen und die christlichen Missionare den Heiden ihr Heil bringen und die Royal Niger Company das Land ausbeutet und überall Lager und Handelsposten errichtet. Und vermutlich würde uns bald auffallen, dass sich einige der kleinen, aber selbstbewussten Staaten verbissen gegen ihre Unterdrückung wehren und die Briten natürlich nicht dulden können, dass ein paar »Wilde« ihre kommerziellen Interessen stören, und sie deshalb ihre gesamte Kriegsflotte ins Nigerdelta schicken und mit ihren Kanonenbooten alles kurz und klein schießen und den Widerstand auf die gute alte koloniale Art brechen.

Um das zu erleben, müssten wir bis 1894 abbremsen, dachte ich gerade, doch in diesem Moment glitt unser Kanu über eine Schwelle, und der Fluss gewann wieder an Tiefe. Wir tauchten die Paddel ein, drückten das Wasser kräftig hinter uns und fuhren durch die Gegenwart, geradewegs in die Zukunft hinein. Doch der Fluss wälzte sich noch immer finster an ängstlichen Dörfern vorbei, die Blüten und Früchte wollten noch immer nicht richtig in der Sonne glänzen, die Affen schrien noch immer wie geknebelt. Und ich fragte mich, ob das alles etwas mit dem zu tun hatte, was wir eben um ein Haar erlebt hätten.

Am späten Nachmittag erreichten wir Aboh. Weiter südlich teilt sich der Niger in die Flüsse Nun und Forcados und strömt in sein Delta, wo sich auf der Fläche Belgiens Tausende von Wasserläufen durch tropischen Regenwald und Mangrovensümpfe schlängeln. Ich entschied mich für den Nun, denn eine seiner zahlreichen Verästelungen mündet bei der Insel Brass in den Atlantik. Mir gefiel die Vorstellung, dass am Ende meiner Reise eine tropische Insel auf mich wartete.

Ich fragte Mozi nach dem Namen der sandigen Landspitze, an der sich der Niger gabelte.

»Bermudadreieck«, sagte er und warf ein paar Yamsknollen ins dunkle Wasser. »Hier verschwinden viele Kanus, Bruder. Niemand weiß, was mit ihnen geschieht.«

»Und der Yams?«

»Die Landspitze ist ein mächtiger Ort«, sagte Mozi und schüttete ein wenig Gin in den Strom. »Die mächtigsten Flussgötter treffen sich hier. Niemand fährt vorbei, ohne ihnen ein Geschenk zu machen. Einmal im Jahr bringen ihnen Vertreter aller Flussdörfer ihre Opfer. Priester, Krieger mit Gewehren und Flaggen, Trommler, Tänzer. Sie kommen in riesigen Kanus.«

Zwei Stunden später zogen wir das Boot an Land, versteckten es im Dickicht und schlugen unser Nachtlager hinter einem Erdwall auf. Danach schlich ich mich in den Wald, nicht mit dem grünen Theraband, sondern mit einer Papierrolle, den unerbittlichen Konvulsionen meines Darms folgend. Ich fand eine freie Fläche unter einem Baum mit weißen Blüten und einer schirmartigen Krone. Es sah fast so aus, als sei um ihn herum gerodet worden. Ich taufte ihn »Latrinenbaum«, hockte mich hin und begann die erforderlichen Muskelpartien anzuspannen, bis Sterne vor meinen Augen tanzten und – ein ganz neues Phänomen – meine Haut eigenartig prickelte. Es war ein belebendes Prickeln, das sich langsam auf den ganzen Körper ausdehnte und sich zunehmend intensivierte, bis es unangenehm zu brennen begann. Ich stellte meine Anstrengungen ein, doch das Brennen verstärkte sich und wurde schmerzhaft – sehr schmerzhaft. Und dann sah ich sie: Ameisen! Riesige schwarze Ameisen! Sie regneten aus den Ästen des Baums auf mich herab, krabbelten in mein Hemd und in die Hosenbeine und spritzten ihr Gift in mich hinein. Ich sprang auf und schrie und wälzte mich auf der Erde, und als das nichts half, stürmte ich ins Camp zurück, an Mozi vorbei, der mich erstaunt ansah, und sprang mitsamt Kleidern und Papierrolle in den Fluss.

»Ein Pereta-Baum!«, rief Mozi begeistert, als er die Ameisen in meinem Gesicht sah. »Du hast schmutzige Sachen unter einem Pereta gemacht, Bruder. Was tust du, wenn dir einer vor dein Haus kackt? Du knallst den Stinker ab, du knallst ihn einfach ab.«

»Sie beißen!«, gurgelte ich und schlug um mich. »Die verdammten Biester beißen sogar unter Wasser.«

»Sie sind sehr schlau, Bruder«, sagte Mozi und machte es sich am Ufer bequem. »Sie wohnen im Pereta, weil seine Äste hohl sind. Sie verjagen alle Insekten, alle Vögel und Affen, selbst den Python. Sie fressen die Pflanzen rund um den Stamm ab, damit der Pereta viel Licht bekommt. Sie lecken die Blätter sauber, jedes einzelne.«

»Hinterhältige Biester!«, schrie ich, stieg aus dem Wasser und zupfte die hartnäckigsten Ameisen einzeln von der Haut.

»Sie lassen den Pereta schnell wachsen, sehr schnell«, fuhr Mozi andächtig fort. »Sie verlassen ihren Baum niemals. Sie verteidigen ihn. Niemand traut sich, ihn zu fällen. Seine Blätter sind mächtig. Sie helfen gegen den bösen Zauber.«

Wir machten kein Feuer, weil Mozi befürchtete, wir könnten unseren Lagerplatz verraten. Als die Nacht hereinbrach, saßen wir in der Dunkelheit im Busch, aßen Fufu und schlürften die Panzer der Gelenkschildkröten aus, die Mozi im Dorfsee gefangen hatte. In den Kronen über uns stießen Baumschliefer ihre durchdringenden Schreie aus, die in immer kürzer werdenden Abständen anschwollen und in einem beängstigenden Kreischen endeten. Über den Erdwall hinweg sah ich plötzlich die Lichtkuppeln riesiger Feuer, die über dem Busch pulsierten.

»Ich habe von diesen Feuern geträumt«, sagte ich verwirrt. »In der Nacht auf der *Ebuaga*. Sind das Buschfeuer?«

»Bohrstellen!«, sagte Mozi in schneidendem Ton. »Ijaw-Land ist voll davon. Sie pumpen Milliarden aus unserer Erde, und wir leben noch immer in der Steinzeit. Du hast unsere Dörfer gesehen. Kein Strom, kein Trinkwasser, keine Schulen, keine Krankenhäuser.«

»Die multinationalen Konzerne«, sagte ich und kaute auf einem Schildkrötenknorpel herum.

»Ihre Pipelines verlaufen direkt unter unseren Dörfern. Wenn sie ein Leck kriegen, fließt das Öl überallhin. Es verseucht das Wasser und macht uns krank. Es verklebt unsere Netze. Es tötet die Fische und vergiftet das Land. Die Reis- und Yamsfelder veröden. Wovon sollen wir dann noch leben?«

»Aber gibt es keine Entschädigungen? Die Konzerne? Die Regierung?«

»Die Regierung ist korrupt, Bruder«, sagte er mit unterdrücktem

Zorn. »Sie steckt mit den Firmen unter einer Decke, mit den Firmen der Weißen. Sie schieben sich gegenseitig die Milliarden zu. Und beide interessiert nur das Öl. Wir Deltaleute passen nicht in ihren Plan. Deshalb ist Krieg in Ijaw-Land. Wir müssen unsere Sache selbst in die Hand nehmen.«

»Und deshalb hat dich Sylvanus einen Krieger genannt?«

»Krieger, ja. Krieger der Egbesu Boys.«

»Ich habe die Bakassi Boys in Aktion erlebt«, sagte ich und erschauderte.

»Wenn du nimmst, was mir gehört, wirst du verflucht!«

»Verstehe.«

»Unsere Alten sind schwach, Bruder. Sie fallen auf ein paar Glasperlen herein wie vor hundert Jahren. Sie lassen sich kaufen oder einschüchtern. Doch wir sind jung! Wir sind stark! Wir haben Rechte, Menschenrechte, verstehst du? Und wir holen sie uns.«

Er drückte sein Gewehr an die Brust.

»Wir sabotieren die Bohrstellen, die Pipelines. Wir überfallen Tanklastwagen. Wir entführen weiße Arbeiter. Die Regierungskugeln können uns nichts tun. Egbesu macht uns unverwundbar. Wir wollen Mitspracherecht! Selbstbestimmung! Wir wollen Jobs, Ausbildung, Straßen! Wir wollen Teil der Welt sein, Bruder, doch bisher gehören wir nicht einmal richtig zu Nigeria.«

»Aber gegen die Armee könnt ihr nichts ausrichten!«

»Ich werde dir etwas zeigen«, sagte Mozi trotzig. »Morgen in Odi…« Er erstarrte plötzlich und legte seine Hand auf meine Schulter. Es dauerte eine Weile, bis ich den Motor ebenfalls hörte. Ein Boot kam den Fluss herauf. Wir lagen hinter dem Erdwall in der Dunkelheit und sahen, wie ein starker Scheinwerfer die Ufer absuchte. Im Bug war ein Maschinengewehr aufgebaut. Männer lachten. Auf Deck saß eine Gruppe zusammengedrängter Menschen; als der Lichtstrahl sie streifte, sahen wir, dass die meisten von ihnen Kinder waren. Sie waren gefesselt.

»Was sind das für Männer?«, flüsterte ich und spürte die Ameisenbisse unter meiner Haut pulsieren.

»Nimm deine Tasche!«, sagte Mozi und griff nach dem Gewehr. »Wenn sie uns bemerken, müssen wir in den Busch laufen.«

»In den Busch? Warum?«

»Menschenjäger!«, hauchte er und murmelte leise Egbesus Namen vor sich hin. »Sie haben schon Fracht. Organhändler vielleicht. Sie nehmen deine Niere, deine Augen. Oder sie nehmen deinen Kopf.«

»Meinen Kopf? Wozu?«

»Sie verkaufen ihn. Sie bringen deinen Kopf auf den Juju-Markt in Lagos.«

Wir duckten uns, denn der Lichtkegel des Scheinwerfers strich dicht über uns hinweg, und wir hörten das Gelächter der Männer noch, nachdem ihr Boot längst hinter der Biegung verschwunden war. Schließlich verstummten sie. Ich schielte über den Erdwall hinweg. Der Fluss wälzte sich an uns vorbei, pechschwarz und in beklemmendes Schweigen gehüllt. Bäume erhoben sich wie die Ruinen alter Türme; darüber pulsierten die Bohrfeuer. Es war, als sei die Unterwelt emporgestiegen. Styx, tödlichen Hasses Flut, dachte ich plötzlich, Lethe, Acheron, Kokytos, Phlegethon – deine himmlische Reise schlägt in eine Höllenfahrt um.

Ich hängte mein Mückennetz hinter dem Erdwall auf und beschwerte die Enden mit meinen Talismanen, so dass sie einen Kreis um uns herum bildeten. Mozi prüfte noch einmal sein Gewehr. Dann rückten wir auf der Matte zusammen.

»Ruhig, ruhig, mein Kind«, summte ich vor mich hin, während der Busch unheimliche Laute ausstieß. »Sei ruhig, bleib ruhig.«

Doch ich war nicht ruhig. Ich machte die ganze Nacht kein Auge zu.

Odi war ein Trümmerhaufen. Der Geruch von Verwesung lag in der Luft. Die meisten der 60 000 Einwohner waren in den Busch geflohen, verschleppt worden oder beim Angriff umgekommen. Kein Stein lag mehr auf dem anderen. Die Straßen waren gespenstisch leer, und auf die wenigen Mauern, die noch standen, hatten Soldaten der nigerianischen Armee ihre Phrasen geschmiert: *Betet zu Gott, nicht zu Egbesu!* oder *Das Land gehört dem Öl, nicht den Ijaw!* oder *Wir bringen alle Ijaw um!*

Im Fluss trieben Leichen. Hinter der Anglikanischen Kirche lag der verwesende Körper eines alten Mannes; seine Hand hielt eine Bibel fest umschlossen.

»Das wollte ich dir zeigen, Bruder«, sagte Mozi und wischte sich die Tränen aus dem Gesicht.

»Was ist hier passiert?«, fragte ich schockiert.

»Mitglieder der Egbesu Boys haben zwölf Polizisten erschossen. Die Militärs sagten, sie wollten die Schuldigen festnehmen.«

Die Zerstörung war total. Jedes Haus in der Stadt – abgesehen von der First Bank, einem kleinen Hospital und der Anglikanischen Kirche – war niedergebrannt worden. Felder und Yamsspeicher, Kanus, Schreine, der Heilige Hain, Grabstätten, die Bibliothek. Alles zerstört. Wir sahen keine einzige Ziege, nicht einmal ein Huhn. Die Soldaten hatten gründlich geplündert.

»Der Angriff dauerte zwei Wochen«, sagte Mozi, als wir über einen verkohlten Baumstamm stiegen, der quer über die Straße lag. »Sie haben Odi mit schwerer Artillerie beschossen, mit Kampfhubschraubern und Granatwerfern. Sie wollten gar nicht uns. Sie wollten die Stadt auslöschen.«

Mir war plötzlich, als hätte ich das alles schon einmal erlebt, doch es dauerte eine Weile, bis es mir einfiel. 1894, erinnerte ich mich, während wir durch die Ruinen taumelten, um ein Haar hättest du dasselbe im Jahr 1894 erlebt, als du mit Mozi auf dem Fluss das Kanu abgebremst hast. Du hättest erlebt, wie die Briten mit ihren Kanonenbooten die Dörfer zusammenschießen, damit die »Wilden« ihre Interessen nicht stören können – koloniale Handelsinteressen: Palmöl, Elfenbein, Kakao. Es ist alles beim Alten, verstehst du? Nur das Handelsgut hat sich geändert. Heute geht es um Erdöl.

Niemand in Odi wollte mit mir sprechen, mit mir, dem Weißen, an dessen Händen Öl klebte wie schwarzes Blut. Und so erfuhr ich erst später von den Massengräbern, den Massenverbrennungen und -verstümmelungen in Odi. Offensichtlich hatten die Soldaten gar keinen Versuch unternommen, die schuldigen Jugendlichen zu verhaften. Der Verteidigungsminister, General Danjuma, hatte erklärt, die Operation sei veranlasst worden, »um Leben und Eigentum zu schützen – insbesondere Ölplattformen, Pumpstationen, Terminals und Pipelines, Raffinerien und Kraftwerke im Nigerdelta«. Mit anderen Worten: Er hatte Bodentruppen, Luftwaffe und Marine mobili-

457

siert, damit die Soldaten, die vom Ölgeld aus Dörfern wie Odi bezahlt wurden, dort einen Genozid anrichteten und die Arbeit der ausländischen Erdölkonzerne wieder reibungslos ablaufen konnte. Berichte über Plünderungen und Vergewaltigungen stritt die Regierung ab. Die Fotos, die Soldaten zeigten, wie sie Frauen anfielen, seien gestellt, hieß es. Die Polizei weigerte sich, die Fälle zu untersuchen.

»So ist unser Leben, Bruder, aber wir werden es ihnen heimzahlen«, sagte Mozi auf dem Weg zum Ufer, wo das Boot lag, das flussabwärts nach Foubiri fuhr.

»Ihr solltet einen Dialog anstreben«, sagte ich mit schwacher Stimme und umarmte ihn zum Abschied.

»Es wird geredet, seit mein Vater ein Junge war«, sagte er und umklammerte sein Gewehr. »Es ist Zeit für Gewalt, Bruder. Biafra war nichts gegen das, was kommen wird.«

Das Glasfiberboot transportierte eine eigenartige Ware für einen Fluss in Afrika. Es hatte Wasser geladen, Tausende kleiner durchsichtiger Wasserbeutel zu einem Viertelliter. Die schwergewichtige Händlerin fuhr die kleinen Flussdörfer ab, rief »Sauberes Wasser! Sicheres Wasser!«, ließ ihre Kunden die Beutel selbst ausladen und stopfte die Einnahmen in eine Plastiktüte.

»Bis wohin fährst du, white man?«, fragte sie mit tiefer Stimme und sah sich im Kreis der anderen Frauen um, die als Passagiere mitfuhren und ebenfalls neugierig waren.

»Bis Foubiri.«

»Warum nimmst du nicht die Straße?«

»Ich will den Fluss sehen.«

Die Frauen kreischten vor Vergnügen, und die Händlerin schenkte mir einen Wasserbeutel. Auf dem Plastik stand *Pure Warri Water*. Ich riss ihn auf und trank. Das Wasser war lauwarm und schmeckte nach Öl.

Wir machten eine Weile unter der Brücke in Kaiama fest, wo weitere Fahrgäste zustiegen. Am Ufer hingen Jugendliche herum und rauchten Gras. Dann sog der Bootsjunge, ein halbnacktes Kind mit Sonnenbrille, an der Benzinleitung und riss an der Leine, bis das dünne Surren des Außenbordmotors ertönte. Er stieß das Boot vom Ufer ab und kurvte um ein paar abgesägte Baumstämme und ein gesunkenes Kanonenboot, das seit dem Biafra-Krieg unter der Wasseroberfläche lauerte. Frauen mit Strohhüten saßen regungslos in winzigen Einbäumen und hielten Angelruten in den Fluss. Am Hochufer fuhren vier Schulkinder mit bordeauxroten Uniformen auf einem Moped und winkten.

Die Gegend war dicht besiedelt. Erdtreppen gruben sich in senkrechte Böschungen, hinter denen sich Wellblechdächer drängten. An weniger steilen Stellen brachte die rote Erde Yams, Maniok und Kochbananen hervor. Der ursprüngliche tropische Regenwald war gerodet; Edelhölzer wie Mahagoni, Sapele oder die Afrikanische Walnuss überragten nur noch vereinzelt die Dickichte aus schnell wachsenden Ficus-Sorten und Lianen, und je weiter ich nach Süden kam, desto häufiger wurden die Ölpalmen mit ihren wedelnden, farnartigen Kronen und pflaumengroßen Früchten, aus denen das Palmöl gepresst wird.

Als wir an den letzten Hütten Kaiamas vorbeikamen, flogen zwei große Möwen mit dunkelgrauen Flügeln und schwarzem Rücken über uns hinweg. Ich hielt sie für Heringsmöwen, die im Winterhalbjahr auch die westafrikanische Küste aufsuchen, denn ich konnte deutlich die Hakenspitzen ihrer starken Schnäbel erkennen. Es war ein seltsames Gefühl, ihren kurzen, kräftigen Flügelschlägen zu folgen. Ich musste unweigerlich an Seeleute denken, die nach einer langen Fahrt die ersten Möwen am Himmel sahen. Ihnen kündigten sie Land an, mir den Ozean.

Das Boot legte in Okoloba an. Die Händlerin setzte sich in den Bug und trug mit einem zufriedenen Lächeln die Verkäufe in ein Heft ein. Ein kleiner Junge, an dessen Körper sich jeder Muskel einzeln abzeichnete, sprang Saltos von einem Lehmvorsprung und tauchte kreischend in den Fluss. Unter einem Wellblechdach saß die Dorfjugend und betrank sich mit Gin. Einer riss sein Hemd auf, zeigte mir die haarige Brust und schrie:

»Komm hoch! Komm hoch, white man! Ich will mit dir spielen!«

Er tänzelte und gestikulierte mit beiden Händen, wie ein Boxer, der seinen Gegner herwinkt. Sein Hinterkopf wölbte sich stark nach außen. Er rüttelte am Holzpfosten, der das Wellblechdach hielt.

459

»Wir wollen essen, white man!«, schrie der Boxer.

»Ja, white man!«, schrien die anderen. »Wir haben Hunger! Gib uns was zu essen!«

»Komm spielen, Kleiner!«

Adern traten aus ihren Schläfen. Ihre Augen waren gerötet. Der Wind trug eine Ginwolke herüber. Die Frauen im Boot sahen zu Boden. Unter meiner Haut pulsierten die Ameisenbisse.

»Wo ist meine Kola?«, schrie der Boxer. »Du musst Kola bringen! Kola und Gin! Und zehntausend Naira! Weil du ein Weißer bist und auf unserem Fluss fahren darfst.«

Ich verspürte plötzlich den brennenden Wunsch, das Theraband zu traktieren, stattdessen vertiefte ich mich in mein Notizbuch.

»Schreib nichts!«, schrie der Boxer so laut, dass seine Stimme riss. »Was schreibst du da? Zum Teufel, white man, was schreibst du da? Ich hab gesagt, du sollst raufkommen, damit ich mit dir spielen kann!«

Die anderen lachten. Ich lachte nicht. Ich war froh, als der Bootsjunge kam und uns vom Ufer abstieß.

»Spielen! Spielen!«, schrie der Boxer mir nach. »Ich will mit dir spielen! Bring deine Dollars! Gib sie her!«

Wir tuckerten langsam am Ufer entlang, wo die weißen Flaggen Egbesus im Wind flatterten. Aus dem Radio hüpfte kongolesische Musik, und die Händlerin sang: »Sauberes, sicheres Wasser!« Kleine Jungen schwammen vom Ufer aus auf das Boot zu, zeigten mit dem Finger auf mich und schrien: Bum! Bum! Dann verließen wir das Ostufer, kreuzten den Fluss, und gerade als wir in einen weiteren Arm einbogen, schoss ein Schnellboot um die Biegung und raste auf uns zu. Sein scharfkantiger Aluminiumbug richtete sich auf wie ein wütendes Tier. Unter dem Kiel schäumte der Fluss. Hinter der Bordwand sah ich die Köpfe der Männer und die Spitzen ihrer Waffen.

»Piraten!«, kreischten die Frauen.

Eine jüngere sprang über Bord und kraulte in panischer Angst davon. Die anderen versteckten hastig kleine Geldbündel am Körper, schoben ihre Ringe in den Mund und schluckten sie hinunter. Die Händlerin packte ihr Buchhaltungsheft und einen Stein in die Geldtüte, band sie mit einer feinen Nylonschnur zu und warf sie über

Bord. Der Stein zog die Tüte sofort hinunter. Das kaum sichtbare Ende der Schnur klemmte sie in eine Ritze in der Bordwand. Als sich unsere Blicke trafen, sah sie zu Boden.

Das Schnellboot kam längsseits, Wellen klatschten an die Bordwand, Männer schrien und fuchtelten mit M16-Schnellfeuergewehren herum. Sie trugen Wollmützen mit Sehschlitzen oder rosarote Kopftücher und verspiegelte Sonnenbrillen. Im Bug war ein leichtes Mörsergeschütz auf uns gerichtet. Dann enterten sie das Boot. Die Frauen und der Junge hoben die Hände, gingen in die Knie und senkten die Köpfe. Ich folgte ihrem Beispiel. Armeestiefel und Badeschlappen trampelten auf und ab. Die glänzende Spitze einer Machete hielt vor mir inne, dann eine schwere Axt, dann verschwanden beide wieder. Eine schroffe Stimme brüllte die Händlerin an. Gleich darauf hörte ich einen Faustschlag landen, die Frau fiel vor uns auf die Planken und blieb benommen liegen. Ihre rechte Wange war aufgerissen und blutete.

Ich sah auf, und ein schlaksiger Mann sprang auf mich zu. Er schien der Anführer zu sein. Er trug zwei Patronengurte und eine schmutzige weiße Uniformjacke mit goldenen Knöpfen. Seine blutunterlaufenen Augen waren stark geschminkt. Ein Kopfhörer mit Schaumgummimuscheln lag um seinen Hals. Er ließ mich zuerst an Michael Jackson denken. Dann an Captain Kidd – nur ohne Augenklappe. Er drückte seine Schnellfeuerpistole an meine Schläfe. Das Metall fühlte sich hart und kalt an.

»Mein Freund heißt Mista Blow«, sagte Captain Kidd in breitem Pidgin. »Er macht fein Bum und bläst klein Hirn aus dein Kopf. Rück dein Geld raus, Ölmann!«

Er verzog das Gesicht zu einem hässlichen Grinsen. Seine Zähne hatten die Farbe ranziger Butter. Ich streckte ihm die Scheine hin, die ich in meiner Hosentasche trug – zwei Bündel lagen in meinen Schuhen. Er ignorierte das Geld und durchwühlte mein Gepäck. Ich besaß jedoch nur noch ein paar sonnengebleichte Hemden und löchrige Socken, das Theraband, ein paar voll gekritzte Schulhefte und einen Beutel mit Plunder: ein Krokodilzahn, eine verrostete Harpunenspitze, Hühnerfüße, eine Adlerfeder. Ein muffiger Geruch drang aus der Tasche.

»Mein Nas tut weh, Ölmann!«, brüllte Captain Kidd. »Tut richtig weh von dein Stink!«

Die Männer hielten sich die Nasen zu und stießen ihre Waffen in meine Rippen. Sie rochen nach Gin, trugen lederne Amulette und verschnürte Fellbeutel. Einer hatte mit weißer Farbe glänzende Streifen über sein Gesicht gezogen. Sie wandten sich wieder den Frauen zu und durchsuchten eine nach der anderen, zerrten an ihren Brüsten, rammten die gierigen Hände zwischen ihre Beine und zogen kleine Geldbündel aus ihren Gewändern, wie Zauberer etwas aus dem Hut ziehen. Einer von ihnen streifte mit seiner Tarnhose mehrmals das Ende der Nylonschnur, an der die Geldtüte der Händlerin hing. Sie lag noch immer am Boden. Ihr Gesicht war angeschwollen. Blut tropfte von ihrem Kinn. Sie sah mich an und lächelte grimmig.

»Hast wenig viel Geld, Ölmann«, murrte Captain Kidd gereizt, nachdem er mich abgetastet hatte. »Und das? Was ist das?«

»Delphi«, sagte ich mit zittriger Stimme. »Er kennt alle Tiere des Flusses, alle Fische, Vögel und Säugetiere. Er weiß, wie sie aussehen, was sie fressen, wie sie leben und sich fortpflanzen.«

Captain Kidd drehte den Computer missmutig in den Händen herum.

»Nichts wert!«, kläffte er, warf Delphi auf ein Bündel Taue und drückte den Lauf der Pistole fester an meine Schläfe.

Ich hielt ihm noch immer das Geld hin, doch er beachtete es nicht. Es war zu wenig. Ich konnte sehen, wie sein Gehirn arbeitete. Er ging die Varianten durch, wie aus dem verlotterten Weißen etwas herauszuholen war. Hatte ich doch noch irgendwo Geld versteckt? Oder sollte er mich den Menschenjägern verkaufen? Brachten Albinos nicht besonders hohe Summen ein? Warum nicht entführen und Lösegeld fordern? Doch welche Ölfirma würde für mich bezahlen? Und wie lange würde er mich mitschleppen müssen? Oder sollte er gleich Mista Blow bemühen?

Ich hatte Angst, doch es war nicht dieselbe Angst wie im Moment, als sich die Hexenjägermaske über mich gebeugt hatte, nicht dieselbe Angst wie auf der Straßenkreuzung in Onitsha, nicht diese Todesangst, die körperlich schmerzte und die Glieder lähmte. Wir trieben

462

führerlos im Nigerdelta, und Captain Kidd hielt seine Schnellfeuerpistole an meine Schläfe, doch ich war auf eigenartige Weise ruhig,
fast abwesend, so als beobachte ich die Szene aus weiter Ferne. Und
plötzlich hörte ich meine Stimme ein einzelnes Wort sagen, mehrmals hintereinander und so laut, dass alle es hören mussten.
»Egbesu!«, sagte ich. »Egbesu! Egbesu!«
Captain Kidd kniff die Augen zusammen, und die anderen zogen
ihre Hände aus den Gewändern und sahen überrascht herüber. Selbst
die Frauen starrten mich an.
»Alte-Männer-Sachen, Ölmann!«, rief Captain Kidd nach einem
Moment eisiger Stille.
Doch er schien verunsichert. Ich sah in seine geröteten Augen,
näherte mich seinem Ohr und flüsterte:
»Egbesu! Ich kenne alle seine Geheimnisse! Egbesu! Egbesu!«
Dann beugte ich mich hinunter und malte das geheime Zeichen des
Kriegsgottes auf die Planken.
Captain Kidd ließ die Pistole sinken und trat einen Schritt zurück. Er
sah mich ungläubig an. Sein Gehirn arbeitete wieder, doch dieses Mal
spielte er nervös an den goldenen Jackenknöpfen. Es schien, als kreis-
ten seine Gedanken jetzt nicht mehr um seinen Profit, sondern um
ihn selbst, um seine Haut, um sein Schicksal. Dann rief er etwas auf
Ijaw, und einer der vermummten Männer riss das Geld aus meiner
Hand.
»Sind arm Leute, Bruda«, sagte Captain Kidd, steckte die Pistole in
den Gürtel und nahm meine Hände. »Müssen klein Leben machen.
In Yenagoa sind Weiße. Bauen ein Brücke und geben dir fein Geld,
damit du nach dein Land kannst.«
Dann sprangen die Piraten in ihr Schnellboot und jagten es den Fluss
hinunter.
Ich ging in Foubiri von Bord. Hier stand der heiligste Egbesu-
Schrein am Fluss. Ich hatte den Namen des Kriegsgottes ausgesprochen und sein geheimes Zeichen auf die Planken gemalt, und
die Piraten hatten nur mein Geld genommen, mich nicht verkauft,
entführt oder mit einer Ankerwinde beschwert in den Fluss geworfen. Ich wollte das Versprechen halten, das ich Sylvanus gegeben
hatte.

Der Egbesu-Priester war ein spindeldürrer, alter Mann mit einge-
fallenem Gesicht, seine Stimme ein leises Zischeln. Sein Körper
krümmte sich wie unter Schmerzen. Um ihn herum saßen die Ältesten und direkt neben ihm sein Ratgeber, ein kräftiger Mann in
Wickelrock und braun kariertem Hemd, der mich in perfektem
Englisch begrüßte, während er verärgert zu den Jugendlichen hin-
übersah. Sie hingen in tiefen Polstersofas, trugen Tarnhemden, abge-
schnittene Jeansjacken und Baseballmützen. In ihren Gürteln steckten Kampfmesser.
»Leg die Geschenke hin, white man!«, brüllte einer von ihnen und
schlug einen Knüppel in seine Hand. »Dann machen wir es kurz!
Kurz, verstehst du?«
»Sollten wir nicht gemeinsam zu Egbesus Schrein gehen?«, fragte ich
vorsichtig.
»Niemand geht zum Schrein!«, schrie er und fuchtelte mit dem
Knüppel herum. »Wir müssten alle Kultmitglieder holen. Viel zu
aufwändig. Bring Kola! Bring Gin und Geld! Der Alte gibt dir seinen
Segen. Und dann hau ab, white man!«
Der Priester starrte apathisch zu Boden, und der Ratgeber warf mir
einen gequälten Blick zu, während die Jugendlichen auf die Alten
einredeten und mich durch die Spiegelbrillen hindurch röntgten, um
zu sehen, was aus mir herauszuholen war. Zum ersten Mal auf meiner Reise fühlte ich mich im Versammlungshaus eines Dorfs in
Anwesenheit der Ältesten nicht sicher.
»Ich will, dass es auf traditionelle Weise geschieht!«, beharrte ich.
»Es *ist* die traditionelle Weise!«, drängte der Ratgeber, der zu befürchten schien, die Angelegenheit könnte außer Kontrolle geraten.
Also stellte ich die Ginflasche vor den Priester, legte die Kolanüsse
daneben und zog die abgezählten Scheine zu zweihundert Naira aus
der Tasche. Während ich das Geld in die Kalebasse legte, schoben die
Jugendlichen ihre Sonnenbrillen auf die Nasenspitzen und reckten
die Hälse, und der Takt, in dem der Knüppel in die Handfläche
schlug, beschleunigte sich.
Der Priester ließ sich das Schnapsglas reichen, und seine Stimme
begann zu zischeln. Die Jugendlichen hingen gelangweilt in den
Sofas und rauchten, einige standen auf und unterhielten sich quer

durch den Raum. Die Stimmung glich der in einer Bar. Der Ratgeber war wütend, doch er wagte nicht, etwas zu sagen. Der Priester nickte verloren, träufelte ein wenig Gin auf den Boden, kniff die Augen zusammen und trank.

»Auf die Knie jetzt, white man!«, schrie der Mann mit dem Knüppel. Ich trat vor den Priester und kniete nieder. Er reichte mir mit zittriger Hand das Glas und sah mich an – mit einem matten, resignierten Blick, dem Blick eines alten Mannes, den die Zeit überholt hatte. Ich träufelte ein wenig Gin auf die Erde und leerte den Rest hinunter. Die Zeremonie war beendet. Als ich mit dem Ratgeber den Pfad zum Fluss hinunterging, hörte ich die Jugendlichen im Versammlungshaus lachen.

»Du kannst nicht im Dorf schlafen, Sohn«, sagte er ängstlich. »Wir können dich nicht schützen. In Foubiri gilt die alte Ordnung nicht mehr.«

»Die Jungen?«

»Sie kontrollieren das Dorf. Sie respektieren nichts. Nicht die Väter, nicht die Götter. Sie würden in die Hütte eindringen, in der wir dich unterbringen. Sie würden…«

»Schon gut.«

»Sprichst du Französisch, Sohn?«, fragte er plötzlich.

Ich nickte erstaunt.

Wir verließen den Pfad und traten in seine Hütte ein. Er verschwand in einem Nebenzimmer, kam mit einer alten Ausgabe des *Paris Match* zurück und blätterte nervös in der Zeitschrift, bis er die gesuchte Doppelseite mit der Abbildung eines Gemäldes fand. Es zeigte ein eigenartiges Wesen, das vom Meer an den Strand gespült worden war, eine Art Meerjungfrau die jedoch nicht wie in den Mythen aus einem Fischschwanz und einem weiblichen Oberkörper bestand, sondern – genau ins Gegenteil verkehrt – aus dem Kopf und dem Rumpf eines Fischs, der von den Hüften abwärts im nackten Körper einer Frau auslief.

»Was ist das, Sohn?«, fragte der Ratgeber erregt. »Ich möchte deine Meinung hören!«

»Es ist das Werk eines belgischen Malers«, sagte ich wie ein kleiner Junge, der auch einmal sein Wissen anbringen durfte. »Sein Name ist

René Magritte. Er hat beziehungslose Dinge nebeneinander gestellt, um unser Vertrauen in das Gewohnte und Alltägliche zu zerstören. Mit seiner Kunst wollte er uns verwirren, uns wissen lassen, dass wir nichts wissen, damit wir wieder über die Rätsel der Welt staunen können.«

»Dieser Belgier ist ein Dummkopf«, sagte der Ratgeber und schnalzte mit der Zunge. »Es ist nichts Verwirrendes an seinem Bild. Wir sehen solche Dinge oft im Fluss. Die Geister, sie verändern ihr Aussehen. Mensch, Fisch, Schlange. Sie verwandeln sich, wann immer sie wollen.«

Wir saßen im Nigerdelta und unterhielten uns über Magritte, einen Mann, der die Ansicht vertreten hatte, auf der Suche nach dem Sinn der Dinge gebe es viele Wahrheiten, und der am absoluten Wert wissenschaftlicher Gesetze zweifelte, als bereite es ihm Unbehagen, sich mit einer Welt abzufinden, die erklärt und festgelegt ist. Er maß dem, was ist, nicht mehr Bedeutung bei als dem, was anscheinend nicht ist. Sehen wir, was wir denken? Oder denken wir, was wir sehen? Zeitgenossen, die glaubten, seine Bilder interpretieren zu können, pflegte er zu antworten: »Sie haben mehr Glück als ich.« Er war zweifellos ein interessanter Mann. Er soll zum Papst gesagt haben, er wolle die Unterwäsche der heiligen Maria sehen.

»Dieser Maler, dieser Magritte«, sagte der Ratgeber plötzlich. »Er muss diesem Juju begegnet sein, dieser Fischfrau. Mich interessiert, wo er sie getroffen hat. Ich will wissen, wo dieser Juju lebt, was er für Kräfte hat. Deshalb habe ich dir die Zeitschrift gezeigt.«

»Tut mir Leid, ich ...«

»Sieh dir dieses Bild an!«, unterbrach er mich und nahm ein Porträt Christi mit Dornenkrone vom Lehmsims. »Jesus Christus! Hättest du ihn so gemalt?«

»Wohl kaum.«

»Weil du ihn nie selbst gesehen hast! Sein Bild ist überall gleich! Wie erklärst du dir das?«

Auch Magritte hätte Jesus Christus nicht so gemalt, dachte ich. Er malte eine Pfeife und schrieb dazu, es sei gar keine Pfeife. Und tatsächlich: Seine Pfeife war keine Pfeife, sondern nur das Bild einer Pfeife. Nichts ist, wie es auf den ersten Blick scheint. Magrittes

Gedanke kam mir plötzlich sehr afrikanisch vor, und doch lief seine Philosophie hier zum Teil ins Leere. Weil das Surreale am Niger gar nicht surreal ist, sondern ganz normal.

»Ich werde dir sagen, warum alle Bilder von Jesus Christus gleich aussehen, Sohn«, sagte der Ratgeber, als er keine Antwort auf seine Frage erhielt. »Jemand hat den Herrn selbst gesehen und ihn gemalt. Alle späteren Bilder gehen auf dieses Original zurück.«

9

Es war ein leises Klicken. Kein Klicken, wie es das Entsichern einer Waffe verursacht, und nicht das zusammenstoßender Billardkugeln. Feiner, metallischer. Es knisterte, und im Straßenlärm von Yenagoa ging es beinahe unter. Dennoch hörte ich es deutlich, als der Mann aus der Bank kam und an mir vorüberging. Ich drehte mich nur nach ihm um, um mich zu versichern, dass ich es intuitiv richtig eingeordnet hatte – und tatsächlich: Der Mann hatte einen Aktenkoffer mit Handschellen an sein rechtes Gelenk gefesselt.

Ich dachte gerade, dass in Südamerika niemand den linken Gehweg benützen würde, wenn er etwas Wertvolles in der rechten Hand trug, als ein Moped an mir vorbeiraste. Der Beifahrer zog ein Buschmesser, schlug dem Mann mit einem einzigen Hieb die Hand ab und fing in derselben akrobatischen Bewegung den Aktenkoffer auf. Dann gab der Fahrer Gas, und das Moped verschwand hinter der nächsten Ecke.

Alles war sehr schnell gegangen, und der Mann schien nicht zu begreifen, schien keinen Schmerz zu spüren, keinen Verlust. Er sah sich verwirrt um, hob seinen rechten Arm und starrte auf das Blut, das in zwei Fontänen herausspritzte. Dann klappte er zusammen. Ich war als Erster bei ihm. Die Hand war am Gelenkansatz abgetrennt, sauber wie bei einer Amputation. Der Mann wimmerte. Menschen drängten sich um uns.

»Einen Arzt!«, schrie ich, neben ihm kniend. »Ist ein Arzt hier? Einen Arzt!«

Doch die Leute sahen nur entsetzt und gelähmt auf uns herunter. Einige lachten. Ein junger Mann in einem Trainingsanzug versprach, einen Krankenwagen zu rufen. Erste-Hilfe-Lektionen schossen mir durch den Kopf: keimfreies Material, Druckverband, die Lebensfunktionen. Ich hielt den Arm des Mannes mit einer Hand hoch und drückte mit der anderen die zuführende Schlagader ab, doch das Blut ließ nicht nach. Sterile Binden, saubere Tücher! Ich kniete in einer Blutlache, auf einer afrikanischen Straße. Ich würde keinen Druckverband anlegen können. Er verblutet! Er verblutet dir unter den Händen! Schockzustand, Kreislaufversagen! Die Wunde unter keinen Umständen mit der Hand berühren! Unter keinen Umständen! Der Mann stieß einen tiefen Seufzer aus und sah mich an. Seine Augen waren grün und voller Vertrauen. Ich griff in die Wunde, zog an den Zipfeln der Arterien und drückte sie zusammen, so gut ich konnte, um die Blutung zu verlangsamen.

»Der Krankenwagen!«, schrie ich und suchte nach dem Mann im Trainingsanzug. »Wo bleibt der Krankenwagen?«

Die Melodie des Lieds kam mir in den Kopf, des Lieds, das ich selbst erfunden hatte. Nur die Melodie. Einweghandschuhe, klang es in meiner Melodie, während das Blut über meine nackten Hände strömte. Einweghandschuhe, immer dabei, ja. Aids, surrte es. Südlich der Sahara mehr als vierundzwanzig Millionen HIV-positiv. Vierzig Millionen Aidswaisen am Ende des Jahrzehnts, surrte es in meiner Melodie. Arbeitnehmer sterben aus, Wirtschaften brechen zusammen, Staaten zerfallen – surr-surr –, jeder zehnte erwachsene Afrikaner hat das Virus im Blut, surrte es, surrte, und ich drückte noch immer verzweifelt die Arterien zusammen. Abbinden, mit einer Dreiecktuchkrawatte – der Gedanke daran ließ mich hysterisch aufheulen –, Stoffstreifen, Hosenbein, Plastiktüte...

Ich sah mich um. Nichts, nichts. Ich ließ die Arterien wieder los und wühlte in meiner Tasche. Wo bist du? Wo bist du, wenn man dich wirklich braucht?

Ganz unten, es lag ganz unten. Ich wickelte das grüne Theraband doppelt um den Oberarm des Mannes, arbeitete mechanisch wie ein

Roboter, summte meine Melodie und achtete darauf, dass das Band breit genug war und nicht einschnitt, verknotete es, schob die Harpunenspitze durch den Knoten und drehte sie, bis sich das Band festzog und die Blutung zum Stillstand kam.

»Wie viel Uhr ist es?«, schrie ich schweiß- und blutüberströmt. »Uhrzeit! Die Uhrzeit!«

Ich merkte sie mir und prüfte den Puls. Er ging schnell und war kaum fühlbar. Der Mann atmete weitgehend normal, doch seine Haut war kalt. Schweißtropfen standen auf seiner Stirn.

»White man!«, flüsterte er schwach. »White, white man! White, white, white …«

Ich lockerte seine Krawatte, legte seine Beine hoch und deckte ihn mit meinem Leintuch zu. Der Mann mit dem Trainingsanzug kniete plötzlich neben mir. Er nickte, der Krankenwagen würde bald kommen. Ich bat ihn, dem Verletzten gut zuzureden und auf Puls und Atmung zu achten, dann schüttelte ich meine Notizbücher aus dem wasserdichten Beutel, drängte mich durch die Menge und rannte die Straße hinunter, auf der das Moped verschwunden war.

Die Hand lag gleich hinter der Ecke auf einer staubigen Nebenstraße. Sie schien unversehrt. Sie blutete kaum – nicht mehr als ein Hühnerkopf, der nach dem Opfer im Sand lag. Ich beugte mich hinunter und hob sie auf. Es war wie im Spiel, das wir als Kinder gerne mochten. Wir gaben uns die Hand, und der andere ließ sie los. Doch es war kein Spiel. Die Hand war echt, sie fühlte sich kalt und tot an. Ich legte sie in den wasserdichten Beutel und verschloss ihn, und während ich Eis aus dem Getränkeschrank eines Händlers kratzte, um sie zu kühlen, dachte ich an den Matrosen, der vor Feuerland mit seiner Hand in die Fischsäge geraten war. Ich erinnerte mich sogar noch an seinen Namen. Er hieß Paolo Maomi. Wir hatten die Hand damals auf Eis gelegt, und die argentinischen Spezialisten hatten sie nach mehr als vierundzwanzig Stunden wieder angenäht. Maomi konnte später sogar mit ihr schreiben.

Ich rannte zurück und löste das Theraband für einen Moment, damit der Arm des Mannes durchblutet wurde und keinen Schaden nahm. Eine halbe Stunde später traf die Polizei ein und gleich darauf der Krankenwagen. Die Sanitäter nahmen den Mann und seine Hand mit. Die Menge zerstreute sich. Ich füllte ein Protokoll aus. Dann ging ich die Straße hinunter. Ich war erschöpft, wollte mich nach einem Hotel umsehen. Ein Wagen hielt neben mir, die Scheibe wurde heruntergekurbelt.

»Lass mich raten!«, sagte ein Weißer mit deutschem Akzent und sah auf meine blutverschmierten Kleider. »Deine Frau ist abgehauen, und du wolltest dich umbringen.«

»Badeferien«, sagte ich. »Bin auf dem Weg zum Meer.«

Er legte eine Plane auf den Beifahrersitz, und ich stieg ein. Er hieß Werner und hatte eine schmerzhafte Art, die Hand zu drücken. Er klang, als komme er aus dem Ruhrgebiet.

»Du kannst hier nich einfach so herumlaufen, Kollege«, sagte er und ließ die Reifen quietschen. »Die Ijaw pusten sich gegenseitig weg. Seit die Ölmultis und die Straßenbauer hier sind, ist der Quadratmeter Sumpf ein Vermögen wert. An jeder Palme klebt ein Preisschild.«

»Und zu welchem Verein gehörst du?«

»Zeig ich dir gleich, Kollege.«

Yenagoa sah aus, als sei es eben erst aus dem Dschungel gehauen worden. Wir fuhren an Baustellen, Betonskeletten und Sandbergen vorbei. Hinter den Wellblechhütten ragte der protzige Gouverneurspalast auf. Ein halbnackter Junge balancierte ein junges Panzerkrokodil auf dem Kopf. Werner riss das Lenkrad herum – seine Art, von der Hauptstraße abzubiegen –, holperte über eine pockennarbige Straße und legte am Ufer eines Creeks eine Vollbremsung hin. Als die Staubwolke sich verzogen hatte, erschien vor uns eine schwimmende Stadt. Sie flimmerte in der Hitze wie eine Fata Morgana. Wir passierten schwer bewaffnete Sicherheitskräfte und gingen über Decks mit klimatisierten Wohncontainern, eigener Strom- und Wasserversorgung, Funkraum, Fitnessstudio, Satellitenfernsehen, Kantine, Bar.

»Wenn du es bisher nich geschafft hast, dich umzubringen, klappt das in Yenagoa zwar auch nich«, sagte Werner, »aber ich schau trotzdem mal, ob wir nich einen Container für dich haben.«

Nach einer Weile kam er zurück und führte mich in mein Zimmer: weiches Bett, warmes Wasser, Dusche, Toilette – alles für mich alleine.

»Hier bist du sicher, Kollege!«, sagte er, zog die Tür hinter sich zu und rief von draußen durch das Fenster: »Und jede Menge kühles Bier!« Ich hatte seit Wochen in keinen Spiegel gesehen, und jetzt erschrak ich bei meinem Anblick. Nicht wegen des Bluts, das an mir klebte, sondern wegen meines Gesichts. Es schien mir fremd. Die Haut war tiefbraun, die Wangenknochen traten hervor, und das Haarbüschel, das der Egbesu-Priester bei meiner Initiation übrig gelassen hatte, stand in alle Richtungen. Ich duschte ausgiebig und schlief ein paar Stunden. Am Abend gab es ein kleines Fest zu meinen Ehren. Auf dem Achterdeck waren Gartenmöbel aufgestellt, Lichterketten hingen um die Reling. Ein Koch mit gestärkter Chefmütze grillte Steaks und Weißwürste. Auf dem Buffet türmten sich Vollkornbrot, Käse, verschiedene Salate und Soßen, extrascharfer Löwensenf. Ich kam mir vor wie im Kino. Ich sah mir einen absurden Film an und spielte die Hauptrolle.

»Damit du mal was Vernünftiges zwischen die Zähne kriegst, Kollege!«, sagte Werner und stellte mich den Technikern und Ingenieuren vor, die auf dem Hausboot wohnten.

»Ich habe mich an Fufu gewöhnt«, sagte ich und gab ihnen nacheinander die Hand.

Dann verdrückte ich zwei Portionen Fleisch, Nudelsalat, drei Stücke Ananaskuchen mit Schlagsahne und trank vier Gläser Weißbier – und bekam später entsetzlichen Durchfall.

»Ich habe siebzehn Kinder!«, behauptete Werner, der sich an diesem Abend flüssig ernährte.

Er wischte sich den Bierschaum vom nachlässig geschnittenen Oberlippenbart. Sein vernarbtes Gesicht glänzte rötlich.

»Peru, Bolivien, Venezuela, Zwillinge in Japan und Thailand, Kongo, Sierra Leone, Botswana. Und das sind nur die, von denen ich weiß. In Angola haben sie mir sieben Kugeln verpasst. Im Irak bin ich von den Kurden entführt worden. Ich sag euch, mir macht keiner mehr was vor!«

Die anderen gähnten. Sie bauten draußen bei Tombia eine Brücke und saßen seit Monaten jeden Abend auf dem Achterdeck, tranken und erzählten sich immerzu dieselben Geschichten. Sie kannten sie auswendig.

»Was war denn heute wieder auf der Baustelle los, Werner?«, rief der pausbackige Holländer, der hinter der Bar Musik auflegte.

»Ich erwische also diesen Ijaw, wie er Betonsäcke klaut«, sagte Werner gereizt und zapfte sich ein weiteres Bier. »Ich lasse ihn einen Entschuldigungsbrief schreiben, und einen Tag später erwische ich ihn wieder. Ich sage ihm, dass ich für seine Entlassung sorgen werde. Und wisst ihr, was er macht?«

Wir sahen ihn gespannt an.

»Er zieht seinen Colt und schießt mir vor die Füße, schießt mir einfach vor die Füße. Jeder von denen trägt eine Waffe, sag ich euch, und wenn ihnen was nich passt, pusten sie dich weg. Oder sie schneiden dir was ab. Mir wollten sie schon an die Hände, an den Kopf, sogar an mein Ding. Ich hab die Nase voll, gestrichen voll.«

»Er ist einer von der harten Sorte«, flüsterte mein Tischnachbar, ein hagerer Däne mit Vollbart. »Eines Tages wird ihn das alles umbringen.«

Nach dem Essen gingen wir an die Bar. Die Rückwand war mit Holz verkleidet – Nut und Fuge –, eine Fototapete zeigte einen Bergsee in den Alpen, auf einem Absatz standen Fußballpokale. Es sah aus wie im heimischen Partykeller. Der Holländer legte Seemannslieder auf. Wir machten die Schnäpse aus dem Rheinland durch. Der Däne erzählte von seiner Tochter, die als Schiffstechnikerin in Cancún arbeitete, und ein Schweißer aus Bremerhaven behauptete gerade, Rio de Janeiro sei die schönste Stadt der Welt, als eine junge Afrikanerin den Aufgang heraufschwebte. Sie trug Plateauschuhe und eine fast durchsichtige weiße Bluse. Sie ging direkt auf Werner zu, rieb ihren Körper an ihm und knabberte an seinem Ohr. Er verscheuchte sie wie eine lästige Fliege. Sein Ohrläppchen war jetzt mit kirschrotem Lippenstift verschmiert. Die Afrikanerin saugte an ihrer Cola. Alle Männer – außer Werner – starrten auf ihren Hintern. Auf dem Creek quakten Frösche, und das Wasser lag da wie zähflüssiges Öl, auf dem der zunehmende Mond wogte. Am anderen Ufer schimmerten die Wellblechdächer der Lehmhütten aus dem Busch. Dort war kein Licht zu sehen.

»In Ajaokuta, um das Stahlwerk, da wo es auch so ein bisschen gefährlich war«, begann Werner wieder, »fahre ich eines Nachmittags

aus der Stadt, und weiter vorne biegt ein Pick-up ein. Auf der Ladefläche sitzen drei Männer und ein Mädchen. Ich kannte es. Es war
vielleicht zwölf Jahre alt, trug immer dasselbe zerfledderte rote
Kleid. Es war verrückt, warf mit Steinen, kratzte sich die Haut blutig und so.«

Er schüttete einen Mirabellenschnaps hinunter.

»Der Pick-up fährt also langsam vor mir her, und mir kommt das
gleich irgendwie komisch vor. Wenn du eine Weile in Nigeria bist,
dann entwickelst du eine Antenne für so was.«

Noch ein Schnaps.

»Jedenfalls sind meine Alarmleuchten rot, und als ich zum Überho-
len ansetze, tritt einer der Männer das Mädchen mit dem Fuß von der
Ladefläche. Genau vor meinen Wagen. Ich hatte das irgendwie gerochen und bin gerade noch ausgewichen, sonst hätten diese Wilden
mich gehabt.«

Er goss sich ein großes Glas ein und trank den Schnaps wie Wasser.

»›Du hast meine Tochter totgefahren. Du hast die Wahl zwischen
einer Million Naira und deinem Schlaflied.‹ So lief das in Ajaokuta,
Kollegen. So läuft das überall hier. Ich sag euch, ich bin jetzt dreißig
Jahre unterwegs und war zweimal mit einer Schwarzen verheiratet.
Aber Nigeria ist das Allerletzte!«

»Ich bin am Stahlwerk von Ajaokuta vorbeigefahren«, sagte ich,
während der Holländer *An der Nordseeküste* auflegte und noch eine
Runde Bier brachte. »Es war gespenstisch. Ist das Werk stillgelegt?«

»Das Motto heißt: Wie bescheißt man einen Neger?«, sagte Werner,
verschränkte die Arme auf der Theke und ließ den Kopf hängen.
»Oder: Wie bescheißt der Neger sich selbst? Da stellen die ein Stahlwerk für zehn Milliarden Dollar mitten in die Pampa. Ich komme aus
dem Ruhrpott, Kollege, aber so ein Werk hab ich noch nie gesehen.
Und das Ding dabei: Da wird kein Stück Stahl produziert.«

Es ging gar nicht um Stahl, wie sich herausstellte, sondern darum, wie
sich alle Beteiligten am besten die Taschen füllen konnten. Die Nigerianer erfanden irgendein Großprojekt und vergaben den Auftrag an
die ausländische Firma, die am meisten Schmiergeld zahlte. Bei jeder
Auftragsvergabe flossen astronomische Summen auf die Privatkonten
korrupter Politiker. Irgendein Konzern zog dann irgendein Projekt

durch und kassierte Erdölmilliarden dafür. Ob das Stahlwerk dann auch produzierte oder ob Straßen und Brücken auch tatsächlich benutzt wurden, war nigerianischen Politikern wie ausländischen Konzernen völlig egal. So flossen die Erdölgelder in die Industrieländer, und die einfachen Leute saßen weiterhin in ihrer Strohhütte. Ihnen blieben nur abgeholzte Wälder, tote Flüsse und verseuchtes Land.

Als das Fest zu Ende war, konnte Werner nicht mehr alleine gehen. Ich stützte ihn gemeinsam mit der Afrikanerin. Er war schwer und schwabbelig.

»Wenn ich nach Deutschland komme, weiß ich gar nich, was ich denen erzählen soll«, lallte er, während er endlos über die Reling pinkelte und wir ihn dabei festhielten, damit er nicht über Bord ging. »Die leben in ihrem Einfamilienhaus mit gepflasterter Einfahrt, Garage, Pergola, Komposthaufen. Samstags mähen sie ihren Rasen und pusten das Unkraut mit der Giftspritze weg. Ne, Kollege, das ist nich mein Ding. Mir wird schlecht, wenn ich dran denke. Länger als eine Woche halt ich das nich aus, dann muss ich zurück nach Afrika.«

Die Kunsthaarperücke der Frau verrutschte, als wir ihn die Treppe hinunterhievten. Sein Holzfällerhemd riss unter der klatschnassen Achsel.

»Seit dreißig Jahren unterwegs«, stammelte Werner und verfiel in ein Wimmern. »Kolumbien, Jemen, Pakistan, was weiß ich wo. Aber irgendwo zu Hause sitzen! In Wanne-Eickel im Pott! Sich gegenseitig die Kaffeekanne über den Tisch reichen! Mit einer Frau, die dir was bedeutet! Das hat was!«

»Geh schlafen, Werner!«, sagte ich, kramte in seiner Hosentasche nach dem Schlüssel und öffnete die Tür.

»Kannste dein ganzes Leben lang durch die Welt irren, sag ich dir, aber das, das findest du nirgends«, wimmerte er, blieb mit der Schulter am Türrahmen hängen, taumelte und fiel auf sein Bett wie ein Zementsack. »Schau mal die Kleine hier. Ein bisschen nett vögeln. Dann kocht sie was, wir essen – vielleicht glotzen wir fern. Wir haben nichts gemeinsam. Sie ist eine Angestellte auf Zeit. Wenn sie mich beklaut oder mit wem anderem rummacht, sag ich: ›Pass mal auf, du‹, sag ich, ›wenn das nich in Ordnung kommt, hau ich dir die Kokosnuss runter.‹«

Die Frau lagerte seinen Kopf behutsam auf dem Kissen, dann zog sie ihm die Schuhe aus und fuhr mit einem kühlen Waschlappen über sein abgekämpftes Gesicht. Sie lächelte und küsste ihn liebevoll auf die Stirn. Erst jetzt fiel mir auf, wie jung sie war.

»Und wenn ich alt bin und nich mehr selber löffeln kann, Kollege«, schrie Werner, als ich schon in der Tür war, »dann füttert sie mich, und vielleicht putzt sie mir noch den Hintern. Und wenn mir das alles zu dumm wird, sag ich, und das sag ich nich nur dir, das sag ich jedem«, schrie er mir nach, »wenn mir das alles zu dumm wird, dann hol ich die Knarre aus dem Schrank und puste mir in irgendeinem Negerdorf den Schädel weg.«

Es gab nur ein Krankenhaus in Yenagoa, doch ich kannte den Namen des Mannes nicht, und so dauerte es eine Weile, bis ich das richtige Zimmer fand. Er lag im Bett und kaute auf einem fasrigen Zweig. Sein Arm lag in einer Schlaufe und endete in einem verbundenen Stummel.

»White man«, sagte er, als ich die Mangos auf den Nachttisch stellte. »White, white man.«

»Ihre Hand«, sagte ich unbeholfen. »Es tut mir Leid...«

»Gott hat es für mich getan!«, entgegnete er und starrte auf die Bettdecke. »Denn Gott ist groß! Gott ist so groß!«

»Ich verstehe nicht recht«, sagte ich verwirrt. »Was hat Gott für Sie getan?«

»Und wenn dich deine rechte Hand zum Bösen verführt, dann hau sie ab und wirf sie weg!«, rezitierte er mit der Stimme eines Predigers. »Denn es ist besser für dich, dass eines deiner Glieder verloren geht, als dass dein ganzer Leib in die Hölle kommt – Matthäus 5, Vers 29.«

Ich sah ihn irritiert an.

»Ich bin Contractor«, sagte er und starrte mit wässrigen Augen aus dem Fenster, wo sich ein Gewirr aus Baugerüsten erhob. »Ich vermittle Ijaw-Arbeiter an die Firmen der Weißen. Ich verlange zwanzigtausend Naira von meinen Brüdern, danach einen Teil ihres Monatslohns. Ich bin ein Sklavenhalter, verstehen Sie? Doch Gott wollte nicht, dass ich in der Hölle schmore. Deshalb hat er meine Hand für mich abgehackt!«

Ich schwieg.

»Ich werde nie mehr richtig beten können«, seufzte er plötzlich, und Tränen rannen über seine Wangen.

Als er sich wieder beruhigt hatte, zog er die Schublade auf und reichte mir die Harpunenspitze. Dann nahm er das gewaschene Theraband heraus und drückte es fast zärtlich mit der gesunden Hand.

»Darf ich es behalten?«, fragte er.

»Natürlich«, sagte ich.

Der Fluss roch nach Algen, Öl und Exkrementen, als die letzten Passagiere nach Brass Island an Bord gingen und der schwerfällige, tief liegende Kahn eine gute Stunde vor Tagesanbruch ablegte. Die Pumpe erbrach schlammiges Wasser in den Brass River; ein totes Kalb mit geblähtem Bauch trieb auf. Der Kapitän, ein verschwitzter kleiner Mann mit kräftigem Hals, stieß einen volltönenden Laut aus, der dem Klang eines Dampfhorns sehr nahe kam. Dann drehte er das Boot in die Strömung, und die windschiefen Hütten des Hafens von Yenagoa lösten sich in der Dieselwolke auf. Am rechten Flussufer blieben die letzten Maniokpflanzungen und Platanenhaine zurück, in einer Ölpalme lärmten Webervögel, und irgendwo wurde ein Baum gefällt, während die Sonne im Osten über den Horizont blinzelte und ihr Licht das vage Gewirr der Mangroven entflocht, die an beiden Ufern fantastische, pfadlose Dickichte bildeten und auf ihren schlanken Luftwurzeln über den Morast balancierten wie langbeinige Insekten. Der Fluss mäanderte in weiten Bogen dahin, umschlang üppig bewachsene Inseln und dampfende Sümpfe, teilte sich wieder und wieder in ein Labyrinth aus Flussarmen, in dem hier und da die Siedlungen der Nembe auftauchten – auf Pfählen im Wasser, im Halblicht des Buschs mit der wirren Pflanzenwelt verschmelzend. Es war nicht mehr wichtig, all diese Dörfer zu besuchen. Ich musste nicht mehr mit den Alten sprechen, um zu erfahren, welche Götter oder Geister sie verehrten, welche Geschichten und Geheimnisse sie hüteten. Nicht einmal die Namen der Dörfer schienen mehr von Bedeutung. Es genügte, dass sie einfach nur da waren und an mir vorüberzogen.

Als die Sonne schon etwas höher stand, entdeckte ich eine rehgroße

Schirrantilope mit rotbraunem Fell und wundervoller weißer Zeichnung. Sie stand bis zum Bauch im Wasser und lauschte wie versteinert auf den Fluss hinaus. Der Mann, der mir gegenübersaß, legte einen imaginären Bogen an und spannte die Sehne, doch gerade, als er schießen wollte, stieß die Antilope ein raues Bellen aus und verschwand im Busch.

Der Mann lachte und zwinkerte mir zu. Er trug schwere Baumwollkleidung, und vor ihm lag eine Goldkatze, die aussah wie ein junger kastanienbrauner Puma mit geflecktem Rumpf. Im Hals klaffte ein Einschussloch.

Der Jäger drehte eine Kürbisdose auf und bot mir geröstete Maden an, die ich für die Larven des Palmen-Rüsselkäfers hielt. Wir knabberten die köstlichen Eiweißkräcker, während wir in einer Siedlung anlegten, die sich auf Pfählen gut zwei Meter über dem Wasser erhob. Die meisten Hütten waren seitlich offen und mit schrägen Palmstrohdächern gedeckt. Der Rauch von Kochfeuern stieg auf. Netze wehten im Wind. Unter den Hütten dümpelten Kanus vor sich hin. Schlammspringer mit stark hervortretenden Augen hüpften auf ihren verlängerten Brustflossen über die glänzenden Hügel, die hier und da aus dem Wasser wuchsen.

Auf einer Plattform saßen Männer in Wickelröcken und spielten Dame. Das Brett lag auf ihren Oberschenkeln. Ich hörte die Steine klicken. Auf einer Hüttenwand stand mit Kreide geschrieben: *Gott ist der Beste.* Jemand hatte *Gott* nachträglich durchgestrichen und durch *Palmwein* ersetzt. Auf der Plattform, die dem Boot am nächsten war, saßen junge Mädchen und schälten Kassava. Die schnellen Messerhiebe, mit denen sie die Wurzelknollen bearbeiteten, schienen wütend und zeugten zugleich von einer faszinierten Hingabe – der Hingabe von Künstlerinnen, die abstrakte, kokosweiße Skulpturen modellierten. Die Schalen fielen wie grobe Späne zu Boden, und die Füße der Mädchen waren mit weißem Puder bestäubt. Als sie merkten, dass ich sie beobachtete, riefen sie etwas herüber.

»Sie wollen deine Nase sehen«, übersetzte der Jäger und lachte.

Ich nahm meine Mütze ab, damit sie besser zur Geltung kam. Die Mädchen näherten sich vorsichtig, und die Kleinste schob ihr Gesicht so dicht heran, dass sie zu schielen begann.

»Gefällt sie dir?«, fragte ich.

Das Mädchen deutete mit seinem Messer einen kurzen Schnitt an, tat so, als hebe es meine Nase vom Boden auf, kreischte vor Vergnügen und rannte mit ihren Freundinnen davon.

Als die Bootsleute den Kahn wieder vom Ufer abstießen und die Strömung den Rumpf erfasste, geschah etwas Eigenartiges. Bevor der Kapitän die Maschine starten konnte, trieb das Boot ein Stück stromaufwärts. Es dauerte einen Moment, bis ich verstand, dass der Fluss rückwärts floss. Ich lehnte mich über die Bordwand, tauchte den Finger ins Wasser und lutschte daran. Es war salzig. Und mit einem Mal fühlte ich mich wie aus einem berauschenden Traum gerissen, wie wachgerüttelt. Ich sah in den Fluss und sah mich selbst, klarer als in jedem Spiegel. Ich war dem Niger sieben Monate lang gefolgt, um seine Mündung zu erreichen, wie ich geglaubt hatte, doch jetzt, als sie greifbar nah war, erschreckte mich der Gedanke daran.

Von Süden wälzte sich eine schwarze Wolkenwand auf uns zu, der Himmel zuckte, und der Busch verfinsterte sich. Die Mangroven schienen sich auf ihren Stelzen in den Schutz des Waldes zurückzuziehen. Direkt vor uns brachen kräftige Strahlenbündel durch die schwarze Wand und ließen den Strom aufleuchten wie auf einem Gemälde von William Turner. Ein gewaltiges Tor aus Wolken und Licht spannte sich über den Fluss, und der Kapitän steuerte den Kahn direkt hinein. Die Passagiere der hinteren Reihen zogen eine Regenplane nach vorne. Sie glitt über unsere Köpfe wie der Schatten des Torbogens. Es wurde völlig dunkel; dann prasselten schwere Tropfen herunter.

Und plötzlich war ich ganz sicher, dass es mir nie um die Mündung gegangen war, sondern vielmehr um das Fließen, um beständiges, ruhiges, reibungsloses Fließen, um andauernde Bewegung, um die Zauberformel, die es erlaubt, zu sein, ohne an einem bestimmten Ort zu sein – um die Inkantation, die Orte in Raum verwandelt, in grenzenlosen Raum, durch den man unaufhörlich treiben kann. Mit einem Mal verspürte ich den brennenden Wunsch, meine Reise fortzusetzen, und während ich in der Finsternis unter der Plane saß und draußen der Regen lärmte, dachte ich an den Dei von Onitsha, diesen weisen Mann, der behauptet hatte, der Fluss sterbe nie. Ich stellte mir vor, wie mich der Niger auf das Meer hinausschob und ich ziellos dahintrieb, und meine Arme lösten sich auf, lösten sich einfach auf und verwandelten sich in durchsichtige Schwingen, mein Körper schillerte silbern, und ich spürte, wie unter mir Dampf aufstieg, angenehm warmer Wasserdampf, der mich emporhob, bis alles hell und weiß und trüb wurde, dann finster, so finster, dass ich die Spitzen meiner Flügel nicht mehr sah und meine Schuppen nicht mehr glänzten. Ein starker Wind packte mich – Südwind, wie ich glaubte – und ließ mich wieder los. Ich glitt hinab, und die Luft war Wasser, kein Unterschied mehr, wirklich kein Unterschied. Das Meer verschwand, und ich flog über Land, schwamm über Land – wie trunken. Der Regen prasselte in heißen Sand, auf sattgrüne Blätter. Ein Stück weiter plätscherte ein Bach, irgendein Bach. Ich tauchte in ihn ein, und der Regen prasselte jetzt über mir, auf eine Haut, die nicht meine war; ich schaukelte wie auf Wellen, zog die Beine an die Brust und drehte mich in Zeitlupe wie ein Embryo im Bauch und hielt den Zipfel der Plane fest. Es war stickig und eng und machte keinen Unterschied, ob meine Augen offen oder geschlossen waren, denn es war stockdunkel. Ich hörte, wie geröstete Maden zwischen den Zähnen des Jägers krachten. Wie lange saß ich schon so da? Eine Stunde? Zwei? Sieben? War die Zeit schon erfunden worden? Sieben Tage im Busch, sieben Monate auf dem Fluss, durchzuckte es mich.

Der Regen hörte so abrupt auf, wie er begonnen hatte. Ich kroch unter der Plane hervor. Die Sonne blendete mich, und ich kniff die Augen zusammen. Die Luft war wie rein gewaschen, der Tag so neu, dass ich glaubte, alles noch einmal erlernen zu müssen: essen, gehen, sprechen. Und dann gewöhnten sich meine Augen an das Licht, und ich sah mich um und erzitterte. Die Ufer des Flusses waren verschwunden. Vor mir lag der Atlantische Ozean.

10

Brass war eine verschlafene Insel zwischen Fluss und Meer. Windschiefe Häuser säumten schmale Wege; in den Vorgärten wuchsen Süßkartoffeln um die Gräber der Familienoberhäupter. Die Auslagen kleiner Läden boten geräucherten Seefisch, Shrimps und Riesenschnecken feil. Die Jugend spielte Billard unter Palmen, während die Alten mit Wickeltuch und englischer Melone ihre Gehstöcke schwangen. Sie nannten Brass noch bei seinem ursprünglichen Namen Twon und erzählten gerne die Geschichte, wie in der Kolonialzeit ein Engländer angelegt hatte und eine Frau fragte, wie die Insel heiße. Die Frau soll immerzu *Brassi! Brassi!* geschrien haben: Hau ab! Hau ab! Und der Engländer hatte gewissenhaft notiert.

Ich wohnte im Haus von Yawo Olali, einem untersetzten Nembe, der Tag für Tag im selben fleckigen Unterhemd herumlief. Mein Zimmer besaß einen Ventilator und Mückennetze vor den Fenstern. Vom Balkon fiel der Blick zwischen Hütten und Palmen hindurch auf die Bucht, die der Fluss bildete, bevor er ins Meer strömte. Ein Stück weiter endeten die Pipelines aus den Bohrstationen im Hinterland und füllten die gewaltigen Tanks des Terminals mit Rohöl. Ein Helikopter startete von seiner Plattform und schwenkte über die Bucht nach Osten. Ein leichter Ölgeruch lag über Brass und mischte sich mit dem Duft exotischer Blüten.

»Was willst du essen, white man?«, fragte Olali etwas unsicher.

»Was alle essen.«

»Ich frage dich als Weißen, ich meine, isst du Pfeffersuppe und Fufu?« Ich machte hungrige Augen. Olali strahlte, und wir schnippten unsere Finger. Er hatte mich für einen »Ölmann« gehalten und sorgte in den folgenden Tagen dafür, dass es sich auf der Insel herumsprach, dass ich »keiner von denen« war.

»Es ist Jahre her, seit zum letzten Mal ein Weißer einfach so nach Brass gekommen ist«, sagte er und holte die Schnapsflasche. »Wie lange wirst du bleiben, Sohn?«

»Zwei, drei Wochen?«

»Jesus Christus, was wirst du die ganze Zeit über tun? In Brass gibt es nichts!«

»Dann werde ich nichts tun«, sagte ich und kippte den Gin hinunter. »Ich werde nichts tun und dabei auf das Meer hinaussehen.«

»Wenn du ans Meer willst, musst du den Chief fragen.«

»Den Chief?«

»Signore Craxi, den Chief des Terminals. Er ist Italiener. Das Meer liegt auf seinem Gelände.«

Es war zu spät, um zum Strand zu gehen, und so schlurfte ich ziellos über die Pfade von Brass. Am Wegrand nahmen Frauen in Wickelröcken Meerbrassen aus. Ein Junge schlug mit einer Bambusstange Mangos vom Baum. Eine Hündin mit schweinsartiger Zitzenreihe fraß Reis von einem Teller. In einem schmalen Creek standen zwei hölzerne Toilettenhäuser auf Pfählen – pastellgrün für Frauen, zitronengelb für Männer –, und die Flut spülte gerade.

Ich winkte zwei Langustenfischern zu, die vor ihrer Hütte dem steigenden Wasser zusahen, und sie erwiderten den Gruß, sichtlich überrascht, dass ein Weißer sie zur Kenntnis nahm. Ihre Handflächen waren hart wie Baumrinde. Sie rückten auf ihrer Bank zusammen, und ich setzte mich zu ihnen. Gleich darauf kam eine Horde Kinder mit grünen Faltblättern angerannt, in denen für jedes Schulfach Punkte zwischen null und hundert vergeben waren.

»Alles meine Kinder!«, sagte der jüngere Fischer stolz und sah die Zeugnisse durch.

Dann blickte er sich um, und erst da bemerkte ich den Kleinen, der sich hinter einer Palme versteckte, ein zierlicher Junge mit aufgeweckten Augen. Er sah zu Boden, als er seinem Vater das Zeugnis gab. In Mathematik hatte er hundert von hundert Punkten, in allen anderen Fächern – einschließlich Englisch und Bibelkunde – keinen einzigen.

»Knie nieder!«, befahl sein Vater und griff mit der einen Hand nach einer Schere, mit der anderen nach dem Ohr des Jungen. Der Kleine kämpfte mit den Tränen, rührte sich aber nicht. Sein Vater zog an seinem Ohr, setzte die Schere an, zwinkerte mir zu und gab seinem Sohn einen Klaps auf den Hinterkopf. Er sprang auf und rannte davon.

»Hundert Punkte in Mathematik!«, sagte ich und lächelte. »Er ist ein begabter Junge.«

»Er muss hart arbeiten«, sagte der Langustenfischer, »wenn er seine Karriere nicht gefährden will.«

Auf dem Rückweg hörte ich ein lautes Wimmern und folgte ihm zwischen mehreren Hütten hindurch, bis ich vor einem offenen Schrein aus Wellblech stand. Eine Frau lag bäuchlings vor einem weiß getünchten Betonsockel, in dem Schwerter und verschieden lange Eisenspeere steckten. Daneben häuften sich oval geformte Kreidestücke und sieben Hundeschädel ohne Unterkiefer. Der Priester, ein überraschend junger Mann mit rasiertem Kopf und katzenhaften Augen, träufelte gerade Gin in eine Aussparung im Beton und redete eindringlich auf die Hundeschädel ein. Er trug ein rotweiß gestreiftes Gewand. Sein Körper war weiß gepudert. Als er verstummte, schrie die Frau bemitleidenswert auf. Ihr Gesicht war tränenüberströmt.

»Ein Kanu ist draußen am Riff gekentert«, sagte der Alte neben mir. »Ihr Mann wird seit zwei Tagen vermisst.«

»Und wen bittet sie um Hilfe?«

»Sakiapele!«, flüsterte er ehrfürchtig. »Der Tigerhai wird ihren Mann zurückbringen!«

Der Priester nahm die Geschenke der Frau entgegen – Geld, Gin, drei Büchsen Corned Beef –, füllte ein weiteres Schnapsglas, ließ Sakiapeles Anteil in das Loch rinnen und leerte den Rest hinunter. Dann griff er nach einem Stock in der Gestalt eines Mannes mit Fischschwanz und stieß ihn dreimal kräftig auf den Boden. Die Frau erhob sich und verschwand mit gesenktem Blick auf einem der Pfade.

An diesem Abend aß ich mit Olalis Familie Wolfsbarsch mit Pfeffersoße und Fufu. Ich lehnte das mir angebotene Besteck und einen eigenen Teller ab und griff zu Olalis Vergnügen mit den anderen in die Gemeinschaftsschüssel. Er legte mir geröstete Kiemenbäckchen in meinen Abschnitt und lächelte. Nach dem Essen machten wir es uns auf der Terrasse bequem und genossen den frischen Wind, der vom Meer heraufwehte. Leute gingen vorbei und grüßten. Insekten schwirrten um die Straßenlaternen. Fledermäuse machten Beute. Ich erzählte Olali von meiner Begegnung mit dem Priester des Haikults.

»Ein mächtiger Mann«, begann er und zündete sich eine Pfeife an.

»Er isst keinen Hai, kein Krokodil, keine Schlange. Auch keinen Black Snapper. Und schon gar keine Schlammspringer, Sohn. Wenn er Schlammspringer isst, wachsen seine Augen aus ihren Höhlen wie die der Fische. Sie wachsen und wachsen, bis sie platzen.«

»Natürlich.«

»Vor wichtigen Ereignissen fastet der Priester sieben Tage lang«, fuhr Olali fort. »Er trinkt nur Wasser und Gin. Dann steigt Sakiapele in seinen Körper, und er wird ins Meer gelegt. Er schwimmt über das Außenriff und taucht in schwarzes Wasser, hinunter auf den Grund, wo Sakiapeles Haus steht.«

»Und wie lange bleibt er dort unten?«

»Nach sieben Tagen liegt er wieder im seichten Wasser der Bucht. Die Chiefs tragen ihn ins Juju-Haus. Er wäscht sich, er sieht niemanden, spricht zu niemandem. Am zweiten Tag kommen die Leute aus dem Dorf und bringen ihm Geschenke. Und der Priester sagt ihnen, was der Hai ihm verraten hat.«

Es war spät, als ich auf mein Zimmer ging. Ich legte meine Talismane kreisförmig um mein Bett aus und summte das Lied dazu, das ich selbst erfunden hatte. Ich fühlte mich sicher in Olalis Haus, doch ich hatte es mir angewöhnt. Ich dachte nicht mehr darüber nach. Es gehörte zu meinen allabendlichen Ritualen wie das Zähneputzen. Das grüne Theraband vermisste ich nicht. Mein Nacken strotzte vor Kraft, wie mir schien, denn er trug meinen Kopf mit Leichtigkeit, und ich wusste, dass ich nie mehr die alte Einstellung zu den Trainingseinheiten finden würde. Es schien mir sinnlos, mich für ein Ziel zu quälen, das bereits erreicht war.

Ich lag im Bett und hörte das Meer rauschen und dachte an Sakiapeles Töchter, von denen mir Olali erzählt hatte, unzählige Töchter, die der Haimann vor langer Zeit flussaufwärts geschickt hatte, damit sie im Niger nach dem Rechten sahen; weiße Fischfrauen mit langem, schwarzem Haar – so lang, dass sie es zu einer Matte falteten und sich darauf niederließen, wenn sie sich am Flussufer ausruhten. Mich faszinierte der Gedanke, dass die Flussgeister, denen ich schon am Oberlauf des Niger begegnet war, in frühester Zeit stromaufwärts gezogen waren und dass der Ursprung ihrer Geheimnisse und ihrer Macht womöglich am Ende des Flusses lag, im Meer.

Olali weckte mich kurz nach Sonnenaufgang. Er war zu aufgeregt, um zu sprechen. Ich zog mich rasch an. Wir rannten hinunter zur Bucht und bahnten uns einen Weg durch die Menschenmenge, die sich am Ufer drängte. Es war ein schöner, klarer Morgen, und die Bucht dehnte sich wie ein großer See. Am Ufer lag ein Mann – nackt, erschöpft, bärtig wie ein Schiffbrüchiger, der eben erst an den Strand gespült worden war. Doch es gab keine Wellen, die ihn hätten bringen können, und die Ebbe sog kräftig am Fluss. Ein Stück von ihm entfernt hockte die Frau im Schlamm; sie wimmerte wie am Abend zuvor am Schrein. Sie sah ihren Mann nicht an, berührte ihn nicht. Sie hockte nur da, jammerte und weinte.

Der Priester stieß seinen Stock in den Morast, raffte sein rotweißes Gewand und ging bis zur Hüfte in den Fluss. Er schrie und klatschte mit den Händen auf das Wasser wie auf eine gewaltige Trommel, hielt ein, lauschte, trommelte erneut und lauschte wieder. Plötzlich wuchs ein leises Geräusch aus der Stille – nicht lauter als eine Stechmücke – und schwoll zu einem eigenartigen Surren an, das nach und nach in ein vibrierendes, vielstimmiges Pfeifen überging. Es klang, als fege ein Wind über einen felsigen Grat. Und dann sah ich die Flosse, keine zwanzig Meter vom Ufer entfernt, die Rückenflosse eines ausgewachsenen Tigerhais, scharfkantig, funkelnd, spitz.

»Sakiapele!«, rief der Priester und hob beide Arme. »Sakiapele hat seinen Sohn zurückgebracht!«

»Sakiapele!«, riefen die Leute am Ufer.

Die Rückenflosse schnitt mehrere ovale Kreise aus dem Wasser, verschwand, tauchte erneut auf und entfernte sich dann zielstrebig in Richtung Meer; das schwingende Pfeifen wurde leiser und verstummte schließlich ganz.

Insgeheim hatte ich gehofft, Chief Craxi sei ein unsympathischer, grobschlächtiger Italiener, doch das Gegenteil war der Fall. Der Leiter des Erdölterminals empfing mich freundlich in seinem Büro. Er kannte die Traditionen des Deltas, schätzte die einheimischen Bräuche und mischte sich gerne unter die Leute. Er unterstützte die Schule von Brass, kümmerte sich um die Strom- und Wasserversorgung für das Dorf und sponserte das traditionelle Ringkampfturnier.

Er sah etwas blass aus und hinkte leicht. Hinter ihm hingen Luftaufnahmen von Bohrstationen, die wie offene Wunden aus dem Nigerdelta klafften.

»Sie haben eine lange Reise hinter sich«, sagte Craxi und lächelte gewinnend. »Fühlen Sie sich bei uns wie zu Hause. Benötigen Sie ein Boot? Oder ein Auto? Wollen Sie eine Tour über die Insel machen?«

»Vielen Dank, aber ich möchte nur gelegentlich an den Strand kommen und auf das Meer hinaussehen.«

Er rief den Sicherheitschef, einen schwergewichtigen Mann in schwarzer Uniform. Seine Schulterabzeichen wiesen ihn als hohen Offizier der nigerianischen Polizei aus. Er salutierte, nahm seine Anweisung entgegen, salutierte erneut und zog die Tür wieder hinter sich zu.

»Sollen wir Ihnen gegen Mittag etwas zu essen bringen?«, fragte Craxi. »Ein paar kalte Getränke vielleicht?«

»Vielen Dank, aber ich habe Fufu und Wasser dabei.«

»Niemand wird Sie dort stören«, sagte Craxi und lächelte wieder.

Hinter den Verwaltungsgebäuden führte ein schmaler Pfad durch den feuchtheißen Wald und endete an einem Strand, wie ich ihn mir nicht erträumt hatte – feiner, weißer Sand, wedelnde Palmen, eine strohgedeckte Hütte auf Pfählen. Meerkatzen hangelten sich durch den Busch. Und vor mir breitete sich der Ozean aus, türkisfarben, weit, geheimnisvoll. Nie war mir bewusster gewesen, dass das Meer der Ursprung von allem ist, sogar der Ursprung unserer Träume. Ich sah auf den Atlantik hinaus und stellte mir vor, wie der Schlafende Nacht für Nacht in die Tiefe taucht und dort all die seltsamen Dinge erlebt, ohne zu begreifen, dass er schläft. Wenn er dann aufwacht, wehrt er sich gegen alles, woran er sich noch erinnern kann, und beruhigt sich damit, dass es nie stattgefunden habe.

Ich zog meine Schuhe aus und wanderte am Strand entlang. Quellwolken spiegelten sich im glänzenden Sand, den das Meer zurückließ. Krebse tänzelten seitlich in ihre Löcher. Ich ging bis zur Spitze eines schmalen Holzstegs, der in die Flussmündung hinausreichte, ließ die Beine ins Wasser baumeln und sah dem Niger nach, der wie ein dunkelgrünes Band dem Horizont entgegenstrebte. Es schien tatsächlich, als vermische sich sein Wasser nicht mit dem des Ozeans, als wolle er durch den Golf von Benin hindurchfließen, wie er schon durch Westafrika geflossen war. Und dann bemerkte ich, wie meine Hand behutsam einzelne beschriebene Seiten aus dem Notizbuch heraustrennte und sie nacheinander ins Wasser gleiten ließ, wo sie feierlich aufsetzten, sich auflösten und davontrieben wie geronnene Milch. Es war, als ob ich dem Fluss etwas zurückgab.

Und dann regnete es. Der Himmel war ein weißes voll gesogenes Tuch, und der Sturm wrang es kräftig aus. Silberne Fäden schraffierten die Luft. Seevögel jagten vorbei. Palmen ruderten mit ihren Armen. Einen Moment lang dachte ich mit Sehnsucht an die durstigen Landstriche, die ich auf meiner Reise hinter mir gelassen hatte. Dann zog ich mein Hemd aus, und schwere, warme, duftende Tropfen klatschten auf meine Haut wie auf eine staubige Straße, lösten Schweiß und Dreck und wuschen alles ab, bis mein Körper angenehm prickelte und ich mich sauber fühlte – erfrischt, belebt, leicht.

Es war meine vorletzte Nacht auf Brass Island. Trommeln hallten, und im flackernden Kerzenlicht wirkten die Hundeschädel seltsam lebendig. Obwohl ihre Unterkiefer fehlten, schienen ihre Schatten nach dem Priester zu schnappen, der mit seiner Präsenz den ganzen Schrein ausfüllte. Er war von einem Dutzend Männer umringt, die ich für die Mitglieder des Haikults hielt. Sie nickten mir schweigend zu, und ich erkannte den Mann, den der Tigerhai zurückgebracht hatte. Er sah gesund und kräftig aus und führte ein weißes Kalb an einer Leine.

Der Priester zitterte am ganzen Körper, während er mit geschlossenen Augen seine Formeln murmelte. Dann verstummten die Trommeln, und wir gingen in einer stillen nächtlichen Prozession zur Bucht hinunter. Es dauerte eine Weile, bis das widerspenstige Kalb verladen und mit Stricken an eine Sitzplanke gebunden war. Schließlich schoben wir die Kanus ins Wasser, ein gutes Dutzend schlanke Kanus, und glitten in die Bucht hinaus.

»Wohin fahren wir, Olali?«, fragte ich leise.

»Zur Stelle, wo Sakiapele wohnt«, flüsterte er. »Wo kein Faden auf den Grund reicht.«

Am Ufer glaubte ich, den Holzsteg zu erkennen, auf dem ich in den vergangenen Wochen oft gesessen hatte, um dem Fluss und den

Möwen nachzusehen, um getrockneten Fisch zu essen, zu dösen oder wie ein kleiner Junge im Regen herumzuhüpfen. In der Ferne leuchtete der Strand; während wir auf das Meer hinausfuhren, verglomm er jedoch langsam wie auskühlende Glut und erlosch schließlich ganz.

Die Nacht war mondlos und vollkommen windstill, und die Wellen plätscherten leise, als wir das Außenriff passierten. In der Dunkelheit erahnte ich die prickelnde Weite des Ozeans und spürte, wie das Riff unter uns in eine bodenlose Tiefe sank.

»Der Hai leuchtet«, flüsterte Olali und griff nach meiner Hand. »Ein riesiger Hai, zwei- oder dreimal so groß wie unser Kanu. Er schwimmt siebenmal um den Priester herum, dann schnappt er nach dem Opfer und taucht damit unter.«

Das Meer war wie glatt gebügelt. Wir legten die Paddel ab. Der Priester zündete eine Sturmlaterne an, drückte den Kopf des gefesselten Kalbs über den Bordrand und schnitt ihm die Kehle durch. Es strampelte heftig, doch die Stricke hielten es fest, und das Blut rann ins Meer – schwarzes Blut in ein schwarzes Meer. Als sich das Tier nicht mehr rührte, zog einer der Männer an der Luftröhre, blies kräftig hinein und band sie mit einer Schnur zu, damit das Kalb obenauf schwamm.

Der Priester legte sein Gewand ab und glitt ins Wasser. Die Sturmlaterne wurde gelöscht. Zwischen der Nacht und dem Meer und dem Blut, das darin schwamm, war jetzt kein Unterschied mehr. Ganz in der Nähe wuchs ein leises Geräusch in die Stille – nicht lauter als eine Stechmücke – und schwoll zu einem eigenartigen Surren an, das nach und nach in ein vibrierendes, vielstimmiges Pfeifen überging. Dann umschlang der Priester das Opferkalb und glitt hinaus in die Dunkelheit.

DANK

In den drei Jahren, in denen dieses Buch entstanden ist, haben mich viele Menschen unterstützt. Besonders danken möchte ich meinen Eltern Gerda und Paul Obert für eine großartige Kindheit und jeden erdenklichen Rückhalt, meiner Lebensgefährtin Christine Joos für Verständnis, Kraft und Liebe, meiner Großmutter Magdalene Obert; Brigitte Bruns und David Krell, Carla und Paul Washbourne, Renate und Bernhard Wagner, die mich monatelang in ihren Ferienhäusern schreiben ließen; außerdem Thomas Tilcher, Regine Weisbrod, Jasminka Trenkle und Ulrich A. Hilleke. Ein besonders herzlicher Dank gilt natürlich meinen afrikanischen Weggefährten, die meine Reise zu einem kostbaren Erlebnis gemacht haben und denen ich mehrfach mein Leben verdanke – in Guinea: Rebecca Kwabou und Familie, Sako Camara, Souleymane Camara, Koumou Keita, Doussou Karamoko Keita, Moriba Kouyaté, Sékou Fadima Oularé, Kaba Kourouma, Dansa Touré, Moussa und Aboubakar Fodemoudou; in Mali: dem deutschen Botschafter Karl Prinz, Dr. Uschi Diawara, Sidiki Diarra, Abdoulaye Husseini, Mamadou Sinayogo, Kone Moulaye, Hamada Seydou Cissé, Mohammed Mansa Camara, Alhadji Karamoko Kouyaté, Alhadji Balamoussa Keita, Ibrahima Sidibé, Mamadou Ziba Maiga, Abdoulaye Housseini, Abdouhirmi Mohomar, Arahamatou Chahanassou Maiga; in der Republik Niger: Abdoulaye Hamadou Zimma; in Nigeria: His Royal Highness Chief J. B. Komonibo, Ifeanyi Ojibah, Chief A. O. Timitimi, Ezi Cletus Mnayelu, Vincenzo Mauro, Joseph Akpafure Iwenadi, Muhammad Jebba Ipata, Alhadji Garba Woru, John Eke Abandy, Chief Dada Ogunmuyiwa und alle, deren Namen ich aus Sorge um ihre eigene Sicherheit an dieser Stelle leider nicht nennen kann.

Heiko
Flottau

Seit mehr als fünfzig Jahren ist der Nahe Osten ein Brandherd der Weltpolitik. Der Irak-Krieg war nur das jüngste Beben in einer langen Reihe von Erschütterungen des Weltfriedens. Heiko Flottau, Nahost-Korrespondent der Süddeutschen Zeitung, legt in seiner umfassenden Analyse die historischen Wurzeln der aktuellen Konflikte frei.

Vom Nil bis an den Hindukusch
Der Nahe Osten und die neue Weltordnung
ISBN 3-426-27324-1

Jürgen
Grässlin

Welten mögen Samiira aus Somalia und Hayrettin aus der Türkei trennen – ausgerechnet ein in Deutschland entwickeltes Schnellfeuergewehr, das G3, verbindet sie. Das G3 hat Tod und Zerstörung in das Leben dieser beiden Menschen gebracht. Jürgen Grässlin, dem Spiegel zufolge »Deutschlands wohl prominentester Rüstungsgegner«, gibt in diesem Buch den namenlosen Menschen, die zu Opfern des G3 und anderer sogenannter Kleinwaffen geworden sind, ein Gesicht und eine Stimme.

Versteck dich, wenn sie schießen
Die wahre Geschichte von Samiira, Hayrettin und einem deutschen Gewehr
ISBN 3-426-27266-0

Alexandra
David-Néel

»Eine der bemerkenswertesten Frauen des 20. Jahrhunderts«
DIE ZEIT

Alexandra David-Néel ist dreiundzwanzig Jahre alt, als sie 1891 zu einer großen Reise aufbricht. Der seinerzeit in Europa nahezu unbekannte Subkontinent Indien hat es ihr angetan. Noch ahnt sie nicht, dass sie mehr als die Hälfte ihres Lebens in diesem faszinierenden Kulturraum verbringen wird.

Mein Indien
Die abenteuerlichen Reisen einer ungewöhnlichen und mutigen Frau
ISBN 3-426-77693-6